Prática Jurídica

Empresarial

Prática Jurídica

Elizabete Vido

Empresarial

10ª edição
2021

saraiva jur

saraiva EDUCAÇÃO | saraiva jur

Av. Paulista, 901, 3º andar
Bela Vista – São Paulo – SP – CEP: 01311-100

SAC | sac.sets@saraivaeducacao.com.br

Direção executiva	Flávia Alves Bravin
Direção editorial	Ana Paula Santos Matos
Gerência editorial e de projetos	Fernando Penteado
Novos projetos	Dalila Costa de Oliveira
Gerência editorial	Isabella Sánchez de Souza
Edição	Liana Ganiko Brito
Produção editorial	Daniele Debora de Souza (coord.) Rosana Peroni Fazolari
Arte e digital	Mônica Landi (coord.) Camilla Felix Cianelli Chaves Claudirene de Moura Santos Silva Deborah Mattos Guilherme H. M. Salvador Tiago Dela Rosa
Projetos e serviços editoriais	Daniela Maria Chaves Carvalho Kelli Priscila Pinto Marília Cordeiro Nicoly Wasconcelos Razuk
Diagramação	Adriana Aguiar
Revisão	Viviane Oshima
Capa	Deborah Mattos
Produção gráfica	Marli Rampim Sergio Luiz Pereira Lopes
Impressão e acabamento	EGB Editora Gráfica Bernardi Ltda

**DADOS INTERNACIONAIS DE CATALOGAÇÃO NA PUBLICAÇÃO (CIP)
DE ACORDO COM ISBD ELABORADO POR
VAGNER RODOLFO DA SILVA - CRB-8/9410**

V654e Vido, Elisabete

Empresarial / Elisabete Vido. – 10. ed.- São Paulo : Saraiva Educação, 2021.
480 p. – (Prática Jurídica)

ISBN: 978-65-5559-538-3
ISBN: 978-85-536-1581-0 (Obra completa)

1. Direito. 2. Direito empresarial. 3. Prática jurídica. I. Título. II. Série.

2021-327 CDD 346.07
CDU 347.7

Índices para catálogo sistemático:

1. Direito empresarial 346.07
2. Direito empresarial 347.7

Data de fechamento da edição: 23-7-2021

Dúvidas? Acesse www.editorasaraiva.com.br/direito

CL 607072 CAE 759619

Ao meu escolhido Flávio Martins, nas palavras de
Paul McCartney e John Lennon:

There are places I'll remember
All my life, though some have changed
Some forever, not for better
Some have gone and some remain
All these places have their moments
With lovers and friends I still can recall
Some are dead and some are living
In my life, I've loved them all

But of all these friends and lovers
There is no one compares with you
And these memories lose their meaning
When I think of love as something new
Though I know I'll never lose affection
For people and things that went before
I know I'll often stop and think about them
In my life, I love you more

Sumário

PRIMEIRA PARTE • TEÓRICA

SEGUNDA PARTE • PEÇAS PRÁTICAS

PRIMEIRA PARTE

Teórica

Direito Empresarial 1

1.1. CONCEITO E AUTONOMIA

O Direito Empresarial é o ramo do Direito que tem por objeto a regulamentação da atividade econômica daqueles que atuam na circulação ou produção de bens, bem como na prestação de serviços.

Com as modificações do CC/2002, especialmente com a inclusão de disposições sobre os títulos de crédito e de um livro destinado ao Direito de Empresa (Livro II da Parte Especial), discute-se se ainda persiste a autonomia do Direito Empresarial ou se agora ele apenas deve ser tratado como um ramo do Direito Civil.

A autonomia do Direito Empresarial é assegurada pela CF/88, no art. 22, I, que, ao tratar da competência privativa da União para legislar sobre diversas matérias, explicitou que entre elas estão o "Direito Civil" e o "Direito Comercial"; nesse sentido, não restou dúvida de que se trata de matérias diferentes e autônomas.

A autonomia da disciplina Direito Comercial – ou, como já se prefere chamar, Direito Empresarial – fica assegurada, apesar da tentativa do legislador infraconstitucional de unir num mesmo ordenamento as disciplinas de Direito Civil e a do Direito Empresarial.

A nomenclatura "Direito Empresarial" mostra-se mais adequada do que simplesmente Direito Comercial, pois a preocupação da disciplina não está apenas na atividade de intermediação de mercadorias, mas também na produção e na prestação de serviços.

1.2. EVOLUÇÃO HISTÓRICA

O Direito Comercial tem início na Idade Média. Para Gladston Mamede, a origem está nas regiões de Ur e Lagash (*Manual de Direito Empresarial*,

p. 2), mas o que é aceito pela maioria é que o começo está com o florescimento das primeiras cidades (burgos) e o desenvolvimento do comércio marítimo. Esse é o momento do direito das classes, que fica evidenciado com as corporações de ofício. Nesse momento, o critério caracterizador do comerciante é a participação na Corporação de Ofício (de artesãos, comerciantes etc.), o que resulta num critério subjetivista, não importando o que o comerciante faça, mas se pertence ou não a determinada Corporação.

O segundo grande momento do desenvolvimento do Direito Comercial acontece com os Estados Nacionais e com a centralização do poder político nas mãos do monarca. Nesse período, o direito comercial é definido por um critério objetivista proveniente do Código Francês de 1808, que adota a teoria dos atos do comércio, ou seja, o comerciante é quem pratica determinado ato definido na lei como ato típico da atividade comercial.

O terceiro e atual momento é o iniciado pelo Código Civil italiano em 1942, quando ocorre a unificação do direito privado. Portanto, num mesmo ordenamento são regulados o Direito Civil e o Direito Comercial. Também é nesse ordenamento que se adota a teoria da empresa. É nesse momento que se abandona o termo "comércio" e se adota o termo "empresa".

1.3. EVOLUÇÃO DO DIREITO COMERCIAL NO BRASIL

No Brasil, a nossa primeira regulamentação é o Código Comercial de 1850, que segue a influência do Código Francês de 1808, adotando, portanto, o critério objetivista da teoria dos atos de comércio. O comerciante era definido como quem praticava a mercancia. O problema era que o Código Comercial de 1850 não definia o que era a "mercancia". Por isso, no mesmo ano, houve a publicação do Regulamento 737, que definia, em seu art. 19, os atos de comércio: "§ 1º A compra e venda ou troca de bens móveis ou semoventes, para os vender por grosso ou a retalho, na mesma espécie ou manufaturados, ou para alugar o seu uso. § 2º As operações de câmbio, banco e corretagem. § 3º As empresas de fábricas, de comissões, de depósito, de expedição, consignação e transportes de mercadorias, de espetáculos públicos. § 4º Os seguros, fretamento, riscos; e quaisquer contratos relativos ao comércio marítimo. § 5º A armação e expedição de navios".

Esse regulamento foi revogado em 1875, mas sua lista de atos de comércio continuou sendo utilizada, o que, na prática, gerava problemas, pois vários atos, por não pertencerem à lista, não eram considerados comerciais, como a compra e venda de imóveis, a atividade rural, a prestação de serviços, entre outros.

Dessa necessidade, e por influência do Código Civil italiano de 1942, o Brasil publicou seu CC/2002, adotando a teoria da empresa e unificando, ao menos formalmente, o direito privado. Ressalte-se que o CCo de 1850 não foi totalmente revogado. A parte dos "contratos marítimos" continua em vigor.

Agora, o empresário é definido de acordo com o art. 966 do CC/2002, como quem "exerce profissionalmente atividade econômica organizada para a produção ou a circulação de bens ou de serviços".

É claro que o CC/2002 não é a única fonte do Direito Empresarial. As leis especiais continuam regulando diversos temas de Direito Empresarial, tais como a Lei n. 6.404/76 (sociedades anônimas), o Decreto n. 57.663/66 (letra de câmbio e nota promissória), a Lei n. 7.357/85 (cheque), a Lei n. 8.934/94 (registro de empresas) etc.

Atividade empresarial 2

2.1. CONCEITO DE EMPRESA

É a atividade econômica organizada para a produção ou a circulação de bens ou de serviços (art. 966 do CC/2002).

São características da atividade empresarial:

- Profissionalismo, que significa que o empresário atua com habitualidade, em nome próprio e com o domínio de informações, sobre o produto ou o serviço que está colocando no mercado. É importante ressaltar que é possível uma atividade que não tenha continuidade e ainda assim seja empresarial, como é o caso da sociedade em conta de participação;
- Atividade de produção, circulação de bens ou prestação de serviços;
- Fim lucrativo;
- Organização de fatores como o capital, a matéria-prima, a mão de obra e a tecnologia empregada.

2.2. ATIVIDADES NÃO EMPRESARIAIS

Entre as atividades econômicas, algumas não são consideradas atividades empresariais, por definição legal. São os casos de:

- Profissionais liberais, que prestem serviços de forma direta, e profissionais intelectuais (art. 966, parágrafo único, do CC/2002);
- Cooperativas (arts. 982, parágrafo único, e 1.093 a 1.096 do CC/2002).

2.3. ATIVIDADES EMPRESARIAIS

A atividade empresarial pode ser exercida pelo empresário individual ou pela sociedade empresarial.

O empresário individual é o profissional que exerce a atividade econômica organizada para a produção ou a circulação de bens ou serviços. Não se confunde com os sócios de uma sociedade empresarial, que podem ser chamados de empreendedores ou investidores (art. 966, *caput*, do CC/2002).

a) Requisitos

Para exercer a atividade de empresário individual é necessária a plena capacidade civil, que ocorre, pelo novo ordenamento, aos 18 anos de idade desde que a pessoa esteja em plenas condições mentais. Exatamente por isso são incapazes de realizar a atividade empresarial:

- Os menores de 18 anos de idade, não emancipados;
- Os incapacitados, a partir de um processo de interdição.

O incapaz pode praticar atos empresariais desde que seja emancipado a partir da concessão dos pais, ou de um deles na falta de outro, ou ainda por decisão judicial. Além disso, o casamento, o exercício de emprego público efetivo, a colação de grau em curso superior, o estabelecimento ou a relação de emprego que permita ao incapaz economia própria fazem cessar a incapacidade.

Em caráter de exceção, por meio de um alvará judicial, o incapaz pode continuar uma atividade empresarial, desde que assistido ou representado pelos responsáveis legais (art. 974 do CC/2002). Cumpre ressaltar que a autorização judicial pode ser revogada a qualquer tempo. O incapaz pode continuar a empresa, se a recebeu como objeto de herança ou se a incapacidade foi superveniente ao início da atividade empresarial. Nesse caso, o juiz avaliará se a atividade deve ou não ser continuada, e, decidindo pela continuidade, designará um representante ou assistente que ficará à frente dos negócios e prestará contas dessa atribuição (art. 975 do CC/2002).

Do alvará judicial constarão os bens que o incapaz já possuía, ao tempo da sucessão ou da interdição, desde que estranhos ao acervo da empresa, uma vez que tais bens não serão atingidos pelas dívidas da empresa (art. 974, § 2º, do CC/2002). O objetivo do legislador foi o de proteger o patrimônio do incapaz, e é exatamente por isso que o incapaz não poderá ser sócio de sociedades que comprometam seu patrimônio, como é o caso da sociedade em nome coletivo, da sociedade em comandita simples e da sociedade limitada se o capital não estiver integralizado.

De acordo com o legislador, o incapaz pode participar de sociedade, desde que estejam presentes os seguintes requisitos:

- precisa ser representado ou assistido;
- não pode ser administrador;
- só pode participar de sociedade cujo capital social esteja totalmente integralizado (art. 974, § 3º, II, do CC/2002).

A emancipação, a autorização judicial e o alvará com a relação dos bens devem ser registrados na Junta Comercial (arts. 974, § 3º, e 976 do CC/2002).

Além da plena capacidade, é necessária a inexistência de impedimento legal para o exercício da atividade empresarial, a fim de que seja preservado o interesse de terceiros ou o interesse público em geral. Quem exercer a atividade empresarial estando legalmente impedido responderá pelas obrigações contraídas (art. 973 do CC/2002).

São impedidos de exercer a atividade empresarial:

a) Falidos, enquanto não tiverem suas obrigações extintas (art. 158 da Lei n. 11.101/2005);
b) Leiloeiros e corretores;
c) Servidores públicos no exercício da atividade pública. Em relação ao servidor público, a proibição recai sobre a atividade de empresário individual, administrador de sociedade empresarial, mas não o impede de ser sócio ou acionista de uma sociedade (art. 117, X, da Lei n. 8.112/90). No mesmo sentido, magistrados e membros do Ministério Público (art. 36, I e II, da LC n. 35/79, e art. 44, III, da Lei n. 8.625/93), bem como os militares na ativa (art. 204 do Código Penal Militar);
d) Deputados e Senadores sofrem restrições na atividade empresarial, de tal modo que não podem ser proprietários, controladores ou diretores de empresa que goze de favor decorrente de contrato com pessoa jurídica de direito público, ou nela exercer função remunerada (art. 54, II, *a*, da CF/88). No mesmo sentido, tais restrições se aplicam aos vereadores (art. 29, IX, da CF/88);
e) Estrangeiros e sociedades sem sede no Brasil, para algumas atividades, como a empresa jornalística e de radiodifusão (art. 222 da CF/88) e a exploração e aproveitamento das jazidas e dos demais recursos minerais, inclusive potenciais de energia hidráulica, que só podem ser exercidas por brasileiros ou pessoas jurídicas brasileiras, mediante autorização ou concessão da União (art. 176 da CF/88);
f) Médico, no exercício simultâneo de farmácia.

Os impedidos de exercerem a atividade empresarial responderão pelos atos praticados, podendo inclusive sofrer falência (art. 973 do CC/2002 e art. 1º da Lei n. 11.101/2005).

Outra limitação ao exercício da atividade empresarial surge com o art. 977 do CC/2002, que impede a constituição de sociedade empresarial composta de cônjuges casados sob o regime da comunhão universal de bens ou da separação obrigatória.

Enunciado 205 do CJF: "Adotar as seguintes interpretações ao art. 977: (1) a vedação à participação de cônjuges casados nas condições previstas no artigo refere-se unicamente a uma mesma sociedade; (2) o artigo abrange tanto a participação originária (na constituição da sociedade) quanto a derivada, isto é, fica vedado o ingresso de sócio casado em sociedade de que já participa o outro cônjuge".

2.3.1. Atividade empresarial regular

De acordo com a Lei n. 8.934/94, os órgãos responsáveis pelo registro público das empresas mercantis são:

Departamento de Registro Empresarial e Integração (DREI), que substituiu o Departamento Nacional de Registro Comercial (DNRC), no exercício de suas funções de órgão federal vinculado ao Ministério de Desenvolvimento, Indústria e Comércio Exterior; e

As Juntas Comerciais, que são órgãos subordinados administrativamente ao governo da unidade federativa de sua jurisdição e, tecnicamente, ao DNRC/DREI. As Juntas Comerciais são responsáveis pela matrícula de leiloeiros, tradutores públicos, intérpretes, trapicheiros e administradores de armazéns gerais, pelo arquivamento dos atos constitutivos das sociedades empresariais e das cooperativas, bem como pela autenticação da escrituração das empresas (art. 32 da Lei n. 8.934/94).

Para uma empresa que tem sua sede em determinado Estado e pretende abrir uma filial, agência ou sucursal em outro Estado, a filial, agência ou sucursal precisará ser averbada no registro de origem e registrada no Estado no qual ela se encontra. Por exemplo: se uma empresa tem sua sede registrada em São Paulo e pretende abrir uma filial em Goiás, deve averbar a filial no registro da sede (São Paulo) e registrá-la na Junta Comercial de Goiás (art. 969 do CC/2002).

Para que alguém plenamente capaz e livre de impedimentos exerça a atividade empresarial de forma regular, são necessários:

- Arquivamento do ato constitutivo da atividade empresarial na Junta Comercial (público);
- Autenticação dos livros mercantis (sigiloso).

O registro da atividade empresarial ocorre em uma das Juntas Comerciais espalhadas por Estado da Federação. Além disso, não apenas quem exerce atividade empresarial, mas também quem exerce atividade econômica, como é o caso das cooperativas, pode ser registrado na Junta Comercial, salvo a sociedade de advogados, que deve ser registrada na Ordem dos Advogados do Brasil. É importante ressaltar que, por ser a cooperativa uma sociedade simples, o local adequado para seu registro deveria ser o Cartório de Registro Civil de Pessoas Jurídicas; porém, de acordo com o DNRC/DREI e com o art. 32 da Lei n. 8.934/94 o registro da cooperativa deve ocorrer na Junta Comercial.

Para as sociedades simples, as fundações e as associações, o local correto para a efetivação do registro é o Cartório de Registro Civil de Pessoas Jurídicas (art. 998 do CC/2002).

O registro das atividades empresariais ocorre com o arquivamento dos atos constitutivos. Se, entretanto, a documentação apresentada tiver vícios sanáveis, o empresário terá 30 dias para sanar as irregularidades; mas, se tiver vícios insanáveis, o pedido será indeferido. Além disso, o arquivamento também se presta às alterações, à dissolução das sociedades, bem como às atas das assembleias.

O produtor rural, ou seja, aquele cuja principal profissão é a atividade rural, pode requerer seu registro na Junta Comercial do Estado no qual se encontra (art. 971 do CC/2002). O produtor rural tem, portanto, a faculdade - e não a obrigação - de registrar sua atividade, e só a partir desse momento é que sua atividade será considerada empresarial.

Com relação aos livros mercantis, a atividade exercida, bem como o tipo societário escolhido, definirão os livros que serão necessários. Para alguns doutrinadores, são obrigatórios os livros de Registros de Duplicatas, de Registro de Compras e de Registro de Inventário. Entretanto, há unanimidade em reconhecer o livro Diário como obrigatório e comum para qualquer atividade empresarial (art. 1.180 do CC/2002).

As microempresas e as empresas de pequeno porte devem manter em boa ordem e guarda os documentos que fundamentaram a apuração dos impostos e das contribuições devidos e o cumprimento das obrigações acessórias, enquanto não decorrido o prazo decadencial e não prescritas eventuais ações que lhes sejam pertinentes. Além disso, deve manter o livro Caixa, no lugar do livro Diário, no qual será escriturada a movimentação financeira e bancária (art. 26 da LC n. 123/2006).

O livro Diário pode ser substituído pelo livro Balancetes Diários e Balanços (art. 1.185 do CC/2002). É evidente que o livro Diário, ou qualquer escrituração equiparada pela lei, não é o único registro obrigatório da atividade empresarial, de tal modo que, dependendo da atividade exercida pela empresa, outros livros devem ser autenticados, por exemplo, o de Registro das Ações Nominativas e as Atas das Assembleias Gerais, nas sociedades por ações.

Como regra, os livros ficam sob a guarda do empresário e são sigilosos, salvo em relação ao Fisco. Para que terceiros tenham acesso aos livros precisarão requerer a exibição judicial (arts. 1.190 a 1.193 do CC/2002).

2.3.2. Empresa Individual de Responsabilidade Limitada

A Lei n. 12.441/2011 criou a figura da Empresa Individual de Responsabilidade Limitada como uma nova forma de pessoa jurídica (art. 44, VI, do CC/2002).

Nesse sentido o Enunciado 469 do Conselho de Justiça Federal, aprovado na V Jornada de Direito Civil, dispõe: "A empresa individual de responsabilidade limitada (EIRELI) não é sociedade, mas novo ente jurídico personificado".

A Empresa Individual de Responsabilidade Limitada será titularizada por uma única pessoa que, ao adquirir a personalidade jurídica, adquire também a distinção patrimonial entre os bens pessoais do titular da empresa e os bens da pessoa jurídica (art. 980-A do CC/2002).

Para sua constituição são imprescindíveis a integralização total do capital social, que não pode ser inferior a 100 salários mínimos, e que o nome empresarial seja composto de firma ou denominação social seguida da expressão "EIRELI" (art. 980-A do CC/2002).

A Empresa Individual de Responsabilidade Limitada pode ser criada dessa forma ou ser resultado de uma transformação societária (art. 1.033, parágrafo único, do CC/2002).

É importante ressaltar que na EIRELI aplicam-se subsidiariamente, e no que for pertinente, as regras da sociedade limitada, tais como: composição do capital social e responsabilidade pela avaliação dos bens que compõem o capital social (art. 1.055 do CC/2002); possibilidade de que o administrador seja o titular ou um terceiro contratado para essa função (art. 1.060 do CC/2002); e responsabilidade desse administrador perante terceiros (arts. 1.010 e s. do CC/2002).

2.3.3. Prepostos

Tanto o empresário como a sociedade empresarial precisam ser auxiliados no exercício das atividades empresariais. Esse auxílio é exercido pelos prepostos, que são pessoas colocadas à frente do negócio. A preposição pode surgir de um contrato de trabalho ou de prestação de serviços.

A atividade do preposto se equipara à do mandatário, ou seja, o preposto recebe poderes de representação que só podem ser delegados com a expressa concordância do empresário ou sociedade empresarial.

Os prepostos também não podem fazer concorrência, mesmo que indireta, aos preponentes, a não ser que exista autorização expressa. Se exercerem concorrência, responderão pelas perdas e pelos danos causados (arts. 1.169 e 1.170 do CC/2002).

Os preponentes respondem por todos os atos praticados pelos prepostos no interior da empresa, desde que relativos à atividade da empresa, mesmo que não autorizados por escrito. Quando os atos forem realizados fora do estabelecimento, dependem de autorização por escrito, para que o preponente responda por eles (art. 1.178 do CC/2002).

Dos auxiliares denominados prepostos o mais importante é o gerente (não sócio), que é o preposto permanente da atividade empresarial (art. 1.172 do CC/2002). É a pessoa colocada pelo empresário ou sociedade empresarial à frente dos negócios com a função de chefia. Os poderes do gerente são amplos, mas podem ser limitados pelo dono do negócio. Para que essa limitação produza efeitos em relação a terceiros, depende do arquivamento e da averbação do seu instrumento na Junta Comercial (arts. 1.173 e 1.174 do CC/2002).

2.3.4. Atividade empresarial irregular

A ausência do registro torna a atividade empresarial irregular, impedindo o empresário de usufruir dos benefícios do empresário regular, ou seja:

a) Não terá legitimidade ativa para requerer a falência de seu devedor (art. 97, I, c/c art. 105, IV, da Lei n. 11.101/2005);

b) Poderá ter sua falência requerida e decretada, que será necessariamente fraudulenta, porque seus livros não podem ser usados como meio de prova (art. 178 da Lei n. 11.101/2005);

c) Não poderá requerer a recuperação judicial (art. 48 da Lei n. 11.101/2005), salvo o produtor rural, se provar a regularidade de sua atividade;

d) Não poderá participar de licitações por falta da inscrição no CNPJ e da ausência de matrícula no INSS (arts. 28 e 29 da Lei n. 8.666/93).

2.4. ESTABELECIMENTO

É o complexo de bens corpóreos (instalações, máquinas, mercadorias etc.) e incorpóreos (marcas e patentes) reunidos pelo empresário ou pela sociedade empresarial para o desenvolvimento de sua atividade empresarial (art. 1.142 do CC/2002). Além dos bens que constituem o estabelecimento comercial, são atributos do estabelecimento o aviamento e a clientela. O aviamento é a aptidão de um estabelecimento em produzir resultados. A clientela é o grupo de pessoas que realizam negócios com o estabelecimento de forma continuada. É importante ressaltar que freguesia não é sinônimo de clientela, uma vez que, enquanto a clientela mantém relações continuadas, a freguesia apenas se relaciona com o estabelecimento em virtude do local onde ele se encontra.

Trata-se do elemento essencial da atividade empresarial, de modo que não há como constituir uma empresa sem antes organizar o estabelecimento comercial. Em alguns diplomas legais, como a Lei n. 8.245/91, o estabelecimento comercial é chamado de fundo de comércio.

Ao conjunto de bens o empresário agrega uma organização racional, que importará em aumento de valor enquanto estiverem juntos. Necessita, portanto, de uma forma própria de proteção, em caso de desapropriação do imóvel, sucessão por morte ou separação judicial do empresário.

Além de integrarem o patrimônio do empresário, os bens são também garantia dos credores, razão pela qual sua alienação deve observar cautelas específicas. Quando ocorrer a alienação do estabelecimento comercial (trespasse), deve-se observar se o alienante possui bens suficientes para solver o passivo deixado na empresa. No caso de não haver bens suficientes, a alienação somente será eficaz com a concordância dos credores de forma tácita ou expressa, 30 dias após a notificação ou o pagamento antecipado das dívidas. A ausência dessa notificação gera a ineficácia do trespasse (art. 129 da Lei n. 11.101/2005), bem como a possibilidade do requerimento da falência do alienante por atos de falência (arts. 1.145 do CC/2002 e 94, III, *c*, da Lei n. 11.101/2005). Ressaltamos que, se o alienante possui bens suficientes para saldar as dívidas, não é necessária a notificação e muito menos a concordância dos credores.

Os bens que fazem parte do estabelecimento podem ser negociados isoladamente, com exceção do nome empresarial (art. 1.164 do CC/2002). O estabelecimento comercial pode ser negociado como um objeto unitário de direitos e negócios jurídicos, devendo o contrato ser averbado na Junta Comercial e publicado na imprensa oficial (arts. 1.143 e 1.144 do CC/2002).

A responsabilidade pelas dívidas contraídas anteriormente ao trespasse é do adquirente do estabelecimento, desde que elas estejam regularmente contabilizadas, mas o alienante responde solidariamente por essas dívidas por um ano, contado da publicação da transmissão do estabelecimento, no caso das dívidas vencidas, ou da data de vencimento da dívida, no caso das dívidas vincendas (art. 1.146 do CC/2002).

No caso dos contratos de trabalho, em virtude da sucessão trabalhista, quem assume as obrigações, mesmo que não contabilizadas, é o adquirente (arts. 10 e 448 da CLT). Nas dívidas fiscais, o adquirente responde pela totalidade das obrigações, se o alienante cessou sua atividade econômica, mas responderá subsidiariamente se o alienante prosseguir na exploração da atividade econômica ou iniciá-la em até seis meses da alienação (art. 133, II, do CTN).

ATENÇÃO

Está implícita em qualquer contrato de alienação de estabelecimento comercial a cláusula de não restabelecimento, salvo autorização expressa em contrário, que determina que o alienante não poderá se estabelecer em ramo idêntico de atividade comercial nos cinco anos que se seguirem à transferência (art. 1.147 do CC/2002).

Como regra, o trespasse importa em sub-rogação nos contratos estipulados para a exploração do estabelecimento se não tiverem caráter pessoal, e não houver a impugnação dos contratantes em 90 dias, contados da publicação do trespasse (art. 1.148 do CC/2002). O Enunciado 234 do CJF afirma: "Quando do trespasse do estabelecimento empresarial, o contrato de locação do respectivo ponto não se transmite automaticamente ao adquirente".

É importante ressaltar que, dentro da falência, a aquisição do estabelecimento está isenta de qualquer ônus (art. 141, II, da Lei n. 11.101/2005). No mesmo sentido ocorre na recuperação judicial (art. 60, parágrafo único, da Lei n. 11.101/2005). Esse também é o posicionamento do STF, no *Informativo* 548, de maio de 2009, quando manteve a constitucionalidade da isenção de ônus para quem adquire estabelecimento dentro de um procedimento de falência ou de recuperação judicial (ADIn 3.934/DF, rel. Min. Ricardo Lewandowski, 27-5-2009). Assim relatou: "A exclusão da sucessão tornaria mais interessante a compra da empresa e tenderia a estimular maiores ofertas pelos interessados na aquisição, o que aumentaria a garantia dos trabalhadores, em razão de o valor pago ficar à disposição do juízo da falência e ser utilizado para pagar prioritariamente os créditos trabalhistas. Além do mais, a venda em bloco da empresa possibilitaria a continuação da atividade empresarial preservando empregos".

2.5. PROTEÇÃO AO PONTO COMERCIAL OBJETO DE LOCAÇÃO (LEI N. 8.245/91)

O ponto comercial não é apenas o lugar no qual o empresário se estabelece, mas o espaço físico que decorre da atividade empresarial. É a própria atividade empresarial que acrescenta um valor econômico ao ponto comercial, e é exatamente por isso que precisa de uma proteção legal, ainda mais quando o imóvel é alugado. Nesse caso, é a Lei n. 8.245/91 que dá a proteção ao ponto comercial, obtido a partir de um contrato de locação.

A ação renovatória tem, portanto, a finalidade de proteger não só o ponto comercial, mas o estabelecimento como um todo. Ela concede ao empresário o direito de obter a renovação compulsória do contrato de locação, desde que o empresário demonstre os requisitos definidos em lei.

Para que o inquilino tenha direito à ação renovatória, será necessário cumprir os seguintes requisitos (art. 51 da Lei de Locações):

a) O inquilino deve realizar uma atividade empresarial;

b) O contrato deve ser escrito e por tempo determinado;

c) Contrato anterior, ou soma do prazo de contratos anteriores, de cinco anos ininterruptos, seja pelo sucessor, seja pelo locatário;

d) Exploração pelo locatário do mesmo ramo de atividade pelo prazo mínimo e ininterrupto de três anos.

Tem legitimidade ativa para ingressar com a ação renovatória o locatário, seu cessionário ou sucessor (art. 51, §§ 1º e 2º, da Lei de Locações). No caso de sublocação total, permitida contratualmente, tem legitimidade ativa para ingressar com a ação renovatória o sublocatário (art. 51, § 1º, da Lei de Locações).

O momento para pleitear a renovação, sob pena de decadência, são os primeiros seis meses do último ano do contrato (art. 51, § 5º, da Lei de Locações). Se não for proposta no prazo legal, pode o locador, findo o contrato, retomar o imóvel, independentemente de motivo especial.

O locador pode promover a revisão do valor estipulado para o aluguel, decorridos três anos da data do contrato, da data do último reajuste ou da data do início da renovação do contrato.

Em face da proteção ao direito de propriedade, algumas vezes a renovação compulsória não será concedida, mesmo que todos os requisitos tenham sido cumpridos pelo inquilino. Nos casos a seguir, o juiz concederá a retomada ao locador (arts. 52 e 71 da Lei de Locações):

- Melhor proposta de terceiro, tanto em relação ao valor do aluguel quanto em relação à compra do imóvel locado. Nessa situação, o locatário possui o direito de preferência em condições de igualdade na aquisição do imóvel;
- Reformas determinadas pelo Poder Público ou por decisão do próprio locador. Neste último caso, o locador deverá justificar a reforma com a valorização do imóvel;
- Uso próprio, desde que o locador não explore o mesmo ramo de atividade explorado anteriormente pelo inquilino;
- Uso de descendente, ascendente ou cônjuge, desde que demonstre o fundo de comércio (ou estabelecimento comercial) existente por mais de um ano.

Em virtude da retomada do imóvel locado, o locatário que desenvolveu o fundo de comércio ao longo dos anos sofrerá um prejuízo em virtude da perda do ponto comercial, e exatamente por isso, em algumas situações, o locatário terá o direito de pleitear uma indenização. São elas:

- Quando a retomada foi concedida em virtude de melhor proposta de terceiro;
- Quando o locador atrasa na destinação alegada por um período de três meses;
- Quando o locador não dá a destinação alegada;
- Quando o locador explorar o mesmo ramo de atividade do locatário, exceto na locação-gerência (art. 52, § 1º, da Lei de Locações).

2.5.1. Locação por *shopping center*

No empreendimento denominado *shopping center*, normalmente ocorre a locação dos espaços autônomos de seu interior, no sentido de organizar em determinado imóvel atividades econômicas variadas.

Nesse tipo de empreendimento não ocorre apenas uma concentração de atividades econômicas, mas toda uma organização, que implica a segurança dada aos consumidores, a existência ou não de estacionamento para dar mais comodidade, o atendimento das mais variadas necessidades dos consumidores e até mesmo a realização de promoções e campanhas publicitárias. Tudo isso é realizado não pelo locatário de um dos espaços do *shopping center*, mas pelo próprio empreendimento. Esse planejamento do espaço é chamado pela doutrina de *tenant mix*.

Por todas essas peculiaridades, discute-se sobre a natureza do contrato entre o *shopping center* e o lojista, que, ao lado de Fábio Ulhoa Coelho, entendemos tratar-se de um contrato de locação, e, como tal, dever ser tratado pelo legislador na Lei de Locações (Lei n. 8.245/91).

Desse modo, a Lei de Locações admite a possibilidade da propositura da ação renovatória por parte do locatário, nos moldes dos requisitos e do prazo de interposição anteriormente expostos. Entretanto, com relação à retomada do espaço pelo *shopping center*, todas as situações citadas são possíveis, com exceção da retomada para uso próprio e para uso de ascendente, descendente ou cônjuge (art. 52, § 2º, da Lei de Locações).

Outra característica típica do contrato de locação realizado pelo *shopping center* ocorre em virtude da proibição do repasse de algumas despesas ao locatário. Dessa forma, não pode o empreendedor do *shopping center* cobrar do locatário:

a) Obras de reforma ou acréscimos que interessem à estrutura integral do imóvel;
b) Pintura das fachadas, esquadrias externas, poços de aeração e iluminação;
c) Indenizações trabalhistas e previdenciárias pela dispensa de empregados anteriores ao início da locação;
d) Obras ou substituições de equipamentos que impliquem modificação do projeto original;
e) Obras de paisagismo (art. 54 da Lei de Locações).

2.6. PROTEÇÃO À PROPRIEDADE INDUSTRIAL (LEI N. 9.279/96)

A proteção à propriedade industrial tem seu fundamento no art. 5º, XXIX, da Constituição Federal, e a lei que regulamenta essa proteção no Brasil é a Lei n. 9.279/96, que substituiu a Lei n. 5.772/71. A propriedade industrial faz parte do fundo de comércio desenvolvido pelo empresário e por isso merece tutela do legislador pátrio. Para a proteção da propriedade industrial o Estado concede:

- A patente;
- O registro industrial.

O empresário titular desses bens - patente ou registro - tem o direito de explorar economicamente o objeto correspondente, com exclusividade. A concessão, a proteção e a fiscalização da propriedade industrial são realizadas pelo Instituto Nacional de Propriedade Industrial (INPI). O INPI é uma autarquia federal vinculada ao Ministério do Desenvolvimento, Indústria e Comércio Exterior e deve ser demandado na Justiça Federal, na Seção Judiciária do Rio de Janeiro. Mas, se houver outras pessoas no passivo, a ação pode ser demandada no domicílio do outro réu de acordo com orientação jurisprudencial do STJ (REsp 346628/SP, rel. Min. Nancy Andrighi, *DJU* 4-2-2002, p. 355).

2.6.1. Patente

Pode ser objeto de patente o que pode ser produzido em série, ou seja, o que pode ser explorado pela indústria (art. 8º da Lei da Propriedade Industrial - LPI).

Os bens que podem ser objeto de patente são a invenção e o modelo de utilidade.

A patente de invenção ocorrerá quando houver uma novidade criativa, ao contrário do modelo de utilidade, que se expressa por meio de uma melhoria em algo já existente. Não pode ser patenteado o "estado de técnica", que é aquilo que podia ser conhecido pelo público.

A autorização para que terceiro explore uma patente concedida ocorre por meio da licença de uso ou exploração da patente, que pode se dar de modo voluntário ou compulsório. Na licença voluntária ocorre o acordo de vontades, que será averbado junto ao INPI para que produza efeitos perante terceiros - neste caso, o licenciado paga ao titular *royalties* combinados. É possível a licença compulsória quando os direitos decorrentes da patente forem usados de forma abusiva, ou por meio de abuso de poder econômico, a partir de uma decisão administrativa ou judicial (art. 68 da LPI). Além disso, a não comercialização plena do produto, ou simplesmente a não exploração do produto, também permitem a concessão de licença compulsória. Outra forma de concessão de licença compulsória ocorre quando houver emergência nacional ou interesse público declarados pelo Poder Executivo Federal. Nesse caso, a patente será temporária e não exclusiva (art. 71 da LPI).

São requisitos para requerer a patente (art. 8º da LPI):

- Novidade;
- Atividade inventiva;
- Aplicação industrial;
- Não impedimento.

Para que a patente seja concedida, é necessário não ocorrer nenhum dos seguintes impedimentos (art. 18 da LPI):

- Ser produto contrário à moral e aos bons costumes;
- Ser substância resultante de transformação do núcleo atômico;
- Ser vivo, na sua totalidade ou apenas parte deles, com exceção dos microrganismos transgênicos que atendam aos requisitos exigidos para a concessão da patente.

Uma vez requerida ou depositada a patente, haverá um período de sigilo de 18 meses para que o responsável pela patente possa se organizar a fim de desenvolver sua criação (art. 30 da LPI). Se o autor do pedido não precisar desse prazo, pode pleitear sua dispensa, e com isso antecipará a publicação do seu invento, que será realizada pelo INPI. Após 60 dias da publicação, o exame do pedido da patente terá início (art. 31, parágrafo único, da LPI). O exame depende do requerimento do depositante ou de qualquer interessado, no prazo de até 36 meses contados do depósito. Após o exame técnico, a patente, enfim, será ou não concedida, com a expedição da carta-patente (art. 38 da LPI). O depósito do pedido de patente serve para dar início à contagem do prazo de proteção da patente, bem como para marcar a anterioridade do pedido de patente.

A patente tem prazo de duração determinado, sendo 20 anos para a invenção e 15 anos para o modelo de utilidade, contado do depósito do pedido (art. 40 da LPI). Durante esse período, qualquer terceiro está proibido de explorar o produto objeto de patente sem a autorização do titular da patente.

É importante notar que os prazos da patente não podem ser prorrogados, o que significa que, após os períodos de proteção, a invenção e o modelo de utilidade serão de domínio público.

A nulidade da patente pode ser pedida no INPI em até seis meses contados da data da concessão (art. 51 da Lei n. 9.279/96). Judicialmente, a ação de nulidade deve ser proposta na Justiça Federal, e o INPI deve necessariamente participar do processo. O interessado tem o período da vigência da patente para interpor a ação de nulidade, e o réu tem 60 dias para contestar a ação (arts. 56 e 57 da Lei n. 9.279/96).

Se o empregador contratar um funcionário para desenvolver a pesquisa ou uma atividade inventiva, cuja execução do contrato ocorra no Brasil, e dessa atividade resultar uma invenção, ela será integralmente do empregador (art. 88 da Lei n. 9.279/96). E da mesma forma se a patente for requerida pelo empregado até um ano após a extinção do vínculo empregatício. O empregado terá direito apenas ao salário previamente ajustado.

Se o empregado não foi contratado para desenvolver uma atividade inventiva, mas com seu trabalho e com os recursos do empregador desenvolveu uma invenção, a patente será comum, em partes iguais, para o empregado e o empregador. Nesse caso, o empregador terá o direito exclusivo à licença de exploração (art. 91 da Lei n. 9.279/96).

Por fim, se o empregado desenvolveu sozinho a invenção, fora do horário de trabalho e sem utilizar os recursos do empregador, a patente será exclusivamente do empregado (art. 90 da Lei n. 9.279/96).

2.6.2. Registro industrial

No registro industrial, o que se pretende preservar é uma "ideia", seja um sinal pelo qual será conhecido seu produto ou serviço, seja a forma inovadora de um objeto. Nesse sentido podem ser objeto de registro a marca e o desenho industrial.

2.6.2.1. Desenho industrial

O desenho industrial é a forma de objetos que, com seus traços e cores, apresentam um resultado visual novo (art. 95 da LPI).

São requisitos do desenho industrial:

- Novidade;
- Originalidade;
- Não impedimento.

O registro de desenho industrial tem prazo de duração de 10 anos, contado da data de depósito, podendo tal prazo ser prorrogado por até três períodos sucessivos de cinco anos cada (art. 108 da LPI).

A nulidade do desenho pode ser pedida no INPI no prazo de cinco anos contados da data da concessão do registro (art. 113 da LPI). Judicialmente, a ação de nulidade deve ser proposta na Justiça Federal, e o INPI deve necessariamente participar do processo. O interessado tem o período da vigência do desenho para interpor a ação de nulidade, e o réu tem 60 dias para contestar a ação (arts. 118, 56 e 57 da LPI).

2.6.2.2. *Marca*

A marca é um sinal visualmente distintivo de produtos e serviços, a fim de diferenciá-los de outros iguais ou semelhantes de origem diferente (art. 122 da LPI).

São requisitos para a concessão de uma marca:

- Novidade relativa, que significa que a marca deve ser nova em determinado ramo ou classe (princípio da especificidade). O objetivo principal é impedir a confusão entre os consumidores de determinado produto ou serviço;
- Não colidência com marca notoriamente conhecida;
- Não impedimento.

Uma exceção à novidade relativa, e consequentemente ao princípio da especificidade, é a proteção à marca de alto renome, que tem sua proteção estendida a outros ramos de atividade (art. 125 da LPI). O INPI reconhecerá a atribuição de marca de alto renome se a marca possuir ampla projeção no território nacional, ou seja, for reconhecida pelo público em geral, mesmo por pessoas não vinculadas àquele ramo de atividade.

A marca notoriamente conhecida é aquela protegida no Brasil, independentemente do registro no Brasil. Essa proteção é fruto do art. 6º da Convenção da União de Paris, recepcionado no Brasil pelo art. 126 da LPI. A proteção, entretanto, só atinge o próprio ramo de atividade dessa marca.

Para fixar e diferenciar:

Marca de alto renome	Marca notoriamente conhecida
Registrada no INPI e conhecida em grande parte do território nacional	Independentemente de ser registrada no Brasil
Protegida em todos os ramos de atividade	Protegida apenas no próprio ramo de atividade

A marca pode ser registrada sob três espécies diferenciadas:

- Marca de certificação, que serve para auferir que determinado produto ou serviço está em conformidade com determinadas especificações técnicas quanto a qualidade, metodologia, material empregado, como demonstram os produtos ou serviços que contêm os selos Abima, ISO 9000, Inmetro, entre outros (art. 123, II, da LPI). Nesse caso, apenas a pessoa sem interesse comercial ou industrial direto no produto ou serviço atestado;
- Marca coletiva, que serve para identificar produtos e serviços provindos de membros de determinada entidade (art. 123, III, da LPI);

- Marca de produtos e serviços, propriamente dita, que servirá como um sinal distintivo desse produto ou serviço no mercado (art. 123, I, da LPI).

A marca pode ser requerida por pessoas físicas ou jurídicas de direito público ou de direito privado (art. 128 da LPI).

O titular da marca tem por direitos:

a) Ceder seu registro ou pedido de registro;
b) Licenciar seu uso;
c) Zelar pela sua integridade material ou reputação (art. 130 da LPI).

Por outro lado, o titular da marca não pode:

a) Impedir que empresários utilizem sinais distintivos que lhes são próprios, juntamente com a marca do produto, na sua promoção e comercialização;
b) Impedir que fabricantes de acessórios utilizem a marca para indicar a destinação do produto, desde que obedecidas as práticas leais de concorrência;
c) Impedir a livre circulação de produto colocado no mercado interno, por si ou por outrem com seu consentimento, ressalvados os casos de licença compulsória;
d) Impedir a citação da marca em discurso, obra científica ou literária ou qualquer outra publicação, desde que sem conotação comercial e sem prejuízo para seu caráter definitivo (art. 132, IV, da LPI).

O registro da marca tem prazo de proteção de 10 anos, contados a partir da data de concessão, sendo tal prazo prorrogável por períodos iguais e sucessivos (art. 133 da LPI).

A nulidade da marca pode ser pedida no INPI no prazo de 180 dias contados da data da expedição do certificado de registro da marca (art. 169 da LPI). Judicialmente, a ação de nulidade deve ser proposta na Justiça Federal, e o INPI deve necessariamente participar do processo. O interessado tem cinco anos para interpor a ação de nulidade e o réu tem 60 dias para contestar a ação (arts. 174 e 175 da LPI).

2.6.3. Extinção da propriedade industrial

A proteção da propriedade industrial será extinta por:

a) Decurso do prazo de proteção;
b) Caducidade; no caso da patente significa que, após três anos de sua concessão sem a devida exploração, poderá ser concedida a licença

compulsória, e após dois anos da licença compulsória a patente terá caducado se ainda persistir o desuso por parte do proprietário (arts. 68, §§ 1º e 5º, e 70 da LPI). Com relação à marca, bastará sua não utilização pelo período de cinco anos (art. 143 da LPI);

c) Não pagamento da taxa de retribuição devida ao INPI;

d) Renúncia do titular.

CUIDADO

Nos casos de emergência nacional ou de interesse público, o Poder Executivo Federal pode determinar a cessão temporária e não exclusiva da licença compulsória da patente, sem que com isso tenha ocorrido a extinção da patente (art. 71 da LPI).

3 Microempresa e empresa de pequeno porte

A microempresa (ME) e a empresa de pequeno porte (EPP) são empreendimentos que "deveriam" ter um tratamento simplificado por determinação constitucional (art. 179 da CF/88) e são diferenciados de acordo com o faturamento bruto anual.

Nesse sentido, o Enunciado 200 do Conselho de Justiça Federal, aprovado na III Jornada de Direito Civil, dispõe: "É possível a qualquer empresário individual, em situação regular, solicitar seu enquadramento como microempresário ou empresário de pequeno porte, observadas as exigências e restrições legais".

De acordo com a LC n. 123/2006, a ME é aquela que tem o faturamento bruto anual de até R$ 360.000,00, e a EPP é aquela que tem o faturamento bruto anual acima de R$ 360.000,00 e até R$ 4.800.000,00.

Não se inclui no regime diferenciado e favorecido previsto na LC n. 123/2006, para nenhum efeito legal, a pessoa jurídica: "I - de cujo capital participe outra pessoa jurídica; II - que seja filial, sucursal, agência ou representação, no País, de pessoa jurídica com sede no exterior; III - de cujo capital participe pessoa física que seja inscrita como empresário ou seja sócia de outra empresa que receba tratamento jurídico diferenciado nos termos desta Lei Complementar, desde que a receita bruta global ultrapasse o limite de que trata o inciso II do *caput* deste artigo; IV - cujo titular ou sócio participe com mais de 10% (dez por cento) do capital de outra empresa não beneficiada por esta Lei Complementar, desde que a receita bruta global ultrapasse o limite de que trata o inciso II do *caput* deste artigo; V - cujo sócio ou titular seja administrador ou equiparado de outra pessoa jurídica com fins lucrativos, desde que a receita bruta global ultrapasse o limite de que trata o inciso II do *caput* deste artigo; VI - constituída sob a forma de cooperativas, salvo as de consumo; VII - que participe do capital de outra pessoa jurídica; VIII - que exerça atividade de banco comercial, de investimentos e de desenvolvimento, de caixa econômica, de sociedade de crédito, financiamento e investimento ou de crédito imobiliário, de corretora ou de distribuidora de títulos, valores mobiliários e câmbio, de empresa de arrendamento mercantil, de seguros privados e de capitalização ou de previdência complementar; IX - resultante ou remanescente de cisão ou qualquer outra forma de desmembramento de pessoa jurídica que tenha ocorrido em um dos 5 (cinco) anos-calendário anteriores; X - constituída sob a forma de sociedade por ações; XI - cujos titulares ou sócios guardem, cumulativamente, com o contratante do serviço, relação de pessoalidade, subordinação e habitualidade" (art. 3º, § 4º, da LC n. 123/2006).

Da mesma forma, não pode recolher impostos e contribuições na forma do Simples Nacional a microempresa ou a empresa de pequeno porte: "I - que explore atividade de prestação cumulativa e contínua de serviços de assessoria creditícia, gestão de crédito, seleção e riscos, administração de contas a pagar e a receber, gerenciamento de ativos (*asset management*), compras de direitos creditórios resultantes de vendas mercantis a prazo ou de prestação de serviços (*factoring*); II - que tenha sócio domiciliado no exterior; III - de cujo capital participe entidade da administração pública, direta ou indireta, federal, estadual ou municipal; IV - (*Revogado*); V - que possua débito com o Instituto Nacional do Seguro Social (INSS), ou com as Fazendas Públicas Federal, Estadual ou Municipal, cuja exigibilidade não esteja suspensa; VI - que preste serviço de transporte intermunicipal e interestadual de passageiros, exceto quando na modalidade fluvial ou quando possuir características de transporte urbano ou metropolitano ou realizar-se sob fretamento contínuo em área metropolitana para o transporte de estudantes ou trabalhadores; VII - que seja geradora, transmissora, distribuidora ou comercializadora de energia elétrica; VIII - que exerça atividade de importação ou fabricação de automóveis e motocicletas; IX - que exerça atividade de importação de combustíveis; X - que exerça atividade de produção ou venda no atacado de: *a)* cigarros, cigarrilhas, charutos, filtros para cigarros, armas de fogo, munições e pólvoras, explosivos e detonantes; *b)* bebidas a seguir descritas: 1 - alcoólicas; 4 - cervejas sem álcool; XII - que realize cessão ou locação de mão de obra; XIV - que se dedique ao loteamento e à incorporação de imóveis; XV - que realize atividade de locação de imóveis próprios, exceto quando se referir a prestação de serviços tributados pelo ISS; XVI - com ausência de inscrição ou com irregularidade em cadastro fiscal federal, municipal ou estadual, quando exigível" (art. 17 da LC n. 123/2006).

A partir dessa definição e respeitadas as exclusões legais, será possível sua opção de recolhimento tributário pelo Simples Nacional (Sistema Integrado de Pagamento de Impostos e Contribuições das Microempresas e Empresas de Pequeno Porte), que permitirá o recolhimento mensal unificado do IR, IPI, CSLL, Cofins, PIS/Pasep, Contribuição Patronal Previdenciária (CPP), ICMS e ISS. Apesar de ser facultativa a opção pelo Simples Nacional, uma vez realizada, será irretratável durante o ano-calendário.

O art. 179 da CF/88 dispõe: "A União, os Estados, o Distrito Federal e os Municípios dispensarão às microempresas e às empresas de pequeno porte, assim definidas em lei, tratamento jurídico diferenciado, visando a incentivá-las pela simplificação de suas obrigações administrativas, tributárias, previdenciárias e creditícias, ou pela eliminação ou redução destas por meio de lei". V. art. 47, § 1º, ADCT. Os principais benefícios trazidos pela LC n. 123/2006 são:

a) a abertura e o encerramento facilitados da empresa (arts. 8º, 9º e 10º). A facilitação se observa especialmente quanto à impossibilidade de outros órgãos envolvidos com o registro da atividade determinarem mais documentos do que os pedidos pela Junta Comercial. Além disso, não é necessária a assinatura de advogado no contrato social, além da possibilidade da baixa automática, diante da inatividade por mais de três anos;
b) o incentivo à associação, por meio do consórcio simples (art. 56). Com o incentivo à associação, as ME e as EPP têm maior força de contratação, podendo, por exemplo, adquirir bens numa quantidade maior e negociar as condições de pagamento em virtude da quantidade da compra;
c) a existência de uma fiscalização orientadora (art. 55). Nesse caso, a ME e a EPP estariam sujeitas a uma dupla visita da fiscalização, ressalvados os casos de falta de registro de empregado, reincidência, fraude, resistência ou embaraço à fiscalização: a primeira com a finalidade de orientar e somente a segunda com o objetivo de lavrar o auto de infração se as recomendações não foram seguidas;
d) o pagamento facilitado no protesto de títulos (art. 73). Nesse caso, a ME e a EPP estão liberadas do pagamento de grande parte dos emolumentos, permitindo-se o pagamento no cartório com cheque, sem a exigência de que o cheque seja administrativo ou visado.

O tratamento diferenciado e favorecido para as ME e as EPP será realizado pelos seguintes órgãos:

a) Comitê Gestor do Simples Nacional, vinculado ao Ministério da Fazenda, composto de quatro representantes da Secretaria da Receita Federal do Brasil, como representantes da União, dois dos Estados e do Distrito Federal e dois dos Municípios, para tratar dos aspectos tributários;
b) Fórum Permanente das Microempresas e Empresas de Pequeno Porte, com a participação dos órgãos federais competentes e das

entidades vinculadas ao setor, para tratar dos demais aspectos, ressalvado o disposto no inciso III do *caput* do art. 2º da LC n. 123/2006; e

c) Comitê para Gestão da Rede Nacional para Simplificação do Registro e da Legalização de Empresas e Negócios (CGSIM), vinculado à Secretaria da Micro e Pequena Empresa da Presidência da República, composto de representantes da União, dos Estados e do Distrito Federal, dos Municípios e demais órgãos de apoio e de registro empresarial, na forma definida pelo Poder Executivo, para tratar do processo de registro e de legalização de empresários e de pessoas jurídicas (inciso III do art. 2º da LC n. 123/2006).

Sociedades empresariais 4

4.1. CONCEITO

Sociedade empresarial é a pessoa jurídica de direito privado que tem por objetivo social a exploração de atividade econômica.

A sociedade se constitui por meio de um contrato entre duas ou mais pessoas, que se obrigam a combinar esforços e recursos para atingir fins comuns (art. 981 do CC/2002). Portanto, é obrigação de qualquer sócio de sociedade empresarial contribuir para a formação do patrimônio social, não se admitindo a entrada de sócio que apenas preste serviço à empresa (art. 1.055, § 2º, do CC/2002). As sociedades que admitem que os sócios contribuam apenas com prestação de serviços são a sociedade simples (pura) e a cooperativa.

Na sociedade simples, na sociedade limitada, na sociedade em nome coletivo e na sociedade em comandita simples, esse contrato tem o nome de contrato social, enquanto na sociedade anônima, na comandita por ações e na cooperativa o contrato tem o nome de estatuto social.

O CC/2002 divide as sociedades em personificadas e não personificadas. As sociedades personificadas são as que possuem personalidade jurídica, que é adquirida pelo registro, e as não personificadas são as que não possuem personalidade jurídica e, portanto, não são registradas.

Os órgãos capazes de fazer surgir a personalidade jurídica de uma sociedade são: a Junta Comercial, o Cartório de Registro Civil de Pessoas Jurídicas, e a OAB (apenas para as sociedades de advogados).

São personificadas a sociedade simples, a sociedade em nome coletivo, a sociedade em comandita simples, a sociedade limitada, a sociedade anônima, a comandita por ações e a cooperativa.

As sociedades não personificadas são as sociedades comuns e as em conta de participação.

4.2. CARACTERÍSTICAS GERAIS

São características gerais das sociedades empresariais:

a) Origem, por contrato, entre duas ou mais pessoas, com exceção:

- Da subsidiária integral (art. 251 da Lei n. 6.404/76), que é um tipo de sociedade anônima, cujo capital social está totalmente nas mãos de uma pessoa jurídica brasileira;

- Da sociedade anônima, que pode permanecer por até um ano com apenas um acionista (art. 206, I, *d*, da Lei n. 6.404/76);

- De qualquer sociedade contratual, que pode permanecer por até 180 dias com apenas um sócio (art. 1.033, IV, do CC/2002);

b) Nascimento com o registro do contrato social ou do estatuto social, o que diferencia as sociedades em contratuais e institucionais, respectivamente;

c) Extinção: dissolução, expiração do prazo de duração, iniciativa dos sócios, ato de autoridade etc.;

d) Pessoa jurídica com personalidade distinta da dos sócios, com titularidade negocial e processual e responsabilidade dos sócios, quando existir, sempre subsidiária em relação à sociedade (art. 1.024 do CC/2002);

e) Representação por pessoa designada no contrato social ou estatuto social;

f) Natureza: sociedade de pessoas ou sociedade de capital. Na sociedade de pessoas, a presença da *affectio societatis*, que é o vínculo de confiança e de cooperação permanente para o fim social, de tal modo que os sócios podem rejeitar o ingresso de alguém estranho na sociedade (sociedade em nome coletivo, sociedade em comandita simples e sociedade limitada). Por outro lado, na sociedade de capital existe a livre circulação dos sócios (sociedade anônima, sociedade em comandita por ações e sociedade limitada);

g) Proibição da sociedade entre cônjuges, casados sob o regime de comunhão universal ou separação obrigatória de bens (art. 977 do CC/2002);

h) Pode ser estrangeira ou brasileira, dependendo de onde está a sede, no exterior ou no Brasil, respectivamente. A sociedade estrangeira, para se estabelecer no Brasil, depende de autorização do representante do Poder Executivo federal, cujo ato autorizante tem validade por 12 meses, prazo este em que deverá haver a constituição da empresa autorizada (arts. 1.124 e 1.134 do CC/2002). O mesmo vale para as sociedades dependentes de autorização de forma geral, como as instituições financeiras, as mineradoras, as seguradoras etc.;

i) Nome empresarial: regido pelos princípios da veracidade, da novidade e da exclusividade (arts. 1.155 e s. do CC/2002). O princípio da veracidade indica que o nome deve expressar o ramo de atividade, bem como a responsabilidade dos sócios. O princípio da novidade indica que só pode ser escolhido um nome empresarial diverso dos já registrados na Junta Comercial. O princípio da exclusividade, por sua vez, esclarece que quem primeiro registrou possui a exclusividade do uso do nome. O nome empresarial pode se apresentar por meio de firma (razão social) ou denominação, sendo, na primeira, o nome composto dos nomes dos sócios que respondem ilimitadamente pela sociedade (sociedade em nome coletivo, sociedade em comandita simples, sociedade limitada, sociedade em comandita por ações), e, na segunda, o nome inventado, expressando a responsabilidade limitada de seus sócios, contendo sempre que possível o ramo de atividade (sociedade limitada, sociedade anônima, sociedade em comandita por ações).

ATENÇÃO

O nome empresarial é inalienável, mas o adquirente do estabelecimento, por ato entre vivos, pode, se o contrato permitir, usar o nome do alienante, precedido do seu próprio nome, com a qualificação de sucessor (art. 1.164 do CC/2002).

4.3. ESPÉCIES SOCIETÁRIAS

As sociedades diferenciam-se, basicamente, pela forma de responsabilidade dos seus sócios, respondendo ou não com seus bens particulares, subsidiariamente, pelas obrigações sociais assumidas e pelo modo de formação de seu nome. As sociedades, de acordo com as responsabilidades dos sócios, podem ser ilimitadas, limitadas ou mistas. Nas sociedades ilimitadas todos os sócios respondem com seus bens particulares. Nas sociedades limitadas, de regra, os sócios não respondem com seus bens particulares. Nas sociedades mistas, alguns sócios respondem com seus bens particulares e outros não.

De acordo com o regime de constituição, as sociedades podem ser regidas ou pelo Código Civil ou pela Lei n. 6.404/76. No primeiro caso, estamos diante das sociedades contratuais, que são as sociedades simples, as sociedades em nome coletivo, as sociedades em comandita simples e a sociedade limitada. No caso da Lei n. 6.404/76, temos as sociedades institucionais, que são as sociedades anônimas e as sociedades em comandita por ações. Não se pode esquecer que as cooperativas que são regidas pelo Código Civil, e pela Lei n. 5.764/71, são sociedades institucionais.

4.3.1. Sociedades não personificadas

4.3.1.1. Sociedade comum (irregular ou de fato)

É a sociedade não personificada que não possui contrato social ou este não é registrado na Junta Comercial ou no Registro Civil das Pessoas Jurídicas. Por não ter registro, não tem personalidade jurídica nem nome empresarial. Esse tipo de sociedade não pode obter o benefício da recuperação de empresas, mas pode sofrer falência, embora não possa requerer a falência de um devedor (arts. 1º, 48 e 97 da Lei n. 11.101/2005).

A sociedade comum pode ocorrer por uma opção dos sócios em não registrar sua atividade ou pode ser usada como regramento para as sociedades que ainda não foram registradas, com exceção da sociedade anônima em organização, que é regida pela própria lei que regula as sociedades anônimas (art. 986 do CC/2002).

Nesse sentido, o Enunciado 383 do Conselho de Justiça Federal, aprovado na IV Jornada de Direito Civil, dispõe: "A falta de registro do contrato social (irregularidade originária - art. 998) ou de alteração contratual versando sobre matéria referida no art. 997 (irregularidade superveniente - art. 999, parágrafo único) conduz à aplicação das regras da sociedade em comum (art. 986)".

A responsabilidade dos sócios é solidária e ilimitada pelas dívidas sociais, mas só poderão ser atingidos depois de esgotados os bens do patrimônio especial.

Apesar de não existir personalidade jurídica e, portanto, não haver a proteção patrimonial dos sócios, o legislador afirmou que os bens dos sócios colocados à disposição da sociedade, bem como as respectivas dívidas, constituem um patrimônio especial (art. 988 do CC/2002). Isso significa que, apesar da ausência da personalidade jurídica, o patrimônio dos sócios não pode ser atingido diretamente, e sim após esgotados os bens do patrimônio especial.

O patrimônio especial é titularizado por todos os sócios e resultará num benefício de ordem para os sócios na cobrança das dívidas sociais, exceto para aquele sócio que contratou pela sociedade (art. 990 do CC/2002).

Nesse sentido, o Enunciado 210 da III Jornada de Direito Civil do CJF dispõe: "O patrimônio especial a que se refere o art. 988 é aquele afetado ao exercício da atividade, garantidor de terceiro, e de titularidade dos sócios em comum, em face da ausência de personalidade jurídica".

4.3.1.2. Sociedade em conta de participação

É a sociedade não personificada em virtude de não possuir registro nem na Junta Comercial, nem no Cartório de Registro Civil de Pessoas Jurídicas, nem na OAB, mas que existe por meio de um contrato de uso interno entre os sócios. Em virtude dessa ausência de registro não se pode falar em nome empresarial da sociedade. Esse contrato pode até ter sido registrado no Cartório de Títulos e Documentos, e mesmo assim não haverá personalidade jurídica para a sociedade (art. 991 do CC/2002).

A liquidação da sociedade é regida pelas regras da prestação de contas (art. 996 do CC/2002). No caso de falência do sócio ostensivo, o participante será tratado como credor quirografário, e, se ocorrer a falência do sócio participante, a relação dele com o sócio ostensivo será tratada como um contrato bilateral (art. 994 do CC/2002).

4.3.2. Sociedades personificadas

4.3.2.1. Sociedade simples

As sociedades simples são a forma societária adotada para as atividades não empresarial, como nas sociedades entre profissionais liberais ou intelectuais e nas cooperativas. As sociedades simples podem adotar a forma pura ou alguma das formas societárias a seguir expostas: em nome coletivo, cooperativa, comandita simples e, até mesmo, limitada.

Se adotarem a forma pura, as regras utilizadas serão as dos arts. 997 e s. do CC/2002, mas, se adotarem as demais formas societárias do Código Civil, serão, então, reguladas pelas regras específicas daquelas sociedades e, subsidiariamente (e no que não for contraditório), adotarão as regras das sociedades simples.

Exatamente por servirem de regras subsidiárias é que indicaremos seus artigos em outros tipos societários.

Quanto às sociedades simples, é importante ressaltar que as cláusulas obrigatórias de seu contrato social aparecem no art. 997 do CC/2002: "I - nome, nacionalidade, estado civil, profissão e residência dos sócios, se pessoas naturais, e a firma ou a denominação, nacionalidade e sede dos sócios, se jurídicas; II - denominação, objeto, sede e prazo da sociedade; III - capital da sociedade, expresso em moeda corrente, podendo compreender qualquer espécie de bens, suscetíveis de avaliação pecuniária; IV - a quota de cada sócio no capital social, e o modo de realizá-la; V - as prestações a que se obriga o sócio, cuja contribuição consista em serviços; VI - as pessoas naturais incumbidas da administração da sociedade, e seus poderes e atribuições; VII - a participação de cada sócio nos lucros e nas perdas; VIII - se os sócios respondem, ou não, subsidiariamente, pelas obrigações sociais".

Ressalte-se que a alteração de qualquer dessas cláusulas precisa da concordância unânime dos sócios (art. 999 do CC/2002); para as cláusulas facultativas, normalmente só é necessária a maioria absoluta dos sócios.

Outra peculiaridade é que, na sociedade simples, admite-se sócio que apenas preste serviços, mas mesmo assim não participará da formação do capital social, não terá uma quota determinada, participando dos lucros da empresa pela proporção média das quotas, mas sem previsão de participação nas perdas societárias (arts. 1.007 e 1.023 do CC/2002).

Outra questão importante é que os sócios que contribuíram com dinheiro ou com bens responderão pelas perdas societárias na proporção de suas cotas, e não solidariamente, como poderia se imaginar, a não ser que no contrato exista a expressa menção da responsabilidade solidária (art. 1.023 do CC/2002).

Se o sócio contribuir apenas com prestação de serviços, deve se dedicar exclusivamente à atividade realizada pela sociedade, sob pena de ser excluído da sociedade (art. 1.006 do CC/2002).

4.3.2.2. Sociedade em nome coletivo

É uma sociedade personificada, pois é registrada ou na Junta Comercial (sociedade empresária) ou no Cartório de Registro Civil de Pessoas Jurídicas (sociedade simples).

A sociedade em nome coletivo é regida pelos arts. 1.039 a 1.044 do CC/2002 e, subsidiariamente, pelas regras das sociedades simples.

É uma sociedade de pessoas na qual todos os sócios, que só podem ser pessoas físicas, respondem ilimitadamente e solidariamente pelas dívidas da sociedade. Entretanto, por ser uma sociedade registrada (personificada), o patrimônio dos sócios somente pode ser atingido depois de esgotados os bens da empresa (art. 1.024 do CC/2002).

Em virtude da responsabilização patrimonial dos sócios, o incapaz não pode ser sócio, já que o legislador quis proteger o seu patrimônio, quando recebesse a autorização judicial para continuar a atividade empresarial (art. 974 do CC/2002).

O nome da sociedade será registrado por meio de firma ou razão social, composta do nome pessoal de um ou mais sócios (& Cia.). Exemplo: Vieira, Oliveira & Cia. (arts. 1.039 a 1.044 do CC/2002).

A administração é exercida por todos os sócios.

4.3.2.3. Sociedade em comandita simples

É uma sociedade personificada, pois é registrada na Junta Comercial (sociedade empresarial) ou no Cartório de Registro Civil de Pessoas Jurídicas (sociedade simples).

A sociedade em comandita simples é regida pelos arts. 1.045 a 1.051 do CC/2002 e, subsidiariamente, pelas regras da sociedade em nome coletivo e, portanto, as regras da sociedade simples, no que for compatível a esse tipo societário (art. 1.046 do CC/2002).

É a sociedade de pessoas composta dos sócios comanditados (pessoas físicas), que entram com o capital e o trabalho, assumem a gerência da empresa e respondem ilimitadamente pelas obrigações sociais e pelos sócios comanditários (pessoas físicas ou jurídicas), que respondem apenas pela integralização das quotas adquiridas; portanto, no limite de suas quotas.

Para que exista a sociedade em comandita simples é necessária sempre a existência das duas categorias de sócios, já que a ausência por mais de 180 dias de uma das categorias de sócio resultará em dissolução da sociedade (art. 1.051 do CC/2002).

O incapaz só pode ser sócio comanditário por ter proteção patrimonial.

O nome será registrado por firma ou razão social, composto apenas dos nomes de sócios comanditados (art. 1.046 do CC/2002).

O patrimônio dos sócios comanditados apenas será atingido depois de executados os bens da sociedade (art. 1.024 do CC/2002), em virtude da existência de personalidade jurídica.

4.3.2.4. Sociedade limitada

a) Fonte jurídica para resolução de conflitos

A sociedade limitada é uma sociedade contratual regida de forma complementar pelo Código Civil nos arts. 1.052 a 1.087. Entretanto, nas omissões do texto próprio para a sociedade limitada, aplicam-se subsidiariamente as regras das sociedades simples e, se o contrato expressamente previr, a Lei das Sociedades Anônimas, supletivamente (art. 1.053, *caput* e parágrafo único, do CC/2002).

b) Natureza jurídica

A sociedade limitada não é, em abstrato, de pessoas nem de capital. Será de uma ou de outra forma, de acordo com o previsto no contrato social.

Será de pessoas quando o contrato social contemplar cláusulas de controle para a entrada de terceiros estranhos à sociedade, como no caso de condicionar a cessão de quotas sociais à anuência dos demais cotistas, a impenhorabilidade das quotas, o impedimento da sucessão dos herdeiros por morte de sócio etc. Se nada for estabelecido sobre esses assuntos, a sociedade será de capital.

A sociedade limitada pode ser empresarial ou simples, dependendo da atividade exercida e, consequentemente, de onde ela foi registrada, se na Junta Comercial ou no Cartório de Registro Civil de Pessoas Jurídicas.

c) Affectio societatis

Affectio societatis é o vínculo entre os sócios que representa uma confiança mútua e a vontade de cooperação para a realização da atividade empresarial, combinando esforços e mantendo o dever de lealdade.

A quebra da *affectio societatis* é causa de retirada do sócio, mas não permite a exclusão de sócio.

d) Nome empresarial

A sociedade limitada pode utilizar como nome empresarial a firma ou a denominação. No caso da utilização da firma social, basta a utilização do nome de um ou mais sócios seguido da terminação limitada ou sua abreviatura. No caso da utilização da denominação, deve constar o nome inventado pelos sócios, seguido do ramo de atividade e da terminação limitada ou sua abreviatura (art. 1.158 do CC/2002).

É conveniente lembrar que o nome empresarial não pode ser objeto de alienação de forma isolada (art. 1.164 do CC/2002).

ATENÇÃO

A falta da terminação "limitada" gera a responsabilidade solidária e ilimitada dos administradores que se utilizarem do nome sem essa terminação (art. 1.158 do CC/2002). Salienta, ainda, o parágrafo único do art. 1.164: "O adquirente de estabelecimento, por ato entre vivos, pode, se o contrato o permitir, usar o nome do alienante, precedido do seu próprio, com a qualificação de sucessor".

e) Capital social

O capital social é um bem intangível composto da somatória dos recursos trazidos pelos sócios à empresa, expressos em moeda nacional. Se tais recursos forem bens, será necessária uma avaliação dos sócios ou de terceiros, para que os valores possam compor o capital social da empresa. Nesse caso, os sócios permanecem responsáveis solidariamente pela avaliação realizada por até cinco anos após a data de sua realização (art. 1.055, § 1º, do CC/2002).

Lembrando que, pelo Código Civil, é proibido o ingresso de sócio que não contribua com recursos, mas apenas com trabalho, de tal modo que a figura do sócio de indústria foi abolida do atual ordenamento (art. 1.055, § 2º, do CC/2002).

Em relação à cessão de quotas, se o contrato social for omisso, um sócio pode livremente ceder suas quotas a outro sócio independentemente da concordância dos demais, mas, se quiser cedê-las para terceiros estranhos à sociedade, isso somente será possível se não ocorrer a oposição dos sócios que representem mais de um quarto do capital social. A cessão só produzirá efeitos perante a sociedade e terceiros após a averbação do contrato social (art. 1.057, parágrafo único, do CC/2002).

f) Responsabilidade

A responsabilidade da sociedade é ilimitada por todas as obrigações assumidas, mas os sócios respondem de forma limitada e subsidiária pelas obrigações sociais.

A regra geral da responsabilidade na sociedade limitada estabelece que cada sócio responde pela integralização do capital subscrito e, solidariamente, pelo capital não integralizado (art. 1.052 do CC/2002).

Enquanto os sócios não registrarem o ato constitutivo de sociedade empresarial da qual fazem parte, o regramento que deverá ser utilizado é o da sociedade comum (arts. 986 a 990 do CC/2002).

A responsabilidade dos sócios ocorrerá de forma subsidiária nas seguintes situações:

Quando os sócios deliberarem de forma contrária à lei ou ao contrato social (art. 1.080 do CC/2002). Nesse sentido, o Enunciado 229 da III Jornada de Direito Civil do CJF dispõe: "A responsabilidade ilimitada dos sócios pelas deliberações infringentes da lei ou do contrato torna desnecessária a desconsideração da personalidade jurídica, por não constituir a autonomia patrimonial da pessoa jurídica escudo para a responsabilização pessoal e direta".

Quando os sócios fraudarem os credores.

g) Desconsideração da personalidade jurídica

Em caráter de exceção, quando a sociedade não tiver patrimônio suficiente e dependendo da teoria adotada, como veremos a seguir, os sócios e administradores envolvidos responderão ilimitadamente para saldar as obrigações assumidas, ou seja, com seu patrimônio pessoal. Para que isso ocorra será necessária a desconsideração da personalidade jurídica.

Na desconsideração da personalidade jurídica ocorre um afastamento da personalidade jurídica da empresa para se alcançar o patrimônio do sócio e administrador envolvidos, a partir de requerimento do interessado e por decisão judicial.

A desconsideração da personalidade jurídica pode ocorrer baseada na teoria maior, nomenclatura usada por Fábio Ulhoa Coelho (*Curso de Direito Comercial*, p. 47), ou na teoria menor. Para a *teoria maior*, a desconsideração só pode ocorrer se houver abuso da personalidade jurídica, caracterizada pelo desvio de finalidade ou pela confusão patrimonial. Para a *teoria menor*, a desconsideração pode ocorrer pela simples insolvência da personalidade jurídica. A justificativa da utilização da teoria menor é que existem credores não negociais, como os trabalhadores e os consumidores, que não podem assumir o risco do negócio nem tomar garantias quando firmam seus contratos com as empresas.

O Código Civil adota a *teoria maior* ao prever no seu art. 50: "Em caso de *abuso da personalidade jurídica*, caracterizado pelo *desvio de finalidade*, ou pela *confusão patrimonial*, pode o juiz decidir, a requerimento da parte, ou do Ministério Público quando lhe couber intervir no processo, que os efeitos de certas e determinadas relações de obrigações sejam estendidos aos bens particulares dos administradores ou sócios da pessoa jurídica beneficiados direta ou indiretamente" (grifos nossos).

O Código de Defesa do Consumidor, no seu art. 28, *caput*, adota a *teoria maior*, quando define: "O juiz poderá desconsiderar a personalidade jurídica da sociedade quando, em detrimento do consumidor, houver *abuso de direito*, excesso de poder, infração da lei, fato ou ato ilícito ou violação dos estatutos ou contrato social. A desconsideração também será efetivada quando houver falência, estado de insolvência, encerramento ou inatividade da pessoa jurídica provocados por má administração" (grifo nosso). Entretanto, percebe-se claramente a utilização da *teoria menor* no art. 28, § 5º, do CDC: "Também poderá ser desconsiderada a pessoa jurídica sempre que sua personalidade for, de alguma forma, *obstáculo ao ressarcimento de prejuízos* causados aos consumidores" (grifo nosso).

Segundo a Ministra Nancy Andrighi, "a teoria maior da desconsideração, regra geral no sistema jurídico brasileiro, não pode ser aplicada com a mera demonstração de estar a pessoa jurídica insolvente para o cumprimento de suas obrigações. Exige-se, aqui, para além da prova de insolvência, ou a demonstração de desvio de finalidade (teoria subjetiva da desconsideração), ou a demonstração de confusão patrimonial (teoria objetiva da desconsideração). A teoria menor da desconsideração, acolhida em nosso ordenamento jurídico excepcionalmente no Direito do Consumidor e no Direito Ambiental, incide com a mera prova de insolvência da pessoa jurídica para o pagamento de suas obrigações, independentemente da existência de desvio de finalidade ou de confusão patrimonial. Para a teoria menor, o risco empresarial normal às atividades econômicas não pode ser suportado pelo terceiro que contratou com a pessoa jurídica, mas pelos sócios e/ou administradores desta, ainda que estes demonstrem conduta administrativa proba, isto é, mesmo que não exista qualquer prova capaz de identificar conduta culposa ou dolosa por parte dos sócios e/ou administradores da pessoa jurídica. A aplicação da teoria menor da desconsideração às relações de consumo está calcada na exegese autônoma do § 5º do art. 28 do CDC, porquanto a incidência desse dispositivo não se subordina à demonstração dos requisitos previstos no caput do artigo indicado, mas apenas à prova de causar, a mera existência da pessoa jurídica, obstáculo ao ressarcimento de prejuízos causados aos consumidores" (REsp 279.273/SP, j. 4-12-2003, *DJ* 29-3-2004).

h) Controle da sociedade

Na sociedade limitada, o poder de mando da empresa é definido primeiro por quem possui o maior número de quotas. Se houver empate em relação ao número de quotas, a definição será dada pelo número de sócios e, se o empate ainda prevalecer, então apenas uma decisão judicial resolverá a questão (art. 1.010 do CC/2002).

i) Administrador

A sociedade pode ser gerida por um administrador sócio ou não sócio (art. 1.060 do CC/2002).

Nessa qualidade, se o administrador não sócio praticar ato de gestão contrariando expressamente decisão tomada em reunião de sócios, cuja ata foi arquivada na Junta Comercial, agirá com excesso de poderes, e essa circunstância poderá ser oposta a terceiros (arts. 1.013, § 2º, 1.015 e 1.016 do CC/2002).

O excesso de poderes praticado pelo administrador pode ser oposto a terceiro, se este tinha como saber do excesso praticado. Tal conhecimento pode ocorrer quando a operação realizada pelo administrador era estranha ao ramo de atividade da sociedade, ou ainda quando a limitação foi averbada na Junta Comercial (art. 1.015, parágrafo único, do CC/2002). Esse ato realizado pelo administrador é chamado de ato *ultra vires*. De acordo com o Enunciado 219 do CJF, "está positivada a teoria *ultra vires* no direito brasileiro, com as seguintes ressalvas: (a) o ato *ultra vires* não produz efeito apenas em relação à sociedade; (b) sem embargo, a sociedade poderá, por meio de seu órgão deliberativo, ratificá-lo; (c) o Código Civil amenizou o rigor da teoria *ultra vires*, admitindo os poderes implícitos dos administradores para realizar negócios acessórios ou conexos ao objeto social, os quais não constituem operações evidentemente estranhas aos negócios da sociedade; (d) não se aplica o art. 1.015 às sociedades por ações, em virtude da existência de regra especial de responsabilidade dos administradores (art. 158, II, Lei 6.404/1976)" (III Jornada de Direito Civil).

É imprescindível que o administrador, sócio ou não sócio, seja identificado no contrato ou em ato separado devidamente registrado na Junta Comercial, a fim de que terceiros saibam quem representa a empresa e quais atos essa pessoa pode realizar (art. 1.012 do CC/2002).

Se o contrato social for omisso quanto à função do administrador, ela será exercida pelos sócios separadamente (art. 1.013 do CC/2002). Tal prerrogativa, entretanto, não atinge os sócios que vierem a ingressar na sociedade posteriormente.

Os poderes concedidos ao administrador sócio são irrevogáveis, quando previstos no contrato social, a não ser por justa causa, enquanto os poderes concedidos a um administrador não sócio são revogáveis a qualquer tempo. É importante ressaltar que, se os poderes concedidos a um administrador sócio estiverem previstos em documento separado do contrato social, esses poderes também são revogáveis (art. 1.019, parágrafo único, do CC/2002).

O administrador responde:

Solidariamente com a sociedade pelos atos que praticar, antes de requerer a averbação do documento que o nomeia na Junta Comercial (art. 1.012 do CC/2002);

Por perdas e danos perante a sociedade, se agir contrariando a vontade da maioria dos sócios ou simplesmente desempenhar suas funções com culpa (arts. 1.013, § 2º, e 1.016 do CC/2002).

j) Assembleias

As decisões de uma sociedade limitada são tomadas por assembleias ou reuniões. A terminologia "reunião" será utilizada quando a sociedade for composta de até 10 sócios, enquanto o termo "assembleia" será utilizado quando a sociedade for composta de mais de 10 sócios (art. 1.072, § 1º, do CC/2002), e poderá ocorrer presencialmente ou digitalmente (art. 1.080 do CC/2002).

A assembleia deve ser convocada pelos administradores, mas, diante de sua inércia por mais de 60 dias, qualquer sócio poderá fazer a convocação, ou ainda os sócios titulares de pelo menos 20% do capital social se o administrador permanecer inerte por oito dias diante do pedido de convocação (art. 1.073, I, do CC/2002).

Para que a convocação ocorra, é necessário que sejam respeitadas as seguintes solenidades:

- Três publicações em jornal de grande circulação e no *Diário Oficial*;
- A primeira publicação deve respeitar a antecedência mínima de oito dias da data da assembleia (art. 1.152, § 3º, do CC/2002);
- É necessário o quórum de instalação da assembleia de no mínimo 3/4 do capital social (arts. 1.071, V, e VI e 1.076, I, do CC/2002).

Se todos os sócios estiverem presentes na assembleia ou houver uma declaração por escrito sobre a ciência de todos eles a respeito da assembleia, as publicações serão dispensadas (art. 1.072, § 2º, do CC/2002).

Se, na data fixada, não estiver presente o quórum mínimo de sócios, será necessária uma segunda convocação, que seguirá as solenidades anteriormente descritas, com a diferença de que o período de antecedência a ser respeitado para a primeira publicação será de cinco dias. Nessa segunda convocação não há quórum de instalação.

O sócio poderá participar e votar a distância em reunião ou em assembleia, nos termos do regulamento do órgão competente do Poder Executivo federal (art. 1.080-A do CC/2002).

Para fixação:

Assembleias	1ª Convocação	2ª Convocação
Editais	Três publicações no Diário Oficial e jornal de grande circulação	Três publicações no Diário Oficial e jornal de grande circulação
Anterioridade	1ª publicação deve sair com oito dias de antecedência da data da assembleia	1ª publicação deve sair com cinco dias de antecedência da data da assembleia
Quórum	3/4 do capital social	não há

k) Conselho Fiscal

O Conselho Fiscal é um órgão facultativo que depende de previsão no contrato social. São atribuições do Conselho Fiscal:

- Examinar os livros e papéis da sociedade ao menos de três em três meses (art. 1.069, I, do CC/2002);
- Lavrar o livro de atas e pareceres (art. 1.069, II, do CC/2002);
- Exarar no mesmo livro e apresentar à assembleia anual dos sócios parecer sobre os negócios e as operações sociais do exercício em que servirem, tomando por base o balanço patrimonial e o de resultado econômico (art. 1.069, III, do CC/2002);
- Denunciar erros, fraudes ou crimes que descobrirem (art. 1.069, IV, do CC/2002);
- Convocar a assembleia dos sócios por motivos graves e urgentes (art. 1.069, V, do CC/2002);
- Praticar, durante o período da liquidação da sociedade, os atos a que se refere este artigo, tendo em vista as disposições especiais reguladoras da liquidação.

l) Quórum qualificado

As decisões da sociedade limitada devem ser tomadas mediante assembleias por maioria de votos. Entretanto, algumas decisões só podem ser tomadas de forma unânime.

São elas:

- Designação de administrador não sócio se o capital social não estiver integralizado (art. 1.061 do CC/2002);
- Dissolução de sociedade com prazo determinado.

É necessária a concordância de 3/4 do capital social (arts. 1.071, V e VI, e 1.076, I, do CC/2002) para:

- Modificação do contrato social;
- Aprovação de incorporação, fusão e dissolução.

É necessária a concordância de 2/3 do capital social (art. 1.061 do CC/2002) para:

- Destituição de sócio-administrador designado pelo contrato social;
- Designação de administrador não sócio se o capital social estiver totalmente integralizado.

É necessária a concordância da maioria absoluta do capital social, ou seja, de mais da metade do capital social (arts. 1.071, II, III, IV e VIII, e 1.076, II, do CC/2002) para:

- Designação de sócio-administrador realizada em ato separado;
- Remuneração de administradores;
- Exclusão de sócio por justa causa.

É necessária a concordância da maioria simples do capital social, ou seja, de mais da metade dos sócios presentes na assembleia (arts. 1.071, I e VII, e 1.076, III, do CC/2002) para:

- Aprovação da prestação de contas dos administradores;
- Demais assuntos.

m) Dissolução total

- A dissolução da sociedade pode ser total ou parcial. Ocorre *dissolução total* por:
- Vontade dos sócios;
- Decurso do prazo determinado;
- Falência;
- Inexequibilidade do objeto social (art. 1.034, II, do CC/2002), ou seja, impossibilidade de executar o objeto social, seja porque não há mais dinheiro para explorar aquele ramo de atividade, seja porque não há mais interesse de mercado para aquela atividade;

- Unipessoalidade por mais de 180 dias (art. 1.033, IV, do CC/2002), ou seja, até é possível que todo o capital social fique nas mãos de uma única pessoa, mas essa centralização não pode permanecer por mais de 180 dias;
- Causas determinadas pelo contrato.

n) Resolução da sociedade em relação a um sócio

Ocorre *dissolução parcial* ou resolução da sociedade em relação a um dos sócios por:

- Vontade dos sócios;
- Morte dos sócios, quando se impede a sucessão dos herdeiros, apenas ressarcindo-os pelas quotas do *de cujus* (art. 1.028 do CC/2002). O Enunciado 221 do CJF dispõe: "Diante da possibilidade de o contrato social permitir o ingresso na sociedade do sucessor de sócio falecido, ou de os sócios acordarem com os herdeiros a substituição de sócio falecido, sem liquidação da quota em ambos os casos, é lícita a participação de menor em sociedade limitada, estando o capital integralizado, em virtude da inexistência de vedação no Código Civil";
- Retirada dos sócios.

o) Exclusão de sócio minoritário

A exclusão de sócio pode ocorrer:

- No caso do sócio que não integraliza suas quotas, e que, por causa disso, é chamado de sócio remisso - neste caso, a sociedade deve notificá-lo, e se, após 30 dias da notificação, o sócio continuar devendo, será ele então constituído em mora; a partir daí, a maioria dos demais sócios poderá decidir por cobrá-lo judicialmente, reduzir sua quota ao valor que já foi integralizado ou, ainda, excluí-lo, devolvendo ao sócio excluído o que ele tiver disponibilizado à sociedade, deduzidas as despesas (arts. 1.004 e 1.058 do CC/2002);
- No caso do sócio que praticar falta grave que coloque em risco a continuidade da empresa - para que ocorra a exclusão por justa causa, é preciso a concordância da maioria dos sócios, representativa de mais da metade do capital social, além da previsão da exclusão por justa causa, anteriormente à ocorrência do fato, no contrato social. (art. 1.085, parágrafo único, do CC/2002);
- No caso de exclusão judicial, pela prática de falta grave ou ainda em razão de incapacidade superveniente - neste caso, a maioria dos

demais sócios deverá promover a ação judicial pleiteando a exclusão do sócio (art. 1.030 do CC/2002).

A retirada, exclusão ou morte do sócio não o exime, ou a seus herdeiros, da responsabilidade pelas obrigações contraídas anteriormente, de tal modo que sua responsabilidade é mantida por dois anos contados da averbação do contrato social (art. 1.032 do CC/2002).

Toda vez que houver a saída de um sócio, seja por falecimento, seja por retirada, seja por exclusão, as quotas serão ressarcidas a partir do valor patrimonial, que será apurado mediante balanço especial (art. 1.031 do CC/2002).

Além disso, a sociedade pode ser dissolvida judicialmente, a requerimento de qualquer sócio, quando a constituição da sociedade for anulada ou diante da inexequibilidade da empresa (art. 1.034 do CC/2002).

4.3.2.5 Sociedade anônima ou companhia

a) Características gerais

- Sociedade empresarial (art. 982, parágrafo único, do CC/2002);
- Sociedade de capital (impessoalidade);
- Mínimo de dois acionistas (exceções: subsidiária integral, em que todo o capital social da S.A. está centralizado nas mãos de uma pessoa jurídica brasileira, cuja aquisição foi documentada por escritura pública - art. 251 da Lei n. 6.404/76; e qualquer S.A., por até um exercício - art. 206, *d*, da Lei n. 6.404/76);
- Capital dividido em ações;
- Ações livremente negociáveis, podendo até mesmo ser penhoradas;
- Pode ser aberta ou fechada, conforme se permita ou não a negociação em bolsa de valores ou em mercado de balcão;
- Adota como nome a denominação seguida por S.A. - Sociedade Anônima - ou Cia. - Companhia (art. 3º da Lei n. 6.404/76);
- Responsabilidade dos acionistas: limitada ao preço de emissão das ações subscritas ou adquiridas (art. 1º da Lei n. 6.404/76).

b) Constituição da S.A.

A S.A. pode se constituir por meio de subscrição pública ou subscrição particular.

A subscrição particular ou constituição simultânea ocorrerá quando todo o capital necessário já tiver sido obtido pelos próprios fundadores; neste caso, será necessário reunir os fundadores numa assembleia de fundadores, e a ata dessa assembleia deverá ser devidamente registrada na Junta Comercial ou ainda em escritura pública (art. 88 da LSA).

A subscrição pública ou constituição sucessiva ocorrerá quando, para completar o montante do capital social, for necessária a captação de investimentos externos. Nessa situação, em primeiro lugar, é necessário um prévio registro de emissão na Comissão de Valores Mobiliários (CVM), que fará um estudo de viabilidade financeira do futuro empreendimento. Uma vez que a CVM tenha aprovado o projeto, a S.A. em formação deverá buscar a intermediação de uma instituição financeira para que suas ações sejam negociadas na bolsa de valores. As pessoas que se interessarem por essas ações saberão o que estão adquirindo, uma vez que as ações trarão o nome escolhido para a S.A., seguido da terminologia "em organização" (arts. 82 a 87 da LSA).

Outra questão relevante é que, para pleitear da CVM o estudo de viabilidade financeira, será necessário o depósito de 10% do capital social (art. 80, II, da LSA). Porém, se a S.A. em questão for uma instituição financeira, o depósito deverá ser de 50% do capital social.

Para fixar:

Constituição Simultânea ou Subscrição Particular	Constituição Sucessiva ou Subscrição Pública
1. Assembleia de constituição	1. Prévio registro dado pela CVM
2. Ata da assembleia de constituição	2. Intermediação de instituição financeira
	3. Assembleia de constituição
	4. Ata da assembleia de constituição

c) Títulos emitidos pela S.A.

Os títulos emitidos pela S.A. são ações - unidades correspondentes a parte do capital social - que conferem a seus titulares um complexo de direitos e deveres.

O valor das ações pode ser atribuído da seguinte forma:

- Valor nominal: é o resultado da divisão do valor do capital social pelo número de ações. Esse valor pode estar ou não expresso na ação, de tal modo que podem existir ações com ou sem valor nominal;
- Valor de negociação: é o preço pago pela ação no mercado, quando de sua alienação, definido por uma série de fatores políticos e econômicos;

- Valor patrimonial: é o valor representativo da participação do acionista no patrimônio líquido da companhia, calculado com a divisão do patrimônio líquido pelo número de ações. Tal valor é devido ao acionista em caso de liquidação ou reembolso, tendo-se acesso a esse valor por meio de um balanço especialmente realizado para tal finalidade.

d) Classificação das ações

As ações podem ser classificadas quanto à natureza e à forma de circulação. Com relação à natureza ou à espécie ou aos direitos que conferem a seus titulares, as ações podem ser (art. 15 da LSA):

- Ordinárias ou comuns, que conferem os direitos reservados ao acionista comum, além de conceder a seus titulares o direito de voto (art. 16 da LSA);
- Preferenciais, que conferem privilégios econômicos ou políticos a seus titulares. Os privilégios econômicos consistem na prioridade na distribuição de dividendos e na prioridade no reembolso do capital investido; além disso, no estatuto da S.A. estará definido como será a distribuição dos dividendos, que podem ser mínimos, fixos ou diferenciais: os dividendos mínimos são aqueles distribuídos a partir de um valor mínimo de recebimento, mas que não impedem que o acionista receba mais se a S.A. tiver um lucro maior em um exercício; os dividendos fixos são aqueles distribuídos a partir de um valor fixo de recebimento, e, mesmo que a S.A. tenha um lucro maior em determinado exercício, o acionista preferencial não receberá mais; os dividendos diferenciais são aqueles distribuídos numa proporção diferente e superior a pelo menos 10% do que será distribuído para quem possui uma ação ordinária (art. 17 da LSA). Por outro lado, os privilégios políticos consistem na possibilidade de eleger um ou mais membros dos órgãos de administração (art. 18 da LSA) ou, ainda, na atribuição do direito de veto, em matérias especificadas pela Assembleia Geral, ao ente desestatizante nas companhias que foram objeto de privatização (art. 17, § 7º, da LSA). Em virtude da concessão desses privilégios, as ações preferenciais podem ou não conferir o direito de voto (art. 111 da LSA). Das ações emitidas, no máximo 50% podem ser preferenciais sem direito a voto;
- De gozo ou fruição, que são as ações emitidas para amortizar dívidas da empresa. Uma vez devolvidas para o mercado, as ações concederão os mesmos direitos originalmente estabelecido no Estatuto (preferenciais ou ordinárias).

Com relação à forma de circulação, as ações podem ser:

- Nominativas, que declaram o nome do proprietário. São transferidas por termo lavrado no Livro de Registro de Ações Nominativas (arts. 20 e 31 da LSA);
- Escriturais, que são as mantidas em contas de depósito em nome do seu titular.

ATENÇÃO

Não podem ser emitidas ações ao portador nem nominativas endossáveis, por determinação da Lei n. 8.021/90 (art. 2º, I).

e) Acionistas

Os acionistas podem ser classificados da seguinte forma:

- Ordinários ou comuns, que possuem direitos e deveres comuns a todos os acionistas (dividendos, bonificações, fiscalização etc.);
- Controladores, que são as pessoas físicas ou jurídicas (incorporação por ações, subsidiária integral) que detêm, permanentemente, a maioria dos votos e o poder de eleger a maioria dos administradores, e exatamente por isso respondem por abusos praticados (arts. 116, 116-A e 117 da LSA);
- Dissidentes, que são os acionistas que não concordam com algumas deliberações que possam resultar em alteração do estatuto social. O acionista dissidente tem direito de se retirar da sociedade (direito de retirada ou recesso) mediante reembolso do valor patrimonial das ações, o que significa que o cálculo será feito a partir da divisão do patrimônio líquido obtido no último balanço aprovado pela Assembleia Geral. Entretanto, se o valor estiver desatualizado, ou seja, se o balanço tiver mais de 60 dias sem atualização, apenas serão pagos 80% do valor patrimonial, até que a S.A. providencie a atualização do balanço, no máximo em 120 dias (arts. 45 e 137 da LSA);
- Minoritários, aqueles que não participam do controle da companhia por desinteresse ou insuficiência de votos.

f) Direitos essenciais do acionista

São considerados direitos comuns a todos os acionistas (art. 109 da LSA):

- Participar dos lucros sociais (dividendos);
- Participar do acervo da companhia em caso de liquidação;
- Fiscalizar a gestão dos negócios sociais;

- Preferência para subscrição de ações;
- Direito de retirada, pelo acionista dissidente (arts. 137 e 136 da LSA).

g) Direito de voto

Já vimos que o direito de voto não é direito de todo acionista. São os acionistas titulares das ações ordinárias e alguns titulares de ações preferenciais com direito a voto que poderão realmente participar das decisões da S.A.

É proibido ao acionista que possui o direito de voto votar com a finalidade de causar dano à companhia ou a outros acionistas, de obter para si ou para outrem vantagem a que não tem direito, prejudicando a companhia ou outros acionistas (art. 115 da LSA). Também é proibido votar na assembleia de aprovação do laudo de avaliação do bem com o qual contribuiu para a formação do capital social e de aprovação das próprias contas, se foi membro do Conselho de Administração (art. 115, § 1º, da LSA). O acionista que votar nessas situações responderá pelos danos causados pelo exercício abusivo do direito de voto, e a deliberação pode ser anulada, se resultou da participação do acionista com interesse conflitante com o da companhia (art. 115, §§ 3º e 4º, da LSA).

Cada acionista com direito de votar possui um voto nas deliberações da assembleia. É, portanto, proibido o voto plural, que consiste na atribuição de mais de um voto a determinada ação (art. 110, § 2º, da LSA).

Entretanto, é possível a concessão do voto múltiplo. A faculdade da utilização do voto múltiplo deve ser pedida pelos acionistas que representem, no mínimo, um décimo do capital social com direito de voto, em até 48 horas antes da Assembleia Geral. O voto múltiplo significa que será atribuída a cada ação tantos votos quantos forem os membros do Conselho de Administração, permitindo que o acionista cumule seus votos em um candidato ou os distribua entre vários (art. 141 da LSA).

Para fixar:

Voto plural	Voto múltiplo
Art. 110, § 2º, da LSA	Art. 141 da LSA
Proibido	Permitido na eleição dos membros do Conselho de Administração. Pode ser pedido por acionistas que representem ao menos 1% do capital votante
	Atribui-se a cada ação tantos votos quantos forem os membros do Conselho de Administração.

h) Dever do acionista

É considerado dever dos acionistas a integralização das ações subscritas (art. 106 da LSA).

i) Valores mobiliários

Os valores mobiliários são títulos de investimento emitidos pela S.A. para obtenção de recursos no mercado de capitais. São eles:

- Debêntures - títulos negociáveis que conferem direito de crédito contra a sociedade, por meio de uma escritura de emissão (como se fosse um empréstimo à S.A.), de acordo com as condições estabelecidas no certificado (art. 52 da LSA). O crédito, aqui, não é eventual, pois no vencimento a debênture deverá ser resgatada pela companhia, com direito de preferência, podendo eventualmente ser convertida em ações;
- Partes beneficiárias - títulos negociáveis, sem valor nominal e estranho ao capital social (arts. 46 e 47 da LSA), consistindo na participação dos lucros anuais em até 10%. O direito de crédito, nesse sentido, é eventual, na medida em que só é pago nos exercícios em que houver lucros. Não conferem direitos privativos de acionistas, salvo o de fiscalização. É importante ressaltar que é proibida a emissão onerosa das partes beneficiárias pela companhia aberta;
- Bônus de subscrição - títulos negociáveis que conferem direito de subscrição de ações do capital social, emitidas até o limite de aumento do capital autorizado no estatuto (art. 75 da LSA). Podem ter a finalidade de facilitar a venda de ações ou debêntures, contribuindo para uma melhor programação do aumento de capital.

j) Órgãos da sociedade anônima

São órgãos da S.A. a Assembleia Geral, o Conselho de Administração, a Diretoria e o Conselho Fiscal.

A Assembleia Geral constitui o poder supremo da companhia, consistente na reunião dos acionistas, com ou sem direito a voto. Para as sociedades anônimas de capital fechado, a convocação deve ser publicada no *Diário Oficial* e em jornal de grande circulação até oito dias antes de sua realização. Se for sociedade de capital aberto, a convocação, por meio do *Diário Oficial* e de jornal de grande circulação, deve ocorrer com 15 dias de antecedência. A instalação da assembleia só poderá ocorrer se estiverem presentes acionistas que representem 1/4 do capital votante (arts. 121 a 130 da LSA).

Assembleia Geral pode ser ordinária ou extraordinária. A Assembleia Geral ordinária será instalada nos primeiros quatro meses seguintes ao término do exercício social, para discutir assuntos de rotina, tomar as contas de administradores, deliberar sobre a destinação dos lucros etc. (arts. 132 a 134 da LSA), enquanto a Assembleia Geral extraordinária pode ser instalada a qualquer tempo para a discussão de assuntos não rotineiros, como a reforma do estatuto social (art. 135 da LSA).

Para comparar e fixar:

Assembleia Geral Ltda.	Assembleia Geral S.A.
Três publicações no Diário Oficial e jornal de grande circulação	Três publicações no Diário Oficial e jornal de grande circulação
1ª publicação com oito dias de antecedência; na 2ª convocação a antecedência será de cinco dias	1ª publicação com 15 dias de antecedência na S.A. aberta e oito dias na fechada. Na 2ª convocação, a antecedência será de oito dias na aberta e cinco dias na fechada
Quórum: 3/4 do capital social, na 1ª convocação	Quórum: 1/4 do capital votante, na 1ª convocação

O Conselho de Administração é o órgão facultativo de deliberação colegiado que fixa a orientação geral dos negócios, ou seja, que define a pauta da assembleia, que "filtra" as decisões que serão votadas na Assembleia. É composto de, no mínimo, três conselheiros, com mandato nunca superior a três anos, eleitos pela Assembleia Geral. É também a essa Assembleia Geral que ele deve prestar contas. É responsável pela eleição e destituição de diretores, fixando-lhes atribuições. É obrigatório nas companhias abertas, nas de capital autorizado e nas sociedades de economia mista (arts. 138 a 142 da LSA).

A Diretoria é o órgão de representação legal da S.A. e de execução das deliberações da Assembleia Geral e do Conselho de Administração. É composta de, no mínimo, dois diretores eleitos pelo Conselho de Administração para um mandato não superior a três anos (art. 143, *caput* e III, da LSA), conforme previsto no estatuto.

O Conselho Fiscal, por sua vez, é o órgão colegiado (mínimo de três e máximo de cinco membros) destinado ao controle dos órgãos de administração, com a finalidade de proteger os interesses da companhia e de todos os acionistas. É obrigatório, ainda que seu funcionamento seja facultativo (arts. 161 a 163 da LSA). Se seu funcionamento for facultativo, a convocação do Conselho Fiscal dependerá da Assembleia Geral.

k) Dissolução da S.A.

A dissolução da S.A. pode ser parcial ou total. A dissolução parcial ocorre, unicamente, na hipótese de reembolso de acionista dissidente. A morte de acionista não gera nenhuma consequência quanto à existência da S.A. e a exclusão de sócio é impossível.

A dissolução total pode ocorrer nas seguintes situações:

- Pelo término do prazo de duração;
- Por decisão judicial (falência) ou por decisão de autoridade administrativa competente;
- Na cisão total;

- Na incorporação, com relação à empresa incorporada;
- Na fusão, com relação às duas empresas fundidas.

À dissolução segue-se a liquidação, que será judicial sempre que aquela o for e quando requerida por qualquer acionista ou representante do Ministério Público se a liquidação amigável não for processada a contento.

4.3.2.6. Sociedade em comandita por ações

É a sociedade na qual se aplicam todas as normas relativas às sociedades anônimas, com as exceções previstas nos arts. 280 a 284 da LSA, sendo o acionista diretor quem responde ilimitadamente pelas obrigações da sociedade. Tem como nome empresarial a firma com o nome do acionista diretor ou a denominação, ambas seguidas da expressão "comandita por ações".

A Assembleia Geral não tem poder para mudar o objeto social nem aumentar ou reduzir o capital social sem a autorização dos acionistas diretores, além de não possuir Conselho de Administração.

Modificações nas estruturas das sociedades 5

5.1. TRANSFORMAÇÃO

A transformação é a operação pela qual a sociedade passa de um tipo para outro, independentemente de dissolução e liquidação (art. 220 da LSA e arts. 1.113 a 1.115 do CC/2002). Exige aprovação unânime de todos os sócios ou acionistas, inclusive dos sem direito a voto, salvo se houver a retirada do acionista dissidente.

Também é possível a transformação de um empresário individual em uma sociedade empresarial (art. 968, § 3º, do CC/2002). Da mesma forma, é possível que uma sociedade empresarial se transforme em empresário individual ou em empresa individual de responsabilidade limitada (art. 1.033, parágrafo único, do CC/2002).

5.2. INCORPORAÇÃO

A incorporação é a operação pela qual uma ou mais sociedades são absorvidas por outra, que as sucede em todos os direitos e obrigações, ou seja, uma empresa adquire a outra, assumindo seu passivo e ativo (art. 227 da LSA e arts. 1.116 a 1.118 do CC/2002).

O credor constituído antes da incorporação tem 60 dias para requerer judicialmente a anulação da negociação, se as empresas envolvidas forem sociedades anônimas (art. 232 da LSA) e 90 dias se as empresas envolvidas forem as reguladas pelo CC/2002 (art. 1.122 do CC/2002).

5.3. FUSÃO

A fusão é a operação pela qual se unem duas ou mais sociedades para formar uma nova, que as sucederá nas obrigações e direitos (art. 228 da LSA e arts. 1.119 a 1.121 do CC/2002).

O credor constituído antes da fusão tem 60 dias para requerer judicialmente a anulação da negociação, se as empresas envolvidas forem sociedades anônimas (art. 232 da LSA) e 90 dias se as empresas envolvidas forem as reguladas pelo CC/2002 (art. 1.122 do CC/2002).

5.4. CISÃO

A cisão é a operação pela qual a companhia transfere parcela de seu patrimônio para uma ou mais sociedades, constituídas para esse fim ou já existentes, extinguindo-se, assim, a companhia cindida, se a cisão for total, ou dividindo-se o seu capital, se a cisão for parcial (art. 229 da LSA).

O credor constituído antes da cisão tem 90 dias para requerer judicialmente a anulação da negociação, se as empresas envolvidas forem sociedades anônimas ou reguladas pelo CC/2002 (art. 1.122 do CC/2002 e art. 233 da LSA).

Grupos de sociedades 6

6.1. SOCIEDADES FILIADAS OU COLIGADAS

Para o Código Civil, as sociedades são consideradas coligadas ou filiadas quando existe entre elas a participação de 10% do capital social ou mais, sem que ocorra o controle societário (art. 1.099 do CC/2002). Para a Lei n. 6.404/76, são coligadas as sociedades nas quais a investidora tenha influência significativa. E há influência significativa quando a investidora detém ou exerce o poder de participar nas decisões das políticas financeira ou operacional da investida, sem controlá-la. Presume-se a influência significativa quando a investidora for titular de 20% ou mais do capital votante da investida, sem controlá-la (art. 243, §§ 1º, 4º e 5º, da LSA).

Regra geral, não existe solidariedade entre as empresas participantes de um grupo econômico, de acordo com o art. 266 da LSA: "As relações entre as sociedades, a estrutura administrativa do grupo e a coordenação ou subordinação dos administradores das *sociedades filiadas* serão estabelecidas na convenção do grupo, mas cada sociedade conservará personalidade e patrimônios distintos". Entretanto, em algumas situações é possível a responsabilização solidária ou subsidiária, como:

a) *sanção à infração à ordem econômica, de acordo com o art. 33 da Lei n. 12.529/2011:* "Serão solidariamente responsáveis as empresas ou entidades integrantes de grupo econômico, de fato ou de direito, quando pelo menos uma delas praticar infração à ordem econômica";

b) *obrigações previdenciárias, de acordo com o art. 30, IX, da Lei n. 8.212/91:* "As empresas que integram grupo econômico de qualquer natureza respondem entre si, solidariamente, pelas obrigações decorrentes desta Lei";

c) *relações de consumo, de acordo com o art. 28, § 4º, do CDC*: "As sociedades coligadas só responderão por culpa".

6.2. SOCIEDADES CONTROLADAS

É controlada aquela sociedade na qual a controladora, diretamente ou por intermédio de outras controladas, é titular de direitos de sócio que lhe assegurem, de modo permanente, preponderância nas deliberações sociais e o poder de eleger a maioria dos administradores. Também pode ser chamada de incorporação por ações (art. 243, § 2º, da LSA e art. 1.098 do CC/2002).

Regra geral, não existe solidariedade entre as empresas participantes do grupo econômico, de acordo com o art. 266 da LSA: "As relações entre as sociedades, a estrutura administrativa do grupo e a coordenação ou subordinação dos administradores das sociedades filiadas serão estabelecidas na convenção do grupo, mas cada sociedade conservará personalidade e patrimônios distintos". Entretanto, em algumas situações é possível a responsabilização solidária ou subsidiária:

a) *sanção à infração à ordem econômica, de acordo com o art. 33 da Lei n. 12.529/2011*: "Serão solidariamente responsáveis as empresas ou entidades integrantes de grupo econômico, de fato ou de direito, quando pelo menos uma delas praticar infração à ordem econômica";

b) *obrigações previdenciárias, de acordo com o art. 30, IX, da Lei n. 8.212/91*: "As empresas que integram grupo econômico de qualquer natureza respondem entre si, solidariamente, pelas obrigações decorrentes desta Lei";

c) *obrigações trabalhistas, de acordo com o art. 2º, § 2º, da CLT:*

"§ 2º Sempre que uma ou mais empresas, tendo, embora, cada uma delas, personalidade jurídica própria, estiverem sob a direção, controle ou administração de outra, ou ainda quando, mesmo guardando cada uma sua autonomia, integrem grupo econômico, serão responsáveis solidariamente pelas obrigações decorrentes da relação de emprego."

d) *relações de consumo, de acordo com o art. 28, § 2º, do CDC*: "As sociedades integrantes dos grupos societários e as sociedades controladas, são subsidiariamente responsáveis pelas obrigações decorrentes deste Código".

6.3. CONSÓRCIO

O consórcio entre sociedades ocorre quando duas ou mais sociedades combinam seus esforços e recursos para o desenvolvimento de determinado empreendimento, sem existir solidariedade entre essas sociedades. O consórcio, por sua vez, não possui personalidade jurídica (art. 278 da LSA).

Regra geral, as empresas consorciadas somente se obrigam nas condições previstas no respectivo contrato, respondendo cada uma por suas obrigações, sem presunção de solidariedade (art. 278, § 1º, da LSA). Entretanto, é possível a responsabilização solidária das empresas consorciadas, nas seguintes situações:

a) *obrigações com consumidores, de acordo com o art. 28, § 3º, do CDC:* "As sociedades consorciadas são solidariamente responsáveis pelas obrigações decorrentes deste Código";

b) *obrigações trabalhistas, de acordo com o art. 2º, § 2º, da CLT*:

"§ 2º Sempre que uma ou mais empresas, tendo, embora, cada uma delas, personalidade jurídica própria, estiverem sob a direção, controle ou administração de outra, ou ainda quando, mesmo guardando cada uma sua autonomia, integrem grupo econômico, serão responsáveis solidariamente pelas obrigações decorrentes da relação de emprego."

c) *licitações, de acordo com o art. 33, V, da Lei n. 8.666/93*: "Quando permitida na licitação a participação de empresas em consórcio, observar-se-ão as seguintes normas: (...) V – responsabilidade solidária dos integrantes pelos atos praticados em consórcio, tanto na fase de licitação quanto na de execução do contrato".

7 Títulos de crédito

7.1. LEGISLAÇÃO

O Título VIII do Livro I ("Do direito das obrigações") da Parte Especial do Código Civil trata dos títulos de crédito. Apesar dessa inclusão, esses dispositivos apenas serão utilizados quando não houver um tratamento diverso na legislação especial. Essa é a interpretação do art. 903 do CC/2002.

Além do Código Civil, as principais leis para o nosso estudo serão: Dec. n. 57.663/66, para letra de câmbio e nota promissória; Lei n. 5.474/68, para duplicata; Lei n. 7.357/85, para cheque.

Portanto, o Código Civil não revogou as disposições da legislação especial, e será utilizado apenas quando não contrariar tal legislação.

7.2. CONCEITO

O Código Civil, reiterando o conceito de Vivante, define título de crédito como o documento necessário para o exercício do direito literal e autônomo nele contido (art. 887 do CC/2002).

Do citado conceito podemos verificar os seguintes princípios ou características essenciais dos títulos de crédito:

- Cartularidade ou incorporação: para os títulos de crédito em geral é indispensável a posse do documento original para o exercício do direito ao crédito. Outra ideia relacionada a esse princípio é que o direito de crédito só existe com a apresentação do respectivo documento. É consequência desse princípio que a posse do título de crédito pelo devedor presume a quitação da obrigação consignada no título.

  Entretanto, com a criação dos títulos de crédito eletrônicos, como no caso das duplicatas virtuais, a execução ocorrerá com a apresentação do protesto por indicações, de que trataremos adiante, e com o respectivo comprovante de entrega da mercadoria (art. 15, § 2º, da Lei n. 5.474/68). Também constitui exceção da aplicação desse princípio a possibilidade da emissão da triplicata, quando a duplicata enviada para o aceite não for devolvida pelo devedor (art. 13, § 1º, da Lei n. 5.474/68);

- Literalidade: em um título de crédito só pode ser cobrado o que se encontra expressamente consignado, ressaltando-se que o título pode ser completado por terceiro de boa-fé (Súmula 387 do STF);
- Autonomia: a obrigação representada por um título de crédito é um direito novo, totalmente desvinculado do negócio que o gerou. São decorrentes da autonomia a abstração e a independência das relações jurídicas.
- Abstração: quando o título circula, ele se desliga da relação original; no caso da duplicata, essa desvinculação só ocorreria na circulação da duplicata aceita, pois do contrário não poderia vincular o devedor, ainda mais diante da emissão de uma duplicata fria (ou seja, sem que tenha por origem uma nota fiscal ou fatura de compra e vendo ou de prestação de serviços). É importante ressaltar que, quando o título de crédito perde a força executiva, também perde a autonomia, de tal modo que o credor terá que demonstrar o motivo para a cobrança do título (STJ, AgRg no AgIn 549924/MG, rel. Min. Nancy Andrighi, *DJ* 5-4-2004, p. 260). Não possui autonomia a nota promissória vinculada a um contrato (que será estudada a seguir no item pertinente). Quanto à independência das relações jurídicas, significa que o vício que porventura tenha atingido uma das relações não será transmitido às demais relações. Ou seja, se uma delas for nula ou anulável, eivada de vício jurídico, não comprometerá a validade e a eficácia das demais obrigações constantes do mesmo título. Da mesma forma, o direito do credor de um título de crédito independe da titularidade de seu antecessor. Processualmente, essa independência é expressa pela inoponibilidade das exceções pessoais a terceiros de boa-fé (art. 17 do Anexo I do Dec. n. 57.663/66).

7.3. CLASSIFICAÇÃO DOS TÍTULOS DE CRÉDITO

7.3.1. Quanto ao modelo

Segundo essa classificação, será observado se os títulos de crédito seguem ou não um padrão específico. Neste sentido, podem ser:

- Modelo livre – são aqueles que não precisam estar em conformidade com um padrão previamente estabelecido na norma. São exemplos de títulos com modelo livre a nota promissória e a letra de câmbio;

- Modelo vinculado – são aqueles que devem seguir um padrão previamente fixado no ordenamento, de tal modo que a produção dos efeitos típicos dos títulos de crédito está vinculada a esse padrão. São exemplos de títulos com modelo vinculado o cheque e a duplicata.

7.3.2. Quanto à estrutura

Com relação à estrutura, os títulos podem ser:

- Ordem de pagamento, que tem origem a partir de três figuras intervenientes diferenciadas: aquele que dá a ordem, aquele que a paga e aquele que a recebe. São os casos da letra de câmbio, do cheque e da duplicata mercantil;
- Promessa de pagamento, que tem origem a partir de duas figuras intervenientes: aquele que a paga e aquele que a recebe. É o caso da nota promissória.

7.3.3. Quanto às hipóteses de emissão

Os títulos de crédito, no que dizem respeito à sua origem, podem ser:

- Causais, que são os títulos que só podem ser emitidos mediante a existência de uma origem específica, definida por lei, para criação do título. É o caso da duplicata mercantil;
- Não causais ou abstratos, que são os títulos que podem ser criados a partir de qualquer causa. São os casos do cheque e da nota promissória.

7.3.4. Quanto à circulação

Quanto à circulação, o título pode ser ao portador ou nominativo.

No título ao portador, não há a identificação do credor, e será transmitido pela simples tradição.

ATENÇÃO

A Lei n. 8.021/90 proibiu a emissão de títulos ao portador, bem como o Código Civil, que, no seu art. 907, determinou que o título ao portador emitido sem autorização de lei especial é nulo. A exceção é a permissão de cheque ao portador, com valor igual ou inferior a R$ 100,00 (art. 69 da Lei n. 9.069/95).

No título nominativo, existe a identificação do credor, e é exatamente por isso que a transmissão ocorre pela tradição e presença de outro ato solene que permita a transferência.

Esses atos solenes de transmissão podem ser o endosso ou a cessão civil de crédito. Para que ocorra a transmissão por endosso, é necessária a assinatura do endossante no verso do título, sem nenhuma inscrição, ou, ainda, a assinatura do endossante seguida da cláusula à ordem. A cessão civil de crédito, por outro lado, se dá pela assinatura do cedente no verso do título, seguida da cláusula não à ordem.

Tal distinção é importante, pois no endosso, além de transmitir o título, o endossante garante de forma solidária o título de crédito. Por outro lado, na cessão civil de crédito, o cedente apenas é responsável pela transmissão e veracidade do título, e não pela solvência do devedor (arts. 295 e 296 do CC/2002).

Para comparar e fixar:

Cessão civil de crédito	Endosso
O cedente só transmite o título de crédito	O endossante transmite e garante o título de crédito
Não à ordem	À ordem

7.4. ENDOSSO

Endosso é a forma de transmissão dos títulos de crédito. O proprietário do título faz o endosso lançando sua assinatura no dorso ou no verso do documento. Trata-se de negócio jurídico unilateral, cuja eficácia se verifica com a saída do título das mãos do endossante e a posse pelo adquirente.

O endosso pode se apresentar das seguintes formas:

- Endosso em branco/incompleto, no qual se verifica a assinatura do endossante, mas não há a identificação do beneficiário, que seria chamado de endossatário. Entretanto, como o endosso em branco transforma o título em "ao portador", prevalece a mesma proibição, anteriormente mencionada, da Lei n. 8.021/90;
- Endosso em preto/completo, no qual se verifica a assinatura do endossante seguida da identificação do beneficiário ou endossatário.

ATENÇÃO

Em virtude da cobrança de CPMF, que surgiu a partir da Lei n. 9.311/96, o endosso no cheque só podia ser realizado uma única vez. Essa proibição, entretanto, não existe mais.

O endosso realizado após o protesto do título ou após o prazo do protesto é chamado de endosso tardio, ou póstumo, e produz efeitos de cessão civil de crédito, ou seja, serve apenas para transmitir o título de crédito (Anexo I do art. 20 do Dec. n. 57.663/66).

É importante ressaltar que o endosso não pode ser parcial, apenas total.

Outra modalidade de endosso é o endosso impróprio, que não serve para transmitir a titularidade do título, podendo se apresentar sob duas formas:

- Endosso-mandato, no qual o endossante outorga poderes ao endossatário-mandatário para que este realize a cobrança, e, uma vez que a cobrança seja realizada, o mandatário deverá restituir o valor recebido ao endossante. Para que se configure o endosso-mandato, é necessária a inserção de cláusulas como "por procuração" ou, ainda, "valor a cobrar", ou qualquer outra que contenha o mesmo sentido (Anexo I do art. 18 do Dec. n. 57.663/1966). A relevância do endosso-mandato aparece principalmente em relação aos bancos, que, ao receberem o título dessa forma, não respondem perante o devedor pelo protesto indevido, a não ser que fique comprovada a sua culpa.

Pode ser observado no *Informativo* n. 309/2007 do STJ: "Nas instâncias ordinárias, o banco recorrente foi condenado à indenização dos danos morais causados pelo indevido envio de duplicata a protesto. Diante disso, a Turma aduziu que, em casos de endosso-mandato, a responsabilidade do mandatário que recebe a cártula com o fito de efetuar a cobrança e a remete a protesto surge quando há a identificação concreta de seu agir culposo, visto não ser possível lhe atribuir a ilicitude pelo estrito cumprimento das obrigações relativas à exigibilidade do pagamento. Firmou, todavia, que, no caso, há a responsabilidade do banco réu, pois o pagamento da duplicata fez-se perante aquela própria instituição bancária. Anotou que não acolhida pelo acórdão estadual recorrido a alegação de que é a sacadora, mediante comando eletrônico, quem dá a ordem da cobrança, além de se afigurar irrelevante tal postulação, posto que a imperfeição do sistema é fato alheio ao direito da sacada, cabendo ação regressiva do banco contra a sacadora" (REsp 297.430/MG, rel. Min. Aldir Passarinho Jr., j. 6-2-2007).

– Súmula 475 do STJ: "Responde pelos danos decorrentes de protesto indevido o endossatário que recebe por endosso translativo título de crédito contendo vício formal extrínseco ou intrínseco, ficando ressalvado seu direito de regresso contra os endossantes e avalistas".

– Súmula 476 do STJ: "O endossatário de título de crédito por endosso-mandato só responde por danos decorrentes de protesto indevido se extrapolar os poderes de mandatário".

- Endosso-caução, no qual o título é utilizado como uma garantia de uma obrigação assumida pelo endossante. Para que se configure o endosso-caução é necessária a inserção, no verso do título, da cláusula "valor em garantia", ou qualquer outra que traga o mesmo sentido.

7.5. AVAL

É uma garantia de pagamento do título dada por terceiro, típica do direito cambiário (arts. 897 e 898 do CC/2002). O avalista gera para si a obrigação pelo avalizado, comprometendo-se a satisfazê-la de forma solidária com o devedor principal.

O aval, como instituto típico de garantia de títulos de crédito, não pode ser confundido com a fiança, que é uma garantia acessória de um outro contrato. Se, por um lado, o aval é uma obrigação autônoma, a fiança sempre será acessória. Além disso, o aval é constituído pela simples assinatura do avalista, enquanto a fiança depende de cláusulas contratuais específicas. E, por fim, a responsabilidade do avalista é sempre solidária, enquanto a responsabilidade do fiador é subsidiária, salvo disposição expressa em contrário, no sentido de existir a solidariedade entre o fiador e o afiançado.

Resumo:

Aval	Fiança
Garante títulos de crédito	Garante contratos
Basta a assinatura do avalista	Precisa de cláusulas específicas ou de um contrato específico
Responsabilidade solidária	Responsabilidade subsidiária, salvo se houver previsão expressa de solidariedade
Precisa da vênia conjugal, salvo se os cônjuges forem casados no regime de separação total de bens	Precisa da vênia conjugal, salvo se os cônjuges forem casados no regime de separação total de bens

Não importa ao instituto do aval se ele é realizado antes ou depois do vencimento do título. Em ambos os casos, seus efeitos serão os mesmos (art. 900 do CC/2002).

O avalista responde solidariamente pelo pagamento do título perante todos os credores do avalizado e, uma vez realizado o pagamento, poderá voltar-se contra todos os demais devedores.

O aval pode ser em preto ou em branco, conforme identificado ou não o avalizado.

Se o avalista for casado sob qualquer regime de bens que não o de separação absoluta, é necessária a concordância do cônjuge para a constituição do aval (arts. 1.642, IV, e 1.647, III, do CC/2002).

Para saber se o aval pode ser total ou parcial, precisamos verificar se existe menção na legislação especial ou se, diante da omissão, usaremos o Código Civil. Para a letra de câmbio e a nota promissória, o art. 30 do Anexo I do Dec. n. 57.663/66 descreve: "O pagamento de uma letra pode ser no todo ou em parte garantido por aval". Portanto, para a letra de câmbio e para a nota promissória, o aval pode ser total ou parcial. No caso do cheque, temos o art. 29 da Lei n. 7.357/85, que prescreve: "O pagamento do cheque pode ser garantido, no todo ou em parte, por aval prestado por terceiro (...)". Para o cheque, portanto, o aval pode ser total ou parcial.

Mas, para os demais títulos, a legislação especial nada menciona; daí porque aplicaremos o Código Civil, que, no parágrafo único do art. 897, determina ser "vedado o aval parcial". Para esses títulos, o aval só pode ser total.

Para comparar e fixar:

Aval	Endosso
Garante o título de crédito	Transmite e garante o título de crédito
Feito antes ou depois do vencimento: serve para garantir o título de crédito	Antes do vencimento: transmite e garante o título de crédito Após o vencimento: apenas transmite o título de crédito
Pode ser total ou parcial (para letra de câmbio, nota promissória e cheque)	Só pode ser total
Precisa de vênia conjugal, salvo se o avalista for casado no regime de separação total de bens	Basta assinatura do endossante

Súmula 26 do STJ: "O avalista do título de crédito vinculado a contrato de mútuo também responde pelas obrigações pactuadas, quando no contrato figurar como devedor solidário".

7.6. APRESENTAÇÃO

A apresentação é o ato de submeter uma ordem de pagamento ao reconhecimento do devedor principal, com a finalidade de obter o pagamento.

7.7. ACEITE

O aceite é o ato pelo qual o devedor principal, que não assinou o título no ato da emissão, reconhece que deve, mediante a assinatura no título, passando a ser considerado aceitante. Não há sentido em falar do aceite no cheque e na nota promissória, pois nesses títulos a assinatura já faz parte da emissão do título (arts. 21 e s. do Anexo I do Dec. n. 57.663/66).

O aceite pode ser total ou parcial. Sua falta ou recusa é provada pelo protesto.

O devedor principal não é obrigado a aceitar o título, mas, se a recusa do aceite ocorrer na letra de câmbio, haverá o vencimento antecipado da obrigação. Na duplicata tal efeito não é produzido, e apenas será indispensável o protesto para supri-lo.

7.8. PROTESTO

O protesto é a apresentação pública do título ao devedor para aceite ou pagamento. É tirado apenas contra o devedor principal ou originário, devendo por ele ser avisados os outros coobrigados.

O protesto indevido ou abusivo pode ser sustado por meio de ação cautelar inominada de sustação de protesto, com a caução ou o depósito da quantia reclamada. Entretanto, se o protesto já ocorreu, deve-se pleitear o seu cancelamento (art. 26 da Lei n. 9.492/97), que pode ocorrer por defeito do protesto, por defeito do título reconhecido por sentença ou pelo pagamento do título protestado com a anuência do credor.

O protesto é obrigatório para suprir o aceite nos títulos em que o aceite é obrigatório, no pedido de falência por impontualidade e na execução contra os codevedores.

O prazo para protestar a letra de câmbio por falta de aceite é o prazo fixado para a apresentação da letra, se o vencimento é certo, o prazo para o protesto é até a data do vencimento. O prazo para o protesto por falta de pagamento da letra de câmbio e da nota promissória é de 1 dia útil seguinte ao vencimento (art. 28 do Dec. n. 2.044/1908).

ATENÇÃO

Existe divergência quanto a esse prazo. Para Fábio Ulhoa Coelho e Fran Martins, o prazo é de 2 dias úteis (art. 44 do Anexo I do Dec. n. 57.663/66), mas, para Waldirio Bulgarelli, Luiz Emygdio da Rosa Junior, Rubens Requião, o prazo é de 1 dia útil (art. 28 do Dec. 2.044/1908).

No cheque, o prazo para protesto é o prazo de apresentação, ou seja, 30 dias da emissão para praças iguais ou 60 dias da emissão para praças diferentes (art. 48 da Lei n. 7.357/85). Na duplicata, o prazo é de 30 dias do vencimento do título (art. 13, § 4º, da Lei n. 5.474/68). Esses prazos não impedem o protesto posterior, mas produz o efeito de impedir a ação contra os devedores indiretos. Outro efeito é que o endosso feito após estes prazos perde os efeitos do endosso típico e produz efeitos de cessão civil de crédito, ou seja, deixando de servir para garantir o título de crédito.

Quanto à interrupção do prazo prescricional, é relevante indicar que, embora a Súmula 153 do STF defina que o protesto cambiário não interrompe a prescrição, o Código Civil, no seu art. 202, III, inova ao estabelecer que o protesto cambial é causa de interrupção da prescrição.

7.9. AÇÃO CAMBIAL

A ação cambial é a execução de um título de crédito, por meio da qual o credor tentará receber seu crédito de qualquer devedor cambial.

O prazo prescricional para o ajuizamento da ação cambial é definido da seguinte forma (art. 18 da Lei n. 5.474/68 e art. 70 do Anexo I do Dec. n. 57.663/66):

- *Credor*: em três anos, a contar do vencimento, para o exercício do direito de crédito contra o devedor principal e seu avalista;
- *Credor*: em um ano, a contar do protesto, para o exercício do direito de crédito contra o endossante e seu avalista;
- *Quem pagou*: em seis meses, a contar do pagamento ou do ajuizamento da ação cambial, para o exercício do direito de regresso por qualquer dos coobrigados – salvo na duplicata mercantil, em que o prazo para a ação regressiva é de um ano.

Em relação à *ação regressiva*, é importante ressaltar que, apesar de todos os envolvidos serem solidariamente responsáveis, as regras dessa solidariedade nos títulos de crédito são peculiares. O devedor principal, quando realizar o pagamento, não tem o direito de ingressar com a ação regressiva contra aos demais. Além disso, os coobrigados podem ingressar com a ação regressiva contra o devedor principal e contra os coobrigados que foram constituídos anteriormente, mas não contra os que foram constituídos posteriormente.

7.10. LETRA DE CÂMBIO

Legislação: Dec. n. 2.044/1908; Dec. n. 57.663/66 – Lei Uniforme.

A letra de câmbio é uma ordem de pagamento que o sacador (aquele que emite o título de crédito) dirige ao sacado, para que este pague a importância consignada a um terceiro, denominado tomador/sacador (art. 1º do Dec. n. 2.044/1908).

São figuras intervenientes na letra de câmbio:

- *Sacador* – aquele que dá a ordem de pagamento, que emite a letra de câmbio; se não for o próprio credor, será considerado um coobrigado;
- *Sacado* – o destinatário da ordem, aquele que deve realizar o pagamento ordenado;

- *Tomador* – o beneficiário da ordem de pagamento, o credor da quantia mencionada no título, podendo ser um terceiro ou o próprio sacador.

O sacado não está obrigado a aceitar a letra de câmbio. Porém, recusando-a, provoca o vencimento antecipado do título, possibilitando ao tomador sua cobrança imediata ao sacador por meio do protesto.

Em se tratando de letra de câmbio à vista, o prazo de apresentação é de um ano, a contar da emissão do título.

São requisitos essenciais da letra de câmbio: a) denominação letra de câmbio; b) quantia que deve ser paga; c) nome do tomador; d) data e lugar do saque; e) época do vencimento; f) assinatura do sacador.

7.11. NOTA PROMISSÓRIA

Legislação: Dec. n. 2.044/1908; Dec. n. 57.663/1966 – Lei Uniforme.

A nota promissória é uma promessa de pagamento que uma pessoa (sacador) faz a outra (sacado). A legislação aplicada à nota promissória é a mesma aplicada à letra de câmbio.

São figuras intervenientes na nota promissória:

- *Sacador*, que é o emitente e quem se compromete a pagar a quantia determinada. É o devedor principal do título;
- *Sacado*, que é o beneficiário do título, o credor.

São requisitos essenciais da nota promissória: a) expressão nota promissória; b) promessa incondicional de pagar quantia determinada; c) nome do beneficiário da promessa; d) assinatura do emitente; e) data e local do saque ou da emissão; f) data e local do pagamento.

Por se tratar de uma promessa de pagamento que depende da assinatura do devedor para ser emitida, não há falar em aceite ou vencimento antecipado por recusa de aceite.

Se a nota promissória tiver vencimento a certo termo da vista, o prazo de apresentação será de um ano.

A nota promissória vinculada a um contrato, desde que conste expressamente da cártula da nota promissória, é um título causal ou não abstrato, perdendo a autonomia, já que o terceiro, ao receber essa nota promissória, saberá da vinculação ao contrato – esse é o entendimento de Luiz Emygdio F. da Rosa Jr. (*Títulos de crédito*, p. 508). Como regra geral, a nota promissória mantém a força executiva, por exemplo, quando vinculada a um contrato de mútuo bancário (AgRg no REsp 777.912/RS, rel. Min. Nancy Andrighi, *DJ* 28-11-2005, p. 289), a não ser que o contrato a que se vincula seja ilíquido, como é o caso do contrato de abertura de conta-corrente (STJ, EDiv em REsp 262.623/RS, rel. Min. Nancy Andrighi, *DJ* 2-4-2001, p. 182).

Súmula 258 do STJ: "A nota promissória vinculada a contrato de abertura de crédito não goza de autonomia em razão da iliquidez do título que a originou".

7.12. CHEQUE

Legislação: Lei n. 7.357/85.

O cheque é uma ordem de pagamento à vista, sacada contra um banco e com base em suficiente provisão de fundos depositados pelo sacador em mãos do sacado ou em conta-corrente (art. 4º). A Súmula 370 do STJ inova ao afirmar que "caracteriza dano moral a apresentação antecipada de cheque pré-datado".

Pode ser passado em favor próprio ou de terceiro.

É um título de modelo vinculado, cuja emissão somente pode ser feita em documento padronizado (art. 1º da Lei do Cheque). Possui independência, pois não se vincula a nenhum outro documento para sua existência. Como regra, o cheque será nominativo, mas o art. 69 da Lei n. 9.069/95 permite que o cheque no valor de até R$ 100,00 seja emitido ao portador, podendo, nesse caso, ser transmitido pela simples tradição. No caso do cheque nominativo, a transmissão será pela tradição e pelo endosso (art. 17 da Lei do Cheque).

São figuras intervenientes do cheque:

- *Sacador*, que é o devedor principal do cheque, ou seja, quem o emite;
- *Sacado*, que é o banco;
- *Beneficiário*, que é o credor do cheque.

São requisitos essenciais do cheque: a) denominação *cheque* no próprio título; b) ordem incondicional de pagar quantia determinada; c) identificação do banco sacado; d) local do pagamento; e) data e local de emissão; f) assinatura do sacador ou mandatário com poderes especiais, bem como sua identificação (RG, CPF).

São modalidades de cheque:

a) *cheque cruzado*: é o cheque que apresenta traços transversais e, em virtude disso, será pago mediante depósito em conta-corrente (art. 44 da Lei do Cheque);

b) *cheque visado*: é o cheque em que o banco sacado declara a suficiência de fundos;

c) *cheque administrativo*: é o cheque do próprio banco sacado, para a liquidação por ele mesmo.

O prazo de apresentação é de 30 dias, contados da emissão, para a mesma praça, e 60 dias, contados da emissão, para praças diferentes (art. 33 da Lei do Cheque).

Se não observar o prazo de apresentação, o portador perde o direito de crédito (decadência) contra os coobrigados (endossantes e respectivos avalistas). Perde-o também com relação ao emitente se durante o prazo de apresentação havia fundos e estes deixaram de existir, após o prazo, por fato não imputável ao correntista (art. 47 da Lei do Cheque).

O prazo prescricional do cheque é de seis meses, contados do prazo de apresentação (art. 59 da Lei do Cheque). O mesmo prazo será aplicado para a execução contra o endossante e seus avalistas – para tanto, o cheque deve ser apresentado em tempo hábil e a recusa do pagamento deve ser comprovada pelo protesto ou por declaração do sacado, escrita e datada sobre o cheque.

Após a prescrição da ação executiva, o credor pode cobrar o cheque por meio de ação de cobrança e pela ação monitória (Súmula 299 do STJ). Além disso, é possível a utilização da ação de enriquecimento ilícito no prazo de dois anos contados da prescrição da ação executiva (art. 61 da Lei do Cheque).

O pagamento do cheque pode ser sustado ou revogado. A sustação produz efeito imediato, podendo ser emitida pelo sacador (emitente) ou pelo portador legitimado (tomador-beneficiário), por relevantes razões de direito (furto, roubo, extravio ou apropriação indébita), e a revogação (contraordem) somente depois de expirado o prazo de apresentação, e uma exclui a outra (arts. 35 e 36 da Lei do Cheque).

O sacado pode recusar-se a pagar a ordem quando houver falta de fundos do emitente, falsidade comprovada, ilegitimidade do portador ou falta de requisitos essenciais.

A emissão de cheque sem provisão de fundos é crime tipificado no Código Penal, nos termos do art. 171, § 2º, VI.

7.13. DUPLICATA MERCANTIL

Legislação: Lei n. 5.474/68.

A duplicata é um título de crédito causal que tem origem em uma compra e venda mercantil ou em uma prestação de serviço. É sempre antecedida de uma fatura comercial (nota fiscal). O STJ já se manifestou pela nulidade da duplicata emitida a partir de um contrato de *leasing*, como pode ser observado no *Informativo* 18/1999: "A Turma conheceu em parte do recurso para determinar a sustação ou cancelamento dos protestos das duplicatas enviadas a cartório, por entender que o negócio de *leasing* não admite a emissão de duplicata, ainda que avençada, razão pela qual não pode tal título ser levado a protesto" (REsp 202.068/SP, rel. Min. Ruy Rosado, j. 11-5-1999).

Dessa fatura, o vendedor poderá extrair a duplicata (art. 2º da Lei da Duplicata), que deverá ser apresentada ao devedor dentro de 30 dias de sua emissão, e este deverá devolvê-la nos próximos 10 dias, com sua assinatura de aceite ou declaração escrita esclarecendo por que não a aceita (art. 7º da Lei da Duplicata).

São figuras intervenientes da duplicata:

- *Sacador*, que é o emitente do título, o empresário, o credor da duplicata;
- *Sacado*, que é o devedor da duplicata.

São requisitos essenciais da duplicata: a) denominação *duplicata*; b) data de sua emissão e número de ordem; c) número de fatura da qual foi extraída; d) data do vencimento ou declaração de ser à vista; e) nome e domicílio do credor e do devedor; f) importância a ser paga; g) local do pagamento; h) declaração da concordância do devedor assinada (aceite); i) a cláusula à ordem.

A duplicata é título de modelo vinculado, devendo ser lançada em impresso próprio do vendedor. A duplicata é título de aceite obrigatório, independente da vontade do comprador. Por isso, o credor deve remeter a duplicata para que o devedor a aceite (art. 6º da Lei da Duplicata). A falta de aceite do sacado na duplicata, sem justo motivo, e por ele inadimplida, pode ser protestada e deve ser acompanhada do comprovante de entrega das mercadorias ou da prestação de serviços para que possa ser executada. A recusa só é admitida pelo sacado quando:

a) não receber a mercadoria ou esta vier avariada, não sendo, neste caso, o transporte de responsabilidade do sacado;
b) houver vícios, diferenças na qualidade ou na quantidade da mercadoria, divergência no preço ou prazos ajustados, entre outros.

Para promover a execução da duplicata aceita, é necessário apresentar, além da nota fiscal de compra e venda ou prestação de serviços, a comprovação da entrega da mercadoria ou da prestação de serviços. Mas, para promover a execução da duplicata não aceita, é preciso apresentar a duplicata, a nota fiscal, o comprovante de entrega de mercadorias ou da prestação do serviço e o instrumento de protesto. Entretanto, se a execução é proposta contra endossante, avalista, ou seja, qualquer pessoa que não o devedor principal, não é necessário a apresentação do comprovante de entrega das mercadorias, nem da nota fiscal. Nesse sentido, o STJ se posicionou, no *Informativo* n. 75/2000, no sentido de que a cobrança de duplicata não aceita e protestada só torna necessária a comprovação da entrega e recebimento da mercadoria em relação ao sacado, devedor do vendedor, e não quanto ao sacador, endossantes e respectivos avalistas. O endossatário de duplicata sem aceite, desacompanhada de prova de entrega da mercadoria, não pode executá-la contra o sacado, mas pode fazê-lo contra o endossante e o avalista. Precedente citado: REsp 168.288/SP, *DJ* 24-5-1999 (REsp 250.568/MS, rel. Min. Antônio de Pádua Ribeiro, j. 19-10-2000).

Vide também a Súmula 248 do STJ: "Comprovada a prestação dos serviços, a duplicata não aceita, mas protestada, é título hábil para instruir pedido de falência".

A duplicata pode ser protestada por falta de aceite, de devolução ou de pagamento. A falta de devolução do título pelo devedor (retenção) permite que o credor emita a *triplicata* e realize o protesto por indicações (art. 13 da Lei da Duplicata). O portador da duplicata que não efetuar o protesto no prazo de 30 dias a partir do vencimento perde o direito de crédito contra os coobrigados (endossantes e avalistas).

Quanto ao prazo prescricional da execução da duplicata mercantil, determina o art. 18 da Lei da Duplicata que será de três anos contados do vencimento do título, se a execução for contra o sacado e seus avalistas. Será de um ano, contado do protesto, o prazo para a ação contra os endossantes e os seus avalistas, e igualmente de um ano, a contar do pagamento, para a ação regressiva em face dos coobrigados.

Se a duplicata não corresponder à efetiva compra e venda mercantil, não produzirá os efeitos cambiais e será considerada duplicata fria ou simulada, constituindo crime tipificado no CP, art. 172.

A duplicata escritural foi criada pela Lei n. 13.775/2018 e aborda a emissão da duplicata sob a forma eletrônica. Note-se que não se trata de um título novo, e nem mesmo de uma modalidade de duplicata nova, apenas a emissão será feita a partir do lançamento num sistema eletrônico gerado por entidades autorizadas por órgão ou entidade da Administração federal direta ou indireta, que provavelmente será o BACEN (art. 3º da Lei n. 13.775/2018).

Qualquer interessado poderá requerer o extrato do registro eletrônico da duplicata. Desse extrato deverão constar, no mínimo: a data da emissão e as informações referentes ao sistema eletrônico de escrituração no âmbito do qual a duplicata foi emitida; os elementos necessários à identificação da duplicata, nos termos do art. 2º da Lei n. 5.474, de 18 de julho de 1968; a cláusula de inegociabilidade; e as informações acerca dos ônus e gravames (art. 6º da Lei n. 13.775/2018).

7.14. CONHECIMENTO DE DEPÓSITO

É título emitido por uma empresa de armazéns gerais entregue ao depositante, que com ele fica habilitado a negociar a mercadoria depositada junto ao emitente, passando a circular o título em vez da mercadoria por ele apresentada.

7.15. CÉDULA DE CRÉDITO BANCÁRIO

A cédula de crédito bancário é uma promessa de pagamento emitida em favor de uma instituição financeira, a partir de qualquer transação financeira (arts. 26 e s., da Lei n. 10.931/2004).

É um título executivo extrajudicial e, se tiver como origem um contrato de abertura de crédito, pode ser executado a partir do valor integral do limite, seguido de um extrato ou uma planilha para comprovar o saldo devedor.

Contratos mercantis 8

Para regulamentar os contratos mercantis, utilizam-se as regras gerais dos contratos dispostas pelo direito civil, conforme o princípio da unificação.

Nesse sentido, aplicam-se as cláusulas *pacta sunt servanda* e *rebus sic stantibus*. Com a combinação de ambas, temos que o contrato faz lei entre as partes, mas existe uma limitação na sua aplicação, ou seja, desde que o contrato não traga desequilíbrio à situação econômica das partes.

A desconstituição de um contrato pode ocorrer ou por invalidação ou por sua dissolução. A invalidação, que se expressará na anulação ou na nulidade do contrato, será verificada quando ocorrer um vício na realização do contrato ou anteriormente a ele, por exemplo, a capacidade das partes, a validade da manifestação de vontade, os vícios do negócio jurídico.

Por outro lado, as causas de dissolução ocorrem após a realização do contrato, seja porque ele não foi cumprido (resolução), seja por vontade das partes (resilição).

Além disso, é importante ressaltar que os contratos podem ser consensuais ou reais. Os contratos consensuais são aqueles que se dão por perfeitos com o acordo de vontades, enquanto os reais serão considerados perfeitos com a entrega da coisa. Passemos então a tratar das espécies de contratos mercantis.

8.1. COMPRA E VENDA MERCANTIL

É o contrato consensual, isto é, que se dá por perfeito com o acordo entre as partes sobre o preço e a entrega da mercadoria (art. 482 do CC/2002), por meio do qual o vendedor se obriga a transferir o domínio de certo objeto para o comprador, que lhe pagará determinado preço em dinheiro.

O contrato de compra e venda possui as seguintes características:

- Tem por objeto coisas móveis, imóveis ou semoventes;
- O comprador deve revender a coisa comprada ou locá-la, visando ao lucro;
- O comprador, pelo menos, deve ser empresário.

Quando se fala em preço, este tanto significa o valor do bem adquirido como as despesas, que algumas vezes podem ficar a cargo do comprador. Com relação às despesas, nos contratos de transporte principal não pago, é possível a presença das cláusulas (*incoterms*) determinadas pela Câmara de Comércio Internacional. Entre elas, selecionamos algumas:

- FCA (*free carrier*), que significa que caberão ao vendedor todas as despesas até a entrega das mercadorias na empresa transportadora indicada pelo comprador;
- FAS (*free alongside ship*), que significa que caberão ao vendedor as despesas do transporte até determinado porto indicado pelo comprador e, a partir dali, as demais despesas correrão por conta do comprador;
- FOB (*free on board*), que significa que caberão ao vendedor as despesas do transporte até determinado navio indicado pelo comprador e, a partir dali, as demais despesas correrão por conta do comprador.

8.2. LOCAÇÃO COMERCIAL

É o contrato consensual pelo qual o locador se obriga a dar ao locatário o uso de uma coisa por determinado tempo e preço.

Em se tratando de locação comercial, é possível obter a renovação compulsória da locação, desde que o inquilino exerça tal direito, por meio da ação renovatória (arts. 51 e 52 da Lei n. 8.245/91). O direito assegurado nesses artigos poderá ser exercido pelos cessionários ou sucessores da locação; no caso de sublocação total do imóvel, o direito à renovação somente poderá ser exercido pelo sublocatário (art. 51, § 1º, da Lei n. 8.245/91).

No caso de ação renovatória, promovida pelo sublocatário, e estando presentes os demais requisitos legais para a renovação compulsória, a ação deverá ser julgada procedente, pois o autor sucede a antiga locatária, nos contratos relativos à exploração do estabelecimento.

8.3. MANDATO MERCANTIL

É o contrato consensual pelo qual uma pessoa (mandatário) pratica atos comerciais (por ordem expressa) em nome e por conta de outra pessoa (mandante) a título oneroso (arts. 653 e s. do CC/2002).

8.4. COMISSÃO MERCANTIL

É o contrato consensual pelo qual um empresário (comissário) realiza negócios mercantis em nome próprio, mas por conta de outra pessoa (comitente).

Por agir em nome próprio, o comissário assume a responsabilidade perante terceiros, arcando com sua insolvência - o que o diferencia do mandato mercantil -, e para tanto recebe uma comissão. Entretanto, é possível a presença da cláusula *del credere*, que determina que o risco relativo à insolvência de terceiro será dividido entre o comissário e o contratado, trazendo para ambos a solidariedade na solvência do contratado (arts. 695 a 704 do CC/2002).

8.5. REPRESENTAÇÃO COMERCIAL AUTÔNOMA

Segundo o art. 1º, *caput*, da Lei n. 4.886/65: "Exerce a representação comercial autônoma a pessoa jurídica ou a pessoa física, sem relação de emprego, que desempenha, em caráter não eventual por conta de uma ou mais pessoas, a mediação para a realização de negócios mercantis, agenciando propostas ou pedidos, para transmiti-los aos representados, praticando ou não atos relacionados com a execução dos negócios". Assim sendo, o contrato de representação é o contrato pelo qual uma pessoa (representante) obtém pedidos de compra e venda de mercadorias fabricadas ou comercializadas por outra pessoa (representado) dentro de uma região delimitada.

A atividade do representante é uma atividade autônoma - de tal modo, não há vínculo empregatício entre representado e representante.

O representante atua em região delimitada, que deve ser identificada no contrato. No caso de omissão do contrato de representação, presume-se a exclusividade territorial, de tal modo que o representado só pode negociar seus produtos naquela região se o fizer por intermédio do representante (art. 31 da Lei n. 4.886/65).

As principais obrigações do representante são:

a) observar as instruções e as quotas de produtividade fixadas pelo representado (art. 29 da Lei n. 4.886/65);
b) prestar contas ao representado;
c) não prejudicar, por dolo ou culpa, os interesses que lhe são confiados;
d) não facilitar o exercício da profissão por quem estiver impedido ou proibido de exercê-la;
e) não facilitar negócios ilícitos ou que prejudiquem a Fazenda Pública;
f) sempre apresentar a carteira profissional (art. 19 da Lei n. 4.886/65);
g) respeitar a cláusula de exclusividade, se existente (arts. 31 e 41 da Lei n. 4.886/65).

As principais obrigações do representado são:

a) pagar a comissão pactuada ao representante (arts. 32 e 33 da Lei n. 4.886/65);

b) respeitar a exclusividade quanto à área delimitada no contrato (art. 31 da Lei n. 4.886/65).

Quanto à exclusividade de representação, ou seja, aquela em que o representante só pode representar determinada empresa, deve estar expressa no contrato para que produza efeitos. Se não houver cláusula contratual determinando a exclusividade de representação, pode o representante exercer outras representações em ramos de atividade diferentes (parágrafo único do art. 31 e art. 41 da Lei n. 4.886/65).

A exclusividade na zona de atuação ou territorial é cláusula implícita do contrato, mas o contrato pode limitar ou expressamente retirar a exclusividade territorial. Diante da omissão contratual, presume-se a exclusividade territorial (art. 31 da Lei n. 4.886/65).

Uma das partes pode rescindir o contrato quando a outra der causa a isso.

Constituem motivos justos para rescisão do contrato de representação comercial, pelo representado: a) a desídia do representante no cumprimento das obrigações decorrentes do contrato; b) a prática de atos que importem em descrédito comercial do representado; c) a falta de cumprimento de quaisquer obrigações inerentes ao contrato de representação comercial; d) a condenação definitiva por crime considerado infamante; e) força maior (art. 35 da Lei n. 4.886/65).

Constituem motivos justos para rescisão do contrato de representação comercial, pelo representante: a) a redução de esfera de atividade do representante em desacordo com as cláusulas do contrato; b) a quebra, direta ou indireta, da exclusividade, se prevista no contrato; c) a fixação abusiva de preços em relação à zona do representante, com o exclusivo escopo de impossibilitar-lhe ação regular; d) o não pagamento de sua retribuição na época devida; e) força maior (art. 36 da Lei n. 4.886/65). Neste caso, o representante terá direito a uma indenização de 1/12 da somatória das comissões recebidas, se o contrato for por prazo indeterminado. Porém, se o contrato foi firmado por prazo determinado, o valor da indenização será o resultado da multiplicação da metade do número de meses contratados pela média mensal das comissões recebidas.

8.6. CONCESSÃO MERCANTIL

É o contrato pelo qual o concessionário se obriga a comercializar, com ou sem exclusividade, os produtos fabricados pelo concedente. Apenas foi regulamentada a concessão mercantil de veículos automotores terrestres (Lei n. 6.729/79). Para outras mercadorias que não os veículos automotores terrestres, será utilizado o contrato de distribuição.

O objeto do contrato de concessão mercantil é composto da comercialização de veículos automotores, da prestação de assistência técnica, além do uso da marca do concedente como identificação (art. 3º da Lei n. 6.729/79).

8.7. ARRENDAMENTO MERCANTIL (*LEASING*)

É o contrato pelo qual uma pessoa jurídica (arrendadora) arrenda a uma pessoa física ou jurídica (arrendatária), por tempo determinado, um bem comprado pela primeira, de acordo com as indicações da segunda, cabendo à arrendatária a opção de adquirir o bem arrendado ao final do contrato, mediante valor residual garantido (VRG) e previamente fixado. É exatamente por isso que o arrendamento mercantil é um misto de financiamento com opção de contrato e locação (Lei n. 6.099/74 e Res. Bacen n. 2.309/96).

Além disso, é possível a figura do *leasing back*, *leasing* de retorno no qual a arrendadora adquire da própria arrendatária o bem objeto do arrendamento.

O arrendamento mercantil pode ainda ser financeiro ou operacional. No operacional, as contraprestações a serem pagas pela arrendatária contemplam o curso de arrendamento do bem e os serviços inerentes à sua colocação à disposição da arrendatária, não podendo o total dos pagamentos a serem feitos, a título de arrendamento, ultrapassar 90% do custo do bem (art. 6º da Res. Bacen n. 2.309/96, alterado pela Res. Bacen n. 2.465/98). Por outro lado, no arrendamento mercantil financeiro, as contraprestações e demais pagamentos previstos no contrato devem ser suficientes para que a arrendadora recupere o custo do bem arrendado, durante o prazo contratual da operação, e ainda obtenha retorno sobre os recursos investidos (Res. Bacen n. 2.309/96).

Ressalte-se a Súmula 369 do STJ: "No contrato de arrendamento mercantil (*leasing*), ainda que haja cláusula resolutiva expressa, é necessária a notificação prévia do arrendatário para constituí-lo em mora".

8.8. CONTRATOS BANCÁRIOS

São contratos nos quais uma das partes é banco ou uma instituição financeira.

As principais modalidades de contratos bancários típicos são:

- Mútuo bancário – contrato pelo qual a instituição financeira empresta determinada quantia ao mutuário, que se obriga a restituir o valor emprestado com os juros e os demais encargos contratados;

- Desconto bancário - contrato pelo qual a instituição financeira antecipa o valor de um crédito contra terceiro ao cliente e, em virtude disso, desconta determinada taxa de juros;
- Abertura de crédito - contrato pelo qual a instituição financeira disponibiliza ao correntista determinada quantia para que ele possa, se quiser, utilizá-la.

Das operações passivas, a mais importante é o depósito bancário. Nele o cliente entrega determinada quantia à instituição financeira, para que esta a guarde e a restitua quando for pleiteado.

8.9. ALIENAÇÃO FIDUCIÁRIA EM GARANTIA

É o contrato acessório, normalmente atrelado ao contrato de mútuo, no qual o mutuário-fiduciante aliena a propriedade de um bem ao mutuante-fiduciário. O fiduciário terá apenas a propriedade resolúvel e a posse indireta do bem em questão, enquanto o fiduciante terá a posse direta do bem (Dec.-Lei n. 911/69).

Quando o fiduciante não pagar as parcelas correspondentes ao mútuo, o fiduciário poderá ingressar com ação de busca e apreensão, podendo inclusive pleitear a concessão de liminar sem a oitiva do fiduciante. Uma vez que a liminar seja concedida, o fiduciante será citado para em 15 dias apresentar sua contestação, e, após esse prazo, o juiz deverá sentenciar de plano em cinco dias. Dessa sentença caberá apelação, que será recebida apenas no efeito devolutivo. É importante ressaltar que, após a concessão da liminar, o fiduciário pode vender de pronto o bem alienado, uma vez que a futura sentença lhe dará a plena propriedade do bem. Se a venda do bem não for suficiente para saldar a dívida, o credor pode ingressar com ação monitória, para compor o saldo devedor.

Ressalte-se a Súmula 384 do STJ: "Cabe ação monitória para haver saldo remanescente oriundo de venda extrajudicial de bem alienado fiduciariamente em garantia".

8.10. FRANQUIA (*FRANCHISING*)

O contrato de franquia foi recentemente alterado para a Lei n. 13.966/2019, que revogou a Lei n. 8.955/94, e é definido no art. 1º da Lei n. 13.966/2019 como "o sistema pelo qual um franqueador autoriza *por meio de contrato um franqueado a usar marcas e outros objetos de propriedade intelectual, sempre associados ao direito de produção ou distribuição exclusiva ou não exclusiva de produtos ou serviços e também ao direito de uso de métodos e sistemas de implantação e administração de negócio ou sistema operacional desenvolvido ou detido pelo franqueador, mediante remuneração direta ou indireta, sem que, no entanto, se caracterize relação de consumo ou vínculo empregatício, seja em relação ao franqueado ou a seus empregados*, ainda que durante o período de treinamento" (grifo nosso).

A novidade do novo texto legislativo é a preocupação com o uso da propriedade intelectual, os métodos de gestão do negócio e a expressa previsão da não existência do vínculo empregatício com o franqueador.

O franqueador tem, portanto, a obrigação de licenciar marca, patente e toda propriedade intelectual envolvida na realização do negócio; para tanto, receberá uma taxa a título de *royalties*.

O franqueador tem por obrigação a entrega de uma Circular de Oferta de Franquia, 10 dias da assinatura de qualquer contrato ou pagamento de qualquer taxa, salvo no caso de licitação ou pré-qualificação promovida por órgão ou entidades públicas, caso em que a Circular de Oferta de Franquia será dada à divulgação logo no início do processo de seleção, sob pena de anulação do negócio e devolução de todas as quantias já pagas ao franqueador, ou a terceiros por este indicados, a título de filiação ou de *royalties*, corrigidas monetariamente (art. 4º da Lei n. 13.966/2019).

Uma das grandes novidades não é a existência ou prazo da COF, e sim o detalhamento maior, que realmente informa as condições do negócio a ser contratado.

8.11. FATURIZAÇÃO (*FACTORING*) OU FOMENTO MERCANTIL

É o contrato pelo qual o faturizador adquire direitos decorrentes do faturamento (compra e venda de mercadorias ou prestações de serviços) do faturizado por meio da cessão de créditos, ou seja, o faturizador adquire o faturamento do faturizado, sendo, em ambos os casos, o faturizado que responde pela existência da dívida e não pela garantia da obrigação.

Uma *factoring* pode se apresentar sob duas modalidades distintas:

- *Conventional factoring*, pela qual o faturizador paga à vista a cessão dos créditos do faturizado, descontando do valor pago os juros de antecipação de recursos proporcionalmente ao tempo que faltar para o seu vencimento (deságio). Esse desconto se justifica, pois o faturizador está assumindo o risco do negócio;
- *Maturity factoring*, pela qual o faturizador apenas pagará o preço da cessão de créditos ao faturizado após ter recebido o pagamento dos créditos pelos devedores. Nesse caso, a remuneração do faturizador é a comissão, uma vez que não há juros pelo adiantamento dos pagamentos, não assumindo, portanto, o risco de inadimplência (Res. Bacen n. 2.144/95).

Falências e recuperação da empresa (Lei n. 11.101/2005) 9

9.1. CONCEITO

O processo falimentar tem a finalidade de liquidar o passivo (dívidas) a partir da realização (venda) do patrimônio da empresa. Nesse processo são reunidos todos os credores, que serão pagos seguindo a ordem predeterminada no ordenamento, de acordo com a categoria de crédito a que pertencem.

O procedimento da recuperação empresarial tem o escopo de contribuir para que a empresa que passa por uma crise econômico-financeira tenha condições de superá-la. A intenção do legislador foi preservar não só a empresa em recuperação, mas também a relação empregatícia e toda a cadeia de fornecedores que dela dependa. Para tanto, é indispensável que a empresa demonstre os requisitos estabelecidos no ordenamento, bem como a proposta de pagamento de suas obrigações devidamente aprovada pelos credores.

9.2. SUJEITO PASSIVO

Será atingido pela falência e pela recuperação de empresas o devedor que exerce atividade empresarial. A partir dessa definição, não serão atingidos por esse procedimento: a cooperativa, os profissionais intelectuais e os profissionais liberais, já que tais atividades não são consideradas empresariais pelo legislador (art. 966 do CC/2002). Também estão excluídas a empresa pública e a sociedade de economia mista (art. 2º, I, da Lei n. 11.101/2005).

Algumas atividades são excluídas parcialmente dos institutos da Lei n. 11.101/2005, uma vez que as leis especiais relativas à sua liquidação permanecem em vigor, ou seja, quando ficam devendo no mercado, em vez de sofrerem falência, passarão por um procedimento de intervenção que resultará num relatório sugerindo a liquidação extrajudicial ou a falência, dependendo de a empresa ter ou não patrimônio suficiente para saldar as dívidas, respectivamente. É o caso das seguintes empresas:

a) Instituições financeiras, sociedades arrendadoras e administradoras de consórcio, que sofrem intervenção e liquidação extrajudicial sob a responsabilidade do Banco Central (Lei n. 6.024/74, Lei n. 5.768/71, Res. Bacen n. 2.309/96);

b) Companhias de seguros, sociedades de previdência privada aberta e as de capitalização, que sofrem intervenção e liquidação extrajudicial sob a responsabilidade da Susep – Superintendência de Seguros Privados (Lei n. 10.190/2001, Dec.-Lei n. 73/66 e Dec.-Lei n. 261/67);

c) Operadoras de plano de assistência médica, que sofrem liquidação extrajudicial sob a responsabilidade da Agência Nacional de Saúde – ANS (Lei n. 9.656/98).

9.3. COMPETÊNCIA E PREVENÇÃO

O juízo competente é o do local do principal estabelecimento econômico do devedor e se a empresa tiver sede no exterior. O local competente será o da filial no Brasil (art. 3º da Lei n. 11.101/2005).

A prevenção será definida pela primeira distribuição válida (arts. 6º, § 8º, da Lei n. 11.101/2005).

ATENÇÃO

Comparando: no processo civil, o juízo competente será o da sede da empresa (art. 53, III, *a*, do CPC), enquanto a prevenção será definida pelo registro ou pela distribuição da petição inicial (art. 59 do CPC).

9.4. CRÉDITOS EXCLUÍDOS

Uma vez declarada a falência, todas as ações em andamento são atraídas para o juízo universal. Entretanto, não serão exigíveis do devedor as obrigações a título gratuito e as despesas que os credores fizeram para tomar parte na recuperação judicial, salvo às custas judiciais decorrentes do litígio (art. 5º da Lei n. 11.101/2005).

As ações que demandarem quantia ilíquida, as ações trabalhistas e as de natureza fiscal terão prosseguimento e não serão atraídas ao juízo universal (art. 6º, §§ 1º, 2º e 7º, da Lei n. 11.101/2005).

9.5. SUSPENSÃO DAS AÇÕES E DOS PRAZOS PRESCRICIONAIS

Com a decretação da falência ou o deferimento da recuperação judicial, ocorrerá a suspensão do prazo prescricional. Na recuperação judicial, a suspensão será de 180 dias, prorrogável uma única vez, quando será restabelecida a contagem do prazo independentemente do pronunciamento judicial (art. 6º, *caput* e § 4º, da Lei n. 11.101/2005). Entretanto, as execuções de natureza fiscal não são suspensas (art. 6º, § 7º, da Lei n. 11.101/2005).

9.6 ADMINISTRADOR JUDICIAL

A figura do síndico foi substituída pelo administrador judicial, que deve ser um profissional idôneo, preferencialmente advogado, economista, administrador de empresas, contador, ou uma pessoa jurídica especializada (art. 21 da Lei n. 11.101/2005). Os honorários do administrador serão fixados pelo juiz - entretanto, a remuneração não poderá exceder 5% do valor devido aos credores na recuperação judicial ou do valor da venda dos bens na falência (art. 24, *caput* e § 1º, da Lei n. 11.101/2005), mas, se o falido for uma ME ou EPP, os honorários serão de no máximo 2% do valor da venda dos bens. As atribuições do administrador são:

a) na falência e na recuperação judicial: enviar a correspondência aos credores; prestar informações; elaborar a relação dos credores e consolidar a respectiva classificação; convocar a assembleia geral de credores e contratar profissionais especializados, mediante autorização judicial, para auxiliá-lo na continuação da atividade empresarial;

b) na recuperação judicial: fiscalizar as atividades do devedor e o cumprimento do plano de recuperação; requerer a falência no caso de descumprimento da recuperação; apresentar relatório sobre a execução do pedido de recuperação;

c) na falência: examinar a escrituração do devedor, representar a massa falida, receber e abrir a correspondência do devedor, apresentar relatórios sobre a responsabilidade civil e penal do devedor (40 dias após o termo de compromisso), arrecadar os bens e os documentos, avaliar os bens, ou contratar avaliadores especiais, requerer a venda antecipada de bens, prestar contas, requerer todas as diligências que forem necessárias.

ATENÇÃO

Para que o administrador possa transigir sobre obrigações e conceder abatimentos será necessária autorização judicial, depois de ouvidos o Comitê de Credores (órgão que veremos a seguir) e o devedor.

9.7. ASSEMBLEIA DE CREDORES

A assembleia de credores é o órgão que delibera sobre as questões de interesse dos credores. É composta de titulares de créditos derivados da legislação trabalhista ou de acidente de trabalho, por titulares de créditos com garantias reais e por titulares de créditos quirografários ou de privilégios especiais. Nas deliberações sobre o plano de recuperação judicial, as propostas serão aprovadas pela concordância dos credores que representem mais da metade do valor total dos créditos presentes à assembleia geral, com exceção da classe dos créditos trabalhistas que decidem pela maioria simples dos credores presentes, independentemente do valor de seu crédito (arts. 41, 42 e 45 da Lei n. 11.101/2005). A assembleia geral será convocada pelo juiz ou pelos credores que representem 25% dos créditos de determinada categoria. A convocação ocorrerá com antecedência mínima de 15 dias e será publicada no *Diário Oficial* e em jornal de grande circulação. O quórum para instalação da assembleia é da maioria dos créditos de cada categoria, computados pelo valor e não pelo número de credores (art. 36 da Lei n. 11.101/2005).

As atribuições da assembleia geral de credores são (art. 35 da Lei n. 11.101/2005):

a) na recuperação judicial: aprovar, rejeitar ou modificar o plano de recuperação judicial apresentado pelo devedor; constituir o Comitê de Credores, bem como escolher seus membros e sua substituição; deliberar sobre o pedido de desistência do devedor, nos termos do § 4º do art. 52 da Lei n. 11.101/2005; indicar o nome do gestor judicial, quando do afastamento do devedor; além de tratar de qualquer outra matéria que possa afetar os interesses dos credores;

b) na falência: constituir o Comitê de Credores, bem como escolher seus membros e sua substituição; adotar outras modalidades de realização do ativo, na forma do art. 145 da Lei n. 11.101/2005; além de deliberar sobre qualquer outra matéria que possa afetar os interesses dos credores.

9.8. COMITÊ DE CREDORES

O Comitê de Credores é um órgão facultativo, composto de no máximo três representantes: um representante da classe dos trabalhadores, um representante da classe dos credores de direitos reais e de privilégios especiais e um representante dos credores quirografários e de privilégios gerais. Apesar dessa indicação para a composição do comitê, ele pode funcionar mesmo com número inferior (art. 26 da Lei n. 11.101/2005).

As atribuições do Comitê de Credores são (art. 27 da Lei n. 11.101/2005):

a) na recuperação judicial e na falência: fiscalizar as atividades do administrador e examinar suas contas; zelar pelo bom andamento do processo e pelo cumprimento da lei; comunicar ao juiz se houver violação dos direitos ou prejuízo aos interesses dos credores; apurar e emitir parecer sobre quaisquer reclamações dos interessados; requerer ao juiz a convocação da assembleia geral de credores;
b) na recuperação judicial: fiscalizar a administração do devedor, fiscalizar a execução do plano de recuperação, buscar a autorização do juiz, no caso de afastamento do devedor, para a alienação de bens, para a constituição de ônus reais e para atos de endividamento para a continuação do negócio.

Se não houver o comitê, as respectivas atribuições serão assumidas pelo administrador (art. 28 da Lei n. 11.101/2005).

Recuperação judicial (Lei n. 11.101/2005) 10

10.1. APLICAÇÃO DA LEI

A atual legislação é aplicada para todas as recuperações que foram requeridas após a vigência do atual ordenamento. Entretanto, para as concordatas requeridas sob a aplicação da lei anterior (Dec.-Lei n. 7.661/45), o procedimento seguirá de acordo com aquele diploma até o seu término, podendo o devedor, se preencher os requisitos a seguir indicados, e com a concordância dos credores, pleitear a conversão da concordata em recuperação judicial.

10.2. CONCEITO

"A recuperação judicial tem por objetivo viabilizar a superação da situação de crise econômico-financeira do devedor, a fim de permitir a manutenção da fonte produtora, do emprego dos trabalhadores e dos interesses dos credores, promovendo, assim, a preservação da empresa, sua função social e o estímulo à atividade econômica" (art. 47 da Lei n. 11.101/2005).

10.3. REQUISITOS

São requisitos do devedor para a obtenção de recuperação judicial:

- Exercer atividade empresária de forma regular há mais de dois anos, salvo o produtor rural, que precisa apenas da regularidade da atividade, e não do registro na Junta Comercial;
- Não ter sofrido falência, mas, se tiver ocorrido, que possua declaração da extinção das obrigações (art. 158 da Lei n. 11.101/2005);
- Não ter obtido a concessão da recuperação judicial nos últimos cinco anos;

- Não ter sido condenado em crime falimentar (art. 48, IV, da Lei n. 11.101/2005).

10.4. CRÉDITOS NÃO SUJEITOS À RECUPERAÇÃO JUDICIAL

Os seguintes credores/créditos não estão sujeitos à recuperação judicial:

- Crédito que confere o direito de propriedade do bem;
- Crédito decorrente de adiantamento a contrato de câmbio para exportação (arts. 49, § 3º, e 86, II, da Lei n. 11.101/2005);
- Crédito tributário (art. 187 do CTN);
- Crédito relativo à dívida constituída nos três anos anteriores ao pedido de recuperação judicial para aquisição de propriedades rurais.

10.5. MEIOS DE RECUPERAÇÃO JUDICIAL

O devedor pode apresentar qualquer proposta, desde que os credores concordem com ela. São meios de recuperação judicial:

- Concessão de prazos e condições especiais para pagamento das obrigações;
- Cisão, fusão, incorporação, transformação, cessão de quotas ou ações;
- Alteração do controle societário;
- Substituição total ou parcial dos administradores ou modificação dos seus órgãos administrativos;
- Aumento de capital social;
- Trespasse ou arrendamento do estabelecimento;
- Redução salarial, compensação de horários e redução de jornada, mediante acordo ou convenção coletiva;
- Dação em pagamento ou novação das dívidas;
- Venda parcial de bens;
- Emissão de valores mobiliários;
- Usufruto, entre outros (art. 50 da Lei n. 11.101/2005).

Apesar de o art. 50 apenas exemplificar as possíveis propostas que podem ser utilizadas pelo devedor, existem algumas limitações que devem ser respeitadas pelo plano de recuperação. São elas (art. 54 da Lei n. 11.101/2005):

- Não é possível a previsão de pagamento no prazo superior a um ano para os créditos trabalhistas e os provenientes de acidentes de trabalho;

- Não é possível a previsão de pagamento no prazo superior a 30 dias para os créditos trabalhistas com valor de até cinco salários mínimos vencidos nos três meses anteriores ao pedido de recuperação judicial.

10.6. EFEITOS

Todos os créditos existentes à data do pedido de recuperação judicial estão sujeitos a ela, mesmo aqueles que não estejam vencidos (art. 49 da Lei n. 11.101/2005).

Mesmo com a homologação do plano de recuperação judicial, o devedor permanecerá na administração dos bens da empresa. Contudo, após a distribuição do referido pedido, o devedor não poderá alienar ou onerar bens ou direitos de seu ativo não circulante, inclusive para os fins previstos no art. 67 desta Lei, ou seja, dos novos contratos durante a recuperação judicial, salvo mediante autorização do juiz, depois de ouvido o Comitê de Credores, se houver, com exceção daqueles previamente autorizados no plano de recuperação judicial (art. 66 da Lei n. 11.101/2005, alterado pela Lei n. 14.112/2020).

Outra consequência importante é que os créditos decorrentes de obrigações contraídas pelo devedor durante a recuperação judicial serão considerados extraconcursais em caso de falência, ou seja, serão pagos antes dos créditos concursais (art. 67 da Lei n. 11.101/2005).

CUIDADO

O plano de recuperação judicial constitui novação dos créditos anteriores ao pedido (art. 59, *caput*, da Lei n. 11.101/2005).

10.7. PLANO ESPECIAL

O plano especial de recuperação judicial é destinado a microempresas e empresas de pequeno porte e produtores rurais, cujo valor da causa seja de até R$ 4.800.000,00 (art. 70 da Lei n. 11.101/2005).

Os **créditos abrangidos** pelo plano especial abrangerá todos os créditos existentes na data do pedido, ainda que não vencidos, excetuados os decorrentes de repasse de recursos oficiais, os fiscais, os credores proprietários e o adiantamento do crédito para cambio (art. 71, I, da Lei n. 11.101/2005, com a alteração da LC n. 147/2014).

Além disso, a proposta está previamente definida pelo legislador, o que significa que os créditos serão **parcelados em até 36 parcelas mensais**, corrigidas monetariamente e acrescidas de **juros da taxa Selic**; **a primei-**

ra parcela deverá ser paga no máximo **em 180 dias contados da distribuição** do pedido de recuperação judicial.

O pedido de recuperação com base no plano especial não acarreta a suspensão do curso da prescrição e nem das ações e execuções por créditos não abrangidos pelo plano (art. 71, parágrafo único, da Lei n. 11.101/2005).

O plano especial pode ser deferido pelo juiz sem que ocorra a necessidade de convocar a assembleia geral de credores (art. 72 da Lei n. 11.101/2005).

10.8. PROCEDIMENTO DA RECUPERAÇÃO JUDICIAL

O devedor deverá ingressar com o pedido de recuperação judicial por meio de uma petição contendo a exposição da sua situação patrimonial, com as demonstrações contábeis dos últimos três anos, a relação nominal dos credores com os respectivos vencimentos, a relação de empregados com suas respectivas funções e salários, a relação das ações judiciais em andamento, em que figure como parte, certidões de protestos, a relação de bens dos sócios controladores e dos administradores, extratos bancários, certidões de regularidade da atividade e dos cartórios de protestos (art. 51 da Lei n. 11.101/2005).

Após a verificação dos documentos, o juiz deferirá o plano de recuperação judicial e nomeará o administrador judicial, ordenará a suspensão de todas as ações e execuções contra o devedor com exceção das ações que demandarem quantia ilíquida, as ações trabalhistas e as de natureza fiscal, determinará ao devedor a apresentação de contas demonstrativas mensais, determinará a intimação do Ministério Público e a comunicação às Fazendas públicas dos Estados e municípios em que o devedor tiver estabelecimento (art. 52, *caput*, da Lei n. 11.101/2005).

O devedor terá um prazo de 60 dias, contados do deferimento do processamento da recuperação judicial, para apresentar o plano de recuperação, bem como a avaliação completa do ativo e do passivo (art. 53 da Lei n. 11.101/2005).

A partir daí o juiz ordenará a expedição de edital contendo o resumo do pedido do devedor e da decisão que defere o processamento da recuperação, a relação dos credores, bem como a respectiva classificação e valores, abrindo-se o prazo para habilitação ou oposição em relação aos dados do edital (art. 52, § 1º, da Lei n. 11.101/2005).

Após a publicação da relação de credores, qualquer credor pode se opor ao plano de recuperação judicial no prazo de 30 dias. Diante da objeção de credor, o juiz convocará a assembleia geral de credores para deliberar sobre o plano (arts. 55 e 56 da Lei n. 11.101/2005).

Contra a decisão que conceder a recuperação cabe agravo (art. 59, § 2º, da Lei n. 11.101/2005).

10.9. CONVOLAÇÃO DA RECUPERAÇÃO JUDICIAL EM FALÊNCIA

O juiz pode converter a recuperação judicial em falência pelas seguintes razões (art. 73 da Lei n. 11.101/2005):

- Por deliberação da assembleia geral de credores;
- Pela não apresentação do plano de recuperação no prazo de 60 dias, contados da publicação da decisão que deferiu o processamento do plano de recuperação judicial;
- Quando houver sido rejeitado o plano de recuperação judicial pela assembleia dos credores;
- Por descumprimento de qualquer obrigação assumida no plano de recuperação.

Na convolação da recuperação judicial em falência todos os atos de administração, endividamento, oneração ou alienação realizados no curso da recuperação judicial são considerados válidos para a falência (art. 74 da Lei n. 11.101/2005).

Da mesma forma, todos os créditos habilitados na recuperação judicial considerar-se-ão habilitados no juízo universal (art. 80 da Lei n. 11.101/2005).

Recuperação extrajudicial (Lei n. 11.101/2005) 11

Se o devedor preencher os mesmos requisitos exigidos para a recuperação judicial, ele poderá propor a recuperação extrajudicial (arts. 48 e 161 da Lei n. 11.101/2005).

O plano de recuperação extrajudicial não atingirá as obrigações de natureza trabalhista, de acidente de trabalho, nem as tributárias. O plano também não pode contemplar o pagamento antecipado das dívidas nem tratamento desfavorável a alguns credores (art. 161, §§ 1º e 2º, da Lei n. 11.101/2005).

Uma vez concluído o plano, ele deve ser submetido a homologação judicial, que não será possível se já estiver em andamento a recuperação judicial ou, ainda, se nos últimos dois anos já houve a homologação de outro plano de recuperação extrajudicial (art. 161, § 3º, da Lei n. 11.101/2005).

A homologação do plano de recuperação extrajudicial não acarretará a suspensão de direitos, ações ou execuções nem impedirá a decretação da falência a pedido dos credores não subordinados ao plano.

Da sentença que homologa a recuperação extrajudicial cabe apelação, que será recebida apenas no efeito devolutivo (art. 164 da Lei n. 11.101/2005).

Falência (Lei n. 11.101/2005) 12

A falência, com o afastamento do devedor, tem a finalidade de preservar e otimizar a utilização produtiva dos bens e recursos produtivos da empresa (art. 75 da Lei n. 11.101/2005). Uma vez decretada a falência, ocorrerá a antecipação dos vencimentos das dívidas do devedor e dos sócios responsáveis de forma ilimitada e solidária.

A responsabilidade dos sócios prescreve em dois anos após o trânsito em julgado da sentença de encerramento da falência (art. 82, § 1º, da Lei n. 11.101/2005).

12.1. CAUSAS DA FALÊNCIA

A falência pode ser requerida em virtude da impontualidade ou dos atos de falência.

A impontualidade ocorre quando o devedor não paga no vencimento a obrigação líquida materializada num título executivo protestado, desde que o valor ultrapasse 40 salários mínimos. A lei permite o litisconsórcio ativo para a formação do valor mínimo necessário para o pedido de falência (art. 94, § 1º, da Lei n. 11.101/2005).

Além disso, a impontualidade ocorre se o executado por quantia certa não pagar, nem depositar, nem nomear bens à penhora dentro do prazo legal. Tal situação será demonstrada pela apresentação de certidão expedida pelo juízo em que a execução é processada.

Os atos de falência ocorrem se o devedor:

- Liquidar bens antecipadamente;
- Vender bens com a utilização de meios fraudulentos;
- Usar de mecanismos com o objetivo de retardar pagamentos;

- Transferir o estabelecimento comercial, sem a concordância dos credores e sem ficar com bens suficientes para saldar as dívidas;
- Ausentar-se do estabelecimento, ou tentar se ocultar, sem deixar representante habilitado e com recursos suficientes para pagar os credores;
- Deixar de cumprir o que foi estabelecido na recuperação judicial (art. 94, III, *g*, da Lei n. 11.101/2005).

A falência requerida com fundamento na impontualidade de um título executivo extrajudicial não será decretada se o devedor provar: a falsidade do título, a prescrição, a nulidade da obrigação ou do título, pagamento da dívida, vício no protesto, cessação das atividades empresariais há mais de dois anos antes da falência, qualquer fato que suspenda ou extinga a obrigação (art. 96 da Lei n. 11.101/2005).

12.2. LEGITIMIDADE ATIVA

Possuem legitimidade para requerer a falência (art. 97 da Lei n. 11.101/2005):

- O próprio devedor (art. 105 da Lei n. 11.101/2005);
- O cônjuge sobrevivente;
- O cotista ou acionista do devedor;
- Qualquer credor regularmente registrado na Junta Comercial.

12.3. HABILITAÇÃO DOS CREDORES

Uma vez publicado o edital, os credores terão 15 dias para se habilitar. Após a habilitação, no prazo de 45 dias, o administrador deverá publicar um novo edital, que conterá a relação de credores. Os credores terão 10 dias para impugnar. A impugnação poderá ser feita por qualquer credor, pelo Comitê de Credores ou até mesmo pelo Ministério Público.

A impugnação será autuada em separado, e da decisão que resolve a impugnação cabe o recurso de agravo (arts. 7º, 13 e 17 da Lei n. 11.101/2005).

Após o prazo definido pelo art. 7º, § 1º, da Lei n. 11.101/2005, a habilitação ainda pode ocorrer, mas será considerada retardatária. O credor habilitado retardatariamente não terá direito a voto nas deliberações da assembleia geral (art. 10 da Lei n. 11.101/2005) e perderá o direito a rateios eventualmente realizados.

Resolvidas a habilitação dos credores e suas respectivas impugnações, será publicada a lista de classificação, no prazo de cinco dias, contados da sentença que julgou as impugnações (art. 18, parágrafo único, da Lei n. 11.101/2005).

12.4. PROCEDIMENTO

Requerida a falência, o devedor será citado para apresentar sua contestação em 10 dias, e, se a motivação for a impontualidade, o devedor poderá depositar a quantia devida acrescida de correção monetária, juros e honorários advocatícios (art. 98, *caput* e parágrafo único, da Lei n. 11.101/2005, respectivamente).

A sentença que decretar a falência, entre outras determinações (art. 99 da Lei n. 11.101/2005):

- Fixará o termo legal da falência, que é um período de no máximo 90 dias anteriores ao pedido de falência, ou ao pedido de recuperação judicial, ou ao primeiro protesto por falta de pagamento;
- Ordenará que o falido apresente, em cinco dias, a relação dos credores;
- Explicitará o prazo para a habilitação dos credores;
- Ordenará a suspensão de todas as ações ou execuções contra o falido;
- Nomeará o administrador judicial;
- Determinará, quando entender conveniente, a convocação da assembleia geral de credores, a fim de constituir o Comitê de Credores.

Da decisão que decreta a falência cabe o agravo de instrumento, e da decisão que declara a improcedência do pedido de falência cabe apelação (art. 100 da Lei n. 11.101/2005, art. 1.015, XIII, e art. 1.009 do CPC).

12.5. CLASSIFICAÇÃO DOS CRÉDITOS

A falência divide os créditos em dois grandes grupos: os créditos concursais e os extraconcursais. Os concursais são aqueles que deram origem ao processo falimentar, enquanto os extraconcursais surgiram com a declaração da falência, ou seja, são gastos provenientes da declaração da falência.

Os créditos extraconcursais, portanto, são os originados depois da decretação da falência, e serão pagos ao final do processo falimentar antes dos créditos concursais (art. 84 da Lei n. 11.101/2005, alterado pela Lei n. 14.112/2020), na seguinte ordem:

a) Os créditos trabalhistas de natureza estritamente salarial são os vencidos nos três meses anteriores à decretação da falência, até o limite de cinco salários mínimos por trabalhador (art. 151 da Lei n. 11.101/2005), e as despesas cujo pagamento antecipado seja indispensável à administração da falência, inclusive na hipótese de continuação provisória das atividades (art. 150 da Lei n. 11.101/2005), que serão pagas assim que exista dinheiro em caixa;

b) O valor efetivamente entregue ao devedor em recuperação judicial pelo financiador, em conformidade com o disposto na Seção IV-A do Capítulo III desta Lei;

c) Os créditos em dinheiro objeto de restituição, conforme previsto no art. 86 desta Lei;

d) As remunerações devidas ao administrador judicial e aos seus auxiliares, os reembolsos devidos a membros do Comitê de Credores e os créditos derivados da legislação trabalhista ou decorrentes de acidentes de trabalho relativos a serviços prestados após a decretação da falência;

e) As obrigações resultantes de atos jurídicos válidos praticados durante a recuperação judicial, nos termos do art. 67 desta Lei, ou após a decretação da falência;

f) As quantias fornecidas à massa falida pelos credores;

g) As despesas com arrecadação, administração, realização do ativo, distribuição do seu produto e custas do processo de falência;

h) As custas judiciais relativas às ações e às execuções em que a massa falida tenha sido vencida;

i) Os tributos relativos a fatos geradores ocorridos após a decretação da falência, respeitada a ordem estabelecida no art. 83 desta Lei.

São os seguintes os créditos concursais, obedecendo à seguinte ordem (art. 83 da Lei n. 11.101/2005):

- Créditos trabalhistas limitados a 150 salários mínimos e créditos surgidos de acidentes de trabalho;
- Créditos com garantia real até o limite do valor do bem gravado;
- Créditos tributários, exceto as multas tributárias;
- Créditos quirografários, inclusive os créditos trabalhistas que excederem o limite de 150 salários mínimos;
- Multas contratuais, penas pecuniárias, incluindo as multas tributárias;
- Créditos subordinados;
- Juros vencidos após a decretação da falência.

12.6. REALIZAÇÃO DO ATIVO E ENCERRAMENTO DA FALÊNCIA

Após a arrecadação dos bens ocorrerá a realização do ativo. Os bens serão vendidos da melhor forma possível, respeitando a seguinte ordem (art. 140 da Lei n. 11.101/2005):

- Alienação do estabelecimento comercial como um todo;
- Alienação das unidades produtivas da empresa de forma isolada;
- Alienação dos bens agrupados por unidade produtiva;
- Alienação dos bens individualizados.

A alienação ocorrerá pelo maior valor oferecido, ainda que seja inferior ao valor da avaliação (art. 142, § 2º, da Lei n. 11.101/2005).

Com o término da realização do ativo, o administrador providenciará um relatório descrevendo os valores eventualmente recebidos (art. 148 da Lei n. 11.101/2005).

Os credores serão pagos de acordo com a classificação de seus créditos, e, se houver saldo remanescente, será devolvido ao falido.

Realizado o ativo e distribuído o resultado da negociação entre os credores, o administrador prestará suas contas no prazo de 30 dias, que serão julgadas pelo juiz por sentença (art. 154 da Lei n. 11.101/2005). Após o julgamento das contas, o administrador apresentará o relatório final, no prazo de 10 dias, indicando a realização do ativo, a distribuição do resultado da negociação e as responsabilidades que o falido ainda terá (art. 155 da Lei n. 11.101/2005).

Com a apresentação do relatório final o juiz encerrará a falência (art. 156 da Lei n. 11.101/2005).

12.7. OS EFEITOS DA FALÊNCIA PARA A PESSOA DO FALIDO

A partir da decretação da falência, o falido não pode exercer nenhuma atividade empresarial, até que seja habilitado novamente pelo juízo da falência, podendo apenas fiscalizar a administração da falência (arts. 102 e 103 da Lei n. 11.101/2005).

O falido terá os seguintes deveres (art. 104 da Lei n. 11.101/2005):

- Prestar informações ao administrador;
- Apresentar os livros obrigatórios, bem como todos os papéis e documentos ao administrador judicial;
- Não se ausentar do local onde se processa a falência sem motivo justo e comunicação expressa ao juiz;
- Comparecer a todos os atos da falência, nos quais for indispensável a sua presença.

12.8. OS EFEITOS DA FALÊNCIA SOBRE AS OBRIGAÇÕES DO DEVEDOR

Com a decretação da falência, ficam suspensos o exercício do direito de retenção sobre os bens que serão objeto de arrecadação, bem como o exercício do direito de retirada por parte do sócio da sociedade falida (art. 116 da Lei n. 11.101/2005).

Por outro lado, os contratos bilaterais não serão resolvidos pela falência, uma vez que o administrador pode optar por continuá-los (art. 117 da Lei n. 11.101/2005).

12.9. INEFICÁCIA E REVOGAÇÃO DOS ATOS PRATICADOS ANTES DA FALÊNCIA

São ineficazes em relação à massa falida, independentemente do conhecimento do terceiro a respeito da situação financeira do devedor, ou mesmo da intenção do devedor em fraudar credores:

- O pagamento de dívidas não vencidas, realizadas dentro do termo legal;
- O pagamento de dívidas vencidas, realizadas dentro do termo legal, de forma diversa da prevista pelo contrato;
- A constituição de direito real de garantia dentro do termo legal;
- A prática de atos a título gratuito, praticados nos dois anos que antecedem a decretação da falência;
- A renúncia a herança ou a legado, praticada nos dois anos que antecedem a decretação da falência;
- O trespasse, sem o consentimento dos credores e sem que o devedor possua bens suficientes para saldar as dívidas.

A ineficácia poderá ser declarada de ofício pelo juiz, alegada pelas partes, ou mesmo pleiteada em ação própria (art. 129, parágrafo único, da Lei n. 11.101/2005).

São revogáveis, por outro lado, os atos praticados com a intenção de prejudicar credores, provando-se o conluio com terceiro e o efetivo prejuízo para a massa falida (art. 130 da Lei n. 11.101/2005).

A revogação ocorrerá por meio da ação revocatória, que pode ser proposta pelo administrador judicial, por qualquer credor e pelo Ministério Público, em até três anos contados da decretação da falência (art. 132 da Lei n. 11.101/2005).

Uma vez declarada procedente a ação revocatória, os bens que foram negociados serão devolvidos para a massa. No andamento da ação revocatória, o juiz, a pedido do autor, pode determinar o sequestro dos bens do devedor que estejam em poder de terceiros. Da sentença que declarar procedente a revocatória cabe o recurso de apelação (arts. 135 e 137 da Lei n. 11.101/2005).

12.10. PEDIDO DE RESTITUIÇÃO

O pedido de restituição é cabível toda vez que um bem pertencente a terceiro for arrecadado pela massa, como, por exemplo, a restituição de coisa vendida a crédito e entregue ao devedor nos 15 dias anteriores ao requerimento da falência (art. 85 da Lei n. 11.101/2005).

O pedido de restituição, contendo a descrição da coisa juntamente com os documentos comprobatórios, deve ser autuado em separado. A partir do recebimento, o juiz determinará a intimação dos credores, do Comitê e do administrador judicial para se manifestarem em cinco dias. Da sentença que julgar o pedido de restituição caberá apelação sem efeito suspensivo (arts. 87 e 90 da Lei n. 11.101/2005).

O bem objeto do pedido de restituição fica indisponível até o trânsito em julgado da decisão.

Procedimento e processo 13

13.1. CONCEITOS

A palavra processo vem do latim *pro cedere*, que significa "caminhar para a frente". Podemos dizer que o processo possui dois aspectos: um aspecto formal (a sucessão ordenada de atos processuais, que nós chamamos de procedimento) e um aspecto subjetivo (a relação existente entre as partes e o juiz).

Procedimento: é o aspecto formal do processo, isto é, a sucessão ordenada de atos processuais.

13.2. FORMA

De regra, a palavra escrita é por excelência a forma utilizada no processo. Entretanto, alguns atos podem ser falados (mas também serão reduzidos a termo, como vemos nas audiências).

A oralidade é regida pelos seguintes princípios:

a) princípio da imediação – os atos são praticados na presença do juiz, preferencialmente;

b) princípio da identidade física do juiz – segundo o qual é imprescindível que o juiz que participou do processo também profira a sentença, salvo nos casos previstos na lei;

c) princípio da concentração – preferencialmente, os atos são praticados num só momento, de forma concentrada (por exemplo, uma audiência de instrução, debates e julgamento);

d) princípio da irrecorribilidade das decisões interlocutórias – tal princípio não se aplica ao processo civil, pois, nesse caso, aplicar-se-á o agravo de instrumento, e das decisões que não comportarem o agravo, será possível a interposição do recurso de apelação, pois essas decisões não serão alcançadas pela preclusão. Apenas as decisões de mero expediente são irrecorríveis.

13.3. ESPÉCIES DE PROCESSO

Dependendo da finalidade que o autor busca do órgão jurisdicional, o processo pode ser de conhecimento ou de execução.

No processo de conhecimento, o autor busca a certeza sobre determinada relação jurídica, a constituição ou desconstituição de uma relação jurídica ou, ainda, a condenação do réu.

No processo de execução, o autor busca a satisfação de um título que a lei elevou à condição de título executivo extrajudicial (lembrando que não existe mais execução de título judicial, já que a execução de um processo de conhecimento é realizada por meio do cumprimento de sentença, no qual o juiz fixa no corpo da sentença o prazo para que o réu cumpra o consignado no título judicial).

13.4. PROCESSO DE CONHECIMENTO

O processo de conhecimento pode seguir pelo procedimento comum ou especial. O procedimento especial está previsto nos arts. 539 e s. do CPC e também em leis especiais (como na ação renovatória - art. 71 da Lei n. 8.245/91). É chamado de procedimento especial, pois contém peculiaridades quanto à redação da inicial e quanto ao encadeamento de atos processuais.

O procedimento comum será usado de forma residual, ou seja, quando não encontrarmos a hipótese prevista nos procedimentos especiais.

14 Procedimento comum

O procedimento comum é considerado o mais completo e será, didaticamente, dividido em quatro fases:

1ª Fase Postulatória (que compreende a petição inicial, a citação do réu e as defesas do réu);

2ª Fase Saneadora (que compreende o período no qual o juiz determina as providências preliminares, aprecia as nulidades, realiza a audiência preliminar e profere o "despacho saneador");

3ª Fase Instrutória (que se destina à atividade probatória iniciada na petição inicial e que tem seu fim na audiência de instrução);

4ª Fase Decisória (em que o juiz profere a sentença).

14.1. PETIÇÃO INICIAL

A jurisdição é sempre provocada por uma manifestação da parte que ocorre por meio da petição inicial (art. 2º do CPC). A petição inicial é um ato formal (deve respeitar os requisitos expressamente indicados na lei), que, além de iniciar o processo, delimita a sentença, já que é proibido ao juiz apreciar questões que dependam da iniciativa da parte, bem como proferir uma decisão além do que foi pedido pelo autor (arts. 141 e 492 do CPC).

A petição inicial deve ser redigida de acordo com os requisitos do art. 319 do CPC (requisitos de qualquer petição inicial).

14.1.1. Endereçamento

O juízo competente será definido aplicando-se as regras de competência:

1º) verificar se a Justiça brasileira é competente (arts. 21, 22 e 23 do CPC);

2º) verificar se há a competência de Tribunal ou órgão jurisdicional atípico (Senado Federal - art. 52, I e II, da CF/88; Câmara dos Deputados - art. 51, I, da CF/88; Assembleia Legislativa do Estado para julgar o Governador);

3º) verificar se é Justiça Especial (Eleitoral, Militar ou Trabalhista) ou Comum;

4º) se for Comum, verificar se é Federal (art. 109 da CF/88) ou Estadual (residual);

5º) definir a comarca e o foro (ver se é caso de Varas Especializadas, como a da Fazenda Pública, a dos Registros Públicos, a da Infância e da Juventude; se não, usar as regras do Código de Processo Civil).

No Direito Empresarial não haverá endereçamento para a Justiça especial (Justiça Militar, Eleitoral e do Trabalho). Haverá apenas endereçamento para a Justiça Comum (Estadual ou Federal).

O endereçamento será feito para a Justiça Federal quando a ação envolver interesse da União (Administração Direta ou Indireta). No Direito Empresarial, encontraremos tal competência principalmente nos seguintes casos:

a) ação de nulidade de marca (pela presença obrigatória do INPI - autarquia federal);
b) ação de nulidade de patente (pela presença obrigatória do INPI - autarquia federal);
c) ação de nulidade de desenho industrial (pela presença obrigatória do INPI - autarquia federal);
d) mandado de segurança contra ato do presidente da Junta Comercial (pela submissão ao DREI - autarquia federal).

A Justiça Estadual tem competência residual, ou seja, não sendo competente a Justiça Federal (ou as justiças especiais), será competente a Justiça Estadual.

CUIDADO

No Exame da Ordem dos Advogados do Brasil e em outros concursos públicos, não abrevie o endereçamento. O endereçamento de forma completa torna a peça esteticamente mais adequada.

Para juiz estadual:

EXCELENTÍSSIMO SENHOR DOUTOR JUIZ DE DIREITO DA____ VARA CÍVEL DA COMARCA DE____ DO ESTADO DE____

Para juiz federal:

> EXCELENTÍSSIMO SENHOR DOUTOR JUIZ FEDERAL DA____ VARA CÍVEL DA SEÇÃO JUDICIÁRIA DE____ DO ESTADO DE ____

14.1.2. Preâmbulo

Nesse momento, devemos inserir a qualificação das partes, a ação e o procedimento adotado, a referência ao juiz e o artigo de lei no qual se funda nossa ação.

O advogado deve iniciar o preâmbulo com algumas linhas após o endereçamento, deixando espaço para a deliberação do juiz. O parágrafo do preâmbulo deve ser iniciado no centro da folha. No Exame da Ordem dos Advogados do Brasil e em outros concursos públicos, não crie dados não fornecidos no problema, sob pena de identificação da peça e a consequente não correção.

> FULANO DE TAL, nacionalidade, estado civil, profissão, endereço, portador do documento de identidade Registro Geral (RG)_____, inscrito no Cadastro de Pessoas Físicas (CPF) sob o n.____, endereço eletrônico e-mail ___, por seu advogado infra-assinado (doc. 1), vem respeitosamente à presença de Vossa Excelência propor a presente AÇÃO DE_____, pelo procedimento_____, com fundamento no art._____, em face de SICRANO, nacionalidade, estado civil, profissão, endereço, portador do documento de identidade Registro Geral (RG)_____, inscrito no Cadastro de Pessoas Físicas (CPF) sob o n._____, pelas razões de fato e de direito a seguir expostas.

CUIDADO

Se alguma das partes for pessoa jurídica, não esquecer da representação legal. Por exemplo: se for sociedade limitada, qualificar a sociedade e, em seguida, afirmar que é representada pelo seu administrador. Se for sociedade por ações, qualificar a sociedade e, em seguida, afirmar que é representada pelo seu diretor.

> SOCIEDADE X LTDA., com sede na Rua_____, Cadastro Nacional de Pessoas Jurídicas (CNPJ)_____, representada por seu administrador_____, endereço eletrônico e-mail ___, por seu advogado infra-assinado (doc. 1), vem respeitosamente à presença de Vossa Excelência propor a presente AÇÃO DE_____, pelo procedimento_____, com fundamento no art._____, em face de SICRANO, nacionalidade, estado civil, profissão, endereço, portador do documento de identidade Registro Geral (RG)_____, inscrito no Cadastro de Pessoas Físicas (CPF) sob o n._____, pelas razões de fato e de direito a seguir expostas.

14.1.3. Fatos

No Exame da OAB e em concursos públicos, o candidato deve parafrasear o problema, usando parágrafos curtos, sem inventar nem acrescentar nenhum dado.

Não obstante, deverá denominar as partes envolvidas como Autor e Réu.

14.1.4. Fundamentação jurídica

Nesse momento da peça, o advogado deve argumentar como o juiz deve analisar a situação posta diante de si, a partir da indicação das normas constitucionais e infraconstitucionais ao caso concreto.

A argumentação seria corroborada com a citação doutrinária e jurisprudencial, se fosse possível a consulta.

14.1.5. Pedido

No pedido, o candidato deve deduzir os requerimentos processuais e os pedidos relacionados ao direito violado.

Ante o exposto, requer:

a) concessão de tutela provisória de urgência antecipada no sentido de____ [se houvesse pedido de tutela provisória de urgência antecipada, nas hipóteses do art. 300 do CPC];

b) a procedência do pedido do autor, sentido de____ [explicar exatamente o que pretende, se houver tutela provisória de urgência antecipada, pedir a confirmação da tutela];

c) a citação do réu para, se quiser, apresentar sua defesa, sob pena de revelia;

d) a condenação ao ônus da sucumbência [art. 82, § 2º, e art. 85 do CPC];

e) a produção de provas por todas as formas em direito admitidas;

f) que as intimações sejam endereçadas na Rua____, nos termos do art. 77, V, do CPC [Não esquecer de apresentar o endereço do advogado para receber intimações – isso pode ser feito no pedido ou ao final da peça, mas sempre sem conter informações inventadas.];

g) a concessão do benefício da gratuidade da justiça, nos termos do art. 98 do CPC [Se for o caso.];

h) o autor demonstra o interesse (ou desinteresse) na realização da audiência de conciliação (ou mediação), como determina o artigo 319, VII, e 334, § 5º, do CPC.

Dá-se à causa o valor de R$____ [O valor da causa será explicado no item seguinte.].
Nesses termos,

pede deferimento.

Local, data.

ADVOGADO____

OAB/___

14.1.6. Valor da causa

De acordo com o art. 291 do CPC, a toda causa deve ser atribuído um valor. Isso definirá, algumas vezes, o procedimento, como no caso dos Juizados Especiais. A atribuição do valor da causa pode ser útil, ainda, na fixação dos honorários advocatícios na hipótese em que não houver condenação da parte vencida, além de estabelecer o valor das custas judiciais que devem ser recolhidas pelo autor.

O art. 292 do CPC especifica como será calculado o valor da causa. Além disso, as leis especiais podem estabelecer critérios específicos, como, por exemplo, o art. 58, III, da Lei n. 8.245/91, que estabelece que nas causas de despejo o valor da causa será de 12 vezes o valor do aluguel.

> Dá-se à causa o valor de R$_____ [valor por extenso].
>
> Nesses termos,
> pede deferimento.
>
> Local, data.
>
> ADVOGADO_____
>
> OAB/___

14.2. APRECIAÇÃO E ADITAMENTO DO PEDIDO

O juiz deverá apreciar os pedidos de forma restritiva, mas o ordenamento permite serem apreciados mesmo que não tenham sido pleiteados. Exemplo: o ônus da sucumbência, as prestações vincendas, a correção monetária e os juros de mora (arts. 322, § 1º, e 323 do CPC).

O pedido formulado pelo autor, como regra, não pode ser alterado sem a concordância do réu (deverá ser devolvido o prazo da contestação), mas, se ainda não ocorreu a citação, é possível ao autor o aditamento do pedido (art. 329, I, do CPC). Após o saneamento do processo será possível aditar ou alterar o pedido e a causa de pedir, com consentimento do réu, assegurado o contraditório (art. 329, II, do CPC).

14.3. DESPACHO DA PETIÇÃO INICIAL

Assim que o juiz receber a petição inicial, ele poderá proferir uma das seguintes decisões:

- Deferir a inicial, ou seja, receber a petição e determinar a audiência de conciliação ou mediação (art. 334 do CPC);

- Sanear a inicial, determinando prazo de 15 dias para que o autor a emende ou complete, indicando com precisão o que deve ser corrigido ou completado (art. 321 do CPC);
- Indeferir a inicial, nos casos determinados pelo art. 330 do CPC;
- Proferir uma sentença de improcedência liminar (art. 332 do CPC).

14.4 CITAÇÃO

A citação é o ato pelo qual o juiz chama a juízo o réu, o executado ou o interessado (art. 238 do CPC). A citação é requisito essencial para a existência do processo (art. 239 do CPC) e será exigida em todos os processos e procedimentos. Se o réu comparecer espontaneamente, a citação foi suprida, ainda que o réu compareça para arguir a nulidade, que, se reconhecida, trará como consequência a devolução do prazo para resposta (art. 239, § 1º, do CPC).

A ausência da citação ou a citação defeituosa é matéria de ordem pública, e como tal pode ser declarada de ofício pelo juiz, ou ser alegada a qualquer tempo, inclusive após o trânsito em julgado da sentença.

14.4.1. Efeitos

A citação válida produz os seguintes efeitos (art. 240 do CPC):

- Torna prevento o juízo, para as ações que correm em comarcas diferentes; na mesma comarca, aplica-se o art. 59 do CPC;
- Induz litispendência, e qualquer ação idêntica será extinta, se proposta após esse momento;
- Torna a coisa litigiosa, que é importante para que se verifique eventual fraude à execução (art. 792 do CPC);
- Interrompe a prescrição e a decadência, mesmo que o juízo seja incompetente (art. 240, §§ 1º e 4º, do CPC). É importante ressaltar que o autor não pode ser prejudicado pela demora do serviço judiciário (Súmula 106 do STJ); e, de acordo com o art. 202 do CC/2002, a interrupção só pode se dar uma vez, que ocorrerá com a citação válida e retroagirá à data do despacho do juiz;
- Constitui o devedor em mora, salvo se tiver sido constituído em mora anteriormente (a partir da mora correm os juros moratórios e o devedor assume o risco pela perda da coisa).

14.4.2. Espécies

A citação pode ser direta ou indireta. A citação é direta quando é feita diretamente à pessoa do réu ou a seu representante legal. O absolutamente incapaz é citado na pessoa de seus pais, tutor ou curador; o relativamente incapaz deve ser citado pessoalmente e também o seu representante. O juiz pode nomear um curador especial se o incapaz não tiver representante legal.

No Direito Empresarial, a pessoa jurídica deve ser citada na pessoa de seu representante legal. Por exemplo, a sociedade limitada deve ser citada na pessoa de seu administrador; a sociedade por ações deve ser citada na pessoa de seu diretor; a massa falida deve ser citada na pessoa do seu administrador judicial etc.

A citação será indireta se feita na pessoa de um procurador com poderes especiais para receber a citação. É o caso do advogado ou do administrador do imóvel, responsável pelo recebimento de alugueres, quando o locador se ausentar do Brasil sem deixar procurador (art. 242, *caput* e § 2º, do CPC).

A citação pode ser efetivada pelo correio, por Oficial de Justiça, pelo escrivão ou chefe de secretaria, se o citando comparecer em cartório, por edital e por meio eletrônico (art. 246 do CPC/2015).

A regra é que a citação seja feita pelo correio, mesmo em comarca fora dos limites jurisdicionais do juiz. A citação não será pelo correio se o autor pedir que seja feita de outra forma, pelo insucesso da citação por correio, quando o réu for incapaz, pessoa jurídica de direito público, nas ações de estado, processo de execução, ações monitórias ou quando a região não for atendida pelo serviço postal (arts. 247 e 701 do CPC). O prazo para a contestação na citação por correio começa a correr da juntada do aviso de recebimento aos autos.

A citação será por Oficial de Justiça na impossibilidade da citação pelo correio. Entretanto, se o réu residir em comarca diferente da circunscrição do Oficial de Justiça e não se tratar de comarca contígua, a citação só ocorrerá por meio de carta precatória. Se o Oficial de Justiça procurou o réu por três vezes no endereço indicado e não o encontrou e ainda tiver fundado motivo para acreditar que o réu esteja se ocultando, poderá realizar a citação com hora certa, intimando o ente familiar ou o vizinho, para avisar que em determinado dia e horário voltará para realizar a citação. Nesse caso, após a citação o escrivão deverá mandar carta ou telegrama ao réu para comunicar o ocorrido. A contagem do prazo para a contestação começará a correr da juntada do mandado de citação.

A citação será por edital afixado na sede do juízo e publicado no *Diário Oficial* e em jornal de grande circulação, quando não foi possível a citação pessoal ou:

- Quando for desconhecido ou incerto o réu, pela afirmação do autor ou por certidão do Oficial de Justiça, sujeito a avaliação do juiz (ações possessórias - invasão) (art. 256, I, do CPC);

- Quando ignorado, incerto, inacessível o lugar onde se encontre o réu;
- Quando a lei determinar, como na ação de usucapião.

Na citação por edital o prazo da contestação começa a contar depois do prazo fixado pelo juiz na publicação.

A citação pode ser feita por meio eletrônico (Lei n. 11.419/2006) se houver o credenciamento prévio do endereço eletrônico no Judiciário.

O réu será citado onde se encontrar, mas os arts. 244 e 245 do CPC estabelecem quando não deve ocorrer a citação, por razões de solidariedade e respeito por certos atos da vida ou por demência.

15 Defesas do réu

Na defesa, o réu exerce o verdadeiro direito de ação, que pode consistir na impugnação dos fatos alegados pelo autor (contestação), no afastamento do juízo ou do juiz (exceção) e numa ação deduzida contra o autor (reconvenção).

Assim que o réu é citado, ele terá 15 dias para se defender, mas se o réu for a Fazenda ou o Ministério Público, o prazo será contado em dobro, assim como se houver mais de um réu, litisconsortes, com advogados de escritórios diferentes, o prazo será contado em dobro (arts. 180, 183 e 229 do CPC).

A defesa pode se apresentar de dois modos:

a) Processual, cujo conteúdo apenas se contrapõe ao processo;
b) De mérito, que atinge diretamente o fato alegado pelo autor, ou ainda indica um fato novo que invalida o pedido do autor.

Por outro lado, dependendo da consequência gerada pela defesa, é possível que ela seja:

a) Peremptória, quando as alegações deduzidas, ao serem acolhidas pelo juiz, implicam na extinção do processo, como prescrição, decadência, coisa julgada etc.;
b) Dilatória, que é aquela que pode no máximo atrasar o procedimento, como incompetência e nulidade da citação.

15.1. CONTESTAÇÃO

A contestação é a peça na qual o direito de defesa é exercido por excelência. O réu tem como objetivo na contestação que o juiz não acolha o pedido formulado pelo autor. Nela o réu não pode formular pedido como nas ações dúplices, mas pode deduzir sua defesa de forma ampla.

A defesa processual deve ser arguida nas preliminares, onde o objetivo do réu é impugnar a relação processual em si, buscando a extinção do processo ou apenas a dilação do processo (art. 337 do CPC). Tais alegações serão apreciadas pelo juiz antes do mérito e podem ser conhecidas pelo juiz sem a necessidade de alegação pelas partes, com exceção da convenção de arbitragem (Lei n. 9.307/96).

Na contestação o réu deve deduzir todas as matérias possíveis de defesa, mesmo que incompatíveis entre si (princípio da eventualidade), impugnando todos os fatos alegados pelo autor, de forma direta ou alegando algum fato novo que impeça, modifique ou extinga o direito do autor.

Se o réu deixar de impugnar algum fato trazido pelo autor, este fato será presumidamente acolhido como verdadeiro pelo juiz (ônus da impugnação específica). Apesar desta obrigação, a defesa pode ser genérica quando for realizada por advogado dativo, curador especial ou pelo Ministério Público (art. 341, parágrafo único, do CPC). Além disso, não será aplicada:

- Se não for admissível a confissão (direitos indisponíveis);
- Se a petição inicial não estiver acompanhada do instrumento público que a lei considerar da substância do ato (art. 406 do CPC);
- Se o fato não impugnado estiver em contradição com a defesa considerada em seu conjunto.

Algumas matérias podem ser alegadas pelo réu mesmo após a contestação. É o caso de:

- Direito ou fato superveniente;
- Questões de ordem pública, que são todas as previstas no art. 337 do CPC, com exceção do compromisso arbitral (art. 342 do CPC).

O réu, na contestação, também deve requerer as provas que pretende produzir, ainda que de forma genérica, já que posteriormente será intimado para indicar especificamente as provas pretendidas.

Roteiro de contestação:

Primeiramente, o endereçamento deve ser feito nos moldes do que foi explicado para a petição inicial.

No preâmbulo, a redação começa pela qualificação do réu que, na ação movida pelo autor, apresenta sua contestação, pelas razões a seguir expostas.

EXCELENTÍSSIMO SENHOR DOUTOR JUIZ DE DIREITO DA____ VARA CÍVEL DA COMARCA DE____ DO ESTADO DE____

(espaço de cinco linhas)

FULANO DE TAL, nacionalidade, estado civil, profissão, portador do documento de identidade Registro Geral (RG) n. ____, inscrito no Cadastro de Pessoas Físicas (CPF) sob o n. ____, residente e domiciliado na Rua ____, endereço eletrônico e-mail ___, por seu advogado infra-assinado (doc. 1), respeitosamente se faz presente ante Vossa Excelência, na ação de ____, que lhe move SICRANO, já qualificado na inicial, para apresentar a sua CONTESTAÇÃO, com fundamento no art. 335 e s. do CPC, pelas razões de fato e de direito a seguir expostas.

ATENÇÃO

Se alguma das partes for pessoa jurídica, não esquecer da representação legal. Por exemplo: se for sociedade limitada, qualificar a sociedade e, em seguida, afirmar que é representada pelo seu administrador; se for sociedade por ações, qualificar a sociedade e, em seguida, afirmar que é representada pelo seu diretor.

SOCIEDADE X S.A., com sede na Rua _____, inscrita no Cadastro Nacional de Pessoas Jurídicas (CNPJ) sob o n. ____, por seu diretor, endereço eletrônico e-mail ___, por seu advogado infra-assinado (doc. 1), respeitosamente se faz presente ante Vossa Excelência...

Depois do preâmbulo, o advogado do réu deve fazer um breve relato do que foi trazido na inicial. Em seguida, alegar as preliminares de contestação, se houver, previstas no art. 337 do CPC, que são: inexistência ou nulidade da citação; incompetência absoluta e relativa; inépcia da inicial; perempção; litispendência; coisa julgada; conexão; incapacidade da parte, defeito de representação ou de autorização; convenção de arbitragem; ausência de legitimidade ou de interesse processual; falta de caução ou de outra prestação que a lei exigir como preliminar, indevida concessão do benefício de gratuidade de justiça.

PRELIMINAR DE INCOMPETÊNCIA ABSOLUTA

No caso em tela, o autor ingressou com a ação em juízo absolutamente incompetente, em virtude de____

[Indicar a fundamentação legal que justifica a incompetência.]

Pleiteia-se, portanto, a declaração de incompetência absoluta, com o encaminhamento do processo ao juízo competente.

Após a possível alegação de preliminar, é o momento de o candidato atacar o mérito, relacionando a sua versão dos fatos com os argumentos legais, corroborados com citações doutrinárias e jurisprudenciais.

No pedido, o réu deve requerer a improcedência do pedido do autor, a condenação ao ônus da sucumbência e as provas que pretende produzir.

Ante o exposto, requer:

a) a improcedência do pedido do autor, no sentido de____ [Especificar o que se pretende.];

b) a condenação do autor ao ônus da sucumbência [art. 82, § 2º, e art. 85 do CPC];

c) pretende-se provar o alegado por todas as provas em direito admitidas;

d) endereço para intimação na Rua_____, nos moldes do art. 77, V, do CPC.

Nesses termos,

pede deferimento.

Local, data.

ADVOGADO ____

OAB/___

15.2. RECONVENÇÃO

É uma verdadeira ação, que o réu-reconvinte propõe contra o autor-reconvindo dentro da contestação (art. 343 do CPC), e que tem por objetivo deduzir uma pretensão contra o autor.

15.2.1. Requisitos

Além dos requisitos próprios de uma ação, existem outros específicos da reconvenção:

- Apenas o réu tem legitimidade ativa para ajuizar a reconvenção, o autor e o terceiro têm legitimidade passiva para responder;
- O objeto da reconvenção deve ser conexo ao da ação principal, o que significa a identidade do pedido ou da causa de pedir;
- O juiz que apreciou a ação principal deve ser competente para apreciar a reconvenção;

- O rito da reconvenção deve ser o mesmo da ação principal, que normalmente será o ordinário.
- O réu pode propor reconvenção independentemente de oferecer contestação.

15.2.2. Procedimento

O momento oportuno para apresentar a reconvenção é simultaneamente à contestação (art. 343 do CPC). Se o juiz receber a reconvenção, o autor-reconvindo será intimado, na pessoa de seu advogado, para apresentar sua resposta. Por fim, vale ressaltar que, se a reconvenção não prosseguir, isso não provocará nenhum efeito na ação principal e vice-versa (art. 343, § 2º, do CPC).

15.2.3. Proibições

Os casos em que a reconvenção não é permitida são: processo de execução; ação possessória (natureza dúplice); ação de exigir contas (natureza dúplice); juizados especiais (natureza dúplice e porque há preceito legal - art. 31 da Lei n. 9.099/95).

15.3. REVELIA

A revelia ocorre todas as vezes que o réu, ao ser citado, deixa de responder no prazo legal a ação interposta pelo autor, apresenta a contestação fora do prazo, ou, ainda, quando deixa de fazer a impugnação especificada da inicial (art. 341 do CPC). A revelia ou contumácia do réu (inércia) é um fato que por si é diferente de seus efeitos.

As principais consequências da revelia são:

- A falta de intimação do réu para os atos processuais que seguem após a contestação, se o réu não tiver patrono nos autos (art. 346 do CPC);
- A presunção de veracidade dos fatos alegados pelo autor - confissão ficta (art. 344 do CPC).

Apesar da revelia, não se pode afirmar que o pedido do autor será necessariamente procedente, uma vez que o juiz tomará sua decisão a partir da apreciação das provas produzidas pelo autor (STJ, REsp 14.987/CE, 3ª T.). No mesmo sentido, o art. 20 da Lei dos Juizados Especiais - Lei n. 9.099/95 afirma que a revelia traz a presunção de veracidade dos fatos alegados pelo autor, "salvo se o contrário resultar da convicção do juiz". Além disso, a própria lei não aplica os efeitos da revelia nas seguintes situações (art. 345 do CPC):

- Se houver vários réus e um deles contestar a ação (apenas no litisconsórcio unitário);
- Se o litígio versar sobre direitos indisponíveis (não se aceita a confissão ficta, como nas ações sobre o estado e a capacidade das pessoas);
- Na ausência de instrumento público, na petição inicial, que a lei considere indispensável para a prova do ato;
- Nas alegações do autor, se os fatos forem inverossímeis ou estiverem em contradição com prova constante dos autos.

Fase saneadora 16

16.1. PROVIDÊNCIAS PRELIMINARES

Se houver necessidade, o juiz, assim que receber a contestação, ou mesmo na ausência da contestação (revelia), tomará algumas providências. São elas:

- Determinará a especificação das provas que serão produzidas pelas partes – isso porque o autor e o réu normalmente tratam das provas de forma genérica em suas peças (art. 348 do CPC);
- Determinará o prazo de 15 dias para que o autor se manifeste a respeito de algum fato novo alegado pelo réu na contestação (arts. 337, 350 e 351 do CPC). A essa peça é dado o nome de réplica.

É nesse momento das providências preliminares que o juiz dá vista ao Ministério Público, se for o caso (art. 178 do CPC), além de se manifestar sobre o litisconsórcio e a intervenção de terceiros.

Também é aqui que o juiz mandar sanear o processo, no prazo máximo de 30 dias (art. 352 do CPC).

16.2. JULGAMENTO SEGUNDO O ESTADO DO PROCESSO

Nesse momento processual, o juiz tem uma visão mais ampla a respeito do litígio, e, dependendo do estado do processo, pode extingui-lo, julgá-lo antecipadamente ou lhe dar continuidade.

16.2.1. Extinção

O juiz colocará fim ao processo se, a partir do contraditório, ficar evidente um vício insanável – art. 485 do CPC (extinção do processo sem resolução de mérito).

16.2.2. Julgamento antecipado

Ocorre nas seguintes hipóteses:

- Quando a questão de mérito for unicamente de direito;
- Quando as questões controvertidas já foram suficientemente provadas, e não houver a necessidade da produção de provas em audiência;
- Quando a revelia produzir o efeito previsto no art. 344 do CPC.

16.2.3. Saneamento

Ocorrerá em virtude da impossibilidade de o juiz extinguir ou antecipar o julgamento, de tal modo que marcará a audiência preliminar de instrução e julgamento, quando a causa versar sobre questões que admitam a transação (art. 357 do CPC). Nesse caso, se houver acordo, o juiz o reduzirá a termo, pondo fim ao processo.

Se isso não for possível, ocorrerá o despacho saneador, que consiste no reconhecimento do juiz de que o processo tem condições de prosseguir. Fixará, então, os pontos controvertidos, as provas que serão produzidas e as questões processuais pendentes.

17 Fase instrutória e audiência de instrução e julgamento

Esta fase tem por objetivo a preparação dos elementos necessários para que se forme o convencimento do juiz. Ela tem seu início na fase postulatória, quando ocorre a exposição dos fatos, a fundamentação jurídica (teoria da substanciação) e a juntada de documentos, que vêm com a inicial e a contestação, seguidos da prova pericial e das provas orais que serão produzidas na audiência de instrução.

A audiência de instrução tem início com a abertura da audiência pelo juiz, que ordena ao auxiliar de justiça que convoque as partes e advogados para entrarem na sala de audiência (art. 358 do CPC).

Em se tratando de direitos disponíveis, o juiz tentará conciliar as partes. Se não houver acordo, ou se os direitos forem indisponíveis, as pessoas serão ouvidas na seguinte ordem (art. 361 do CPC): esclarecimentos dos peritos e dos assistentes; depoimento pessoal do autor e depois do réu; oitiva das testemunhas do autor e depois das do réu.

Terminada a colheita das provas orais, o juiz dará a palavra aos advogados para suas alegações finais (art. 364 do CPC).

Sentença 18

A sentença faz parte dos atos do juiz, entre os quais se encontram ainda a decisão interlocutória e o despacho de mero expediente.

A sentença é definida, de acordo com a maior parte da doutrina, de acordo com seu conteúdo, ou seja, se tiver algum conteúdo do art. 485 do CPC/2015 ou do art. 487 do CPC/2015, o ato decisório será considerado sentença. Entretanto, essa análise, apenas, pode nos induzir em erro, uma vez que por vezes o conteúdo do art. 485 pode ocorrer numa decisão interlocutória, como, por exemplo, no momento em que o juiz declara que um dos litisconsortes é parte ilegítima. Achamos melhor, portanto, analisar o conteúdo dos arts. 485 e 487 do CPC/2015 juntamente com o resultado do ato proferido pelo juiz, que será o fim do processo de conhecimento. Após a sentença, o que segue é o cumprimento de sentença, ou seja, a fase executória do título judicial.

O objetivo da sentença é a resolução do conflito, mesmo que algumas vezes seja proferida sem que o juiz tenha apreciado o pedido do autor.

Pelo fato de a sentença representar a aplicação da lei ao caso concreto, ela deve ser clara e precisa:

- Quanto à clareza, a sentença deve ser de fácil compreensão, de tal modo que, se for obscura ou contraditória, caberão à parte os embargos de declaração;
- Quanto à precisão, a sentença deve estar limitada ao pedido formulado pelo autor, não podendo ultrapassar o pedido (*ultra petita*) nem substituir o pedido do autor (*extra petita*). Quando a sentença proferida for *ultra petita* ou *extra petita*, a parte prejudicada poderá recorrer da decisão por meio de apelação. Se, entretanto, o juiz deixar de apreciar algum pedido formulado pelo autor, o recurso cabível serão os embargos de declaração.

A sentença tem os seguintes requisitos:

a) relatório, que é o resumo do que foi realizado até o momento;

b) fundamentação, que também tem o nome de motivação, e é a demonstração das razões que levaram o juiz a decidir daquele modo (art. 93, IX, da CF/1988 e art. 371 do CPC/2015);

c) dispositivo, que é o comando, no qual o juiz acolhe ou rejeita o pedido formulado pelo autor, além de condenar o vencido ao ônus da sucumbência.

Publicada a sentença, começará a transcorrer o prazo para possíveis recursos. Se a sentença, entretanto, foi proferida na própria audiência, é ali também que ocorre a intimação, de tal modo que o prazo recursal será contado a partir da audiência.

Regra geral, a sentença não pode ser modificada pelo juiz após a intimação das partes, a não ser que ocorra um erro material, que o juiz poderá corrigir de ofício ou por oposição de embargos de declaração art. 494 do CPC/2015.

Procedimentos especiais 19

Os procedimentos especiais estão previstos no Código de Processo Civil a partir do art. 539 e também em leis especiais. São chamados especiais porque possuem peculiaridades na redação de suas peças e andamento processual diferenciado, em relação ao rito.

Quando o legislador não mencionar a peculiaridade processual, seguiremos normalmente o rito comum. Nesta obra, não é necessário abordar todos os procedimentos especiais, haja vista que muitos não dizem respeito ao Direito Empresarial (por exemplo, alimentos provisionais, usucapião, inventário etc.).

19.1. CONSIGNAÇÃO EM PAGAMENTO

19.1.1. Cabimento

Caberá essa ação quando o devedor encontrar circunstâncias que impeçam a satisfação de sua obrigação ou, ainda, quando houver recusa injustificada por parte do credor em receber o pagamento. Poderíamos, por exemplo, pensar nessa ação quando o empresário deseja quitar sua obrigação mas o credor se recusa a dar quitação.

19.1.2. Juiz competente

Poderá ser o do foro de eleição, se houver, o do local do pagamento ou o do domicílio do réu. Lembramos que todas essas regras são de competência relativa.

19.1.3. Fundamento legal

Essa ação está prevista nos arts. 539 a 549 do CPC.

19.1.4. Procedimento

Essa ação segue o rito comum, com uma peculiaridade: é imprescindível o depósito inicial (art. 542, I, do CPC).

Segundo o art. 544 do CPC, na contestação o réu poderá alegar que não houve recusa ou mora em receber a quantia ou coisa devida; que foi justa a recusa; que o depósito não se efetuou no prazo ou no lugar do pagamento; que o depósito não era integral. Além disso, poderá o réu alegar toda a matéria objeto da contestação, que foi vista em itens anteriores.

Não oferecida a contestação, e ocorrentes os efeitos da revelia, o juiz julgará procedente o pedido, declarando extinta a obrigação e condenando o réu nas custas e honorários advocatícios (art. 546 do CPC).

Tratando-se de prestações periódicas, uma vez consignada a primeira, pode o devedor continuar a consignar, no mesmo processo e sem mais formalidades, as que se forem vencendo, desde que os depósitos sejam efetuados até cinco dias, contados da data do vencimento (art. 541 do CPC).

CUIDADO

Na consignação de alugueres, o prazo para efetivar o depósito não é de cinco dias, como no CPC, mas de 24 horas, conforme art. 67, II, da Lei n. 8.245/91, e a não efetivação do depósito implicará a extinção do processo sem julgamento do mérito.

19.1.5. Pedido

Segundo o art. 542 do CPC, o autor, na petição inicial, requererá o depósito da quantia ou da coisa devida, a ser efetivado no prazo de cinco dias contados do deferimento, e a citação do réu para levantar o depósito ou oferecer resposta.

19.2. BUSCA E APREENSÃO (DEC.-LEI N. 911/69)

19.2.1. Cabimento

O contrato de alienação fiduciária já foi tratado acima, na parte correspondente aos contratos mercantis. Portanto, quando o devedor deixar de cumprir as parcelas do mútuo, pode o credor fiduciário ingressar com a ação de busca e apreensão para reaver o bem de sua propriedade e que está na posse do devedor.

19.2.2. Juiz competente

Será o juiz do foro de eleição ou do local do pagamento ou, ainda, do domicílio do devedor. Trata-se de competência relativa.

19.2.3. Fundamento legal

A busca e apreensão está prevista nos arts. 3. e s. do Dec.-Lei n. 911/69.

19.2.4. Procedimento

O credor fiduciário pleiteará liminarmente a busca e apreensão desde que comprove a mora ou o inadimplemento do devedor. O devedor terá o prazo de 15 dias da execução da liminar para apresentar sua contestação.

Assim que o bem for apreendido e vendido após a sentença, se o valor da venda não for suficiente para satisfazer o mútuo, ainda é possível ao credor fiduciário mover uma ação monitória contra devedor solvente.

Da sentença que confirma a busca e apreensão cabe recurso de apelação apenas no efeito devolutivo.

19.2.5. Pedido

O credor fiduciário pedirá a busca e apreensão liminarmente e a consequente confirmação da liminar, além dos demais pedidos da petição inicial do procedimento comum.

19.3. EXIGIR CONTAS

19.3.1. Cabimento

É uma ação cabível sempre que alguém tiver o direito de exigir contas pelos atos realizados, como é o caso, no Direito Empresarial, do sócio ostensivo, administradores das sociedades.

Nas sociedades empresariais, qualquer sócio pode exigir prestação de contas daqueles que estão gerindo ou administrando a sociedade (*RT* 740/254).

19.3.2. Juiz competente

Normalmente o da sede da empresa, se a discussão for a respeito das contas da sociedade.

19.3.3. Fundamento legal

A ação de exigir contas está prevista nos arts. 550 a 553 do CPC.

19.3.4. Procedimento

O procedimento será dividido em duas fases. Na primeira, o juiz decidirá se o autor tem o direito de obrigar o réu à prestação de contas. Se o juiz entender que não há essa obrigação, o procedimento se encerra. Se houver a obrigação, na segunda fase será verificada a prestação propriamente dita e se há saldo devedor para qualquer das partes.

Segundo o art. 550 do CPC, aquele que pretende exigir a prestação de contas requererá a citação do réu para, no prazo de 15 dias, apresentá-las ou contestar a ação. Prestadas as contas, terá o autor 15 dias para falar sobre elas.

19.3.5. Pedido

A petição inicial será redigida de acordo com o art. 319 do CPC, com as peculiaridades do § 1º do art. 550, de tal modo que o réu será citado para, no prazo de 15 dias, apresentar suas contas ou contestar.

19.4. AÇÃO MONITÓRIA

19.4.1. Cabimento

A ação monitória será utilizada quando o credor possui um título que perdeu a força executiva e pretende cobrar o devedor. Será utilizada a ação monitória nos títulos de crédito prescritos, no contrato de abertura de crédito e ainda no saldo devedor da alienação fiduciária (Súmulas 247 e 384 do STJ).

19.4.2. Juiz competente

O juízo competente será o do local onde a obrigação deveria ser cumprida.

19.4.3. Fundamento legal

A fundamentação legal da ação monitória são os arts. 700 a 702 do CPC.

19.4.4. Pedido

O devedor será citado para pagar ou oferecer os embargos monitórios, sob pena de o mandado monitório ser convertido em mandado executivo. É importante ressaltar que o autor não pode requerer produção de provas, uma vez que a prova necessária para a propositura da ação monitória é a prova escrita sem força executiva.

Teoria geral dos recursos 20

Partindo-se do princípio de que todos os juízes podem errar em suas decisões, criou-se a possibilidade do reexame dos atos decisórios, de tal modo que a parte vencida tenha a faculdade de recorrer de uma decisão interlocutória ou sentença proferida por um juiz singular.

Apenas a parte que sofreu o prejuízo resultante da sucumbência da ação tem legitimidade para recorrer.

20.1. PRINCÍPIOS DO PROCEDIMENTO RECURSAL

Os recursos têm por princípios:

- Duplo grau de jurisdição: o ato decisório prolatado pelo juiz singular pode ser revisto por uma instância superior.
- Singularidade: regra geral, que de cada ato decisório cabe apenas uma espécie de recurso, com exceção da interposição simultânea do recurso especial e extraordinário – arts. 1.029 e 1.031 do CPC;
- Taxatividade: os recursos são enumerados taxativamente pelo art. 994 do CPC, de tal modo que a remessa necessária, o pedido de reconsideração, a correição parcial e a ação rescisória não são recursos;
- Fungibilidade: se houver dúvida objetiva entre recursos diferentes, em virtude de contradição existente entre a doutrina e a jurisprudência, é permitido ao tribunal receber o recurso erroneamente interposto no lugar do outro. Se, entretanto, a lei não deixar dúvidas em relação ao recurso que deve ser utilizado, a fungibilidade não será permitida, por se tratar de erro grosseiro;
- Proibição da *reformatio in pejus* (reforma em prejuízo): tendo a parte interposto recurso, ela não poderá ser mais prejudicada do que o foi na decisão recorrida. O tribunal pode, no máximo, manter

a sentença para evitar um julgamento *ultra petita*. Cumpre ressaltar que esse princípio não será respeitado na remessa necessária, quando houver questão de ordem pública ou quando ambas as partes recorrerem.

20.2. JUÍZO DE ADMISSIBILIDADE

O juízo de admissibilidade representa a primeira análise do juiz ou do tribunal, a respeito de um recurso, verificando apenas se estão presentes os pressupostos de admissibilidade, que são: tempestividade, legitimidade para recorrer, interesse em recorrer, regularidade processual/formal, preparo e inexistência de fato impeditivo ou modificativo do direito do autor.

Regra geral, é o juízo *a quo* quem faz a admissibilidade em caráter provisório, o que significa que o recurso será novamente submetido ao juízo de admissibilidade do tribunal *ad quem*.

Para Apelação o juízo de admissibilidade é feito no próprio tribunal *ad quem*, como determina o § 3º do art. 1.010 do CPC.

Já no Recurso Especial e no Recurso Extraordinário, o juízo de admissibilidade é feito pelo juízo *a quo* quem faz a admissibilidade em caráter provisório, o que significa que o recurso será novamente submetido ao juízo de admissibilidade do tribunal *ad quem*, como determina o art. 1.030, V, do CPC.

20.2.1. Tempestividade

Para que o recurso seja interposto, a lei fixará um prazo, que é considerado peremptório, pois deve ser respeitado sob pena de preclusão. Embora o prazo seja peremptório, é possível a suspensão do processo no caso dos arts. 221 e 313 do CPC. O prazo será contado a partir da intimação do ato a ser impugnado (art. 1.003 do CPC).

Regra geral, o prazo é o mesmo para ambas as partes, mas será contado em dobro nas seguintes situações (arts. 180, 183 e 229 do CPC): litisconsórcio, se os advogados forem de escritórios diferentes; quando a parte for a Fazenda Pública; quando a parte for o Ministério Público.

Quando não houver prazo estipulado no CPC para o recurso, entende-se como sendo ele de 15 dias (art. 1.003, § 5º, do CPC).

20.2.2. Legitimidade para recorrer

São consideradas partes legítimas para recorrer: as partes do processo, o Ministério Público e o terceiro juridicamente interessado.

20.2.3. Interesse para recorrer

Verifica-se no fato de que a parte sucumbente é que tem a necessidade em recorrer e se utiliza, para tanto, do meio adequado.

20.2.4. Regularidade processual/formal

Significa que os recursos devem ser interpostos por meio de petição direcionada ao juízo que apreciará a admissibilidade, juntamente com as razões e o pedido de nova decisão direcionados ao juízo que analisará o mérito.

20.2.5. Preparo

O preparo consiste no pagamento prévio das custas relativas ao recurso, de tal modo que a falta do preparo, inclusive porte de remessa e de retorno, gera para o recorrente a pena de deserção quando recolhido o valor insuficiente no ato da interposição do recurso, poderá ser feito em até cinco dias, mas, se não houver a comprovação do pagamento do preparo porte de remessa e de retorno no ato da interposição do recurso, será intimado na pessoa do advogado para que recolha o dobro do valor, sob pena de deserção impedindo que o recurso seja conhecido, como determina o art. 1007, §§ 2º e 4º do CPC. Se o pagamento prévio não for realizado, haverá a preclusão consumativa do preparo (o ato processual não poderá mais ser feito).

Algumas vezes, entretanto, a própria lei determina as situações em que o preparo será dispensado, como nos casos de embargos de declaração (art. 1.023 do CPC).

ATENÇÃO

Se o ato exigir preparo, tal constará expressamente na lei.

Além disso, algumas pessoas gozam de isenção legal (art. 1.007, §§ 1º e 3º, do CPC): Ministério Público, Fazenda (Federal, Estadual e Municipal), processo em autos eletrônicos e beneficiários da gratuidade da justiça (art. 98 do CPC).

O preparo precisa ser realizado no momento da interposição do recurso, o que é chamado pela doutrina de preparo imediato (na Justiça Federal, haverá um prazo de cinco dias para o recolhimento do preparo – art. 14, II, da Lei n. 9.289/96 e art. 1.007, §§ 2º e 4º do CPC).

20.2.6. Inexistência de fato impeditivo, modificativo ou extintivo do direito do autor

Tais fatos podem ser expressos:

a) na renúncia: a parte manifesta sua vontade antes da interposição do recurso cabível - art. 999 do CPC;

b) na desistência: a parte manifesta sua vontade após a interposição do recurso cabível e antes do seu julgamento - art. 998 do CPC/;

c) na concordância: a parte toma atitudes que indicam sua aceitação - art. 1.000 do CPC.

20.3. EFEITOS

Os efeitos do recurso são aplicados pelo juízo que aprecia a admissibilidade.

A doutrina tradicional indica a existência de dois efeitos principais: devolutivo e suspensivo.

20.3.1. Efeito devolutivo

Tal efeito está presente em todos os recursos e consiste na devolução da matéria impugnada ao juízo que apreciará o mérito. Esse efeito resultará num pedido de nova decisão feito pela parte, limitando o reexame a ser feito pelo tribunal.

20.3.2. Efeito suspensivo

Tal efeito será aplicado, em princípio, a todos os recursos, a não ser que a lei expressamente o impeça. Se ele é produzido, a decisão recorrida não produzirá efeitos até que o recurso seja decidido.

Produzem efeito suspensivo	Não produzem efeito suspensivo
Apelação	Exceção de apelação (art. 1.012, § 1º, I ao VI, do CPC)
Embargos de declaração	Recurso especial
Embargos infringentes	Recurso extraordinário
Agravo	________________

Casos em que na apelação não cabe efeito suspensivo: exceção dos arts. 1.012, § 1º, I a IV, do CPC e 755, § 3º, do CPC; art. 3º, § 5º, do Dec.-Lei n. 911/69; art. 58, V, da Lei n. 8.245/91 e art. 90 da Lei n. 11.101/2005).

20.4. APELAÇÃO

O recurso de apelação é cabível para o reexame de sentença proferida pelo juízo de 1ª instância e deve ser interposto no prazo de 15 dias contados da intimação da sentença.

O reexame da apelação é amplo, no sentido de servir para corrigir uma injustiça ou rever as provas apresentadas.

Na apelação o juízo de admissibilidade é feito no próprio tribunal *ad quem*, como determina o § 3º do art. 1.010 do CPC.

Formalmente, a apelação deve ser interposta por meio de petição endereçada ao juízo *a quo*, acompanhada das razões de inconformismo juntamente e do pedido de nova decisão, ambos direcionados ao juízo *ad quem*.

O pedido de nova decisão limitará o efeito devolutivo da apelação, com exceção das questões de ordem pública.

Na apelação cabe o juízo de retratação. Após o recebimento da apelação o juízo *a quo* intimará o apelado para apresentar as contrarrazões ou apelar na forma adesiva no prazo de 15 dias.

20.4.1. Recurso adesivo

O recurso adesivo aplica-se exclusivamente no caso de sucumbência recíproca, e a ele se aplicam as mesmas regras do recurso independente quanto aos pressupostos de admissibilidade.

O prazo para interposição desse recurso é o mesmo de que a parte dispõe para responder no recurso principal (15 dias) (art. 997, § 2º, I, do CPC).

O recurso adesivo tem cabimento nos seguintes recursos: apelação, recurso especial e recurso extraordinário (art. 997, § 2º, II, do CPC).

O processamento do recurso adesivo será o mesmo do recurso principal, de tal modo que, após o recebimento do recurso, o recorrente do recurso principal deve ser intimado para apresentar as contrarrazões (art. 1.010, § 2º, do CPC).

No tribunal, os recursos serão apreciados pela mesma turma julgadora e na mesma seção.

20.4.2. Efeitos da apelação

Quanto aos efeitos, a apelação produz tanto o efeito devolutivo como o suspensivo, a não ser nos casos em que a lei expressamente determinar que apenas será produzido o efeito devolutivo: arts. 1.012, § 1º, I ao VI, e 755, § 3º, do CPC; art. 58, V, da Lei n. 8.245/91; art. 3º, § 5º, do Dec.-Lei n. 911/69 e art. 90 da Lei n. 11.101/2005.

Na apelação, o preparo é obrigatório, mas existe a possibilidade de o juiz relevar a pena de deserção se o recorrente apresentar um justo motivo por não ter feito o preparo completo. Nesse caso, o juiz concederá um prazo de cinco dias para que o recorrente complemente o preparo.

20.5. AGRAVO DE INSTRUMENTO

É o recurso cabível para se questionar decisão interlocutória proferida por um juiz antes da sentença, ou por juízes, desembargadores ou ministros nos tribunais em geral, as matérias passíveis de agravo de instrumento estão listadas no artigo 1.015 do CPC, da decisão que não couber agravo de instrumento, poderá ser discutida em preliminar em um futuro recurso de apelação, pois a matéria não sofrerá preclusão (art. 1.009, § 1º, do CPC).

O prazo para interposição do agravo é de 15 dias, como determina o § 5º do art. 1.003 do CPC, na forma instrumental.

Será interposto por meio de petição endereçada ao juízo *ad quem* juntamente com as peças obrigatórias e facultativas - arts. 1.016 e 1.017 do CPC. Nesse caso, a forma será de instrumento, pois o prejuízo pode ser percebido a partir da decisão.

A partir da interposição, o agravante terá três dias para juntar aos autos do processo originário as cópias do agravo juntamente com a comprovação da interposição.

Uma vez ocorrida essa comunicação ao juízo *a quo*, dar-se-á continuidade ao procedimento do agravo no tribunal *ad quem*.

Se, ao contrário, não houver a comprovação da comunicação ao juízo *a quo*, o agravo não prosseguirá, com a consequente inadmissibilidade do recurso.

20.5.1. Efeitos do agravo

O agravo, regra geral, só produz efeito devolutivo, mas é possível que se produza o efeito suspensivo nos casos em que a decisão recorrida trouxer lesão grave e de difícil reparação - art. 995, parágrafo único, do CPC. O objetivo, nesse caso, é evitar que a decisão proferida produza efeitos.

É possível ainda a produção da antecipação da tutela recursal, que será cabível quando o juiz *a quo* indeferir o pedido de liminar ou tutela provisória de urgência antecipada. O objetivo nesse caso é que a decisão seja proferida imediatamente pelo relator.

Ao requerer a antecipação da tutela recursal, o agravante deseja que o relator conceda a liminar anteriormente indeferida - art. 1.019, I do CPC.

20.6. EMBARGOS DECLARATÓRIOS

Os embargos declaratórios servem para esclarecer qualquer ato decisório que apresente, no seu teor, omissão, obscuridade, contradição para ou corrigir erro material.

Não é o objetivo dos embargos declaratórios a modificação do conteúdo decisório, embora a modificação possa ocorrer incidentalmente, ao que na doutrina se dá o nome de efeito modificativo ou efeito infringente.

O prazo para interposição dos embargos declaratórios será de cinco dias a contar da intimação da decisão recorrida, e será interposto em face do juízo *a quo*, que apreciará a admissibilidade e o mérito (art. 1.023 do CPC).

Nesse recurso não há contraditório, de tal modo que, a partir da interposição, o juiz intimará o embargado para que, querendo, se manifeste no prazo de cinco dias, sobre os embargos opostos, caso seu eventual acolhimento implique a modificação da decisão embargada (art. 1.023, § 2º, do CPC), o recurso será apreciado pelo juiz.

Os embargos declaratórios produzem efeito devolutivo e terão efeito suspensivo (interruptivo) se ficar demonstrado risco de dano grave ou de difícil reparação (art. 1.026, § 1º, do CPC); e, se o juiz perceber que a sua interposição tem o efeito protelatório, poderá aplicar uma multa ao embargante de 2% do valor atualizado da causa. Se os embargos forem reiterados, a multa pode chegar a 10% do valor atualizado da causa, e a interposição de qualquer recurso ficará condicionado ao depósito prévio do valor da multa (art. 1.026, §§ 2º e 3º, do CPC).

20.7. RECURSO ESPECIAL E RECURSO EXTRAORDINÁRIO

Em ambos os recursos, para que sua interposição seja possível, é necessário que os recursos ordinários tenham sido esgotados.

Tais recursos não servem para analisar matéria de fato nem valoração da prova (Súmula 279 do STF).

O objetivo do recurso especial é apurar nas causas decididas em única ou última instância, pelos tribunais regionais federais ou pelos tribunais dos Estados, do Distrito Federal e territórios, nos seguintes casos (art. 105, III, da CF/88):

- Contrariar tratado ou lei federal, ou negar-lhes vigência;
- Julgar válido ato de governo local contestado em face de lei federal;
- Der a lei federal interpretação divergente da que lhe haja atribuído outro tribunal.

O objetivo do recurso extraordinário é apurar nas causas decididas em única ou última instância, nos seguintes casos (art. 102, III, da CF/88):

- Contrariar dispositivo constitucional;
- Declarar inconstitucionalidade de tratado ou lei federal;
- Julgar válida lei ou ato de governo local contestado em face da Constituição;
- Julgar válida lei local contestada em face de lei federal.

Em ambos os recursos, o efeito produzido será apenas o devolutivo.

O prazo para interposição dos recursos será de 15 dias a contar da intimação do acórdão, e ambos os recursos serão interpostos em face do presidente ou vice-presidente do tribunal recorrido. Esse juiz ou desembargador apreciará a admissibilidade e intimará a parte contrária para que apresente as contrarrazões.

Se os recursos forem admitidos pelo presidente *a quo*, o recurso especial será encaminhado para o STJ e o recurso extraordinário para o STF.

Se a decisão recorrida afrontou tanto lei federal como a Constituição, haverá o cabimento do recurso especial e do recurso extraordinário, que deverão ser redigidos em peças separadas e protocolados simultaneamente em face do presidente *a quo*.

Se ambos os recursos forem admitidos, serão remetidos ao STJ, que apreciará o recurso especial, enquanto o recurso extraordinário ficará sobrestado até que o recurso especial seja apreciado. Se o recurso especial prejudicar o extraordinário, não haverá a remessa do recurso extraordinário para o STF. Se não ocorrer o prejuízo, o relator do recurso especial remeterá o recurso extraordinário para o STF.

Os recursos, especial e extraordinário (quatro peças), podem ser interpostos tanto contra decisões finais como interlocutórias. Em relação às finais, os recursos seguirão o procedimento anteriormente descrito. Em relação às interlocutórias, o recurso especial ou o recurso extraordinário será proposto perante o relator *a quo* que apensará o recurso especial ou extraordinário nos autos principais. Este recurso será chamado de recurso especial ou recurso extraordinário retido, que apenas serão apreciados quanto à admissibilidade. O mérito apenas será verificado se for reiterado nas razões de eventual recurso especial ou extraordinário.

21 Execução

Execução é o processo utilizado para satisfazer o direito do credor, que possui um título, seja judicial, seja extrajudicial.

Antes da Lei n. 11.232/2005, os processos de conhecimento e de execução de título judicial eram diferentes, e o devedor deveria ser citado nos dois. Depois da referida lei, em regra, existe somente um processo, com fases diferentes: uma de conhecimento e outra executiva.

Já a Lei n. 11.382/2006 chegou a modificar a execução de título extrajudicial, mas nesta sempre haverá um processo autônomo para sua execução.

Assim, sempre que houver execução, será necessário distinguir qual se está tratando, a de título judicial ou extrajudicial.

21.1. ESPÉCIES DE EXECUÇÃO

Dependendo do critério utilizado, será possível classificar a execução de várias formas.

21.1.1. Título judicial e extrajudicial

Para haver execução, sempre será preciso um título executivo, podendo este ser judicial ou extrajudicial.

Os títulos executivos estão previstos em lei. Os judiciais estão no art. 515 do CPC e os extrajudiciais no art. 784 do CPC.

Quando existir um título judicial, basicamente uma sentença, o procedimento a ser adotado está previsto na Parte Especial no Livro I do CPC e, em regra, prosseguirá por uma fase chamada Cumprimento de Sentença.

Se o título for extrajudicial, o procedimento a ser adotado encontra-se na Parte Especial no Livro II do CPC, e correrá por um processo autônomo, denominado Execução Autônoma.

21.1.2. Execução provisória e definitiva

A execução provisória é aquela fundada em título extrajudicial, em caso de apelação de sentença de embargos à execução recebidos no efeito suspensivo (art. 919 do CPC).

Isto porque a apelação, neste específico caso, não possui efeito suspensivo apto a suspender os efeitos da sentença proferida em embargos (arts. 995 e 1.012, § 1º, III, do CPC). Dessa forma, tal execução será provisória até o julgamento definitivo do recurso.

Segunda situação de execução provisória é do título judicial que não transitado em julgado, isto é, pendente de julgamento de recurso.

Nesse caso, conforme art. 520 do CPC, a execução provisória correrá do mesmo modo da definitiva, com alguns detalhes peculiares:

a) Corre por conta e risco do credor, pois se a decisão, ao final, for reformada, deverá este reparar os danos causados ao suposto devedor.
b) Sendo revertida a decisão que ensejou a execução, as partes retornarão ao estado anterior, inicial, como se nunca houvesse execução, devendo ser apurados os danos causados nos termos do item anterior.
c) O credor deve prestar caução caso deseje levantar depósito em dinheiro ou praticar atos que importem a alienação da propriedade ou qualquer outro ato que cause ao executado grave dano.

Será dispensada a caução na pendência de agravo perante o STF ou o STJ, a não ser que se trate de casos onde houver risco de grave dano de difícil ou de incerta reparação.

Todas estas peculiaridades existem para o fim de resguardar o executado de eventuais danos causados por uma decisão que ainda não transitou em julgado.

Não se tratando de situações específicas tratadas nos arts. 919 e 520 do CPC, a execução será definitiva.

21.2. REQUISITOS PARA EXECUÇÃO

Para que haja execução, basicamente será necessária a reunião de dois requisitos: título executivo e inadimplemento do devedor. A falta de um deles implicará a carência da ação, tendo em vista a ausência de suas condições.

21.2.1. Título executivo

De início é necessário frisar que somente a lei cria título executivo, as partes não podem fazê-lo. É a tipicidade legal que importa para a sua criação.

E, não basta o título, este há de ser líquido quanto ao seu valor, estabelecendo o *quantum debeatur*, certo quanto à sua existência (*andebeatur*) e exigível, isto é, deve estar vencido, ou verificada sua condição ou termo.

Os títulos podem ser judiciais ou extrajudiciais, sendo de extrema relevância distingui-los, tendo em vista o procedimento a ser adotado:

Título Judicial – Art. 515 do CPC/2015	Título Extrajudicial – Art. 784 do CPC/2015
I – as decisões proferidas no processo civil que reconheçam a exigibilidade de obrigação de pagar quantia certa, de fazer, de não fazer ou entregar coisa;	I – a letra de câmbio, a nota promissória, a duplicata, a debênture e o cheque;
II – a decisão homologatória de autocomposição judicial;	II – a escritura pública ou outro documento público assinado pelo devedor;
III – a decisão homologatória de autocomposição extrajudicial de qualquer natureza;	III – o documento particular assinado pelo devedor e por 2 (duas) testemunhas;
IV – o formal e a certidão de partilha, exclusivamente em relação ao inventariante, aos herdeiros e aos sucessores a título singular ou universal;	IV – o instrumento de transação referendado pelo Ministério Público, pela Defensoria Pública, pela Advocacia Pública, pelos advogados dos transatores ou por conciliador ou mediador credenciado por tribunal;
V – o crédito de auxiliar da justiça, quando custas, emolumentos ou honorários tiverem sido aprovados por decisão judicial;	V – o contrato garantido por hipoteca, penhor, anticrese ou outro direito real de garantia e aquele garantido por caução;
VI – a sentença penal condenatória transitada em julgado;	VI – o contrato de seguro de vida em caso de morte;
VII – a sentença arbitral;	VII – o crédito decorrente de foro e laudêmio;
VIII – a sentença estrangeira homologada pelo Superior Tribunal de Justiça;	VIII – o crédito, documentalmente comprovado, decorrente de aluguel de imóvel, bem como de encargos acessórios, tais como taxas e despesas de condomínio;
IX – a decisão interlocutória estrangeira, após a concessão do exequatur à carta rogatória pelo Superior Tribunal de Justiça.	IX – a certidão de dívida ativa da Fazenda Pública da União, dos Estados, do Distrito Federal e dos Municípios correspondente aos créditos inscritos na forma da lei;
	X – o crédito referente às contribuições ordinárias ou extraordinárias de condomínio edilício, previstas na respectiva convenção ou aprovadas em assembleia geral, desde que documentalmente comprovadas;

Título Judicial – Art. 515 do CPC/2015	Título Extrajudicial – Art. 784 do CPC/2015
	XI – a certidão expedida por serventia notarial ou de registro relativa a valores de emolumentos e demais despesas devidas pelos atos por ela praticados, fixados nas tabelas estabelecidas em lei;
	XII – todos os demais títulos aos quais, por disposição expressa, a lei atribuir força executiva[1].

21.2.2. Inadimplemento do devedor

O inadimplemento do título executivo é que fará surgir o interesse na execução (art. 788 do CPC).

21.3. EXECUÇÃO DE TÍTULO JUDICIAL – CUMPRIMENTO DE SENTENÇA

Cumprimento de sentença é forma de execução dos títulos executivos judiciais, vale dizer, aqueles previstos no art. 515 do CPC.

Identificada a natureza do título executivo judicial, teremos o procedimento da execução consubstanciado na Parte Especial no Livro I do CPC, que em regra seguirá como uma fase dentro do processo. Ou seja, a fase de satisfação do direito já reconhecido.

Como regra o devedor é intimado a cumprir com sua obrigação no mesmo processo, entretanto o art. 515 do CPC traz quatro exceções a essa regra, ou seja, há quatro títulos executivos que, embora obedeçam ao procedimento de cumprimento de sentença, geram um novo processo, devendo o devedor ser citado para adimplir sua obrigação. São eles:

- sentença penal condenatória transitada em julgado;
- sentença arbitral;
- sentença estrangeira homologada pelo STJ;
- decisão interlocutória estrangeira, após a concessão do *exequatur* à carta rogatória pelo STJ.

Outra questão importante é verificar a natureza da obrigação contida no título, se de fazer ou não fazer, entrega de coisa ou de pagar quantia

1. O último inciso do art. 784 do CPC permite às leis especiais a criação de outros títulos executivos, como o art. 24 do Estatuto da OAB, que considera o contrato de honorários título executivo.

certa. Dependendo da natureza da obrigação, teremos um procedimento definido nos artigos a seguir descritos.

Fazer ou não fazer	Entrega de coisa	Pagar quantia certa contra devedor solvente
Art. 536 do CPC	Art. 538 do CPC	Art. 523 do CPC

21.3.1. Obrigação de fazer e não fazer

Será usada quando as obrigações forem descumpridas (art. 536 do CPC). Nesse caso, o juiz determinará o prazo para cumprimento da obrigação, intimando o devedor para tanto, podendo inclusive conter multa coercitiva para o caso de seu descumprimento (arts. 536, § 1º, e 537 do CPC).

Se houver a impossibilidade de cumprimento, haverá a conversão da obrigação em perdas e danos, de acordo com os arts. 536 e 537 do CPC, seguindo a partir daí a execução de pagar quantia certa.

21.3.2. Obrigação de entregar coisa (art. 538 do CPC)

Aplicando-se as regras do cumprimento de sentença de obrigação de fazer ou não fazer, com a possibilidade de fixação de multa diária e eventualmente a conversão em perdas e danos, com expedição de mandado de busca e apreensão ou de imissão na posse em favor do credor, conforme se tratar de coisa móvel ou imóvel.

21.3.3. Obrigação de pagar quantia certa (art. 523 do CPC)

Nesse caso, o devedor será intimado, no prazo de 15 dias, a pagar, sob pena de, se não o fizer, ser aplicada multa de 10% sobre o valor de condenação e mais 10% de honorários advocatícios.

21.4. EXECUÇÃO DE TÍTULO EXTRAJUDICIAL

Munido de um título extrajudicial, está-se diante de uma execução autônoma, que, dependendo da natureza da obrigação, seguirá por um tipo de procedimento a ser obedecido: obrigação de fazer, não fazer, entrega de coisa ou pagar quantia. Tais procedimentos estão previstos na Parte Especial no Livro II do CPC.

Isso significa que o processo será iniciado por uma petição inicial, obedecendo aos requisitos dos arts. 319 e 320 do CPC, acompanhada do título executivo e, tratando-se de obrigação de pagar, da memória de cálculos atualizada, uma vez que não há fase anterior de liquidação.

21.4.1. Execução de entrega de coisa certa (arts. 806 e s. do CPC)

Na qual o devedor será citado para de entregar a coisa. Se houver a inércia, será expedido o mandado de busca e apreensão ou de imissão na posse.

21.4.2. Execução de entrega de coisa incerta (arts. 811 e s. do CPC)

Segue as regras do procedimento anterior, sendo antecedido pela escolha, que poderá caber ao credor ou devedor, mas, se a escolha couber ao credor/exequente, deverá indicá-las na petição inicial.

21.4.3. Obrigação de fazer (arts. 815 e s. do CPC)

Podendo ser de obrigações fungíveis ou infungíveis, podendo o juiz fixar multa em caso de descumprimento que podem se converter inclusive em perdas e danos.

21.4.4. Obrigação de não fazer (arts. 822 e s. do CPC)

Que é o dever de se abster de algo. Cabendo igualmente a aplicação de multa e a conversão em perdas e danos.

21.4.5. Obrigação de pagar quantia certa (arts. 824 e s. do CPC)

Que é a mais comum de ser usada.

21.5. IMPUGNAÇÃO AO CUMPRIMENTO DE SENTENÇA

É a forma de defesa do executado no cumprimento de sentença, isto é, na fase executória dos títulos executivos judiciais, com previsão nos arts. 525 e s. do CPC.

O prazo para sua apresentação é de 15 dias, contados da data de intimação para pagamento, conforme art. 523 do CPC. A impugnação não exige, para ser apresentada, prévia garantia do juízo (art. 525 do CPC). Em regra, a apresentação da impugnação ao cumprimento de sentença não suspende o processo, mas o juiz poderá lhe conferir efeito suspensivo desde garantido o juízo com penhora, caução ou depósito suficiente e que relevantes seus fundamentos e o prosseguimento da execução possa manifestamente e suscetível causar ao executado grave dano de difícil ou de incerta reparação.

As matérias que podem ser alegadas na impugnação são (art. 525, § 1º, do CPC):

I – falta ou nulidade da citação, se na fase de conhecimento o processo correu à revelia;

II - ilegitimidade de parte;

III - inexequibilidade do título ou inexigibilidade da obrigação;

IV - penhora incorreta ou avaliação errônea;

V - excesso de execução ou cumulação indevida de execuções;

VI - incompetência absoluta ou relativa do juízo da execução;

VII - qualquer causa modificativa ou extintiva da obrigação, como pagamento, novação, compensação, transação ou prescrição, desde que supervenientes à sentença.

É importante salientar que, caso alegado excesso de execução, será necessário indicar o valor correto, apresentando demonstrativo discriminado e atualizado de seu cálculo, o não apontamento do calor correto ou a falta do demonstrativo acarretará rejeição liminar da impugnação (§ 5º do art. 525 do CPC).

O procedimento da impugnação se dá de forma bem simples. Apresentada a petição de impugnação, cujos termos não obedecem aos requisitos de uma petição inicial, já que tem natureza incidental, o credor será intimado a responder em 15 dias (mesmo prazo para apresentação da impugnação), julgando o juiz após provas produzidas se necessário.

A decisão do juiz em impugnação, em regra, é de natureza interlocutória, impugnável por agravo de instrumento (parágrafo único do art. 1.015 do CPC). Excepcionalmente, caso resultar na extinção do processo - porque o devedor já pagou, por exemplo - terá natureza de sentença, sendo atacável via recurso de apelação (art. 1.009 do CPC).

21.6. EMBARGOS À EXECUÇÃO

Embargos à execução é a forma de defesa do executado na execução de título extrajudicial, previsto no art. 914 do CPC.

O prazo para sua apresentação será de 15 dias da data da juntada do mandado de citação na execução. Aqui não há prazos diferenciados para Fazenda Pública, Ministério Público nem litisconsortes com advogados diversos.

A natureza jurídica dos embargos do devedor é de verdadeira ação autônoma de conhecimento, devendo ser proposta no próprio juízo da execução, e essa competência é absoluta, por ser funcional.

É importante lembrar que aqui não há necessidade de prévia garantia do juízo para apresentação dos embargos.

O art. 919, § 1º, do CPC permite o efeito suspensivo dos embargos, desde que verificados os requisitos para a concessão da tutela provisória de urgência. Para o efeito ser concedido também haverá necessidade de garantia do juízo.

As matérias arguíveis em sede de embargos estão previstas no art. 917 do CPC. Porém, como antes da execução de título extrajudicial não houve processo, nem sequer oportunidade de defesa pelo devedor, o inciso VI do mesmo artigo permite que o devedor alegue qualquer matéria de defesa, não havendo as limitações existentes na impugnação ao cumprimento de sentença.

Os embargos iniciam-se com a apresentação de petição inicial de acordo com os arts. 319 e 320 do CPC e, se a matéria arguida tiver por objeto o excesso de execução, deverão apontar o valor correto por memória de cálculos; não apontando o valor correto ou não apresentando o demonstrativo, os embargos à execução serão rejeitados liminarmente (art. 917, § 4º, I, do CPC).

O juiz, ao receber a inicial de embargos, poderá indeferi-la se intempestiva, nos caos de indeferimento da petição inicial, de improcedência liminar do pedido ou protelatória.

Não sendo o caso de indeferimento, o juiz intimará o embargado para apresentar resposta em 15 dias, não cabendo reconvenção nem ação declaratória incidental, mas, sim, contestação e exceções de incompetência, impedimento e suspeição (arts. 917, § 7º, e 920, I, do CPC).

Apresentada resposta, haverá possibilidade de réplica do embargante, e, ao final, o juiz proferirá sentença, com ou sem resolução do mérito, sendo atacável via recurso de apelação.

Cuidado, no caso de apelação de embargos improcedentes recebidos com efeito suspensivo, surgirá a única hipótese de execução provisória de título extrajudicial, nos termos do art. 919, § 1º, do CPC.

Se houver o prosseguimento da execução haverá expropriação dos bens do devedor por adjudicação, alienação ou arrematação.

21.7. EXCEÇÃO DE PRÉ-EXECUTIVIDADE

É a forma de defesa não prevista em lei, mas criada pela doutrina a fim de que o devedor alegue matérias de ordem pública a qualquer momento, sem a necessidade de prévia garantia do juízo.

Importante ressaltar que não há, em sede de exceção de pré-executividade, nenhuma dilação probatória nem efeito suspensivo da execução, sendo o exequente intimado a responder em cinco dias.

SEGUNDA PARTE

Peças práticas

Modelos 1

1. MODELO DE PARECER

Cabimento	Quando se espera uma opinião técnica sobre determinada questão.
Estrutura	Introdução (interessado, assunto, ementa); relatório (descrição do problema); fundamentação (argumentação com a citação do texto legal); conclusão.

PARECER N.____

Interessado____ [Quem pediu.]

Assunto: Solicitação de parecer sobre a possibilidade de____

Ementa: [Resumir pedido/assunto e a resposta. Do ponto geral para o mais específico.

Exemplo: Empresarial – Empresário – Incapaz – Possibilidade da continuação da empresa.]

RELATÓRIO

Trata-se de consulta formulada pelo____ que solicita parecer sobre a possibilidade de____

[Parafrasear o problema contado sem inventar nada.]

É o relatório.

FUNDAMENTAÇÃO

[No 1º parágrafo, antecipar o que será tratado; no 2º parágrafo, tratar da premissa maior; no 3º parágrafo, tratar da premissa menor – do assunto específico – tratando dos fatos com contorno jurídico.]

CONCLUSÃO

Ante o exposto, o (nosso) parecer é no sentido da possibilidade (impossibilidade) de____

Local e data.

Advogado/OAB

2. PETIÇÃO INICIAL (PROCESSO DE CONHECIMENTO)

EXCELENTÍSSIMO SENHOR DOUTOR JUIZ DE DIREITO DA____ VARA CÍVEL DO FORO DA COMARCA DE____ DO ESTADO DE____

(espaço de cinco linhas)

SOCIEDADE____, inscrita no Cadastro Nacional de Pessoas Jurídicas (CNPJ/MF) sob o n.____, com sede na Rua____, n.___, representado por seu administrador____, [Quando a parte for sociedade limitada ela será representada pelo administrador, mas, em se tratando de S.A., a representação será feita pelo seu diretor.] CEP n.____, por seu procurador infra-assinado (instrumento de mandato incluso), endereço eletrônico e-mail, vem, respeitosamente, perante Vossa Excelência, propor a presente AÇÃO DE ____[pelo rito]____ [Indicar se o procedimento comum (residual) ou especial.] com fundamento nos arts. 318 e s. do CPC____, [Indicar os artigos que fundamentam processualmente a ação.] em face da SOCIEDADE____, inscrita no Cadastro Nacional de Pessoas Jurídicas (CNPJ) sob o n.____, com sede na Rua____, n.____, por seu administrador____, CEP n.____, pelas razões de fato ou de direito a seguir expostas:

I. DOS FATOS

[Nesta parte da peça o candidato deve descrever o fato narrado pelo examinador, sem acrescentar nenhum dado novo.]

II. DO DIREITO

[Nesta parte da peça, o candidato deve desenvolver seu raciocínio relacionando o texto da lei com o caso concreto.

Se pedir a concessão de liminar (a liminar tem cabimento quando, além de precisar da medida de urgência, a legislação indicar expressamente o termo "liminar", como no mandado de segurança e nas possessórias) ou tutela antecipada (a tutela provisória de urgência antecipada tem cabimento quando se precisa da medida de urgência no processo de conhecimento fundamentado nos arts. 300 e 303 do CPC – fundado na probabilidade do direito e o perigo de dano ou o risco útil do processo e a reversibilidade – e no art. 497 do CPC, em se tratando de obrigação de fazer ou não fazer) deve-se demonstrar a presença dos requisitos de cada uma delas.]

III. DO PEDIDO

Diante do exposto, requer:

a) a concessão de liminar/tutela provisória de urgência antecipada no sentido de____ [Quando houver a necessidade.];

b) a procedência do pedido do autor no sentido de____ [Descrever exatamente o que se pretende e não esquecer de confirmar o que foi pedido na liminar ou tutela provisória de urgência antecipada com a confirmação.];

c) a citação do réu por Oficial de Justiça, nos termos do art. 247, V, do CPC para que compareça em audiência de conciliação e mediação, a apresente sua contestação, no prazo legal, sob pena de revelia;

d) a condenação ao pagamento das custas e dos honorários advocatícios, sendo estes últimos pleiteados no importe de 20% do valor da causa, conforme disposição do art. 82, § 2º, e art. 85 do Código de Processo Civil de [Atentar para o fato de que a Lei n. 12.016/2009, que dispõe sobre o mandado de segurança, continuou a vedar a condenação em honorários sucumbenciais.];

e) a juntada das custas (art. 290 do CPC);

f) que as intimações sejam enviadas para o escritório na Rua____ (art. 77, V do CPC).

g) o autor demonstra o interesse na realização da audiência de mediação e conciliação nos termos dos arts. 319, VII, e 334, § 5º, do CPC.

Pretende-se provar o alegado por todas as provas em direito admitidas, especialmente____.

Dá-se à causa o valor de R$____ [O valor da causa é calculado de acordo com o art. 292 do CPC ou de acordo com o art. 58, III, da Lei n. 8.245/91, entre outras leis esparsas.].

Termos em que,

pede deferimento.

Local e data.

Advogado____

OAB/____n.____

3. PETIÇÃO INICIAL DE ANULAÇÃO DE NOME EMPRESARIAL

Fundamento legal	Arts. 318 e s do CPC e art. 1.167 do CC.
Competência	Excelentíssimo Senhor Doutor Juiz de Direito da____Vara Cível do Foro da Comarca de____ do Estado de____.
Partes	Autor: prejudicado pelo registro do nome empresarial; Réu: quem prejudicou.
Cabimento	Usada para questionar o registro no nome empresarial, como envolve atribuições da Junta Comercial a justiça será a estadual.
Pedido	– A procedência do pedido do autor no sentido de____ [Descrever exatamente o que se pretende.]; – A citação do réu por Oficial de Justiça, nos termos do art. 247, V, do CPC para que compareça em audiência de conciliação e mediação, a apresente sua contestação, no prazo legal, sob pena de revelia; – Que o réu seja condenado ao pagamento das custas e dos honorários advocatícios (arts. 82, § 2º, e 85 do CPC);

	– Que as intimações sejam enviadas para o escritório na Rua____ (art. 77, V, do CPC); – A juntada das custas (art. 290 do CPC); – A concessão do benefício da gratuidade da justiça, nos termos do art. 98 do CPC [Se for o caso.]; – O autor demonstra o interesse (ou desinteresse) na realização da audiência de conciliação (ou mediação), como determina os arts. 319, VII, e 334, § 5º, do CPC. Pretende-se provar o alegado por todas as provas em direito admitidas, especialmente____.
Valor da causa	O valor do prejuízo.

EXCELENTÍSSIMO SENHOR DOUTOR JUIZ DE DIREITO DA____ VARA CÍVEL DO FORO DA COMARCA DE____ DO ESTADO DE____

(espaço de cinco linhas)

SOCIEDADE____, inscrita no Cadastro Nacional de Pessoas Jurídicas (CNPJ/MF) sob o n.____, com sede na Rua____, n.___, representado por seu administrador____, [Quando a parte for sociedade limitada ela será representada pelo administrador, mas, em se tratando de S.A., a representação será feita pelo seu diretor.] CEP n.____, por seu procurador infra-assinado (instrumento de mandato incluso), endereço eletrônico e-mail, vem, respeitosamente, perante Vossa Excelência, propor a presente AÇÃO DE ANULAÇÃO DE NOME EMPRESARIAL, pelo procedimento comum com fundamento nos arts. 318 e s. do CPC e art. 1.167 do CC em face da SOCIEDADE____, inscrita no Cadastro Nacional de Pessoas Jurídicas (CNPJ) sob o n.____, com sede na Rua____, n.____, por seu administrador____, CEP n.____, pelas razões de fato ou de direito a seguir expostas:

I. DOS FATOS

[Nesta parte da peça o candidato deve descrever o fato narrado pelo examinador, sem acrescentar nenhum dado novo.]

II. DO DIREITO

[Nesta parte da peça, o candidato deve desenvolver seu raciocínio relacionando o texto da Lei com o caso concreto.

Se pedir a concessão de liminar (a liminar tem cabimento quando, além de precisar da medida de urgência, a legislação indicar expressamente o termo "liminar", como no mandado de segurança e nas possessórias) ou tutela antecipada (a tutela provisória de urgência antecipada tem cabimento quando se precisa da medida de urgência no processo de conhecimento fundamentado nos arts. 300 e 303 do CPC – fundado na probabilidade do direito e o perigo de dano ou o risco útil do processo e a reversibilidade – deve-se demonstrar a presença dos requisitos de cada uma delas.]

III. DO PEDIDO

Diante do exposto, requer:

a) a concessão de tutela provisória de urgência antecipada no sentido de____ [Quando houver a necessidade.];

b) a procedência do pedido do autor no sentido de____ [Descrever exatamente o que se pretende e não esquecer de confirmar o que foi pedido na tutela provisória de urgência antecipada com a confirmação.];

c) a citação do réu por Oficial de Justiça, nos termos do art. 247, V, do CPC para que compareça em audiência de conciliação e mediação e apresente sua contestação, no prazo legal, sob pena de revelia;

d) a condenação ao pagamento das custas e dos honorários advocatícios, sendo estes últimos pleiteados no importe de 20% do valor da causa, conforme disposição dos arts. 82, § 2º, e 85 do Código de Processo Civil;

e) a juntada das custas (art. 290 do CPC);

f) que as intimações sejam enviadas para o escritório na Rua____ (art. 77, V, do CPC).

g) o autor demonstra o interesse (ou desinteresse) na realização da audiência de conciliação (ou mediação), como determina os arts. 319, VII, e 334, § 5º, do CPC. .

Pretende-se provar o alegado por todas as provas em direito admitidas, especialmente____.

Dá-se à causa o valor de R$____ [valor por extenso].

Termos em que,

pede deferimento.

Local e data.

Advogado____

OAB/____n.____

4. PETIÇÃO DE EXIBIÇÃO DE LIVROS

Fundamento legal	Art. 396 do CPC, art. 1.191 do CC ou art. 105 da Lei n. 6.404/76. A exibição pode ser antecedente ou incidente a uma ação principal.
Competência	Excelentíssimo Senhor Doutor Juiz de Direito da____Vara Cível do Foro da Comarca de____ do Estado de____.
Partes	Autor: sociedade, sócio que tenha interesse com assuntos da sucessão, comunhão, administração ou gestão da sociedade ou falência; Réu: quem deve apresentá-los, por exemplo, o administrador ou a sociedade.

Cabimento	Usada para que haja a exibição dos livros para dirimir dúvidas em relação à sociedade e verificar o balanço patrimonial. É necessário demonstrar um dos motivos do art. 1.191 do CC.
Pedido	– A intimação do requerido no prazo de cinco dias para exibir os livros indicados (art. 398 do CPC), sob pena de presunção de veracidade nos termos do art. 400 do CPC.
Valor da causa	--------

EXCELENTÍSSIMO SENHOR DOUTOR JUIZ DE DIREITO DA____ VARA CÍVEL DO FORO DA COMARCA DE____ DO ESTADO DE____

(espaço de cinco linhas)

BELTRANO___, já qualificado na ação _________, por seu procurador infra-assinado, vem, respeitosamente, perante Vossa Excelência, requerer a EXIBIÇÃO DE LIVROS, com fundamento nos arts. 396 e s do CPC ou art. 1.191 do CC ou art. 105 da Lei n. 6.404/76 em face da SOCIEDADE_____, inscrita no Cadastro Nacional de Pessoas Jurídicas (CNPJ) sob o n.____, com sede na Rua____, n.____, por seu administrador____, CEP n.____, pelas razões de fato ou de direito a seguir expostas:

I. DOS FATOS

[Nesta parte da peça o candidato deve descrever o fato narrado pelo examinador, sem acrescentar nenhum dado novo.]

II. DO DIREITO

[Nesta parte da peça, o candidato deve desenvolver seu raciocínio relacionando o texto da Lei com o caso concreto.

Individualizar o documento nos termos do art. 397 do CPC e o motivo indicado no 1.191 do CC.]

III. DO PEDIDO

Diante do exposto, requer:

– a intimação do requerido no prazo de cinco dias para exibir os livros indicados (art. 398 do CPC), sob pena de presunção de veracidade nos termos do art. 400 do CPC.

Termos em que,

pede deferimento.

Local e data.

Advogado_____

OAB/_____n._____

5. PETIÇÃO INICIAL DE AÇÃO MONITÓRIA

Fundamento legal	Arts. 700 a 702 do CPC.
Competência	Excelentíssimo Senhor Doutor Juiz de Direito da____ Vara Cível do Foro da Comarca de_____ do Estado de____Local do cumprimento da obrigação (art. 53, III, d, do CPC).
Partes	Credor e devedor (os coobrigados não podem ser atingidos, por não participarem da relação obrigacional).
Cabimento	A ação monitória é usada para a cobrança de obrigações provadas por documento, que não podem ser objeto de execução. Ou seja, título de crédito prescrito, o contrato de abertura de crédito (Súmula 247 do STJ) ou ainda o saldo devedor da alienação fiduciária, após o crédito obtido com a busca e apreensão (Súmula 384 do STJ).
Pedido	– Expedição do mandado de pagamento; – Citação do réu para pagar ou apresentar os embargos em 15 dias, sob pena de o mandado inicial ser convertido em mandado executivo no valor do principal, acrescido de juros e correção monetária; – Condenação no pagamento de custas judiciais e honorários advocatícios; – A juntada das custas (art. 290 do CPC); – Envio das intimações para o escritório na Rua____ (art. 77, V, do CPC).
Valor da causa	O valor do título prescrito.
Observação	Se o objeto for um título de crédito prescrito, não esquecer que a relação causal deve ser mencionada, já que o título perdeu as características de título de crédito, não sendo, a monitória, uma ação cambial. Outro detalhe importante é que o eventual avalista ou endossante não pode ser atingido pela monitória. Sobre o cabimento da ação monitória, ver também o teor das Súmulas 503 e 504 do STJ.

EXCELENTÍSSIMO SENHOR DOUTOR JUIZ DE DIREITO DA_____ VARA CÍVEL DO FORO DA COMARCA DE_____ DO ESTADO DE_____

(espaço de cinco linhas)

SOCIEDADE_____, inscrita no Cadastro Nacional de Pessoas Jurídicas (CNPJ) sob o n._____, com sede na Rua_____, n._____, por seu administrador_____ [Se o cliente for uma sociedade limitada, o representante é o administrador, mas, se for uma sociedade por ações, o representante será o diretor.] endereço eletrônico e-mail _____, por seu procurador infra-assinado (instrumento de mandato incluso), vem respeitosamente perante Vossa Excelência, propor a presente AÇÃO MONITÓRIA com fundamento nos arts. 700 e s. do

CPC, pelo procedimento especial, em face de FULANO____, portador do documento de identidade Registro Geral (RG) n.____, Cadastro de Pessoas Físicas (CPF) n. ____, com domicílio na Rua____, n.____, Cidade____, CEP n.____, pelas razões de fato ou de direito a seguir expostas:

I. DOS FATOS

[Nesta parte da peça o candidato deve descrever o fato narrado pelo examinador, sem acrescentar nenhum dado novo.]

II. DO DIREITO

[Nesta parte da peça, o candidato deve desenvolver seu raciocínio relacionando os argumentos jurídicos com a descrição do fato.

É importante citar os artigos de lei e deixar claro o cabimento da ação monitória, inclusive demonstrando a existência de prova literal da dívida sem eficácia de título executivo (art. 700 do CPC).]

III. DO PEDIDO

Diante do exposto, requer:

a) a total procedência do pedido formulado pela autora, determinando a expedição do competente mandado de pagamento, para que o réu seja citado a pagar a quantia de R$____ em 15 dias ou, se quiser, ofereça os embargos, sob pena da conversão do mandado inicial em mandado executivo no valor do título, acrescidos de juros, correção monetária, bem como a condenação ao ônus da sucumbência e honorários advocatícios no importe de 5% do valor da causa (art. 701 do CPC);

b) a citação do réu, por Oficial de Justiça, com as respectivas guias, devidamente recolhidas [Para conhecer valores a recolher, o advogado deverá consultar a Tabela de Custas Judiciais. No caso do Estado de São Paulo (Justiça Estadual), as custas estão regidas pela Lei n. 11.608/2003, e o recolhimento devido ao Sr. Meirinho (Oficial de Justiça) deve estar em conformidade com o Comunicado CG 240/2012 ou outro que vier a substituí-lo];

c) juntada da memória de cálculos devidamente atualizada;

d) que as intimações sejam enviadas para o escritório na Rua____ (art., 77, V, do CPC);

e) a juntada das custas (art. 290 do CPC).

Dá-se à causa o valor de____ [valor por extenso].

Termos em que,

pede deferimento.

Local e data.

Advogado____

OAB/____n.____

6. PETIÇÃO INICIAL DE EXIGIR CONTAS

Fundamento legal	Arts. 550 e s. do CPC; art. 996 do CC; e art. 1.020 do CC.
Competência	Excelentíssimo Senhor Doutor Juiz de Direito da____Vara Cível do Foro da Comarca de____ do Estado de____.
Partes	Autor: titular do direito de exigir contas; Réu: quem tem que prestar contas.
Cabimento	É um mecanismo para obter a prestação de contas de quem está obrigado a prestá-las.
Pedido	– A procedência do pedido para condenar o réu a prestar as contas no prazo de 15 dias sob pena de não lhe ser lícito impugná-las se o autor apresentar (art. 550, § 5º, CPC); – A citação do Réu para apresentação de contas ou ofereça contestação no prazo de 15 dias (art. 550 do CPC); – Que as contas sejam apresentadas de forma adequada, especificando receitas, despesas e investimentos, se houver, e, apurando-se saldo, para que seja constituído título executivo (arts. 551 e 552 do CPC); – Informar que o autor demonstra o interesse na realização da audiência de conciliação (ou mediação), como determinam os arts. 319, VII, e 334, § 5º, do CPC. – Que o réu seja condenado ao pagamento das custas e dos honorários advocatícios (arts. 82, § 2º, e 85 do CPC); – Que as intimações sejam enviadas para o escritório na Rua____ (art. 77, V, do CPC); – A juntada das custas (art. 290 do CPC); – Provas.
Valor da causa	O valor das contas.

EXCELENTÍSSIMO SENHOR DOUTOR JUIZ DE DIREITO DA____ VARA CÍVEL DO FORO DA COMARCA DE____ DO ESTADO DE____

(espaço de cinco linhas)

SOCIEDADE OU SÓCIO____, inscrita no Cadastro Nacional de Pessoas Jurídicas (CNPJ/MF) sob o n.____, com sede na Rua_____, n.___, representado por seu administrador____ [Quando a parte for sociedade limitada ela será representada pelo administrador, mas, em se tratando de S.A., a representação será feita pelo seu diretor.] CEP n.____, por seu procurador infra-assinado (instrumento de mandato incluso), endereço eletrônico e-mail, vem, respeitosamente, perante Vossa Excelência, propor a presente AÇÃO DE EXIGIR CONTAS, pelo procedimento especial, com fundamento nos arts. 550 e s do CPC em face da SOCIEDADE OU ADMINISTRADOR____, inscrita no Cadastro Nacional de Pessoas Jurídicas (CNPJ) sob o n.____, com sede na Rua____, n.____, por seu administrador____, CEP n.____, pelas razões de fato ou de direito a seguir expostas:

I. DOS FATOS

[Nesta parte da peça o candidato deve descrever o fato narrado pelo examinador, sem acrescentar nenhum dado novo.]

II. DO DIREITO

[Nesta parte da peça, o candidato deve desenvolver seu raciocínio relacionando o texto da lei com o caso concreto.

Afirmar ser o titular do direito de exigir contas.

Detalhar as razões pelas quais se exige contas (art. 550, §1º, do CPC).]

III. DO PEDIDO

Diante do exposto, requer:

a) a procedência do pedido para condenar o réu a prestar as contas no prazo de 15 dias sob pena de não lhe ser lícito impugná-las se o autor apresentar (art. 550, § 5º, do CPC);

b) a citação do Réu, para apresentação de contas ou ofereça contestação no prazo de 15 dias (art. 550 do CPC);

c) que as contas sejam apresentadas de forma adequada, especificando receitas, despesas e investimentos, se houver, e, apurando-se saldo, para que seja constituído título executivo (arts. 551 e 552 do CPC);

d) a condenação ao pagamento das custas e dos honorários advocatícios, sendo estes últimos pleiteados no importe de 20% do valor da causa, conforme disposição dos arts. 82, § 2º, e 85 do Código de Processo Civil;

e) a juntada das custas (art. 290 do CPC);

f) que as intimações sejam enviadas para o escritório na Rua____ (art. 77, V, do CPC);

g) informar que o autor demonstra o interesse na realização da audiência de conciliação (ou mediação), como determinam os arts. 319, VII, e 334, § 5º, do CPC.

Pretende-se provar o alegado por todas as provas em direito admitidas, especialmente___(documental).

Dá-se à causa o valor de R$____ [valor por extenso, valor das contas].

Termos em que,

pede deferimento.

Local e data.

Advogado____

OAB/____n.____

7. PETIÇÃO INICIAL DE CONSIGNAÇÃO EM PAGAMENTO

Fundamento legal	Arts. 539 e s. do CPC.
Competência	Excelentíssimo Senhor Doutor Juiz de Direito da____Vara Cível do Foro da Comarca de____ do Estado de____(lugar do pagamento, art. 540 do CPC).
Partes	Autor: devedor ou terceiro que quer fazer o pagamento; Réu: credor incerto ou não sabido, ou quando não quer receber o valor.
Cabimento	É um mecanismo que o devedor tem para pagar sua dívida. É ação do devedor contra credor, caberá quando se sabe quem é o credor, mas o credor não recebe, ou quando não se sabe quem é o credor.
Pedido	– A procedência do pedido para declarar extinta a obrigação (art. 546 do CPC); – O requerimento de depósito da quantia ou coisa a ser efetivado em cinco dias (art. 542, I, do CPC); – A citação para levantar depósito ou oferecer contestação (art. 542, II, do CPC); – Que as contas sejam apresentadas de forma adequada, especificando receitas, despesas e investimentos, se houver, e, apurando-se saldo, seja constituído título executivo (arts. 551 e 552 do CPC); – Que o réu seja condenado ao pagamento das custas e dos honorários advocatícios (arts. 82, § 2º, e 85 do CPC); – Que as intimações sejam enviadas para o escritório na Rua____ (art. 77, V, do CPC); - O autor demonstra o interesse na realização da audiência de conciliação (ou mediação), como determina os arts. 319, VII, e 334, § 5º, do CPC; – A juntada das custas (art. 290 do CPC).
Valor da causa	Valor do bem ou direito consignado.

EXCELENTÍSSIMO SENHOR DOUTOR JUIZ DE DIREITO DA____ VARA CÍVEL DO FORO DA COMARCA DE____ DO ESTADO DE____ (lugar do pagamento, art. 540 do CPC)

(espaço de cinco linhas)

DEVEDOR OU TERCEIRO____, portador do documento Registro Geral (RG) n.____, inscrito no Cadastro de Pessoas Físicas (CPF) sob o n.____, com domicílio na Rua____, n.____, Cidade____, CEP n.____, endereço eletrônico e-mail ____, por seu procurador infra-assinado (instrumento de mandato incluso), endereço eletrônico e-mail, vem, respeitosamente, perante Vossa Excelência, propor a presente AÇÃO DE CONSIGNAÇÃO EM PAGAMENTO, pelo procedimento especial, com fundamento nos arts. 539 e s. do CPC em face da CREDOR____, portador do documento Registro Geral (RG) n.____, inscrito no Cadastro de Pessoas Físicas (CPF) sob o n.____, com domicílio na Rua____, n.____,

Cidade____, CEP n.____, endereço eletrônico e-mail, pelas razões de fato ou de direito a seguir expostas:

I. DOS FATOS

[Nesta parte da peça o candidato deve descrever o fato narrado pelo examinador, sem acrescentar nenhum dado novo.]

II. DO DIREITO

[Nesta parte da peça, o candidato deve desenvolver seu raciocínio relacionando o texto da lei com o caso concreto.

Relação entre as partes (normalmente contrato), demonstrar a condição de devedor, motivo de impossibilidade de pagamento (ou o credor não deseja receber, ou ele é desconhecido).]

III. DO PEDIDO

Diante do exposto, requer:

a) a procedência do pedido para declarar extinta a obrigação (art. 546 do CPC);

b) o requerimento de depósito da quantia ou coisa a ser efetivado em cinco dias (art. 542, I, do CPC);

c) a citação do Réu, para levantar depósito ou oferecer contestação (art. 542, II, do CPC);

d) a condenação ao pagamento das custas e dos honorários advocatícios (arts. 82, § 2º, e 85 do CPC);

e) a juntada das custas (art. 290 do CPC);

f) que as intimações sejam enviadas para o escritório na Rua____ (art. 77, V, do CPC);

g) o autor demonstra o interesse na realização da audiência de conciliação (ou mediação), como determinam os arts. 319, VII, e 334, § 5º, do CPC.

Pretende-se provar o alegado por todas as provas em direito admitidas, especialmente___(documental, normalmente um contrato).

Dá-se à causa o valor de R$____ [valor por extenso, valor do bem ou direito consignado].

Termos em que,

pede deferimento.

Local e data.

Advogado_____

OAB/_____n.____

8. TUTELA PROVISÓRIA CAUTELAR ANTECEDENTE DE SUSTAÇÃO DE PROTESTO

Fundamento legal	Arts. 305 e s. do CPC e art. 17 da Lei n. 9.492/97.
Competência	Excelentíssimo Senhor Doutor Juiz de Direito da___Vara Cível do Foro da Comarca de____ do Estado de___(Juízo da ação principal).
Partes	Autor: devedor – que está sendo protestado indevidamente; Réu – credor.
Cabimento	Usada para evitar o protesto supostamente indevido de um título de crédito. Só tem cabimento quando o título ainda não foi protestado. Se o título já foi protestado, o que pode ser pedido é o cancelamento (petição inicial/procedimento ordinário).
Pedido	– Com a concessão de LIMINAR de sustação de protesto, sem a prestação de caução, expedindo o respectivo ofício ao Cartório_____; – Que o réu seja citado, após o cumprimento da medida, a fim de apresentar sua contestação em cindo dias, sob pena de revelia (art. 306 do CPC); – A procedência do pedido formulado pelo autor, com a confirmação da medida concedida; – Que o réu seja condenado ao pagamento das custas e dos honorários advocatícios (arts. 82, § 2º, e 85 do CPC); – Que as intimações sejam enviadas para o escritório na Rua____ (art. 77, V, do CPC). Informa, por fim, a este juízo que no prazo de 30 dias irá propor a ação de____, em cumprimento ao art. 308 do CPC; – Apontar a ação principal que será proposta no prazo do art. 308 do CPC. Essa ação deverá ter como objetivo a declaração de inexistência de relação jurídica entre autor e réu, por exemplo.
Valor da causa	O valor do título.

EXCELENTÍSSIMO SENHOR DOUTOR JUIZ DE DIREITO DA____ VARA CÍVEL DO FORO DA COMARCA DE_____ DO ESTADO DE____

(espaço de cinco linhas)

SOCIEDADE____, inscrita no Cadastro Nacional de Pessoas Jurídicas (CNPJ) sob o n._____, com sede na Rua_____, n._____, por seu administrador____, endereço eletrônico e-mail ____, por seu procurador infra-assinado (instrumento de mandato incluso), vem respeitosamente perante Vossa Excelência, propor a presente TUTELA URGÊNCIA CAUTELAR ANTECEDENTE DE SUSTAÇÃO DE PROTESTO com fundamento nos arts. 305 e s. do CPC e 17 da Lei n. 9.492/1997, pelo procedimento comum, em face de SOCIEDADE____, inscrita no Cadastro Nacional de Pessoas Jurídicas (CNPJ) sob o n. ____, com sede na

Rua____, n.____, por seu administrador____, CEP n.____, pelas razões de fato ou de direito a seguir expostas:

I. DOS FATOS

[Nesta parte da peça, o candidato deve descrever o fato narrado pelo examinador, sem acrescentar nenhum dado novo, tratando do título que foi indevidamente colocado para ser protestado no Cartório____.]

II. DO DIREITO

[Nesta parte da peça, o candidato deve tratar dos requisitos necessários para a concessão da medida da tutela cautelar, o *fumus boni iuris*, e do *periculum in mora*, o perigo do dano ou o risco do resultado útil do processo.

Como se trata de uma cautelar, não deixar de citar que ela é incidental ou preparatória de determinada ação. Se for preparatória, informar o nome da ação e que ela será proposta no prazo do art. 308 do CPC.

Deve explicar como cada requisito ficou caracterizado nos fatos descritos.]

III. DO PEDIDO

Diante do exposto, requer:

a) com a concessão da TUTELA CAUTELAR de sustação de protesto, sem a prestação de caução, expedindo o respectivo ofício ao Cartório____;

b) que o réu seja citado, após o cumprimento da medida, a fim de apresentar sua contestação em cinco dias, sob pena de revelia (art. 306 do CPC);

c) a procedência do pedido formulado pelo autor, com a confirmação da medida concedida;

d) que o réu seja condenado ao pagamento das custas e dos honorários advocatícios (arts. 82, § 2º, e 85 do Código de Processo Civil de 2015);

e) que as intimações sejam enviadas para o escritório na Rua____ (art. 77, V, do CPC);

f) juntada das custas (art. 290 do CPC).

Pretende-se provar o alegado por todas as provas em direito admitidas, especialmente____.

Informa, por fim, a este juízo que no prazo de 30 dias irá propor a ação de____, em cumprimento ao art. 308 do CPC [Só será necessário este parágrafo se a cautelar for preparatória, portanto deverá ser informada a ação principal.].

Dá-se à causa o valor de R$____ [valor por extenso].

Termos em que,

pede deferimento.

Local e data.

Advogado____

OAB/____ n.____

9. PETIÇÃO INICIAL DE DISSOLUÇÃO TOTAL DE SOCIEDADE CUMULADA COM LIQUIDAÇÃO JUDICIAL

Fundamento legal	Arts. 318 e s. do CPC.
Competência	Excelentíssimo Senhor Doutor Juiz de Direito da____ Vara Cível do Foro da Comarca de____ do Estado de____ (local da sede, se não houver foro de eleição).
Partes	Autor: o sócio que pretende a dissolução; Réus: os outros sócios e a sociedade.
Cabimento	Quando um sócio quer a dissolução total pela impossibilidade de continuação da empresa. (art. 1.034, II, do CC).
Pedido	– A procedência do pedido do autor no sentido de determinar a dissolução da sociedade; – Que se proceda à liquidação nos termos dos arts. 1.102 e s. do CC; – A citação do réu por Oficial de Justiça, nos termos do art. 247, V, do CPC, para que compareça em audiência de conciliação e mediação e apresente sua contestação, no prazo legal, sob pena de revelia; – Informar que o autor demonstra o interesse na realização da audiência de conciliação (ou mediação), como determinam os arts. 319, VII, e 334, § 5º, do CPC; – A condenação ao pagamento das custas e dos honorários advocatícios (arts. 82, § 2º, e 85 do CPC); – Que as intimações sejam enviadas para o escritório na Rua____ (art. 77, V, CPC); – A produção de provas.
Valor da causa	Valor do capital social.

EXCELENTÍSSIMO SENHOR DOUTOR JUIZ DE DIREITO DA____ VARA CÍVEL DO FORO DA COMARCA DE____ DO ESTADO DE____

(espaço de cinco linhas)

FULANO____, portador do documento Registro Geral (RG) n.____, inscrito no Cadastro de Pessoas Físicas (CPF) sob o n.____, com domicílio na Rua____, n.____, Cidade____, endereço eletrônico e-mail ____, por seu procurador infra-assinado (instrumento de mandato incluso), vêm respeitosamente perante Vossa Excelência, propor a presente AÇÃO DE DISSOLUÇÃO TOTAL DE SOCIEDADE CUMULADA COM LIQUIDAÇÃO JUDICIAL com fundamento nos arts. 318 e s. do CPC, pelo procedimento comum, em face do(s) sócio(s) BELTRANO____, portador do documento Registro Geral (RG) n.____, inscrito no Cadastro de Pessoas Físicas (CPF) sob o n.____, com domicílio na Rua____, n.____, Cidade____ e a SOCIEDADE____ [É imprescindível que a sociedade faça parte da ação, afinal ela terá que ser alterada, e será de seu patrimônio que eventualmente serão descontados o ressarcimento.] inscrita no Cadastro Nacional de Pessoas Jurídicas (CNPJ) sob o n.____, com sede na Rua____, n.____, por seu administrador____, CEP n.____, pelas razões de fato ou de direito a seguir expostas:

I. DOS FATOS

[Nesta parte da peça, o candidato deve descrever o fato narrado pelo examinador, sem acrescentar nenhum dado novo.]

II. DO DIREITO

[Nesta parte da peça o candidato deve desenvolver seu raciocínio justificando a dissolução da sociedade pela impossibilidade da continuação da empresa.

Tratar do art. 1.034, II, do CC.]

III. DA LIQUIDAÇÃO

[O candidato deve abordar a lógica da liquidação dos arts. 1.102 e s. do CC.]

IV. DO PEDIDO

Diante do exposto, requer:

a) a procedência do pedido do autor no sentido de determinar a dissolução da sociedade;

b) que seja liquidada a sociedade de acordo com os arts. 1.102 e s. do CC;

c) a citação do réu por Oficial de Justiça, nos termos do art. 247, V, do CPC, para que compareça em audiência de conciliação e mediação e apresente sua contestação, no prazo legal, sob pena de revelia;

d) a condenação ao pagamento das custas e dos honorários advocatícios (arts. 82, § 2º, e 85 do CPC);

e) que as intimações sejam enviadas para o escritório na Rua____ (art. 77, V, do CPC);

f) a juntada das custas (art. 290 do CPC);

g) informar que o autor demonstra o interesse (ou desinteresse) na realização da audiência de conciliação (ou mediação), como determinam os arts. 319, VII, e 334, § 5º, do CPC.

Pretende-se provar o alegado por todas as provas em direito admitidas, especialmente____.

Dá-se à causa o valor de R$____ [valor por extenso/valor do capital social].

Termos em que,

pede deferimento.

Local e data.

Advogado____

OAB/___n.____

10. PETIÇÃO INICIAL DE DISSOLUÇÃO PARCIAL CUMULADA DE APURAÇÃO DE HAVERES

Fundamento legal	Arts. 599 e s. do CPC.
Competência	Excelentíssimo Senhor Doutor Juiz de Direito da_____ Vara Cível do Foro da Comarca de____ do Estado de_____ (local da sede, se não houver foro de eleição).
Partes	Morte – falecimento do sócio, não houve alteração contratual nem pagamento ao espólio ou herdeiro: – Autor: espólio, por seu inventariante ou herdeiros; – Réus: a sociedade e os sócios. Exclusão – os sócios querem expulsar um o sócio que cometeu falta grave: – Autor: sociedade; – Réu: o sócio que será excluído. Retirada – o sócio quer sair, vínculo de confiança se quebrou ou não concorda com alteração contratual: – Autor: o sócio que pretende se retirar; – Réus: os demais sócios e a sociedade.
Cabimento	Quando a morte de um sócio. Ou os sócios querem a exclusão por ter praticado um ato de inegável gravidade. Ou a retirada, quando há a quebra da affectio societatis.
Pedido	– A procedência do pedido do autor no sentido de determinar a dissolução parcial com a _______ (exclusão, retirada do_____), oficiando a Junta Comercial; -Que seja fixada a data da resolução nos termos do art. 605 do CPC; – Que se proceda à apuração dos haveres de acordo com o art. 606 do CPC; – A citação dos réus, para que, querendo, apresente sua contestação, no prazo legal de 15 dias, como prevê o art. 601 do CPC, sob pena de revelia; – Informar que o autor demonstra o interesse na realização da audiência de conciliação (ou mediação), como determinam os arts. 319, VII, e 334, § 5º, do CPC; – A condenação ao pagamento das custas e dos honorários advocatícios (arts. 82, § 2º, e 85 do CPC); – Que as intimações sejam enviadas para o escritório na Rua____ (art. 77, V, do CPC); -A juntada das custas (art. 290 do CPC); – A produção de provas.
Valor da causa	Valor das quotas.

EXCELENTÍSSIMO SENHOR DOUTOR JUIZ DE DIREITO DA____ VARA CÍVEL DO FORO DA COMARCA DE____ DO ESTADO DE____

(espaço de cinco linhas)

NOME DO AUTOR (atenção que depende do motivo, teremos um autor diferente)____, portador do documento Registro Geral (RG) n._____, inscrito no Cadastro de Pessoas Físicas (CPF) sob o n._____, com domicílio na Rua____, n.____, Cidade_____, endereço eletrônico e-mail _____, por seu procurador infra-assinado (instrumento de mandato incluso), vêm respeitosamente perante Vossa Excelência, propor a presente AÇÃO DE DISSOLUÇÃO PARCIAL cumulada com APURAÇÃO DE HAVERES, com fundamento nos arts 599 e s. do CPC, pelo procedimento especial, em face do(s) sócio(s) NOMES_____, portador do documento RG n._____, inscrito no CPF sob o n._____, com domicílio na Rua_____, n._____, Cidade____ e a SOCIEDADE_____, (Se ela não estiver no polo ativo) inscrita no Cadastro Nacional de Pessoas Jurídicas (CNPJ) sob o n._____, com sede na Rua_____, n._____, por seu administrador_____, CEP n._____, pelas razões de fato ou de direito a seguir expostas:

I. DOS FATOS

[Nesta parte da peça, o candidato deve descrever o fato narrado pelo examinador, sem acrescentar nenhum dado novo.]

II. DO DIREITO

[Nesta parte da peça, o candidato deve desenvolver seu raciocínio justificando a causa pela morte (art. 1.028 do CC), pela exclusão (art. 1.030 do CC) ou pela retirada (arts. 1.029 ou 1.077 do CC ou art. 137 da Lei n. 6.404/76).

É imprescindível que seja esclarecida a data da resolução, de acordo com o art. 605 do CPC.]

III. DA APURAÇÃO DE HAVERES

[Nesta parte da peça, o candidato deve indicar como os haveres serão apurados, seguindo a orientação dos arts. 1.031 do CC e 606 do CPC.]

IV. DO PEDIDO

Diante do exposto, requer:

a) A procedência do pedido do autor no sentido de determinar a dissolução parcial com a ______ (exclusão, retirada do_____), oficiando a Junta Comercial;

b) Que seja fixada a data da resolução nos termos do art. 605 do CPC;

c) Que se proceda à apuração dos haveres de acordo com os arts. 606 do CPC e 1.031 do CC;

d) A citação dos réus, para que, querendo, apresente sua contestação, no prazo legal de 15 dias, como prevê o art. 601 do CPC, sob pena de revelia;

e) informar que o autor demonstra o interesse na realização da audiência de conciliação (ou mediação), como determinam os arts. 319, VII, e 334, § 5º, do CPC;

f) A condenação ao pagamento das custas e dos honorários advocatícios (arts. 82, § 2º, e 85 do CPC);

g) Que as intimações sejam enviadas para o escritório na Rua_____ (art. 77, V, do CPC);

h) A juntada das custas (art. 290 do CPC).

Pretende-se provar o alegado por todas as provas em direito admitidas, especialmente o contrato social consolidado, como determina o § 1º, do art. 599 do CPC.

Dá-se à causa o valor de R$_____ [valor por extenso/valor das quotas].

Termos em que,

pede deferimento.

Local e data.

Advogado_____

OAB/_____ n._____

11. PETIÇÃO INICIAL DE APURAÇÃO DE HAVERES (DISSOLUÇÃO PARCIAL PARA A APURAÇÃO DE HAVERES)

Fundamento legal	Arts 599, III, e s. do CPC.
Competência	Excelentíssimo Senhor Doutor Juiz de Direito da_____ Vara Cível do Foro da Comarca de_____ do Estado de_____ (local da sede, se não houver foro de eleição).
Partes	Morte – falecimento do sócio, não houve o pagamento ao espólio ou herdeiro: – Autor: espólio, por seu inventariante ou herdeiros; – Réus: a sociedade e os sócios. Exclusão – não houve o pagamento do sócio excluído: – Autor: o sócio excluído; – Réus: os demais sócios e a sociedade. Retirada – não houve o pagamento do sócio que se retirou: – Autor: o sócio que se retirou; – Réus: os demais sócios e a sociedade.
Cabimento	Quando não houve o pagamento dos haveres ou houve o pagamento do ressarcimento no valor indevido.
Pedido	– A procedência do pedido do autor no sentido de determinar a apuração dos haveres; – Que se proceda à apuração dos haveres de acordo com o art. 606 do CPC; – A citação dos réus, para que, querendo, apresente sua contestação, no prazo legal, sob pena de revelia; – A condenação ao pagamento das custas e dos honorários advocatícios (arts. 82, § 2º, e 85 do CPC);

	– Que as intimações sejam enviadas para o escritório na Rua____ (art. 77, V, do CPC); – Informa que o autor demonstra o interesse na realização da audiência de conciliação (ou mediação), como determinam os arts. 319, VII, e 334, § 5º, do CPC. – A produção de provas.
Valor da causa	Valor das quotas.

EXCELENTÍSSIMO SENHOR DOUTOR JUIZ DE DIREITO DA____ VARA CÍVEL DO FORO DA COMARCA DE____ DO ESTADO DE____

(espaço de cinco linhas)

NOME DO AUTOR_____, portador do documento Registro Geral (RG) n._____, inscrito no Cadastro de Pessoas Físicas (CPF) sob o n.___, com domicílio na Rua____, n.____, Cidade_____, endereço eletrônico e-mail ____, por seu procurador infra-assinado (instrumento de mandato incluso), vêm respeitosamente perante Vossa Excelência, propor a presente AÇÃO DE DISSOLUÇÃO PARCIAL PARA A APURAÇÃO DE HAVERES com fundamento nos arts. 599 ,III, e s. do CPC, pelo procedimento especial, em face do(s) sócio(s) NOMES_____, portador do documento RG n._____, inscrito no CPF sob o n._____, com domicílio na Rua _____, n._____, Cidade_____ e a SOCIEDADE_____ [É imprescindível que a sociedade faça parte da ação, afinal ela terá que ser alterada, e será de seu patrimônio que eventualmente serão descontados o ressarcimento.], inscrita no Cadastro Nacional de Pessoas Jurídicas (CNPJ) sob o n._____, com sede na Rua_____, n._____, por seu administrador_____, CEP n._____, pelas razões de fato ou de direito a seguir expostas:

I. DOS FATOS

[Nesta parte da peça, o candidato deve descrever o fato narrado pelo examinador, sem acrescentar nenhum dado novo.]

II. DO DIREITO

[Nesta parte da peça, o candidato deve desenvolver seu raciocínio justificando e pedindo a apuração dos haveres por causa da morte (art. 1.028 do CC), da exclusão (art. 1.030 do CC) ou da retirada (arts. 1.029 ou 1.077 do CC).]

III. DO PEDIDO

Diante do exposto, requer:

a) a procedência do pedido do autor no sentido de determinar a apuração das quotas pela morte, pela exclusão do sócio ou pela retirada ...;

b) que sejam apurados seus haveres com fundamento nos arts. 606 do CPC e 1.031 do CC;

c) a citação dos réus, para que, querendo, apresente sua contestação, no prazo legal de 15 dias como prevê o art. 601 do CPC, sob pena de revelia;

d) a condenação ao pagamento das custas e dos honorários advocatícios (arts. 82, § 2º, e 85 do CPC);

e) que as intimações sejam enviadas para o escritório na Rua____ (art. 77, V, do CPC);

f) a juntada das custas (art. 290 do CPC);

g) informa que o autor demonstra o interesse (ou desinteresse) na realização da audiência de conciliação (ou mediação), como determinam os arts. 319, VII, e 334, § 5º, do CPC.

Pretende-se provar o alegado por todas as provas em direito admitidas, especialmente o contrato social consolidado, como determina o § 1º do art. 599 do CPC________.

Dá-se à causa o valor de R$___ [valor por extenso, valor das quotas].

Termos em que,

pede deferimento.

Local e data.

Advogado____

OAB/_____n._____

12. PETIÇÃO INICIAL DE RESPONSABILIDADE POR ATO DE ADMINISTRADOR DE S.A.

Fundamento legal	Arts. 318 e s do CPC e 159 da Lei n. 6.404/76.
Competência	Excelentíssimo Senhor Doutor Juiz de Direito da ____ Vara Cível do Foro da Comarca de ____ do Estado de____ (local onde os atos foram realizados, normalmente na sede da empresa).
Partes	Autor: S.A., a partir de decisão da Assembleia Geral Ordinária e, se a assembleia decidir não propor a ação, pode ser proposta por qualquer acionista que represente ao menos 5% do capital social (art. 159 da Lei n. 6.404/76), aqui, seria o caso de legitimação extraordinaria. Réu: administrador que praticou o ato e também o que sabia do ato lesivo e não informou à assembleia.
Cabimento	No caso de prejuízos causados à sociedade por ato ou omissão de administrador.
Pedido	– A procedência do pedido do autor no sentido de determinar a responsabilidade do administrador a fim de ressarcir a sociedade pelos prejuízos causados, com juros e correção monetária, nos moldes do art. 159 da Lei n. 6.404/76;

	– A citação do réu por Oficial de Justiça, nos termos do art. 247, V, do CPC para que compareça em audiência de conciliação e mediação e apresente sua contestação, no prazo legal, sob pena de revelia. – O autor demonstra o interesse na realização da audiência de conciliação (ou mediação), como determinam os arts. 319, VII, e 334, § 5º, do CPC. – A condenação ao pagamento das custas e dos honorários advocatícios (arts. 82, § 2º, e 85 do CPC); – Que as intimações sejam enviadas para o escritório na Rua ____ (art. 77, V, do CPC); – A produção de provas.
Valor da causa	Valor do prejuízo causado.

EXCELENTÍSSIMO SENHOR DOUTOR JUIZ DE DIREITO DA____ VARA CÍVEL DO FORO DA COMARCA DE____ DO ESTADO DE____

(espaço de cinco linhas)

FULANO_____, portador do documento Registro Geral (RG) n._____, inscrito no Cadastro de Pessoas Físicas (CPF) sob o n._____, com domicílio na Rua_____, n._____, Cidade_____, endereço eletrônico e-mail _____, por seu procurador infra-assinado (instrumento de mandato incluso), vem, respeitosamente perante Vossa Excelência, propor a presente AÇÃO DE RESPONSABILIDADE POR ATO DE ADMINISTRADOR DE S.A. com fundamento nos arts. 159 da Lei n. 6.404/76 e 318 e s. do CPC pelo procedimento comum, em face do administrador BELTRANO_____, portador do documento Registro Geral (RG) n._____, inscrito no Cadastro de Pessoas Físicas (CPF) sob o n._____, com domicílio na Rua_____, n._____, Cidade_____, pelas razões de fato ou de direito a seguir expostas:

I. DOS FATOS

[Nesta parte da peça, o candidato deve descrever o fato narrado pelo examinador, sem acrescentar nenhum dado novo.]

II. DO DIREITO

[Nesta parte da peça, o candidato deve desenvolver seu raciocínio justificando o cabimento da ação de responsabilidade contra ato de administrador da S.A. pelos prejuízos causados ao patrimônio da sociedade (art. 159 da Lei n. 6.404/76).

Para demonstrar a responsabilidade do administrador, não deixar de tratar dos deveres do administrador previstos nos arts. 153 e s. da Lei n. 6.404/76.]

III. DO PEDIDO

Diante do exposto, requer:

a) a procedência do pedido do autor, no sentido de determinar a responsabilidade do administrador a fim de ressarcir a sociedade pelos prejuízos causados, com juros e correção monetária, nos moldes do art. 159 da Lei n. 6.404/76;

b) a citação do réu por Oficial de Justiça, nos termos do art. 247, V, do CPC para que compareça em audiência de conciliação e mediação e apresente sua contestação, no prazo legal, sob pena de revelia;

c) o autor demonstra o interesse na realização da audiência de conciliação (ou mediação), como determinam os arts. 319, VII, e 334, § 5º, do CPC.

d) a condenação ao pagamento das custas e dos honorários advocatícios (arts. 82, § 2º, e 85 do CPC);

e) que as intimações sejam enviadas para o escritório na Rua_____ (art. 77, V, do CPC);

f) a juntada das custas (art. 290 do CPC).

Pretende-se provar o alegado por todas as provas em direito admitidas, especialmente_____.

Dá-se à causa o valor de R$_____ [valor por extenso]

Termos em que,

pede deferimento.

Local e data.

Advogado_____

OAB/_____ n._____

13. PETIÇÃO INICIAL DE NULIDADE DE MARCA/PATENTE

Fundamento legal	Patente (arts. 56 e s. da Lei n. 9.279/96); marca (arts. 173 e s. da Lei n. 9.279/96); desenho industrial (arts. 118 e 56 e s. da Lei n. 9.279/96).
Competência	Justiça Federal.
Partes	Autor: quem pretende a nulidade; Réu: quem é titular da propriedade industrial e o INPI.
Cabimento	Quando se pretende que seja declarada nula a concessão da propriedade industrial para quem não tinha os requisitos, não era legitimado ou não cumpriu o procedimento para a concessão.
Pedido	– A concessão de liminar no sentido de suspender os efeitos do registro e do uso da marca da patente ou do desenho industrial; – A procedência do pedido do autor, a fim de declarar a nulidade do registro da marca/patente/desenho industrial no INPI, confirmando os efeitos da liminar concedida impedindo os efeitos e o uso da marca/patente; – A citação dos réus, para que, querendo, apresente sua contestação, no prazo de 60 dias, sob pena de revelia; – O autor demonstra o interesse na realização da audiência de conciliação (ou mediação), como determinam os arts. 319, VII, e 334, § 5º, do CPC.

	– A condenação ao pagamento das custas e dos honorários advocatícios (arts. 82, § 2º, e 85 do CPC); – Que as intimações sejam enviadas para o escritório na Rua____ (art. 77, V, do CPC); – A produção de provas.

EXCELENTÍSSIMO SENHOR DOUTOR JUIZ FEDERAL DA_____ VARA CÍVEL DA SEÇÃO JUDICIÁRIA DE_____

(espaço de cinco linhas)

SOCIEDADE_____, inscrita no Cadastro Nacional de Pessoas Jurídicas (CNPJ) sob o n._____, com sede na Rua_____, n._____, endereço eletrônico e-mail ___, por seu administrador_____, CEP n._____, por seu procurador infra-assinado (instrumento de mandato incluso), vem respeitosamente perante Vossa Excelência, propor a presente AÇÃO DE NULIDADE DE MARCA com pedido de liminar de suspensão dos efeitos do registro da marca [Se a ação fosse de nulidade de patente, o fundamento legal seria os arts. 56 e s. da Lei n. 9.279/96. Se fosse nulidade de desenho industrial, o fundamento legal seria os arts. 118 e 56 e s. da Lei n. 9.279/96.] com fundamento nos arts. 173 e s. da Lei n. 9.279/96, pelo procedimento especial, em face de FULANO_____ (titular da marca), portador do documento Registro Geral (RG) n._____, inscrito no Cadastro de Pessoas Físicas (CPF) sob o n._____, residente e domiciliado na Rua_____, n._____, CEP n._____, e INPI – Instituto Nacional de Propriedade Industrial, por seu representante legal pelas razões de fato ou de direito a seguir expostas:

I. DOS FATOS

[Nesta parte da peça, o candidato deve descrever o fato narrado pelo examinador, sem acrescentar nenhum dado novo.]

II. DO DIREITO

[Nesta parte da peça, o candidato deve desenvolver seu raciocínio atrelando o texto da lei com o caso concreto.

Para pleitear a nulidade da marca, o candidato pode questionar:

– os requisitos para a concessão da marca (novidade relativa, não colidência com marca de alto renome, não colidência com marca notoriamente conhecida e livre de impedimentos – arts. 122, 124, 125 e 126 da Lei n. 9.279/96);

– a ausência das características necessárias dos requerentes de registro (arts. 128 e s. da Lei n. 9.279/96);

– a ausência de alguma parte do procedimento (arts. 155 e s. da Lei n. 9.279/1996).

– Da liminar.

A liminar, no caso da marca, deve ser pedida com fundamento no art. 173, parágrafo único, e 209, § 1º, da Lei n. 9.279/96, que afirma que o juiz pode "liminarmente suspender os efeitos do registro e do uso da marca". E, no caso da patente, deve ser pedida com fundamento no art. 56 da Lei n. 9.279/96, que afirma que o juiz pode "liminarmente suspender os efeitos do registro e do uso da patente", além de apresentar o art. 209, § 1º, da Lei n. 9.279/96.

E no art. 209, § 1º, da Lei n. 9.279/96.]

III. DO PEDIDO

Diante do exposto, requer:

a) a concessão de liminar no sentido de suspender os efeitos do registro e do uso da marca nos termos do parágrafo único do art. 173 da Lei n. 9.279/96 [Ou da patente ou desenho industrial.];

b) a procedência do pedido do autor no sentido de declarar a nulidade do registro da marca (patente ou desenho industrial) no INPI, confirmando os efeitos da liminar concedida impedindo os efeitos e o uso da marca;

c) a citação dos réus, para que, querendo, apresentem sua contestação, no prazo de 60 dias, sob pena de revelia (art. 175, § 1º, da Lei n. 9.279/96 ou art. 57, § 1º, se for a patente);

d) a condenação ao pagamento das custas e dos honorários advocatícios (arts. 82, § 2º, e 85 do CPC);

e) que as intimações sejam enviadas para o escritório na Rua_____ (art. 77, V, do CPC);

f) a juntada das custas (art. 290 do CPC);

g) o autor demonstra o interesse (ou desinteresse) na realização da audiência de conciliação (ou mediação), como determinam os arts. 319, VII, e 334, § 5º, do CPC.

Pretende-se provar o alegado por todas as provas em direito admitidas, especialmente_____.

Dá-se à causa o valor de R$_____ [valor por extenso].

Termos em que,

pede deferimento.

Local e data.

Advogado_____

OAB/_____ n._____

14. AÇÃO DE OBRIGAÇÃO DE FAZER/NÃO FAZER

Fundamento legal	Arts. 318 e 497 e s. do CPC.
Competência	Excelentíssimo Senhor Doutor Juiz de Direito da_____Vara Cível do Foro da Comarca de_____ do Estado de_____
Partes	Autor: prejudicado pelo descumprimento da obrigação, o cumprimento de algo que não poderia fazer ou que tenha algo a receber; Réu: quem prejudicou, quem praticou o descumprimento da obrigação, quem fez algo que não poderia fazer ou não entregou o que deveria.

Cabimento	Usada nas obrigações positivas fazer e dar, quando se quer a obtenção da realização da obrigação; na obrigação negativa de não fazer para obstar, parar a realização do que não poderia ser feito, para inibir a prática, reiteração ou continuação de um ilícito. Pode requerer a medida de urgência para a obtenção da tutela específica (medida satisfativa) e reparação de danos, caso tenha ocorrido.
Pedido	– A procedência do pedido do autor no sentido de_____, podendo pedir multa diária [Descrever exatamente o que se pretende.]; – A citação do réu, para que, querendo, apresente sua contestação, no prazo legal, sob pena de revelia; – Que o réu seja condenado ao pagamento das custas e dos honorários advocatícios (arts. 82, § 2º, e 85 do CPC); – Que as intimações sejam enviadas para o escritório na Rua____ (art. 77, V, do CPC); – A juntada das custas (art. 290 do CPC); – O autor demonstra interesse (ou desinteresse) na realização da audiência de conciliação (ou mediação), como determinam os arts. 319, VII, e 334, § 5º, do CPC. Pretende-se provar o alegado por todas as provas em direito admitidas, especialmente____.
Valor da causa	O valor do prejuizo.

EXCELENTÍSSIMO SENHOR DOUTOR JUIZ DE DIREITO DA____ VARA CÍVEL DO FORO DA COMARCA DE____ DO ESTADO DE_____

(espaço de cinco linhas)

SOCIEDADE____, inscrita no Cadastro Nacional de Pessoas Jurídicas (CNPJ/MF) sob o n._____, com sede na Rua_____, n.____, representado por seu administrador_____ [Quando a parte for sociedade limitada ela será representada pelo administrador, mas, em se tratando de S.A., a representação será feita pelo seu diretor.], CEP n._____, por seu procurador infra-assinado (instrumento de mandato incluso), endereço eletrônico e-mail, vem, respeitosamente, perante Vossa Excelência, propor a presente AÇÃO DE OBRIGAÇÃO DE FAZER/NÃO FAZER OU ENTREGAR COISA CUMULADA COM REPARAÇÃO DE DANOS (se houver dano) COM PEDIDO DE TUTELA PROVISÓRIA DE URGÊNCIA ANTECIPADA (medida satisfativa, e caso haja requisitos para a medida), pelo procedimento comum com fundamento nos arts. 318 e s. e 497 e s. do CPC em face da SOCIEDADE_____, inscrita no Cadastro Nacional de Pessoas Jurídicas (CNPJ) sob o n._____, com sede na Rua_____, n._____, por seu administrador_____, CEP n._____, pelas razões de fato ou de direito a seguir expostas:

I. DOS FATOS

[Nesta parte da peça, o candidato deve descrever o fato narrado pelo examinador, sem acrescentar nenhum dado novo.]

II. DO DIREITO

[Nesta parte da peça, o candidato deve desenvolver seu raciocínio relacionando o texto da lei com o caso concreto.

Se pedir a concessão da tutela antecipada (a tutela provisória de urgência antecipada tem cabimento quando se precisa da medida de urgência no processo de conhecimento fundamentado nos arts. 300 e s. do CPC – fundado na probabilidade do direito e do perigo de dano ou risco útil do processo e na reversibilidade –, no art. 497 do CPC, em se tratando de obrigação de fazer ou não fazer, e no 498 em se tratando de entregar coisa deve se demonstrar a presença dos requisitos de cada uma delas.]

III. DO PEDIDO

Diante do exposto, requer:

a) a concessão da tutela provisória de urgência antecipada no sentido de____ , podendo pedir multa diária, como determina o art. 500 do CPC [Quando houver a necessidade.];

b) a procedência do pedido do autor no sentido de____ [Descrever exatamente o que se pretende e não esquecer de confirmar o que foi pedido da tutela provisória de urgência antecipada com a confirmação.];

c) condenação na reparação de danos [Quando houver a necessidade.];

d) a citação do réu, para que, querendo, apresente sua contestação, no prazo legal, sob pena de revelia;

e) a condenação ao pagamento das custas e dos honorários advocatícios (arts. 82, § 2º, e 85 do CPC)

f) a juntada das custas (art. 290 do CPC);

g) que as intimações sejam enviadas para o escritório na Rua____ (art. 77, V, do CPC).

h) o autor demonstra o interesse (ou desinteresse) na realização da audiência de conciliação (ou mediação), como determinam os arts. 319, VII, e 334, § 5º, do CPC.

Pretende-se provar o alegado por todas as provas em direito admitidas, especialmente____.

Dá-se à causa o valor de R$____ [valor por extenso].

Termos em que,

pede deferimento.

Local e data.

Advogado____

OAB/____n.____

15. PETIÇÃO INICIAL DE COBRANÇA DE COMISSÕES (REPRESENTANTE COMERCIAL)

Fundamento legal	Arts. 39 da Lei n. 4.886/65 e 318 e s. do CPC.
Competência	Excelentíssimo Senhor Doutor Juiz de Direito da____ Vara Cível da do Foro Comarca de____ do Estado de____.
Partes	Autor: representante; Réu: representado.
Cabimento	Não pagamento das comissões ou indenização devida ao representante pela rescisão imotivada por parte do representado.
Pedido	– A procedência do pedido do autor no sentido de condenar o réu ao pagamento da quantia de____, referente às comissões devidas, indenização e pré-aviso, acrescentado de juros e correção monetária; – A citação do réu por meio de____, para comparecer à audiência de conciliação e apresentar, se quiser, sua contestação, sob pena de revelia. – A condenação do réu ao pagamento das custas e dos honorários advocatícios (arts. 82, § 2º, e 85 do CPC); – Que as intimações sejam enviadas para o escritório na Rua____ (art. 77, V, do CPC); – A produção de provas de modo específico.
Valor da causa	Valor da soma dos pedidos.

EXCELENTÍSSIMO SENHOR DOUTOR JUIZ DE DIREITO DA____ VARA CÍVEL DO FORO DA COMARCA DE_____ DO ESTADO DE_____

(espaço de cinco linhas)

FULANO_____, portador do documento Registro Geral (RG) n._____, inscrito no Cadastro de Pessoas Físicas (CPF) sob o n._____, inscrito no Conselho Regional dos Representantes Comerciais do_____, sob o n._____ com domicílio na Rua_____, n._____, Cidade_____, endereço eletrônico e-mail _____, por seu procurador infra-assinado (instrumento de mandato incluso), vem, respeitosamente, perante Vossa Excelência, propor a presente AÇÃO DE COBRANÇA DE COMISSÕES (e indenizações) pelo procedimento ordinário com fundamento nos arts. 39 da Lei n. 4.886/65 e 318 e s. do CPC, pelo procedimento comum, em face da SOCIEDADE_____, inscrita no Cadastro Nacional de Pessoas Jurídicas (CNPJ) sob o n._____, com sede na Rua_____, n._____, por seu administrador_____, CEP n._____, pelas razões de fato e de direito a seguir expostas:

I. DOS FATOS

[Nesta parte da peça, o candidato deve descrever o fato narrado pelo examinador, sem acrescentar nenhum dado novo.]

II. DO DIREITO

[Nesta parte da peça, o candidato deve desenvolver seu raciocínio justificando o cabimento da cobrança das comissões por parte do representante comercial.

O candidato deve tratar do art. 32 da Lei n. 4.886/65, que trata da aquisição pelo representante do direito às comissões. Além disso, se o contrato foi rescindido sem justo motivo, o representante tem direito à indenização do art. 27, *j*, e § 1º da Lei n. 4.886/65 e ainda ao pré-aviso do art. 34 da Lei n. 4.886/65, que se não foi cumprido permite o pedido de 1/3 das comissões auferidas pelo representante nos últimos três meses.]

III. DO PEDIDO

Diante do exposto, requer:

a) a procedência do pedido do autor no sentido de condenar o réu ao pagamento da quantia de____, referente às comissões devidas, indenização e pré-aviso, acrescentado dos juros e correção monetária;

b) a citação do réu por meio de____, para comparecer à audiência de conciliação e apresentar, se quiser, sua contestação, sob pena de revelia;

c) a condenação do réu ao pagamento das custas e dos honorários advocatícios (arts. 82, § 2º, e 85 do CPC);

d) que as intimações sejam enviadas para o escritório na Rua____ (art. 77, V do CPC);

e) a juntada das custas (art. 290 do CPC);

f) o autor demonstra o interesse (ou desinteresse) na realização da audiência de conciliação (ou mediação), como determinam os arts. 319, VII, e 334, § 5º, do CPC.

Pretende-se provar o alegado por todas as provas em direito admitidas.

Dá-se à causa o valor de R$____ [valor por extenso].

Termos em que,

pede deferimento.

Local e data.

Advogado____

OAB/____n.____

16. PETIÇÃO INICIAL DE REPARAÇÃO E DANOS (CHEQUE PRÉ-DATADO)

Fundamento legal	Súmula 370 do STJ: "Caracteriza dano moral a apresentação antecipada de cheque pré-datado". Arts. 318 e s. do CPC.
Competência	Excelentíssimo Senhor Doutor Juiz de Direito da____ Vara Cível do Foro da Comarca de____ do Estado de____ (praça de pagamento).
Partes	Autor: emitente do cheque; Réu: credor do cheque.
Cabimento	Reparação de danos surgidos em virtude de o cheque ter sido apresentado antes da data prevista para desconto.
Pedido	– A procedência do pedido do autor, no sentido de condenar o réu ao ressarcimento dos danos materiais e morais, com juros e correção monetária; – A citação do réu por Oficial de Justiça, nos termos do art. 247, V, do CPC para que compareça em audiência de conciliação e mediação e apresente sua contestação, no prazo legal, sob pena de revelia; – O autor demonstra o interesse na realização da audiência de conciliação (ou mediação), como determinam os arts. 319, VII, e 334, § 5º, do CPC. – A condenação ao pagamento das custas e dos honorários advocatícios (arts. 82, § 2º, e 85 do CPC); – Que as intimações sejam enviadas para o escritório na Rua____ (art. 77, V, do CPC); – Produção de provas.
Valor da causa	Soma dos prejuízos causados.

EXCELENTÍSSIMO SENHOR DOUTOR JUIZ DE DIREITO DA____ VARA CÍVEL DO FORO DA COMARCA DE____ DO ESTADO DE____

(espaço de cinco linhas)

SOCIEDADE_____, inscrita no Cadastro Nacional de Pessoas Jurídicas (CNPJ) sob o n._____, com sede na Rua_____, n._____, por seu administrador_____, CEP n._____, endereço eletrônico e-mail _____, por seu procurador infra-assinado (instrumento de mandato incluso), vem respeitosamente perante Vossa Excelência, propor a presente AÇÃO DE REPARAÇÃO DE DANOS com fundamento nos arts. 318 e s. do CPC e Súmula 370 do STJ, pelo procedimento comum, em face da SOCIEDADE_____, inscrita no Cadastro Nacional de

Pessoas Jurídicas (CNPJ) sob o n.____, com sede na Rua____, n.____, por seu administrador____, CEP n.____, pelas razões de fato ou de direito a seguir expostas:

I. DOS FATOS

[Nesta parte da peça, o candidato deve descrever o fato narrado pelo examinador, sem acrescentar nenhum dado que não conste do enunciado.]

II. DO DIREITO

[Nesta parte da peça, o candidato deve desenvolver seu raciocínio justificando o cabimento da ação de reparação de danos materiais e morais em virtude da apresentação do cheque antes da data pré-fixada na cártula (Súmula 370 do STJ).

Tratar dos arts. 186 e 187 do CC.

Argumentar demonstrando os danos materiais e morais.]

III. DO PEDIDO

Diante do exposto, requer:

a) a procedência do pedido do autor, no sentido de condenar o réu ao ressarcimento dos danos materiais e morais, com juros e correção monetária;

b) a citação do réu por Oficial de Justiça, nos termos do art. 247, V do CPC para que compareça em audiência de conciliação e mediação e apresente sua contestação, no prazo legal, sob pena de revelia

c) o autor demonstra o interesse na realização da audiência de conciliação (ou mediação), como determinam os arts. 319, VII, e 334, § 5º, do CPC.

d) a condenação ao pagamento das custas e dos honorários advocatícios (arts. 82, § 2º, e 85 do CPC);

e) que as intimações sejam enviadas para o escritório na Rua____ (art. 77, V, do Código de Processo Civil);

f) a juntada das custas (art. 290 do CPC).

Pretende-se provar o alegado por todas as provas em direito admitidas, especialmente____.

Dá-se à causa o valor de R$____ [valor por extenso].

Termos em que,

pede deferimento.

Local e data.

Advogado____

OAB/____n.____

17. PETIÇÃO INICIAL DE EXECUÇÃO POR QUANTIA CERTA

Fundamento legal	Arts. 784, 824 e s. do CPC, e artigo da Lei Especial (quando houver).
Competência	Excelentíssimo Senhor Doutor Juiz de Direito da____ Vara Cível do Foro da Comarca de____ do Estado de____ (da praça de pagamento).
Partes	Autor: credor do título executivo; Réu: devedor do título executivo e responsáveis solidários (avalista e endossante).
Cabimento	Execução de título executivo que não foi pago (descrito no art. 784 do CPC e que seja líquido, certo e exigível no art. 783 do CPC ou em lei especial). Cuidado: a nota promissória vinculada a contrato de abertura de crédito deve ser objeto de ação monitória (Súmulas 233, 247 e 258 do STJ).
Pedido	A citação do executado, por Oficial de Justiça (arts. 247, V, e 249 do CPC com os benefícios do art. 212, § 2º, do CPC), para que no prazo de três dias (art. 829 do CPC) efetue o pagamento do valor de R$_____, sob pena de expedição de mandado de penhora e avaliação de tantos bens quantos bastem para a solvência do crédito; que sejam fixados os honorários advocatícios a serem pagos pelo executado e sua condenação ao respectivo pagamento (arts. 82, § 2º, e 85 do CPC); que as intimações sejam enviadas para o escritório na Rua_____ (art. 77, V, do CPC).
Valor da causa	Valor do título executivo.

EXCELENTÍSSIMO SENHOR DOUTOR JUIZ DE DIREITO DA____VARA CÍVEL DO FORO DA COMARCA DE____DO ESTADO DE_____

(espaço de cinco linhas)

SOCIEDADE_____, inscrita no Cadastro Nacional de Pessoas Jurídicas (CNPJ) sob o n.____, com sede na Rua_____, n._____, por seu administrador_____, endereço eletrônico e-mail _____, por seu procurador infra-assinado (instrumento de mandato incluso), vem respeitosamente perante Vossa Excelência, propor a presente AÇÃO DE EXECUÇÃO POR QUANTIA CERTA CONTRA DEVEDOR SOLVENTE com fundamento nos arts. 784 __ e 824 e s. do CPC, em face de FULANO_____, portador do documento Registro Geral (RG) n._____, inscrito no Cadastro de Pessoas Físicas (CPF) sob o n._____, com domicílio na Rua_____, n._____, Cidade_____, CEP n._____, pelas razões de fato ou de direito a seguir expostas:

I. DOS FATOS

[Nesta parte da peça, o candidato deve descrever o fato narrado pelo examinador que é a presença de um título executivo extrajudicial (arts. 783 e 784 do CPC), sem acrescentar nenhum dado novo.]

II. DO DIREITO

[Nesta parte da peça o candidato deve desenvolver seu raciocínio relacionando os argumentos jurídicos com a descrição do fato.

É importante citar os artigos de lei e deixar claro o cabimento da ação de execução, inclusive demonstrando a existência de um título executivo (arts. 783 e 784 do CPC) e a juntada do demonstrativo do débito atualizado (art. 798, I, *a* e *b*, do CPC).]

III. DO PEDIDO

Diante do exposto requer:

a) a citação do executado, por Oficial de Justiça (arts. 247, V, e 249 do CPC com os benefícios do art. 212, § 2º, do CPC), para que, no prazo de três dias (art. 829 do CPC), efetue o pagamento do valor de R$_____, sob pena de expedição de mandado de penhora e avaliação de tantos bens quantos bastem para a solvência do crédito. Para tanto, junta a respectiva guia de Oficial de Justiça devidamente recolhida;

b) não feito o pagamento, a determinação para o Oficial de Justiça penhorar tantos bens quanto bastem para pagamento da dívida e sua avaliação, nos termos do 829, § 1º, do CPC;

c) a fixação inicial dos honorários advocatícios de 10%, nos termos do art. 827 do CPC;

d) neste ato, o Exequente indica o seguinte bem passível de penhora..., nos termos do art. 829, § 2º, do CPC;

e) a informação, desde logo, da juntada da inclusa guia de custas devidamente recolhida em anexo, art. 290 do CPC;

f) a juntada do título executivo extrajudicial e do demonstrativo do débito atualizado até a data da propositura da ação com base no art. 798, I, *a* e *b*, do CPC;

g) que sejam fixados os honorários advocatícios a serem pagos pelo executado e sua condenação ao respectivo pagamento (arts. 82, § 2º, e 85 do CPC);

h) que as intimações sejam enviadas para o escritório na Rua____ (art. 77, V do CPC).

Dá-se à causa o valor de R$____ [valor por extenso, valor do título].

Termos em que,

pede deferimento.

Local e data.

Advogado____

OAB/_____n.____

18. PETIÇÃO INICIAL DE AÇÃO RENOVATÓRIA (LOCAÇÃO EMPRESARIAL)

Fundamento legal	Arts. 51 e 71 da Lei n. 8.245/91.
Competência	Excelentíssimo Senhor Doutor Juiz de Direito da____ Vara Cível do Foro da Comarca de____ do Estado de____ (do local do imóvel, salvo se não houver foro de eleição no contrato – art. 58, II, da Lei n. 8.245/91).
Partes	Autor: locatário ou sublocatário total; Réu: locador.
Cabimento	Quando o locatário pretende renovar compulsoriamente o contrato de locação, desde que tenha os requisitos do art. 51 da Lei n. 8.245/91.
Pedido	– A procedência do pedido do autor, no sentido de decretar a renovação do contrato de locação comercial, por igual prazo e nas mesmas condições, determinando o reajuste do aluguel com base no índice inflacionário apontado no contrato, uma vez atendidas todas as formalidades e exigências da lei; – A citação do réu por Oficial de Justiça, nos termos do art. 247, V, do CPC, para que compareça em audiência de conciliação e mediação e apresente sua contestação, no prazo legal, sob pena de revelia; – O autor demonstra o interesse na realização da audiência de conciliação (ou mediação), como determinam os arts. 319, VII, e 334, § 5º, do CPC; – A condenação do réu ao pagamento das custas e do ônus da sucumbência (arts. 82, § 2º, e 85 do CPC); – Que as intimações sejam enviadas para o escritório na Rua____ (art. 77, V, do CPC); – Pretende-se provar o alegado por todas as provas em direito admitidas, especialmente____.
Valor da causa	12 (doze) vezes o valor do aluguel (art. 58, III, da Lei n. 8.245/91).

EXCELENTÍSSIMO SENHOR DOUTOR JUIZ DE DIREITO DA____ VARA CÍVEL DO FORO DA COMARCA DE____ DO ESTADO DE____

(espaço de cinco linhas)

SOCIEDADE____, inscrita no Cadastro Nacional de Pessoas Jurídicas (CNPJ) sob o n.____, com sede na Rua____, n.____, por seu administrador____, endereço eletrônico e-mail ____, por seu procurador infra-assinado (instrumento de mandato incluso), vem respeitosamente perante Vossa Excelência, propor a presente AÇÃO RENOVATÓRIA DE LOCAÇÃO, com fundamento nos arts. 51 e 71 da Lei n. 8.245/91, pelo procedimento especial, em face de SOCIEDADE____, inscrita no Cadastro Nacional de Pessoas Jurídicas (CNPJ) sob o n.____, com sede na Rua____, n.____, por seu administrador____, pelas razões de fato ou de direito a seguir expostas:

I. DOS FATOS

[Nesta parte da peça, o candidato deve descrever o fato narrado pelo examinador sem acrescentar nenhum dado novo.]

II. DO DIREITO

[Nesta parte da peça, o candidato deve desenvolver seu raciocínio relacionando os argumentos jurídicos com a descrição do fato.

É importante indicar a presença dos requisitos para a propositura da ação renovatória, prevista no art. 51 da Lei n. 8.245/91: "Nas locações de imóveis destinados ao comércio, o locatário terá direito a renovação do contrato, por igual prazo, desde que, cumulativamente: I – o contrato a renovar tenha sido celebrado por escrito e com prazo determinado; II – o prazo mínimo do contrato a renovar ou a soma dos prazos ininterruptos dos contratos escritos seja de cinco anos; III – o locatário esteja explorando seu comércio, no mesmo ramo, pelo prazo mínimo e ininterrupto de três anos".

O candidato também deve indicar a presença dos requisitos do art. 71 da Lei n. 8.245/91: "II – prova do exato cumprimento do contrato em curso; III – prova da quitação dos impostos e taxas que incidiram sobre o imóvel e cujo pagamento lhe incumbia; IV – indicação clara e precisa das condições oferecidas para a renovação da locação; V – indicação do fiador quando houver no contrato a renovar e, quando não for o mesmo, com indicação do nome ou denominação completa, número de sua inscrição no Ministério da Fazenda, endereço e, tratando-se de pessoa natural, a nacionalidade, o estado civil, a profissão e o número da carteira de identidade, comprovando, desde logo, mesmo que não haja alteração do fiador, a atual idoneidade financeira; VI – prova de que o fiador do contrato ou o que o substituir na renovação aceita os encargos da fiança, autorizado por seu cônjuge, se casado for; VII – prova, quando for o caso, de ser cessionário ou sucessor, em virtude de título oponível ao proprietário".]

III. DO PEDIDO

Diante do exposto requer:

a) a procedência do pedido do autor, no sentido de decretar a renovação do contrato de locação comercial, por igual prazo e nas mesmas condições, determinando o reajuste do aluguel com base no índice inflacionário apontado no contrato, uma vez atendidas todas as formalidades e exigências da lei;

b) a citação do réu por Oficial de Justiça, nos termos do art. 247, V, do CPC, para que compareça em audiência de conciliação e mediação e apresente sua contestação, no prazo legal, sob pena de revelia;

c) o autor demonstra o interesse na realização da audiência de conciliação (ou mediação), como determinam os arts. 319, VII, e 334, § 5º, do CPC;

d) a condenação do réu ao pagamento das custas e do ônus da sucumbência (arts. 82, § 2º, e 85 do CPC);

e) que as intimações sejam enviadas para o escritório na Rua____(art. 77, V, do CPC);

f) a juntada das custas (art. 290 do CPC).

Pretende-se provar o alegado por todas as provas em direito admitidas, especialmente____.

Dá-se à causa o valor de____ 12 (doze) vezes o valor do aluguel [art. 58, III, da Lei n. 8.245/91].

Termos em que,

pede deferimento.

Local e data.

Advogado____

OAB/____n.____

19. PETIÇÃO INICIAL DE DESPEJO

Fundamento legal	Arts. 318 e s. do CPC e art. 59 da Lei n. 8.245/91.
Competência	Excelentíssimo Senhor Doutor Juiz de Direito da____Vara Cível do Foro da Comarca de____ do Estado de____ (geralmente foro do imóvel – art. 58, II, da Lei n. 8.245/91).
Partes	Autor: proprietário/locador; Réu: locatário.
Cabimento	Retirar o locatário porque não pagou aluguel (art. 9º, III, da Lei n. 8.245/91) ou porque o locador quer o bem para si. Cabe pedido liminar (art. 59,§ 1º, da Lei n. 8.245/91)
Pedido	– A concessão de liminar no sentido de____ [Quando houver a necessidade.]; – A procedência do pedido do autor no sentido da desocupação____ [Descrever exatamente o que se pretende.]; – A citação do réu por Oficial de Justiça, nos termos do art. 247, V, do CPC, para que compareça em audiência de conciliação e mediação e apresente sua contestação, no prazo legal, sob pena de revelia; – O autor demonstra o interesse na realização da audiência de conciliação (ou mediação), como determinam os arts. 319, VII, e 334, § 5º, do CPC; – Que o réu seja condenado ao pagamento das custas e dos honorários advocatícios (arts. 82, § 2º, e 85 do CPC) [Se houver sublocatários, pedir a sua intimação para intervir no processo (art. 59, § 2º, da Lei n. 8.245/91).]; – Que as intimações sejam enviadas para o escritório na Rua____ (art. 77, V, do CPC); – A juntada das custas (art. 290 do CPC); – A concessão do benefício da gratuidade da justiça, nos termos do art. 98 do CPC [Se for o caso.]; – O autor demonstra o interesse (ou desinteresse) na realização da audiência de conciliação (ou mediação), como determinam os arts. 319, VII, e 334, § 5º, do CPC. Pretende-se provar o alegado por todas as provas em direito admitidas, especialmente____.
Valor da causa	12 (doze) vezes o valor do aluguel (art. 58, III, da Lei n. 8.245/91).

EXCELENTÍSSIMO SENHOR DOUTOR JUIZ DE DIREITO DA____ VARA CÍVEL DO FORO DA COMARCA DE____ DO ESTADO DE____

(espaço de cinco linhas)

SOCIEDADE LOCATÁRIA____, inscrita no Cadastro Nacional de Pessoas Jurídicas (CNPJ/MF) sob o n.____, com sede na Rua____, n.____, representado por seu administrador____ [Quando a parte for sociedade limitada ela será representada pelo administrador, mas, em se tratando de S.A., a representação será feita pelo seu diretor.], CEP n.____, por seu procurador infra-assinado (instrumento de mandato incluso), endereço eletrônico e-mail, vem, respeitosamente, perante Vossa Excelência, propor a presente AÇÃO DE DESPEJO, pelo procedimento comum com fundamento nos arts. 318 e s. do CPC e art. 59 da Lei n. 8.245/91 em face da SOCIEDADE LOCATÁRIA____, inscrita no Cadastro Nacional de Pessoas Jurídicas (CNPJ) sob o n.____, com sede na Rua____, n.____, por seu administrador____, CEP n.____, pelas razões de fato ou de direito a seguir expostas:

I. DOS FATOS

[Nesta parte da peça, o candidato deve descrever o fato narrado pelo examinador, sem acrescentar nenhum dado novo.]

II. DO DIREITO

[Nesta parte da peça, o candidato deve desenvolver seu raciocínio relacionando o texto da lei com o caso concreto.

Mencionar a relação contratual de aluguel.

Demonstrar a falta de pagamento (art. 9º, III, da Lei n. 8.245/91) ou o interesse na retomada do imóvel.

Obs.: é possível cumular com a cobrança do aluguel (art. 62, I, da Lei n. 8.245/91).]

III. DA LIMINAR

[Se pedir a concessão de liminar (a liminar tem cabimento quando, além de precisar da medida de urgência, a legislação indicar expressamente o termo "liminar", como no mandado de segurança, nas possessórias, ou quando a lei determinar) art. 59,§ 1º, da Lei n. 8.245/91.]

IV. DO PEDIDO

Diante do exposto, requer:

a) a concessão de liminar no sentido de____ [Quando houver a necessidade.];

b) a procedência do pedido do autor no sentido da desocupação [Descrever exatamente o que se pretende e não esquecer de confirmar o que foi pedido na liminar com a confirmação];

c) a citação do réu por Oficial de Justiça, nos termos do art. 247, V, do CPC para que compareça em audiência de conciliação e mediação e apresente sua contestação, no prazo legal, sob pena de revelia ou para desocupação do imóvel, no prazo legal, sob pena de revelia (se houver sublocatários, pedir a sua intimação para intervir no processo (art. 59, § 2º, da Lei n. 8.245/91);

d) o autor demonstra o interesse na realização da audiência de conciliação (ou mediação), como determinam os arts. 319, VII, e 334, § 5º, do CPC, para intervir no processo (art. 59, § 2º, da Lei n. 8.245/91);

e) a condenação ao pagamento das custas e dos honorários advocatícios, sendo estes últimos pleiteados no importe de 20% do valor da causa, conforme disposição dos arts. 82, § 2º, e 85 do Código de Processo Civil;

f) a juntada das custas (art. 290 do CPC);

g) que as intimações sejam enviadas para o escritório na Rua____ (art. 77, V, do CPC).

Pretende-se provar o alegado por todas as provas em direito admitidas, especialmente____(documental, contrato de locação).

Dá-se à causa o valor de____ 12 (doze) vezes o valor do aluguel [art. 58, III, da Lei n. 8.245/91].

Termos em que,

pede deferimento.

Local e data.

Advogado____

OAB/____n.____

20. PETIÇÃO INICIAL DE AÇÃO POSSESSÓRIA

Fundamento legal	Arts. 554 e 560 e s. do CPC.
Competência	Excelentíssimo Senhor Doutor Juiz de Direito da ____Vara Cível do Foro da Comarca de____ do Estado de____ (é o do local da coisa – art. 47 do CPC. Se a coisa for bem móvel, utilizar a regra do art. 46 do CPC).
Partes	Autor: legítimo possuidor direto ou indireto; Réu: quem praticou a ameaça ou retirou a posse.
Cabimento	Para reintegrar ou manter a posse, diante da perda ou ameaça (art. 560 do CPC).
Pedido	– A procedência do pedido do autor, com a concessão de liminar de reintegração (ou manutenção) da posse, expedindo-se o competente mandado para o cumprimento da decisão; – A citação do réu, por Oficial de Justiça, após o cumprimento da medida, para que, querendo, apresente sua contestação, no prazo de 15 dias, sob pena de revelia (art. 564 do CPC); – A condenação ao pagamento das custas e dos honorários advocatícios (arts. 82, § 2º, e 85 do CPC).

Pedido	– Que as intimações sejam enviadas para o escritório na Rua ____ (art. 77, V, do CPC); – A produção de provas.
Valor da causa	Valor venal do imóvel ou o valor do bem móvel.

EXCELENTÍSSIMO SENHOR DOUTOR JUIZ DE DIREITO DA____ VARA CÍVEL DO FORO DA COMARCA DE____ DO ESTADO DE______

(espaço de cinco linhas)

SOCIEDADE____, inscrita no Cadastro Nacional de Pessoas Jurídicas (CNPJ) sob o n._____, com sede na Rua_____, n._____, endereço eletrônico e-mail ____, por seu administrador_____, por seu procurador infra-assinado (instrumento de mandato incluso), vem respeitosamente perante Vossa Excelência, propor a presente AÇÃO DE REINTEGRAÇÃO [ou MANUTENÇÃO] DE POSSE, com fundamento nos arts. 554 e 560 e s. do CPC, pelo procedimento especial, em face de FULANO, portador do documento Registro Geral (RG) n._____, inscrito no Cadastro de Pessoas Físicas (CPF) sob o n._____, com domicílio na Rua_____, n.___, Cidade_____, CEP n._____, pelas razões de fato ou de direito a seguir expostas:

I. DOS FATOS

[Nesta parte da peça, o candidato deve descrever o fato narrado pelo examinador, sem acrescentar nenhum dado novo.]

II. DO DIREITO

[Nesta parte da peça, o candidato deve desenvolver seu raciocínio relacionando os argumentos jurídicos com a descrição do fato.

É importante demonstrar os requisitos do art. 561 do CPC, provando a posse, a turbação (manutenção de posse) ou o esbulho (reintegração de posse) praticado pelo réu, a data da turbação ou esbulho e a continuação da posse. Em caso de manutenção da posse.

Para requerer a liminar da tutela possessória, se o evento ocorreu há menos de ano e dia.]

III. DO PEDIDO

Diante do exposto, requer:

a) a procedência do pedido do autor, com a concessão de liminar de reintegração (ou manutenção) da posse, expedindo-se o competente mandado para o cumprimento da decisão;

b) a citação do réu, por Oficial de Justiça, após o cumprimento da medida, para que, querendo, apresente sua contestação, no prazo de 15 dias, sob pena de revelia (art. 564 do CPC);

c) a condenação ao pagamento das custas e dos honorários advocatícios (arts. 82, § 2º, e 85 do CPC);

d) que as intimações sejam enviadas para o escritório na Rua____ (art. 77, V, do CPC);

e) a juntada das custas (art. 290 do CPC);

f) o autor demonstra o interesse (ou desinteresse) na realização da audiência de conciliação (ou mediação), como determinam os arts. 319, VII, e 334, § 5º, do CPC.

Pretende-se provar o alegado por todas as provas em direito admitidas, especialmente____.

Dá-se à causa o valor de R$____ [valor por extenso].

Termos em que,

pede deferimento.

Local e data.

Advogado____

OAB/_____n._____

21. PETIÇÃO INICIAL DECLARATÓRIA DE FALÊNCIA

Fundamento legal	Art. 94, I, II ou III, da Lei n. 11.101/2005.
Competência	Excelentíssimo Senhor Doutor Juiz de Direito da ____ Vara Cível da Comarca de ____ do Estado de ____ (principal estabelecimento econômico do devedor).
Partes	Autor: credor ou credores (em litisconsórcio ativo); Réu: empresário ou sociedade empresarial.
Cabimento	Quando o empresário ou sociedade empresarial não paga um ou vários títulos executivos extrajudiciais no valor acima de 40 salários mínimos; quando não cumpre um processo de execução; ou quando pratica um ato de falência.
Pedido	– A procedência do pedido do autor no sentido de citar o devedor para apresentar sua contestação no prazo de 10 dias ou efetuar o pagamento por meio do depósito elisivo no valor do título, acrescidos de juros, correção monetária e ônus da sucumbência sob pena da decretação de sua falência; – A condenação ao pagamento das custas e dos honorários advocatícios (arts. 82, § 2º, e 85 do CPC); – Que as intimações sejam enviadas para o escritório na Rua ____ (art. 77, V, do CPC); – A produção de provas.

EXCELENTÍSSIMO SENHOR DOUTOR JUIZ DE DIREITO DA____VARA CÍVEL DO FORO DA COMARCA DE____DO ESTADO DE____

(espaço de cinco linhas)

SOCIEDADE____, inscrita no Cadastro Nacional de Pessoas Jurídicas (CNPJ) sob o n.____, com sede na Rua____, n.____, endereço eletrônico e-mail ____, por seu administrador____, CEP n.____, por seu procurador infra-assinado (instrumento de mandato incluso), vem respeitosamente perante Vossa Excelência, propor a presente Ação declaratória de falência, com fundamento no art. 94, ___, da Lei n. 11.101/2005 [Incisos I, II ou III, dependendo do motivo pelo qual se pede a falência.], pelo procedimento especial, em face da SOCIEDADE____, inscrita no Cadastro Nacional de Pessoas Jurídicas (CNPJ) sob o n.____, com sede na Rua____, n.____, por seu administrador____, CEP n.____, pelas razões de fato ou de direito a seguir expostas:

I. DOS FATOS

[Nesta parte da peça, o candidato deve descrever o fato narrado pelo examinador, sem acrescentar nenhum dado novo.]

II. DO DIREITO

[Nesta parte da peça, o candidato deve desenvolver seu raciocínio atrelando o texto da lei com o caso concreto.

O candidato deve discorrer sobre o cabimento do pedido de falência em virtude de possuir um título executivo extrajudicial, devidamente protestado para fins falimentares (art. 94, § 3º, da Lei n. 11.101/2005). Outro tema relevante é que o título ou os títulos possuem o valor acima de 40 salários mínimos (art. 94, I, da Lei n. 11.101/2005).

Se o motivo for um processo de execução frustrado então se utiliza o art. 94, II, da Lei n. 11.101/2005.

Se o motivo forem os atos de falência do inciso III do art. 94 da Lei n. 11.101/2005, deve-se justificar que o ato foi realizado com o objetivo de fraudar credores.]

III. DO PEDIDO

Diante do exposto, requer:

a) a procedência do pedido do autor no sentido de citar o devedor para apresentar sua contestação no prazo de 10 dias, ou efetuar o pagamento por meio do depósito elisivo [Depósito elisivo, só pode ser pedido se o motivo for o inciso I ou o inciso II do art. 94 da Lei n. 11.101/2005.] no valor do título, acrescidos de juros, correção monetária e ônus da sucumbência sob pena da decretação de sua falência;

b) a condenação ao pagamento das custas e dos honorários advocatícios (arts. 82, § 2º, e 85 do CPC);

c) que as intimações sejam enviadas para o escritório na Rua____ (art. 77, V, do CPC);

d) a juntada das custas (art. 290 do CPC);

e) o autor demonstra o interesse (ou desinteresse) na realização da audiência de conciliação (ou mediação), como determinam os arts. 319, VII, e 334, § 5º, do CPC.

Pretende-se provar o alegado por todas as provas em direito admitidas, especialmente____.

Dá-se à causa o valor de R$____ [valor por extenso].

Termos em que,

pede deferimento.

Local e data.

Advogado____

OAB/____n.____

22. PEDIDO DE AUTOFALÊNCIA

Fundamento legal	Art. 105 da Lei n. 11.101/2005.
Competência	Excelentíssimo Senhor Doutor Juiz de Direito da ____ Vara Cível do Foro da Comarca de ____ do Estado de____ (principal estabelecimento econômico do devedor).
Partes	Autor: empresário ou sociedade empresarial que pretende sua falência.
Cabimento	Para requerer ao judiciário sua própria falência.
Pedido	– A procedência do pedido do autor com a decretação de sua falência; – A juntada dos seguintes documentos (art. 105 da Lei n. 11.101/2005): demonstrações contábeis dos três últimos exercícios sociais e as especialmente levantadas para instruir o pedido, compostas de balanço patrimonial e demonstração de resultados acumulados; demonstração do resultado desde o último exercício social; relatório de fluxo de caixa; relação nominal de credores; relação dos bens e direitos que compõem o ativo da empresa; cópia do contrato social e comprovante de registro na Junta Comercial; livros obrigatórios; relação dos administradores dos últimos cinco anos; – Que as intimações sejam enviadas para o escritório na Rua____ (art. 77, V, do CPC).
Valor da causa	

EXCELENTÍSSIMO SENHOR DOUTOR JUIZ DE DIREITO DA____VARA CÍVEL DO FORO DA COMARCA DE____DO ESTADO DE____

(espaço de cinco linhas)

SOCIEDADE____, inscrita no Cadastro Nacional de Pessoas Jurídicas (CNPJ) sob o n.____, com sede na Rua____, n.____, endereço eletrônico e-mail ____, por seu administrador____, CEP n.____, por seu procurador infra-assinado (instrumento de mandato incluso), vem respeitosamente perante Vossa Excelência, requerer a DECLARAÇÃO DE AUTOFALÊNCIA, com fundamento no art. 105 da Lei n. 11.101/2005, pelo procedimento especial, pelas razões de fato ou de direito a seguir expostas:

I. DOS FATOS

[Nesta parte da peça, o candidato deve descrever o fato narrado pelo examinador, sem acrescentar nenhum dado novo.]

II. DO DIREITO

[Nesta parte da peça, o candidato deve desenvolver seu raciocínio atrelando o texto da lei com o caso concreto.

O candidato deve relatar a crise pela qual está passando e a impossibilidade de se recuperar.

Para confirmar a argumentação citar doutrina e jurisprudência, se possível.]

III. DO PEDIDO

Diante do exposto, requer:

a) a procedência do pedido do autor com a decretação de sua falência;

b) a juntada dos seguintes documentos (art. 105 da Lei n. 11.101/2005):

– demonstrações contábeis dos três últimos exercícios sociais e as especialmente levantadas para instruir o pedido, compostas de balanço patrimonial e demonstração de resultados acumulados; demonstração do resultado desde o último exercício social; relatório de fluxo de caixa;

– relação nominal de credores;

– relação de bens e direitos que compõem o ativo da empresa;

– cópia do contrato social e comprovante de registro na Junta Comercial;

– livros obrigatórios;

– relação dos administradores dos últimos cinco anos.

c) que as intimações sejam enviadas para o escritório na Rua ____ (art. 77, V, do CPC);

d) a juntada das custas (art. 290 do CPC);

e) o autor demonstra o interesse (ou desinteresse) na realização da audiência de conciliação (ou mediação), como determinam os arts. 319, VII, e 334, § 5º, do CPC.

Dá-se à causa o valor de R$____ [valor por extenso].

Termos em que,

pede deferimento.

Local e data.

Advogado____

OAB/____n.____

23. HABILITAÇÃO ARTS. 9º E 7º, § 1º, DA LEI DE FALÊNCIAS – LF

Fundamento legal	Art. 9º da Lei n. 11.101/2005.
Competência	Para o administrador judicial.
Partes	Autor: credor que pretende se habilitar.
Cabimento	Credor que deseje entrar na falência dentro do prazo do art. 7º, § 1º, da LF. É importante ressaltar, entretanto, que não seria necessária uma peca, já que essa habilitação é feita para o administrador judicial
Pedido	– A inclusão do seu crédito na Relação de Credores, habilitando o valor de crédito na quantia de R$___, com a devida atualização de juros de mora e correção monetária; – Que as intimações sejam enviadas para o escritório na Rua____ (art. 77, V, do Código de Processo Civil). – A juntada dos documentos comprobatórios.

ILUSTRÍSSIMO SENHOR ADMINISTRADOR JUDICIAL

SOCIEDADE________, inscrita no Cadastro Nacional de Pessoas Jurídicas (CNPJ) sob o n.____, com sede na Rua__________, n.____, por seu administrador_________, CEP n._______, por seu procurador infra-assinado (instrumento de mandato incluso), tempestivamente (prazo de 15 dias), vem respeitosamente habilitar seu crédito, tempestivamente, com fundamento nos arts. 7º, § 1º, e 9º da Lei n. 11.101/2005, em face da MASSA FALIDA______________, representada por seu administrador judicial, pelos motivos expostos:

[Nesta parte da peça, o advogado deve desenvolver seu raciocínio atrelando o texto da lei (art. 9º da Lei n. 11.101/2005) com o caso concreto, apontando o valor do crédito, a indicação de garantia prestada pelo devedor, se houver, e a especificação do objeto da garantia que estiver na posse do credor, e providenciar a juntada dos documentos comprobatórios do crédito.

Importante destacar que os documentos que legitimam o crédito deverão ser exibidos no original ou por meio de cópias autenticadas se estiverem juntados em outro processo.]

I. DO PEDIDO

Diante do exposto, requer:

– inclusão de seu crédito na Relação de Credores, habilitando o valor de crédito na quantia de R$___, com a devida atualização de juros de mora e correção monetária, junto aos _____;

– que as intimações sejam enviadas para o escritório na Rua____ (artigo 77, V, do Código de Processo Civil).

– a juntada dos documentos comprobatórios.

Local e data.

Advogado____

OAB/_____n._____

24. HABILITAÇÃO RETARDATÁRIA

a) Até o quadro de credores

Fundamento legal	Art. 10, §§ 5º e 13, e s. da Lei n. 11.101/2005.
Competência	Juízo que decretou a falência.
Partes	Autor: credor que deseja entrar na falência.
Cabimento	Credor que entre depois do prazo do art. 7º, § 1º, da LF, mas antes da homologação do quadro de credores
Pedido	– Que seja acolhido o pedido do autor no sentido de incluir seu crédito na Relação de Credores, habilitando o valor de crédito na quantia de R$___, com a devida atualização de juros de mora e correção monetária; – A reserva e o valor nos termos do art. 10, § 4º, da Lei n. 11.101/2005; – A intimação do falido, do administrador judicial, do comitê de credores para se manifestarem no prazo sucessivo de cinco dias (arts 11 e 12 da Lei n. 11.101/2005); – Que as intimações sejam enviadas para o escritório na Rua____ (art. 77, V, do Código de Processo Civil). Pretende-se provar o alegado por todas as provas em direito admitidas, especialmente_____.

EXCELENTÍSSIMO SENHOR DOUTOR JUIZ DE DIREITO DA____VARA ____DO FORO/DA COMARCA DE____DO ESTADO DE____

Processo:____

Distribuição por dependência

SOCIEDADE____, inscrita no Cadastro Nacional de Pessoas Jurídicas (CNPJ) sob o n.____, com sede na Rua____, n.____, por seu administrador____, CEP n.____, por seu procurador infra-assinado (instrumento de mandato incluso), tempestivamente (prazo de 15 dias), vem respeitosamente perante Vossa Excelência propor a presente habilitação retardatária, com fundamento nos arts. 10, §§ 5º e 13, e s. da Lei n. 11.101/2005, na falência da MASSA FALIDA____, representada por seu administrador judicial____, pelas razões de fato ou de direito a seguir expostas:

I. DOS FATOS

[Nesta parte da peça, o advogado deve descrever os fatos, a respeito do crédito que será habilitado.]

II. DO DIREITO

[Nesta parte da peça, o advogado deve desenvolver seu raciocínio atrelando o texto da lei (art. 10, § 5º, da Lei n. 11.101/2005) com o caso concreto, apontando o valor do crédito, a indicação de garantia prestada pelo devedor, se houver, e a especificação do objeto da garantia que estiver na posse do credor, e providenciar a juntada dos documentos comprobatórios do crédito.

Importante destacar que os documentos que legitimam o crédito deverão ser exibidos no original ou por meio de cópias autenticadas, se estiverem juntados em outro processo.]

II. DO PEDIDO

Diante do exposto, requer:

– que seja acolhido o pedido do autor no sentido de incluir seu crédito na Relação de Credores, habilitando o valor de crédito na quantia de R$____, com a devida atualização de juros de mora e correção monetária;

– a reserva e o valor nos termos do art. 10, § 4º, da Lei n. 11.101/2005;

– a intimação do falido, do administrador judicial, do comitê de credores para se manifestarem no prazo sucessivo de cinco dias (arts. 11 e 12 da Lei n. 11.101/2005);

– que as intimações sejam enviadas para o escritório na Rua____ (artigo 77, V, do Código de Processo Civil).

Pretende-se provar o alegado por todas as provas em direito admitidas, especialmente____.

Termos em que,

pede deferimento.

Local e data.

Advogado____

OAB/____n.____

b) Habilitação retardatária e retificação do quadro de credores (após a homologação do quadro de credores)

Fundamento legal	Art. 10, § 6º, da Lei n. 11.101/2005 e arts. 318 e s. do CPC.
Competência	Juízo que decretou a falência.
Partes	Autor: credor que deseja entrar na falência
Cabimento	Credor que entre depois do prazo do art. 7º, § 1º, da LF e após a homologação do quadro de credores.
Pedido	– A procedência do pedido do autor no sentido de habilitar seu crédito, retificando a Relação de Credores, na quantia de R$___, respeitada a atualização de juros de mora e correção monetária do prazo inicial para habilitação; – A reserva e valor nos termos do art. 10, § 4º, da Lei n. 11.101/2005; – A citação do réu para que compareça em audiência de conciliação e mediação e apresente sua contestação, no prazo legal, sob pena de revelia; – A condenação ao pagamento das custas e dos honorários advocatícios, sendo estes últimos pleiteados no importe de 20% do valor da causa, conforme disposição dos arts. 82, § 2º, e 85 do Código de Processo Civil; – A juntada das custas (art. 290 do CPC); – Que as intimações sejam enviadas para o escritório na Rua____ (art. 77, V, do CPC); – O autor demonstra o interesse na realização da audiência de mediação e conciliação nos termos dos arts. 319, VII, e 334, § 5º, do CPC. Pretende-se provar o alegado por todas as provas em direito admitidas, especialmente____. Dá-se à causa o valor de R$____

EXCELENTÍSSIMO SENHOR DOUTOR JUIZ DE DIREITO DA____VARA _____ DO FORO DA COMARCA DE____DO ESTADO DE____

Distribuição por dependência

SOCIEDADE____, inscrita no Cadastro Nacional de Pessoas Jurídicas (CNPJ) sob o n.____, com sede na Rua____, n.____, por seu administrador____, CEP n.____, por seu procurador infra-assinado (instrumento de mandato incluso), vem respeitosamente perante Vossa Excelência, propor a presente Ação de Habilitação de Crédito Retardatária e retificação do quadro de credores, com fundamento nos arts. 10, § 6º, da Lei n. 11.101/2005 e 318 e s. do CPC, em face da MASSA FALIDA____, representada pelo administrador judicial, pelas razões de fato ou de direito a seguir expostas:

I. DOS FATOS

[Nesta parte da peça, o advogado deve descrever os fatos a respeito do crédito que se pretende habilitar.]

II. DO DIREITO

[Nesta parte da peça, o advogado deve desenvolver seu raciocínio atrelando o texto da lei (art. 9º da Lei n. 11.101/2005) com o caso concreto, apontando o valor do crédito, a indicação de garantia prestada pelo devedor, se houver, e a especificação do objeto da garantia que estiver na posse do credor, e providenciar a juntada dos documentos comprobatórios do crédito.

Por se tratar de habilitação retardatária, os parágrafos do art. 10 da Lei n. 11.101/2005 estabelecem algumas restrições aos credores que não cumpriram o prazo inicial previsto.

[Importante destacar que os documentos que legitimam o crédito deverão ser exibidos no original ou por meio de cópias autenticadas, se estiverem juntados em outro processo.]

II. DO PEDIDO

Diante do exposto, requer:

– a procedência do pedido do autor no sentido de habilitar seu crédito, retificando a Relação de Credores, na quantia de R$___, respeitada a atualização de juros de mora e correção monetária do prazo inicial para habilitação;

– a reserva e o valor nos termos do art. 10, § 4º, da Lei n. 11.101/2005;

– a citação do réu para que compareça em audiência de conciliação e mediação e apresente sua contestação, no prazo legal, sob pena de revelia;

– a condenação ao pagamento das custas e dos honorários advocatícios, sendo estes últimos pleiteados no importe de 20% do valor da causa, conforme disposição dos arts. 82, § 2º, e 85 do Código de Processo Civil;

– a juntada das custas (art. 290 do CPC);

– que as intimações sejam enviadas para o escritório na Rua____ (art. 77, V do CPC);

– o autor demonstra o interesse na realização da audiência de mediação e conciliação nos termos dos arts. 319, VII, e 334, § 5º, do CPC.

Pretende-se provar o alegado por todas as provas em direito admitidas, especialmente____.

Dá-se à causa o valor de R$____

Termos em que,

pede deferimento.

Local e data.

Advogado____

OAB/_____n._____

25. IMPUGNAÇÃO AO QUADRO DE CREDORES

Fundamento legal	Arts. 8 e 13 e s. da Lei n. 11.101/2005.
Competência	Juízo que decretou a falência.
Partes	Credor, MP ou administrador judicial.
Cabimento	Quando o interessado não concorda com o quadro de credores elaborado pelo administrador judicial.
Pedido	– A procedência do pedido do autor no sentido de retificar/excluir o crédito_____ na Relação de Credores, habilitando o valor de crédito na quantia de R$___ referente ao credor ___ (ou desabilitando o credor____); – Que se proceda a reserva de valor nos termos do art. 16 da LF; – a intimação dos credores, do devedor, do comitê de credores, para se manifestarem no prazo de cinco dias; – Que as intimações sejam enviadas para o escritório na Rua____ (art. 77, V, do CPC). Pretende-se provar o alegado por todas as provas em direito admitidas, especialmente____.

EXCELENTÍSSIMO SENHOR DOUTOR JUIZ DE DIREITO DA____VARA ____ DO FORO/DA COMARCA DE____DO ESTADO DE____

NOME DO AUTOR____, inscrita no Cadastro Nacional de Pessoas Jurídicas (CNPJ) sob o n.____, com sede na Rua____, n.____, por seu administrador____, CEP n.____, por seu procurador infra-assinado (instrumento de mandato incluso), tempestivamente (prazo de 10 dias), vem respeitosamente perante Vossa Excelência propor a presente Impugnação contra a Relação de Credores, com fundamento nos arts. 8 e 13 da Lei n. 11.101/2005, em face da MASSA FALIDA____, representada por seu administrador judicial____, pelas razões de fato ou de direito a seguir expostas:

I. DOS FATOS

[Nesta parte da peça, o advogado deve descrever os fatos que ensejam a impugnação de determinado crédito.]

II. DO CABIMENTO DA IMPUGNAÇÃO

[Nesta parte da peça, o candidato deve desenvolver seu raciocínio atrelando o texto da lei (arts. 8 e 13 da Lei n. 11.101/2005) com o caso concreto, apontando a necessidade de retificação (para majorar ou diminuir o valor do crédito) ou a exclusão do crédito da Relação de Credores. A petição deve ser instruída com os documentos que comprovem o alegado, podendo requerer a produção de provas necessárias.

Importante destacar que os documentos que legitimam o crédito deverão ser exibidos no original ou por meio de cópias autenticadas se estiverem juntados em outro processo.]

II. DO PEDIDO

Diante do exposto, requer:

– a procedência do pedido do autor no sentido de retificar/excluir o crédito____ na Relação de Credores, habilitando o valor de crédito na quantia de R$___ referente ao credor ____ (ou desabilitando o credor____);

– que se proceda a reserva de valor nos termos do art. 16 da LF;

– a intimação dos credores, do devedor, do comitê de credores, para se manifestarem no prazo de cinco dias;

– que as intimações sejam enviadas para o escritório na Rua____ (artigo 77, V, do CPC).

Pretende-se provar o alegado por todas as provas em direito admitidas, especialmente____.

Termos em que,

pede deferimento.

Local e data.

Advogado____

OAB/____n.____

26. DECLARATÓRIA DE INEFICÁCIA

Fundamento legal	Art. 129 da Lei n. 11.101/2005 e arts. 318 e s. do CPC ou art. 129 da Lei n. 11.101/2005
Competência	Juízo que decretou a falência.
Partes	Autor: credor que descobriu o ato.
Cabimento	O falido ou seus administradores/sócios praticaram algum dos atos do art. 129 da Lei n. 11.101/2005. Ressalte-se que, como o juiz deve reconhecer a ineficácia de ofício, seria possível uma petição simples ou inicial.
Pedido	– A declaração de ineficácia do ato praticado, restituindo o bem à massa falida ou ao falido, com todos os acessórios, acrescidos de perdas e danos; Pretende-se provar o alegado por todas as provas em direito admitidas, especialmente____.

EXCELENTÍSSIMO SENHOR DOUTOR JUIZ DE DIREITO DA____Vara de Falência e Recuperação Judicial DA COMARCA DE____DO ESTADO DE____

Processo:__

Distribuição por dependência_

NOME DO AUTOR_____, inscrito no Cadastro Nacional de Pessoas Jurídicas (CNPJ) sob o n._____, com sede na Rua_____, n._____, por seu administrador____, CEP n._____, por seu procurador infra-assinado (instrumento de mandato incluso), vem respeitosamente perante Vossa Excelência, requerer a declaração de ineficácia do ato _____com fundamento no art. 129, parágrafo único, da Lei n. 11.101/2005 pelas razões de fato ou de direito a seguir expostas:

I. DOS FATOS

[Nesta parte da peça, o advogado deve descrever os fatos, sem acrescentar nenhum dado novo.]

II. DO DIREITO

[Nesta parte da peça, o candidato deve desenvolver seu raciocínio atrelando o texto da lei com o caso concreto.

O advogado deve argumentar que o ato praticado anteriormente à decretação da falência, independentemente da prática de fraude, é ineficaz e deixa de produzir efeitos, retornando à massa falida, de acordo com as hipóteses previstas no art. 129 da Lei n. 11.101/2005, incisos:

I – pelo pagamento de dívidas não vencidas, realizadas dentro do termo legal;

II – pelo pagamento de dívidas vencidas, realizadas dentro do termo legal, de forma diversa da prevista pelo contrato;

III – a constituição de direito real de garantia dentro do termo legal;

IV – a prática de atos a título gratuito, praticados nos dois anos que antecedem a decretação da falência;

V – a renúncia à herança ou ao legado, praticada os dois antes da decretação da falência;

VI – o trespasse sem o consentimento dos credores e sem que o devedor possua bens suficientes para saldar as dívidas;

VII – os registros de direitos reais e de transferência de propriedade entre vivos, por título oneroso ou gratuito, ou a averbação relativa a imóveis realizados após a decretação da falência.

Importante realizar a comprovação dos fatos por meio de prova documental.]

II. DO PEDIDO

Diante do exposto, requer:

– a declaração de ineficácia o ato praticado, restituindo o bem à massa falida ou ao falido, com todos os acessórios, acrescidos de perdas e danos.

Pretende-se provar o alegado por todas as provas em direito admitidas, especialmente____.

Termos em que,

pede deferimento.

Local e data.

Advogado____

OAB/_____n._____

27. AÇÃO REVOCATÓRIA

Fundamento legal	Art 130 e s. da Lei n. 11.101/2005 e arts. 318 e s. do CPC.
Competência	Juízo que decretou a falência.
Partes	Autor: massa falida pelo credor, MP, administrador judicial (legitimidade extraordinária); Réus: todos os envolvidos.
Cabimento	Quando o falido, os sócios ou os administradores realizaram um ato fraudulento com prejuízo à massa falida.
Pedido	– A concessão da medida liminar de sequestro dos bens, para garantir e proteger os bens em poder de terceiro, art. 137 da Lei n. 11.101/2005; – A procedência da ação, no sentido de revogar os atos praticados, com o retorno dos bens ao patrimônio da massa falida, com todos os acessórios ou valor de mercado, acrescidos de perdas e danos; – A citação do réu, para que compareça em audiência de conciliação e mediação e apresente sua contestação, no prazo legal, sob pena de revelia; – A condenação ao pagamento CPC/2015); – A juntada das custas (art. 290 do CPC); – Que as intimações sejam enviadas para o escritório na Rua_____ (art. 77, V, do CPC); – O autor demonstra o interesse na realização da audiência de mediação e conciliação nos termos dos arts. 319, VII, e 334, § 5º, do CPC. Pretende-se provar o alegado por todas as provas em direito admitidas, especialmente____. Dá-se à causa o valor de R$____ [O valor da causa é calculado de acordo com o art. 292 do CPC.].

EXCELENTÍSSIMO SENHOR DOUTOR JUIZ DE DIREITO DA____Vara de Falência e Recuperação Judicial DA COMARCA DE____DO ESTADO DE____

(espaço de cinco linhas)

Processo:__

Distribuição por dependência_

NOME DO AUTOR____, inscrito no Cadastro Nacional de Pessoas Jurídicas (CNPJ) sob o n.____, com sede na Rua____, n.____, por seu administrador____, CEP n.____, por seu procurador infra-assinado (instrumento de mandato incluso), vem respeitosamente perante Vossa Excelência propor a presente Ação Revocatória (prazo de 3 (três) anos, com fundamento nos arts. 130 e s. da Lei n. 11.101/2005 e 318 e s. do CPC, em face do NOME DO RÉU____, inscrito no Cadastro Nacional de Pessoas Jurídicas (CNPJ) sob o n.____, com sede na Rua____, n.____, por seu administrador [No polo passivo podem figurar o sujeito que praticou o ato fraudulento e o terceiro de má-fé.] ____, CEP n.____, pelas razões de fato ou de direito a seguir expostas:

I. DOS FATOS

[Nesta parte da peça, o advogado deve descrever os fatos.]

II. DO DIREITO

[Nesta parte da peça, o advogado deve desenvolver seu raciocínio atrelando o texto da Lei com o caso concreto.

O advogado deve discorrer sobre ato fraudulento (art. 130 da Lei n. 11.101/2005) com a intenção do devedor em lesionar o pagamento aos credores. Na hipótese de participação de terceiro de má-fé, este deve integrar o polo passivo da ação, com a necessidade de comprovação do terceiro adquirente, sendo cabível o pedido de medida preventiva para garantir e proteger os bens em poder deste terceiro (art. 137 da Lei n. 11.101/2005).

Importante destacar que a demonstração da fraude é imprescindível para cabimento desta peça.]

II. DO PEDIDO

Diante do exposto, requer:

a) a concessão da medida liminar de sequestro dos bens, para garantir e proteger os bens em poder de terceiro, art. 137 da Lei n. 11.101/2005;

b) a procedência da ação, no sentido de revogar os atos praticados, com o retorno dos bens ao patrimônio da massa falida, com todos os acessórios ou valor de mercado, acrescidos de perdas e danos;

c) a citação do réu, para que compareça em audiência de conciliação e mediação e apresente sua contestação, no prazo legal, sob pena de revelia;

d) a condenação ao pagamento (CPC/2015);

e) a juntada das custas (art. 290 do CPC);

f) que as intimações sejam enviadas para o escritório na Rua____ (art. 77, V, do CPC);

g) o autor demonstra o interesse na realização da audiência de mediação e conciliação nos termos dos arts. 319, VII, e 334, § 5º, do CPC.

Pretende-se provar o alegado por todas as provas em direito admitidas, especialmente____.

Dá-se à causa o valor de R$____ [O valor da causa é calculado de acordo com o art. 292 do CPC.].

Termos em que,

pede deferimento.

Local e data.

Advogado____

OAB/____n.____

28. PEDIDO DE RESTITUIÇÃO

Fundamento legal	Art. 85, *caput*, da Lei n. 11.101/2005 ou art. 85, parágrafo único, da Lei n. 11.101/2005 ou art. 86 da Lei n. 11.101/2005.
Competência	Juízo que decretou a falência.
Partes	Autor: proprietário de bem arrecadado pela massa ou fornecedor que entregou mercadorias 15 dias antes do pedido de falência.
Cabimento	Bem de propriedade de terceiro foi arrecadado pela massa; fornecedor que entrega mercadorias 15 dias antes do pedido de falência.
Pedido	– A procedência do pedido do autor com a restituição do bem, no prazo de 48 (quarenta e oito) horas, conforme art. 88 da Lei n. 11.101/2005; – Na hipótese da impossibilidade de restituição da coisa, que seja realizada a restituição em dinheiro; – Que as intimações sejam enviadas para o escritório na Rua ____ (art. 77, V, do CPC); – Que a intimação do falido, do comitê de credores e do administrador judicial seja realizada no prazo de 5 (cinco) dias, conforme art. 87, § 1º, da Lei n. 11.101/2005; – A juntada de caução (na hipótese do art. 90, parágrafo único, da Lei n. 11.101/2005 – caso o autor reclame o pedido de restituição antes do trânsito em julgado). Dá-se à causa o valor de R$____ [valor por extenso].

EXCELENTÍSSIMO SENHOR DOUTOR JUIZ DE DIREITO DA___VARA DE FALÊNCIA E RECUPERAÇÃO JUDICIAL DO FORO DA COMARCA DE____DO ESTADO DE____

(espaço de cinco linhas)

Processo:___ (processo será autuado em separado)

Distribuição por dependência

NOME DO AUTOR_____, inscrito no Cadastro Nacional de Pessoas Jurídicas (CNPJ) sob o n._____, com sede na Rua_____, n._____, por seu administrador_____, CEP n._____, por seu procurador infra-assinado (instrumento de mandato incluso), vem respeitosamente perante Vossa Excelência requerer PEDIDO DE RESTITUIÇÃO, com fundamento no *caput* 85 ou parágrafo único da Lei n. 11.101/2005, em face de MASSA FALIDA, representada por seu ADMINISTRADOR JUDICIAL (qualificação completa) pelas razões de fato ou de direito a seguir expostas:

I. DOS FATOS

[Nesta parte da peça, o advogado deve descrever os fatos, sem acrescentar nenhum dado novo.]

II. DO DIREITO

[Nesta parte da peça, o advogado deve desenvolver seu raciocínio atrelando o texto da lei com o caso concreto.

O advogado deve descrever a coisa detalhadamente, juntando os documentos comprobatórios da propriedade.

Importante destacar que na hipótese de o bem não mais existir ou na impossibilidade de sua devolução poderá ser requerida a restituição em dinheiro, conforme art. 86, I, II e III, da Lei n. 11.101/2005.]

II. DO PEDIDO

Diante do exposto, requer:

a) a procedência do pedido do autor com a restituição do bem, no prazo de 48 (quarenta e oito) horas, conforme art. 88 da Lei n. 11.101/2005;

b) na hipótese da impossibilidade de restituição da coisa, que seja realizada a restituição em dinheiro;

c) que as intimações sejam enviadas para o escritório na Rua _____ (artigo______ do CPC);

d) que a intimação do falido, do comitê de credores e do administrador judicial seja realizada no prazo de 5 (cinco) dias, conforme art. 87, § 1º, da Lei n. 11.101/2005;

e) a juntada de caução (na hipótese do art. 90, parágrafo único, da Lei n. 11.101/2005 – caso o autor reclame o pedido de restituição antes do trânsito em julgado).

Dá-se à causa o valor de R$____ [valor por extenso].

Termos em que,

pede deferimento.

Local e data.

Advogado____

OAB/____n.____

29. PEDIDO DE RECUPERAÇÃO JUDICIAL

Fundamento legal	Arts. 51 e 47 da Lei n. 11.101/2005.
Competência	Excelentíssimo Senhor Doutor Juiz de Direito da____ Vara Cível da Comarca de____ do Estado de____ (principal estabelecimento econômico do devedor). manter como estava
Partes	Autor: empresário ou sociedade empresarial.
Cabimento	Quando o empresário ou sociedade empresarial pretender sua recuperação judicial (desde que os requisitos do art. 48 estejam presentes cumulativamente).
Pedido	– A procedência do pedido do autor no sentido de deferir o processamento da recuperação judicial; e ao final homologar o plano de recuperação, depois de devidamente aprovado; – A juntada dos seguintes documentos (art. 51 da Lei n. 11.101/2005): demonstrações contábeis dos três últimos exercícios sociais e as especialmente levantadas para instruir o pedido, compostas de balanço patrimonial e demonstração de resultados acumulados; demonstração do resultado desde o último exercício social; – Relatório de fluxo de caixa e de sua projeção; relação nominal de credores; relação integral dos empregados; – Certidão de regularidade do devedor no Registro Público de Empresas; extratos atualizados das contas bancárias do devedor; certidões dos cartórios de protestos situados na comarca da sede da empresa; – A relação, subscrita pelo devedor, de todas as ações judiciais e procedimentos arbitrais em que este figure como parte, inclusive as de natureza trabalhista, com a estimativa dos respectivos valores demandados: o relatório detalhado do passivo fiscal; e a relação de bens e direitos integrantes do ativo não circulante, incluídos aqueles não sujeitos à recuperação judicial, acompanhada dos negócios jurídicos celebrados com os credores de que trata o § 3º do art. 49 desta Lei;

	– A relação nominal completa dos credores, sujeitos ou não à recuperação judicial, inclusive aqueles por obrigação de fazer ou de dar, com a indicação do endereço físico e eletrônico de cada um, a natureza, conforme estabelecido nos arts. 83 e 84 desta Lei, e o valor atualizado do crédito, com a discriminação de sua origem, e o regime dos vencimentos; – Cópia do contrato social; livros obrigatórios; que as intimações sejam enviadas para o escritório na Rua____ (art. 77, V, do CPC).
Valor da causa	Total dos créditos abrangidos.

EXCELENTÍSSIMO SENHOR DOUTOR JUIZ DE DIREITO DA____VARA DE FALÊNCIA E RECUPERAÇÃO DE EMPRESAS DO FORO DA COMARCA DE____DO ESTADO DE____

(espaço de cinco linhas)

SOCIEDADE____, inscrita no Cadastro Nacional de Pessoas Jurídicas (CNPJ) sob o n.____, com sede na Rua____, n. ____, endereço eletrônico e-mail ____, por seu administrador____, CEP n.____, por seu procurador infra-assinado (instrumento de mandato incluso), vem respeitosamente perante Vossa Excelência, propor seu pedido de RECUPERAÇÃO JUDICIAL, com fundamento nos arts. 47 e 51 e s. da Lei n. 11.101/2005, pelo procedimento especial, pelas razões de fato ou de direito a seguir expostas:

I. DOS FATOS

[Nesta parte da peça, o candidato deve descrever o fato narrado pelo examinador, sem acrescentar nenhum dado novo.]

II. DO DIREITO

[Nesta parte da peça, o candidato deve desenvolver seu raciocínio atrelando o texto da lei com o caso concreto.

O candidato deve discorrer sobre a presença dos requisitos do art. 48 da Lei n. 11.101/2005 e sobre os fatores que colocaram a empresa numa situação de crise econômico-financeira.]

III. DO PEDIDO

Diante do exposto, requer:

a) a procedência do pedido do autor no sentido de deferir o processamento da recuperação judicial e ao final homologar o plano de recuperação que oportunamente será apresentado;

b) a juntada dos seguintes documentos (art. 51 da Lei n. 11.101/2005):

– demonstrações contábeis dos três últimos exercícios sociais e as especialmente levantadas para instruir o pedido, compostas de balanço patrimonial e demonstração de resultados acumulados; demonstração do resultado desde o último exercício social; relatório de fluxo de caixa e de sua projeção;

– relação nominal de credores;

– relação integral dos empregados;

– certidão de regularidade do devedor no Registro Público de Empresas;

– extratos atualizados das contas bancárias do devedor;

– certidões dos cartórios de protestos situados na comarca da sede da empresa;

– relação de bens e direitos que compõem o ativo da empresa;

– relação dos bens particulares dos sócios controladores e dos administradores do devedor;

– relação de todas as ações judiciais em andamento;

– cópia do contrato social;

– livros obrigatórios.

c) que as intimações sejam enviadas para o escritório na Rua ____ (art. 77, V, do CPC);

d) a juntada das custas (art. 290 do CPC);

e) o autor demonstra o interesse (ou desinteresse) na realização da audiência de conciliação (ou mediação), como determinam os arts. 319, VII, e 334, § 5º, do CPC.

Provas

Dá-se à causa o valor de R$____ [valor por extenso].

Termos em que,

pede deferimento.

Local e data.

Advogado____

OAB/____n.____

30. EMBARGOS DE TERCEIRO

Fundamento legal	Arts. 674 e s. do CPC.
Competência	Excelentíssimo Senhor Doutor Juiz de Direito da____ Vara Cível do Foro da Comarca de____ do Estado de____(no juízo onde o bem de propriedade de terceiro corre risco). Distribuído por dependência.
Partes	Autor: empresário ou sociedade empresarial; Réu: todos os envolvidos no outro litígio.
Cabimento	Quando terceiro tem uma limitação ou ameaça sobre o bem de sua propriedade, em virtude de uma apreensão judicial.
Pedido	– A concessão de liminar de sequestro do bem______; – A procedência do pedido do autor no sentido de restituir o bem ____ ao autor, livre de qualquer ônus, confirmando a liminar concedida; – A citação dos réus para que apresentem sua contestação (arts. 82, § 2º, e 85 do CPC); – Que as intimações sejam enviadas para o escritório na Rua____ (art. 77, V do CPC).

EXCELENTÍSSIMO SENHOR DOUTOR JUIZ DE DIREITO DA ____VARA CÍVEL DO FORO DA COMARCA DE____ DO ESTADO DE____.

(espaço de cinco linhas)

Distribuição por dependência ao Processo n. ___

EMBARGANTE____, inscrita no CNPJ, sob o n.____, com sede na Rua____, n. ____, endereço eletrônico e-mail ____, por seu administrador____, CEP n.____, por seu procurador infra-assinado (instrumento de mandato incluso), vem respeitosamente perante Vossa Excelência tempestivamente apresentar seus EMBARGOS DE TERCEIROS, com fundamento no art. 674 do CPC, pelo procedimento especial, em face de NOMES DOS EMBARGADOS, inscrita no CNPJ, sob o n.____, com sede na Rua____, n. ____, por seu administrador____, CEP n.____, pelos motivos que passa a expor:

I. DOS FATOS

[Nesta parte da peça, o candidato deve descrever o fato narrado pelo examinador, sem acrescentar nenhum dado novo.]

II. DO DIREITO

[Tratar dos arts. 674 e s. do CPC.

O bem pertence a terceiro,

Prova sumária da propriedade/posse do bem, art. 677 do CPC, e constrição judicial indevida.

E, se for necessário, tratar do sequestro do bem.]

III. DA LIMINAR

[Transcrever o art. 678 do CPC, mencionando a concessão liminar e a caução (art. 678, parágrafo único, do CPC).]

IV. DO PEDIDO

Ante o exposto, requer:

a) a concessão de liminar de sequestro do bem______ e caução (art. 678 do CPC);

b) a procedência do pedido do autor no sentido de restituir o bem ___ ao autor, livre de qualquer ônus, confirmando a liminar concedida;

c) a citação dos réus, embargados, para que apresentem sua contestação no prazo de 15 dias (art. 679 do CPC);

d) a condenação ao ônus da sucumbência (arts. 82, § 2º, e 85 do CPC);

e) que as intimações sejam enviadas para o escritório na Rua____ (art. 77, V, do CPC);

f) a juntada das custas (art. 290 do CPC);

g) o autor demonstra o interesse (ou desinteresse) na realização da audiência de conciliação (ou mediação), como determinam os arts. 319, VII, e 334, § 5º, do CPC.

– Pretende-se provar o alegado por todos os meios de prova em direito admitidas, documentos/rol de testemunha, art. 677 do CPC.

Dá-se à causa o valor de R$ ___ [valor por extenso, valor do bem ou direito].

Termos em que,

pede deferimento.

Local e Data

Advogado____

OAB/____n.____

31. EMBARGOS À EXECUÇÃO

Fundamento legal	Arts. 914 e s. do CPC.
Competência	Excelentíssimo Senhor Doutor Juiz de Direito da____ Vara Cível do Foro da Comarca de ____ do Estado de ____ (no juízo onde está o processo de execução).
Partes	Autor: executado; Réu: exequente.
Cabimento	Num processo de execução, quando houver algum vício no título executivo, quando não for cabível a execução.
Pedido	– A procedência do pedido do autor no sentido de declarar a inexigibilidade do título executivo _____; – O levantamento do depósito, (da penhora, ou da caução) ____; – A citação dos réus para que apresentem sua contestação; – A condenação ao ônus da sucumbência (arts. 82, § 2º, e 85 do CPC); – Que as intimações sejam enviadas para o escritório na Rua____ (art. 77, V, do CPC); – Pretende provar o alegado por todas as provas em direito admitidas.

EXCELENTÍSSIMO SENHOR DOUTOR JUIZ DE DIREITO DA ___ VARA CÍVEL DO FORO DA COMARCA DE ____ DO ESTADO DE____

(espaço de cinco linhas)

Distribuição por dependência ao processo n. ___

EMBARGANTE____, inscrita no CNPJ, sob o n.____, com sede na Rua____, n. ____, endereço eletrônico e-mail ____, por seu administrador____, CEP n.____, por seu procurador infra-assinado (instrumento de mandato incluso), vem respeitosamente perante Vossa Excelência, tempestivamente, apresentar seus EMBARGOS À EXECUÇÃO, com fundamento no art. 914 do CPC em face de NOMES DOS EMBARGADOS, (inscrita no CNPJ, sob o n.____, com sede na Rua____, n.____, por seu administrador____, CEP n.____, pelos motivos que passa a expor:

I. DOS FATOS

[Nesta parte da peça, o candidato deve descrever o fato narrado pelo examinador, sem acrescentar nenhum dado novo.]

II. DO DIREITO

[Tratar das matérias que podem ser alegadas nos embargos, verificar qual a tese que será adotada, observando o disposto no art. 917 CPC.]

III. DO EFEITO SUSPENSIVO

[Demonstrar o dano de difícil e incerta reparação e oferecimento de garantia (arts. 919, §1º, e 300 do CPC).]

IV. DO PEDIDO

Ante o exposto, requer:

a) a concessão do efeito suspensivo no sentido de ___e garantido o juízo com a caução (art. 919, § 1º, do CPC);

b) A procedência do pedido do autor no sentido de declarar a inexigibilidade do título executivo _____;

c) O levantamento do depósito (da penhora ou da caução) ___;

d) A citação dos réus, embargados, para que se manifestem, no prazo de 15 dias (art. 920, I, do CPC);

e) A condenação ao ônus da sucumbência (art. 82, § 2º e art. 85 do CPC);

f) Que as intimações sejam enviadas para o escritório na Rua____ (art. 77, V, do CPC);

g) a juntada das custas (art. 290 do CPC);

h) o autor demonstra o interesse (ou desinteresse) na realização da audiência de conciliação (ou mediação), como determinam os arts. 319, VII, e 334, § 5º, do CPC.

i) a juntada da cópia das peças relevantes para execução em trâmite perante este Juízo, declarando-as autênticas, conforme disposto no parágrafo único do art. 914, § 1º, do CPC.

– Pretende provar o alegado por todas as provas em direito admitidas.

Dá-se a causa o valor de R$ ____ [valor por extenso, valor da execução].

Termos em que,

pede deferimento.

Local e Data

Advogado____

OAB/____n.____

32. CONTESTAÇÃO

Fundamento legal	Arts. 335 e 336 e s. do CPC.
Competência	Excelentíssimo Senhor Doutor Juiz de Direito da ____ Vara Cível do Foro da Comarca de____ do Estado de ____ (o Juízo competente será o informado no problema).
Partes	Réu: quem vai responder a petição inicial.
Cabimento	Quando o réu é citado para apresentar sua contestação.
Pedido	– O acolhimento da preliminar de_____, nos termos do art. 337____ (indicar o inciso específico da preliminar) do CPC, a fim de extinguir o processo sem resolução de mérito com fundamento no art. 485,_____ do CPC (ou remeter ao juízo competente, no caso de incompetência absoluta); – No mérito, a improcedência do pedido formulado pelo autor, caso não entenda que é o caso de extinção do processo pelo acolhimento da preliminar; – A condenação do autor ao pagamento das custas e dos honorários advocatícios (arts. 82, § 2º, e 85 do CPC); – Que as intimações sejam enviadas para o escritório na Rua _____ (art. 77, V, do CPC); – A produção de provas.

EXCELENTÍSSIMO SENHOR DOUTOR JUIZ DE DIREITO DA_____VARA CÍVEL DO FORO DA COMARCA DE____DO ESTADO DE____

(espaço de cinco linhas)

Processo n. ___

SOCIEDADE_____, já qualificada nos autos da ação_____, que tramita pelo rito ordinário, movida por FULANO, igualmente qualificado, por seu advogado infra-assinado (instrumento de mandato incluso), vem, respeitosamente, à presença de Vossa Excelência apresentar tempestivamente a CONTESTAÇÃO, com fundamento nos arts. 335 e 336 e s. do CPC, pelos fundamentos a seguir expostos:

I. BREVE RELATO DA INICIAL

[Nesta parte da peça, o candidato deve descrever o fato narrado pelo examinador, que consta da petição inicial, sem acrescentar nenhum dado novo.]

II. DAS PRELIMINARES DA CONTESTAÇÃO

[O candidato deve verificar se está presente alguma das preliminares do art. 337 do CPC.

Depois de descrever e argumentar sobre a presença da preliminar, o candidato deve concluir do seguinte modo:

"Dessa forma, nos termos do art. 485,____ do CPC, requer a extinção do processo sem resolução do mérito". É importante ressaltar que nem sempre a recepção de preliminar resulta em extinção do processo, dependendo do caso.]

III. DO DIREITO

[Nesta parte da peça, o candidato deve desenvolver seu raciocínio relacionando os argumentos jurídicos com a descrição do fato.

É importante que o candidato "ataque" cada um dos fatos alegados na inicial, reforçando com a indicação do texto de lei.]

IV. DO PEDIDO

Diante do exposto, requer:

a) o acolhimento da preliminar de____, nos termos do art. 337,____ [Indicar o inciso específico da preliminar.] do CPC, a fim de extinguir o processo sem resolução de mérito com fundamento no art. 485 ____do CPC [Este pedido só é necessário se ocorreu alguma preliminar de contestação.];

b) no mérito, a improcedência do pedido formulado pelo autor, caso não entenda que é o caso de extinção do processo pelo acolhimento da preliminar;

c) a condenação do autor ao pagamento das custas e dos honorários advocatícios (arts. 82, § 2º, e 85 do CPC);

d) que as intimações sejam enviadas para o escritório na Rua____ (art. 77, V, do CPC);

Pretende-se provar o alegado por todas as provas em direito admitidas, especialmente____.

Termos em que,

pede deferimento.

Local e data.

Advogado____

OAB/____n.____

33. EXCEÇÃO DE IMPEDIMENTO/SUSPEIÇÃO

Fundamento legal	Art. 144 do CPC (impedimento) e art. 145 do CPC (suspeição).
Competência	Excelentíssimo Senhor Doutor Juiz de Direito da ____ Vara Cível da Comarca de ____ do Estado de ____ (Juiz da causa).
Partes	Excipiente: autor ou réu; Excepto: juiz da causa.
Cabimento	Quando o juiz tem sua parcialidade questionada, por ter interesse direto ou indireto no resultado da ação.
Pedido	– Que seja recebido o presente incidente de exceção de impedimento/suspeição, suspendendo-se o processo principal, com a intimação do magistrado para que se manifeste no prazo de 15 dias; – Que ao final seja julgada procedente a presente exceção, com a remessa dos autos para o juiz substituto; – Que os autos sejam remetidos ao Tribunal____ (de Justiça do Estado de ____ ou ao TRF), caso Vossa Excelência não reconheça a suspeição/impedimento; – Que as intimações sejam enviadas para o escritório na Rua ____ (art. 77, V, do CPC).
Valor da causa	Não há.

EXCELENTÍSSIMO SENHOR DOUTOR JUIZ DE DIREITO DA____VARA CÍVEL DO FORO DA COMARCA DE____DO ESTADO DE____

(espaço de cinco linhas)

Processo n. ____

SOCIEDADE_____, já qualificado nos autos da ação de_____, que lhe move (NOME DO AUTOR), vem, por seu advogado (instrumento de mandato incluso), respeitosamente perante Vossa Excelência, arguir tempestivamente EXCEÇÃO DE IMPEDIMENTO OU SUSPEIÇÃO, com fundamento nos arts. 144 ou 145 do Código de Processo Civil, pelas razões de fato ou de direito a seguir expostas:

I. DOS FATOS

[Nesta parte da peça, o candidato deve descrever o fato narrado pelo examinador, sem acrescentar nenhum dado novo.]

II. DO DIREITO

[Nesta parte da peça, o candidato deve desenvolver seu raciocínio atrelando o texto da lei com o caso concreto, demonstrando que se trata de impedimento ou suspeição com base nos arts. 144 ou 145 do CPC, respectivamente.]

III. DO PEDIDO

Diante do exposto, requer:

a) que seja recebido o presente incidente de exceção de impedimento/suspeição, suspendendo-se o processo principal, com a intimação do magistrado para que se manifeste no prazo de 15 dias;

b) que ao final seja julgada procedente apresente exceção, com a remessa dos autos para o juiz substituto;

c) que os autos sejam remetidos ao Tribunal____ [De Justiça do Estado de____ ou ao TRF.], caso Vossa Excelência não reconheça a suspeição/impedimento;

d) que as intimações sejam enviadas para o escritório na Rua____ (art. 77, V, do CPC).

Pretende-se provar o alegado por todas as provas em direito admitidas, especialmente/rol de testemunhas (art. 146, § 1º, do CPC) ____.

Termos em que,

pede deferimento.

Local e data.

Advogado____

OAB/____n.____

34. INCIDENTE DE DESCONSIDERAÇÃO DA PERSONALIDADE JURÍDICA

Fundamento legal	Art. 133 do CPC.
Competência	Excelentíssimo Senhor Doutor Juiz de Direito da ____ Vara Cível da Comarca de ____ do Estado de ____ (Juiz da causa).
Partes	Autor: credor; Réus: sociedade e sócios.
Cabimento	Quando houver hipótese de abuso de personalidade jurídica, que se caracteriza pelo desvio de finalidade ou pela confusão patrimonial, para fraudar contra credores, que os efeitos de certas e determinadas relações obrigacionais sejam estendidos aos bens particulares dos administradores ou sócios da pessoa jurídica, que são responsabilizados pelos débitos da sociedade. É cabível em todas as fases do processo de conhecimento, cumprimento de sentença, e na execução de título executivo extrajudicial.

Pedido	– Que seja recebido o presente incidente de desconsideração de personalidade jurídica, suspendendo-se o processo principal (art. 134, § 3º, do CPC); – A citação dos sócios ou da pessoa jurídica para que se manifestem no prazo de 15 dias (art. 135 do CPC); – Que seja declarada a ineficácia de alienação ou oneração de bens havidos em fraude à execução (art. 137 do CPC); – Que as intimações sejam enviadas para o escritório na Rua ____ (art. 77, V, do CPC).
Valor da causa	Não há.

EXCELENTÍSSIMO SENHOR DOUTOR JUIZ DE DIREITO DA____VARA CÍVEL DO FORO DA COMARCA DE____DO ESTADO DE____ (Juiz da causa)

(espaço de cinco linhas)

Processo n. ____

CREDOR ____, já qualificado nos autos da ação de____, vem, por seu advogado (instrumento de mandato incluso), respeitosamente perante Vossa Excelência, oferecer o INCIDENTE DE DESCONSIDERAÇÃO DE PERSONALIDADE JURÍDICA, com fundamento no art. 133 do Código de Processo Civil, em face dos SÓCIOS (qualificação) pelas razões de fato ou de direito a seguir expostas:

I. DOS FATOS

[Nesta parte da peça, o candidato deve descrever o fato narrado pelo examinador, sem acrescentar nenhum dado novo.]

II. DO DIREITO

[Nesta parte da peça, o candidato deve desenvolver seu raciocínio atrelando o texto da lei com o caso concreto, demonstrando que se trata de desconsideração da personalidade jurídica, demonstrando abuso de personalidade jurídica, que se caracteriza pelo desvio de finalidade ou pela confusão patrimonial, para fraudar contra credores, que os efeitos de certas e determinadas relações obrigacionais sejam estendidos aos bens particulares dos administradores ou sócios da pessoa jurídica, que são responsabilizados pelos débitos da sociedade (arts. 50 do CC ou 28 do CDC).]

III. DO PEDIDO

Diante do exposto, requer:

a) que seja recebido o presente incidente de desconsideração de personalidade jurídica, suspendendo-se o processo principal (art. 134, § 3º, do CPC);

b) a citação dos sócios para que se manifestem no prazo de 15 dias (art. 135 do CPC);

c) que seja declarada a ineficácia de alienação ou oneração de bens havidos em fraude à execução (art. 137 do CPC);

d) que as intimações sejam enviadas para o escritório na Rua____ (art. 77, V, do CPC).

Pretende-se provar o alegado por todas as provas em direito admitidas, especialmente contrato social/ rol de testemunhas/ documentos _____.

Termos em que,

pede deferimento.

Local e data.

Advogado_____

OAB/_____n._____

35. CONTESTAÇÃO COM RECONVENÇÃO

Fundamento legal	Arts. 335 e 343 e s. do CPC.
Competência	Excelentíssimo Senhor Doutor Juiz de Direito da_____ Vara Cível da Comarca de_____ do Estado de_____ (juiz da causa).
Partes	Reconvinte: réu que ingressa com a reconvenção; Reconvindo: autor que responderá à reconvenção.
Cabimento	Quando réu, além de defender (pela contestação), pretende deduzir pedido em face do autor.
Pedido	– A procedência do pedido do réu reconvinte no sentido de _____ (descrever exatamente o que se pretende); – A intimação do autor reconvindo, na pessoa de seu advogado, para que, querendo, apresente sua contestação; – A condenação do autor reconvindo ao pagamento das custas e dos honorários advocatícios (arts. 82, § 2º, e 85 do CPC); – Que as intimações sejam enviadas para o escritório na Rua____ (art. 77, V, do CPC); – Pedido de provas.
Valor da causa	Calculado a partir dos critérios do art. 292 do CPC.
Observação	É importante não esquecer, como falamos na parte teórica desta obra, que nas ações dúplices não cabe reconvenção, pois é possível o pedido contraposto ou contrapedido. São ações dúplices as ações possessórias.

EXCELENTÍSSIMO SENHOR DOUTOR JUIZ DE DIREITO DA____VARA CÍVEL DO FORO DA COMARCA DE____DO ESTADO DE____

(espaço de cinco linhas)

Processo n. ____

NOME DO RÉU, já qualificado nos autos da AÇÃO____, pelo , procedimento comum, que lhe move NOME DO AUTOR, por seu procurador infra-assinado (instrumento de mandato incluso), vem respeitosamente perante Vossa Excelência propor tempestivamente a presente CONTESTAÇÃO e RECONVENÇÃO, com fundamento nos arts. 335 e s. e 343 do CPC, pelas razões de fato ou de direito a seguir expostas:

DA CONTESTAÇÃO

I. DOS FATOS

[Nesta parte da peça, o candidato deve descrever o fato narrado pelo examinador, que consta da petição inicial, sem acrescentar nenhum dado novo.]

II. DAS PRELIMINARES DA CONTESTAÇÃO

[O candidato deve verificar se está presente alguma das preliminares do art. 337 do CPC.

Depois de descrever e argumentar sobre a presença da preliminar, o candidato deve concluir do seguinte modo:

"Dessa forma, nos termos do art. 485, ____, do CPC, requer a extinção do processo sem resolução do mérito". É importante ressaltar que nem sempre a recepção de preliminar resulta em extinção do processo, dependendo do caso.]

III. DO DIREITO

[Nesta parte da peça, o candidato deve desenvolver seu raciocínio relacionando os argumentos jurídicos com a descrição do fato.

É importante que o candidato "ataque" cada um dos fatos alegados na inicial, reforçando com a indicação do texto de lei.]

DA RECONVENÇÃO

IV. DO CABIMENTO

[Nesta parte da peça, o candidato deve descrever o fato narrado pelo examinador, sem acrescentar nenhum dado novo.

Usar a terminologia "Autor reconvindo", para o autor do processo principal, e "Réu reconvinte", para o réu que ingressa com a reconvenção.

Usar a terminologia "Autor reconvindo", para o autor do processo principal, e "Réu reconvinte", para o réu que ingressa com a reconvenção.]

V. DO DIREITO

[Nesta parte da peça, o candidato deve desenvolver seu raciocínio atrelando o texto da lei com o caso concreto.]

VI. DO PEDIDO

Diante do exposto, requer:

a) o acolhimento da preliminar de _____, nos termos do art. 337, _____ [Indicar o inciso específico da preliminar.], do CPC, a fim de extinguir o processo sem resolução de mérito com fundamento no art. 485, ____, do CPC [Este pedido só é necessário se ocorreu alguma preliminar de contestação.];

b) no mérito, a improcedência do pedido formulado pelo autor, caso não entenda que é o caso de extinção do processo pelo acolhimento da preliminar e a procedência do pedido do réu reconvinte no sentido de _____ [Descrever exatamente o que se pretende.];

c) a intimação do autor reconvindo, na pessoa de seu advogado, para que, querendo, apresente sua resposta no prazo de 15 dias, art. 343, § 1º, do CPC;

d) a condenação do autor ao pagamento das custas e dos honorários advocatícios (arts. 82, § 2º, e 85 do CPC);

e) que as intimações sejam enviadas para o escritório na Rua_____ (art. 77, V, do CPC);

f) a informação, desde logo, da juntada da inclusa guia de custas devidamente recolhida em anexo, art. 290 do CPC.

Pretende-se provar o alegado por todas as provas em direito admitidas, especialmente____.

Dá-se à causa o valor de R$____ [valor por extenso].

Termos em que,

pede deferimento.

Local e data.

Advogado____

OAB/____n.____

36. IMPUGNAÇÃO À CONTESTAÇÃO (RÉPLICA)

Fundamento legal	Arts. 350 e 351 do CPC.
Competência	Excelentíssimo Senhor Doutor Juiz de Direito da ____ Vara Cível do Foro da Comarca de ____ do Estado de ____ (juiz da causa).
Cabimento	Quando o réu alega algum fato novo e o autor tem a oportunidade de se manifestar no prazo de 15 dias, a partir da apresentação da contestação.
Pedido	Reitera-se o que foi pedido na inicial.

EXCELENTÍSSIMO SENHOR DOUTOR JUIZ DE DIREITO DA____VARA CÍVEL DO FORO DA COMARCA DE____DO ESTADO DE____

(espaço de cinco linhas)

Processo: ____

NOME DO AUTOR, já qualificado nos autos da ação de ____, que move em face de NOME DO RÉU, vem, por seu advogado (instrumento de mandato incluso), respeitosamente perante Vossa Excelência, tempestivamente impugnar a contestação, com fundamento nos arts. 350 ou 351 do Código de Processo Civil, pelas razões de fato ou de direito a seguir expostas:

I. DOS FATOS

[Nesta parte da peça, o candidato deve descrever o fato narrado pelo examinador, que foi apresentado na contestação, sem acrescentar nenhum dado novo.]

II. DO DIREITO

[Nesta parte da peça, o candidato deve desenvolver seu raciocínio atrelando o texto da lei com o caso concreto, chamando a atenção do Juízo ao fato de que as preliminares apresentadas pelo Réu não merecem prosperar (ou, ainda, merecem rejeição). Assim, inócuas as razões que baseiam o pedido de extinção do feito, sem resolução de mérito, pretendido pelo Demandado.

Por fim, reiterar pedido de declaração de procedência dos pedidos aduzidos na inicial.]

Diante do exposto, reitera-se o que foi pedido na inicial ____.

Termos em que,

pede deferimento.

Local e data.

Advogado____

OAB/____n.____

37. CUMPRIMENTO DE SENTENÇA

Fundamento legal	Arts. 513 e 523 e s. do CPC para os casos de cumprimento de obrigação por quantia certa. Arts. 536 e 538 do CPC para os casos de cumprimento de obrigação de fazer ou não fazer e entrega de coisa. Obs.: Art. 31 da Lei n. 9.307/96 (Lei de Arbitragem).
Competência	Excelentíssimo Senhor Doutor Juiz de Direito da ____ Vara Cível da Comarca de ____ do Estado de ____ (juiz da causa).

Partes	Exequente e executado.
Cabimento	Quando for necessário executar título executivo judicial. Aplica-se no caso concreto o cumprimento de sentença de acordo com o fundamento legal acima mencionado.
Pedido – Cumprimento de obrigação por quantia certa	a) Intimação do devedor para que pague a quantia em 15 dias ou apresente impugnação; b) Decorrido o prazo sem que o executado pague ou sem que apresente impugnação, seja acrescido ao valor devido a multa de 10%, e também honorários de advogado de 10%, conforme art. 523, § 1º, do CPC, e se expeça mandado de penhora e avaliações dos bens em nome do devedor até a satisfação da quantia devida.
Pedido – Cumprimento de obrigação de fazer ou não fazer e entrega de coisa	a) Intimação do devedor para que cumpra a obrigação, no prazo determinado na sentença ou em novo prazo a ser fixado pelo magistrado; b) Aplicação de multa em caso de descumprimento.

EXCELENTÍSSIMO SENHOR DOUTOR JUIZ DE DIREITO DA____VARA CÍVEL DO FORO DA COMARCA DE____DO ESTADO DE____

(espaço de cinco linhas)

Processo n. ____

SOCIEDADE ____, inscrita no Cadastro Nacional de Pessoas Jurídicas (CNPJ) sob o n. ____, com sede na Rua ____, n. ____, endereço eletrônico e-mail ____, por seu administrador ____, por seu procurador infra-assinado (instrumento de mandato incluso), vem respeitosamente perante Vossa Excelência propor tempestivamente a presente AÇÃO DE CUMPRIMENTO DE SENTENÇA [Completar com os dados do caso concreto.] com fundamento nos arts. 513, 523, 536 ou 538 do CPC ou ainda 31 da Lei n. 9.307/96 em face de SOCIEDADE ____, inscrita no Cadastro Nacional de Pessoas Jurídicas (CNPJ) sob o n. ____, com sede na Rua ____, n. ___, pelas razões de fato e direito a seguir:

I. DOS FATOS

[Nesta parte da peça, o candidato deve descrever o fato narrado pelo examinador que é a presença de um título executivo judicial.]

II. DO DIREITO

[Nesta parte da peça, o candidato deve desenvolver seu raciocínio relacionando os argumentos jurídicos com a descrição do fato.

É importante citar os artigos de lei e deixar claro o cabimento da ação de cumprimento de sentença, inclusive demonstrando a existência do título executivo judicial.]

III. DO PEDIDO

Diante do exposto, requer:

a) o prosseguimento do processo, procedendo-se ao cumprimento e execução da respeitável sentença, nestes mesmos autos, nos termos do art. (fundamento legal);

b) a intimação do executado, na pessoa do seu advogado, para pagar a dívida, no valor de R$ ___, no prazo de 15 dias, ou, querendo, oferecer impugnação aos cálculos apresentados em cumprimento da sentença, no mesmo prazo, conforme determina o art. 525 do CPC (CUIDADO: se for baseado na sentença arbitral, o devedor deverá ser CITADO e não INTIMADO);

c) seja acrescentada ao valor da condenação multa de 10%, e também honorários de advogado de 10%, nos moldes do art. 523, § 1º, do CPC, caso o requerido não efetue o pagamento da dívida no prazo de 15 dias;

d) que as intimações sejam enviadas ao escritório da Rua ____ (art. 77, V, do CPC).

Nesses termos,

pede deferimento.

Local e data.

Advogado___

OAB/_____n.____

38. IMPUGNAÇÃO AO CUMPRIMENTO DE SENTENÇA

Fundamento legal	Art. 525, § 1º, do CPC.
Competência	Excelentíssimo Senhor Doutor Juiz de Direito da ____ Vara Cível da Comarca de ____ do Estado de____ (juiz da causa).
Cabimento	Quando o executado alega qualquer das hipóteses descritas no § 1º do art. 525 do CPC, bem como impedimento ou suspeição do juiz (§ 2º do art. 525 do CPC).
Prazo	Apresentar no prazo de 15 dias da intimação para pagamento.
Efeitos	É possível requerer efeito suspensivo desde que garantido o juízo com penhora, caução ou depósito suficiente e que demonstre, por fundamentos relevantes, que a continuidade da execução lhe causará dano de difícil ou incerta reparação.
Pedido	a) Acolhimento da impugnação com base no item descrito no § 1º do art. 525 do CPC; b) É possível requerer efeito suspensivo (§ 6º do art. 525 do CPC) desde que garantido o juízo com penhora, caução ou depósito suficiente e demonstre, por fundamentos relevantes, que a continuidade da execução lhe causará dano de difícil ou incerta reparação; c) Provas, em especial, prova pericial.

EXCELENTÍSSIMO SENHOR DOUTOR JUIZ DE DIREITO DA____VARA CÍVEL DO FORO DA COMARCA DE____DO ESTADO DE____

(espaço de cinco linhas)

Processo:___

EXECUTADO, já qualificado nos autos ação proposta no procedimento comum, que lhe move EXEQUENTE, vem, por seu advogado, nos termos do § 1º do art. 525 do CPC, apresentar IMPUGNAÇÃO AO CUMPRIMENTO DE SENTENÇA, pelos motivos de fato e direito a seguir expostos.

I. BREVE RELATO DOS FATOS

[Nessa parte inicial da peça, o candidato deve descrever o fato narrado pelo examinador (§ 1º do art. 525 do CPC).]

II. DO DIREITO

[Nesta parte da peça, o candidato deve desenvolver seu raciocínio relacionando os argumentos jurídicos com a descrição do fato (§ 1º do art. 525 do CPC).].

III. DO EFEITO SUSPENSIVO

[Nesta parte da peça, o candidato deve tratar do cabimento do efeito suspensivo baseado no § 6º do art. 525 do CPC, argumentando que garantido o juízo com penhora, caução ou depósito suficiente, se houver a continuidade da execução, resultará em grave dano de difícil reparação.]

IV. DO PEDIDO

Diante do exposto requer:

a) concessão do efeito suspensivo, para obstar o cumprimento de sentença, apresentando garantia (525, § 6º, do CPC);

b) a condenação do Exequente nas custas e nos honorários advocatícios conforme Vossa Excelência arbitrar;

c) a intimação do Exequente, na pessoa de seu advogado, para que se manifeste, no prazo de 15 dias;

d) provas em geral [Descrever, se necessário, prova específica.];

e) que as intimações sejam enviadas ao escritório da Rua ________.

Termos em que,

pede deferimento.

Local e data.

Advogado____

OAB/____n.____

39. MANDADO DE SEGURANÇA

Fundamento legal	Art. 5º, LXIX, da CF/88 e art. 1º, *caput*, da Lei n. 12.016/2009.
Competência	Excelentíssimo Senhor Doutor Juiz de Direito da ____ Vara Cível da Comarca de____ do Estado de____, ou Excelentíssimo Senhor Doutor Juiz Federal da Secção Judiciária de____ (de acordo com a hierarquia da autoridade que praticou o abuso, lembrando que se a autoridade pertence a um órgão ligado a União ou suas autarquias, a competência será da Justiça Federal – art. 109 da CF/88).
Partes	Impetrante: quem ingressa com o MS; Impetrado: a autoridade coautora (cargo).
Cabimento	Quando houver violação de direito líquido e certo, com prova previamente constituída. Prazo decadencial para a propositura do mandado é de 120 dias, contado da ciência, pelo interessado, do ato impugnado (art. 23 da Lei n. 12.016/2009).
Pedido	– A concessão de liminar para suspender o ato que motivou o pedido; – A procedência do pedido do impetrante a fim de confirmar a liminar concedida; – A notificação da autoridade coautora para prestar informações; dê-se ciência à pessoa jurídica à qual pertença o agente que violou determinado ato (art. 7º, II, da Lei n. 12.016/2009); – Que as intimações sejam enviadas para o escritório na Rua____ (art. 77, V, do CPC); – Pedido de provas (na verdade, as provas devem ser pré-constituídas, ou seja, devem acompanhar a exordial) [Vale evidenciar que a Lei n. 12.016/2009, que regula toda a matéria referente ao mandado de segurança, veda a condenação em honorários sucumbenciais, nos termos do art. 25.]
Valor da causa	Calculado a partir dos critérios do art. 292 do CPC. Não se recolhem custas no mandado de segurança. Por força do art. 25 da Lei n. 12.016/2009, não cabe postular condenação em honorários advocatícios.

EXCELENTÍSSIMO SENHOR DOUTOR JUIZ DE DIREITO DA____VARA CÍVEL DO FORO DA COMARCA DE_____DO ESTADO DE_____

(espaço de cinco linhas)

SOCIEDADE _____, inscrita no Cadastro Nacional de Pessoas Jurídicas (CNPJ) sob o n. _____, com sede na Rua _____, n. _____, endereço eletrônico e-mail _____, por seu administrador _____, por seu procurador infra-assinado (instrumento de mandato incluso), vem respeitosamente perante Vossa Excelência, tempestivamente, impetrar o presente MANDADO DE SEGURANÇA, com pedido de liminar com fundamento no art. 5º, LXIX, da CF/88, combinado com art. 1º da Lei n. 12.016/2009, contra ato praticado pelo ____ [Identificar a AUTORIDADE COAUTORA], pelas razões de fato ou de direito a seguir expostas:

I. DOS FATOS

[Nesta parte da peça, o candidato deve descrever o fato narrado pelo examinador, sem acrescentar nenhum dado novo.]

II. DO DIREITO

[Nesta parte da peça, o candidato deve tratar dos requisitos necessários para a concessão da liminar:

– *Fumus boni iuris*, ou seja, sobre o direito líquido e certo do impetrante que foi violado pela autoridade coautora;

– *Periculum in mora*, ou seja, demonstrando que a ilegalidade praticada pode causar um dano irreparável.

Deve explicar como cada requisito ficou caracterizado nos fatos descritos, citando a doutrina e a jurisprudência para confirmar o desenvolvimento do raciocínio.]

III. DO PEDIDO

Diante do exposto, requer:

a) a concessão de LIMINAR para o fim de ____, com a expedição de ofício no sentido de cessar o ato violado, à autoridade coautora;

b) a procedência do pedido formulado pelo autor, com a confirmação da liminar concedida, tornando-a definitiva;

c) a notificação da autoridade coautora, a fim de que preste informações no prazo de 10 dias;

d) a intimação do ilustre membro do Ministério Público, a fim de apresentar parecer, no prazo legal;

e) a ciência da pessoa jurídica à qual pertence a autoridade coautora, para, querendo, ingresse no presente feito;

f) que as intimações sejam enviadas para o escritório na Rua ____ (art. 77, V, do CPC).

Dá-se à causa o valor de R$____ [valor por extenso].

Termos em que,

pede deferimento.

Local e data.

Advogado____

OAB/____n.____

40. RECURSO DE APELAÇÃO

Fundamento legal	Arts. 1.009 e s. do CPC.
Competência	Interposição: perante o Juiz que proferiu a sentença recorrida; Razões: Colenda Câmara (TJ) ou Colenda Turma (TRF).
Prazo	15 dias úteis (art. 219 do CPC).
Cabimento	Quando a parte vencida decide recorrer de sentença ou, na falência, quando a sentença decretar a improcedência do pedido de falência.
Pedido	Interposição: que o presente recurso seja recebido, processado e remetido, nos efeitos devolutivo e suspensivo, para o TJ ou o TRF.
Efeitos	Devolutivo e suspensivo, salvo nas possibilidades do art. 1.012 do CPC e nas ações da Lei de Locações, art. 3º do Dec.-Lei n. 911/69, e no art. 90 da Lei n. 11.101/2005, no qual apenas será pleiteado o efeito devolutivo. Não esquecer de juntar, concomitante à interposição, comprovante de recolhimento de custas de preparo mais porte de remessa e retorno (o valor correspondente às custas de preparo e porte de remessa e retorno deverá ser consultado, pelo causídico, no site do Tribunal pretendido. No caso de recurso de apelação, perante tribunal estadual, por exemplo, no Estado de São Paulo, deverá ser consultada a Lei n. 11.608/2003 (estadual), exceto nos casos em que for beneficiário do art. 98 do CPC).

a) Peça de interposição

EXCELENTÍSSIMO SENHOR DOUTOR JUIZ DE DIREITO DA____VARA CÍVEL DO FORO DA COMARCA DE____DO ESTADO DE____

(espaço de cinco linhas)

Processo: ____

Rito: ____

[Nome da ação]

[Nome da parte Recorrente]

[Nome da parte Recorrida]

NOME DO RECORRENTE, já qualificado nos autos da ação ____, que move em face de NOME DO RECORRIDO, por seu advogado infra-assinado (instrumento de mandato incluso), não se conformando com a respeitável sentença que [Resumir o teor da decisão recorrida.], vem, respeitosamente, à presença de Vossa Excelência, interpor, tempestivamente, RECURSO DE APELAÇÃO, com fundamento no art. 1.009 e s. do CPC pelos motivos de fato e de direito a seguir expostos nas inclusas razões.

Requer, outrossim, que o presente recurso seja processado, com as inclusas recursais, recebido em seus regulares efeitos devolutivo e suspensivo [O recurso de apelação, em regra, é recebido em ambos os efeitos: devolutivo e suspensivo, exceção feita às hipóteses trazidas pelos incisos dos arts. 1.012 do CPC e 58, V, da Lei n. 8.245/91 e no pedido de restituição do art. 90 da Lei n. 11.101/2005, em que só é produzido o efeito devolutivo. Isso quer dizer que o recebimento da apelação pelo juiz de primeira instância devolve toda a matéria impugnada ao conhecimento do tribunal *ad quem*, seja ela de fato ou de direito (princípio do *tantum devolutum quantum apelatum*), além de suspender os efeitos da decisão recorrida, intimando o apelado para contrarrazões no prazo de 15 dias, como determina o § 1º do art. 1.010 do CPC, e, após, sejam os autos remetidos ao Egrégio Tribunal de Justiça de ____ [Se a sentença foi proferida por juiz federal, a remessa deve ser ao Tribunal Regional Federal.].

Termos em que,

pede deferimento.

Local e data.

Advogado____

OAB/____n.____

b) Razões de recurso de apelação

Apelante: ____

Apelado: ____

Comarca de origem: ____

Vara e processo de origem: ____

EGRÉGIO TRIBUNAL DE JUSTIÇA DO ESTADO DE____ [Poderia ser Tribunal Regional Federal.].

Ilustríssimos Desembargadores,

(Nome empresarial), não se conformando com a r. sentença de fls., vem, respeitosamente, apresentar as razões para seu recurso de apelação e comunicar o recolhimento da guia de preparo:

I. BREVE RELATO DOS FATOS

[O candidato deve narrar os fatos trazidos pelo examinador, sem inventar ou alterar nenhum dado.]

II. DO CABIMENTO DO RECURSO

[O candidato deve apresentar a possibilidade de interposição do recurso de apelação, pois o art. 1.009 do CPC dispõe que a apelação será o recurso cabível da sentença, deve mencionar a tempestividade trazida pelo art. 1.003, § 5º, do CPC e o recolhimento das custas do preparo art. 1.007 do CPC.]

III. PRELIMINAR DA APELAÇÃO

[Se for o caso, o candidato deve reiterar o que foi objeto de agravo retido, para ser apreciado antes do mérito da apelação, da seguinte forma: "Reitera-se o pleiteado no agravo retido de fls., no sentido de ____".]

IV. DO MÉRITO

[Nesta parte da peça, o candidato deve desenvolver seu raciocínio atrelando o texto da lei com o caso concreto, a fim de evidenciar as razões por que pleiteia a reforma da decisão monocrática].

V. DO PEDIDO

Diante do exposto, a Apelante requer o conhecimento e o provimento do presente recurso, com a reforma da sentença recorrida no sentido de ____ [Descrever o que pretende.].

Requer, ainda, a inversão do ônus da sucumbência, com a respectiva majoração dos honorários, levando em conta o trabalho adicional realizado em grau recursal (art. 85, § 11, do CPC).

Termos em que,

pede deferimento.

Local e data.

Advogado____

OAB/____n.____

41. CONTRARRAZÕES DE APELAÇÃO

Fundamento legal	Art. 1.010, § 1º, do CPC.
Competência	Interposição: Juiz que proferiu a sentença recorrida; Razões: Colenda Câmara (TJ) ou Colenda Turma (TRF).
Prazo	15 dias úteis (art. 219 do CPC).
Cabimento	Para responder à apelação interposta pela parte contrária.
Pedido	Razões: improvimento do presente recurso com a manutenção da sentença recorrida.

a) Peça de interposição

EXCELENTÍSSIMO SENHOR DOUTOR JUIZ DE DIREITO DA_____VARA CÍVEL DA COMARCA DE____ DO ESTADO DE____ [A peça de interposição deve ser endereçada ao juiz que proferiu a sentença.].

(espaço de cinco linhas)

Processo: _____

Rito: _____

(nome da ação)

(nome da parte Recorrente)

(nome da parte Recorrida)

NOME DO RECORRIDO, já qualificado nos autos da ação_____, que move em face de NOME DO RECORRENTE, por seu advogado infra-assinado (instrumento de mandato incluso), vem, respeitosamente, à presença de Vossa Excelência, apresentar, tempestivamente, as CONTRARRAZÕES do recurso de APELAÇÃO, com fundamento no § 1º do art. 1.010 do CPC, pelos motivos de fato e de direito a seguir expostos.

Nesses termos,

pede deferimento.

Local e data.

Advogado_____

OAB/_____ n. _____

b) Contrarrazões de recurso de apelação

EGRÉGIO TRIBUNAL DE JUSTIÇA DO ESTADO DE_____ [Poderia ser Tribunal Regional Federal.]

Ilustríssimos Desembargadores,

Apelada _____

Apelante _____

Ação _____

A respeitável sentença prolatada pelo MM. Dr. Juiz de Direito da _____ Vara Cível da Comarca de _____ do Estado de _____, que julgou totalmente procedente a ação mencionada, deve prevalecer pelos motivos a seguir expostos:

I. BREVE RELATO DOS FATOS

[O candidato deve narrar os fatos trazidos pelo examinador, sem inventar ou alterar nenhum dado.]

II. DO MÉRITO

[Nesta parte da peça, o candidato deve desenvolver seu raciocínio atrelando o texto da lei com o caso concreto, no sentido de confirmar o que foi sentenciado pelo juiz de 1ª instância.]

III. DO PEDIDO

Diante do exposto, a Apelada requer o improvimento do presente recurso, com a manutenção sentença proferida no sentido de ____ [Descrever o que pretende.];

Nesses termos,

pede deferimento.

Local e data.

Advogado ____

OAB/____n.____

42. RECURSO DE AGRAVO DE INSTRUMENTO

Fundamento legal	Arts. 1.015 e s. do CPC.
Competência	Excelentíssimo Senhor Doutor Desembargador Presidente do Tribunal de Justiça do Estado de ____ (se a decisão interlocutória foi proferida por juiz federal, o agravo deve ser interposto no TRF).
Prazo	15 dias úteis (art. 219 do CPC).
Cabimento	Contra decisão que possa acarretar prejuízo a alguma das partes e estiver o rol taxativo do art. 1.015 do CPC. Exemplos: contra decisão interlocutória que indefere/defere tutela antecipada ou liminar e também da sentença que decreta falência (art. 100 da Lei n. 11.101/2005).
Pedido	– Que seja recebido e conhecido o presente recurso com a concessão da antecipação dos efeitos da tutela recursal, nos termos do art. 1.019, I, do CPC, com a concessão da liminar/tutela antecipada indeferida pelo juiz de 1ª instância a fim de ____ (ou o efeito suspensivo, se a liminar/tutela antecipada foi deferida); – O provimento do presente agravo de instrumento, com a reforma definitiva da r. decisão interlocutória recorrida e confirmação da tutela recursal anteriormente concedida; – A intimação do agravado para apresentar contraminuta ao presente agravo de instrumento;

	– A juntada das seguintes peças obrigatórias, além das peças facultativas, que acompanham a formação do instrumento, nos termos do art. 1.017 do CPC: cópia da decisão agravada; cópia da certidão da publicação de intimação da decisão agravada (para comprovar tempestividade do recurso); – Procuração dos advogados.
Efeitos	Se a liminar foi deferida, pede-se o efeito suspensivo, mas se a liminar/tutela antecipada foi indeferida, pede-se a antecipação da tutela recursal. Observação: O agravo de instrumento tem custas de preparo em determinados Estados, razão pela qual o causídico deverá ater-se a tal particularidade. Pelo fato de o presente recurso ser interposto perante o Tribunal que o apreciará, o recorrente deverá juntar comprovante de recolhimento não só das custas de preparo (quando exigíveis), como também do porte de retorno (remessa não faz sentido, uma vez que, como já se informou, tal recurso é interposto diretamente no tribunal). Por fim, o recorrente não poderá esquecer de cumprir o caput do art. 1.018 e § 2º, do CPC, no tríduo legal, sob pena de sofrer as consequências estipuladas no § 3º do mesmo dispositivo. Ressalve-se que tal manifestação tem por finalidade oferecer ao juízo recorrido a possibilidade de se retratar da decisão agravada.

EXCELENTÍSSIMO SENHOR DOUTOR DESEMBARGADOR PRESIDENTE DO TRIBUNAL DE JUSTIÇA DO ESTADO DE_____

(espaço de cinco linhas)

NOME DO AGRAVANTE, já qualificado nos autos da ação____, conforme docs.____ em anexo, que lhe move NOME DO AGRAVADO, por seu advogado que ao final subscreve (instrumento de mandato incluso), conforme docs.____ não se conformando com a r. decisão que____ [Resumir o teor da decisão recorrida.], vem, respeitosamente, à presença de Vossa Excelência, com fundamento no art. 1.015 e s. do CPC, interpor o AGRAVO DE INSTRUMENTO COM PEDIDO DE ANTECIPAÇÃO DOS EFEITOS DA TUTELA RECURSAL OU EFEITO SUSPENSIVO [Quando o juiz de 1ª instância indeferiu uma liminar ou uma tutela urgência provisória antecipada, o correto é pedir a antecipação dos efeitos da tutela recursal. Se a decisão deferiu uma liminar ou tutela urgência provisória antecipada, deverá pleitear o efeito suspensivo.], pelos motivos de fato e de direito a seguir expostos:

I. BREVE RELATO DOS FATOS

[O candidato deve narrar os fatos trazidos pelo examinador, sem inventar ou alterar nenhum dado.]

II. DO CABIMENTO DO AGRAVO DE INSTRUMENTO

[O candidato deve demonstrar que a decisão recorrida devia ser impugnada por meio de agravo de instrumento, em virtude de a decisão ser suscetível de causar à parte recorrente uma lesão grave e de difícil reparação (art. 1.015 do CPC), e mencionar a tempestividade trazida pelo art. 1.003, § 5º, do CPC.]

III. DO MÉRITO

[Nesta parte da peça, o candidato deve desenvolver seu raciocínio atrelando o texto da lei com o caso concreto, no sentido de mostrar que a decisão interlocutória foi equivocada.]

IV. DO CABIMENTO DA ANTECIPAÇÃO DOS EFEITOS DA TUTELA RECURSAL OU EFEITOS SUSPENSIVO

[Se o pedido fosse do efeito suspensivo, demonstrar a presença do disposto no art. 1.019, I e parágrafo único, do art. 995 do CPC.

A argumentação deve levar em conta o que a decisão indeferiu: liminar ou tutela antecipada. Então o candidato deve reiterar o que foi arguido para o pedido da medida de urgência, conforme abaixo:

a) se o pedido de liminar foi negado:

Em se tratando de liminar de mandado de segurança, deve tratar do art. 7º, § 1º, da Lei n. 12.016/2009 (transcrever o art. com as suas palavras), tratando da relevância do fundamento do pedido (falar sobre a plausibilidade do direito invocado) e o quanto a ineficácia da medida, caso não seja deferida de imediato, causará um dano de difícil reparação.

Em se tratando de liminar de tutela cautelar antecedente, deve-se tratar do *fumus boni iuris* e do *periculum in mora*.

b) se o pedido de tutela urgência provisória antecipada foi indeferida:

Tratar do art. 300 do CPC e de seus requisitos: a probabilidade do direito (falar sobre a lesão), o perigo de dano ou o risco ao resultado útil do processo e reversibilidade.]

V. DO PEDIDO

Diante do exposto, a Agravante requer:

a) que seja recebido e conhecido, com as inclusas guias recursais, o presente recurso com a concessão da antecipação dos efeitos da tutela recursal ou efeito suspensivo, nos termos do art. 1.019, I, do CPC, com a concessão da liminar/tutela antecipada indeferida pelo juiz de 1ª instância a fim de _____;

b) o provimento do presente agravo de instrumento, com a reforma definitiva da r. decisão interlocutória recorrida e confirmação da tutela recursal anteriormente concedida;

c) a intimação do agravado para apresentar contraminuta ao presente agravo de instrumento, nos termos do art. 1.019, II, do CPC;

d) a indicação do endereço completo dos advogados constantes do processo, nos termos do art. 1.016, IV, do CPC;

Endereço do Advogado do Agravante: ____

Endereço do Advogado do Agravado: _____

e) a juntada das seguintes peças obrigatórias, além das peças facultativas, que acompanham a formação do instrumento, nos termos do art. 1.017 do CPC:

1) cópia da decisão agravada;

2) cópia da certidão de intimação da decisão agravada;

3) procuração dos advogados do Recorrente e do Recorrido e eventuais substabelecimentos;

4) demais documentos;

f) a juntada da guia de preparo e custa com respectivo porte de retorno, nos termos do art. 1.017, § 1º, do CPC;

g) informa que cumprirá sua obrigação do art. 1.018, § 2º, do CPC.

Nesses termos,

pede deferimento.

Local e data.

Advogado____

OAB/____n.____

43. EMBARGOS DE DECLARAÇÃO

Fundamento legal	Arts. 1.022 e s. do CPC.
Competência	Juiz que decidiu ou Relator do julgado.
Prazo	Cinco dias úteis (arts 219 e 1.023 do CPC).
Cabimento	Quando houver na decisão omissão, obscuridade, contradição ou erro material.
Pedido	Que sejam recebidos os presentes embargos com o efeito devolutivo e com a interrupção do prazo para recorrer, e ao final seja dado provimento para o fim de suprir a omissão/suprir a contradição ou obscuridade.
Efeitos	Devolutivo e interrupção do prazo para recorrer.
Observação	De acordo com a Súmula 356 do STF [Vide também o teor da Súmula 98 do STJ: "Embargos de declaração manifestados com notório propósito de prequestionamento não têm caráter protelatório"], os embargos de declaração podem ser opostos com a finalidade de criar o prequestionamento para o recurso especial ou extraordinário, entendimento do art. 1.025 do CPC.

EXCELENTÍSSIMO SENHOR DOUTOR JUIZ DE DIREITO DA____ VARA CÍVEL DA COMARCA DE____ DO ESTADO DE____

(espaço de cinco linhas)

Processo: ____

Rito: ____

NOME DO EMBARGANTE, já qualificado nos autos da ação____, que lhe move NOME DE____, por seu advogado que ao final subscreve (instrumento de mandato incluso), vem, respeitosamente, à presença de Vossa Excelência, com fundamento nos arts. 1.022 e s. do CPC, tempestivamente, opor os presentes EMBARGOS DE DECLARAÇÃO em face da sentença de fls., pelos motivos de fato e de direito a seguir expostos:

I. DOS FATOS

[O candidato deve narrar os fatos trazidos pelo examinador, sem inventar ou alterar nenhum dado.]

II. DO MÉRITO

[Nesta parte da peça, o candidato deve desenvolver seu raciocínio atrelando o texto da lei com o caso concreto, no sentido de demonstrar omissão, obscuridade ou contradição da sentença recorrida.]

III. DO PEDIDO

Diante do exposto, requer que sejam acolhidos estes embargos com a finalidade de suprir a omissão/obscuridade/ contradição a fim de ____.

Nesses termos,

pede deferimento.

Local e data.

Advogado____

OAB/____n.____

44. RECURSO ESPECIAL

[Lembrar que esta modalidade de recurso não cabe nos Juizados Especiais.]

Fundamento legal	Art. 105, III, da CF/1988 e art. 1.029 do CPC.
Competência	Peça de interposição: Desembargador Presidente do Tribunal recorrido; Razões: Egrégio Superior Tribunal de Justiça (STJ).
Prazo	15 dias úteis (art. 219 do CPC).

Cabimento	Recurso destinado a garantir a uniformidade na interpretação e aplicação das leis federais, zelando para que todas as Unidades da Federação as apliquem uniformemente, consoante o princípio do pacto federativo. É cabível nas causas decididas por tribunais em única ou última instância, quando a decisão contrariar tratado ou lei federal ou negar-lhe vigência; julgar válido ato de governo local contestado em face de lei federal; der a lei federal interpretação divergente da que lhe haja atribuído outro tribunal.
Pedido	Interposição: que o presente recurso seja recebido, processado e remetido para o STJ; Razões: que o presente recurso seja conhecido e provido no sentido de____.
Efeitos	Devolutivo.
Observações	Deve-se demonstrar o prequestionamento (a matéria que se funda o recurso tenha sido expressamente invocada na instância inferior). O recorrente deverá ainda, no ato da interposição, juntar comprovante de recolhimento de custas de preparo mais porte de remessa e de retorno, exceto nos casos em que for beneficiário do art. 98 do CPC.

a) Peça de interposição

EXCELENTÍSSIMO SENHOR DOUTOR DESEMBARGADOR PRESIDENTE DO TRIBUNAL DE JUSTIÇA (OU TRF).

(espaço de cinco linhas)

____ [Nome da ação.]
____ [Nome da parte Recorrente.]
____ [Nome da parte Recorrida.]

NOME EMPRESARIAL, inscrita no Cadastro Nacional de Pessoas Jurídicas (CNPJ) sob o n.____, com sede na____, por seu advogado que ao final subscreve (instrumento de mandato incluso), não se conformando com a r. decisão que (resumir o teor da decisão recorrida), vem, respeitosamente, à presença de Vossa Excelência, com fundamento no art. 105, III, ___ [Identificar a alínea.] da Constituição Federal e art. 1.029 do CPC, tempestivamente, interpor RECURSO ESPECIAL em face de____, pelos motivos de fato e de direito a seguir expostos.

Requer que o presente recurso seja recebido, com as inclusas guias de preparo, no efeito devolutivo, intimando o recorrido para contrarrazões no prazo de 15 dias, como determina o art. 1.030 do CPC, processado e remetido com as inclusas razões ao Egrégio Superior Tribunal de Justiça.

Nesses termos,

pede deferimento.
Local e data.
Advogado____
OAB/____n.____

b) Razões de recurso especial

EGRÉGIO SUPERIOR TRIBUNAL DE JUSTIÇA

Colenda Turma
Ilustríssimos Ministros,
Douto Procurador da República

Em que pese o ilibado saber jurídico da Colenda Câmara/ Turma do Egrégio Tribunal____, impõe-se a reforma do venerando acórdão pelas razões de fato de direito a seguir expostos:

I. DO CABIMENTO DO RECURSO

[Demonstrar:
a) a aplicação do art. 105, III, (alínea), da CF/88;
b) que a matéria foi devidamente prequestionada na instância inferior;
c) mencionar a tempestividade trazida pelo art. 1.003, § 5º, do CPC.]

II. DOS FATOS

[O candidato deve narrar os fatos trazidos pelo examinador, sem inventar ou alterar nenhum dado.]

III. DO DIREITO

[Nesta parte da peça, o candidato deve desenvolver seu raciocínio atrelando o texto da lei com o caso concreto, no sentido de mostrar que a decisão recorrida foi equivocada.]

IV. DO PEDIDO

Diante do exposto, a Recorrente requer o conhecimento e o provimento do presente recurso especial, com a reforma da r. decisão recorrida no sentido de____.

Requer, ainda, a inversão do ônus da sucumbência, com a respectiva majoração dos honorários, levando em conta o trabalho adicional realizado em grau recursal (art. 85, § 11, do CPC).

Nesses termos,

pede deferimento.
Local e data.
Advogado____
OAB/_____n._____

45. CONTRARRAZÕES DE RECURSO ESPECIAL

Fundamento legal	Art. 1.030 do CPC.
Competência	Interposição: Desembargador que proferiu o acórdão recorrido; Razões: Colenda Câmara (TJ) ou Colenda Turma (TRF).
Prazo	15 dias úteis (art. 219 do CPC).
Cabimento	Para responder o recurso especial interposto pela parte contrária.
Pedido	Razões: improvimento do presente recurso com a manutenção do acórdão recorrido.

a) Peça de interposição

EXCELENTÍSSIMO SENHOR DOUTOR DESEMBARGADOR PRESIDENTE DO TRIBUNAL DE JUSTIÇA (OU TRF). [A peça de interposição deve ser endereçada ao desembargador que proferiu o acórdão.].

(espaço de cinco linhas)

Processo: ____

Rito: ____

(nome da ação)

(nome da parte Recorrente)

(nome da parte Recorrida)

NOME DO RECORRIDO, já qualificado nos autos da ação____, que move em face de NOME DO RECORRENTE, por seu advogado infra-assinado (instrumento de mandato incluso), vem, respeitosamente, à presença de Vossa Excelência, apresentar, tempestivamente, as CONTRARRAZÕES do RECURSO ESPECIAL, com fundamento no art. 1.030 do CPC, pelos motivos de fato e de direito a seguir expostos.

Nesses termos,

pede deferimento.

Local e data.

Advogado____

OAB/____ n. ____

b) Contrarrazões de recurso de apelação

EGRÉGIO TRIBUNAL DE JUSTIÇA DO ESTADO DE____ [Poderia ser Tribunal Regional Federal.]

Ilustríssimos Desembargadores,

Recorrido ____

Recorrente ____

Ação ____

O respeitável acórdão prolatado pelo Ilustre Desembargador da____ Câmara de Direito (Privado ou Público) do Tribunal de Justiça (ou Turma do Tribunal Regional Federal), que julgou no acórdão mantendo procedente a ação mencionada, deve prevalecer pelos motivos a seguir expostos:

I. BREVE RELATO DOS FATOS

[O candidato deve narrar os fatos trazidos pelo examinador, sem inventar ou alterar nenhum dado.]

II. DO MÉRITO

[Nesta parte da peça, o candidato deve desenvolver seu raciocínio atrelando o texto da lei com o caso concreto, no sentido de confirmar o que foi decidido pelo desembargador (2ª instância.)]

III. DO PEDIDO

Diante do exposto, o A Recorrido requer o improvimento do presente recurso, com a manutenção do acórdão proferida no sentido de ____ [Descrever o que pretende.];

Nesses termos,

pede deferimento.

Local e data.

Advogado ____

OAB/____n.____

46. RECURSO EXTRAORDINÁRIO

Fundamento legal	Art. 102, III, da CF/88 e art. 1.029 do CPC.
Competência	Interposição: Desembargador Presidente do Tribunal Recorrido; Razões: Colenda Turma do Egrégio Supremo Tribunal Federal (STF).
Prazo	15 dias úteis (art. 219 do CPC).

Cabimento	Recurso destinado a garantir a uniformidade na interpretação e aplicação da Constituição Federal, zelando para que todas as Unidades da Federação a apliquem uniformemente, consoante o princípio do pacto federativo. É cabível das causas decididas em única ou última instância quando a decisão recorrida: contrariar dispositivo da Constituição Federal; declarar a inconstitucionalidade de tratado ou lei federal; julgar válida lei contestado em face da Constituição Federal; julgar válida lei local contestada em face de lei federal.
Pedido	Interposição: que o presente recurso seja recebido, processado e remetido para o STF; Razões: que o presente recurso seja conhecido e provido no sentido de ____.
Efeitos	Devolutivo.
Observação	Deve-se demonstrar prequestionamento (a matéria que se funda o recurso tenha sido expressamente invocada na instância inferior) e repercussão geral (art. 102, III, § 3º, da CF), que é mais um pressuposto de admissibilidade que foi incluído pela EC n. 45/2004. A repercussão geral significa que o assunto discutido não interessa apenas às partes, sobressaindo de seus interesses, daí a necessidade de apreciação dessas questões pelo STF. O recorrente deverá ainda, no ato da interposição, juntar comprovante de recolhimento de custas de preparo mais porte de remessa e de retorno, exceto nos casos em que for beneficiário da justiça gratuita (art. 98 do CPC).

a) Peça de interposição

EXCELENTÍSSIMO SENHOR DOUTOR DESEMBARGADOR PRESIDENTE DO TRIBUNAL DE JUSTIÇA (OU TRF)

(espaço de cinco linhas)

____ [Nome da ação]

____ [Nome da parte Recorrente]

____ [Nome da parte Recorrida]

NOME EMPRESARIAL, inscrita no Cadastro Nacional de Pessoas Jurídicas (CNPJ) sob o n.____, com sede na____, por seu advogado que ao final subscreve (instrumento de mandato incluso), não se conformando com a r. decisão que [Resumir o teor da decisão recorrida.], vem, respeitosamente, à presença de Vossa Excelência, com fundamento no art. 102, III,___ [Identificar a alínea.] da Constituição Federal e art. 1.029 do CPC, interpor RECURSO EXTRAORDINÁRIO em face de____, pelos motivos de fato e de direito a seguir expostos.

Requer que o presente recurso seja recebido, com as inclusas guias de preparo, no efeito devolutivo, intimando o recorrido para contrarrazões no prazo de 15 dias, como determina o art. 1.030 do CPC, processado e remetido com as inclusas razões ao Egrégio Supremo Tribunal Federal.

Termos em que,

pede deferimento.

Local e data.

Advogado____

OAB/____n.____

b) Razões de recurso extraordinário

EGRÉGIO SUPREMO TRIBUNAL FEDERAL

Colenda Turma,

Ilustríssimos Ministros,

Douto Procurador da República,

Em que pese o ilibado saber jurídico da Colenda Turma do Egrégio Tribunal____, impõe-se a reforma do venerando acórdão, pelas razões de fato e de direito a seguir expostas:

I. DO CABIMENTO DO RECURSO

[Demonstrar:

a) que houve a aplicação do art. 102, III, alínea *a*, *b*, *c* ou *d* da CF/88;

b) que a matéria foi devidamente prequestionada na instância inferior;

c) que a matéria tem repercussão geral e merece ser julgada pelo Supremo Tribunal Federal (em preliminar);

d) mencionar a tempestividade trazida pelo art. 1.003, § 5º, do CPC.]

II. DOS FATOS

[O candidato deve narrar os fatos trazidos pelo examinador, sem inventar ou alterar nenhum dado.]

III. DO DIREITO

[Nesta parte da peça, o candidato deve desenvolver seu raciocínio atrelando o texto da lei com o caso concreto, no sentido de mostrar que a decisão recorrida foi equivocada.]

IV. DO PEDIDO

Diante do exposto, a Recorrente requer o conhecimento e o provimento do presente recurso extraordinário, com a reforma da r. decisão recorrida no sentido de ____.

Requer, ainda, a inversão do ônus da sucumbência, com a respectiva majoração dos honorários, levando em conta o trabalho adicional realizado em grau recursal (art. 85, § 11, do CPC).

Nesses termos,

pede deferimento.

Local e data.

Advogado____

OAB/____n.____

47. CONTRARRAZÕES DE RECURSO EXTRAORDINÁRIO

Fundamento legal	Art. 1.030 do CPC.
Competência	Interposição: Desembargador que proferiu o acórdão recorrido; Razões: Colenda Câmara (TJ) ou Colenda Turma (TRF).
Prazo	15 dias úteis (art. 219 do CPC).
Cabimento	Para responder o recurso especial interposto pela parte contrária.
Pedido	Razões: improvimento do presente recurso com a manutenção do acórdão recorrido.

a) Peça de interposição

EXCELENTÍSSIMO SENHOR DOUTOR DESEMBARGADOR PRESIDENTE DO TRIBUNAL DE JUSTIÇA (OU TRF). [A peça de interposição deve ser endereçada ao desembargador que proferiu o acórdão.].

(espaço de cinco linhas)

Processo: ____

Rito: ____

(nome da ação)

(nome da parte Recorrente)

(nome da parte Recorrida)

NOME DO RECORRIDO, já qualificado nos autos da ação____, que move em face de NOME DO RECORRENTE, por seu advogado infra-assinado (instrumento de mandato incluso), vem, respeitosamente, à presença de Vossa Excelência, apresentar, tempestivamente, as CONTRARRAZÕES do RECURSO EXTRAORDINÁRIO, com fundamento no art. 1.030 do CPC, pelos motivos de fato e de direito a seguir expostos.

Nesses termos,

pede deferimento.

Local e data.

Advogado____

OAB/____ n. ____

b) Contrarrazões de recurso de apelação

EGRÉGIO TRIBUNAL DE JUSTIÇA DO ESTADO DE____ [Poderia ser Tribunal Regional Federal.]

Ilustríssimos Desembargadores,

Recorrido ____

Recorrente ____

Ação ____

O respeitável acórdão prolatado pelo Ilustre Desembargador da____ Câmara de Direito (Privado ou Público) do Tribunal de Justiça (ou Turma do Tribunal Regional Federal), que julgou no acórdão mantendo procedente a ação mencionada, deve prevalecer pelos motivos a seguir expostos:

I. BREVE RELATO DOS FATOS

[O candidato deve narrar os fatos trazidos pelo examinador, sem inventar ou alterar nenhum dado.]

II. DO MÉRITO

[Nesta parte da peça, o candidato deve desenvolver seu raciocínio atrelando o texto da lei com o caso concreto, no sentido de confirmar o que foi decidido pelo desembargador (2ª instância.)]

III. DO PEDIDO

Diante do exposto, o A Recorrido requer o improvimento do presente recurso, com a manutenção do acórdão proferida no sentido de ____ [Descrever o que pretende.];

Nesses termos,

pede deferimento.

Local e data.

Advogado ____

OAB/____n.____

48. HOMOLOGAÇÃO DE RECUPERAÇÃO EXTRAJUDICIAL

Fundamento legal	Art. 161 da Lei n. 11.101/2005.
Competência	Excelentíssimo Senhor Doutor Juiz de Direito da____ Vara Cível da Comarca de____ do Estado de____ (principal estabelecimento econômico do devedor).
Partes	Autor: empresário ou sociedade empresarial.
Cabimento	Quando o empresário ou sociedade empresarial pretender sua recuperação extrajudicial propondo e negociando diretamente com credores (desde que os requisitos do art. 48 estejam presentes cumulativamente).
Pedido	– A procedência do pedido do autor no sentido de homologar a recuperação extrajudicial oportunamente apresentado; – A juntada dos seguintes documentos (arts. 51, 162 e 163, § 6º, da Lei n. 11.101/2005): justificativa e documentos que contenham seus termos e condições com assinaturas dos credores que aderiram ao plano; exposição da situação patrimonial do devedor; – Demonstrações contábeis relativas ao último exercício social e as especialmente levantadas para instruir o pedido, compostas de balanço patrimonial e demonstração de resultados acumulados; demonstração do resultado desde o último exercício social; – Relatório de fluxo de caixa e de sua projeção; relação nominal de credores; relação integral dos empregados; – Certidão de regularidade do devedor no Registro Público de Empresas; extratos atualizados das contas bancárias do devedor; certidões dos cartórios de protestos situados na comarca da sede da empresa; – Relação de bens e direitos que compõem o ativo da empresa; relação dos bens particulares dos sócios controladores e dos administradores do devedor; relação de todas as ações judiciais em andamento; – Cópia do contrato social; livros obrigatórios; que as intimações sejam enviadas para o escritório na Rua____ (art. 77, V, do CPC).

EXCELENTÍSSIMO SENHOR DOUTOR JUIZ DE DIREITO DA____VARA DE FALÊNCIA E RECUPERAÇÃO DE EMPRESAS DO FORO DA COMARCA DE____DO ESTADO DE____

(espaço de cinco linhas)

SOCIEDADE____, inscrita no Cadastro Nacional de Pessoas Jurídicas (CNPJ) sob o n.____, com sede na Rua____, n. ____, endereço eletrônico e-mail ____, por seu administrador____, CEP n.____, por seu procurador infra-assinado (instrumento de mandato incluso), vem respeitosamente perante Vossa Excelência, propor seu pedido de HOMOLOGAÇÃO DE RECUPERAÇÃO EXTRAJUDICIAL, com fundamento nos arts. 161 e s. da Lei n. 11.101/2005, pelo procedimento especial, pelas razões de fato ou de direito a seguir expostas:

I. DOS FATOS

[Nesta parte da peça, o candidato deve descrever o fato narrado pelo examinador, sem acrescentar nenhum dado novo.]

II. DO DIREITO

[Nesta parte da peça, o candidato deve desenvolver seu raciocínio atrelando o texto da lei com o caso concreto.

O candidato deve discorrer sobre a presença dos requisitos dos arts. 161 e 48 da Lei n. 11.101/2005 e sobre os fatores que colocaram a empresa numa situação de crise econômico-financeira.]

III. DO PEDIDO

Diante do exposto, requer:

a) a procedência do pedido do autor no sentido de homologar a recuperação extrajudicial do plano de recuperação que oportunamente apresentado;

b) A juntada dos seguintes documentos (arts. 51, 162 e 163, § 6º, da Lei n. 11.101/2005):

– justificativa e documentos que contenham seus termos e condições com assinaturas dos credores que aderiram ao plano;

– exposição da situação patrimonial do devedor;

– demonstrações contábeis relativas ao último exercício social e as especialmente levantadas para instruir o pedido, compostas de balanço patrimonial e demonstração de resultados acumulados; demonstração do resultado desde o último exercício social;

– relação nominal de credores;

– relação integral dos empregados;

– certidão de regularidade do devedor no Registro Público de Empresas;

– extratos atualizados das contas bancárias do devedor;

– certidões dos cartórios de protestos situados na comarca da sede da empresa;

– relação de bens e direitos que compõem o ativo da empresa;

– relação dos bens particulares dos sócios controladores e dos administradores do devedor;

– relação de todas as ações judiciais em andamento;

– cópia do contrato social;

– livros obrigatórios.

c) que as intimações sejam enviadas para o escritório na Rua ____ (art. 77, V, do CPC);

d) a juntada das custas (art. 290 do CPC);

e) o autor demonstra o interesse (ou desinteresse) na realização da audiência de conciliação (ou mediação), como determinam os arts. 319, VII, e 334, § 5º, do CPC.

Provas

Dá-se à causa o valor de R$____ [valor por extenso].

Termos em que,

pede deferimento.

Local e data.

Advogado____

OAB/____n.____

Peças práticas (OAB e exercícios propostos)

PEÇA 1 (OAB MG 2006)

O Sr. Silvio Pompeu, próspero empresário individual estabelecido em Vespasiano – MG, veio a falecer em virtude de um acidente de carro. Era viúvo, e deixou como únicos herdeiros seus dois filhos, Thiago e João Pedro, com 08 e 12 anos respectivamente. O tutor dos menores ouviu dizer que apenas pode exercer a atividade de empresário quem estiver em pleno gozo da capacidade civil. Em razão disso, deseja encerrar as atividades do negócio promissor e rentável deixado pelo pai dos menores, pois não pretende exercer sua função de tutor de maneira contrária à lei, nem assumir o risco de que os menores venham a comprometer, com a continuidade do negócio, o patrimônio imobiliário e a reserva em dinheiro que seu pai também lhes deixou. As razões pelas quais o tutor dos menores pretende encerrar o negócio têm justificativa legal? Comente o caso. Redija um parecer sobre o tema.

PEÇA 2 (OAB BA 2004)

Em 01.01.2000, Marcelo de Souza firmou, na condição de locatário, contrato de locação para fins não residenciais, realizado por escrito e com prazo de cinco anos. Durante o primeiro ano (2000), realizou atividade de marcenaria no local. Todavia, devido a novas oportunidades financeiras, Marcelo resolveu mudar o ramo empresarial para o de calçados, o qual já completou três anos e nove meses (setembro de 2004). Agora, Marcelo pretende prorrogar o seu contrato de locação, através da Ação Renovatória. Terá Marcelo direito a essa ação? Justifique. Redija um parecer sobre o tema.

PEÇA 3 (OAB CESPE 2006)

A sociedade Silva & Silva Comércio de Alimentos Ltda. foi constituída para exploração da atividade de restaurante. Percebendo oportunidades negociais, a sociedade alugou um imóvel, por contrato escrito e por prazo certo de dois anos, situado no centro de uma cidade recém-tornada turística. Como era de se esperar, o restaurante tornou-se um sucesso. Apesar disso, necessitava de recursos que a pessoa coletiva não tinha e, às vésperas do final da locação, o restaurante (estabelecimento) foi alienado à América Restaurante S.A. Esta, por sua vez, entrou em acordo com o proprietário do imóvel, que aceitou a sub-rogação no contrato locatício e, desde logo, firmou mais um contrato escrito, então por prazo certo de um ano. A sucessão das empresas transcorreu de forma tranquila. Entretanto, próximo ao final da segunda locação, a América Restaurante S.A. procurou o locador para entabular novo contrato. O senhorio, todavia, relutou, deixando que a relação locatícia ultrapassasse o termo final sem nova avença escrita. Pretendia, com isso, desfigurar eventual direito da locatória a uma ação renovatória. Assim, após dois meses do fim do contrato escrito, ele – locador – concordou em conceder novo instrumento à sociedade, agora pelo prazo de dois anos, como tinha feito inicialmente com Silva & Silva Comércio de Alimentos Ltda. No primeiro semestre do último ano de locação, a América Restaurante S.A. marcou uma reunião com o senhorio, a fim de lhe mostrar o seu direito à renovatória, bem como tentar chegar a um consenso acerca da renovação voluntária da avença existente entre as partes. Contudo, nessa reunião, o proprietário do imóvel recusou-se peremptoriamente a firmar novo contrato. Ademais, afirmou que a sociedade não tinha direito à renovação, sob os seguintes fundamentos: (1) tinha contratos escritos e, portanto, a posse legítima do imóvel, por somente três anos; (2) caso fosse admitida, absurdamente, a contagem do tempo de contrato da Silva & Silva Comércio de Alimentos Ltda., não haveria uma soma ininterrupta de contratos escritos pelo prazo de cinco anos, visto que teria havido uma interrupção de dois meses; e, por fim (3) no último ano, tinha conhecimento de que o restaurante deixara de ser um self-service para se tornar um sofisticado estabelecimento italiano, tendo mudado, portanto, de ramo de atividade. Os administradores da América Restaurante S.A. saíram da reunião e se encaminharam diretamente ao escritório do advogado, buscando obter um parecer para embasar juridicamente a sua tese do preenchimento de todos os requisitos da ação renovatória. No contexto dessa situação hipotética, redija um parecer devidamente justificado, fundamentando a pretensão da locatária.

PEÇA 4 (OAB CESPE 2007/01)

Roberto de Castro, sócio de uma sociedade simples deseja mudar o nome da pessoa jurídica e envia ao seu advogado a seguinte consulta: qual é o quórum exigido pela lei para se modificar o nome de uma sociedade simples? Diante dessa consulta, na qualidade de advogado de Roberto, elabore um parecer, devidamente fundamentado, com referência à legislação pertinente, para responder à indagação.

PEÇA 5 (OAB RJ 2007/01)

Cássio Concetto, contabilista e administrador da sociedade simples Concetto Tepaz Contadores Associados, realizou operações *ultra vires societatis*, causando prejuízos a diversas pessoas jurídicas. A sociedade simples foi excluída de todas as lides em que foi demandada pelos atos ultra vires do administrador, porém vários prejudicados por esses atos reuniram-se em litisconsórcio e pleitearam indenização pelos prejuízos materiais sofridos, pedindo a desconsideração da personalidade jurídica na ação movida em face de o administrador vir a responder com seus bens pessoais. Elabore um parecer, de forma fundamentada, às seguintes questões, com relação à situação hipotética acima.

a) Que base jurídica ampara esse tipo de sociedade em pedido de exclusão dos feitos em que foi demandada por atos *ultra vires* como os de Cássio Concetto?
b) Os atos *ultra vires* praticados pelo administrador ensejam a aplicação da desconsideração da personalidade jurídica na ação indenizatória, sendo absolutamente certo que houve ato ilícito e dano aos autores?

PEÇA 6 (OAB CESPE 2007)

João e José, amigos de longa data, constituíram a sociedade Souza & Silva Comércio e Indústria de Móveis. Cada qual detinha 50% das quotas da sociedade e ambos a administravam. As afinidades eram muitas, mas, com o passar dos anos, as diferenças vieram à tona. As dificuldades do mercado acabaram contaminando a relação entre os sócios, que frequentemente passaram a brigar. No ápice de uma discussão, chegou a haver agressão física: João desferiu dois socos na face de José. A manutenção da sociedade tornou-se insustentável. Tentou-se chegar a um consenso acerca de eventual compra das quotas de José por João, o que não foi possível. Tentou-se também a alienação das quotas de José a um terceiro, o que não contou com a anuência de João. José, por fim, não querendo permanecer no empreendimento, procurou um advogado para promover ação de dissolução da sociedade.

Considerando a situação hipotética acima, elabore, de forma fundamentada, a petição inicial da ação de dissolução da sociedade existente entre João e José.

PEÇA 7 (OAB CESPE 2007)

João, empresário individual e um grande chefe de cozinha, manteve ao longo de 10 anos um restaurante de comida portuguesa, que contava com clientela fiel e constante. Todavia, seduzido pela proposta feita por Marcos, um de seus fornecedores, alienou seu estabelecimento por R$ 300.000,00, valor suficiente para que João se aposentasse. Entretanto, depois de dois anos sem realizar atividades empresariais no ramo, formou com José a sociedade Restaurante Veneza Ltda., um sofisticado restaurante de comida italiana. A antiga clientela de João, tomando conhecimento do novo empreendimento, passou a frequentá-lo, desviando-se do antigo restaurante, alienado a Marcos, que, por sua vez, ao tomar pé da situação, procurou um advogado para ajuizar uma ação para inibir a conduta de João, bem como haver os prejuízos por ele experimentados.

Diante da situação hipotética apresentada acima, elabore, de forma fundamentada, a petição inicial de Marcos.

PEÇA 8 (OAB CESPE 2006)

No ano de 2003, na cidade de Recife, iniciou-se a construção do "Praiano Business Center Apart Hotel". A finalidade principal do respectivo empreendedor, Praiano Business Center Apart Hotel Ltda., era construir um condomínio edilício situado à beira da praia de Boa Viagem, vender as unidades autônomas a terceiros e, a seguir, constituir, com estes, sociedade em conta de participação para a exploração de atividade hoteleira. O arranjo societário tinha a seguinte conformação: (a) a Praiano Business Center Apart Hotel Ltda. seria a sócia ostensiva, única responsável pela administração do negócio e pelas obrigações perante terceiros, e, por isso, receberia parte do lucro da conta em participação; (b) os proprietários das unidades autônomas seriam sócios -participantes, que permitiriam o uso dos correlatos bens imóveis pelo negócio, sem responsabilidade perante terceiros, e concorreriam, também, no lucro. Alienadas todas as unidades e encerrada a construção do prédio, em final de 2005, deu-se início às atividades do "Praiano Business Center Apart Hotel". Entretanto, às vésperas de começar a exploração do negócio, a Praiano Business Center Apart Hotel Ltda. adquiriu, da Ximenes Móveis Funcionais S.A., vasto mobiliário para guarnecer os apartamentos. Todos os bens comprados foram entregues na data aprazada. Contudo, o Apart Hotel não pagou por eles. Após várias tratativas, a Ximenes percebeu que havia sido ludibriada e não viria a receber o valor acertado. Nesse contexto, descobriu que Lucas de Jesus, grande empresário local, era dono de três unidades do "Praiano" e, contra ele, emitiu uma duplicata, no valor de R$ 28.000,00, correspondentes ao mobiliário que ocupou seus apartamentos. Lucas se recusou a pagar o título, o qual foi apresentado a protesto. Desesperado, Lucas, que não deseja ter o seu nome vinculado à pecha de mau pagador, procurou um advogado, para que fosse ajuizada medida judicial obstativa do registro do protesto.

Na qualidade de advogado procurado, diante dos fatos hipotéticos acima narrados e atento ao exíguo prazo que a lei estabelece na espécie, elabore a petição inicial para atender ao cliente.

PEÇA 9 (OAB MG 2008)

O Banco Januária S.A. está movendo execução por quantia certa contra sociedade empresária Bom Pasto Ltda., fundada em instrumento particular de confissão de dívida, subscrito por duas testemunhas e não quitado, no valor total de R$ 250.000,00. A empresa devedora foi regularmente citada em 25.06.2008, quinta-feira, e deixou transcorrer *in albis* o prazo do art. 829 do CPC. Examinando requerimento do Banco Exequente, o Juiz realizou o bloqueio on-line da quantia em execução, na conta-corrente da empresa devedora perante o Banco do Brasil S.A., utilizando-se do sistema Bacen-Jud. A decisão que determinou a penhora foi publicada no dia 01.08.2008, sexta-feira. Sabendo-se que a penhora determinada pelo Poder Judiciário corresponde a 90% do faturamento mensal da empresa devedora, como advogado contratado pela sociedade empresária Bom Pasto Ltda., você deve elaborar o recurso cabível contra a decisão em pauta, no tempo (considere a data da prova como 10.08.2008) e modo devidos.

PEÇA 10 (OAB GO 2003)

João da Silva comprou no dia 10.01.2006 um aparelho de TV de 29 polegadas na loja Casa Carioca, dando em pagamento 5 (cinco) cheques no valor unitário de R$ 250,00 (duzentos e cinquenta reais), sendo o primeiro à vista e os quatro restantes "pré-datados", com vencimento para 10 de fevereiro, 10 de março, 10 de abril e 10 de maio, respectivamente. Ocorre que no dia 10 de março a loja apresentou ao banco, para saque, também os cheques vencíveis em abril e maio, o que veio prejudicar o comprador que não possuía fundos suficientes em sua conta, acarretando ao mesmo, além da falta de crédito na praça e a retomada do bem adquirido, o encerramento de sua conta bancária. Indignado o cliente decidiu processar a loja Pergunta-se: Como advogado de João, promova a ação cabível no caso em tela.

PEÇA 11 (OAB CESPE 2004)

Eficaz Administração e Serviços Ltda., pessoa jurídica de direito privado, domiciliada em Brasília – DF e atuante no ramo de prestação de serviços de limpeza e conservação, manteve contato telefônico, com o objetivo de adquirir mercadorias necessárias às suas atividades, com Ripestre Produtos Ltda., que se apresentou como possível fornecedora. No entanto, nenhuma mercadoria solicitada foi entregue no domicílio de Eficaz Administração e Serviços Ltda. Nada obstante a inexistência de relação jurídica entre as partes, a Ripestre Produtos Ltda. Sacou 2 duplicatas, D1 e D2, contra a Eficaz Administração e Serviços Ltda., tendo sido o primeiro título, D1, descontado perante pessoa jurídica que atua em serviços de factoring, a Faturize Fomento Ltda. A Ripestre Produtos Ltda., então, protestou a segunda duplicata no Cartório do Primeiro Ofício de Notas de Brasília – DF, domicílio de Eficaz Administração e Serviços Ltda. O mesmo foi levado a efeito pela pessoa jurídica Faturize Fomento Ltda., com a primeira duplicata, perante o Cartório do 2º Ofício de Notas de Brasília – DF. Os indevidos protestos geraram diversos dissabores e contratempos à Eficaz Administração e Serviços Ltda., que teve seu crédito ilegitimamente perturbado por atos culposos da Ripestre Produtos Ltda. e da Faturize Fomento Ltda., razão pela qual ajuizou, contra as duas últimas, ação declaratória de inexistência de relação jurídica e de nulidade de atos jurídicos combinada com ação de indenização por danos materiais e morais, a qual foi distribuída para a 2ª Vara Cível de Brasília – DF.

Na qualidade de procurador da Faturize Fomento Ltda., em face da situação hipotética acima descrita, redija contestação.

PEÇA 12 (OAB CESPE 2008)

Um representante legal de cooperativa de crédito, com sede e principal estabelecimento localizados no Distrito Federal, voltada precipuamente para a realização de mútuo aos seus associados, acaba de saber que o gerente de sucursal localizada em outro estado foi legalmente intimado, há uma semana, por decisão prolatada pelo Juízo da Cidade de Imaginário, em que se decretou a falência da cooperativa em questão. No caso, um empresário credor de uma duplicata inadimplida no valor total de R$ 11.000,00 requereu, após realizar o protesto ordinário do título de crédito, a falência do devedor, em processo que correu sem defesa oferecida pela mencionada pessoa jurídica. Na decisão, afirma-se que a atividade habitual de empréstimo de dinheiro a juros constitui situação mercantil clássica, sendo, portanto, evidente a natureza empresarial do devedor, e que, em razão da ausência de interesse do réu em adimplir o crédito ou sequer se defender, patente está a sua insolvência presumida.

Em face da situação hipotética apresentada, na qualidade de advogado(a) contratado(a) pelo representante legal da mencionada cooperativa de crédito, redija a medida processual cabível para impugnar a decisão proferida.

PEÇA 13 (CESPE 2008)

João e Carlos são administradores da Snob Veículos importados S.A., pessoa jurídica com capital social de R$ 1.500.000,00 e com domicílio da cidade de Goiânia – GO. João, acionista da companhia, no último exercício social, praticou vários atos contrários à lei e ao estatuto da sociedade empresária, além de cometer atos culposos e dolosos. Contratada empresa de auditoria, foi constatado que João causara prejuízos à referida sociedade por comprar veículo por valor superior ao de mercado, vender veículos, a prazo, a terceiros, sem cláusula de atualização monetária, por vender veículos com prejuízo, utilizar bens da sociedade para uso particular e usar recursos da companhia para a manutenção de bens particulares. Carlos, amigo íntimo de João, mesmo tendo tomado conhecimento de todos os atos ilícitos perpetrados, não tomou qualquer atitude em relação aos fatos: não informou aos demais dirigentes da companhia nem tentou impedir as práticas de João. Instalada assembleia geral, foi decidido que a companhia não promoveria ação de responsabilidade contra João. Contudo, Marcos e Sandoval, acionistas que representam 15% do capital social, ajuizaram ação de reparação de danos contra João e Carlos, a fim de verem reparados os prejuízos causados à Snob Veículos Importados S.A. Em sede de contestação, os réus alegaram a ilegitimidade ativa *ad causam* de Marcos e Sandoval; a ilegitimidade passiva de Carlos, por ele não ter praticado qualquer ato ilícito; a ilegalidade da conduta de Marcos e Sandoval, que promoverem a ação de reparação de danos a despeito da decisão da assembleia geral. Arguiram, ainda, que os pedidos insertos na petição inicial seriam incertos e indeterminados e que não teriam sido praticados quaisquer atos ilícitos por parte dos administradores. Assim, o juízo competente determinou aos autores que se manifestassem, no prazo de 10 dias.

Considerando a situação hipotética apresentada, na qualidade de advogado(a) constituído(a) por Marcos e Sandoval, elabore a peça profissional que entender cabível para a defesa dos interesses de seus clientes, abordando, com fulcro na doutrina e na jurisprudência, todos os aspectos de direito material e processual pertinentes.

PEÇA 14 (OAB RJ 2005)

A instituição financeira Banco Empresta Fácil S.A., sediada no Rio de Janeiro, detém importante crédito em face da Cia. Decorações Bizarras, também no Rio de Janeiro, originado de contrato ilíquido de abertura de crédito de conta-corrente, no valor de cem mil reais. De base do instrumento de contrato acompanhado do demonstrativo do débito, o diretor da referida instituição lhe procura e solicita que seja feita a ação judicial cabível, para garantir o mais célere recebimento da dívida. Redija a peça cabível.

PEÇA 15 (OAB CESPE 2002)

A empresa Foenus Terrae Ltda. emprestou à empresa Gens Patriae S.A. a quantia de R$ 100.000,00 (cem mil reais), para pagamento em 180 dias, com juros de 30% ao ano. Ao final do prazo estipulado, a mutuária efetuou o pagamento do valor histórico acrescido de 6% a título de juros. Inconformada com o pagamento parcial, a mutuante sacou uma duplicata em face da devedora, exigindo a diferença relativa aos juros, e levou o título a protesto por falta de aceite. A Gens Patriae S.A. acaba de receber a notificação do cartório de protesto, determinando seu comparecimento em 48 horas, para saldar a dívida em questão ou explicar a razão da recusa.

Como advogado(a) da Gens Patriae S.A., empreenda a atuação necessária, considerando que a credora localiza-se em Vitória Espírito Santo.

PEÇA 16 (OAB MG 2006)

Luiza Silva, Antonio Silva, Maria Ester e Adir Lourival são credores da sociedade empresária Mineradora Novo Serro Ltda., sediada na cidade do Serro/MG. Cada credor possui uma nota promissória no valor de R$ 10.000,00. Todos os títulos venceram em 1 de abril, sem que tivessem sido pagos. Em função disto, todos os credores promoveram o protesto competente para embasar um pedido de falência da sociedade devedora. Referido protesto não foi sustado, tampouco cancelado. Após inúmeras tentativas de receber o crédito amigavelmente, os devedores procuraram pelo único advogado comercialista da cidade e resolveram, conjuntamente, pedir a falência da sociedade devedora. A ação foi proposta e distribuída para a 1ª Vara Cível do Serro/MG. Ao receber o processo, o juiz titular extingui-o sem julgamento de mérito, com base nos arts. 485, I, e 330, I, do CPC. Asseverou, ainda, que o valor mínimo para a propositura do pedido de falência deve se referir a cada um dos títulos individualmente e que tal processo não comporta litisconsórcio no polo ativo da demanda, por falta de previsão legal. Argumentou, ainda, que a sociedade não possui outros protestos e muito menos outras ações executivas. Além disto, afirmou que a sociedade é por demais importante para o desenvolvimento da cidade, devendo ser aplicado o princípio da preservação da empresa, sopesando a importância social da sociedade e o pequeno valor da dívida, em face do volume de recursos injetado na cidade e movimentado pela sociedade devedora.

A decisão foi publicada no dia 12.04.2006, dia em que não houve expediente forense. Nos dias 13 e 14 foram feriados e, portanto, não houve expediente forense.

Você foi procurado por todos os autores para elaboração da peça de recurso cabível.

Elabore a peça processual adequada, apresentando-a no último dia do prazo.

PEÇA 17 (PROPOSTO PELA AUTORA)

João Antônio exerce uma atividade de plantio de café há algum tempo. Seu negócio tem prosperado e inclusive existe uma proposta para a exportação de quase toda a sua safra com empresas estrangeiras. Para regularizar sua atividade e com isso fechar o contrato com as empresas citadas, buscou seu registro como empresário individual na Junta Comercial de seu Estado, e, apesar de ter entregado toda a documentação necessária, a Junta Comercial indeferiu seu registro pelo fato de a atividade rural não ser uma atividade empresarial. Inconformado com a decisão da Junta Comercial, João Antônio procura seu escritório, pleiteando uma forma de conseguir o registro na Junta, já que está na iminência de perder a oportunidade de contratação. Elabore a medida judicial cabível para viabilizar o registro de seu cliente.

PEÇA 18 (PROPOSTO PELA AUTORA)

A marca "Frio Gostoso", referente a uma marca de geladeira e *freezer*, foi registrada no Instituto Nacional de Propriedade Industrial (INPI) por Ludmila há dois anos. Guilherme Rodolfo, titular da marca "Frio Gostoso", do ramo de atividade de congeladores, ficou sabendo, por um fornecedor, que a marca de Ludmila está sendo usada no mercado e que foi regularmente registrada no INPI. Guilherme Rodolfo entendeu que, no caso, haveria desrespeito à marca de sua propriedade, ainda mais porque o INPI não publicou o pedido de registro da marca de Ludmila, o que impediu a impugnação administrativa por Guilherme Rodolfo. Sabendo disso, Guilherme Rodolfo procura seu escritório para mover uma ação a fim de obter a nulidade do registro no INPI e colocar fim na exploração da marca "Frio Gostoso" por Ludmila.

Em face dessa situação hipotética, elabore uma peça devidamente fundamentada para proteger os direitos de Guilherme Rodolfo.

PEÇA 19 (OAB PR 2007)

TV Max Ltda., como compradora, e Ibf-Importadora Barafunda de Pedras Ltda., como vendedora, celebraram um contrato de compra e venda de mármore para fins comerciais. Os atos jurídicos havidos pelo TV Max foram realizados exclusiva e solitariamente pelo seu administrador não sócio, Sr. Oliveira Hamilton, no curso de janeiro de 2009, em operação evidentemente estranha aos negócios da sociedade. A empresa vendedora efetuou a entrega da mercadoria na pessoa do Sr. Oliveira Hamilton e aguardou o recebimento da quantia de R$ 500.000,00 no prazo avençado, ou seja, em fevereiro de 2009, o que não ocorreu. Os sócios tomaram ciência após a contratação e souberam que o mármore já não estava na posse do Sr. Oliveira, pois já havia alienado a terceiro desconhecido. Imediatamente a TV Max Ltda. destitui o Sr. Oliveira Hamilton da administração. A empresa Ibf-Importadora Barafunda de Pedras Ltda. não recebeu o pagamento avençado e procura seu escritório para receber o valor avençado, com os juros e a correção monetária.

Proponha a medida judicial cabível a fim de resolver o problema de seu cliente, sabendo que o foro de eleição presente no contrato foi a cidade de Curitiba, Paraná.

PEÇA 20 (CESPE 2009)

A BW Segurança Ltda. firmou com o Banco Reno S.A. contrato de confissão de dívidas, devidamente assinado por duas testemunhas, obrigando-se a efetuar o pagamento da importância de R$ 40.000,00. O instrumento foi firmado na cidade de Taguatinga, no Distrito Federal, local que as partes elegeram como foro competente para dirimir eventuais questões advindas do negócio jurídico.

Em garantia ao cumprimento da avença, foi firmada nota promissória vinculada ao referido contrato, tendo Plínio, administrador da BW Segurança Ltda., avalizado o referido título de crédito, sem obtenção de qualquer vantagem decorrente desse ato. O devedor principal não cumpriu o avençado, tendo o credor deixado que transcorresse o prazo para a propositura da ação cambial. Na qualidade de procurador do Banco Reno S.A., proponha a medida judicial cabível para defesa dos interesses da instituição.

PEÇA 21 (OAB CESPE 2009)

Amin e Carla são sócios da A&C Engenharia Ltda., pessoa jurídica que, em 26.11.2008, teve falência decretada pela Vara de Falências e Concordatas do Distrito Federal, tendo o juízo competente fixado o termo legal da falência em 20.11.2007. Pedro, administrador judicial da massa falida da A&C Engenharia Ltda., tomou conhecimento que Amin, à época em que este praticava atos concernentes à administração da sociedade, transferira, em 05.12.2007, a título gratuito, um automóvel, de propriedade da sociedade empresária, a sua irmã, Fabiana, o que causou prejuízos à massa falida. Em face dos referidos fatos, Pedro decidiu promover medida judicial visando à revogação da doação praticada por Amin, com o objetivo de preservar os interesses da sociedade e dos credores. Considerando a situação hipotética apresentada, na qualidade de advogado(a) contratado(a) por Pedro, redija a medida judicial cabível para a referida revogação, com fundamento na matéria de direito aplicável ao caso, apresentando todos os requisitos legais pertinentes.

PEÇA 22 (OAB CESPE 2009)

Alfa Ltda. recebeu, como ré, mandado de citação em ação falimentar promovida por Beta Ltda., cujo pedido consiste na decretação de falência de Alfa ou a realização de depósito da quantia alegada como devida, acrescida de correção monetária, juros, custas processuais e honorários advocatícios. A demanda foi ajuizada perante a 1ª Vara de Falências de Porto Alegre – RS.

Na inicial, consta, como causa de pedir, a falta de pagamento, no vencimento, de três notas promissórias, respectivamente, nos valores de R$ 500,00, R$ 1.000,00 e R$ 3.000,00, juntadas as cópias autenticadas das referidas notas promissórias vencidas e não protestadas, e a cópia autenticada do contrato social da sociedade requerente, tendo sido esses os únicos documentos que acompanharam a inicial além do instrumento de procuração.

Na qualidade de advogado de Alfa Ltda., possuidora de equilíbrio financeiro, elabore a peça judicial mais adequada à defesa de sua cliente contra a pretensão de Beta Ltda.

PEÇA 23 (PROPOSTO PELA AUTORA)

Antônio, Alberto e Carlos são sócios da Sociedade Não se Canse Produtos Esportivos Ltda., que explora o ramo de fabricação de artigos esportivos. Antônio é titular de 51% das cotas societárias, Alberto é titular de 20% das cotas, enquanto Carlos é titular de 29%. Sempre se deram bem, mas nos últimos tempos eles têm discutido continuadamente por assuntos diversos.

Cansado das intermináveis discussões, Antônio tirou um mês de férias com a família e, quando retornou, descobriu que fora excluído da sociedade em 10-3-2010 por decisão de Alberto e Carlos.

Alberto e Carlos, para evitarem qualquer problema com Antônio, utilizaram o balanço de janeiro de 2010 como base do valor de ressarcimento das cotas de Antônio, e já depositaram o respectivo valor em sua conta.

Antônio, inconformado com a atitude dos sócios, procura seu escritório a fim de proteger seus interesses, afinal a Sociedade Não se Canse Produtos Esportivos Ltda. acabou de fechar um contrato milionário para a produção de chuteiras para um importante time do Estado, cuja negociação começou por um intenso trabalho de Antônio.

Ingresse com a medida cabível a fim de proteger os interesses de Antônio.

PEÇA 24 (PROPOSTO PELA AUTORA)

No dia 13-3-2010, Flávio deixou seu carro na Concessionária Vale do Paraíba Automóveis Ltda., para revisão de 30.000 quilômetros. No dia 17, data marcada pela concessionária para a retirada do automóvel, Flávio encontrou as portas do estabelecimento lacradas pelo Juízo da 1ª Vara de Falências e Recuperação Judicial da Comarca de São Paulo, porque a sociedade tivera a sua falência decretada no dia 15 do mesmo mês. Tal fato impediu que Flávio retirasse o seu carro.

Considerando a situação hipotética acima, como advogado de Flávio, proponha a medida judicial cabível.

PEÇA 25 (PROPOSTO PELA AUTORA)

A Companhia de Tecidos Finos é uma sociedade anônima fechada e, após o término do exercício do ano de 2008, promoveu no mês de fevereiro de 2009 sua Assembleia Geral Ordinária, com o escopo de debater e deliberar os assuntos de competência desse órgão. Para tanto, o Conselho de Ad ministração convocou os acionistas mediante três anúncios em jornais de grande circulação e, também, no *Diário Oficial*, de modo que a primeira publicação se deu 10 dias antes da realização da assembleia. Na data marcada, estavam presentes sócios que representavam 2/4 (dois quartos) do capital social votante, de modo que a sessão foi aberta e as deliberações votadas.

Ocorre que o Sr. José da Silva, não tendo tomado ciência da assembleia por puro descuido pessoal e não se conformando com sua ausência, ingressou com ação de anulação de deliberação de assembleia, alegando, para tanto, que ela foi convocada de modo irregular, uma vez que a primeira publicação se deu apenas 10 dias antes do ato, devendo ter ocorrido, no mínimo, 15 dias antes e que o quórum necessário para a instauração em primeira convocação não estava preenchido na ocasião.

A Companhia Tecidos Finos então foi citada para apresentar sua defesa. Com base nas informações do problema, elabore a medida cabível a fim de demonstrar a regularidade na convocação e na instalação da Assembleia Geral Ordinária ocorrida.

PEÇA 26 (PROPOSTO PELA AUTORA)

O Supermercado Ortega Ltda. é uma sociedade empresária registrada na Junta Comercial do Estado de São Paulo. Referida empresa, com o aumento das vendas, iniciou atividades no ramo de produção de produtos de chocolates, tais como bombons, biscoitos etc., tendo registrado devidamente a marca "Ortega" junto ao Instituto Nacional da Propriedade Industrial (INPI), a fim de identificar seus produtos e os distinguir de outros semelhantes ou idênticos em 2008.

Contudo, no ano de 2009, o Supermercado Ortegão Ltda., registrado na Junta Comercial de Santa Catarina desde 2005, começou a fabricar produtos utilizando a marca "Ortega", incluindo a venda de biscoitos e chocolates. Tal sociedade não conhecia o supermercado de São Paulo, e como possuía o registro na Junta Comercial desde 2005 tranquilamente manteve a utilização da marca.

Ao saber da notícia por um comprador que recentemente havia comprado mercadorias da empresa de Santa Catarina, os sócios do Supermercado Ortega Ltda. procuram seu escritório de advocacia a fim de solucionar o problema e não ter seus produtos confundidos com outros, uma vez que já possuíam o registro dessa marca.

Com base na situação hipotética, elabore, de forma fundamentada, a medida judicial cabível para a proteção dos direitos de seu cliente.

PEÇA 27 (PROPOSTO PELA AUTORA)

O Açougue Primeiro Corte Ltda. alienou um de seus estabelecimentos empresariais, localizado na cidade de Guarulhos – SP, a Comércio de Carnes Finas Ltda. No referido contrato de trespasse, havia disposição expressa dos contratantes em que o adquirente abria mão da "cláusula de não restabelecimento". Formalizado o trespasse, devido a novas oportunidades financeiras, o alienante (Açougue Primeiro Corte Ltda.) abriu um novo estabelecimento em frente ao alienado, dois anos após o contrato de venda e compra. Indignado com a concorrência, orientado por seu advogado, a sociedade Comércio de Carnes Finas Ltda. ingressou no competente juízo com ação de obrigação de não fazer cumulada com pedido de tutela antecipada, pleiteando o fechamento do novo estabelecimento aberto pelo alienante, o qual estava desrespeitando o estipulado no art. 1.147 do CC.

O juiz, ao receber a inicial, concedeu a tutela antecipada, sem ouvir a parte contrária, determinando o fechamento do estabelecimento aberto pelo alienante até o processo ser decidido, alegando que a cláusula de não restabelecimento é norma cogente que não pode ser desrespeitada pelas partes, mesmo havendo autorização para tanto.

Com base na situação hipotética, elabore a medida judicial cabível a favor do Açougue Primeiro Corte Ltda., a fim de atacar a decisão interlocutória proferida.

PEÇA 28 (PROPOSTO PELA AUTORA)

Lupércio Califórnia era dono da conhecida Padaria Califórnia ME, sob o título do estabelecimento Padaria Califórnia, na cidade de Santos, no Estado de São Paulo. Em 2008, vendeu a Padaria Califórnia para Xisto e Calipso, sob a Sociedade Xisto e Calipso Ltda., que mantiveram a padaria sob o mesmo título do estabelecimento.

Como o contrato de venda da padaria nada tratou sobre o não restabelecimento, Lupércio abriu uma nova padaria na cidade de Santos sob o título do estabelecimento Padaria Califórnia e, pouco a pouco, está reconquistando a antiga clientela.

Xisto e Calipso esqueceram-se de mencionar o não restabelecimento no contrato e ainda por cima pagaram duas obrigações contratadas antes da venda do estabelecimento, no valor de R$ 9.000,00. Tais dívidas não estavam relacionadas no contrato de venda da padaria nem descritos nos livros contábeis da empresa. Tentaram cobrar amigavelmente de Lupércio Califórnia, mas este, sob orientação de seu primo que é advogado de falências e concordatas de Santos, não pagou, pois disse que as dívidas eram transmitidas implicitamente para os novos donos da padaria.

Como advogado de Xisto e Calipso, ingresse com a medida judicial cabível a fim de tutelar seus direitos.

PEÇA 29 (PROPOSTO PELA AUTORA)

A empresa Formas de Bolo Ltda. comprou um torno mecânico da Metalúrgica Ferro Macio S.A., com a nota fiscal para ser paga em 30 dias, ou seja, no dia 15-1-2010. Da nota fiscal, foi emitida uma duplicata que por endosso mandato foi transferida ao Banco Dinheiro na Hora S.A. Antes mesmo de receber o boleto bancário, a Empresa Formas de Bolo Ltda. procurou a Metalúrgica Ferro Macio S.A. e efetuou o pagamento da nota, recebendo um recibo de quitação. Apesar de o pagamento ter sido feito regularmente, a empresa Formas de Bolo Ltda. recebeu o boleto de cobrança; então, ligou para a Metalúrgica Ferro Macio, que, por sua vez, pediu que o desconsiderasse. Passado algum tempo, a Formas de Bolo Ltda. recebeu a notificação de protesto e, depois, o aviso de que o título foi protestado.

O administrador da empresa Formas de Bolo Ltda. procura seu escritório, com a informação de que o título foi protestado, e com a explicação da Metalúrgica de que avisou o Banco, mas que este não havia dado baixa no título.

Ingresse com a medida judicial cabível a fim tutelar amplamente os interesses da empresa Formas de Bolo Ltda.

PEÇA 30 (OAB CESPE 2009/3)

Jorge Luis e Ana Claudia são casados no regime de comunhão parcial de bens desde 1979. Em 17.08.2005, sem que Ana Claudia ficasse sabendo ou concordasse, Jorge Luiz, em garantia de pagamento de contrato de compra e venda de um automóvel adquirido de Rui, avalizou nota promissória emitida por Laura, sua colega de trabalho, com quem mantinha caso extraconjugal. O vencimento da nota promissória estava previsto para 17.09.2005. Vencida e não paga a nota promissória, o título foi regularmente apontado para protesto.

Após inúmeras tentativas de recebimento amigável do valor, Rui promoveu, contra Laura e Jorge Luiz, em 12.12.2008, a execução judicial do título com fundamento nos artigos 778, 786, 784, I, e 783 do CPC. Os réus foram regularmente citados e, não havendo pagamento, foram penhoradas duas salas comerciais de propriedade de Jorge Luis adquiridas na constância do seu casamento. Inconformada, Ana Claudia procurou a assistência do profissional da advocacia, pretendendo alguma espécie de defesa em seu exclusivo nome, para livrar os bens penhorados da constrição judicial, ou, ao menos, parte deles, visto que haviam sido adquiridos com o esforço comum do casal.

Em face dessa situação hipotética, redija, na condição de advogado constituído por Ana Claudia, a peça profissional adequada para a defesa dos interesses da sua cliente, apresentando, para tanto, todos os argumentos e fundamentos necessários.

PEÇA 31 (OAB CESPE 2010/1)

A pessoa jurídica Alfa Aviamentos Ltda., domiciliada em Goianésia – GO, celebrou contrato escrito de locação de imóvel não residencial com Chaves Empreendimentos Ltda., por prazo determinado, tendo sido o contrato prorrogado por várias vezes, no lapso de mais de sete anos. O valor mensal da locação é de R$ 1.500,00 e a Alfa Aviamentos Ltda. exerce sua atividade no respectivo ramo desde a sua constituição, há cerca de 10 anos. O contrato de locação findará em 03.05.2011, e os dirigentes da empresa locatária já se manifestaram contrários à renovação do referido contrato.

Em face dessa situação, na qualidade de advogado contratado por Alfa Aviamentos Ltda., redija a medida judicial cabível para a defesa dos interesses de sua cliente, abordando as matérias de direito material e de direito processual aplicáveis.

PEÇA 32 (OAB FGV 2010/2)

A sociedade limitada Som Perfeito Ltda., dedicada ao comércio de aparelhos de som, tem 4 sócios, Arlindo, Ximenes, Hermano e Suzana, todos com participação idêntica no capital social e com poder de administração isolada. A sociedade é reconhecida no mercado por sua excelência no ramo e desfruta de grande fama e prestígio em seu ramo de negócio, tendo recebido vários prêmios de revistas. Entusiasmado com as novas tecnologias de transmissão de imagem como HDTV, "blue ray" e outras, e entendendo haver sinergias entre esse ramo de comércio e o da sociedade, Ximenes propõe aos sócios que passem, também, a comercializar televisões, aparelhos de DVD e "telões".

Após longa discussão, os demais sócios, contra a opinião de Ximenes, decidiram não ingressar nesse novo ramo de negócio, decisão essa que não foi objeto de ata formal de reunião de sócios, mas foi testemunhada por vários empregados da sociedade e foi também objeto de troca de e-mails entre os sócios. Um ano depois, com o mercado de equipamentos de imagem muito aquecido, à revelia dos demais sócios, a sociedade, representada por Ximenes, assina um contrato para aquisição de 200 televisões que são entregues 90 dias após. As televisões são comercializadas mas, devido a diversas condições mercadológicas e, principalmente, à inexperiência da sociedade nesse ramo de negócio, sua venda traz um prejuízo de R$ 135.000,00 para a empresa, conforme indicado por levantamento dos contadores e auditores da sociedade. Os demais sócios, profundamente irritados com o proceder de Ximenes e com o prejuízo sofrido pela sociedade, procuram um profissional de advocacia, pretendendo alguma espécie de medida judicial contra Ximenes. Tendo em vista a situação hipotética acima, redija, na condição de advogado(a) constituído(a) pela sociedade, a peça processual adequada para a defesa de sua constituinte, indicando, para tanto, todos os argumentos e fundamentos necessários.

PEÇA 33 (OAB FGV 2010/3)

J. P. Estofador, empresário individual domiciliado na Cidade do Rio de Janeiro, é credor, por uma duplicata de prestação de serviços, devidamente aceita, no valor de R$ 10.000,00, vencida e não paga, da sociedade Móveis Paraíso Ltda., relativamente a serviços de estofamento realizados. A falência da devedora foi decretada em 11/02/2009 pelo juízo da 3ª Vara Empresarial da Comarca da Capital do Estado do Rio de Janeiro. Pouco mais de um ano após a decretação da quebra, dito credor procurou-o(a), como advogado(a), para promover sua habilitação na falência da aludida sociedade empresária, considerando não ter sido observado o prazo estipulado no § 1º do art. 7º da Lei 11.101/2005.

Com base somente nas informações de que dispõe e nas que podem ser inferidas pelo caso concreto acima, elabore a petição adequada a atender à pretensão de seu cliente.

PEÇA 34 (OAB FGV 2011)

Indústria de Doces Algodão de Açúcar Ltda., sociedade empresária com sede na Cidade de São Paulo, Estado de São Paulo, é credora da sociedade Sonhos Encantados Comércio de Doces Ltda., domiciliada na Cidade de Petrópolis, Estado do Rio de Janeiro, por meio de uma duplicata de venda de mercadorias, não aceita pela devedora, e vencida em 02.02.2011, no valor de R$ 50.000,00.

Considerando que (a) a recusa do aceite não foi justificada pela sociedade sacada; que (b) a sacadora protestou o título por falta de pagamento; e que (c) detém o canhoto da correspondente fatura, assinado por preposto da devedora, dando conta do recebimento da mercadoria, elabore a petição inicial para ação para receber a quantia que melhor se adéque à pretensão do credor no caso relatado.

PEÇA 35 (OAB FGV V EXAME 2011)

A Indústria de Solventes Mundo Colorido S.A. requereu a falência da sociedade empresária Pintando o Sete Comércio de Tintas Ltda., com base em três notas promissórias, cada qual no valor de R$ 50.000,00, todas vencidas e não pagas. Das três cambiais que embasam o pedido, apenas uma delas (que primeiro venceu) foi protestada para fim falimentar.

Em defesa, a devedora requerida, em síntese, sustentou que a falência não poderia ser decretada porque duas das notas promissórias que instruíram o requerimento não foram protestadas. Em defesa, requereu o deferimento de prestação de uma caução real, que garantisse o juízo falimentar da cobrança dos títulos.

Recebida a defesa tempestivamente ofertada, o juiz da 4ª Vara Empresarial da Comarca da Capital do Estado do Rio de Janeiro abriu prazo para o credor se manifestar sobre os fundamentos da defesa.

Você, na qualidade de advogado(a) do credor, deve elaborar a peça em que contradite, com o apontamento dos fundamentos legais expressos e os argumentos de defesa deduzidos.

PEÇA 36 (OAB FGV VI EXAME 2011)

No dia 02.01.2005, Caio Moura foi regularmente nomeado diretor financeiro da ABC S.A., sociedade anônima aberta, tendo, na mesma data, assinado o termo de sua posse no competente livro de atas.

O artigo 35 do estatuto social da companhia era expresso em outorgar ao diretor financeiro amplos poderes para movimentar o caixa da sociedade do modo como entendesse mais adequado, podendo realizar operações no mercado financeiro sem necessidade de prévia aprovação dos outros membros da administração.

No entanto, em 03.02.2006, Caio Moura efetuou operação na então Bovespa (atualmente BM&FBovespa) que acarretou prejuízo de R$ 10.000.000,00 (dez milhões de reais) à ABC S.A.

A despeito do ocorrido, Caio Moura permaneceu no cargo até a assembleia geral ordinária realizada em 03.02.2007, por meio da qual os acionistas da companhia deliberaram (a) aprovar sem reservas as demonstrações financeiras relativas ao exercício de 2006; (b) não propor ação de responsabilidade civil contra Caio Moura; e (c) eleger novos diretores, não tendo Caio Moura sido reeleito.

A ata dessa assembleia foi devidamente arquivada na Junta Comercial do Estado do Rio Grande do Sul e publicada nos órgãos de imprensa no dia 07.02.2007.

Todavia, em 15.02.2010, ainda inconformados com a deliberação societária em questão, XZ Participações Ltda. e WY Participações Ltda., acionistas que, juntos, detinham 8% (oito por cento) do capital social da companhia, ajuizaram, em face de Caio Moura, ação de conhecimento declaratória de sua responsabilidade civil pelas referidas perdas e condenatória em reparação dos danos causados à companhia, com base nos arts. 159, § 4º, e 158, II, ambos da Lei 6.404/1976.

Esse processo foi distribuído à 1ª Vara Cível da Comarca da Capital do Estado do Rio Grande do Sul.

Citado, Caio Moura, que sempre atuou com absoluta boa-fé e visando à consecução do interesse social, procura-o. Elabore a peça adequada.

PEÇA 37 (OAB FGV VII EXAME 2012)

Mate Gelado Refrescos Ltda. celebrou contrato de compra e venda com Águas Minerais da Serra S.A., pelo qual esta deveria fornecer 100 (cem) litros d'água por dia àquela, no período de

10.12.2009 e 10.04.2010. O contrato contém cláusula compromissória para a solução de eventuais conflitos decorrentes do contrato.

As partes contratantes possuem sede no município de Maragogi, Alagoas. No entanto, no dia 04.12.2009, Águas Minerais da Serra S.A. resiliu o contrato de compra e venda. Com isso, Mate Gelado Refrescos Ltda. foi obrigada a firmar novo contrato para aquisição de água mineral, às pressas, com Águas Fonte da Saudade Ltda., única sociedade empresária do ramo disponível naquele momento.

Todavia, como a capacidade de produção de Águas Fonte da Saudade Ltda. é muito inferior à de Águas Minerais da Serra S. A., a produção de Mate Gelado Refrescos Ltda. ficou prejudicada e não foi possível atender à demanda dos consumidores pela bebida.

Instaurado o procedimento arbitral, Águas Minerais da Serra S.A., ao final, foi condenada a pagar a Mate Gelado Refrescos Ltda. o valor de R$ 200.000,00 (duzentos mil reais) pelas perdas e danos decorrentes do rompimento unilateral do contrato e falta de fornecimento do produto, tendo sido fixado na sentença arbitral o dia 25.02.2012 como termo final para o pagamento voluntário.

Contudo, Águas Minerais da Serra S.A. recusou se a cumprir voluntariamente a decisão, embora houvesse lucrado R$ 1.000.000,00 (um milhão de reais) no 4º trimestre de 2011.

Você foi procurado pelos representantes legais de Mate Gelado Refrescos Ltda. para providenciar a cobrança judicial do valor da condenação devida por Águas Minerais da Serra S.A.

Redija a peça adequada, considerando que você a está elaborando no dia 01.06.2012, e que na cidade e comarca de Maragogi, Alagoas, há somente uma única vara.

PEÇA 38 (OAB FGV VIII EXAME 2012)

Em 29.01.2010, ABC Barraca de Areia Ltda. ajuizou sua recuperação judicial, distribuída à 1ª Vara Empresarial da Comarca da Capital do Estado do Rio de Janeiro.

Em 03.02.2010, quarta-feira, foi publicada no Diário de Justiça Eletrônico do Rio de Janeiro ("DJE-RJ") a decisão do juiz que deferiu o processamento da recuperação judicial e, dentre outras providências, nomeou o economista João como administrador judicial da sociedade.

Decorridos 15 (quinze) dias, alguns credores apresentaram a João as informações que entenderam corretas acerca da classificação e do valor de seus créditos.

Quarenta e cinco dias depois, foi publicado, no DJE-RJ e num jornal de grande circulação, novo edital, contendo a relação dos credores elaborada por João.

No dia 20.04.2010, você é procurado pelos representantes de XYZ Cadeiras Ltda., os quais lhe apresentam um contrato de compra e venda firmado com ABC Barraca de Areia Ltda., datado de 04.12.2009, pelo qual aquela forneceu a esta 1.000 (mil) cadeiras, pelo preço de R$ 100.000,00 (cem mil reais), que deveria ter sido pago em 28.01.2010, mas não o foi.

Diligente, você verifica no edital mais recente que, da relação de credores, não consta o credor XYZ Cadeiras Ltda. E, examinando os autos em cartório, constata que o quadro geral de credores ainda não foi homologado pelo juiz.

Na qualidade de advogado de XYZ Cadeiras Ltda., elabore a peça adequada para regularizar a cobrança do crédito desta sociedade.

PEÇA 39 (OAB FGV IX EXAME 2012)

A sociedade de papel "ABC" Ltda. requereu a decretação da falência da sociedade empresária "XYZ" Ltda. Devidamente citada, a sociedade empresária "XYZ" Ltda. apresentou sua contestação e, para elidir a decretação da falência, requereu a prestação de uma caução real a fim de garantir o juízo falimentar. Tal pedido foi imediatamente deferido pelo juízo da 1ª Vara Cível da Comarca da Capital do Estado do Acre. Você, na qualidade de advogado da requerente "ABC" Ltda., deve elaborar a peça adequada com o objetivo de impugnar a decisão em questão, com a fundamentação e indicação dos dispositivos legais pertinentes. Suponha que o Tribunal de Justiça do Acre possui cinco Câmaras Cíveis, cinco Câmaras Criminais, nenhuma Vice-Presidência, e uma Presidência cuja competência seja distribuir quaisquer recursos para apreciação em 2º Grau de Jurisdição.

PEÇA 40 (OAB FGV X EXAME 2012)

Em 09.10.2011, Quilombo Comércio de Equipamentos Eletrônicos Ltda., com sede e principal estabelecimento em Abelardo Luz, Estado de Santa Catarina, teve sua falência requerida por Indústria e Comércio de Eletrônicos Otacílio Costa Ltda., com fundamento no art. 94, I, da Lei 11.101/2005. O devedor, em profunda crise econômico-financeira, sem condição de atender aos requisitos para pleitear sua recuperação judicial, não conseguiu elidir o pedido de falência. O pedido foi julgado procedente em 11.11.2011, sendo nomeado pelo Juiz de Direito da Vara Única da Comarca de Abelardo Luz, o Dr. José Cerqueira como administrador judicial. Ato contínuo à assinatura do termo de compromisso, o administrador judicial efetuou a arrecadação separada dos bens e documentos do falido, além da avaliação dos bens. Durante a arrecadação foram encontrados no estabelecimento do devedor 200 (duzentos) computadores e igual número de monitores. Esses bens foram referidos no inventário como bens do falido, adquiridos em 15.09.2011 de Informática e TI d'Agronômica Ltda. pelo valor de R$ 400.000,00 (quatrocentos mil reais).

Paulo Lopes, único administrador de Informática de TI d'Agronômica Ltda., procura você para orientá-lo na defesa de seus interesses diante da falência de Quilombo Comércio de Equipamentos Eletrônicos Ltda. Pelas informações e documentos apresentados, fica evidenciado que o devedor não efetuou nenhum pagamento pela aquisição dos 200 (duzentos) computadores e monitores, que a venda foi a prazo e em 12 (doze) parcelas, e a mercadoria foi recebida no dia 30.09.2011 por Leoberto Leal, gerente da sociedade.

Diligente, você procura imediatamente o Dr. José Cerqueira e verifica que consta do auto de arrecadação referência aos computadores e monitores, devidamente identificados pelas informações contidas na nota fiscal e número de série de cada equipamento. A mercadoria foi avaliada pelo mesmo valor da venda – R$ 400.000,00 – e ainda está no acervo da massa falida.

Na qualidade de advogado(a) de Informática e TI d´Agronômica Ltda., elabore a peça adequada, ciente de que não é do interesse do cliente o cumprimento do contrato pelo administrador judicial.

PEÇA 41 (OAB FGV XI EXAME 2013)

Em 27.02.2011, XYZ Alimentos S.A., companhia aberta, ajuizou ação para responsabilizar seu ex-diretor de planejamento, "M", por prejuízos causados à companhia decorrentes de venda, realizada em 27.09.2005, de produto da Companhia a preço inferior ao de mercado, em troca de vantagem pessoal.

Em sua defesa, "M" alegou que não houve a realização prévia de assembleia da companhia que houvesse deliberado o ajuizamento da demanda e que as contas de toda administração referentes ao exercício de 2005 haviam sido aprovadas pela assembleia geral ordinária, ocorrida em 03.02.2006, cuja ata foi devidamente arquivada e publicada na imprensa oficial no dia 05.02.2006, não podendo este tema ser passível de rediscussão em razão do decurso do tempo.

Em sede de recurso, a 1ª Câm. Civ. do TJPI reconheceu os fatos de que (a) não houve a prévia assembleia para aprovar ajuizamento da ação; e de que (b) as contas de "M" referentes ao exercício de 2005 foram aprovadas em uma assembleia, em cujas deliberações não se verificou erro, dolo, fraude ou simulação incorridos ou perpetrados por quem dela participou. No entanto, manteve a condenação do ex-diretor que havia sido imposta pela sentença da 1ª Instância, que entendeu prevalecer, no caso, o art. 158, I, da Lei 6.404/1976, sobre qualquer outro dispositivo legal desta Lei, sobretudo os que embasam os argumentos de "M".

Assim, na qualidade de advogado de "M" e utilizando os argumentos por ele expendidos em sua defesa, diante do acórdão proferido pelo Tribunal, elabore a peça cabível. Para tanto, suponha que o TJPI possua apenas o total de 10 Varas Cíveis, duas Câmaras Cíveis e nenhuma Vice-Presidência.

Deve ser levado em consideração, pelo examinando, que não cabem Embargos de Declaração.

PEÇA 42 (OAB FGV XII EXAME 2013)

Pedro Régis, Bernardino Batista, José de Moura e Caldas Brandão são os únicos sócios da sociedade Laticínios Zabelê Ltda. EPP. O primeiro sócio é titular de 70% (setenta por cento) do capital e os demais sócios possuem 10% (dez por cento) cada. Todos os sócios são domiciliados em Rio Tinto, Estado da Paraíba, onde também é a sede da pessoa jurídica. A administração da sociedade cabe, alternativamente, aos sócios Pedro Régis e José de Moura.

A sociedade foi constituída em 1994 e seu quadro social manteve-se inalterado até os dias atuais. O capital social, aumentado em 2010, é de R$ 1.700.000,00 (hum milhão e setecentos mil reais), totalmente integralizado.

Em 26.03.2012, Caldas Brandão ficou vencido na deliberação dos sócios, tomada em assembleia, que aprovou a ampliação do objeto social para incluir a atividade de beneficiamento e comercialização de milho. Profundamente insatisfeito com os novos rumos que a sociedade iria tomar e com os efeitos da deliberação, o sócio dissidente manifestou aos demais sócios por escrito, em 15.04.2012, sua pretensão de retirar-se da sociedade, em caráter irrevogável, caso a decisão não fosse revertida. Os sócios afirmaram que não mudariam a decisão, e que não caberia alternativa a Caldas Brandão senão conformar-se com o ocorrido, em face do princípio majoritário das deliberações sociais.

Em razão da negativa manifestada pelos demais sócios com a pretensão de retirada, Caldas Brandão procura um advogado, no dia 15.05.2012, para orientá-lo na defesa de seus interesses. Pelas informações e documentos apresentados, verifica-se que: (a) a sociedade foi constituída por prazo determinado, até 31.12.2000, prorrogada a vigência do contrato por 20 (vinte) anos, a contar de 01.01.2001; (b) o contrato social prevê a livre cessão das quotas; (c) não há cláusula de regência supletiva pela lei das sociedades por ações.

Com base nas informações prestadas e que a Comarca de Rio Tinto é de Vara Única, elabore a peça adequada na defesa dos direitos do sócio.

PEÇA 43 (OAB FGV XIII EXAME 2013)

São Domingos Livraria e Papelaria Ltda. EPP, sociedade com filial em São Cristóvão/SE, teve sua falência requerida em 22 de janeiro de 2014 pelo Banco Pinhão S/A com fundamento no artigo 94, inciso I, da Lei nº 11.101/2005. O juiz da Única Vara Cível da Comarca de São Cristóvão, Estado de Sergipe, recebeu a petição e determinou a citação por mandado do representante legal da sociedade e esta foi efetivada.

Rosa Elze, advogada da sociedade ré, recebe cópia da petição inicial no dia seguinte ao da juntada do mandado ao processo para tomar as providências cabíveis e faz as seguintes anotações:

a) o Banco Pinhão S/A é representado pelo Sr. Simão Dias, gerente empregado da agência do Banco em São Cristóvão;
b) a requerida tem suas atividades de maior vulto no local da sua sede, Aracaju/SE, onde estão domiciliados os administradores e é o centro das decisões;
c) o contrato social da devedora foi arquivado na Junta Comercial há vinte meses;
d) o pedido foi instruído com os seguintes documentos:
    i. Cheque de outra instituição financeira emitido em favor do requerente pela requerida na praça de Carira/SE, apresentado na praça de São Cristóvão/SE, no valor de R$ 1.000,00 (mil reais), devolvido após segunda apresentação, sem ter sido levado a qualquer protesto, com fundamento no artigo 47, § 1º, da Lei 7.357/1985;
    ii. Duas notas promissórias à vista, cada uma no valor de R$ 10.000,00 (dez mil reais), emitidas em 11/09/2010 e apresentadas para pagamento em 30/09/2011, figurando a requerida em ambas como endossante em branco;
    iii. Uma duplicata de venda no valor de R$ 25.000,00 (vinte e cinco mil reais), vencida em 22/11/2013, não aceita, protestada por falta de pagamento para fins falimentares e acompanhada de comprovante de recebimento da mercadoria assinado pelo gerente da filial de São Cristóvão;
    iv. Contrato de prestação de serviço com instrumento de confissão de dívida no valor de R$ 8.000,00 (oito mil reais), constatando-se que não consta, no instrumento de protesto falimentar do contrato, certidão de ter sido pessoalmente intimado o representante legal da devedora no endereço conhecido, figurando assinatura de pessoa não identificada.
    v. Cédula de crédito comercial, no valor de R$ 20.000,00 (vinte mil reais), emitida pela requerida em 10/07/2010, vencida em 10/01/2011, submetida apenas ao protesto falimentar, lavrado em 16/01/2014.

Sabendo que sua cliente não deseja efetuar pagamento via depósito em juízo para elidir o pedido, elabore a peça adequada.

PEÇA 44 (OAB FGV XIV EXAME 2014)

Carlos, Gustavo e Pedro, residentes na cidade de Fortaleza, Estado do Ceará, decidiram constituir a companhia XYZ Viagens S.A., de capital fechado, com sede naquela cidade. No estatuto social, foi estipulado que o capital social de R$ 900.000,00 (novecentos mil reais) seria dividido em 900 (novecentas) ações, sendo 300 (trezentas) preferenciais sem direito de voto e 600 (seiscentas) ordinárias, todas a serem subscritas em dinheiro pelo preço de emissão de R$ 1.000,00 (mil reais) cada. A Administração da companhia incumbirá os acionistas Carlos e Gustavo, podendo cada um representá-la alternativamente.

Cada um dos três acionistas subscreveu a quantidade total de 300 (trezentas) ações (200 ordinárias e 100 preferenciais), tendo havido a realização, como entrada, de 10% (dez por cento) do preço de emissão. Em relação ao restante, os acionistas comprometeram-se a integralizá-lo até o dia 23/03/2013, de acordo com os respectivos boletins de subscrição devidamente assinados. No entanto, Pedro não integralizou o preço de emissão de suas ações.

Carlos e Gustavo optaram por exigir a prestação de Pedro, pois não desejavam promover a redução do capital social da companhia, nem excluir Pedro para admitir novo sócio. A sociedade não publicou aviso de chamada aos subscritores por ser desnecessário. Carlos e Gustavo, munidos dos respectivos boletins de subscrição, o procuraram para demandar em Juízo contra Pedro.

Elabore a peça processual adequada na defesa dos direitos da companhia para receber as importâncias devidas por Pedro.

PEÇA 45 (OAB FGV XV EXAME 2014)

As sociedades Porto Franco Reflorestamento Ltda., Fortuna Livraria e Editora Ltda. e Cia. Cedral de Papel e Celulose constituíram sociedade em conta de participação, sendo as duas primeiras sócias participantes e a última, sócia ostensiva. O contrato vigorou por quatro anos, até maio de 2014, quando foi extinto por instrumento particular de distrato, sem que houvesse, posteriormente, o ajuste de contas por parte da companhia com as sócias participantes, referente ao ano de 2013 e aos meses de janeiro a maio de 2014.

O objeto da conta de participação era a realização de investimentos na atividade da sócia ostensiva para fomentar a produção de papel para o objeto de Fortuna Livraria e Editora Ltda. e a aquisição de matéria-prima de Porto Franco Reflorestamento Ltda.

O contrato estabeleceu como foro de eleição a cidade de Tuntum, Estado do Maranhão, Comarca de Vara Única.

As sócias participantes o procuram para, na condição de advogado, propor a medida judicial que resguarde seus interesses.

Elabore a peça adequada com base nas informações prestadas pelas clientes e nas disposições legais concernentes ao tipo societário.

PEÇA 46 (OAB FGV XVI EXAME 2014)

João Santana, administrador de Supermercados Porto Grande Ltda., lhe procura para que tome providências para a cobrança imediata de vários débitos assumidos pela sociedade Ferreira Gomes & Cia. Ltda. Tal sociedade está em grave crise econômico-financeira desde 2012, com vários títulos protestados, negativação em cadastros de proteção ao crédito e execuções individuais ajuizadas por credores.

O cliente apresenta a você os seguintes documentos:

a) uma nota promissória subscrita por Ferreira Gomes & Cia. Ltda. no valor de R$ 4.500,00 (quatro mil e quinhentos reais), vencida em 30/9/2013, apresentada a protesto em 17/03/2014, com medida judicial de sustação de protesto deferida e em vigor;

b) boleto de cobrança bancária no valor de R$ 12.900,00 (doze mil e novecentos reais) referente ao fornecimento de alimentos no período de janeiro a março de 2014, vencido, com repactuação de dívida com parcelamento em seis meses, a contar de outubro de 2014.

c) 23 (vinte e três) duplicatas de compra e venda, acompanhadas das respectivas faturas, vencidas entre os meses de janeiro de 2013 e fevereiro de 2014, no valor total de R$ 31.000,00 (trinta e um mil reais), todas aceitas pelo sacado Ferreira Gomes & Cia. Ltda. e submetidas ao protesto falimentar em 26/03/2014.

Por fim, solicita o cliente a propositura da medida judicial apta a instauração de execução coletiva dos bens do devedor em caso de procedência do pedido.

Elabore a peça adequada, sabendo-se que:

i) a devedora tem um único estabelecimento, denominado "Restaurante e Lanchonete Tartarugal", situado em Macapá/AP;

ii) o Decreto sobre a Organização e Divisão Judiciárias do Estado do Amapá determina ser a Comarca de Macapá composta de 06 (seis) Varas Cíveis, competindo aos respectivos Juízes processar e julgar os feitos de natureza comercial.

PEÇA 47 (OAB FGV XVII EXAME 2015)

Pereira Barreto, empresário individual, falido desde 2011, teve encerrada a liquidação de todo o seu ativo abrangido pela falência. No relatório final apresentado ao juiz da falência pelo administrador judicial, indicando o valor do ativo e o do produto de sua realização, o valor do passivo e o dos pagamentos feitos aos credores, consta que a massa falida realizou o pagamento integral aos credores não sujeitos a rateio, excluídos os juros vencidos após a decretação da falência. Em relação a esse grupo (créditos quirografários), o percentual de pagamento atingido foi de 47% (quarenta e sete) por cento do total, com depósito judicial efetuado pelo falido do valor de R$ 19.000,00 (dezenove mil reais) para atingir mais da metade do total dos créditos.

Não foi ainda prolatada sentença de encerramento da falência. Pereira Barreto pretende retornar ao exercício de sua empresa individual, porém depende de uma providência de seu advogado para que tal intento seja possível.

Durante o processo de falência o falido não foi denunciado por nenhum dos crimes previstos na Lei especial.

Elabore a peça adequada, considerando que o Juízo da falência e o local do principal estabelecimento do falido estão situados em Duartina, Estado de São Paulo, Comarca de Vara Única.

PEÇA 48 (OAB FGV XVIII EXAME 2015)

Álvares Indústria e Comércio S/A propôs ação de conhecimento sob o rito ordinário em face de Borba Indústria e Comércio de Móveis S/A. A ação, que tramitou na 1ª Vara da Comarca de Itacoatiara, Estado do Amazonas, teve por objeto:

a) a busca e apreensão de produtos nos quais foi utilizada indevidamente a marca "Perseu" de propriedade da autora;

b) a abstenção dos atos de concorrência desleal de comercialização pela Ré de qualquer produto com a utilização da marca, sob pena de multa (pedido cominatório);

c) abstenção de fazer qualquer uso da expressão "Persépolis", sob qualquer modo ou meio gráfico, sozinha ou associada a qualquer outra expressão que se assemelhe com a marca "Perseu";

d) condenação ao pagamento de danos materiais e morais derivados da comercialização indevida de produtos objeto de contrafação.

O juízo de primeira instância julgou procedente em parte o pedido, reconhecendo que as expressões "Perseu" e "Persépolis" apresentam semelhanças capazes de causar imediata confusão ao consumidor, não podendo ambas coexistir licitamente no mesmo segmento de mercado e que a Ré utilizou indevidamente a marca da autora. A sentença determinou (i) que a Ré se abstenha de fazer qualquer uso da marca "Perseu" e da expressão "Persépolis", sob qualquer modo ou meio gráfico, sozinha ou associada a qualquer outra expressão que se assemelhe com a marca "Perseu" de propriedade do autor, sob pena de multa diária fixada em R$ 5.000,00 (cinco mil reais), (ii) a busca e apreensão de produtos em que foram utilizadas, indevidamente, a marca "Perseu" e a expressão "Persépolis". Os pedidos de condenação em danos morais e materiais foram julgados improcedentes sob os seguintes fundamentos: Quanto aos danos materiais: "Não tendo o Autor do pedido indenizatório pela contrafação da marca demonstrado na instrução probatória que deixou de vender seus produtos em razão da contrafação, não se caracteriza dano efetivo e direto indenizável. Tratando-se de fato constitutivo do direito, o prejuízo não se presume. Portanto, descabe dano material em caso de não comercialização dos produtos com a marca falsificada." Quanto aos danos morais: "No caso vertente, em que pese a contrafação, não se produziu qualquer prova tendente a demonstrar que o nome da Autora foi prejudicado em razão da semelhança das expressões 'Perseu' e 'Persépolis' nos produtos da Ré. Ademais, os direitos da personalidade são inerentes e essenciais à pessoa humana, decorrentes de sua dignidade, não sendo as pessoas jurídicas titulares de tais direitos." Intimadas as partes da prolação da decisão, Benjamin Figueiredo, administrador e acionista controlador da sociedade autora, insatisfeito com a procedência parcial dos pedidos, pretende que a decisão seja reformada na instância superior. Elabore a peça adequada para a defesa dos interesses da cliente

PEÇA 49 (OAB FGV XIX EXAME 2016)

Cimbres Produtora e Exportadora de Frutas Ltda. aprovou em assembleia de sócios específica, por unanimidade, a propositura de medida judicial para evitar a decretação de sua falência, diante do gravíssimo quadro de crise de sua empresa. O sócio controlador João Alfredo, titular de 80% do capital social, instruiu o administrador Afrânio Abreu e Lima a contratar os serviços profissionais de um advogado.

A sociedade, constituída regularmente em 1976, tem sede em Petrolina/PE e uma única filial em Pilão Arcado/BA, local de atividade inexpressiva em comparação com a empresa desenvolvida no lugar da sede. O objeto social é o cultivo de frutas tropicais em áreas irrigadas, o comércio atacadista de frutas para distribuição no mercado interno e a exportação para a Europa de dois terços da produção. Embora a sociedade passe atualmente por crise de liquidez, com vários títulos protestados no cartório de Petrolina, nunca teve necessidade de impetrar medida preventiva à falência. O sócio João Alfredo e os administradores nunca sofreram condenação criminal.

Na reunião profissional com o advogado para coleta de informações necessárias à propositura da ação, Afrânio informou que a crise econômica mundial atingiu duramente os países europeus da Zona do Euro, seu principal e quase exclusivo mercado consumidor. As quedas sucessivas no volume de exportação, expressiva volatilidade do câmbio nos últimos meses, dificuldades de importação de matérias-primas, limitação de crédito e, principalmente, a necessidade de dispensa de empregados e encargos trabalhistas levaram a uma forte retração nas vendas, refletindo gravemente sobre liquidez e receita. Assim, a sociedade se viu, com o passar dos meses da crise mundial, em delicada posição, não lhe restando outra opção, senão a de requerer, judicialmente, uma medida para viabilizar a superação desse estado de crise, vez que vislumbra maneiras de preservar a empresa e sua função social com a conquista de novos mercados no país e na América do Norte.

A sociedade empresária, nos últimos três anos, como demonstra o relatório de fluxo de caixa e os balancetes trimestrais, foi obrigada a uma completa reestruturação na sua produção, adquirindo equipamentos mais modernos e insumos para o combate de pragas que também atingiram as lavouras. Referidos investimentos não tiveram o retorno esperado, em razão da alta dos juros dos novos empréstimos, o que assolou a economia pátria, refletindo no custo de captação.

Para satisfazer suas obrigações com salários, tributos e fornecedores, não restaram outras alternativas senão novos empréstimos em instituições financeiras, que lhe cobraram taxas de juros altíssimas, devido ao maior risco de inadimplemento, gerando uma falta de capital de giro em alguns meses. Dentro desse quadro, a sociedade não dispõe, no momento, de recursos financeiros suficientes para pagar seus fornecedores em dia. O soerguimento é lento e, por isso, é indispensável a adoção de soluções alternativas e prazos diferenciados e mais longos, como única forma de evitar-se uma indesejável falência.

Elabore a peça adequada e considere que a Comarca de Petrolina/PE tem cinco varas cíveis, todas com competência para processar e julgar ações de natureza empresarial.

PEÇA 50 (OAB FGV XX EXAME 2016)

Distribuidora de Medicamentos Mundo Novo Ltda. foi dissolvida em razão do falecimento do sócio Pedro Gomes, ocorrido em 2013, com fundamento no art. 1.035 do Código Civil. A sociedade foi constituída, em 1997, para atuar na comercialização de medicamentos e sempre atuou nesta atividade.

Para manter a clientela do estabelecimento, mesmo após a dissolução da sociedade, Iguatemi, única sócia de Pedro Gomes, requereu seu registro como empresária individual, e, com o deferimento, prosseguiu, agora em nome próprio, a empresa antes exercida pela sociedade.

O estabelecimento onde foi instalada a sociedade está situado na cidade de Chapadão do Sul, Estado de Mato Grosso do Sul. O imóvel é alugado desde a constituição da sociedade, sendo locadora a Imobiliária Três Lagoas Ltda. A vigência inicial do contrato foi de 3 (três) anos, tendo sido celebrados contratos posteriores por igual prazo, sucessiva e ininterruptamente. Durante a vigência do último contrato, que expirou em setembro de 2015, a sociedade limitada foi dissolvida. Diante da continuidade da empresa posterior à dissolução da sociedade limitada, por Iguatemi, como empresária individual, esta procurou o locador e lhe apresentou proposta de novo aluguel, que foi rejeitada sem justificativa plausível.

Em abril de 2014, temendo o prejuízo ao estabelecimento empresarial já consolidado, a perda considerável de clientela e os efeitos nefastos da transferência para outra localidade, Iguatemi procurou sua advogada para que esta propusesse a medida judicial que assegurasse sua permanência no imóvel, informando que o valor atual do aluguel mensal é de R$ 17.000,00 (dezessete mil reais) e que contratou seguro de fiança locatícia.

Considerando que na Comarca de Chapadão do Sul/MS existem apenas duas varas (1ª e 2ª), competindo ao Juiz da 1ª Vara o julgamento de ações cíveis, elabore a peça adequada.

PEÇA 51 (OAB FGV XXI EXAME 2016)

Em 31/10/2012, quarta-feira, Peçanha, domiciliado e residente na Rua X, casa Y, nº 1, na cidade de São Lourenço/MG, adquiriu eletrodomésticos no valor de R$ 100.000,00 (cem mil reais), do Lojão Chalé Ltda., EPP, tendo sido emitida, na mesma data, uma nota promissória em caráter pro solvendo no valor de R$ 100.000,00 (cem mil reais), com vencimento para o dia 25/01/2013, sexta-feira, dia útil no lugar do pagamento.

Em 05/01/2017, quinta-feira, o Sr. Fabriciano Murta, administrador e representante legal da credora, procura você munido de toda a documentação pertinente ao negócio jurídico mencionado. A cliente pretende a cobrança judicial do valor atualizado e com consectários legais de R$ 280.000,00 (duzentos e oitenta mil reais) por não ter sido adimplida a obrigação no vencimento pelo devedor e restadas infrutíferas as tentativas de cobrança amigável.

Elabore a peça adequada, eficaz e pertinente para a defesa do interesse da cliente e considere que a Comarca de São Lourenço/MG tem duas varas com competência concorrente para julgamento de matérias cíveis.

PEÇA 52 (OAB FGV XXII EXAME 2017)

Ana Arquitetos Associados S/S é uma sociedade simples com contrato arquivado no Registro Civil de Pessoas Jurídicas da Comarca de Guarapuava/PR, capital de R$ 40.000,00 (quarenta mil reais) e sede no mesmo município. A sociedade é composta pela sócia Ana, detentora de 40% do capital social, e pelos sócios Braga, Telêmaco e Guaraci, detentores, cada um, de 20% do capital social.

A administração da sociedade é exercida, cumulativamente, pelos sócios Braga e Guaraci. Os sócios são domiciliados no lugar da sede social. Decorridos nove anos da constituição da sociedade, Ana vem tentando dissolvê-la por distrato, sem sucesso, por não concordar com certas decisões administrativas de Braga e Guaraci, apoiadas pelo sócio Telêmaco.

Ana, em vez de exercer seu direito de retirada, passou a atuar de modo velado em projetos de arquitetura com sociedades concorrentes nas cidades de Cascavel e Ponta Grossa, dentro da área de atuação da sociedade simples. Além disso, ela passou a atrasar, deliberadamente, a entrega de projetos aos clientes de Guarapuava e Prudentópolis, bem como a disseminar mensagens de correio eletrônico com notícias inverídicas sobre a vida particular dos sócios e sobre os administradores estarem dilapidando o patrimônio social, bem como se apropriando de bens da sociedade para uso próprio. Os demais sócios conseguiram algumas dessas mensagens de correio eletrônico e confrontaram Ana, que confirmou a autoria e disse que não mudaria sua atitude. Além da insustentabilidade da harmonia entre os sócios e total desaparecimento de *affectio societatis* em relação a Ana, o faturamento da pessoa jurídica foi sensivelmente reduzido, porque os principais clientes já estavam cancelando contratos ou devolvendo propostas de serviços confirmadas, como provam as notificações recebidas pelos sócios e correspondências.

Com base nos dados do enunciado, elabore a peça processual adequada considerando que o Código de Organização e Divisão Judiciárias do Estado do Paraná determina ser de entrância final a Comarca de Guarapuava, composta por 03 (três) Varas Cíveis e da Fazenda Pública, competindo aos respectivos Juízes processar e julgar os feitos de natureza comercial. Elabore a peça processual adequada.

PEÇA 53 (OAB FGV XXIII EXAME 2017)

Em maio de 2014, os quatro sócios de Santa Mariana Farmacêutica Ltda. aprovaram, por unanimidade, a alteração do objeto social com restituição de quatro imóveis do patrimônio da sociedade aos sócios Andrea, Bruno, Carlos e Denise.

Os sócios Andrea e Bruno, casados em regime de separação parcial, receberam dois imóveis da sociedade e, em 11 de setembro de 2014, realizaram doação com reserva de usufruto vitalício para Walter e Sandra, seus dois filhos com 7 (sete) e 3 (três) anos de idade. Em 27 de junho de 2017, foi decretada a falência da sociedade empresária pelo juiz da Comarca de Vara Única de Laranja da Terra/ES.

O administrador judicial Barbosa Ferraz descobriu que as doações são fortes indícios do intuito fraudulento de todos os sócios na dilapidação patrimonial em prejuízo dos credores. No caso de Andrea e Bruno e seus filhos Walter e Sandra, verifica-se que as doações em benefício dos próprios filhos dos sócios de tenra idade ocorreram sem qualquer justificativa, a evidenciar a clara intenção de ocultação de bens passíveis de constrição para pagamento das obrigações decorrentes do exercício da empresa.

A crise da empresa já se anunciava desde 2013, quando os balanços patrimoniais começam a revelar a elevação dos prejuízos, a diminuição da receita e o aumento de ações de cobrança. Assim, foi engendrada a trama que pôs a salvo o patrimônio pessoal dos sócios, esvaziando a possibilidade dos credores de alcançá-los para a solvência de dívida, ao mesmo tempo em que Andrea e Bruno resguardaram o direito de uso, administração e percepção dos frutos dos bens que só seriam de posse dos donatários após o falecimento destes.

No caso os sócios Carlos e Denise, verifica-se que eles alienaram os outros dois imóveis recebidos a Xavier, três dias depois do requerimento de falência, sendo no mesmo dia realizada a prenotação no Registro de Imóveis. O administrador descobriu que Xavier é um ex-empregado da sociedade falida, que foi testemunha nas escrituras de doação dos imóveis por Andrea e Bruno e trabalha atualmente como contador para Denise.

De posse da ata da assembleia de maio de 2014, do traslado das escrituras de doação e alienação dos imóveis e das certidões do Registro de Imóveis que lhe foram entregues pelo administrador judicial, o advogado irá tomar as providências cabíveis em defesa dos interesses da massa falida. Elabore a peça processual adequada.

PEÇA 54 (OAB FGV XXIV EXAME)

Padaria e Confeitaria São João Marcos Ltda., ME, ajuizou ação executiva por título extrajudicial para cobrança de valores relativos a dois cheques emitidos por Trajano de Morais, em 19/06/2016. O primeiro cheque foi emitido em 24/10/2015, no valor de R$ 7.500,00 (sete mil e quinhentos reais), e o segundo, em 28/12/2015, no valor de R$ 15.000,00 (quinze mil reais). Os cheques foram emitidos em Rio Claro/RJ, pagáveis nessa mesma cidade, e possuem garantia pessoal cambiária firmada por Vitor Silva no anverso, em favor do emitente. Trajano de Morais e Vitor Silva foram incluídos no polo passivo da execução.

O juiz da Comarca de Rio Claro, de Vara Única, despachou a inicial da ação executiva e determinou a citação dos réus para as providências legais. Vitor Silva, citado regularmente, procura você para patrocinar a defesa na ação. Tendo acesso aos autos do processo no dia 13/07/2016, você verifica que:

I. o emitente nomeou bens à penhora, com termo de penhora de gado e juntada de laudo de avaliação ao processo;

II. o oficial de justiça certificou nos autos a juntada do mandado de citação dos réus, no dia 10/07/2016;

III. os cheques não são pós-datados, tendo o primeiro sido apresentado para compensação no dia 20/11/2015 e devolvido na mesma data por insuficiência de fundos disponíveis (há carimbo de devolução do primeiro cheque no verso da cártula); o segundo foi apresentado na agência sacada em Rio Claro pelo beneficiário e exequente, no dia 12/01/2016, sendo também devolvido pelo mesmo motivo do primeiro cheque;

IV. os cheques não foram protestados.

Com base nas informações contidas no enunciado, elabore a peça processual adequada.

PEÇA 55 (OAB FGV XXV EXAME)

Demerval Lobo, ex-empresário individual enquadrado como microempresário, requereu e teve deferida a transformação de seu registro em Empresa Individual de Responsabilidade Limitada

(EIRELI), que foi enquadrada como microempresa. Alguns meses após o início das atividades da EIRELI (Sorvetes União EIRELI ME), o patrimônio de Demerval Lobo foi substancialmente diminuído, com sucessivas transferências de valores de suas contas particulares para as contas da pessoa jurídica, que já era titular do imóvel onde estava situada a sede. Por outro lado, as dívidas particulares de Demerval Lobo cresceram em proporção inversa, acarretando inúmeros inadimplementos com os credores.

Gervásio Oliveira, um dos credores particulares de Demerval Lobo por obrigação contraída após a transformação do registro, ajuizou ação de cobrança para receber quantias provenientes de contrato de depósito. Logo após a citação do réu, o autor descobriu que as contas correntes do devedor tinham sido encerradas e o imóvel em que residia foi alienado para a EIRELI, tendo prova desse fato por meio de certidão do Registro de Imóveis da Comarca de Cocal, Estado do Piaui.

A advogada de Gervásio Oliveira foi autorizada por ele a propor a medida judicial cabível, no curso da ação de conhecimento, para atingir o patrimônio da pessoa jurídica e, dessa forma, garantir o pagamento da dívida do devedor. Considere que a ação de cobrança tramita na 2ª Vara da Comarca de Campo Maior, Estado do Piauí. Elabore a peça processual adequada.

PEÇA 56 (OAB FGV XXV EXAME)

Distribuidora de Alimentos WWA S/A, João Paulo e Daniela, todos acionistas de Sociedade Anônima T. Borba Celulose, propuseram ação de responsabilidade civil, no dia 31 de maio de 2016, em face de João Silva e Antônio dos Santos, ex-administradores. O feito foi distribuído para a Primeira Vara Cível de Lages/SC. Os autores sustentam que durante o exercício social de 2015, quando João Silva e Antônio dos Santos eram, respectivamente, diretor de operações e diretor de produção, realizaram 6 (seis) operações de compra de máquinas industriais importadas, entre os meses de junho a novembro de 2015, mas não seguiram as prescrições determinadas pela Secretaria da Receita Federal (SRF) para liberação da mercadoria e pagamento de tributos incidentes.

A Sociedade Anônima T. Borba Celulose, segundo os autores, teve manifesto prejuízo com o pagamento das multas e restrições cadastrais junto a SRF. Os ex-administradores não tomaram qualquer medida para regularizar a situação fiscal da companhia e adimplir o referido débito. Em razão destes atos dolosos, a companhia teve um prejuízo de R$ 4.400.000,00 (quatro milhões e quatrocentos mil reais), valor sem atualização e juros moratórios. O balanço patrimonial do exercício social de 2015 foi aprovado, sem reservas, pela assembleia geral ordinária realizada em 25 de abril de 2016 e a ata publicada no órgão oficial e em jornais de grande circulação, em 29 de abril de 2016. Segundo os autores, os réus não deram nenhuma explicação pelos atos de sua responsabilidade e os acionistas que aprovaram o balanço o fizeram por desconhecimento técnico e boa-fé. Distribuído o feito, realizada a audiência de conciliação pelas partes em 27 de julho de 2016, quarta-feira, não houve autocomposição.

A advogada dos ex-administradores João Silva e Antônio dos Santos deve tomar as providências cabíveis no processo. Ao ler a petição inicial ela deve verificar a data da propositura da ação. Ao ter acesso aos documentos, como a ata da assembleia, as demonstrações financeiras e os documentos da administração, ela irá constatar que, até o presente momento, não foi ajuizada nenhuma ação para anular a deliberação que aprovou sem ressalvas as demonstrações financeiras. Além disso, os prejuízos à companhia imputados a seus clientes, na verdade, decorrem de atos ilícitos praticados por prepostos das sociedades importadoras, que deixaram de praticar os atos exigidos pela SRF para liberação da carga. Elabore a peça adequada.

PEÇA 57 (OAB FGV XXV EXAME)

Em 15 de maio de 2017, Magda emprestou a seu irmão Simão Escada, empresário individual enquadrado como microempresário, a quantia de R$ 80.000,00 (oitenta mil reais) para reformar e ampliar seu estabelecimento empresarial, situado na cidade de São Paulo, lugar acordado para o pagamento.

Em razão do parentesco consanguíneo entre as partes, Magda não exigiu de Simão documento escrito que consubstanciasse promessa de pagamento em dinheiro a prazo, confissão de dívida, bem como não há contrato escrito. Entretanto, o negócio jurídico pode ser comprovado por pessoas que podem atestar em juízo o emprego dos recursos providos por Magda a Simão Escada para aplicação em sua empresa.

Em 20 de setembro de 2017, data do vencimento, Simão Escada não realizou o pagamento e persiste nessa condição, mesmo diante de todas as tentativas amigáveis da credora, inclusive a notificação extrajudicial.

Sabendo-se que na Comarca de São Paulo/SP existe mais de um Juízo Cível competente, e que a dívida com os consectários legais, até a data de propositura da ação, atinge o valor de R$ 87.300,00 (oitenta e sete mil e trezentos reais), elabore a peça processual adequada.

PEÇA 58 (OAB FGV XXVII EXAME)

Com lastro em contrato de abertura de crédito celebrado com o Banco Arroio Grande S/A, Ijuí Alimentos Ltda. emitiu uma cédula de crédito bancário em 02 de dezembro de 2015, com vencimento em 02 de janeiro de 2018.

Pedro e Osório figuraram na cédula como avalistas simultâneos do emitente.

Sabe-se que a cédula de crédito bancário em comento contém cláusula de eleição de foro, na qual restou pactuado que a comarca de Porto Alegre/RS seria o foro competente para resolução de eventuais litígios entre as partes.

Trinta dias após o vencimento do título, sem que tal obrigação tenha sido adimplida, nem proposta moratória ou renegociação por parte do emitente, o Banco Arroio Grande S/A tomou conhecimento, por meio de anúncio publicado em jornal de grande circulação, de que Ijuí Alimentos Ltda. colocara à venda o único bem de sua propriedade: um imóvel de elevado valor no mercado.

Considerando o não pagamento do título e a natureza do título em que se acha consubstanciado o crédito, o credor deseja promover a cobrança judicial dos responsáveis pelo pagamento, bem como requerer medida no intuito de acautelar seu crédito, tendo em vista a iminência da venda do único bem de propriedade do devedor, considerando que o valor atualizado da dívida é de R$ 530.000,00 (quinhentos e trinta mil reais), com os juros capitalizados, despesas e encargos.

Elabore a peça processual adequada.

PEÇA 59 (OAB FGV XXVIII EXAME)

A sociedade empresária Refrigeração Canhoba S/A arrendou o imóvel onde está localizado um de seus estabelecimentos, situado em Capela/SE, para a sociedade Riachuelo, Salgado & Cia Ltda. A arrendatária atua no mesmo ramo de negócio da arrendadora.

O contrato, celebrado em 13 de janeiro de 2015, tem duração de cinco anos e estabeleceu, como foro de eleição, a cidade de Capela/SE. Não há previsão, no contrato, quanto à vedação ou à possibilidade de concorrência por parte do arrendador.

Em 22 de novembro de 2017, Tobias Barreto, administrador e representante legal da arrendatária, procura você e narra-lhe o seguinte: durante os dois primeiros anos do contrato, o arrendador absteve-se de fazer concorrência ao arrendatário em Capela e nos municípios de Aquidabã e Rosário do Catete, áreas de atuação do arrendatário e responsáveis pela totalidade do seu faturamento. No entanto, a partir de março de 2017, os sócios de Riachuelo, Salgado & Cia Ltda. perceberam a atuação ofensiva de dois representantes comerciais, X e Y, que passaram a captar clientes desta sociedade, tendo como preponente a sociedade arrendadora. Os representantes comerciais começaram a divulgar informações falsas sobre os produtos comercializados pelo arrendatário, bem como as entregas não estavam sendo feitas, ou eram realizadas com atraso. Um dos sócios da arrendatária conseguiu obter o depoimento informal de clientes procurados por esses representantes, que agiam a mando da arrendadora, oferecendo generosas vantagens para que deixassem de negociar com ela.

Desde a atuação dos dois representantes comerciais, o faturamento da arrendatária paulatinamente passou a decrescer. O auge da crise ocorreu em junho de 2017, quando a arrendadora alugou um imóvel no centro de Capela e passou a divulgar, entre os clientes e nos anúncios em material impresso, descontos, vantagens e promoções para desviar a clientela da arrendatária. Com essas medidas, o faturamento de Riachuelo, Salgado & Cia Ltda. despencou, sofrendo, entre julho e outubro de 2017, um prejuízo acumulado de R$ 290.000,00 (duzentos e noventa mil reais). A intenção da arrendatária é que a arrendadora se abstenha de praticar os atos anticoncorrenciais, desfazendo as práticas narradas, sob pena de ter que desfazê-los à sua custa, ressarcindo o arrendatário dos prejuízos. Há urgência na obtenção de provimento jurisdicional para cessação das práticas desleais de concorrência. Considerando que a comarca de Capela/SE possui três varas sem nenhuma especialização e que, conforme seu estatuto, a sociedade empresária Refrigeração Canhoba S/A é representada por seu diretor-presidente, Sr. Paulo Pastora, elabore a peça processual adequada.

PEÇA 60 (OAB FGV XXIX EXAME)

O microempreendedor individual Teófilo Montes emitiu em caráter *pro soluto*, no dia 11 de setembro de 2013, nota promissória à ordem, no valor de R$ 7.000,00 (sete mil reais), em favor de Andradas, Monlevade & Bocaiúva Ltda., pagável no mesmo lugar de emissão, cidade de Cláudio/MG, comarca de Vara única e sede da credora. Não há endosso na cártula nem prestação de aval à obrigação do subscritor. O vencimento da cártula ocorreu em 28 de fevereiro de 2014, data de apresentação a pagamento ao subscritor, que não o efetuou. Não obstante, até a presente data não houve o ajuizamento de qualquer ação judicial para sua cobrança, permanecendo o débito em aberto. Sem embargo, a sociedade empresária beneficiária levou a nota promissória a protesto por falta de pagamento, tendo sido lavrado o ato notarial em 7 de março de 2014.

Persiste o registro do protesto da nota promissória no tabelionato e, por conseguinte, a inadimplência e o descumprimento de obrigação do subscritor.

Teófilo Montes procura você, como advogado, e relata que não teve condições de pagar a dívida à época do vencimento e nos anos seguintes. Contudo, também não recebeu mais nenhum contato de cobrança do credor, que permanece na posse da cártula.

A intenção do cliente é extinguir o registro do protesto e seus efeitos, diante do lapso de tempo entre o vencimento da nota promissória e seu protesto, de modo a "limpar seu nome" e eliminar as restrições que o protesto impõe à concessão de crédito. Com base nos fatos relatados, elabore a peça processual adequada.

PEÇA 61 (OAB FGV XXX EXAME)

O pedido de recuperação judicial de *Praia Norte S/A* foi processado pelo Juízo da 1ª Vara Cível da Comarca da Porto Nacional/TO.

Tempestivamente foi apresentado o plano de recuperação e, como esse sofreu objeção por parte de credores trabalhistas, foi realizada assembleia na forma do art. 56, *caput*, da Lei n. 11.101/2005. O referido plano foi aprovado por todas as quatro classes de credores presentes à assembleia geral realizada em 11.7.2019.

Na referida assembleia, o *Banco Riachinho S/A*, como credor quirografário, classe III, votou contra a aprovação do plano, por discordar do deságio de 80% (oitenta por cento) previsto para a mesma classe III, além da carência de dois anos para início do pagamento e prazo de 12 anos para integralização do pagamento. O credor considerou que a recuperanda age de má-fé com tal proposta, mas ficou vencido na votação.

Antes da concessão da recuperação judicial, você, advogado(a) do *Banco Riachinho*, já havia peticionado ao Juízo para que exercesse o controle de legalidade no momento da homologação da decisão da assembleia e concessão do favor legal, no sentido de:

a) decretar a ineficácia da cláusula 5.4 (novação dos créditos em face dos coobrigados e garantidores, e proibição de ajuizamento/prosseguimento de ações em face deles) perante os credores sujeitos aos efeitos da recuperação judicial que votaram contrariamente à aprovação do plano, e todos aqueles que estiverem ausentes.

   Nos termos em que foi aprovada, a referida cláusula sujeita qualquer credor a seus efeitos, inclusive o *Banco Riachinho*, que foi expressamente contrário a ela;

b) restringir os efeitos da cláusula 5.5 apenas aos credores sujeitos aos efeitos da recuperação judicial, nos termos do *caput* do art. 49 da Lei n. 11.101/2005.

   A referida cláusula prevê que todos os credores, após a aprovação do plano, não mais poderão: (a) ajuizar ou prosseguir qualquer ação, execução ou processo judicial de qualquer tipo relacionado a qualquer crédito; (b) executar qualquer sentença judicial, decisão judicial ou sentença arbitral relacionada a qualquer crédito; (c) requerer penhora de quaisquer bens da companhia para satisfazer seus créditos; (d) criar, aperfeiçoar ou executar qualquer garantia real sobre bens e direitos da companhia para assegurar o pagamento de seus créditos; (f) buscar a satisfação de seus créditos por quaisquer outros meios.

   O *Banco Riachinho* também é titular de créditos com garantia fiduciária sobre imóveis constituídos antes e após o pedido de recuperação. Com essa cláusula e sua vigência a partir da concessão da recuperação, o credor terá seu direito de ação diretamente atingido.

c) declarar a nulidade da cláusula 5.6, que prevê a necessidade de nova convocação de assembleia geral de credores no caso de descumprimento do plano, sem convolação imediata da recuperação em falência.

Sem atender ao peticionamento do(a) advogado(a), o juiz homologou *in totum* o plano de recuperação e, na forma do art. 45 c/c o art. 58, *caput*, concedeu a recuperação judicial da devedora, não estando presentes quaisquer situações de obscuridade, contradição, omissão ou erro material na decisão. A decisão foi publicada e os advogados das partes intimados.

Na fundamentação, o juiz *a quo* considerou que, a despeito de o plano estar sujeito ao controle judicial, as cláusulas atacadas foram aprovadas por mérito da soberana vontade da assembleia geral de credores e se referem a direitos patrimoniais disponíveis. Com isso, os credores dissidentes, como o *Banco Riachinho S/A*, ficam sujeitos aos efeitos da novação (art. 59 da Lei n. 11.101/2005).

Elabore a peça processual adequada, considerando que o *Banco Riachinho* não se conforma com a decisão e pretende reformá-la.

PEÇA 62 (OAB FGV XXXI EXAME)

Uiramutã Consultores Ambientais é uma sociedade simples, constituída em 2005, por prazo indeterminado, com contrato arquivado no Registro Civil de Pessoas Jurídicas da Comarca de Boa Vista/RR, local de sua sede. A sociedade é composta por seis sócios, a saber: Luís, João, Iracema, Bonfim, Normandia e Elena. A administração da sociedade é exercida, exclusivamente, pela sócia Iracema. Cada sócio é titular de quotas representativas de 20% (vinte por cento) do capital, exceto os sócios Luís e Bonfim, que possuem, cada um, quotas representativas de 10% (dez por cento) do capital. O capital encontra-se integralizado.

Até o ano de 2018, as relações entre os sócios eram cordiais e o ambiente extremamente favorável à realização do objeto social, pois todos os sócios, amigos de longa data, tinham formação e atuação na área ambiental. A partir do início de 2019, começaram a surgir sérias desavenças entre os sócios Luís e Normandia e os demais, sobretudo com a administradora Iracema, a quem imputavam omissão na prestação de contas e embaraço na apresentação do balanço patrimonial.

Em dezembro de 2019, tornando-se insustentável a permanência na sociedade, sem apoio às suas demandas pelos demais sócios, Luís e Normandia decidem se retirar dela, notificando os demais sócios do exercício de seu direito potestativo com a antecedência prevista na lei, realizando-se, nos trinta dias seguintes, a averbação da resolução da sociedade no registro próprio. Todavia, até a presente data, a sociedade não efetivou a apuração de haveres, argumentando que tal providência demanda alteração contratual para fixar o critério de liquidação das quotas dos ex-sócios, ausente esse critério no contrato no momento da retirada.

Você, como advogado(a), é procurado(a) para defender em juízo os interesses dos ex-sócios, em especial pela inércia da sociedade e dos demais sócios em proceder à apuração de haveres e lhes apresentar o resultado da liquidação das quotas, o que inviabiliza qualquer pagamento ou verificação dos elementos do patrimônio que foram considerados no cálculo.

Elabore a peça processual adequada, considerando que a Comarca de Boa Vista/RR tem seis Varas Cíveis.

Gabarito das peças práticas (OAB e exercícios propostos)

RESOLUÇÃO DA PEÇA 1 (OAB MG 2006/02)

Quem pediu: tutor dos menores.

Peça: parecer.

Fundamento legal: arts. 974 e 975 do CC – possibilidade da continuação da atividade empresarial.

RESOLUÇÃO DA PEÇA 2 (OAB BA 2004/02)

Quem pediu: Marcelo.

Peça: parecer.

Fundamento legal: art. 51, I, II e III e § 5º da Lei n. 8.245/91 – não cabimento da ação renovatória. Decadência do prazo.

RESOLUÇÃO DA PEÇA 3 (OAB CESPE 2006/3)

Quem pediu: América Restaurante S.A.

Peça: parecer.

Fundamento legal: art. 51 da Lei n. 8.245/91.

1. Sucessor tem direito a ação renovatória e se aproveita dos requisitos cumpridos, desde que ingresse com a ação no prazo legal. 2. Período de dois meses serão computados. 3. Ramo de atividade foi mantido. Cuidado: para uma prova que permite apenas a utilização de texto legal, a contagem do prazo deve ser ininterrupta.

Posição majoritária no STJ, *acessio temporis*, lapso de até três meses de interrupção é tido como não interrupto.

RESOLUÇÃO DA PEÇA 4 (OAB CESPE 2007/01)

Quem pediu: Roberto.

Peça: parecer.

Fundamento legal: arts. 997 e 999 do CC.

RESOLUÇÃO DA PEÇA 5 (OAB RJ 2007/01 – EXAME 32)

Quem pediu:____.

Peça: parecer.

Fundamento legal: 1. art. 1.015, parágrafo único, III, do CC (responsabilidade pessoal e ilimitada do administrador por atos *ultra vires societatis*). 2. Não é caso de desconsideração da personalidade jurídica porque a responsabilidade pelos atos *ultra vires societatis* é apenas do administrador, que responderá pessoal e ilimitadamente.

RESOLUÇÃO DA PEÇA 6 (OAB CESPE 2007/02)

Juízo competente:_____ Vara Cível.

Autor: José.

Réu: João e Souza & Silva Comércio e Indústria de Móveis.

Ação: Ação de dissolução total de sociedade cumulada com liquidação judicial.

Fundamento legal: arts. 319 e s. do CPC.

Pedido: dissolução total da sociedade; liquidação judicial; honorários e custas judiciais; endereço para a intimação; citação; produção de provas.

Na atual posição da FGV é possível propor a Ação de Dissolução Parcial com Pedido de Retirada e Apuração dos Haveres com fundamento no art. 1.029 e 1.031 ambos do CC e art. 599 e s. do CPC ou Ação de Dissolução Parcial com Pedido de Retirada com fundamento no art. 1.029 do CC e art. 599 e s. do CPC.

RESOLUÇÃO DA PEÇA 7 (OAB CESPE 2007/01)

Juízo competente:____Vara Cível.

Autor: Marcos.

Réu: João e Restaurante Veneza Ltda.

Ação: de obrigação de não fazer com pedido de Tutela Urgência Provisória Antecipada cumulada com perdas e danos.

Fundamento legal: arts. 319, 300 e 497 do CPC; art. 1.147 do CC.

Pedido: Tutela antecipada – fechar as portas do novo estabelecimento, com aplicação de multa diária; confirmação da tutela concedida; condenação em perdas e danos; citação; endereço para a intimação; honorários e custas judiciais; produção de provas. [Não esquecer de atribuir valor à causa, conforme art. 319, V, do CPC.]

RESOLUÇÃO DA PEÇA 8 (OAB CESPE 2006/02)

Juízo competente:_____ Vara Cível da Comarca de Recife/PE.

Autor: Lucas de Jesus.

Réu: Ximenes Móveis Funcionais S.A.

Ação: Ação de Tutela Cautelar Antecedente de Sustação de Protesto.

Fundamento legal: art. 305 do CPC; art. 991 do CC.

Pedido: liminar para a sustação dos efeitos do protesto; confirmação da liminar concedida; honorários e custas judiciais; informar da propositura da ação principal em 30 dias (art. 308 do CPC); endereço para intimação; produção de provas.

Valor da causa: R$ 28.000,00.

RESOLUÇÃO DA PEÇA 9 (OAB MG 2008/02)

Tribunal competente: Presidente do Tribunal de Justiça do Estado de____.

Agravante: Bom Pasto Ltda.

Agravado: Banco Januária S.A.

Peça: Agravo de Instrumento.

Fundamento legal: arts. 1.015, parágrafo único, e 1.019, I, do CPC; ilegalidade da penhora de 90% do faturamento da empresa porque: (a) a execução deve ser feita do modo menos gravoso para o devedor (art. 805 do CPC); (b) a penhora de faturamento de empresa está em 10º lugar na ordem de preferência de penhora (art. 835, X, do CPC); (c) não observou os requisitos da penhora de faturamento de empresa (art. 866, § 2º, do CPC).

Pedido: concessão do efeito suspensivo para a liminar (antecipação dos efeitos da tutela recursal) a fim de suspender os efeitos da decisão que determinou o bloqueio e liberar o faturamento da empresa; confirmação da liminar concedida; intimação do agravado; juntada das peças obrigatórias (art. 1.017 do CPC); indicação dos endereços dos advogados (art. 1.016, IV, do CPC); juntada das custas; informação do [ao] juiz a quo [art. 1.018, § 2º, do CPC].

RESOLUÇÃO DA PEÇA 10 (OAB GO 2003/01)

Juízo competente: ____ Vara Cível da Comarca de____.

Autor: João da Silva.

Réu: Casa Carioca.

Ação: de indenização por danos materiais e morais.

Fundamento legal: Súmula 370 do STJ; art. 5º, V, da CF c.c.; arts. 186 e 187 do CC.

Pedido: condenação aos danos materiais e morais; citação; endereço para a intimação; honorários e custas judiciais; produção de provas.

RESOLUÇÃO DA PEÇA 11 (OAB CESPE 2004)

Juízo competente: 2ª Vara Cível de Brasília.

Réu: Faturize Fomento Ltda.

Autor: Eficaz Administração e Serviços Ltda.

Peça: Contestação, com fundamento nos arts. 335 e 336 do CPC.

Fundamento legal: ilegitimidade passiva de Faturize Fomento Ltda. (art. 337, XI, do CPC). A Faturize é ilegítima em relação à ação de indenização e declaratória de inexistência e nulidade dos atos; Inoponibilidade das exceções a terceiro de boa-fé (art. 17 do Dec. n. 57.663/66).

Pedido: reconhecimento da ilegitimidade passiva [arts. 330, II; 487, III, *a*, do CPC] (extinção); [no mérito], improcedência do pedido do autor; produção de provas.

RESOLUÇÃO DA PEÇA 12 (OAB CESPE 2008/02)

Tribunal competente: Presidente do Tribunal de Justiça do Estado de____.

Agravante: Cooperativa de Crédito.

Agravado: Empresário.

Peça: Agravo de Instrumento com pedido de efeito suspensivo, com fundamento nos arts. 1.015, XIII, e 1.019, I, do CPC e art. 100 da Lei n. 11.101/2005.

Fundamento legal: incompetência absoluta (art. 3º da Lei n. 11.101/2005); ilegitimidade passiva da Cooperativa (art 2º, II, da Lei n. 11.101/2005); crédito inferior a 40 salários mínimos (art. 94, I, da Lei n. 11.101/2005); ausência de protesto especial para fim falimentar (art. 94, § 3º, da Lei n. 11.101/2005).

Pedido: liminar para concessão de efeito suspensivo da sentença que decretou a falência da Cooperativa; provimento do recurso com a extinção do processo pela incompetência absoluta do juízo; pela ilegitimidade passiva da agravante; pela ausência dos requisitos para a decretação de falência; peças obrigatórias; intimação do agravado; juntada das guias de recolhimento de custas.

RESOLUÇÃO DA PEÇA 13 (CESPE 2008/03)

Juízo competente: Vara Cível da Comarca de Goiânia.

Autores: Marcos e Sandoval.

Réus: João e Carlos.

Peça: Réplica, com fundamento no art. 351 do CPC.

Fundamento legal: art. 158, § 1º, da Lei n. 6.404/76 (Responsabilidade de Carlos pelo ato ilícito praticado por outro administrador, João); art. 159, § 4º, da Lei n. 6.404/76 (Legitimidade para promover ação de responsabilidade dos acionistas que representem mais de 5% do capital); contra-argumentar, com base no enunciado, a afirmativa de que "os pedidos insertos na petição inicial seriam incertos e indeterminados (arts. 322 e 324, do CPC)"; contra-argumentar, com base no enunciado, afirmativa de que "não teriam sido praticados quaisquer atos ilícitos por parte dos administradores".

Pedido: reiterar os pedidos da inicial.

RESOLUÇÃO DA PEÇA 14 (OAB RJ 2005/02)

Juíz competente: Vara Cível da Comarca do Rio de Janeiro.

Autor: Banco Empresta Fácil S.A., representado por seu diretor.

Réu: Cia. Decorações Bizarras, representada por seu diretor.

Ação: Monitória.

Fundamento legal: Súmulas 233 e 247 do STJ; arts. 700 e s. do CPC.

Pedido: expedição do competente mandado de pagamento, para que o réu seja citado para pagar a quantia de R$ 100.000,00, atualizada e acrescida dos juros legais em 15 dias, ou ofereça embargos sob pena de conversão do mandado inicial em mandado executivo. Condenação ao pagamento das custas e honorários advocatícios. Obedecer a todos os requisitos do art. 319 do CPC.

RESOLUÇÃO DA PEÇA 15 (CESPE 2002)

Juízo competente: Vara Cível da Comarca de Vitória/Espírito Santo.

Autor: Gens Patriae S.A., representada por seu diretor.

Réu: Foenus Terrae Ltda., representada por seu administrador.

Ação: Ação de Tutela Cautelar Antecedente de Sustação de Protesto, com fundamento no art. 305 do CPC.

Fundamento legal: Lei n. 5.474/68 e arts. 406 e 591 do CC. Não esquecer de apresentar o nome da ação principal (ação de inexistência da relação jurídica cambial).

Pedido: sustar o protesto liminarmente [observar todos os requisitos do art. 319 do CPC].

RESOLUÇÃO DA PEÇA 16 (OAB MG 2006/01)

Competência:

a) peça de interposição da apelação: 1ª Vara Cível de Serro/MG;

b) razões de apelação: TJ de Minas Gerais.

Apelante: Luiza Silva, Antônio Silva, Maria Ester e Adir Lourival.

Apelada: Sociedade Empresária Mineradora Novo Serro Ltda.

Fundamento legal: arts. 100 da Lei n. 11.101/2005 e 1.009 e s. do CPC. Alegação da tempestividade do recurso, tendo em vista que ele está sendo interposto no último dia do prazo 330, I, do CPC, art. 94, § 1º, da Lei n. 11.101/2005; art. 94, I, da Lei n. 11.101/2005.

Pedido: que o juiz retrate a decisão, nos termos do art. 331 do CPC ou, caso contrário, remeta os autos ao Egrégio Tribunal de Justiça do Estado de MG (na peça de interposição). Provimento do recurso, decretando a falência da apelada.

RESOLUÇÃO DA PEÇA 17 (PROPOSTO PELA AUTORA)

Juízo competente: Juiz Federal da____ Vara Cível da Seção Judiciária de_____.

Autor: João Antônio.

Réu: Presidente da Junta Comercial.

Ação: Mandado de segurança.

Fundamento legal: art. 5º, LXIX, da CF/88 e Lei n. 12.016/2009; art. 971 do CC.

Pedido: não há pedido de provas, a não ser as que já foram juntadas [No mandado de segurança, a prova dever ser pré-constituída (direito líquido e certo)]. Concessão de liminar, art. 7º, III, da Lei n. 12.016/2009 com a expedição de ofício ao presidente da Junta Comercial de_____. Notificação da autoridade coautora para que preste informações no prazo de 10 dias, nos termos do art. 7º, I, da Lei n. 12.016/2009; intimação do representante do Ministério Público, para que, querendo, possa intervir no feito [oferecendo parecer]; [Ciência ao órgão de representação judicial da pessoa jurídica interessada, conforme art. 7º, II, da Lei n. 12.016/2009]. Ao final seja julgado procedente o pedido formulado, tornando definitiva a segurança ora concedida.

RESOLUÇÃO DA PEÇA 18 (PROPOSTO PELA AUTORA)

Juízo competente: Juiz federal da____ Vara Cível da Seção Judiciária de_____.

Autor: Guilherme Rodolfo.

Réu: Ludmila e INPI.

Ação: de Nulidade de Marca.

Fundamento legal: arts. 122, 173 e s. da Lei n. 9.279/96.

Pedido: concessão de liminar de suspensão dos efeitos do registro e do uso da marca; procedência do pedido com a confirmação da liminar concedida e a declaração da nulidade da marca. Citação. Condenação ao pagamento das custas e honorários advocatícios [observar todos os requisitos do art. 319 do CPC].

Na atual posição da FGV é possível propor Ação de Nulidade de Marca com Pedido Eventual de Adjudicação, com fundamento nos arts. 166 e 173 da Lei n. 9.279/96 ou Ação de Adjudicação com no art. 166 da Lei n. 9.279/96.

RESOLUÇÃO DA PEÇA 19 (OAB PR 2007)

Juízo competente: Vara Cível da Comarca de Curitiba do Estado do Paraná.

Autor: IBF – Importadora Barafunda de Pedras Ltda.

Réu: Oliveira Hamilton.

Ação: Ação de cobrança.

Fundamento legal: art. 1.053 do CC; art. 1.015, parágrafo único, do CC; art. 1.017 do CC; art. 927 do CC e arts. 319 e s. do CPC.

Pedido: procedência do pedido do autor com a condenação do réu no pagamento de R$ 500.000,00, acrescido de juros e correção monetária. Condenação ao pagamento das custas e honorários advocatícios. Citação [observar todos os requisitos do art. 319 do CPC].

Valor da Causa: R$ 500.000,00.

RESOLUÇÃO DA PEÇA 20 (CESPE 2009/02)

Juízo competente: Vara Cível da Comarca de Taguatinga do Distrito Federal.

Autor: Banco Reno S.A.

Réu: BW Segurança Ltda., representada por Plínio.

Ação: Ação monitória.

Fundamento legal: arts. 700 e s. do CPC.

Pedido: expedição do competente mandado de pagamento, para que o réu seja citado para pagar a quantia de R$ 40.000,00, atualizada e acrescida dos juros legais em 15 dias, ou ofereça embargos sob pena de conversão do mandado inicial em mandado executivo. Condenação ao pagamento das custas e honorários advocatícios.

Valor da Causa: R$ 40.000,00.

*Corretores da Cespe também aceitaram a ação de execução com fundamento na confissão de dívida (art. 784, II e III, do CPC).

RESOLUÇÃO DA PEÇA 21 (OAB CESPE 2009)

Juiz competente: Vara de Falências e Concordatas do Distrito Federal.

Autor: Pedro.

Réu: Fabiana, Massa Falida da A&C Engenharia Ltda., Amin.

Ação: ação revocatória; ou declaratória de ineficácia de negócio jurídico.

Fundamento legal: arts. 129, IV, e 130 da Lei n. 11.101/2005, e 319 do CPC.

Pedido: revogação do negócio realizado com a restituição do referido automóvel para a massa falida. Provas. Citação. Condenação ao pagamento das custas e honorários advocatícios.

Valor da Causa:____

RESOLUÇÃO DA PEÇA 22 (OAB CESPE/2009)

Juiz competente: 1.ª Vara de Falências de Porto Alegre/RS.

Autor: Beta Ltda.

Réu: Alfa Ltda., por seu administrador.

Ação: contestação, com fundamento no art. 95 da Lei n. 11.101/2005 e arts. 335 e 336 do CPC.

Fundamento legal: preliminar – arts. 337, IV e 321 do CPC; mérito – art. 94, I, da Lei n. 11.101/2005.

Pedido: extinção do processo sem julgamento do mérito, por inépcia da inicial; improcedência do pedido do autor; endereço para a intimação. Provas; condenação ao pagamento das custas e honorários advocatícios.

RESOLUÇÃO DA PEÇA 23 (PROPOSTO PELA AUTORA)

Juiz competente: Vara Cível da Comarca _________.

Autor: Antônio.

Réu: Carlos, Alberto e Sociedade Não se Canse Produtos Esportivos Ltda.

Ação: de anulação de exclusão de sócio, com fundamento no art. 319 do CPC.

Fundamento legal: art. 1.085 do CC (falta de requisitos) e valor do ressarcimento (art. 1.031 do CC/2002).

Pedido: procedência do pedido do autor no sentido de anular a exclusão indevida do autor, reintegrando-o o quadro societário; caso Vossa Excelência assim não compreenda, que o valor do ressarcimento seja calculado pela forma do art. 1.031 do CC; indenização por perdas e danos; citação; endereço para intimação. Provas; condenação ao pagamento das custas e honorários advocatícios.

Valor da causa: ____.

RESOLUÇÃO DA PEÇA 24 (PROPOSTO PELA AUTORA)

Juiz competente: 1ª Vara de Falências e Recuperação de Empresas da Comarca de São Paulo.

Autor: Flávio.

Ação: Pedido de Restituição.

Fundamento legal: arts. 85 e s. da Lei n. 11.101/2005.

Pedido: procedência do pedido do autor no sentido de restituir o automóvel referido, ou o respectivo valor, em caso de perecimento do bem; endereço para intimação; provas.

Valor da causa: ________.

RESOLUÇÃO DA PEÇA 25 (PROPOSTO PELA AUTORA)

Juiz competente: ___Vara Cível da Comarca de ____.

Autor: José da Silva.

Réu: Companhia de Tecidos Finos, na pessoa de seu diretor.

Ação: Contestação, com fundamento nos arts. 335 e 336 do CPC.

Fundamento legal: trata-se de S.A. fechada, portanto, a primeira publicação deve ter antecedência mínima de 8 dias e não 15, como alega o Autor (art. 124, § 1º, I, da LSA Lei 6.404/76). O quórum necessário para instalação da assembleia geral ordinária em primeira convocação é de 1/4 do capital votante (art. 125 da Lei n. 6.404/76). No caso, estavam presentes 2/4 do capital votante, sendo, portanto, suficiente para regular instalação.

Pedido: improcedência do pedido do autor no sentido de manter a deliberação da assembleia. Endereço para intimação; provas; condenação ao pagamento das custas e honorários advocatícios.

RESOLUÇÃO DA PEÇA 26 (PROPOSTO PELA AUTORA)

Juiz competente: ___Vara Cível da Comarca de____ do Estado de Santa Catarina.

Autor: Supermercado Ortega Ltda., na pessoa de seu administrador.

Réu: Supermercado Ortegão Ltda., na pessoa de seu administrador.

Ação: de obrigação de não fazer com pedido de tutela de urgência provisória antecipada cumulada com reparação de danos com fundamento nos arts. 319, 300 e 497 do CPC.

Fundamento legal: a marca Ortega já se encontra registrada no INPI pela Autora, de modo que referida sociedade possui o direito de uso exclusivo dela em todo o território nacional, não podendo ser utilizada por mais ninguém no mesmo ramo de atividade (art. 129 da Lei n. 9.279/96). Art. 927 do CC: reparação de danos pela utilização indevida da marca que se encontra registrada.

Pedido: procedência do pedido do autor no sentido de não mais usar a marca mencionada. Condenação à reparação de danos. Endereço para intimação; provas; condenação ao pagamento das custas e honorários advocatícios.

Valor da causa: ___.

RESOLUÇÃO DA PEÇA 27 (PROPOSTO PELA AUTORA)

Juiz competente: Presidente do Tribunal de Justiça do Estado de São Paulo.

Agravante: Açougue Primeiro Corte Ltda., na pessoa de seu administrador.

Agravado: Comércio de Carnes Finas Ltda., na pessoa de seu administrador.

Recurso: Agravo de Instrumento com pedido de efeito suspensivo, com fundamento nos arts. 1.015, I, e 1.019, I, do CPC.

Fundamento legal: a cláusula de não restabelecimento só vigora caso não haja autorização expressa no trespasse, permitindo ao alienante fazer concorrência com o adquirente, de modo que o adquirente pode perfeitamente abrir mão dela, desde que o faça de forma expressa no documento (art. 1.147 do CC). No caso, o adquirente abriu mão dessa cláusula, sendo perfeitamente válido tal ato. Liminar para suspender os efeitos da decisão determinou o fechamento do estabelecimento aberto pela Agravante (arts. 1.019, I, e 995, parágrafo único, do CPC).

Pedido: conhecimento e provimento da decisão, confirmando a liminar para suspender definitivamente os efeitos da decisão que determinou o fechamento do estabelecimento. Indicar os endereços dos advogados (art. 1.016, IV, do CPC). Indicar as peças que instruem o agravo (art. 1.017 do CPC). Indicar que o comprovante de pagamento das custas está anexo (art. 1.017, § 1º, do CPC). Indicar que juntará aos autos do processo a cópia da petição do agravo de instrumento, o comprovante de interposição e a relação dos documentos que o instruíram (art. 1.018, § 2º, do CPC).

RESOLUÇÃO DA PEÇA 28 (PROPOSTO PELA AUTORA)

Juiz competente: _Vara Cível da Comarca de Santos do Estado de São Paulo.

Autor: Xisto e Calipso e Sociedade Xisto e Calipso.

Réu: Lupercio Califórnia e Padaria Califórnia.

Ação: de obrigação de não fazer com pedido de tutela de urgência provisória antecipada cumulada com reparação de danos, com fundamento nos arts. 319, 300 e 497 do CPC.

Fundamento legal: arts. 1.146 e 1.147, ambos do CC, e art. 195 da Lei n. 9.279/96.

Pedido: concessão da tutela antecipada; procedência do pedido do autor no sentido de não mais usar o título do estabelecimento padaria Califórnia, e fechando o respectivo estabelecimento; condenação à reparação de danos e ao pagamento da dívida paga de R$ 9.000,00.

Citação. Endereço para intimação; provas; condenação ao pagamento das custas e honorários advocatícios.

Valor da causa:________.

RESOLUÇÃO DA PEÇA 29 (PROPOSTO PELA AUTORA)

Juiz competente: _Vara Cível da Comarca de_______.

Autor: Formas de Bolo Ltda.

Réu: Metalúrgica Ferro Macio Ltda.

Ação: de cancelamento de protesto c/c reparação de danos.

Fundamento legal: art. 319 do CPC, art. 26 da Lei n. 9.492/97 e art. 18 do Dec. n. 57.663/66.

Pedido: procedência do pedido do autor no sentido cancelar o respectivo protesto, oficiando o Cartório____________ a fim de dar eficácia à decisão. Condenação à reparação de danos. Citação. Endereço para intimação; provas; condenação ao pagamento das custas e honorários advocatícios.

Valor da causa: ___.

RESOLUÇÃO DA PEÇA 30 (OAB CESPE 2009/3)

Juiz competente: Juiz que determinou a penhora/apreensão dos bens.

Autor: Ana Claudia.

Réu: Rui.

Peça: Embargos de terceiro (arts. 674 e s. do CPC).

Mérito: art. 1.647, III, do CC, vênia conjugal, nulidade.

Pedido: expedição de liminar de mandado de manutenção em favor do embargante, requerendo a juntada da inclusa guia de depósito no valor de________; citação do embargado; procedência do pedido do embargante; condenação ao ônus da sucumbência; endereço para a intimação; provas, especialmente documentos e rol de testemunhas.

Valor da causa: ___.

RESOLUÇÃO DA PEÇA 31 (OAB CESPE 2010/1)

Juiz competente: Vara Cível de Goianésia – GO, conforme dispõe o art. 58, II, da Lei n. 8.245/91.

Autor: Alfa Aviamento Ltda.

Réu: Chaves Empreendimento Ltda.

Peça: Ação renovatória, com fulcro no arts. 51 e 71 e s. da Lei n. 8.245/91.

Mérito: Demonstração dos requisitos previstos no art. 51 da Lei 8.245/1991; tratar do prazo do § 5º do art. 51 da Lei n. 8.245/91. Requisitos do art. 71.

Pedido: procedência do pedido do autor, renovando o contrato de locação por igual período, fixando o valor do aluguel igual ao atualmente pago; citação do locador para apresentar sua contestação; condenação ao ônus da sucumbência; endereço para a intimação; provas. Valor da causa: R$ 18.000,00, de acordo com o que dispõe o art. 58 da mencionada lei.

RESOLUÇÃO DA PEÇA 32 (OAB FGV 2010/2)

Petição inicial de ação ordinária, tendo como autora a sociedade, com fundamento no art. 1.013, § 2º, do CC/2002, contendo o endereçamento adequado, qualificação das partes, narrativa dos fatos e outros requisitos exigidos pelo art. 319 do CPC. A responsabilidade de Ximenes por perdas e danos causados à sociedade está tipificada no referido art. 1.013, § 2º, do CC, assim redigido: "§ 2º Responde por perdas e danos perante a sociedade o administrador que realizar operações, sabendo ou devendo saber que estava agindo em desacordo com a maioria". No dizer de Sergio Campinho (*O direito de empresa*, 11. ed. ver. e ampl. Rio de Janeiro: Renovar. p. 115): "além de o administrador dever estar adstrito aos limites de seus poderes definidos no ato constitutivo e pautar seus atos de administração com zelo e lealdade, quer a lei que atue, também, no curso da vontade da maioria social. Mesmo que no seu íntimo, com o tino do bom administrador, vislumbre negócio interessante para a sociedade, deverá ele abster-se de sua realização, caso a maioria o reprove".

Deve-se apresentar pedido contendo: (a) requerimento de citação do réu e procedência do pedido de condenação do réu ao pagamento dos R$ 135.000,00 de perdas e danos com juros de mora desde a citação (art. 405 do CC); (b) requerimento de produção de provas (na hipótese de prova testemunhal a apresentação do rol, nos termos do arts. 357, § 4º, e 450 do CPC); (c) a condenação aos honorários de sucumbência e o reembolso das custas e despesas processuais; (d) o valor atribuído à causa.

RESOLUÇÃO DA PEÇA 33 (OAB FGV 2010/3)

Art. 9º e § 4º do art. 10 – Lei n. 11.101/2005, procuração, CPC e Estatuto da OAB.

Trata-se de uma habilitação de crédito retardatária. Nela deverão estar contemplados os seguintes requisitos: "I – o nome, o endereço do credor e o endereço em que receberá comunicação de qualquer ato do processo; II – o valor do crédito, atualizado até a data da decretação da falência ou do pedido de recuperação judicial, sua origem e classificação; III – os documentos comprobatórios do crédito e a indicação das demais provas a serem produzidas (...)". Por cuidar-se de habilitação retardatária, deve ser utilizada a faculdade contida no § 4º do art. 10, concernente ao requerimento da denominada "reserva de quota", para evitar a perda, pelo credor, do direito a rateios que eventualmente se realizem, até o julgamento final da habilitação. Na hipótese de o candidato considerar já ter sido homologado o quadro geral de credores, deverá elaborar ação de retificação do quadro geral de credores, seguindo os mesmos critérios acima apontados.

RESOLUÇÃO DA PEÇA 34 (OAB FGV IV EXAME)

A hipótese contempla a elaboração de petição inicial relativa à ação de execução, porquanto se encontram no enunciado reunidas as condições exigidas pelo art. 15, II, da Lei n. 5.474/68 para tal. Desse modo, a pretensão deverá levar em conta os requisitos apontados no indigitado preceito e obedecer ao disposto no art. 319 do CPC e Estatuto da OAB. Endereçamento da petição: Vara Cível da Comarca de Petrópolis – RJ.

RESOLUÇÃO DA PEÇA 35 (OAB FGV V EXAME)

A peça que deveria ser redigida era a réplica ou impugnação à contestação, com fundamento no art. 350 do CPC. Na fundamentação, o aluno deveria ter tratado da suficiência do valor de um dos títulos, que foi devidamente protestado. Outra questão que deveria ter sido tratada era a respeito do depósito elisivo, que não poderia ser caução real (arts. 94, § 3º, e 98 parágrafo único da Lei n. 11.101/2005).

RESOLUÇÃO DA PEÇA 36 (OAB FGV VI EXAME)

O examinando deverá demonstrar conhecimento acerca do direito societário, notadamente da disciplina da responsabilidade civil dos administradores de sociedades anônimas, regulada pela Lei n. 6.404/76.

A peça a ser elaborada pelo examinando é uma contestação, com base nos arts. 335 e 336 do CPC, pois se trata de ação pelo rito ordinário. O examinando deve alegar a prescrição da pretensão dos autores. A prescrição pode ser verificada tanto no dia 7-2-2009, caso o examinando baseie-se no art. 286 da Lei n. 6.404/76, sustentando que a anulação da deliberação da assembleia é requisito para o ajuizamento da ação de responsabilidade (prazo de dois anos para o acionista propor a ação), quanto no dia 7-2-2010, caso o examinando utilize como fundamento o art. 287, II, *b*, 2, também da Lei n. 6.404/76 (prazo de três anos para o acionista propor a ação contra administradores).

O examinando deve registrar ainda que Caio não pode ser responsabilizado civilmente e, consequentemente, condenado a reparar os danos causados à companhia, uma vez que (i) não violou a lei, nem o Estatuto, conforme o disposto no art. 158 ou no art. 154, ambos da Lei n. 6.404/76 e (ii) atuou de boa-fé e visando ao interesse da companhia, de acordo com o art. 159, § 6º, da Lei n. 6.404/76.

Ademais, cumpre ao examinando indicar que a assembleia geral que aprovou as demonstrações financeiras do exercício social findo em 31-12-2006 não fez nenhuma ressalva nas contas dos administradores, eximindo-os, assim, de responsabilidade, conforme art. 134, § 3º, da Lei 6.404/76.

O examinando deve indicar as provas que pretende produzir (art. 336 do CPC) e o endereço para o recebimento da intimação (art. 77, V, do CPC).

Finalmente, os pedidos devem ser a extinção do processo (com base nos arts. 485, 487, II, OU 354, 316, todos do CPC) e a improcedência dos pedidos formulados na petição inicial ou somente a improcedência dos pedidos formulados na inicial.

O examinando que pedir apenas a extinção do processo somente obterá metade da pontuação total desse tópico, uma vez que a extinção apenas pode se referir ao reconhecimento da prescrição. Se o examinando solicitar a extinção ou a improcedência, obterá a pontuação integral, pois terá requerido a sentença correta a ser proferida após o conhecimento, pelo juiz, de todos os fundamentos que lhe forem apresentados. Porém, tendo em vista que a prescrição também pode ser entendida como matéria exclusivamente de mérito, do mesmo modo que os demais três fundamentos da defesa, o simples requerimento da improcedência dos pedidos formulados na inicial terá abrangido todos os quatro fundamentos da defesa, razão pela qual o examinando deverá obter, nesta situação, a pontuação integral desse quesito.

RESOLUÇÃO DA PEÇA 37 (OAB FGV VII EXAME)

Instituída a arbitragem, será proferida sentença pelo árbitro no prazo estipulado pelas partes ou fixado no art. 23, *caput*, da Lei n. 9.307/96. A sentença arbitral produz, entre as partes e seus sucessores, os mesmos efeitos da sentença proferida pelos órgãos do Poder Judiciário e, sendo condenatória, constitui título executivo (art. 31 da Lei n. 9.307/96). Trata-se de título executivo judicial, previsto no inciso VII do art. 515 do CPC. Portanto, a peça adequada é uma execução de título judicial, sendo tal título a sentença arbitral.

Assim, o examinando deverá requerer a citação da devedora para pagar a quantia de R$ 200.000,00 (duzentos mil de reais), no prazo de 15 (quinze) dias, nos termos do disposto no art. 523 do CPC.

Obs.: parece-nos mais acertado o cumprimento de sentença, em vez de execução.

RESOLUÇÃO DA PEÇA 38 (OAB FGV VIII EXAME)

O examinando deverá demonstrar conhecimento acerca do instituto da Recuperação Judicial, notadamente acerca da sujeição do crédito de XYZ Cadeiras Ltda. aos efeitos da recuperação (art. 49 da Lei n. 11.101/2005), do prazo para a habilitação (art. 7º, § 1º, da Lei n. 11.101/2005) e do procedimento de habilitação de crédito retardatária (arts. 10, § 5º, e 13 a 15 da Lei n. 11.101/2005).

O enunciado informa que, no prazo de 15 dias para habilitação ou apresentação de divergências (art. 7º, § 1º, da Lei n. 11.101/2005), "alguns credores apresentaram a João as informações que entenderam corretas acerca da classificação e do valor de seus créditos". Não há a informação de que a sociedade XYZ Cadeiras Ltda. tenha feito sua habilitação tempestiva. Mais adiante, consta que o advogado é procurado, no dia 20-4-2010 (após o término do prazo de habilitação e do prazo para impugnação à relação de credores – art. 8º da Lei n. 11.101/2005), pelos representantes de XYZ Cadeiras Ltda.

A credora apresentou ao advogado os documentos comprobatórios do crédito e informou sua origem, cabendo-lhe o conhecimento técnico de sua classificação no quadro de credores da recuperação, para os fins do art. 9º, II, da Lei n. 11.101/2005. Em nenhum momento a sociedade credora informou ao advogado que: (a) habilitou tempestivamente o crédito; (b) o crédito foi relacionado pelo devedor para os fins do art. 51, III, da Lei n. 11.101/2005; (c) o administrador judicial excluiu o crédito após a verificação, razão pela qual foi omitido na relação por ele elaborada. Por fim, informa-se que "no edital mais recente [...], da relação de credores, não consta o credor XYZ Cadeiras Ltda." e que ainda não foi homologado o quadro de credores na recuperação.

Com base em todas as informações contidas no enunciado, pode-se concluir que:

(i) o devedor não relacionou o crédito para os fins do art. 51, III, da Lei n. 11.101/2005, do contrário, ele teria sido mantido ou excluído da relação do administrador judicial; (ii) o credor não habilitou tempestivamente seu crédito e contrata o advogado para que realize sua cobrança no processo de recuperação judicial pela via cabível; (iii) a impropriedade de impugnação à relação de credores com fundamento no art. 8º, seja pelo escoamento do prazo de 10 dias, seja pela ausência do crédito tanto na relação apresentada pelo devedor quanto naquela elaborada pelo administrador judicial; (iv) a inadequação da Ação de Retificação do Quadro Geral de Credores, prevista no § 6º do art. 10 da Lei n. 11.101/2005; (v) o descabimento da Ação Revisional do Quadro Geral de Credores, prevista no art. 19 da Lei n. 11.101/2005.

Assim sendo, a peça cabível é "Habilitação de Crédito Retardatária", com fundamento no art. 10, *caput*, da Lei n. 11.101/2005 ("Não observado o prazo estipulado no art. 7º, § 1º, desta Lei, as habilitações de crédito serão recebidas como retardatárias").

Alternativamente, admite-se a propositura de "Impugnação à Relação de Credores" ou "Impugnação", com base no § 5º do art. 10, sob o fundamento de que as habilitações serão recebidas e autuadas como impugnação à relação de credores (arts. 13 a 15). Sem embargo, é fundamental precisar que já foi exaurido o prazo do art. 7º, § 1º, da Lei n. 11.101/2005 OU foi exaurido o prazo de 15 dias da publicação do edital, mas ainda não foi homologado o quadro geral de credores pelo juiz.

A petição deve ser endereçada ao Juízo onde se processa a recuperação judicial (art. 3º da Lei n. 11.101/2005), que é a 1ª Vara Empresarial da Comarca da Capital do Estado do Rio de Janeiro (dado contido no enunciado). Deve haver referência ao processo de recuperação e que a petição será distribuída por dependência ao Juízo da Recuperação.

No cabeçalho, o candidato deverá qualificar a sociedade XYZ Cadeiras Ltda. e informar que está procedendo à habilitação retardatária do crédito ou à impugnação da relação de credores elaborada por João, administrador judicial, que não é o representante legal da sociedade recuperanda (art. 64 da Lei n. 11.101/2005), eis que não é contra esta que se destina a habilitação.

Como se trata de habilitação retardatária, ainda que recebida como impugnação, a petição inicial deve preencher os requisitos constantes dos incisos I a III do art. 9º, valendo destacar que, conforme impõe o inciso III deste artigo e o art. 13 da Lei n. 11.101/2005, o examinando também deve indicar as provas que pretende produzir.

RESOLUÇÃO DA PEÇA 39 (OAB FGV IX EXAME)

O examinando deverá demonstrar conhecimento sobre o instituto da Falência, regulada pela Lei n. 11.101/2005, bem como acerca da disciplina processual cível, de modo a reconhecer a natureza interlocutória da decisão proferida.

O enunciado informa no segundo parágrafo que a sociedade empresária "apresentou sua contestação". Portanto, a devedora não se limitou a efetuar o depósito com a finalidade de elidir o pedido de falência; também arguiu o mérito da cobrança. Em seguida, percebe-se pela simples leitura do enunciado, que a devedora "requereu a prestação de uma caução real a fim de garantir o juízo falimentar". Tal pedido (o de prestação de caução real) foi deferido pelo juiz. Você deve como advogado(a) impugnar tal decisão, que não é extintiva ou definitiva do processo falimentar. Portanto, não cabe o recurso de Apelação.

De acordo com o Edital do IX Exame, as "questões e a redação de peça profissional serão avaliadas quanto à adequação das respostas ao problema apresentado" (item 4.2.1). Em complementação, dispõe o item 4.2.6 "Nos casos de propositura de peça inadequada para a solução do problema proposto, considerando, neste caso, aquelas peças que justifiquem o indeferimento liminar por inépcia, principalmente quando se tratar de ritos procedimentais diversos, como também não se possa aplicar o princípio da fungibilidade nos casos de recursos, ou de apresentação de resposta incoerente com situação proposta ou de ausência de texto, o examinando receberá nota zero na redação da peça profissional ou na questão".

É curial observar que o juiz ainda não examinou o mérito da cobrança, haja vista ter o devedor contestado o pedido autoral. Por conseguinte, não é possível de plano afirmar que a pretensão autoral é indevida. A falência poderá ser decretada por não ter sido elidida com a caução real. Isso é mais um fundamento para a inadequação da Apelação como peça a ser elaborada. A decisão não é denegatória de falência, por ser de natureza interlocutória. O que se impugna é a prestação de caução real, inadmissível pela Lei n. 11.101/2005, até porque não se trata de credor com domicílio no exterior (art. 97, § 2º, da Lei 11.101/2005).

Assim, a peça a ser elaborada pelo examinando é um Agravo de Instrumento, com o objetivo de reverter a decisão interlocutória do juízo falimentar que deferiu a prestação de caução real.

A petição deve ser dirigida ao Desembargador Presidente do Tribunal de Justiça do Estado do Acre com base nas informações contidas no último parágrafo do enunciado.

Inicialmente, o candidato deve expor os fatos que motivam sua inconformidade com a decisão interlocutória e o fundamento para o seu direito, bem como as razões do pedido de reforma da decisão (art. 1.016, I, II, e III, do CPC). De acordo com o enunciado, deve ser afirmado que não se trata de hipótese de caução real, com fundamento no art. 98, parágrafo único, da Lei n. 11.101/2005, porque somente elide o pedido de falência o depósito em dinheiro do valor total do crédito, acrescido de correção monetária, juros e honorários advocatícios. Com a aceitação da caução e a manutenção da decisão agravada a agravante pode vir a sofrer grave prejuízo, pois não poderá persistir no requerimento de falência, tampouco requerer o levantamento do valor.

O examinando deverá fazer referência ao nome e endereço completo dos advogados constituídos no processo, a teor do art. 1.016, IV, do CPC. A peça deve mencionar o recolhimento das custas e a indicação das partes, bem como os requisitos do art. 1.017 do CPC, inclusive o disposto em seu § 1º.

A decisão agravada merece ser reformada porque não encontra respaldo na Lei n. 11.101/2005, que prevê expressamente a possibilidade de depósito elisivo, consistindo este no valor total do crédito, acrescido de correção monetária, juros e honorários advocatícios (nesse sentido a Súmula 29 do STJ: "No pagamento em juízo para elidir falência, são devidos correção monetária, juros e honorários de advogado". Portanto, não se trata de hipótese de caução real; somente o depósito em dinheiro da quantia reclamada é válido para elidir a decretação da falência (art. 98, parágrafo único, da Lei n. 11.101/2005).

Ao concluir a redação da peça, deve o examinando requerer (i) a intimação do agravado para responder aos termos do recurso; (ii) a procedência do recurso, ou seja, a reforma integral da decisão; e (iii) finalizar a peça com menção à data, local, nome do advogado e número de inscrição na OAB.

RESOLUÇÃO DA PEÇA 40 (OAB FGV X EXAME)

O examinando deverá demonstrar conhecimento do instituto do Pedido de Restituição na Falência, notadamente acerca da possibilidade de seu cabimento com fundamento em direito pessoal – restituição extraordinária (art. 85, parágrafo único, da Lei n. 11.101/2005).

A partir das informações do enunciado é possível concluir que:

a) a venda foi a crédito ou a prazo;

b) o vendedor entregou a mercadoria à sociedade empresária – devedor – no dia 30-9-2011, portanto "nos 15 (quinze) dias anteriores ao requerimento de sua falência";

c) a mercadoria foi arrecadada conforme consta do auto de arrecadação;

d) a mercadoria ainda não foi alienada;

e) não é do interesse do cliente a manutenção do contrato pelo administrador judicial.

Por conseguinte, a peça adequada para o vendedor reaver a posse da mercadoria é a Ação de Restituição (ou Pedido de Restituição), com fundamento exclusivamente no art. 85, parágrafo único, da Lei n. 11.101/2005.

O pedido de restituição não pode estar fundamentado no art. 85, *caput*, da Lei n. 11.101/2005, porque não se trata de restituição ordinária, ou seja, aquela pleiteada pelo proprietário da coisa. O vendedor postula a entrega com fundamento em direito pessoal (contrato de compra e venda a prazo), já tendo inclusive efetuado a tradição, e não reservou para si o domínio até o adimplemento final do contrato. O candidato que fundamenta o pedido no *caput* desconhece a diferença entre restituição ordinária e restituição extraordinária, essa a única cabível com base nos dados do enunciado.

Embora a ação esteja fulcrada em direito pessoal, são descabidas as ações de cobrança (monitória, ordinária, executiva) porque o que se pretende não é o recebimento do crédito e sim a entrega da coisa arrecadada.

Ademais, quaisquer ações de cobrança após a decretação de falência estão sujeitas ao princípio da universalidade (arts. 115 e 7º, § 1º, da Lei n. 11.101/2005).

É também incabível a ação revocatória, seja por ineficácia ou por fraude. A primeira modalidade é afastada porque não se trata de ato ineficaz em relação à massa; a segunda é repelida em razão da falta de supedâneo fático para caracterizar o *consilium fraudis* e o *eventus damni*, elementos fundamentais na configuração da ineficácia subjetiva.

Também não atende ao interesse do cliente a habilitação do crédito na falência, que seria classificado e pago como quirografário, eis que a lei confere expressamente a possibilidade de restituição dos bens arrecadados, com a consequente extinção do contrato. Ademais, é expressamente informado que o administrador judicial não deseja a manutenção do contrato.

Em relação à ação de embargos de terceiro, essa também é impertinente porque:

a) ela não é alternativa ao pedido de restituição como deixa expresso o texto legal ("Nos casos em que não couber pedido de restituição (...)" – art. 93 da Lei n. 11.101/2005);

b) na ação de embargos de terceiro é preciso ter havido turbação ou esbulho na posse por ato de apreensão judicial, o que não se verifica no enunciado da questão, eis que o vendedor sequer tinha a coisa em seu poder na data da decretação da falência. Portanto, não se trata de embargos de terceiro senhor e possuidor, ou de terceiro apenas possuidor (art. 674, *caput* e § 1º, do CPC).

A ação deve ser endereçada ao Juiz de Direito da Vara Única da Comarca de Abelardo Luz, juízo da falência (art. 3º da Lei n. 11.101/2005), informação indicada expressamente no enunciado. Portanto, "vara cível" e "única vara cível" não são sinônimos de vara única, tampouco "vara de falências".

O autor é Informática e TI d'Agronômica Ltda., representada por seu administrador Paulo Lopes, e o réu é a Massa Falida de Quilombo Comércio de Equipamentos Eletrônicos Ltda., representada por seu administrador judicial, Sr. José Cerqueira. Não será atribuída pontuação para quem considerar que a legitimidade ativa é de Paulo Lopes.

O administrador judicial não é réu na ação de restituição nem Quilombo Comércio de Equipamentos Eletrônicos Ltda. A pretensão do vendedor é dirigida em face da Massa Falida de Quilombo Comércio de Equipamentos Eletrônicos Ltda., sendo esta deverá ser condenada ao pagamento de custas e nos honorários advocatícios, esses apenas em caso de contestação e procedência do pedido (art. 88, parágrafo único, da Lei n. 11.101/2005).

A ação tem por fundamento exclusivamente o art. 85, parágrafo único, da Lei n. 11.101/2005, que deverá ser indicado seja no cabeçalho ou na discussão jurídica do direito pleiteado. O candidato não poderá, pelas razões já indicadas, apoiar sua pretensão no *caput* do art. 85, porque estará considerando o vendedor proprietário dos equipamentos e afirmando que o pedido baseia-se em direito real (restituição ordinária), quando o fundamento é direito pessoal (restituição extraordinária).

Na exposição dos fatos e fundamentação jurídica, o candidato deverá descrever a coisa reclamada (art. 87 da Lei n. 11.101/2005) e informar que esta foi vendida a prazo e entregue nos 15 (quinze) dias anteriores ao requerimento de falência ou no dia 30-9-2011, foi arrecadada pelo administrador judicial e ainda não foi alienada pela massa.

O candidato deve fazer referência expressa no corpo da peça aos documentos que a instruem, como anexos, sendo compulsória para fins de pontuação referência ao contrato de compra e venda (ou à nota fiscal de venda) e ao comprovante de recebimento da mercadoria em 30-9-2011, pois o direito à restituição depende da prova da entrega da coisa nos 15 (quinze) dias anteriores ao pedido de falência (arts. 85, parágrafo único, e 87, § 1º, da Lei n. 11.101/2005) e da comprovação do direito pessoal oriundo do contrato.

Nos pedidos deverão ser mencionados:

a) a citação/intimação, pelo menos, do réu Massa Falida de Quilombo Comércio de Equipamentos Eletrônicos Ltda.;

b) a procedência do pedido, para reconhecer o direito do requerente e determinar a entrega da coisa;

c) a condenação da massa ao pagamento de custas e, se contestada a ação, de honorários advocatícios.

A pontuação integral dependerá da ressalva contida no parágrafo único do art. 88 da Lei n. 11.101/2005.

O valor da causa deve ser o mesmo do contrato – R$ 400.000,00 (quatrocentos mil reais).

O fechamento da peça só será pontuado se o candidato indicar concomitantemente lugar, data, nome do advogado e número de inscrição na OAB.

Ressalte, que não há um procedimento extraordinário para o pedido de restituição, e embora apontado pelo examinador, entendemos ser um erro afirmar que o pedido de restituição, enquanto procedimento, não poderia ser aceito.

RESOLUÇÃO DA PEÇA 41 (OAB FGV XI EXAME)

O examinando deverá demonstrar conhecimento da área de direito societário, notadamente da disciplina da responsabilidade civil dos administradores de sociedades anônimas, regulada pela Lei n. 6.404/76.

A peça a ser elaborada pelo examinando é um Recurso Especial, com base no art. 105, III, *a*, da Constituição Federal, tendo em vista que a decisão do Tribunal negou vigência ou violou os dispositivos legais que embasam a tese de "M".

Cumpre ao examinando elaborar petição de interposição endereçada ao Desembargador Presidente do TJPI, conforme o art. 1.029 do CPC. Nesta peça, deverá ser requerida (i) a intimação do recorrido para apresentação de contrarrazões; e (ii) o juízo positivo de admissibilidade.

Além desta, deve ser elaborada petição endereçada a uma das Eg. Turmas do Superior Tribunal de Justiça, com indicação da parte recorrente e recorrida, bem como com referência à Apelação. Nesta peça, deverá constar a exposição do fato e do direito, a demonstração do cabimento do recurso e as razões do pedido de reforma da decisão recorrida, conforme o art. 1.029 do CPC.

A partir da leitura do enunciado, o examinando deve perceber que os dispositivos legais violados foram os arts. 286, 287, II, *b*, 2, 159 e 134, § 3º, todos da Lei n. 6.404/76, os quais devem ser aplicados em detrimento do art. 158, I, da mesma Lei, por serem mais específicos, uma vez que a Lei determina a realização de assembleia prévia que aprove o ajuizamento da demanda reparatória (art. 159).

Além disso, tal ação não pode ser ajuizada contra administrador que teve suas contas aprovadas "sem ressalvas" em assembleia "limpa", sem manifestações e votos dolosos, culposos, fraudados ou simulados, o que implica a ausência de reconhecimento de eventual atuação do administrador com dolo ou culpa (art. 134, § 3º).

Ademais, ainda que algum desses vícios fosse verificado, o prazo para anular a deliberação seria de dois anos (art. 286), o qual foi verificado em 5-2-2008 e, ainda que se entendesse pela possibilidade do ajuizamento de ação para responsabilizar "M", esta pretensão prescreveu ao final do dia 5-2-2009 (art. 287, II, *b*, 2).

Finalmente, o pedido deve ser o provimento do recurso especial, com o consequente reconhecimento da prescrição da ação tanto para anular a deliberação da assembleia que aprovou as contas de "M" quanto para responsabilizá-lo pelos prejuízos causados à companhia.

RESOLUÇÃO DA PEÇA 42 (OAB FGV XII EXAME)

O examinando deverá demonstrar conhecimento acerca do instituto do direito de retirada ou direito de recesso na sociedade limitada e as hipóteses de sua incidência (art. 1.077 do Código Civil). Pela leitura do enunciado é possível concluir que a deliberação que alterou o objeto social (inclusão das atividades de beneficiamento e comercialização de milho) implicou a modificação do contrato (art. 1.054 c/c art. 997, II, do Código Civil).

Como o enunciado não aponta fato motivador de invalidade da deliberação, que foi tomada em assembleia e aprovada com quórum de 90% do capital social, foram cumpridas as exigências do art. 1.071, V e do art. 1.076, I, ambos do Código Civil. Sem embargo, com base no art. 1.077 do Código Civil, quando houver modificação do contrato, o sócio que dissentiu tem o direito de retirar-se da sociedade, nos trinta dias subsequentes à deliberação. Caldas Brandão exerceu tempestivamente seu direito de retirada, manifestando por escrito, em 15-4-2012, sua pretensão, que lhe foi negada pelos sócios.

Por conseguinte, a peça adequada para a defesa dos direitos do sócio é a Ação de Resolução de Sociedade (ou Resolução de Sociedade em Relação a um Sócio ou Dissolução Parcial), cumulada com Apuração de Haveres (ou Liquidação de Quotas), pelo procedimento ordinário, com fundamento nos arts. 1.077 e 1.031 do Código Civil.

São inadequadas: (a) fundamentação do direito em qualquer artigo da Lei n. 6.404/76, em razão da previsão expressa do direito de retirada no art. 1.077 do Código Civil e da ausência de regência supletiva do contrato pela Lei das S.A., informação contida no enunciado; (b) a fundamentação do direito no art. 1.029 do Código Civil, não só pela tipicidade da sociedade limitada como também pela previsão de que a modificação do contrato dá ao sócio dissidente o direito de retirada, portanto é no art. 1.077 que se encontra o fundamento correto; ademais, na sociedade limitada o direito de retirada pela modificação do contrato é reconhecido independentemente do prazo de duração da sociedade e de justa causa; (c) a citação de outros dispositivos que tratam de resolução da sociedade em relação a um sócio em casos de morte (art. 1.028) ou exclusão (art. 1.030).

A indicação que se trata de uma Ação de Dissolução Parcial cumulada com Apuração de Haveres (ou Liquidação de Quotas) é aceita como resposta adequada, desde que esteja fundamentada nos arts. 1.077 e 1.031 do Código Civil. Dessa forma, o candidato demonstra reconhecer que o direito de retirada do sócio na sociedade limitada tem por fundamento o art. 1.077 e que se trata de hipótese de resolução de sociedade com apuração de haveres em favor do sócio dissidente.

A ação deve ser endereçada ao Juiz de Direito da Vara Única da Comarca de Rio Tinto, lugar da sede da sociedade e domicílio dos sócios, informação indicada expressamente no enunciado.

Legitimidade ativa: o autor da ação é o sócio retirante Caldas Brandão, devidamente qualificado.

Legitimidade passiva: os réus são a sociedade Laticínios Zabelê Ltda. EPP, representada pelo sócio Pedro Régis (ou pelo sócio José de Moura), e os sócios José de Moura, Pedro Régis e Bernardino Batista. A ação deve ser promovida pelo sócio retirante contra a sociedade e os sócios remanescentes, em litisconsórcio passivo necessário. Portanto, para responder aos termos da ação têm de ser citados não só os demais sócios, mas também a sociedade (arts. 114 e 115, parágrafo único, do CPC).

A ação tem por fundamento os arts. 1.077 e 1.031 do Código Civil.

Na exposição dos fatos e fundamentação jurídica, o candidato deverá descrever a realização da deliberação assemblear, a aprovação da alteração do objeto social, que produziu a sua dissidência, com consequente modificação do contrato social e o direito de retirar-se da sociedade. Cabe também o esclarecimento que tal direito foi exercido no prazo legal (30 dias) e não reconhecido pela sociedade e os demais sócios, que invocaram o princípio majoritário das deliberações sociais (art. 1.072, § 5º, do Código Civil).

O candidato deve fazer referência ao contrato social e à notificação da sociedade e demais sócios de sua pretensão de retirar-se da sociedade, em 15-4-2012, como documentos que instruem a petição.

Nos pedidos deverão ser mencionados:

a) a citação da sociedade, na pessoa de seu administrador, e dos sócios José de Moura, Bernardino Batista e Pedro Régis;

b) a procedência do pedido, para reconhecer o direito de retirada do autor;

c) determinar à sociedade que proceda à liquidação e pagamento de sua quota (ou quotas), no prazo de noventa dias, com base na situação patrimonial à data da resolução, verificada em balanço especialmente levantado;

d) a condenação dos réus ao pagamento de custas e honorários advocatícios.

O valor da causa deve ser o do capital social indicado no contrato – R$ 1.700.000,00 (um milhão e setecentos mil reais).

Ressalte-se, que a ação de retirada também seria possível.

RESOLUÇÃO DA PEÇA 43 (OAB FGV XIII EXAME)

Os dados contidos no enunciado apontam que a peça processual adequada é a CONTESTAÇÃO AO REQUERIMENTO DE FALÊNCIA, eis que há informação de que o juiz recebeu a petição e determinou a citação por mandado do representante legal da sociedade e esta foi efetivada. Assim sendo, em conformidade com o *caput* do artigo 98 da Lei n. 11.101/2005, "citado, o devedor poderá apresentar contestação no prazo de 10 (dez) dias". Não é admissível PETIÇÃO DE DEPÓSITO ELISIVO porque a cliente não deseja efetuar qualquer pagamento em juízo para elidir a falência, conforme dado do enunciado. Também não é apropriada a PETIÇÃO DE RECUPERAÇÃO JUDICIAL em razão do impedimento a esse pedido nos termos do *caput* do art. 48 da Lei n. 11.101/2005 – o contrato social de devedora foi arquivado na Junta Comercial há 20 meses, portanto menos de dois anos de exercício regular da empresa.

A contestação deve ser fundamentada no art. 98, *caput*, da Lei n. 11.101/2005. A fundamentação nos arts. 335 e 336 do CPC, exclusivamente, não pontua porque o examinando deve conhecer a especificidade da lei de falências e o prazo próprio nela previsto.

A autoridade judiciária a que a contestação é dirigida é o Juiz de Direito da [Única] Vara Cível da Comarca de São Cristóvão/SE.

O examinando deve fazer referência às partes com indicação que já foram qualificadas: autor – Banco Pinhão S/A, representado pelo Sr. Simão Dias etc. e ré – São Domingos Livraria e Papelaria Ltda. EPP, representada por sua advogada Rosa Elze.

Questões preliminares

a) DO DEFEITO DE REPRESENTAÇÃO DO AUTOR – arts. 75, VIII, e 337, VIII, do CPC; art. 138, § 1º, da Lei n. 6.404/76.

O Banco Pinhão S/A não pode ser representado pelo Sr. Simão Dias, gerente de uma das suas filiais. A representação das sociedades anônimas é privativa dos seus diretores nos termos do art. 138, § 1º, da Lei n. 6.404/76. O enunciado não menciona que há delegação de poderes de representação judicial da companhia ao gerente e essa delegação não se presume.

b) DA INCOMPETÊNCIA ABSOLUTA DO JUÍZO – arts. 113, *caput* e § 1º, e 337, II, do CPC e art. 3º da Lei n. 11.101/2005.

O juízo de São Cristóvão, local da filial da sociedade empresária, não é competente para conhecer do pedido de falência, ainda que a filial seja considerada como um dos domicílios da ré (art. 53, III, *b*, do CPC). O juízo competente para decretar a falência é sempre o lugar do principal estabelecimento do devedor, em Aracaju, com fulcro no art. 3º da Lei n. 11.101/2005. Fica patente com a leitura do enunciado que o principal estabelecimento da sociedade São Domingos Livraria e Papelaria Ltda. EPP é em Aracaju e não em São Cristóvão.

Por se tratar de incompetência absoluta deve ser alegada na própria contestação, antes da análise do mérito, independentemente de exceção, preferencialmente no prazo da contestação, primeira oportunidade em que o réu se pronuncia nos autos (arts. 113, *caput* e § 1º, e 337, II, do CPC).

"O artigo 3º da Lei 11.101/2005 estabelece que o Juízo do local do principal estabelecimento do devedor é absolutamente competente para decretar a falência, homologar o plano de recuperação extrajudicial ou deferir a recuperação" (STJ, Segunda Seção, CC 116743, j. 10-10-2012, *DJe* 17-12-2012).

"A competência absoluta, como é a do juízo falimentar, deve ser alegada em preliminar de contestação ou de embargos à execução" (STJ, AgRg no AREsp 148547/SP, 4ª T., j. 16-4-2013, *DJe* 23-4-2013).

"Nos termos dos artigos 113 e 301, II, do CPC/1973 [arts. 64, § 1º, e 337, II, do CPC/2015], a irresignação concernente à suposta incompetência absoluta do juízo [da falência] deve ser veiculada nos próprios autos da ação principal, de preferência em preliminar de contestação, e não via exceção de incompetência, instrumento adequado somente para os casos de incompetência relativa" (STJ, REsp 1162469/PR, 3ª T. j. 12-4-2012, *DJe* 9-5-2012).

c.1) CARÊNCIA DO DIREITO DE AÇÃO em relação à pretensão de cobrança do cheque (art. 301, X, do CPC c/c art. 94, § 3º, da Lei n. 11.101/2005).

O cheque apresentado não foi submetido a nenhum protesto prévio ao requerimento de falência. O dispositivo invocado (art. 47, § 1º, da Lei n. 7.357/85) não pode prevalecer diante do disposto no art. 94, § 3º, da Lei n. 11.101/2005 – o pedido de falência será instruído com os títulos executivos acompanhados, em qualquer caso, dos respectivos instrumentos de protesto para fim falimentar nos termos da legislação específica. Diante da exigência do protesto falimentar, é necessário que o examinando faça menção ao art. 94, § 3º, da Lei n. 11.101/2005, não sendo suficiente a menção genérica ao art. 94, I, da Lei n. 11.101/2005.

c.2) CARÊNCIA DO DIREITO DE AÇÃO em relação à pretensão de cobrança das notas promissórias (art. 337, XI do CPC c/c arts. 77, 34 e 53 do Decreto n. 57.663/66 – LUG).

A nota promissória à vista deve ser apresentada a pagamento em até 1 (um) ano da data de sua emissão, sob pena de perder o portador o direito de ação em face dos coobrigados. Os títulos foram emitidos em 11-9-2010 e apresentados para pagamento em 30-9-2011, portanto além do prazo legal fixado no art. 34 da LUG. Como a devedora figura em ambos os títulos como endossante em branco, portanto, coobrigado, o credor perdeu seu direito de ação com fundamento no art. 53 da LUG.

A partir do momento em que o portador não apresenta a nota promissória a pagamento no prazo legal – 1 (um) ano da data de sua emissão – não há mais direito de ação em face dos coobrigados. Portanto, todo e qualquer prazo posterior, como o prazo para a interposição do protesto (até o 1º dia útil após o vencimento – art. 28 do Decreto n. 2.044/1908) ou da prescrição (art. 70, 2ª alínea da LUG – Decreto n. 57.663/66, anexo I) é irrelevante, pois já não há, desde o 1º dia útil após a expiração do prazo de apresentação, direito de ação em face do endossante. Assim, o examinando deverá apontar que a única causa da carência do direito de ação em relação à cobrança das notas promissórias reside na inobservância do prazo do art. 34 da LUG Decreto n. 57.663/66, anexo I, e seu efeito previsto no art. 53 Decreto n. 57.663/66, anexo I, *in verbis*:

"Artigo 34: A letra à vista é pagável à apresentação. Deve ser apresentada a pagamento dentro do prazo de 1 (um) ano, a contar da sua data (...).

(...)

Artigo 53: Depois de expirados os prazos fixados:

– para a apresentação de uma letra à vista ou a certo termo de vista;

(...)

O portador perdeu os seus direitos de ação contra os endossantes, contra o sacador e contra os outros coobrigados, à exceção do aceitante."

c.3) CARÊNCIA DO DIREITO DE AÇÃO em relação à pretensão de cobrança do crédito decorrente do contrato de prestação de serviços pela nulidade do protesto falimentar (art. 337, XI, do CPC, e art. 96, VI, da Lei n. 11.101/2005 e Súmula 361 do STJ).

A advogada constatou que do instrumento de protesto falimentar não consta certidão de ter sido pessoalmente intimado o representante legal da devedora no endereço conhecido, figurando assinatura de pessoa não identificada.

Com isto, há vício no protesto e em seu instrumento, que obsta a decretação da falência (art. 96, VI, da Lei n. 11.101/2005).

"A notificação do protesto, para requerimento de falência da empresa devedora, exige a identificação da pessoa que a recebeu" (STJ, Súmula 361, Segunda Seção, aprovada em 10-9-2008, *DJe* 22-9-2008).

"Inválido é o protesto de título cuja intimação foi feita no endereço da devedora, porém a pessoa não identificada, de sorte que constituindo tal ato requisito indispensável ao pedido de quebra, o requerente é dele carecedor por falta de possibilidade jurídica, nos termos do artigo 267, VI, do CPC/1973 [art. 485, VI, do CPC/2015]". (STJ, EREsp 248143/PR, Segunda Seção, j. 13-6-2007, *DJe* 23-8-2007).

Preliminar de Mérito

PRESCRIÇÃO DA PRETENSÃO À EXECUÇÃO DA CÉDULA DE CRÉDITO COMERCIAL (art. 96, II, da Lei n. 11.101/2005 c/c art. 5º da Lei n. 6.840/80 c/c art. 52 do Decreto-Lei n. 413/69 c/c arts. 77, 78 e 70 do Decreto n. 57.663/66 , anexo I– LUG).

A cédula de crédito comercial é título executivo extrajudicial (art. 5º da Lei n. 6.840/80 c/c art. 41 do Decreto-Lei n. 413/69) e a ela aplicam-se as normas do direito cambial, por força do art. 5º da Lei n. 8.640/80 c/c art. 52 do Decreto-Lei n. 413/69. Portanto, o prazo prescricional para a cobrança do emitente é de 3 (três) anos, contados da data do vencimento. Verifica-se que a cédula foi emitida pela requerida em 13-7-2010 e o vencimento ocorreu em 13-1-2011. O protesto do título de crédito foi feito após a ocorrência da prescrição (30-1-2014), portanto não teve o condão de interrompê-la.

Do Mérito

Não está caracterizada a impontualidade do devedor prevista no art. 94, I, da Lei n. 11.101/2005 e ensejadora da decretação de sua falência, porque os títulos apresentados não ensejam sua cobrança através do procedimento falimentar, por ausência de pressupostos referentes ao exercício do direito de ação, tais como (i) a ausência de protesto do cheque, (ii) a apresentação intempestiva a pagamento das notas promissórias à vista, (iii) a nulidade da intimação a protesto do contrato de prestação de serviço. Ademais, verifica-se a ocorrência da prescrição da pretensão à execução da cédula de crédito comercial.

A duplicata de venda, embora não contenha vício de nulidade ou da obrigação subjacente, esteja protestada por falta de pagamento para fins falimentares e acompanhada de comprovante de recebimento da mercadoria firmado por pessoa competente, tem valor de R$ 25.000,00 (vinte e cinco mil reais), que é inferior a quarenta salários mínimos na data do pedido. Portanto está obstaculizada a decretação de falência com fundamento, a *contrario sensu*, nos arts. 94, I, e 96, *caput* e § 2º, da Lei n. 11.101/2005.

Provas: a contestação deve fazer menção ao protesto pela produção de todas as provas em direito admitidas, indicando que o réu apresenta o contrato social onde consta a sede social em Aracaju, para comprovar a incompetência absoluta do juízo.

Nos pedidos deverão ser mencionados:

a) seja recebida a presente contestação porque oferecida tempestivamente no prazo do art. 98 da Lei n. 11.101/2005 (10 dias);

b) sejam acolhidas todas as preliminares suscitadas e comprovadas, extinguindo-se o processo sem resolução de mérito com fulcro no art. 485, VI, do CPC;

c) caso não seja reconhecida a carência da ação, sejam julgados improcedentes os pedidos formulados na inicial, extinguindo-se o processo com resolução de mérito e fundamento no art. 487, I e II, do CPC;

d) a condenação do Autor ao pagamento das custas processuais e honorários advocatícios.

No fechamento da peça o examinando deverá proceder conforme o item 3.5.8 do Edital:

Local ou Município..., Data..., Advogado... e OAB...

RESOLUÇÃO DA PEÇA 44 (OAB FGV XIV EXAME)

O examinando deverá demonstrar conhecimento acerca das sociedades anônimas, disciplinadas pela Lei n. 6.404/76, especialmente no que se refere à obrigação do acionista de integralizar o preço de emissão das ações subscritas ou adquiridas nas condições previstas no estatuto ou no boletim de subscrição, com fundamento no *caput* do art. 106.

O examinando deverá indicar que Pedro é acionista remisso, pois descumpriu o art. 106 da Lei n. 6.404/76, isto é, deixou de realizar nas condições previstas no boletim de subscrição, a prestação correspondente às ações subscritas, isto é, não realizou a integralização do preço de emissão pela subscrição de 300 ações até o dia 23-3-2013.

Com base neste fato, pode-se afirmar com fulcro no § 2º do art. 106 da Lei n. 6.404/76, que a mora do acionista é *ex re* e ele ficará, de pleno direito, sujeito ao pagamento do débito, acrescido dos juros, da correção monetária. Incabível a conclusão pelo examinando de incidência da multa de até 10% do valor da prestação, porque o enunciado não informa tal previsão no estatuto.

Verificada a mora do acionista remisso, a sociedade tem a opção de ajuizar ação executiva em face de Pedro, com fundamento no art. 107, I, da Lei n. 6.404/76, ou de mandar vender as ações em bolsa de valores, por conta e risco do acionista (inciso II). Como o enunciado da questão solicita ao examinando a elaboração de PEÇA PROCESSUAL, fica descartada a segunda opção prevista, porém a companhia poderá dela se utilizar, mesmo após iniciada a cobrança judicial, se o preço apurado não bastar para pagar os débitos do acionista (art. 107, § 3º, da Lei n. 6.404/76). O examinando deverá mencionar na peça que a companhia dispõe da opção de vender as ações em leilão, mas preferiu se utilizar a ação de execução.

A peça a ser elaborada pelo examinando é uma PETIÇÃO INICIAL DE AÇÃO DE EXECUÇÃO POR QUANTIA CERTA FUNDADA EM TÍTULO EXECUTIVO EXTRAJUDICIAL, qual seja, o boletim de subscrição, conforme autoriza o art. 107, I, da Lei n. 6.404/76 c/c art. 784, XII, do CPC, a ser proposta pela companhia, representada por um de seus diretores, Carlos ou Gustavo (informação contida no enunciado). A peça NÃO DEVE ser instruída com o "aviso de chamada" a que se refere o art. 107, I, da Lei n. 6.404/76 porque não houve publicação dos avisos mencionados no art. 106, § 1º.

O Juízo competente será uma das Varas Cíveis da Comarca de Fortaleza, após a distribuição do feito, nos termos do art. 284 do CPC.

Cumpre ao examinando, além de requerer a citação do devedor para pagamento da quantia devida, com os acréscimos do art. 106, § 2º, da Lei n. 6.404/76, fazer menção no corpo da peça que instrui a petição inicial com o título executivo extrajudicial e com o demonstrativo do débito atualizado até a data da propositura da ação, por se tratar de execução por quantia certa, a teor do art. 798, I, *a* e *b*, do CPC.

O valor da causa corresponde à R$ 270.000,00 (duzentos e setenta mil reais), total restante a ser pago pela subscrição de 300 ações ao preço de emissão de R$ 1.000,00 cada, considerando-se a entrada de R$ 30.000,00 (trinta mil reais) já realizada quando da subscrição (art. 80, II, da Lei n. 6.404/76).

Obs.: no nosso entender, por ser uma Sociedade Anônima de capital fechado, não se deve mencionar a opção de vender as ações em leilão.

RESOLUÇÃO DA PEÇA 45 (OAB FGV XV EXAME)

A questão envolve conhecimento pelo examinando das disposições legais referentes à sociedade em conta de participação no Código Civil (arts. 991 a 996) e da ação de exigir contas (procedimento especial de jurisdição contenciosa, regulado nos arts. 550 a 553 do CPC).

Pela leitura do enunciado, percebe-se que o distrato (consenso unânime dos sócios) operou a dissolução de pleno direito da sociedade, com fundamento no art. 1.033, II, do Código Civil, aplicável à sociedade em conta de participação, por força do art. 996, *caput*, do Código Civil. Como efeito da dissolução, deverá ser promovida a liquidação da conta entre o sócio ostensivo e os participantes pelas normas relativas à prestação de contas, na forma da lei processual (art. 996, *caput*, do Código Civil).

Antes da liquidação da sociedade operou-se sua dissolução, porém a liquidação não obedecerá às disposições dos arts. 1.102 a 1.112 do Código Civil e sim as disposições processuais referentes à prestação de contas. O examinando deverá associar o distrato à dissolução de pleno direito da sociedade, indicando os dispositivos legais pertinentes, sem olvidar que à sociedade em conta de participação são aplicáveis, subsidiariamente, as disposições da sociedade simples.

Diante da inexistência de ajuste de contas pela sócia ostensiva e administradora, caberá às sócias participantes exigir judicialmente a prestação de contas pelo procedimento especial previsto nos arts. 550 a 553 do CPC.

Destarte, a peça adequada é a AÇÃO DE EXIGIR CONTAS, com fundamento no art. 550 do CPC e no art. 996, *caput*, c/c arts. 1.020 e 1.033, II, do Código Civil.

Endereçamento: Juiz de Direito da Vara Única da Comarca de Tuntum, Estado do Maranhão (local do foro de eleição).

Qualificação das partes – Autoras: Porto Franco Reflorestamento Ltda., representada por seu administrador etc.;

Fortuna Livraria e Editora Ltda., representada por seu administrador etc.

Ré: Cia. Cedral de Papel e Celulose, representada por seu administrador/diretor etc.

De acordo com o art. 1.022 do Código Civil, "A sociedade adquire direitos, assume obrigações e procede judicialmente, por meio de administradores", portanto o examinando deverá demonstrar o conhecimento deste dispositivo e aplicá-lo na qualificação das partes, sociedades empresárias.

Fatos e Fundamentos jurídicos do pedido:

O examinando deverá descrever os fatos narrados no enunciado, associando-os ao direito material e processual (a simples transcrição do enunciado sem a fundamentação jurídica não pontua), sendo imprescindível destacar todos os seguintes pontos:

a) a existência de uma sociedade em conta de participação na qual a ré era a sócia ostensiva; portanto, apenas ela realizava a atividade social e administrava a sociedade, nos termos do art. 991, do Código Civil;

b) como administradora, a ré estava obrigada a prestar contas de sua administração aos sócios participantes, com fundamento no art. 996, *caput*, c/c art. 1.020, do Código Civil (indispensável mencionar ambos os artigos);

c) o distrato (consenso unânime dos sócios) operou a dissolução de pleno direito da sociedade, nos termos do art. 996, *caput*, c/c o art. 1.033, II, do Código Civil (indispensável mencionar ambos os artigos);

d) por conseguinte, deverá ocorrer a liquidação da sociedade, que se rege pelas normas relativas à prestação de contas, na forma da lei processual, por determinação do art. 996, *caput*, do Código Civil;

e) diante da falta de prestação de contas referentes ao ano de 2013 e aos meses de janeiro a maio de 2014, as sócias têm o direito de exigi-las da sócia ostensiva, com fundamento no art. 550 do CPC.

Nos pedidos, devem ser mencionados obrigatoriamente:

a) a citação da ré para, no prazo de 15 (quinze) dias, apresentar a prestação de contas ou contestar a ação, com fundamento no art. 550, *caput*, do CPC;

b) procedência do pedido para condenar a ré à prestação de contas às sócias participantes, referentes ao ano de 2013 e dos meses de janeiro a maio de 2014, no prazo de 15 (quinze), em conformidade com o art. 550, § 5º, do CPC;

O simples pedido de procedência não pontua porque o examinando deverá ser explícito quanto ao que seu cliente pretende, ou seja, a condenação da ré à prestação de contas, no prazo de 15 (quinze), referentes ao ano de 2013 e dos meses de janeiro a maio de 2014.

c) a apresentação da prestação de contas em forma adequada, especificando-se as receitas e a aplicação das despesas, bem como o respectivo saldo, instruída com os documentos justificativos, de acordo com exigência do art. 551 do CPC;

d) a condenação da ré ao pagamento das custas e honorários advocatícios.

Somente será pontuado se o pedido incluir as custas e, cumulativamente, os honorários.

Das provas: deverá o examinando fazer referência expressa que instrui a petição com as seguintes provas por serem essenciais:

a) o contrato de sociedade em conta de participação; e

b) o instrumento particular do distrato.

Não é pontuado o protesto geral por provas.

Valor da causa: R$......

O examinando deverá indicar na peça um item sobre o valor da causa, sem ser exigido precisá-lo. O valor atribuído à causa na ação de prestação de contas é um valor estimado, pois somente será determinada, com exatidão, a existência ou não de um saldo credor ou devedor em favor das autoras após a prestação das contas e a verificação ou não de seu acerto. Assim, nesse primeiro momento, as autoras pretendem a efetivação da obrigação legal da sócia ostensiva em cumprir o que determina o art. 1.020, do Código Civil.

No fechamento da peça, o examinando deverá proceder conforme o item 3.5.8 do Edital, indicando cumulativamente todos os elementos nele exigidos, a saber:

Local ou Município..., Data..., Advogado... e OAB...

RESOLUÇÃO DA PEÇA 46 (OAB FGV XVI EXAME)

Requerimento de Falência:

O enunciado não informa a data da propositura da ação de falência nem solicita que o examinando adote uma data precisa, seja no ano de 2014 seja no ano de 2015. Isso porque, após a análise dos títulos apresentados e a conclusão que apenas as duplicatas de compra e venda seriam títulos executivos extrajudiciais, o examinando encontra óbice ao mínimo exigido pelo art. 94, I, da Lei n. 11.101/2005 no valor das duplicatas indicado no enunciado (R$ 31.000,00 – trinta e um mil reais). Por outro lado, a ausência de uma data precisa para a elaboração da peça não afasta o cabimento da ação de falência, se a mesma for proposta durante o ano de 2014.

Se o examinando entender que a peça deve ser proposta em 2015 e, nesse caso, o valor de R$ 31.000,00 não perfaz o mínimo exigido pelo art. 94, I, da Lei n. 11.101/2005, ALTERNATIVAMENTE, a ação de execução por título extrajudicial é a peça processual adequada.

A Banca Examinadora, diante da ausência desta informação quanto ao ano ou data de propositura da ação, e que ela poderia levar o examinando a duas opções de peça adequada, admite como corretas tanto a AÇÃO OU PEDIDO DE FALÊNCIA quanto a AÇÃO DE EXECUÇÃO POR TÍTULO EXTRAJUDICIAL, mesmo com a indicação ao final do enunciado de que o cliente pretende que o advogado proponha medida judicial apta a instaurar a execução coletiva dos bens do devedor.

I – PREMISSA ADOTADA PELO EXAMINANDO: A peça foi elaborada durante o ano de 2014

Caso o examinando tenha adotado como premissa que o advogado elaborou a peça durante o ano de 2014, quando o salário mínimo nacional era correspondente a R$ 724,00 (setecentos e vinte e quatro reais), a peça adequada para satisfazer a pretensão do cliente é a AÇÃO (ou PETIÇÃO INICIAL) DE FALÊNCIA, com fundamento no art. 94, *caput*, inciso I, e § 3º, da Lei n. 11.101/2005.

A petição deve ser endereçada ao Juiz de Direito de uma das Varas Cíveis da Comarca de Macapá, consoante informação contida no enunciado.

O examinando deverá qualificar as partes com base nas informações contidas no enunciado, sendo autor Supermercados Porto Grande Ltda., representada por seu administrador João Santana, e réu Ferreira Gomes & Cia Ltda., representada por seu administrador.

Em cumprimento ao art. 3º da Lei n. 11.101/2005 (Juízo competente para decretar a falência), o examinando deverá fazer menção ao lugar do principal estabelecimento do devedor, que no caso é a própria sede da sociedade, em Macapá, eis que não há filial.

Deverá ser ressaltada a legitimidade ativa do credor, que é empresário regular inscrito no Registro Público de Empresas Mercantis (OU na Junta Comercial do Estado do Amapá), cuja prova deverá apresentar em conformidade com o art. 97, IV e § 1º, da Lei n. 11.101/2005.

Ao analisar os títulos apresentados pelo credor o examinando deverá concluir que apenas as vinte e três duplicatas reúnem, somadas, as condições do art. 94, I, e seu § 3º, da Lei n. 11.101/2005 para a propositura da ação. A nota promissória não cumpre o requisito do art. 94, § 3º, da Lei n. 11.101/2005, em razão da sustação do protesto em vigor; o boleto bancário, além de não ser, isoladamente, título executivo extrajudicial, é inexigível em razão do acordo novativo de parcelamento, a contar de outubro de 2014.

Nos fundamentos jurídicos, o examinando deverá demonstrar o preenchimento de todos os requisitos legais para o pedido de falência (art. 94, I e seu § 3º, da Lei n. 11.101/2005), a saber:

a) obrigação líquida não paga sem relevante razão de direito;

b) título executivo (duplicatas de compra e venda aceitas – art. 784, I, do CPC ou art. 15, I, da Lei n. 5.474/68);

c) valor da dívida superior a 40 (quarenta) salários mínimos na data do pedido de falência;

Como o examinando adotou como premissa que a peça foi elaborada em 2014 e a ação de falência foi proposta no mesmo ano, o valor das 23 duplicatas (R$ 31.000,00) é superior a 40 salários mínimos na data do pedido, a saber: 40 salários mínimos em 2014 (R$ 724 x 40 = R$ 28.960,00).

d) a submissão das duplicatas de compra e venda ao protesto especial, ou seja, para fins de falência, como exige o art. 94, § 3º, da Lei n. 11.101/2005.

Nos pedidos deverão ser requeridos:

a) a citação do réu para oferecer contestação no prazo de 10 (dez) dias, com base no art. 98, *caput*, da Lei n. 11.101/2005;

b) a procedência do pedido para ser decretada a falência do devedor;

c) a condenação do réu ao pagamento das custas e honorários advocatícios.

Em relação às provas com as quais o autor pretende demonstrar a veracidade dos fatos e o cumprimento dos requisitos legais à ação de falência, deve ser expressamente mencionado:

a) certidão de sua regularidade perante o RPEM ou a Junta Comercial do Estado do Amapá, exigência do art. 97, § 1º, da Lei n. 11.101/2005;

b) as duplicatas de compra e venda, acompanhadas das respectivas faturas, exibidas no original em conformidade com o art. 9º, parágrafo único, da Lei n. 11.101/2005;

c) certidões (ou instrumentos) do protesto especial das duplicatas.

O valor da causa deve ser indicado pelo examinando com fundamento no art. 319, V, do CPC.

No fechamento da peça o examinando deverá proceder em conformidade com o item 3.5.8 do Edital:

Local... (ou Macapá/AP), Data..., Advogado.... e OAB...

Ação de Execução Por Titulo Extrajudicial

II – PREMISSA ADOTADA PELO EXAMINANDO: A peça foi elaborada durante o ano de 2015.

Caso o examinando tenha adotado como premissa que o advogado elaborou a peça durante o ano de 2015, quando o salário mínimo nacional corresponde a R$ 788,00 (setecentos e oitenta e oito reais), a peça adequada para satisfazer a pretensão do cliente é a PETIÇÃO INICIAL DA AÇÃO DE EXECUÇÃO POR TÍTULO EXTRAJUDICIAL ou AÇÃO DE EXECUÇÃO POR QUANTIA CERTA CONTRA DEVEDOR SOLVENTE, com fundamento no art. 784, I, do CPC e no art. 15, I, da Lei n. 5.474/68. Tal conclusão tem por base a impossibilidade de propositura da ação de falência, mesmo sendo este o desejo do cliente, em razão dos únicos títulos hábeis ao requerimento (duplicatas de compra e venda) não superarem o valor de quarenta salários mínimos na data do pedido, ou seja, R$ 31.520,00 (trinta e um mil quinhentos e vinte reais). A petição inicial deve ser endereçada ao Juiz de Direito de uma das Varas Cíveis da Comarca de Macapá, após a distribuição do feito, nos termos do art. 284 do CPC, consoante informação contida no enunciado, local onde a devedora tem sua sede e único estabelecimento. Não foi indicado no enunciado nenhum lugar específico para o pagamento das duplicatas de modo a concluir o examinando que o pagamento não seja exigível no domicílio da pessoa jurídica, ou seja, Macapá.

O examinando deverá qualificar as partes com base nas informações contidas no enunciado, sendo Autor Supermercados Porto Grande Ltda., representada por seu administrador João Santana, e Réu Ferreira Gomes & Cia Ltda., representada por seu administrador.

Na fundamentação jurídica, o examinando deverá destacar a legitimidade ativa do Autor (Supermercados Porto Grande Ltda.), nos termos do art. 778 do CPC, "Art. 778 Podem promover a execução forçada o credor a quem a lei confere título executivo."

Também é imprescindível que o examinando indique a sociedade empresária Ferreira Gomes & Cia. Ltda. Como parte legítima no polo passivo, com fundamento no art. 779, I, do CPC (o devedor reconhecido como tal no título executivo é sujeito passivo no processo de execução).

O examinando deverá demonstrar conhecimento sobre os requisitos necessários para realizar qualquer execução: inadimplemento do devedor e título executivo, relacionando tais requisitos aos dados contidos no enunciado.

Assim, deverá o examinando relacionar as duplicatas em seu poder como títulos executivos extrajudiciais representativos de dívida líquida e certa (art. 784, I, do CPC), isto é, as duplicatas aceitas.

Com o aceite das duplicatas, o aceitante torna-se responsável direto pelo pagamento e, não o fazendo nas datas dos vencimentos, caracteriza-se sua impontualidade, cabendo a execução das duplicatas com fundamento no art. 15, I, da Lei n. 5.474/68.

Portanto, poderá o Autor instaurar a execução porque o devedor não satisfez a obrigação certa, líquida e exigível, consubstanciada em título executivo, com fundamento no art. 786 do CPC ou no art. 783 do CPC.

É desnecessário anexar à petição o comprovante de entrega das mercadorias, pois os títulos estão aceitos; é facultativa a menção ao protesto das duplicatas pelo mesmo motivo (art. 15, I, da Lei n. 5.474/68).

Cumpre observar que os demais títulos apresentados não são exigíveis e para eles não se caracteriza a exigibilidade necessária para se promover a execução forçada porque (i) as notas promissórias tiveram seu protesto sustado e tal medida encontra-se em vigor; (ii) os boletos bancários, por si só, não possuem força executiva e houve repactuação de dívida. Portanto, apenas as duplicatas aceitas constituem títulos hábeis à execução.

PEDIDOS: Cumpre ao examinando, além de requerer a citação do devedor para pagamento da quantia devida ou do valor de R$ 31.000,00 (trinta e um mil reais) – correspondente ao valor das duplicatas – no prazo de 3 (três) dias (art. 829 do CPC), com os acréscimos de juros e atualização monetária, deverá pleitear a condenação do Réu ao pagamento das custas e honorários advocatícios.

PROVAS: O examinando não deve fazer um protesto geral por provas. É imprescindível a menção no corpo da peça que a petição inicial é instruída com os títulos executivos extrajudiciais (ou as duplicatas de compra e venda) e com o demonstrativo do débito atualizado até a data da propositura da ação, por se tratar de execução por quantia certa, a teor do art. 798, I, *a* e *b*, do CPC.

VALOR DA CAUSA: O valor da causa deve ser indicado pelo examinando com fundamento no art. 319, V, do CPC.

FECHAMENTO: no fechamento da peça o examinando deverá proceder em conformidade com o item 3.5.8 do Edital, abstendo-se de inserir dados não contidos no enunciado para não identificar sua peça.

Local... (ou Macapá/AP), Data..., Advogado... e OAB...

RESOLUÇÃO DA PEÇA 47 (OAB FGV XVII EXAME)

As informações contidas no enunciado permitem concluir que a peça adequada é o Pedido (ou Requerimento) de Extinção das Obrigações do Falido.

Por se tratar de Requerimento e não de ação, não há Autor nem Réu.

O requerimento deve ser dirigido ao juízo da falência, como determina o *caput* do art. 159 da Lei n. 11.101/2005, no caso o Juízo de Vara Única da Comarca de Duartina/SP.

Por se tratar de Comarca de Vara única (Duartina/SP) é inaplicável o art. 284 do CPC.

O requerente é o empresário individual falido Pereira Barreto.

Os examinandos que indicaram como Requerente "Massa Falida de Pereira Barreto" ou "Pereira Barreto e Massa Falida de Pereira Barreto", "Pereira Barreto pessoa jurídica de direito privado" ou ainda "Pereira Barreto EIRELI" e variações, não receberão pontuação porque o legitimado não é a Massa Falida, representada pelo administrador judicial, e sim o próprio falido, pessoa natural.

O examinando deverá verificar que a situação descrita no enunciado se enquadra perfeitamente (e exclusivamente) no art. 158, II, da Lei n. 11.101/2005, uma vez que:

a) foi encerrada a realização do ativo com o pagamento integral dos credores não sujeitos a rateio, isto é, aqueles titulares de preferências ou privilégios legais (art. 83, I, II, III, IV e V, da Lei n. 11.101/2005);

Cabe observar que não houve pagamento integral AOS CREDORES. O que o enunciado informa é o pagamento integral aos credores "não sujeitos a rateio". Se tivesse ocorrido pagamento integral, o pedido de extinção das obrigações estaria fundamentado no inciso I do art. 158, inciso II, da Lei n. 11.101/2005. Essa informação não procede e não será pontuada, até mesmo porque os credores das classes VII e VIII do art. 83 da Lei n. 11.101/2005 não foram contemplados.

b) na classe dos credores quirografários (ou sujeitos a rateio) houve o pagamento de 47% (quarenta e sete) por cento do valor total;

c) o falido depositou em juízo a quantia necessária para atingir o mínimo legal, ou seja, mais de 50% (cinquenta por cento) dos créditos quirografários;

Os itens acima deverão constar, cumulativamente, na fundamentação jurídica do requerimento, para que o examinando conclua que o falido satisfaz todas as exigências legais para requerer a extinção de suas obrigações, indicando o dispositivo legal em se ampara sua pretensão, ou seja, o art. 158, II, da Lei n. 11.101/2005.

Os demais incisos do art. 158 não tratam da hipótese mencionada no enunciado, portanto são inapropriados como fundamentação legal, seja alternativamente, seja cumulativamente com o inciso II do art. 158 da Lei n. 11.101/2005.

Também deverá constar na fundamentação jurídica que, como não houve denúncia (ou condenação) por nenhum dos crimes previstos na Lei n. 11.101/2005, fica afastada a necessidade da reabilitação penal para a extinção das obrigações. Assim, o falido poderá reassumir sua empresa apenas com a sentença que declara extinta suas obrigações.

Nos pedidos devem ser requeridos, para fins de pontuação:

a) declaração de extinção das obrigações do falido na sentença de encerramento, porque consta no enunciado que a falência ainda não foi encerrada, com base no art. 159, § 3º, da Lei n. 11.101/2005;

b) o término (ou cessação) da inabilitação empresarial do falido (ou sua reabilitação para o exercício da empresa), permitindo ao falido retomar sua empresa, com base no art. 102, *caput*, da Lei n. 11.101/2005;

Por se tratar de empresário individual não é aceito como fundamentação legal, para fins de pontuação, o art. 160 da Lei n. 11.101/2005, que se aplica exclusivamente ao sócio de responsabilidade ilimitada falido.

O fato de o empresário individual ter responsabilidade ilimitada, tal qual o sócio solidário, não reduz o primeiro à condição do segundo. O examinando deve ser capaz de distinguir o exercício individual do coletivo da empresa.

c) a publicação do edital (e não da sentença de encerramento) contendo o requerimento do falido e documentos a ele anexados, para ciência dos credores e eventual objeção, com base no art. 159, § 1º, da Lei n. 11.101/2005;

d) anotação da extinção das obrigações no registro do empresário (ou que determine à Junta Comercial a averbação/anotação em seu registro para excluir sua condição de falido), nos termos do art. 102, parágrafo único, da Lei n. 11.101/2005;

e) autuação em apartado do requerimento, na forma do que dispõe o art. 159, § 1º, da Lei n. 11.101/2005.

No item das provas, o examinando deverá expressamente mencionar:

a) que apresenta o comprovante do depósito judicial no valor de R$ 19.000,00 (dezenove mil reais);

b) a prova da quitação de todos os tributos, com fundamento no art. 191 do CTN;

"A extinção das obrigações do falido requer prova de quitação de todos os tributos".

Como o credor tributário integra o grupo de credores não sujeitos a rateio, que obtiveram pagamento integral com a realização do ativo de acordo com o enunciado, o falido poderá perfeitamente cumprir a exigência legal.

c) o relatório do administrador judicial, onde constam o valor do ativo e o do produto de sua realização, o valor do passivo e o dos pagamentos feitos aos credores.

Alternativamente, na fundamentação jurídica, o examinando poderá fazer menção expressa ao relatório do administrador judicial previsto no art. 155 da Lei n. 11.101/2005, informando que anexa tal documento à petição.

Não serão pontuados pedidos genéricos de protesto por provas, inclusive documentais, ou referências genéricas a "documentos em anexo" e variações.

No fechamento da peça, o examinando deverá mencionar todos os elementos previstos no item 3.5.9 do Edital do XVII Exame, devendo se abster de identificar data, nome do advogado e OAB.

Em relação ao local, o examinando poderá omiti-lo ou indicar a cidade de Duartina, porque essa informação consta do enunciado.

PS: Entendemos ser mais correta a Ação de Extinção das Obrigações do Falido, portanto uma petição inicial.

RESOLUÇÃO DA PEÇA 48 (OAB FGV XVIII EXAME)

A questão relaciona-se com as marcas e a concorrência desleal, constantes do programa de Direito Empresarial. De conformidade com a decisão de encerramento do processo com resolução de mérito proferida pelo juiz monocrático (art. 487, I, do CPC), verifica-se que o recurso cabível é o de Apelação, com fundamento no art. 1.009 do CPC, para impugnar a sentença na parte que foi desfavorável ao pedido do autor (art. 1.002 do CPC). De acordo com os arts. 1.010 e s. do CPC, o examinado deverá incluir na redação da peça:

a) petição de interposição dirigida ao juiz da causa (juiz da 1ª Vara da Comarca de Itacoatiara, Estado do Amazonas);

b) os nomes e a qualificação das partes; e, por se tratar de sociedades, deverá ser observado o disposto no art. 75, VIII, do CPC;

c) menção ao cabimento, tempestividade e preparo do recurso (arts. 1.009, 997, 1.003, § 5º, e 1.007, todos do CPC);

d) o examinando deverá demonstrar conhecimento acerca do Tribunal competente para apreciar e julgar o recurso de apelação, portanto, após abertura de vistas ao recorrido para contrarrazões (art. 1.010, § 1º, do CPC), deverá requerer que os autos sejam encaminhados ao E. Tribunal de Justiça do Estado do Amazonas (art. 1.013, *caput*, do CPC);

e) os fundamentos de fato e de direito para a reforma da decisão (razões de apelação);

Nos fundamentos de direito, o examinando deve demonstrar a presença de dois requisitos que o juiz monocrático, equivocadamente, entendeu que não estariam preenchidos, isto é: CABIMENTOS DOS DANOS MATERIAIS (razão jurídica): a contrafação ou utilização indevida de marca, são condutas de concorrência desleal. Nestes casos, a procedência do pedido de condenação do falsificador/usurpador em danos materiais deriva diretamente da prova que revele a existência de contrafação independentemente de ter sido efetivamente comercializado ou não o produto falsificado ou de cuja marca foi utilizada indevidamente, com fundamento no art. 209 da Lei n. 9.279/96. Tal dispositivo não condiciona a reparação dos danos materiais à prova de comercialização dos produtos fabricados (STJ, REsp 466.761/RJ, 3ª T., rel. Min. Nancy Andrighi, j. 3-4-2003). A jurisprudência pacificada no STJ dispensa a comprovação do prejuízo material com fundamento na redação do art. 209 da Lei n. 9.279/96 (REsp 1207952/AM, 4ª T., j. 23-8-2011; REsp 1372136/SP, j. 12-11-2013; REsp 1322718/SP, 3ª T., j. 19-6-2012; REsp 1174098/MG, 3ª T., j. 4-8-2011). Razão fática: a indenização por danos materiais não possui como fundamento tão somente a comercialização do produto falsificado ou de cuja marca foi utilizada indevidamente, mas também a vulgarização do produto, a exposição comercial (ao consumidor) do produto falsificado e a depreciação da reputação comercial do titular da marca, levadas a cabo pela prática de falsificação. CABIMENTO DO DANO MORAL (razão jurídica): O dano moral corresponde à lesão a direito de personalidade, ou seja, a bem insuscetível de avaliação em dinheiro, portanto independe da prova do prejuízo material (*in re ipsa*). Certos direitos de personalidade são extensíveis às pessoas jurídicas, nos termos do art. 52 do Código Civil. Entre eles, encontra-se a imagem do titular da marca. A sua violação acarreta a prática de ato ilícito e o dano moral (art. 186 do Código Civil). Nesse sentido está a jurisprudência do STJ (REsp 1032014/RS, 3ª T., j. 26-5-2009). A Constituição Federal em seu art. 5º, X, prevê que: "X – são invioláveis a intimidade, a vida privada, a honra e a imagem das pessoas, assegurado o direito a indenização pelo dano material ou moral decorrente de sua violação". No mesmo sentido encontra-se a Súmula 227 do STJ, que dispõe: "A pessoa jurídica pode sofrer dano moral". Razão fática: na contrafação, o consumidor é enganado e vê subtraída, de forma ardilosa, sua faculdade de escolha. O consumidor não consegue perceber quem lhe fornece o produto e, como consequência, também o fabricante não pode ser identificado por boa parte de seu público alvo. Assim, a contrafação é verdadeira usurpação de parte da identidade do fabricante. O contrafator cria confusão de produtos e, nesse passo, se faz passar pelo legítimo fabricante de bens que circulam no mercado. A prática de falsificação, em razão dos efeitos que irradia, fere o direito à imagem do titular da marca, o que autoriza, em consequência, a reparação por danos morais;

f) o pedido de reforma da decisão e inversão dos ônus sucumbenciais.

Não deve o examinando atribuir valor à causa ou protestar pela produção de provas, eis que não se trata de uma petição inicial. Não deve requerer a citação, pelos mesmos motivos, mas a abertura de vistas ao Apelado para, querendo, apresentar as contrarrazões. Também não é cabível a menção à revelia do apelado, caso não responda ao recurso. Devem ser explorados pelo examinando os pontos de direito substancial. Assim, não basta repetir as mesmas palavras do enunciado ou apenas indicar o dispositivo legal sem nenhum fundamento ou justificação para sua aplicação. O examinando deve demonstrar capacidade de argumentação, conhecimento do direito pátrio e concatenação de ideias, interpretando o art. 209 da Lei n. 9.279/96 à luz dos fatos narrados e da prática da concorrência desleal, para convencer os julgadores de segunda instância da necessidade de reforma da improcedência dos pedidos de danos materiais. Em relação aos danos morais, associá-los aos direitos de personalidade da pessoa jurídica, expressamente reconhecidos pelo art. 52 do Código Civil, mencionando a proteção à imagem da pessoa, a desnecessidade de prova do prejuízo material e o entendimento sumulado do STJ – Súmula 227. Deve formular adequadamente os pedidos, solicitando o conhecimento e provimento, com a consequente condenação em danos materiais, a serem apurados em liquidação de sentença, e danos morais, pedindo a inversão do ônus da sucumbência.

RESOLUÇÃO DA PEÇA 49 (OAB FGV XIX EXAME)

Os dados contidos no enunciado apontam de forma inequívoca que a peça adequada a ser elaborada pelo examinando é o pedido/requerimento de recuperação judicial, fundamentado no art. 48 da Lei n. 11.101/2005 e dirigido ao juiz do lugar do principal estabelecimento do devedor (Petrolina/PE), em conformidade com a regra de competência fixada no art. 3º da Lei n. 11.101/2005.

Na elaboração da peça o examinando deverá observar, no que couber, o conteúdo do art. 319 do CPC (requisitos da petição inicial) por força do art. 189 da Lei n. 11.101/2005. Ademais, os requisitos formais do art. 48 da Lei n. 11.101/2005 devem ser apontados no decorrer da peça, com referência expressa à exposição de motivos, prevista no art. 51, I, da Lei n. 11.101/2005, e os outros documentos exigidos nos incisos II a X desse artigo, que devem ser todos nominados de per si. A correta instrução da petição inicial da ação de recuperação judicial é condição para o deferimento do seu processamento, nos termos do *caput* do art. 52 da Lei n. 11.101/2005.

A simples menção genérica a "documentos em anexo" ou aos incisos do art. 51 da Lei n. 11.101/2005 não confere pontuação.

A estrutura a ser observada na peça é a seguinte:

I – endereçamento do pedido ao juiz de uma das varas cíveis da Comarca de Petrolina, lugar do principal estabelecimento e sede da sociedade, com base nas informações do enunciado e no art. 3º da Lei n. 11.101/2005. O examinando não deve precisar de antemão para qual das varas cíveis da comarca o processo será distribuído, portanto não será pontuada a indicação prévia de uma vara específica (Ex.: 1ª Vara Cível).

II – qualificação da sociedade empresária requerente, representada pelo seu administrador Afrânio Abreu e Lima. Não haverá pontuação para a resposta que omitir a representação da sociedade através de seu administrador ou que indicar o sócio João Alfredo como seu representante legal, pois se trata de aspecto de direito societário importante em avaliação (art. 1.022 do Código Civil). Não há qualificação do réu na petição de recuperação judicial.

III – fundamento jurídico: o pedido de recuperação judicial deve ser fundamentado no art. 48 da Lei n. 11.101/2005 e conter a comprovação de todos os requisitos formais exigidos nesse artigo, para demonstrar que não há impedimento ao deferimento do processamento. Portanto, com base nos dados do enunciado, o examinando deverá informar que a sociedade (i) tem mais de dois anos de exercício regular da empresa (ou relacionar sua constituição em 1976 ao prazo mínimo de dois anos), (ii) não está falida, (iii) não obteve concessão de recuperação judicial há menos de cinco anos (ou nunca requereu tal medida) e que (iv) o sócio controlador e os administradores não foram condenados pelos crimes previstos na Lei n. 11.101/2005. A menção ou simples transcrição do art. 48 da Lei n. 11.101/2005 sem contextualização com o enunciado não pontua.

A omissão da análise de algum dos requisitos acima implica desconto de pontuação, por requisito, em observância ao item 3.5.9 do Edital ("Na elaboração dos textos da peça profissional [...] a omissão de dados que forem legalmente exigidos ou necessários para a correta solução do problema proposto acarretará em descontos na pontuação atribuída ao examinando nesta fase"). Por se tratar de sociedade limitada deve ser observado o art. 1.071, VIII, do Código Civil c/c art. 1076, I, do Código Civil, que exige deliberação da assembleia de sócios para aprovação do pedido de recuperação judicial. O enunciado informa que a totalidade dos sócios aprovou o pedido em assembleia especificamente convocada para o examinando observar o disposto no art. 51, *caput*, da Lei n. 11.101/2005, mencionando na peça EXPRESSA E INDIVIDUALIZADA todos os documentos a serem anexados à petição inicial, a saber:

a) exposição das causas concretas da situação patrimonial da sociedade e das razões da crise econômico-financeira;

b) as demonstrações contábeis relativas aos três últimos exercícios sociais e as levantadas especialmente para instruir o pedido, devendo ficar inequívoco serem anexadas tanto as demonstrações dos três últimos exercícios sociais quanto as levantadas à época do requerimento;

c) a relação nominal completa dos credores, com a indicação do endereço, a natureza, a classificação e o valor atualizado do crédito de cada um, discriminação da origem, o regime dos respectivos vencimentos e a indicação dos registros contábeis de cada transação pendente;

d) a relação integral dos empregados, com suas funções, salários, indenizações e outras parcelas a que têm direito, com o correspondente mês de competência, e a discriminação dos valores pendentes de pagamento;

e) prova da regularidade e tempo de exercício da empresa através de certidão da Junta Comercial, o contrato social atualizado e as atas de nomeação dos atuais administradores;

f) a relação dos bens particulares do sócio controlador e dos administradores;

g) os extratos atualizados das contas bancárias da sociedade e de suas aplicações financeiras, emitidos pelas respectivas instituições financeiras;

h) certidão do cartório de protestos da comarca da sede da sociedade (Petrolina) e da filial (Pilão Arcado);

i) relação das ações judiciais em que a sociedade é parte, inclusive as de natureza trabalhista, com a estimativa dos respectivos valores demandados, assinada pelo administrador Afrânio Abreu e Lima.

A omissão da menção a algum dos documentos acima (ou sua referência equivocada/dúbia/incompleta) implica no desconto de pontuação, em observância ao item 3.5.9 do Edital ("Na elaboração dos textos da peça profissional [...] a omissão de dados que forem legalmente exigidos ou necessários para a correta solução do problema proposto acarretará em descontos na pontuação atribuída ao examinando nesta fase").

PEDIDOS: O principal pedido é o deferimento do processamento da recuperação judicial ("Art. 52. Estando em termos a documentação exigida no art. 51 desta Lei, o juiz deferirá o processamento da recuperação judicial"). Ademais, o examinando deverá requerer a nomeação do administrador judicial, a dispensa da apresentação de certidões negativas para que o devedor exerça suas atividades, nos termos do art. 52, II, da Lei n. 11.101/2005 (a menção ao dispositivo legal é necessária porque não se dispensa a apresentação das referidas certidões para contratação com o Poder Público); a suspensão das ações e execuções em face do devedor, nos termos do art. 52, III, da Lei n. 11.101/2005 (a menção ao dispositivo legal é necessária porque nem todas as ações e execuções serão suspensas, como ressalva o próprio inciso).

Na ação de recuperação judicial não há citação do réu; sem embargo, é preciso dar publicidade aos credores do processamento do pedido. Assim, o examinando deverá requerer a publicação de edital na imprensa oficial, contendo o resumo da decisão que defere o processamento do pedido, dando ciência aos credores e advertindo-os acerca do prazo para habilitação dos créditos, e para que apresentem objeção ao plano de recuperação judicial a ser apresentado pelo devedor (art. 52, § 1º, I, II e III, da Lei n. 11.101/2005).

Em cumprimento ao art. 319, V, do CPC, deverá ser atribuído valor à causa, independentemente da ausência de quadro de credores homologado ou da possibilidade de impugnação à relação de credores apresentada pela sociedade.

No fechamento da peça o examinando deverá proceder conforme o item 3.5.8 do Edital e indicar, cumulativamente: Local ou Município..., Data..., Advogado..., OAB...

RESOLUÇÃO DA PEÇA 50 (OAB FGV XX EXAME)

Deverá ser explicitado que a autora não é a locatária originária, mas tem legitimidade ativa ad causam, pois é sub-rogatória do direito à renovação porque permaneceu exercendo o mesmo ramo de atividade após a dissolução da sociedade empresária, com fundamento no art. 51, § 3º, da Lei n. 8.245/91.

Nos fundamentos jurídicos do pedido o examinando deve demonstrar que a autora cumpre todos os requisitos do art. 51, *caput*, da Lei n. 8.245/91, com expressa menção a esse dispositivo legal, (citando-os de per si e relacionando-os aos dados contidos no enunciado). Ademais, deve ser ressaltado que a ação foi proposta dentro do prazo previsto no art. 51, § 5º, da Lei

n. 8.245/91 (no interregno de um ano a seis meses anteriores à data da finalização do prazo do contrato em vigor).

Com base no art. 71, incisos IV e V, da Lei n. 8.245/91, na petição da ação renovatória o autor deverá prestar informações complementares referentes a:

a) apresentação da proposta das condições oferecidas para a renovação da locação, de "forma clara e precisa". O examinando deverá cumprir este requisito na elaboração da peça, apresentando uma proposta de sua autoria, considerando o valor atual do aluguel como patamar mínimo OU informar que a proposta está anexada à inicial.

b) indicação do fiador em conformidade com a informação do enunciado (a autora contratou seguro de fiança locatícia), portanto deverá ser apresentado o nome empresarial da seguradora, CNPJ e endereço.

Nos pedidos deve ser requerida (i) a procedência do pedido para declarar o direito da autora à renovação compulsória do contrato de locação pelo prazo de cinco anos nas condições por ela propostas. O examinando não deverá pedir a prorrogação do contrato pela soma dos prazos dos contratos anteriores, ainda que não tenha havido interrupção entre eles. A orientação na jurisprudência é a de que a renovação do contrato de locação não residencial não excederá a cinco anos, mesmo que a soma dos contratos anteriores seja superior a esse tempo, seja na vigência do Decreto n. 24.150/34 (STF, Súmula 178: "Não excederá de cinco anos a renovação judicial de contrato de locação fundada no Dec. 24.150, de 20.04.1934"; STJ, REsp 7.653 e REsp 11.640) seja na vigência da Lei n. 8.245/91 (REsp 1.323.410/MG; REsp AR 4.220/MG; REsp 693.729/MG; REsp 267.129/RJ; REsp 170.589/SP; REsp 202.180/RJ; REsp. 195.971/MG).

Ademais, o examinando deve requerer (ii) a citação do réu (locador) e (iii) sua condenação ao pagamento das custas processuais e honorários advocatícios.

Das provas: A petição inicial deverá ser instruída com as provas exigidas no art. 71, incisos I, II, III e VI, da Lei n. 8.245/91). A simples transcrição do art. 71 e seus incisos não pontua. Portanto, o examinando deverá fazer referência expressa que instrui a inicial (ou que se encontram anexados) com os seguintes documentos:

a) contratos de locação firmados pela sociedade Distribuidora de Medicamentos Mundo Novo Ltda., para fins de cumprimento do art. 51, incisos I e II, da Lei n. 8.245/91;

b) prova(s) de que Iguatemi, como sub-rogatória do direito à renovação, deu continuidade ao mesmo ramo de negócio da sociedade empresária (distribuição de medicamentos) perfazendo, sem interrupção, o prazo mínimo de três anos (art. 51, III, da Lei n. 8.245/91);

c) documentos que atestem o cumprimento do contrato em vigor;

d) comprovante(s) de quitação de impostos e taxas sobre o imóvel e cujo pagamento incumbia a locatária;

e) apresentação de apólice de Seguro Fiança Locatícia contratada com a seguradora e que o valor total da apólice abrange todos os custos da locação até seu encerramento (a apólice substitui prova de anuência do fiador com os encargos da fiança de que trata o art. 71, VI, da Lei n. 8.245/91).

O valor da causa deve ser mencionado expressamente e corresponde a 12 meses do aluguel vigente por ocasião do ajuizamento da ação (art. 58, III, da Lei n. 8.245/91): R$ 17.000,00 x 12 = R$ 204.000,00. No fechamento da peça o examinando deverá proceder conforme o item 3.5.8 do Edital, abstendo-se de inserir dado ou informação não contidos no enunciado: Local ... ou Município (Chapadão do Sul/MS), Data..., Advogado... e OAB...

RESOLUÇÃO DA PEÇA 51 (OAB FGV XXI EXAME)

O(A) examinando(a) deverá demonstrar conhecimento da disciplina relativa às notas promissórias. Dentre as ações cabíveis para a cobrança judicial da nota promissória (cambial ou executiva, monitória e ordinária), aquela que se revela a mais adequada, eficaz e pertinente para a defesa dos interesses da credora é a Ação Monitória, com base nas informações contidas no enunciado, considerando-se que houve a prescrição da pretensão à execução. De acordo com o art. 77 do Decreto n. 57.663/66, anexo I, aplicam-se à nota promissória as disposições relativas à prescrição da letra de câmbio. Por sua vez, o art. 70 do mesmo diploma estatui o prazo de três (3) anos para a propositura da ação por falta de pagamento em face do aceitante, contados do vencimento da cártula. O art. 78 da LUG – Decreto n. 57.663/66, anexo I – equipara o subscritor da nota promissória ao aceitante.

Pelas datas citadas no enunciado (25-1-2013 e 5-1-2017), verifica-se o decurso de mais de três anos entre a data do vencimento e a data da solicitação de cobrança judicial. Assim sendo, é patente a ocorrência da prescrição da pretensão à execução da nota promissória. Com base nessas considerações, a peça a ser elaborada pelo(a) examinando(a) é uma Ação Monitória, com fundamento no art. 700, inciso I, do CPC, tendo em vista que o título (prova escrita) perdeu sua eficácia executiva e a credora pretende pagamento de quantia em dinheiro.

O Juízo competente será uma das duas Varas Cíveis da Comarca de São Lourenço/MG, lugar do pagamento e domicílio do subscritor da nota promissória (art. 53, III, alínea *d*, do CPC).

A Vara onde tramitará a ação não estará determinada no momento da elaboração da petição.

O(A) examinando(a) deve demonstrar a tempestividade com base no art. 206, § 5º, I, do Código Civil (prazo quinquenal) e na Súmula 504 do STJ ("O prazo para ajuizamento de ação monitória em face do emitente de nota promissória sem força executiva é quinquenal, a contar do dia seguinte ao vencimento do título", STJ, Segunda Seção, j. 11-12-2013, *DJe* 10-2-2014). Considerando-se que o vencimento ocorreu em 25-1-2013, não decorreram ainda 5 (cinco) anos, portanto há tempestividade para a propositura da ação monitória.

Na petição inicial da ação monitória, o autor deve explicitar o conteúdo patrimonial em discussão, de modo que devem constar no texto da resposta na parte referente aos fundamentos jurídicos:

a) a origem do crédito: aquisição de eletrodomésticos pelo devedor, ora réu;

b) o crédito está representado em nota promissória emitida pelo réu;

c) não houve novação na emissão da nota promissória em relação ao crédito por ter sido emitida em caráter pro solvendo;

d) do dia seguinte ao do vencimento da nota promissória até a data da propositura da ação, decorreram mais de 3 (três) anos, verificando-se a prescrição da pretensão à execução, nos termos do art. 77 c/c arts. 70 e 78, todos do Decreto n. 57.663/66, anexo I;

e) com a perda da eficácia executiva do título ainda é cabível a cobrança por via de ação monitória, nos termos do art. 700, I, do CPC.

Nos pedidos, o(a) examinando(a) deve requerer:

a) a expedição de mandado de citação e de pagamento contra o réu, a ser cumprido no prazo de 15 dias, nos termos do art. 701, *caput*, do CPC;

b) o pagamento de honorários advocatícios de cinco por cento do valor de R$ 280.000,00 (duzentos e oitenta mil reais), correspondentes ao valor da causa, OU o pagamento de honorários advocatícios no valor de R$ 14.000,00 (catorze mil reais), correspondente a 5% do valor da causa;

c) a condenação do réu ao pagamento de custas processuais em caso de descumprimento do mandado monitório, em conformidade com o art. 701, § 1º, do CPC;

d) a procedência do pedido para decretar a constituição, de pleno direito, de título executivo judicial, independentemente de qualquer formalidade, se não realizado o pagamento e não apresentados embargos pelo réu (art. 701, § 2º, do CPC);

e) em obediência ao art. 318, parágrafo único, c/c art. 319, VII, ambos do CPC, a indicação de ter interesse (ou não) pela realização de audiência de conciliação ou de mediação.

Das provas: a petição deverá estar necessariamente instruída com a prova escrita sem eficácia de título executivo (nota promissória), nos termos do art. 700, *caput*, do CPC. Portanto, o examinando deverá fazer referência expressa a ela, bem como à memória de cálculo que serviu de base para apuração da importância devida (art. 700, § 2º, I, do CPC). Nos termos do art. 700, § 3º, do CPC, o examinando deverá fazer menção ao valor da causa de R$ 280.000,00 (duzentos e oitenta mil reais), que corresponde à importância devida prevista no art. 700, § 2º, I, do CPC.

No fechamento da peça, o(a) examinando(a) deverá proceder conforme o item 3.5.9 do Edital, abstendo-se de inserir dado ou informação não contidos no enunciado.

Local ... ou Município (São Lourenço/MG), Data..., Advogado(a)... e OAB...

RESOLUÇÃO DA PEÇA 52 (OAB FGV XXII EXAME)

O examinando, ao nomear E fundamentar sua peça processual, bem como na redação de seu conteúdo deve atingir os seguintes objetivos:

– Ser capaz de reconhecer que a AÇÃO DE DISSOLUÇÃO PARCIAL exige, de modo cogente, a adoção de procedimento especial. Portanto, a peça processual não pode ser elaborada com base nas disposições do procedimento comum ("rito ordinário"), como, por exemplo, ter por fundamento de direito adjetivo o art. 318 ou o art. 319 do CPC, aplicados em detrimento e superposição/supremacia/omissão aos arts. 599 e 600 do CPC. Espera-se que o examinando aplique na redação de sua peça, inclusive quanto aos pedidos, as disposições especiais do procedimento, *v. g.*, quanto à citação de todos os sócios (art. 601 do CPC), à previsão de indenização compensatória aos haveres a serem apurados (art. 602 do CPC), às disposições dos arts. 604 a 606 referentes aos haveres da sócia a ser excluída, à possibilidade de a Ré não ser condenada em honorários advocatícios se houver manifestação expressa e unânime dos sócios pela dissolução parcial (art. 603, § 1º, do CPC), entre outras.

– Demonstrar que conhece o instituto da exclusão judicial de sócio na sociedade do tipo simples, previsto no art. 1.030 do Código Civil;

– Associar os requisitos para o cabimento da exclusão judicial, segundo o direito substantivo, às informações contidas no enunciado, de modo a identificar que:

(i) os atos descritos e imputados à sócia Ana constituem falta grave no cumprimento de suas obrigações;

(ii) os sócios Guaraci, Braga e Telêmaco, titularizam 60% do capital social e são maioria, tanto no capital quanto no quadro social, portanto, a sócia Ana NÃO É SÓCIA MAJORITÁRIA;

(iii) a conduta da sócia Ana trouxe efeitos negativos em relação à affectio societatis e ao faturamento da sociedade.

Assim, espera-se que o examinando seja capaz de contextualizar as informações do enunciado com a norma jurídica, não se limitando a narrar os fatos e copiar o art. 1.030 do Código Civil. Portanto, é imprescindível a FUNDAMENTAÇÃO JURÍDICA na análise do direito material.

– Reconhecer que não se trata de exclusão extrajudicial, seja porque os sócios pretendem a propositura de ação judicial para conseguir seu intento, seja porque não se trata de sociedade do tipo limitada. Destarte, o examinando deve ser capaz de conhecer as normas de regência da sociedade do tipo simples (arts. 997 a 1.038 do Código Civil) e que o art. 1.085 do Código Civil não se insere em tal regramento.

– Identificar que a sócia Ana não está remissa em relação a integralização de sua quota, pois caso estivesse a exclusão poderia ser efetivada extrajudicialmente, logo descabida qualquer menção ao art. 1.004 e seu parágrafo único do Código Civil.

– Saber interpretar o enunciado de modo a compreender que os sócios Braga, Guaraci e Telêmaco não pretendem a dissolução e liquidação da sociedade. Com isso, deve o(a) examinando(a) revelar conhecimento do instituto da resolução da sociedade em relação a um sócio, de modo a não incorrer no erro basilar de afirmar que a sociedade será "dissolvida" judicialmente, com base nos arts. 1.033 ou 1.034 do Código Civil, que tratam de outro instituto e não de exclusão de sócio.

– Revelar seu aprendizado quanto à apuração de haveres (liquidação da quota) como efeito direto e imediato da decretação da resolução da sociedade em relação ao sócio, tanto no plano do direito material (art. 1.031 do Código Civil) quanto no plano do direito processual (art. 599, I e II, do CPC).

Com base nos objetivos retro articulados, a peça adequada é a AÇÃO DE DISSOLUÇÃO PARCIAL (*nomen juris*), com fundamento de direito processual, exclusivamente, no art. 599, I e II, do CPC.

A ação de dissolução parcial tem procedimento especial, portanto é inadequado e incorreto na petição inicial adotar, direta e exclusivamente, as disposições do procedimento comum, ignorando a existência das disposições dos arts. 599 a 609 do CPC e as providências determinadas no Capítulo V do Título III (Dos Procedimentos Especiais).

Segundo determinação do CPC, art. 603, § 2º, somente após o oferecimento da contestação é que será observado o procedimento comum. Assim, na propositura da ação bem como na liquidação da sentença que decretar a exclusão da sócia para fins de apuração de seus haveres na sociedade, serão observadas as disposições do procedimento especial.

O fundamento legal de direito material é o art. 1.030 do Código Civil, que autoriza a exclusão judicial de sócio, mediante iniciativa da maioria dos demais sócios, por falta grave no cumprimento de suas obrigações, que é o caso narrado.

I – ENDEREÇAMENTO: A petição deve ser endereçada ao Juiz de Direito da ___ Vara Cível e da Fazenda Pública da Comarca de Guarapuava, consoante informação contida no enunciado. A Vara não deve ser previamente determinada, pois haverá distribuição do processo, consoante disposição do art. 284 do CPC.

II – PARTES: O examinando deverá qualificar a parte autora, Ana Arquitetos Associados S/S, representada pelos sócios administradores Braga e Guaraci, [qualificação da sociedade] – art. 600, V, do CPC – e a ré Ana.

Cabe observar que a ação não será proposta por Ana, uma vez que ela não quer se retirar voluntariamente da sociedade, informação contida no enunciado. A sócia Ana, "em vez de exercer seu direito de retirada, passou a atuar de modo velado em projetos de arquitetura com sociedades concorrentes nas cidades de Cascavel e Ponta Grossa, dentro da área de atuação da sociedade simples". Conclui-se, portanto, que se trata de exclusão JUDICIAL da sócia Ana, pois no tipo simples não há previsão de exclusão extrajudicial de sócio minoritário. É incabível e inadequada a peça que pretenda a apuração de haveres da sócia Ana, partindo-se da premissa de que ela pretende se retirar da sociedade voluntariamente.

Com isso, verifica-se que a sociedade simples é legitimada a propor a ação de dissolução parcial para obter a resolução da sociedade em relação a sócia Ana (arts. 599, I, e 600, V, do CPC).

O examinando deve demonstrar que conhece as disposições do procedimento especial da AÇÃO DE DISSOLUÇÃO PARCIAL, discorrendo sobre a legitimidade ativa da sociedade e do objeto da ação de dissolução parcial (decretação da exclusão da sócia e apuração de haveres), com menção aos dispositivos aplicáveis do procedimento especial (arts. 599 e 600 CPC), afastando os arts. 318 e 319 do CPC.

III – Nos FUNDAMENTOS JURÍDICOS (DO DIREITO), ao contextualizar as informações do enunciado com o teor do art. 1.030 do Código Civil, o examinando deverá indicar que:

a) os fatos imputados a Ana constituem falta grave no cumprimento de suas obrigações (concorrência velada com a sociedade pela atuação em projetos de concorrentes, deslealdade, atraso deliberado na entrega dos projetos, disseminação de correspondência inverídica sobre os sócios e administradores);

b) os sócios Braga, Telêmaco e Guaraci constituem a maioria no quadro social e no capital (três dos quatro sócios e 60% do capital social);

c) houve quebra da affectio societatis em relação a Ana;

d) houve redução do faturamento da sociedade (os principais clientes já estão cancelando contratos ou devolvendo propostas de serviços confirmadas); e

e) verifica-se impossibilidade de manutenção da sócia Ana na sociedade OU necessidade de sua exclusão por via judicial.

IV – Em cumprimento ao procedimento ESPECIAL da AÇÃO DE DISSOLUÇÃO PARCIAL, nos PEDIDOS deverão ser requeridos:

a) a citação dos sócios Braga, Guaraci e Telêmaco para concordar com o pedido e de Ana para apresentar contestação (art. 601, *caput*, do CPC);

b) a procedência do pedido para decretar a exclusão da ré da sociedade OU a resolução da sociedade em relação a ré OU a dissolução parcial;

c) a apuração de haveres da sócia Ana, com base no art. 1.031 do Código Civil OU art. 599, II, do CPC;

Obs.: caso mencionado como fundamento o art. 599 do CPC, somente será considerado o inciso II.

d) definição do critério de apuração dos haveres (art. 604, II, do CPC);

e) nomeação de perito (art. 604, III, do CPC);

f) indenização compensável com o valor dos haveres a apurar, com fundamento no art. 602 do CPC;

g) a condenação da ré ao pagamento das custas e dos honorários advocatícios, caso não haja manifestação expressa e unânime pela concordância da dissolução (art. 603, § 1º, do CPC, *a contrario sensu*);

h) manifestação quanto a realização de audiência de mediação e conciliação (art. 319, VII, do CPC OU art. 334 do CPC).

V – Em relação às PROVAS, deve ser expressamente mencionado como documentos anexos:

1) contrato social consolidado (art. 599, § 1º, do CPC);

2) mensagens de correio eletrônico enviadas por Ana com notícias e fatos inverídicos sobre os sócios;

3) notificações dos clientes cancelando contratos e propostas, que estão reduzindo o faturamento da sociedade.

Obs.: o simples protesto por provas, juntada de documentos, realização de perícias etc. não pontua.

VI – O examinando deve fazer menção ao valor da causa, com fundamento no art. 319, V, do CPC.

VII – Fechamento da peça conforme o item 3.5.9 do Edital:

Local... (ou Guarapuava/PR), Data..., Advogado.... e OAB...

RESOLUÇÃO DA PEÇA 53 (OAB FGV XXIII EXAME)

Diante dos fatos narrados no enunciado e do teor dos arts. 130 e 132 da Lei n. 11.101/2005, a peça adequada é a Petição de Inicial de Ação Revocatória. O procedimento a ser adotado é o comum (ex-procedimento ordinário).

A descrição dos fatos revela nitidamente a presença de conluio fraudulento entre os sócios e um ex-empregado para causar prejuízo ao patrimônio da sociedade, antes da falência. Dessa forma, não se revela adequada a resposta que indique se tratar de ação de ineficácia objetiva, com fundamento no art. 129, parágrafo único ou em qualquer de seus incisos.

Os fatos denotam evidentemente ao examinando a prática de atos REVOGÁVEIS e não ineficazes, sendo descabida (e não pontuada) qualquer afirmação que os sócios incorreram na prática de ato tipificado em inciso do art. 129 da Lei n. 11.101/2005 para justificar a legitimidade passiva ou o fundamento jurídico da ação.

Por que a ação e o mérito não podem estar fundamentados em qualquer dos incisos do art. 129 ou o examinando não pode concluir que se trata de ato objetivamente ineficaz? É o que se passa a demonstrar a seguir.

A ineficácia objetiva ou ineficácia em sentido estrito decorre de previsão legal e da presunção absoluta de prejuízo aos credores em virtude de atos praticados pelo devedor antes da falência. Por se tratar de presunção absoluta e com supedâneo na *par conditio creditorum*, os atos ineficazes não produzirão efeito em relação à massa falida, mesmo que se demonstre a boa-fé do terceiro contratante e o desconhecimento da situação econômica grave por que passava o devedor no momento da prática do ato.

As hipóteses de ineficácia estão previstas no art. 129 da Lei n. 11.101/2005 e no art. 45, § 8º, da Lei n. 6.404/76 (Lei de Sociedades por Ações). No tocante a esse dispositivo, fica de plano descartada sua incidência diante do tipo societário adotado pela sociedade – limitada. Quanto aos incisos do art. 129, percebe-se que:

(I) não foi indicado no enunciado o termo legal da falência e o examinando não poderia deduzi-lo diante da falta de informação quanto ao critério adotado pelo juiz na sua fixação (art. 99, II). Destarte, não é pontuado menção ao termo legal como mérito da ação ou o embasamento de direito material nos incisos I, II ou III do art. 129.

(ii) a doação feita em 11 de setembro de 2014 envolveu os sócios Andréa e Bruno, como doadores, e seus filhos Walter e Sandra, como donatários. As doações não foram feitas pela sociedade empresária, ora falida. Caso o examinando tenha lido e interpretado corretamente o inciso IV do art. 129, perceberá de plano a inadequação da hipótese de ineficácia ao enunciado, seja porque o ato a título gratuito não foi praticado pelo devedor, seja em razão do decurso de mais de dois anos antes da falência (11-9-2014 e 27-6-2017).

(iii) o enunciado não se refere à sucessão *causa mortis* ou que tenha havido renúncia à herança ou legado por parte da sociedade empresária, afastando-se a incidência do inciso V do art. 129.

(iv) a restituição dos quatro imóveis ao patrimônio dos sócios não caracteriza trespasse de estabelecimento, tanto pelo fato de os sócios não serem empresários como em razão de o estabelecimento empresarial não se limitar ao "imóvel". Estabelecimento, por definição legal, é o complexo de bens (universalidade de fato) formado por empresário ou sociedade empresária para o exercício da empresa. Nota-se que a sociedade manteve suas atividades após a transferência dos imóveis aos sócios, sendo a falência decretada mais de três anos depois. Portanto, o examinando deveria rechaçar ou não incluir na fundamentação jurídica o inciso VI do art. 129.

(v) por fim, consta do enunciado que houve alienação e prenotação da alienação de dois imóveis três dias depois do requerimento de falência. A ineficácia objetiva prevista no inciso VII do art. 129 decorre de prenotação APÓS A DECRETAÇÃO DA FALÊNCIA. Como houve prenotação antes da decretação da falência, o ato seria eficaz em relação à massa falida caso não existisse o conluio fraudulento.

Não receberá, igualmente, pontuação, a resposta que concluiu pelo incidente de desconsideração da personalidade jurídica em razão da nítida distinção entre esse instituto e a fraude contra credores, bem como a possibilidade de constrição direta dos bens que se encontram em poder de sócios ou terceiros, prevista no art. 137 da Lei n. 11.101/2005.

Com base nos argumentos supra, a única peça processual admitida é a AÇÃO REVOCATÓRIA, com fundamento exclusivo no art. 130 da Lei n. 11.101/2005, o qual deverá ser expressamente mencionado e interpretado – nos fundamentos jurídicos (DO DIREITO OU DO MÉRITO) – concomitantemente à luz do conteúdo fático contido no enunciado.

I – Endereçamento: a ação revocatória correrá perante o juízo da falência, conforme determinação do art. 134 da Lei n. 11.101/2005. Assim, o endereçamento da petição é ao Juiz de Direito da Vara Única da Comarca de Laranja da Terra/ES. Não está correta a resposta que endereça a petição ao juiz de vara de falências, de vara cível ou de vara especializada, por contrariar a informação do enunciado de que a vara é única.

II – Qualificação das partes em cumprimento ao art. 319, II, do CPC: o examinando deverá qualificar todas as partes. Apenas a indicação dos nomes, sem qualificação, não pontua. Legitimidade ativa: embora a ação revocatória possa ser proposta por credor ou pelo Ministério Público, no caso apresentado, é a massa falida a parte legitimada (massa falida de Santa Mariana Farmacêutica Ltda., representada pelo administrador judicial Barbosa Ferraz). O autor da ação revocatória não é o administrador judicial, pois ele não é a parte e sim a Massa Falida (art. 75, V, do CPC e art. 22, III, alínea *n*, da Lei n. 11.101/2005). O examinando deverá ser capaz de demonstrar que conhece as regras do CPC sobre a representação processual das partes e que a massa falida DEVE ser representada pelo administrador judicial e que esse é representante daquela e não autor da ação. Além das disposições legais citadas para justificar a não atribuição de ponto para a resposta que apontou o administrador judicial como autor da ação, cita-se o art. 76, parágrafo único, da Lei n. 11.101/2005.

"Todas as ações, inclusive as excetuadas no *caput* deste artigo, terão prosseguimento com o administrador judicial, que deverá ser intimado para representar a massa falida, sob pena de nulidade do processo" [g.n.]. É pertinente sublinhar que o administrador judicial é o representante legal da MASSA FALIDA e não da sociedade falida. A sociedade falida tem seus representantes na falência indicados no art. 81, § 2º, da Lei n. 11.101/2005 ("As sociedades falidas serão representadas na falência por seus administradores ou liquidantes").

A resposta que informa ser autor da ação a sociedade empresária (e não a massa falida) representada pelo administrador judicial não receberá pontuação, haja vista que o administrador judicial não é o representante do falido no processo.

Legitimidade passiva: de acordo com o art. 133 da Lei n. 11.101/2005, a ação revocatória deve ser proposta:

(ii) em face de todas as pessoas que figuraram no ato ou que por efeito dele foram pagos, garantidos ou beneficiados e

(ii) contra os terceiros adquirentes, se tiveram conhecimento, ao se criar o direito, da intenção do devedor de prejudicar os credores. Portanto, devem figurar no polo passivo da relação processual os sócios Andrea e Bruno e seus filhos Walter e Sandra (doadores e donatários dos dois imóveis), Carlos, Denise e Xavier (alienantes e adquirentes dos outros dois imóveis). A omissão a um ou mais réus acarretará desconto ou não atribuição de pontuação conforme quadro de distribuição dos pontos.

III – Tempestividade: a ação está sendo proposta dentro do prazo de três anos, contados da decretação da falência (27-6-2017), em conformidade com o art. 132 da Lei n. 11.101/2005. A tempestividade não se confunde com a legitimidade ativa.

IV – Fundamentos jurídicos: a narrativa dos fatos que antecede a exposição do mérito não pontua, pois os primeiros devem ser associados à demonstração dos elementos exigíveis para a demonstração da ineficácia subjetiva ou revogação. Portanto, ao interpretar o art. 130 da Lei n. 11.101/2005, o examinando deve fazer a subsunção dos fatos para identificar a fraude a credores, conluio e prejuízo à massa na conduta dos réus, individualizando-as. Deverá ser apontado que os atos são REVOGÁVEIS. NÃO SERÃO PONTUADOS FUNDAMENTOS JURÍDICOS DE INEFICÁCIA OBJETIVA porque não há ato ineficaz e revogável concomitantemente. Ineficácia e revogação de atos praticados pelo devedor antes da falência são institutos distintos.

Por conseguinte, o examinando deverá indicar:

a) a possibilidade de revogação (ineficácia subjetiva) em relação à massa falida dos atos praticados antes da falência com a intenção de prejudicar credores, de acordo com o art. 130 da Lei n. 11.101/2005.

b) que a revogação depende da comprovação (i) do conluio fraudulento entre o devedor e o terceiro que com ele contratar e (ii) o efetivo prejuízo sofrido pela massa falida. A omissão do elemento subjetivo do ato revogável OU do elemento objetivo na fundamentação jurídica implicará em desconto de pontuação.

c) que, em conformidade com o art. 130, estão presentes os elementos subjetivo e objetivo necessários à decretação da revogação (ou ineficácia subjetiva), porque HÁ PRESENÇA DE CONLUIO FRAUDULENTO (fazer a individualização das condutas).

c.1) no caso dos sócios Andrea e Bruno e de seus filhos Walter e Sandra, verifica-se que as doações dos pais em benefício dos próprios filhos ocorreram sem qualquer justificativa, a evidenciar a clara intenção de ocultação de bens passíveis de constrição para pagamento das obrigações decorrentes do exercício da empresa, ao mesmo tempo em que eles resguardaram o direito de uso, administração e percepção dos frutos dos bens que só seriam de posse de seus filhos após o falecimento destes.

É curial observar que a ação revocatória pode ser proposta em face de todos os que figuraram no ato ou que por efeito dele foram pagos, garantidos ou beneficiados (art. 133, I, da Lei n. 11.101/2005);

c.2) os sócios Carlos e Denise alienaram os outros dois imóveis recebidos a Xavier, três dias depois do requerimento de falência, sendo no mesmo dia realizada a prenotação no Registro de Imóveis;

c.3) Xavier, embora não seja sócio, tinha conhecimento das doações, adquiriu os dois imóveis de Carlos e Denise logo após o requerimento de falência, sendo também ex-empregado da sociedade falida, e trabalha atualmente para Denise como contador. Houve efetivo prejuízo à massa falida;

c.4) em relação ao prejuízo ao falido, as doações foram realizadas em 2014 e a crise da empresa já se anunciava desde 2013, quando os balanços patrimoniais começam a revelar a elevação dos prejuízos, a diminuição da receita e o aumento de ações de cobrança e as alienações foram realizadas três dias após o pedido de falência;

d) Em decorrência da possibilidade de revogação e caracterização do prejuízo demonstrado, deve ser determinada a devolução dos imóveis à massa falida, reintegrando seu acervo.

V – Pedidos:

a) procedência do pedido para determinar o retorno dos bens à massa falida, com todos os acessórios, acrescidos das perdas e danos, a serem apuradas, com base no art. 135 da Lei n. 11.101/2005. O simples pedido de revogação dos atos ou da procedência do pedido não pontua.

b) concessão de tutela de urgência de natureza cautelar mediante o sequestro dos imóveis, com fundamento no art. 301 do CPC OU no art. 137 da Lei n. 11.101/2005.

c) citação dos réus.

d) CONDENAÇÃO dos réus ao pagamento das custas E honorários advocatícios ou aos ônus de sucumbência. Não há pontuação para o pedido de condenação apenas em custas ou apenas em honorários.

VI – Provas: protesto pela produção de provas.

VII – Menção ao valor da causa: o examinando deverá fazer menção ao valor da causa, com fundamento no art. 134 da Lei n. 11.101/2005 c/c art. 291 e com art. 319, V, ambos do CPC.

VIII – Fechamento da peça conforme o item 3.5.9 do Edital.

Na elaboração dos textos da peça profissional e das respostas às questões discursivas, o examinando deverá incluir todos os dados que se façam necessários, sem, contudo, produzir qualquer identificação ou informações além daquelas fornecidas e permitidas nos enunciados contidos no caderno de prova. Assim, o examinando deverá escrever o nome do dado seguido de reticências ou de "XXX" (exemplo: "Município...", "Data...",

"Advogado...", "OAB...", "MunicípioXXX", "DataXXX", "AdvogadoXXX", "OABXXX" etc.).

Local ... ou Município (Laranja da Terra/ES),

Data..., Advogado(a)... e OAB...

RESOLUÇÃO DA PEÇA 54 (OAB FGV XXIV EXAME)

A peça adequada para o exercício do direito de defesa do executado é a de Embargos à Execução. O fundamento para a propositura da peça é o art. 914 do CPC. O *nomen juris* da peça e seu fundamento legal não são pontuados isoladamente ou conjuntamente. A elaboração de peça processual CONTESTAÇÃO não atende ao conteúdo avaliado e é considerada resposta inadequada.

Os embargos devem ser dirigidos ao juízo onde se processa a execução por título extrajudicial – Juízo de Vara Única da Comarca de Rio Claro/RJ.

Nos termos do art. 914, § 1º, do CPC (Lei n. 13.105/2015), os embargos à execução serão distribuídos por dependência. Essa providência deve ser expressamente consignada pelo(a) examinando(a) em sua resposta.

O embargante é o avalista Vitor Silva (devedor cambiário, solidário ao emitente do cheque pelo pagamento), que foi arrolado no polo passivo da ação de execução e regularmente citado. O embargado é o exequente/credor, a Padaria e Confeitaria São João Marcos Ltda. ME, representada por seu administrador.

Menção à tempestividade: o(a) examinando(a) deverá considerar que o(a) advogado(a) teve acesso ao processo dentro dos 15 dias da juntada aos autos do mandado de citação, prazo previsto no art. 915, *caput*, do CPC, para o oferecimento dos embargos. A intempestividade é razão para sua rejeição liminar (art. 918, I, do CPC).

Obs.: a simples menção ao art. 915 do CPC não pontua.

Nos fundamentos jurídicos devem ser mencionados (a descrição dos fatos narrados no enunciado não pontua):

a) quanto a legitimidade ativa, o embargante é devedor por ser avalista do emitente (os cheques "possuem garantia pessoal cambiária firmada por Vitor Silva no anverso em favor do emitente"), tendo responsabilidade cambiária pelo pagamento, como devedor solidário, com fundamento no art. 31, *caput*, da Lei n. 7.357/85;

b) entretanto, verifica-se a ocorrência da prescrição da pretensão à execução do primeiro cheque, com fundamento no art. 59, *caput*, da Lei n. 7.357/85; após invocar a prescrição da pretensão à execução do primeiro cheque (valor de R$ 7.500,00), o(a) examinando(a) deverá demonstrar sua afirmativa, fazendo menção ao prazo legal de apresentação, data do seu término. O término do prazo de apresentação é o termo inicial do prazo prescricional de 6 meses.

c) o prazo de apresentação deste cheque é de 30 dias, contados da data de emissão, com fundamento no art. 33, *caput*, da Lei n. 7.357/85;

d) para o primeiro cheque – no valor de R$ 7.500,00 (sete mil e quinhentos reais) – o prazo prescricional de 6 (seis) meses, a partir de término do prazo de apresentação, começou a correr a partir do dia 24-11-2015 e findou no dia 24-5-2016;

O(A) examinando(a) demonstrará que na data da propositura da ação executiva já havia ocorrido a prescrição, relacionando-a com a data do término do prazo.

e) a ação executiva foi proposta em 19-6-2016, portanto, após o fim do prazo prescricional;

Com a informação de que os cheques não foram protestados deve ser capaz o(a) examinando(a) de relacioná-la com o efeito interruptivo da prescrição por protesto cambial.

f) como os cheques não foram protestados, não se verificou ato interruptivo da prescrição (art. 202, III, do Código Civil) nesse interregno (ou entre o dia 24-11-2015 a 24-5-2016);

Cabe observar que o portador do cheque pode levá-lo a protesto cambial, mesmo sendo facultativo tal ato extrajudicial para a propositura da ação de execução em face do emitente (Trajano de Morais) ou do avalista (Vitor Silva), de acordo com o art. 47, I, da Lei n. 7.357/85.

g) diante da prescrição do primeiro cheque, verifica-se excesso de execução, com base no art. 917, III, do CPC, porque o valor pleiteado pelo embargado de R$ 22.500,00 (vinte e dois mil e quinhentos reais) não pode ser cobrado coercitivamente do embargante.

Cabe sublinhar que o segundo cheque (valor de R$ 15.000,00) ainda não havia sido atingido pela prescrição na data da propositura da ação, sendo facultativo seu protesto ou apresentação tempestiva a pagamento para a cobrança do emitente e de seu avalista. O enunciado afirma que esse cheque foi apresentado ao sacado e devolvido por insuficiência de fundos, portanto há prova da apresentação e do não pagamento.

Não será pontuado como fundamento legal qualquer dispositivo da LUC (Lei Uniforme em matéria de Cheque), promulgada pelo Decreto n. 57.595/66, tendo em vista a superveniência da Lei n. 7.357/85 (lei do cheque).

No hodiernamente clássico RE 80.004-SE (rel. Min. Cunha Peixoto, j. 1º-6-1977), o STF passou a adotar o sistema paritário ou monismo nacionalista moderado, segundo o qual tratados e convenções internacionais têm status de lei ordinária. A partir de então, predomina na Suprema Corte a paridade entre lei interna (Lei n. 7.357/85) e tratado internacional (Decreto n. 57.595/66

– LUC), com a utilização do critério cronológico – *i.e.*, da regra *lex posterior derogat priori* – para a resolução dos conflitos entre leis internas e tratados internacionais.

Nos pedidos, o(a) examinando(a) deverá solicitar ao juiz:

a) o recebimento dos embargos e a oitiva do exequente no prazo de 15 (quinze) dias, com fundamento no art. 920, I, do CPC;

Obs.: a simples menção ao artigo não pontua.

b) procedência dos embargos para declarar a prescrição do primeiro cheque (ou do cheque emitido em 24-10-2015) e o excesso de execução;

c) suspensão da execução em relação ao embargante (ou atribuição de efeito suspensivo aos embargos) porque seu prosseguimento poderá causar dano de difícil reparação ao executado e a execução já está garantida por penhora, com fundamento no art. 919, § 1º, do CPC;

Obs.: a simples menção ao artigo não pontua.

d) a condenação do embargado ao pagamento das custas processuais E dos honorários advocatícios.

DAS PROVAS: os embargos devem ser instruídos com cópias das peças processuais relevantes. Deve ser expressamente mencionado que instruem os embargos:

a) cópia dos cheques (relaciona-se com a prescrição);

b) certidão da juntada aos autos do mandado de citação (relaciona-se com a tempestividade);

c) juntada do termo de penhora e laudo de avaliação dos bens penhorado (relaciona-se com o pedido de suspensão da execução); e

d) demonstrativo do valor que o embargante entende correto, nos termos do art. 917, § 3º, do CPC (relaciona-se com o excesso de execução).

O examinando deve fazer menção ao valor da causa, com fundamento no art. 319, V, do CPC.

No fechamento da peça, conforme o item 3.5.9 do Edital, o examinando deverá indicar: Município... (ou Rio Claro/RJ), Data..., Advogado..., OAB...

RESOLUÇÃO DA PEÇA 55 (OAB FGV XXV EXAME)

A questão tem por objetivo verificar se o examinando conhece o instituto da desconsideração da personalidade jurídica, cuja aplicação pode ser em sentido direto ou inverso, e os pressupostos para sua aplicação previstos no art. 50 do Código Civil. Outro objetivo é confirmar se o examinando conhece e sabe aplicar a casos práticos o incidente de desconsideração da personalidade jurídica, regulado nos arts. 133 a 137 do CPC (Lei n. 13.105/2015). Os dados apresentados no enunciado revelam que o devedor, ex-empresário individual, ao requerer e obter a transformação do registro de empresário em EIRELI, transferiu bens do seu patrimônio para o da pessoa jurídica por ele constituída – a EIRELI. Em que pese a possibilidade de constituição da EIRELI, como forma de "limitar" a responsabilidade do titular ao capital investido e integralizado, Demerval Lobo deve ter bens suficientes em seu patrimônio pessoal para honrar suas obrigações perante seus credores particulares, pois o patrimônio e a empresa desenvolvida pela EIRELI são autônomos.

Diante da transferência dos bens do ex-empresário, narrada no enunciado, para a pessoa jurídica, nota-se abuso da personalidade jurídica da EIRELI, caracterizado pelo "esvaziamento doloso" com a diminuição deliberada do patrimônio pessoal e crescimento das dívidas que teriam esse mesmo patrimônio como garantia. Nota-se que o art. 50 do Código Civil autoriza que o juiz, a requerimento da parte, estenda os efeitos de certas obrigações assumidas pela pessoa jurídica aos bens particulares dos sócios. Em sentido inverso e mediante interpretação teleológica do dispositivo, é possível estender à pessoa jurídica os efeitos de obrigações assumidas pelos sócios perante credores particulares.

Cabe também ressaltar que o art. 50 se aplica a qualquer pessoa jurídica e não apenas às "sociedades". Assim sendo, é inequívoco que a EIRELI tem natureza de pessoa jurídica de direito privado (art. 44, VI, do Código Civil), sendo passível de sujeição à desconsideração. Portanto, a advogada de Gervásio Oliveira deve requerer no curso da ação de conhecimento a instauração do incidente de desconsideração inversa da personalidade jurídica, para que bens integrantes do patrimônio da EIRELI possam ser constritos para garantir o pagamento da dívida perante o autor.

I – Endereçamento: Exmo. Dr. Juiz de Direito da 2ª Vara da Comarca de Campo Maior/PI.

II – Indicação do requerente e requerido: Requerente: Gervásio Oliveira, já qualificado etc.

Requerido: Sorvetes União EIRELI ME, por seu representante legal, qualificação etc.

III – Cabimento: O incidente de desconsideração da personalidade jurídica é cabível em todas as fases do processo de conhecimento (art. 134, *caput*, do CPC).

IV – Fundamentos jurídicos:

Obs.: a simples narrativa dos fatos não pontua.

a) constituição da EIRELI: A EIRELI foi constituída por transformação de registro de empresário individual. Nota-se que Demerval Lobo tinha intenção clara de limitar sua responsabilidade, pois como empresário individual tinha responsabilidade ilimitada e, como titular da EIRELI, passou a ter responsabilidade limitada;

b) o ex-empresário se aproveitou da personalidade jurídica da EIRELI, distinta da pessoa natural, para realizar sucessivas transferências de valores de suas contas particulares para as contas da pessoa jurídica e alienação de imóvel (abuso da autonomia subjetiva) e, ao mesmo tempo, as dívidas particulares cresceram em proporção inversa, acarretando inúmeros inadimplementos com os credores (abuso da autonomia objetiva);

c) verifica-se que ocorreu abuso da personalidade jurídica por parte de Demerval Lobo, caracterizado pelo desvio de bens do patrimônio pessoal do devedor para o da pessoa jurídica, nos termos do art. 50 do Código Civil;

d) verifica-se que estão demonstrados os pressupostos para a desconsideração da personalidade jurídica (arts. 133, § 1º, e 134, § 4º, do CPC);

e) há possibilidade de desconsideração inversa da personalidade jurídica (art. 133, § 2º, do CPC).

V – Pedidos:

a) instauração do incidente de desconsideração da personalidade jurídica, com fundamento no art. 133, *caput*, do CPC;

b) extensão à Empresa Individual de Responsabilidade Limitada dos efeitos da obrigação assumida pelo titular Demerval Lobão perante o requerente OU desconsideração da personalidade jurídica da EIRELI, com levantamento da autonomia da pessoa jurídica para que seus bens possam responder pela solução do débito assumido pelo titular perante o requerente;

c) citação da Empresa Individual de Responsabilidade Limitada para manifestar-se e requerer as provas cabíveis no prazo de 15 (quinze) dias, nos termos do art. 135 do CPC;

d) suspensão do processo, nos termos do art. 134, § 3º, do CPC;

e) comunicação da instauração do incidente ao distribuidor para as anotações devidas (art. 134, § 1º, do CPC).

VI – Provas:

Menção expressa à certidão do Registro de Imóveis da Comarca de Cocal, prova de que imóvel em que o réu residia foi alienado para a EIRELI.

Obs.: o simples protesto por provas não pontua.

VII – Fechamento conforme o Edital: Local... (ou Campo Maior/PI), Data..., Advogado..., OAB...

RESOLUÇÃO DA PEÇA 56 (OAB FGV XXV EXAME) REAPLICAÇÃO PORTO ALEGRE/RS

A peça processual adequada para a defesa dos interesses do cliente é a Contestação.

A contestação é dirigida ao Juízo onde se processa o feito (Primeira Vara Cível da Comarca de Lages/SC), com referência ao processo.

O examinando deverá fazer menção às partes do processo, os autores Distribuidora de Alimentos WWA S/A, João Paulo e Daniela, e os réus João Silva e Antônio dos Santos.

O enunciado informa que não houve autocomposição na audiência de conciliação. Nos termos do art. 335, I, do CPC, o réu poderá oferecer contestação, por petição, no prazo de 15 (quinze) dias.

Nas questões preliminares, o examinando deve ser capaz de reconhecer que:

a) há ilegitimidade ativa ad causam dos autores, porque a legitimidade ativa é deferida a qualquer acionista para promover a ação de responsabilidade em face dos administradores somente quando a ação social não for proposta após o decurso do prazo de 3 (três) meses da deliberação da assembleia geral, o que não ocorreu (a deliberação ocorreu em 25-4-2016 e a ação foi proposta em 31-5-2016), com fundamento no art. 159, § 3º, da Lei n. 6.404/76;

b) como a aprovação das demonstrações financeiras pela AGO foi sem reserva, a ação de responsabilidade deveria, necessariamente, ser precedida da ação própria destinada a anular a deliberação, prevista no art. 286 da Lei n. 6.404/76, o que não ocorreu no caso. Assim, não foi preenchida a condição de procedibilidade para a ação de responsabilidade.

Em relação ao mérito, deve ser mencionado que:

a) a aprovação sem reservas das demonstrações financeiras pela AGO exonera de responsabilidade os administradores, ora réus, de acordo com o art. 134, § 3º, da Lei n. 6.404/76;

b) os prejuízos à companhia imputados aos réus, na verdade, decorrem de fato de terceiro, pois os atos ilícitos foram praticados por prepostos das sociedades importadoras, que deixaram de praticar os atos exigidos pela SRF para liberação da carga.

Nos pedidos devem constar:

a) o recebimento da contestação;

b) o acolhimento das preliminares suscitadas, extinguindo-se o processo sem resolução de mérito com fulcro no art. 485, VI, do CPC;

c) caso não seja reconhecida a carência do direito de ação, seja julgado improcedente o pedido formulado na inicial, extinguindo-se o processo com resolução de mérito e fundamento no art. 487, I, do CPC;

d) a condenação dos autores ao pagamento das custas processuais e dos honorários advocatícios OU a inversão dos ônus de sucumbência.

O examinando deverá requerer o protesto pela produção de todas as provas em direito admitidas, especialmente a prova documental (como a ata, as demonstrações financeiras e os documentos da administração).

No fechamento da peça: local ... ou município (Lages/SC), data..., advogado(a)... e OAB....

RESOLUÇÃO DA PEÇA 57 (OAB FGV XXVI EXAME)

O enunciado descreve a realização de um empréstimo em favor de um microempresário individual que não foi adimplido. A credora mutuante é irmã do mutuário e não exigiu dele nenhuma prova escrita do negócio jurídico. Com essa informação, o examinando deve concluir que não é cabível uma ação de execução por quantia certa em razão da falta de título executivo; pela mesma razão, é inadmissível ação monitória para recebimento da quantia mutuada.

A peça processual adequada é a petição inicial de ação de cobrança pelo procedimento comum (art. 318 do CPC).

O examinando deve observar a estrutura da peça profissional de modo a identificar no texto da resposta, separadamente, a Fundamentação Jurídica e os Pedidos, bem como o preâmbulo. A avaliação da peça considera essa estruturação, como segue abaixo (item 3.5.10 do Edital. "Para realização da prova prático-profissional o examinando deverá ter conhecimento das regras processuais inerentes ao fazimento da mesma"):

I – Endereçamento: com base no art. 319, I, do CPC, o examinando deverá endereçar a petição de ação de cobrança ao Juízo a que é dirigida: Vara Cível da Comarca da Capital do Estado de São Paulo. Como o enunciado aponta a existência de mais de um Juízo competente para apreciar e julgar o feito, o examinando não deverá determinar previamente esse Juízo, diante do disposto no art. 284 do CPC;

II – Qualificação das partes: a autora Magda e o réu Simão Escada devem ser qualificados, de acordo com o art. 319, II, do CPC;

II – Juízo competente: deve ser enfatizado que a ação está sendo proposta no Juízo do lugar onde a obrigação deve ser satisfeita (cidade de São Paulo), de acordo com o art. 53, III, alínea *d*, do CPC;

IV – Nos fatos e fundamentos jurídicos, espera-se que o examinando possa expor: a origem do débito (contrato de mútuo celebrado oralmente); a data do vencimento (dia 20 de setembro de 2017), o lugar do pagamento (cidade de São Paulo-SP) e o valor da dívida (R$ 80.000,00);

Ademais, por se tratar de contrato de mútuo, é obrigação do mutuante Simão Escada restituir à mutuária Magda o que dela recebeu, isto é, a coisa fungível (quantia de R$ 80.000,00), de acordo com o art. 586 do Código Civil.

O examinando deve indicar que o mutuário não realizou o pagamento da data do vencimento, caracterizando-se seu inadimplemento (ou sua mora).

Para motivar a propositura da ação de cobrança pelo procedimento comum, afastando outras vias processuais, deve o examinando enfatizar que não há prova escrita do empréstimo, dado fornecido pelo enunciado. A autora é irmã de Simão e, em razão desse parentesco, não lhe foi exigido nenhum documento escrito que consubstanciasse promessa de pagamento em dinheiro a prazo.

V – Observando-se, uma vez mais, a estruturação da peça, nos Pedidos, o examinando deve requerer:

a) procedência do pedido para a condenação do réu ao pagamento da dívida, acrescida dos encargos decorrentes do inadimplemento (atualização monetária e juros de mora);

b) expedição de mandado de citação do réu (art. 239 do CPC);

c) a condenação do réu ao pagamento de honorários advocatícios e de custas processuais.

VI – Das provas: requerimento de produção de prova testemunhal, de conformidade com o art. 445 do CPC.

VII – Em obediência ao art. 319, VII, do CPC, a indicação se a autora tem interesse (ou não) pela realização de audiência de conciliação ou de mediação.

VIII – Menção ao valor da causa, de acordo com o art. 292, I, do CPC: o examinando deverá fazer menção expressa ao valor da causa de R$ 87.300,00 (oitenta e sete mil e trezentos reais), que corresponde à importância devida pelo réu monetariamente corrigida e dos juros de mora vencidos até a data de propositura da ação.

IX – Fechamento da peça: local ... ou município (São Paulo/SP), data..., advogado(a)... e OAB....

RESOLUÇÃO DA PEÇA 58 (OAB FGV XXVII EXAME)

O examinando deverá demonstrar ter conhecimento sobre a cédula de crédito bancário, bem como a execução de título executivo extrajudicial.

O examinando deve elaborar a petição inicial da Ação de Execução por Quantia Certa, em nome do Banco Arroio Grande S.A., uma vez que a cédula de crédito bancário é título executivo extrajudicial, nos termos do art. 784, inciso XII, do CPC/15.

A ação deverá ser distribuída perante o foro de eleição contido na cédula, qual seja, o da Comarca de Porto Alegre/RS. Em razão da solidariedade legal entre avalizado e avalistas, constarão no polo passivo da ação executiva o emitente do título, Ijuí Alimentos Ltda., e os avalistas, Pedro e Osório, com fundamento no art. 44 da Lei n. 10.931/2004 c/c. art. 47 do Decreto n. 57.663/66 OU art. 32 do Decreto n. 57.663/66.

Nos Fundamentos, o examinando deverá expor a existência de dano irreparável ao direito subjetivo patrimonial do exequente caso se consume a venda do único bem de propriedade do executado (imóvel de elevado valor econômico). O Banco Arroio Grande S.A. poderá não ter o seu crédito satisfeito se o único bem de propriedade do emitente do título for alienado (*periculum in mora*). Além disso, o *fumus boni iuris* será demonstrado a partir da força executiva do título e do inadimplemento. Assim, a medida urgente será no sentido de que o executado Ijuí Alimentos Ltda., proprietário do imóvel, se abstenha de aliená-lo.

Nos pedidos o examinando deverá incluir:

(i) a concessão de medida urgente para que o executado Ijuí Alimentos Ltda., proprietário do imóvel, se abstenha de aliená-lo, com fundamentação no art. 799, inciso VIII, do CPC/15;

(ii) o requerimento de citação dos devedores (emitente e avalistas simultâneos) para que paguem a quantia exequenda mais acréscimos legais e contratuais, no prazo de 3 (três) dias, sob pena de o oficial de justiça proceder à penhora de bens e à sua avaliação (art. 829, *caput* e § 1º, do CPC/15);

(iii) a condenação dos réus ao pagamento dos ônus sucumbenciais.

No item das Provas, o examinando deverá demonstrar conhecimento de que a inicial deve ser instruída com o título executivo extrajudicial (a Cédula de Crédito Bancário) e com o demonstrativo do débito atualizado até a data da propositura da ação (art. 798, inciso I, alíneas *a* e *b*, do CPC/15). Ademais, é preciso comprovar que há iminência de alienação do bem em razão da oferta pública de venda em anúncio publicado em jornal de grande circulação.

O valor da causa constará da petição inicial (art. 292, inciso I, do CPC) e será de R$ 530.000,00 (quinhentos e trinta mil reais).

Fechamento: Município...; Data..., Advogado (a)... e OAB...

RESOLUÇÃO DA PEÇA 59 (OAB FGV XXVIII EXAME)

O examinando deverá demonstrar conhecimento acerca do instituto do estabelecimento, disciplinado nos arts. 1.142 a 1.149 do Código Civil, em especial a proibição ao arrendador do estabelecimento de fazer concorrência ao arrendatário durante o prazo do contrato de arrendamento, não havendo autorização expressa (art. 1.147, parágrafo único, do Código Civil). Não se trata, pelas informações do enunciado, de contrato de trespasse ou alienação, portanto é inaplicável como fundamento legal o disposto no *caput* do art. 1.1.47 do Código Civil.

Espera-se também que o examinando, na escolha da peça processual e na apresentação dos fundamentos jurídicos, seja capaz de identificar as condutas perpetradas contra a sociedade empresária como atos de concorrência desleal, e não como infração contra a ordem econômica.

O enunciado informa que foi celebrado entre duas sociedades contrato de arrendamento de um estabelecimento pelo prazo de 5 (cinco) anos, sem previsão quanto à possibilidade de concorrência. Durante os dois primeiros anos de vigência, o arrendador absteve-se de fazer concorrência ao arrendatário em Capela e nos municípios de Aquidabã e Rosário do Catete, áreas de atuação do arrendatário e responsáveis pela totalidade do seu faturamento. Posteriormente, o arrendador passou a fazer concorrência ao arrendatário, descumprindo a proibição legal do art. 1.147, parágrafo único, do Código Civil, por meio de representantes comerciais a serviço do arrendador, que angariavam negócios e clientes na área de atuação do arrendatário e divulgavam informações falsas com o fim de usurpar a clientela (atos de concorrência desleal). Em seguida, novos atos ilícitos foram praticados, como o de divulgar, entre os clientes e nos anúncios em material impresso, descontos, vantagens e promoções para desviar a clientela da arrendatária (ato de concorrência desleal).

Diante da prática, pelo arrendador (devedor da obrigação), do ato a cuja abstenção se obrigara (não fazer concorrência), o arrendatário credor pode exigir dele que o desfaça, sob pena de se desfazer à sua custa, ressarcindo o culpado perdas e danos. Tal previsão está contida no art. 251 do Código Civil, ao regular a obrigação de não fazer, e se amolda perfeitamente ao caso.

Portanto, o objetivo do cliente é a cessação dos atos de concorrência desleal e o respeito à proibição legal de não concorrência, que estão causando prejuízos ao arrendatário. Ademais, independentemente da ação penal (queixa crime), o prejudicado poderá intentar as ações cíveis que considerar cabíveis na forma do Código de Processo Civil (art. 207 da Lei n. 9.279/96).

Cabe sublinhar que o enunciado não permite concluir a prática de infração(ões) à ordem econômica, prevista(s) na Lei n. 12.529/2011. Tantos os atos de concorrência desleal quanto as infrações contra a ordem econômica são práticas anticoncorrenciais indevidas e tipificadas como ilícitas pelo direito brasileiro. Entretanto, existe uma grande diferença entre as duas práticas. A concorrência desleal, tipificada na Lei n. 9.279/96, é a mais comum, ocorrendo entre dois ou mais empresários (caso que se amolda ao enunciado), interligados ou não por vínculo contratual ou legal, por uma prática ilícita realizada por um de seus concorrentes, que possui o objetivo de denegrir a imagem do outro, usurpar a sua cliente, confundir os clientes dos concorrentes, ou seja, busca angariar clientes por meio de práticas desleais, utilizando-se de subterfúgios que extrapolam a simples prática comercial.

Bem diferente da concorrência desleal é a infração à ordem econômica, pois esta extrapola a simples relação entre os empresários concorrentes (atinge a coletividade como um todo e causa danos ao(s) mercado(s)). A conduta perpetrada tem um alcance muito maior, pois objetiva aniquilar os concorrentes, visando à criação de um monopólio "forçado" e ilícito, para que o infrator, livre de seus concorrentes, imponha preços arbitrariamente aos consumidores ou a seus fornecidos/dependentes, fazendo com que estes sejam obrigados a se renderem aos termos impostos pelo fornecedor diante da ausência de concorrência. Portanto, a prática infracional atenta contra a livre-iniciativa e a liberdade do mercado, sendo proscrita tanto em nível constitucional (art. 173, § 4º, da Constituição federal), quanto infraconstitucional (Lei n. 12.529/2011).

Ademais, não se pode depreender do enunciado que a prática da arrendatária procurou exercer posição dominante no mercado, ou ainda que se trate de mercado relevante de bens ou de serviços.

Em síntese: a concorrência desleal tem efeito circunscrito a uma esfera diminuta de empresários, não tendo o poder de impactar o mercado, eis que busca angariar de forma ilícita determinados clientes, enquanto a infração à ordem econômica é uma medida muito mais agressiva que busca a eliminação da concorrência e criar um verdadeiro monopólio do mercado.

O examinando deve, então, rechaçar qualquer menção à infração contra a ordem econômica, pondo em relevo dois aspectos: a violação ao comando imperativo do parágrafo único do art. 1.142 do Código Civil, pelo fato de estar fazendo concorrência ao arrendador por meio da atuação dos representantes comerciais, e que as condutas descritas são consideradas atos de concorrência desleal descritos na Lei n. 9.279/96.

Verifica-se que o objetivo primordial, essencial, da cliente é a cessação da prática dos atos de concorrência desleal pela arrendatária. Para tanto, a arrendadora pretende obter em juízo provimento judicial que obrigue a arrendatária a cumprir a obrigação legal (obrigação de NÃO FAZER), isto é, não fazer concorrência à arrendadora durante toda a duração do contrato. Tal fundamento deve ser relacionado nos pedidos do autor.

Conclui-se que a peça adequada é a *Ação de Obrigação de Não-Fazer*, pelo procedimento comum, cumulada com pedido de indenização pelos prejuízos decorrentes dos atos de concorrência desleal. Diante dos fatos narrados, é cabível pedido de tutela de urgência em caráter liminar, com fundamento no art. 300, § 2º, do CPC.

I – Endereçamento: a ação deve ser endereçada ao Juiz de Direito da uma das Varas da Comarca de Capela/SE.

II – Legitimidade ativa: o autor da ação é a sociedade Riachuelo, Salgado & Cia Ltda., representada por seu administrador Tobias Barreto.

III – Legitimidade passiva: o réu é a sociedade Refrigeração Canhoba S/A, representada por seu diretor-presidente, Sr. Paulo Pastora.

A descrição dos fatos desprovida dos fundamentos jurídicos (ato de concorrência desleal, proibição de concorrência, direito à indenização, tutela de urgência) não pontua.

IV – Na fundamentação jurídica, o candidato deverá descrever os atos de concorrência desleal que foram e estão sendo praticados pela arrendadora através de seus representantes comerciais, bem como seu restabelecimento na área de atuação da arrendatária e os prejuízos que esta está tendo com tais condutas, realçando o cabimento de pedido indenizatório independentemente de qualquer medida na área penal.

É fundamental relacionar que:

a) é ato de concorrência desleal divulgar informações falsas sobre os produtos comercializados pelo concorrente (arrendatário) e que as entregas não estavam sendo feitas ou eram realizadas com atraso, com fundamento no art. 195, inciso II, da Lei n. 9.279/96;

b) também de ato de concorrência desleal o emprego de meio fraudulento, para desviar, em proveito próprio ou alheio, clientela de outrem, como a conduta da arrendadora em divulgar, entre os clientes e nos anúncios em material impresso com descontos, vantagens e promoções para desviar a clientela da arrendatária (art. 195, inciso III, da Lei n. 9.279/96);

c) diante da prática dos atos de concorrência desleal, independentemente de qualquer medida na seara criminal, poderá o prejudicado intentar as ações cíveis que considerar cabíveis na forma do Código de Processo Civil (art. 207 da Lei n. 9.279/96);

d) durante todo o tempo do contrato é vedado o restabelecimento pelo arrendador em razão de ausência de autorização expressa no contrato (art. 1.147, parágrafo único, do Código Civil); e

e) há urgência na obtenção de provimento jurisdicional para cessação das práticas desleais de concorrência, tendo em vista que o faturamento de Riachuelo, Salgado & Cia Ltda. despencou, sofrendo entre julho e outubro de 2017 um prejuízo acumulado de R$ 290.000,00 (duzentos e noventa mil reais).

V – Nos pedidos deverão ser mencionados:

a) a citação da sociedade ré, na pessoa de seu administrador ou diretor;

b) a procedência do pedido, para reconhecer a ilicitude do restabelecimento e os atos de concorrência desleal praticados, com danos ao patrimônio da arrendatária;

c) pedido de tutela de urgência em caráter liminar, em razão da gravidade dos fatos e dos danos que vem sofrendo a autora, para determinar a cessação imediata dos atos de concorrência desleal;

d) indenização pelos atos de concorrência desleal praticados e pela violação da proibição de restabelecimento;

e) manifestação quanto à audiência de mediação e conciliação (art. 319, inciso VII, OU art. 334 do CPC/15);

f) a condenação do réu ao pagamento de custas e honorários advocatícios.

VI – Provas: deverá haver menção expressa na peça em que são apresentados:

a) o contrato de arrendamento; e

b) o protesto por outras provas em direito admitidas.

VII – Menção ao valor da causa (art. 319, inciso V, do CPC/15).

VIII – Fechamento da peça: Município (ou Capela/SE); Data..., Advogado (a)..., OAB...

RESOLUÇÃO DA PEÇA 60 (OAB FGV XXIX EXAME)

A peça processual a ser interposta é a petição inicial da ação de cancelamento de protesto, pelo procedimento comum (art. 318, *caput*, do CPC).

A pretensão do subscritor tem fundamento de direito material no art. 26, § 3º, da Lei n. 9.492/97: "O cancelamento do registro do protesto, se fundado em outro motivo que não no pagamento do título ou documento de dívida, será efetivado por determinação judicial, pagos os emolumentos devidos ao Tabelião".

O examinando deverá reconhecer que a dívida consubstanciada na nota promissória está prescrita, tendo decorridos os prazos tanto da ação cambial (execução de título extrajudicial) quanto da ação de enriquecimento injusto (*in rem verso*), explicitando-os com a fundamentação legal, a partir da data do vencimento (28-2-2014) e da ocorrência da prescrição da ação cambial (28-2-2017).

Portanto, como dívida prescrita, caso haja o pagamento, não poderá ser objeto de repetição, nos termos do art. 882 do CC: "Não se pode repetir o que se pagou para solver dívida prescrita, ou cumprir obrigação judicialmente inexigível".

Com esta fundamentação básica, aliada à ausência de apresentação da cártula (documento protestado) ou declaração de anuência com o cancelamento do credor, só resta ao subscritor pleitear, pela via judicial, o cancelamento do protesto, cujo registro e cujos efeitos permanecem e não podem ser extirpados pelo tabelião.

No que couber, a petição deverá observar as indicações do art. 319 do CPC.

A petição deve ser endereçada ao Juízo de Vara Única da Comarca de Cláudio/MG (art. 53, inciso III, alínea *a*, do CPC).

O examinando deverá qualificar as partes em conformidade com o art. 319, inciso II, do CPC.

Autor: Teófilo Montes (qualificação).

Réu: Andradas, Monlevade & Bocaiúva Ltda., representada pelo seu administrador (qualificação).

Nos Fundamentos Jurídicos é exigido que o examinando:

a) aponte a emissão da nota promissória em caráter *pro soluto*, com efeito de pagamento, para afastar a discussão do negócio subjacente (relação causal);

b) indique o decurso do prazo de mais de 3 anos da data do vencimento (28-2-2014), com a ocorrência da prescrição da ação cambial (execução por quantia certa de título extrajudicial), nos termos do art. 70 do Decreto n. 57.663/66;

c) observe que, mesmo com a ocorrência do protesto por falta de pagamento, interrompendo a prescrição, não se verificou por parte do credor outro ato interruptivo (art. 202, inciso III, do CC);

d) ateste que, a despeito da prescrição da pretensão à execução do título, não se verificou o ajuizamento de ação monitória pelo credor (art. 700, inciso I, do CPC);

e) comente o decurso de mais de 5 anos para o exercício da pretensão de cobrança de dívidas líquidas constantes de instrumento particular (nota promissória), com fundamento no art. 206, § 5º, inciso I, do Código Civil e na Súmula 504 do STJ ("O prazo para ajuizamento de ação monitória em face do emitente de nota promissória sem força executiva é quinquenal, a contar do dia seguinte ao vencimento do título");

f) advirta que, como a dívida está prescrita, não pode ser exigido seu pagamento do devedor, pois, caso esse o faça, não poderá ser objeto de repetição, nos termos do art. 882 do CC;

g) informe sobre a impossibilidade de apresentação do original do título protestado ou de declaração de anuência para obter o cancelamento do protesto diretamente no Tabelionato de Protesto de Títulos;

h) conclua que, diante da ausência de pagamento do título, não resta ao autor senão requerer o cancelamento do protesto por via judicial, com amparo no art. 26, § 3º, da Lei n. 9.492/97.

Nos pedidos o(a) examinando(a) deverá requerer:

a) a procedência do pedido para que seja determinado o cancelamento do protesto;

b) expedição de mandado de cancelamento ao tabelionato;

c) citação do réu;

d) condenação do réu ao pagamento dos ônus de sucumbência OU ao pagamento de custas e honorários advocatícios (art. 82, § 2º, e art. 85, *caput*, ambos do CPC).

O examinando deverá requerer protesto pela produção de provas (art. 319, inciso VI, do CPC). O examinando deverá indicar na petição a opção ou não pela realização de audiência de conciliação ou de mediação (art. 319, inciso VII, do CPC).

O valor da causa constará da petição inicial (art. 292, inciso II, do CPC) e será de R$ 7.000,00 (sete mil reais).

Fechamento da peça em conformidade com o Edital: Município...; Data...; Advogado(a)... e OAB...

RESOLUÇÃO DA PEÇA 61 (OAB FGV XXX EXAME)

A decisão impugnada é uma decisão interlocutória que concedeu a recuperação judicial, razão pela qual o recurso cabível para sua impugnação é o *agravo de instrumento* (art. 59, § 2º, da Lei n. 11.101/2005), que poderá ser interposto por qualquer credor. Logo, o *Banco Riachinho S/A*, como credor da recuperanda, tem legitimidade para recorrer da decisão.

Fica claro pelo enunciado que o credor, *Banco Riachinho S/A*, pretende a reforma da decisão concessiva da recuperação judicial. Afasta-se o cabimento de embargos de declaração porque não se almeja nenhum dos objetivos previstos no art. 1.022 do CPC, ou seja, (i) esclarecer obscuridade ou eliminar contradição na decisão judicial; (ii) suprir omissão de ponto ou questão sobre o qual devia se pronunciar o juiz de ofício ou a requerimento; ou (iii) corrigir erro material.

O agravo deve ser dirigido diretamente ao Tribunal competente, no caso o Tribunal de Justiça do Estado do Tocantins.

Em cumprimento ao art. 1.016 do CPC, a petição do agravo deve indicar os nomes das partes e os endereços dos advogados.

Deve haver menção à adequação/cabimento do recurso de Agravo de Instrumento, por se tratar de decisão interlocutória concessiva da recuperação judicial, contra a qual o art. 59, § 2º, da Lei n. 11.101/2005 prevê o agravo.

O examinando deve fazer referência que o recurso é tempestivo por estar sendo interposto dentro do prazo de quinze dias (art. 1.003, § 5º, do CPC). O prazo para a interposição do recurso conta-se da data em que os advogados são intimados da decisão (art. 1.003, *caput*, do CPC).

Para efeito de pontuação, nas razões do pedido de reforma, deve ser exposto, com a devida fundamentação jurídica/legal, que:

a) A cláusula 5.4 do plano não pode impor a novação dos créditos dos coobrigados e garantidores aos credores que a ela se opuseram, como o agravante, pois os credores do devedor em recuperação judicial conservam seus direitos e privilégios contra os coobrigados, fiadores e obrigados de regresso, de acordo com o art. 49, § 1º, da Lei n. 11.101/2005;

b) A cláusula 5.5 viola os direitos do agravante, pois é titular da posição de proprietário fiduciário de bens imóveis, prevalecendo os direitos de propriedade sobre a coisa e as condições contratuais, de acordo com o art. 49, § 3º, da Lei n. 11.101/2005;

c) A cláusula 5.6, que condicionou a convolação da recuperação judicial em falência à convocação de prévia assembleia geral de credores, deve ser extirpada do plano por ser ilegal. O mero descumprimento das obrigações previstas no plano é suficiente para o pedido de convolação da recuperação em falência, nos termos do art. 61, § 1º, c/c o art. 73, IV, ambos da Lei n. 11.101/2005.

Deve ser deduzido pedido de concessão de efeito suspensivo ao agravo, de forma a evitar risco de dano grave, na forma do art. 995, parágrafo único, do CPC ("*A eficácia da decisão recorrida poderá ser suspensa por decisão do relator, se, da imediata produção de seus efeitos, houver risco de dano grave, de difícil ou impossível reparação, e ficar demonstrada a probabilidade de provimento do recurso*"), OU com fundamento no art. 1.019, I, do CPC. O pedido de efeito suspensivo ao agravo deve ser fundamentado e, para fins de pontuação, a necessidade de seu provimento reside no fato de que a cláusula 5.5 proíbe o agravante de ajuizar ou prosseguir qualquer ação, execução ou processo judicial de qualquer tipo relacionado a qualquer crédito. Assim, diante da condição de credor fiduciário do *Banco Riachinho S/A*, cujo crédito não se submete à recuperação judicial e a ação de execução não fica suspensa com o processamento, a cláusula atinge seu direito de ação.

Nos pedidos devem ser articulados:

a) atribuição de efeito suspensivo, na forma do art. 995, parágrafo único, do CPC OU art. 1.019, I, do CPC;

b) provimento do recurso para reformar a decisão concessiva da recuperação;

c) intimação da agravada; e

d) intimação do Ministério Público.

Deve haver menção na peça aos seguintes documentos que instruirão a petição do agravo (art. 1.017, I, e § 1º, do CPC):

a) petição que ensejou a decisão agravada;

b) a decisão agravada;

c) certidão da respectiva intimação que comprove a tempestividade;

d) procurações outorgadas aos advogados do agravante e do agravado; e

e) juntada do comprovante de recolhimento de custas.

O fechamento deve observar o item 3.5.9 do Edital: Local... ou Município..., Data..., Advogado... e OAB...

RESOLUÇÃO DA PEÇA 62 (OAB FGV XXXI EXAME)

Com base no relato do enunciado, a peça adequada é a ação de dissolução parcial, com fundamento no art. 599, III, do CPC, pois já se efetivou a retirada dos sócios Luís e Normandia, sendo a finalidade da ação apenas a apuração de haveres.

O fundamento legal de direito material é o art. 1.031 do Código Civil , pois a sociedade se resolveu em relação aos sócios Luís e Normandia (hipótese de retirada), sendo obrigatória a liquidação do valor de suas quotas, com base na situação patrimonial da sociedade à data da resolução, verificada em balanço especialmente levantado, pois o contrato não prevê critério de apuração.

A petição deve ser endereçada ao Juiz de Direito de uma das Varas Cíveis da Comarca de Boa Vista/RR, consoante informação contida no enunciado.

O examinando deverá qualificar as partes autoras, Luís e Normandia, e os réus: Uiramutã Consultores Ambientais, representada pela sócia administradora Iracema [qualificação da sociedade] e os sócios João, Bonfim, Iracema e Elena.

Nos fundamentos jurídicos, o examinando deverá indicar:

a) o direito dos ex-sócios à apuração de haveres em razão da resolução da sociedade, com fundamento no art. 1.031, *caput*, do Código Civil;

b) a inércia da sociedade na apuração de haveres e apresentação de seu resultado;

c) improcedência do argumento quanto a necessidade de alteração do contrato social a fim de fixar critério para apuração de haveres;

d) diante da omissão do contrato social, a apuração deve considerar o valor patrimonial das quotas apurado em balanço de determinação (ou balanço especial), que reflita a situação da sociedade à data da resolução, com base no art. 606 do CPC.

Nos pedidos deverão ser requeridos:

a) a citação da sociedade e dos sócios, no prazo de 15 (quinze) dias, para concordar com o pedido ou apresentar contestação, com base no art. 601 do CPC;

b) procedência do pedido para determinar a apuração de haveres dos sócios Luís e Normandia, com base no art. 599, III, do CPC;

c) a fixação da data da resolução da sociedade (art. 604, I, do CPC);

d) a definição do critério de apuração dos haveres (art. 604, II, do CPC);

e) a nomeação de perito (art. 604, III, do CPC);

f) o pagamento em dinheiro das quotas liquidadas, em 90 dias, a partir da liquidação, com correção monetária dos valores apurados e juros legais, em conformidade com o art. 608, parágrafo único, e o art. 609, ambos do CPC OU do art. 608, parágrafo único, e do art. 1.031, § 2º, ambos do Código Civil.

Em relação às provas com as quais o autor pretende demonstrar a veracidade dos fatos e seu direito, deve ser expressamente mencionado:

a) contrato social (art. 599, § 1º, do CPC); e

b) protesto pela produção de provas em direito admitidas.

O examinando deve fazer menção ao valor da causa, com fundamento no art. 319, V, do CPC.

No fechamento da peça, o examinando deverá proceder em conformidade com o Edital: local (ou Boa Vista/RR), data, advogado e OAB.

TERCEIRA PARTE

Questões discursivas e exercício proposto

Questões discursivas (OAB e exercícios propostos)

Empresário, Auxiliares, Estabelecimento e Propriedade Industrial

1. (OAB CESPE 2006/02) Indique onde se deve registrar uma companhia que tenha por objeto o exercício de atividade própria de empresário rural, se na Junta Comercial ou no Registro Civil das Pessoas Jurídicas. Justifique sua resposta.

2. (OAB MG 2006/03) João Olavo é produtor e comerciante de laranjas e sua atividade ganhou significativo impulso nos últimos anos, com vendas para o exterior. Contratou trinta empregados, mantém escrituração regular e se dedica exclusivamente a essa função. João Olavo pretende formalizar sua atividade, mediante os registros próprios. Procura o seu Escritório de Advocacia para indagar se pode se registrar na Junta Comercial como empresário e quais as consequências.

3. (OAB MG 2008/02) O Sr. Pedro de Lara e a Sra. Araci de Almeida são casados entre si, pelo regime da comunhão parcial de bens e são sócios de uma sociedade empresária, de responsabilidade limitada, cujo objeto social é a construção, a compra e a venda de bens imóveis. A administração da sociedade compete apenas ao sócio Pedro. O sócio administrador vendeu recentemente vários apartamentos de propriedade da sociedade. A outra sócia, Araci, procura por você e pergunta se "é legal a alienação de bens imóveis da sociedade, sem a outorga conjugal". Responda fundamentadamente, analisando as peculiaridades do caso.

4. (OAB CESPE 2006/03) Suponha que um empresário, além do estabelecimento que mantém em um shopping, possua um sítio na Web, por meio do qual negocie com sua clientela. Considerando o atual estágio do direito empresarial, responda, de modo justificado, ao seguinte questionamento: que categoria jurídica é mais adequada para acolher o referido sítio, a de estabelecimento ou a de ponto empresarial?

5. (OAB CESPE 2006/02) Redija um texto que responda, da forma mais justificada possível, ao seguinte questionamento: em um contrato de trespasse do estabelecimento empresarial, pode o alienante, entre os bens que integram a universalidade, transferir o seu nome empresarial?

6. (OAB BA 2005/01) João e Paulo adquiriram as quotas sociais da empresa XXX Panificadora Ltda. Os antigos sócios da empresa vendida se restabeleceram a uma quadra da antiga padaria. Levando-se em consideração que nada ficou pactuado no contrato a respeito de tal condição (possibilidade de restabelecimento), o restabelecimento dos antigos sócios na mesma atividade e concorrendo com a empresa vendida é lícito? Justifique.

7. **(OAB RJ 2006/03 EXAME 31)** A clientela pode ser considerada como um dos elementos do fundo de comércio ou estabelecimento? Responda justificadamente.

8. **(OAB RJ 2005/03 EXAME 28)** Interessado em arrendar um estabelecimento comercial, João Neves lhe indaga qual será a sua responsabilidade sobre os débitos anteriores à transferência, caso venha a realizar o negócio. Responda-o objetivamente, indicando os dispositivos legais aplicáveis.

9. **(OAB MG 2007/02)** Decline o que é e quando deve ser elaborado o Contrato de Trespasse.

10. **(OAB GO 2007/01)** Considerando que um empresário individual, casado, deseje alienar seu estabelecimento, composto de um imóvel, elabore um texto, devidamente fundamentado, explicando se, na espécie, é necessária a outorga conjugal para a referida alienação.

11. **(OAB CESPE 2008/01)** Considere que Fabiana produza roupas e acessórios de vestuário e queira lançar no mercado roupas com uma nova marca, a "Olimpiarkusz", ainda não conhecida do público. Nessa situação, como ela poderá proteger juridicamente tal marca para usá-la com exclusividade? Essa proteção impedirá qualquer outro empresário de utilizar a marca, ainda que seja em produtos de natureza diversa dos produzidos por Fabiana? Justifique ambas as respostas.

12. **(OAB CESPE 2007/03)** Um grupo de empresários que pretende formar, no ano de 2008, uma sociedade limitada para realizar estamparia de tapetes, ou seja, para comprar tapetes, neles apor estampas e revendê-los, contratou um advogado para redigir o contrato social da empresa, questionando-o a respeito da possibilidade de eles utilizarem a expressão "Flying Carpets" como marca registrada.

Na qualidade de advogado contratado pelo grupo de empresários referido na situação hipotética apresentada, responda à indagação feita com base nos requisitos mínimos legalmente exigidos.

13. **(OAB CESPE 2007/02)** A marca X, referente a um produto alimentício, foi registrada no Instituto Nacional de Propriedade Industrial (Inpi). Alberto, titular da marca Y, do mesmo ramo de atividade, entendendo que, no caso, haveria desrespeito à marca de sua propriedade, pretende ingressar em juízo com ação de nulidade da marca X.

Em face dessa situação hipotética, elabore um texto, devidamente fundamentado e com menção à legislação correspondente, esclarecendo se a ação deve ser proposta na justiça federal ou na estadual.

14. **(OAB CESPE 2007/02)** Maria José, dona de casa, ao manusear compostos químicos, deu origem a um novo produto para amaciar roupas e, em razão disso, decidiu patenteá-lo.

Considerando a situação hipotética apresentada, redija um texto sobre os bens que integram a propriedade industrial, abordando, necessariamente, o seguinte aspecto:

– Possibilidade de o produto criado por Maria José constituir algum dos bens integrantes da propriedade industrial.

15. **(OAB CESPE 2008/02)** Fábrica de Laticínios Ltda. realiza suas atividades, principalmente, mediante a contratação de pessoas que lhe prestam onerosamente serviços, utilizando-se, para tanto, dos diversos tipos contratuais nos quais é prevista tal contraprestação remunerada.

Considerando que o Código Civil, no que se refere aos auxiliares do empresário, dispõe expressamente a respeito da preposição, explique em que medida esta se diferencia da simples prestação de serviços, identificando que pessoas acima referidas poderiam ser qualificadas como prepostos.

16. (OAB CESPE 2008/02) Exercícios Diários Ltda. oferece serviços de apoio a atividades esportivas, concentrando sua principal atividade em uma academia de ginástica, localizada em imóvel alugado, com clientes que contrataram mensal ou semestralmente o uso dos equipamentos ali oferecidos. Nelson, proprietário do mencionado imóvel, que é cliente da academia com contrato semestral, tem, portanto, dois contratos em curso, o de locação e o de cliente da academia de ginástica. A referida sociedade limitada alienou seu estabelecimento empresarial para Ginástica e Saúde S.A.

Diante dessa situação hipotética, responda, de forma fundamentada, se os dois contratos de Nelson, antes celebrados com Exercícios Diários Ltda., continuarão, após a alienação do estabelecimento para Ginástica e Saúde S.A., a ter validade, independentemente de qualquer acordo expresso, dessa maneira, obrigatoriamente, vinculando a referida sociedade anônima.

17. (OAB CESPE 2008/02) Arnaldo, titular do direito de patente de invenção registrada apenas no Brasil, que protege dispositivo utilizado em telefones celulares, descobriu que Comércio de Telefones Ltda. vende modelo de aparelho celular que contém tal dispositivo, embora sem que o fabricante tenha sido previamente autorizado por Arnaldo a fazê-lo. Ao reclamar do fato perante a sociedade empresária, foi informado de que o aparelho é importado, portanto fabricado em outro país, no qual a patente de Arnaldo não fora registrada, motivo pelo qual Arnaldo nada poderia opor ao referido fabricante nem à sociedade, que atua como mera importadora e comerciante do produto.

Na situação hipotética apresentada, poderá Arnaldo proibir a venda do produto no Brasil bem como a sua fabricação no estrangeiro? Justifique a sua resposta.

18. (OAB CESPE 2008/03) A farmacêutica Daniela firmou com o Laboratório Vida Integral Ltda. contrato de trabalho cujo objeto principal era a pesquisa e invenção de medicamentos, tendo sido demitida em agosto de 2008. Em janeiro de 2009, Daniela requereu ao Instituto Nacional da Propriedade Industrial (Inpi) a patente de uma invenção desenvolvida durante o período em que prestava serviços para o Laboratório Vida Integral Ltda. Nessa situação hipotética, Daniela tem direito à referida patente? Fundamente sua resposta.

19. (OAB CESPE 2009/02) Túlio, inventor de um novo teclado de telefone, mais moderno e adaptável aos portadores de mobilidade reduzida, requereu a proteção conferida pelo Inpi, em novembro de 2008. Entretanto, André também se diz inventor do novo teclado de telefone, sendo sua criação datada de maio de 2006.

Pergunta-se:

a) Como se classifica o invento?
b) A norma jurídica apresenta solução para o conflito de interesses entre Túlio e André?

20. (OAB CESPE 2009/3) Joana, administradora da SL Panificadora Ltda., necessita consultar documentos relativos a essa sociedade, arquivados na Junta Comercial, para promover a alteração contratual da referida pessoa jurídica. O contador da SL Panificadora Ltda. informou à administradora que os documentos arquivados na Junta Comercial eram sigilosos, devendo Joana demonstrar interesse nas informações e documentos pretendidos.

Informou-lhe, ainda, que somente por meio de escritura pública assinada pelo sócio majoritário da sociedade seria possível promover a alteração contratual da referida sociedade.

Nessa situação hipotética, as informações prestadas pelo contador da SL Panificadora Ltda. encontram amparo legal? Fundamente sua resposta.

21. (OAB CESPE 2009/2) João foi contratado como guarda noturno pela empresa Beta Sistemas e Componentes Eletrônicos S.A. Técnico em eletrônica e autodidata, no período de intervalo intrajornada de trabalho, João, frequentemente, ficava no laboratório da empresa, onde se localizava a linha de montagem e de desenvolvimento de componentes e software para computadores. Não raras vezes, após o término da sua jornada de trabalho, permanecia na empresa, onde tinha acesso, por meio de outros empregados do setor, a máquinas e ferramentas de última geração, imprescindíveis à ciência eletrônica e ao desenvolvimento de componentes de hardware de ponta. Usando tais ferramentas, João desenvolveu uma espécie de minibateria à base de energia solar, própria para notebooks, que garante, mediante a exposição à luz solar por apenas vinte minutos, a utilização desses computadores pelo período de oito horas. Por se tratar de produto inovador, João pretende protegê-lo de acordo com a tutela da propriedade industrial. Em face dessa situação hipotética, responda, de forma fundamentada, aos seguintes questionamentos.

Dada a natureza da criação, a proteção ao produto ocorrerá por expedição de patente ou de registro?

Haverá titularidade e legitimidade da pretensão do empregado em relação a eventual titularidade/legitimidade do seu empregador sobre o produto desenvolvido?

Que alegações cada parte poderia arguir em defesa de seu direito?

22. (OAB CESPE 2010/1) Após regular trâmite processual, foi declarada a incapacidade relativa de Felipe, empresário individual, que pretende continuar em exercício da atividade empresarial, no ramo de compra e venda de peças para veículos automotores.

É lícito que Felipe continue o exercício da atividade empresarial?

Que providência, na esfera jurídica, deve tomar o advogado para a defesa dos interesses de seu cliente? Fundamente.

23. (OAB FGV IV EXAME) Diogo exerce o comércio de equipamentos eletrônicos, por meio de estabelecimento instalado no Centro do Rio de Janeiro. Observe-se que Diogo não se registrou como empresário perante a Junta Comercial.

Com base nesse cenário, responda:

a) São válidos os negócios jurídicos de compra e venda realizados por Diogo no curso de sua atividade?

b) Quais os principais efeitos da ausência de registro de Diogo como empresário?

24. (OAB FGV V EXAME) Matias, empresário individual que explorava serviços de transporte de cargas pesadas, faleceu em 08.03.2010, deixando cinco filhos, sendo dois – José e Carlos – fruto de seu primeiro casamento com Maria (falecida em 30.07.1978) e três – Pedro, Fábio e Francisco – de seu segundo casamento com Joana, atual viúva e inventariante do espólio dos bens deixados por Matias. Por tal razão, Joana figura como administradora da empresa exercida pelo espólio, enquanto sucessor do empresário falecido. Ao visitar o estabelecimento onde se encontra centralizada a referida atividade empresária, Carlos constata que, dos 48 caminhões anteriormente existentes, 13 encontram-se estacionados e outros 20 em funcionamento, sendo que os demais teriam sido vendidos por Joana, segundo informações obtidas do supervisor do estabelecimento, a quem cabe o controle dos veículos. Por outro lado, Carlos verifica aparente enriquecimento súbito de Pedro e Fábio, os quais, mesmo sendo estudantes sem renda, adquirem, respectivamente e em nome próprio, imóveis no valor de R$ 300.000,00 e R$ 450.000,00. Com base no relatado acima, responda aos itens a seguir, empregando os argumentos jurídicos apropriados e a fundamentação legal pertinente ao caso.

a) Pode Carlos, sob o argumento de suspeita de desvio de bens do estabelecimento por Joana, requerer a exibição integral dos livros empresariais do espólio de Matias?

b) Independentemente da questão "a" acima, supondo-se que conste do Livro Diário do espólio de Matias a alienação de 15 caminhões de sua propriedade, pode tal prova prevalecer caso Joana apresente documentos comprobatórios da locação desses veículos e do recebimento dos respectivos aluguéis? Responda examinando o efeito probatório dos livros empresariais obrigatórios.

25. (OAB FGV VI EXAME) Jaqueline trabalha desenvolvendo cadeiras de vários estilos, sendo titular de diversos registros de desenhos industriais.

Recentemente, Jaqueline realizou um trabalho com o intuito de inovar, de criar uma cadeira com forma inusitada, o que culminou no desenvolvimento de um móvel vulgar, mas que poderia servir para a fabricação industrial.

De acordo com o enunciado acima e com a legislação pertinente, responda às questões abaixo, indicando o(s) respectivo(s) fundamento(s) legal(is):

a) Jaqueline pode registrar a cadeira, fruto de seu mais recente trabalho, como desenho industrial?

b) Na mesma oportunidade, Jaqueline faz a seguinte consulta: havia solicitado a prorrogação de registro de desenho industrial de uma outra cadeira por mais cinco anos, dez anos após tê-la registrado. Contudo, esqueceu-se de realizar o pagamento da retribuição devida. Passados três meses do prazo de pagamento,

Jaqueline se lembrou, mas não sabe quais são as consequências de tal lapso. Qual(is) é(são) a(s) consequência(s) do atraso deste pagamento?

26. (OAB FGV VIII EXAME) Pedro, 15 anos, Bruno, 17 anos, e João, 30 anos, celebraram o contrato social da sociedade XPTO Comércio Eletrônico Ltda., integralizando 100% do capital social. Posteriormente, João é interditado e declarado incapaz, mediante sentença judicial transitada em julgado. Os sócios desejam realizar alteração contratual para aumentar o capital social da sociedade.

A respeito da situação apresentada, responda aos itens a seguir, utilizando os argumentos jurídicos apropriados e a fundamentação legal pertinente ao caso.

a) João poderá permanecer na sociedade? Em caso positivo, quais condições devem ser respeitadas?

b) Quais critérios legais a Junta Comercial deve seguir para que o registro da alteração contratual seja aprovado?

27. (OAB FGV XII EXAME) Pedro Afonso é funcionário público na Cidade de Peixe, Estado do Tocantins, e também atua, em nome individual, como empresário na cidade de Araguacema, situada no mesmo Estado, onde está localizado seu único estabelecimento. Pedro Afonso não tem registro de empresário na Junta Comercial do Estado de Tocantins.

Bernardo é credor de Pedro Afonso pela quantia de R$ 66.000,00 (sessenta e seis mil reais) consubstanciada em documento particular assinado pelo devedor e por duas testemunhas.

Diante do não pagamento da obrigação, no vencimento, sem relevante razão de direito, o credor requereu a falência de Pedro Afonso, tendo instruído a petição com o título e o instrumento de protesto para fim falimentar.

Em contestação e sem efetuar o depósito elisivo, Pedro Afonso requer a extinção do processo sem resolução de mérito por falta de legitimidade passiva no processo falimentar (art. 485, VI, do CPC).

Com base na hipótese apresentada, responda aos seguintes itens.

Procede a alegação de ilegitimidade passiva apresentada por Pedro Afonso?

O credor reúne as condições legais para o requerimento de falência? Justifique e dê amparo legal.

28. (OAB FGV XI EXAME) Damião, administrador da sociedade Gado Bravo Pecuária Ltda., consultou o advogado da sociedade sobre aspectos jurídicos referentes ao trespasse de um dos estabelecimentos, em especial os seguintes itens:

a) O eventual adquirente é obrigado a assumir as obrigações decorrentes de contratos celebrados pela sociedade para a exploração da empresa, como, por exemplo, prestação de serviços médicos-veterinários para o rebanho? Justifique.

b) O aviamento pode ser incluído no valor do trespasse do estabelecimento? Justifique.

29. (OAB FGV X EXAME) José da Silva constituiu uma Empresa Individual de Responsabilidade Limitada com a seguinte denominação – Solução Rápida Informática Eireli. No ato de constituição foi nomeada como única administradora sua irmã, Maria Rosa. A pessoa jurídica celebrou um contrato de prestação de serviços e nesse documento José da Silva assinou como administrador e representante da Eireli.

Com base na situação hipotética apresentada, responda aos itens a seguir.

a) Foi correto o uso do nome empresarial por Jose na situação descrita no enunciado? Justifique e dê amparo legal.

b) Na omissão do ato constitutivo, Maria Rosa, na condição de administradora, poderia outorgar procuração em nome da pessoa jurídica a José da Silva? Por quê? Justifique e dê amparo legal.

30. (OAB FGV IX EXAME) Maria, cozinheira, tem como fonte de renda a produção e venda de refeições para os moradores de seu bairro.

Para a produção das refeições, Maria precisa comprar grande quantidade de alimentos e, por vezes, para tanto, necessita contrair empréstimos.

Com o dinheiro que economizou ao longo de anos de trabalho, Maria montou uma cozinha industrial em um galpão que comprou em seu nome, avaliada em R$ 80.000,00 (oitenta mil reais). Maria também acabou de adquirir sua casa própria e está preocupada em separar a sua atividade empresarial, exercida no galpão, de seu patrimônio pessoal.

Nesse sentido, com base na legislação pertinente, responda, de forma fundamentada, aos itens a seguir.

a) Qual seria o instituto jurídico mais adequado a ser constituído por Maria para o exercício de sua atividade empresarial de modo a garantir a separação patrimonial sem, no entanto, associar-se a ninguém?

b) Como Maria poderia realizar a referida divisão?

31. (OAB FGV XV EXAME) Leia com atenção o texto a seguir.

Na área rural do município X, a atividade preponderante exercida pelos habitantes é o cultivo da mandioca. Numa micropropriedade, o casal Paulo Afonso e Glória planta mandioca com a ajuda dos filhos e dos pais. Não há maquinário para a lavoura e a cultura é de subsistência, sendo o excedente, quando existente, vendido para uma indústria de beneficiamento. Os poucos animais que o casal possui servem para o fornecimento de leite e carne e ao arado da terra.

Há, também, na área rural, uma indústria de beneficiamento da mandioca, com mais de cem empregados, máquinas, amplas construções e contínuo treinamento dos colaboradores. A forma jurídica para a exploração da atividade é de sociedade limitada, sendo titular de 3/4 do capital social e da maioria das quotas o Sr. Wenceslau Guimarães.

A partir do texto, responda aos itens a seguir.

a) A atividade realizada pelo casal Paulo Afonso e Glória é considerada uma empresa?

b) O Sr. Wenceslau Guimarães é considerado empresário?

O examinando deve fundamentar suas respostas. A mera citação do dispositivo legal não confere pontuação.

32. (OAB FGV XVII EXAME) Sumidouro Alimentos em Conserva Ltda. é titular da marca de produto Areal registrada, em 2004, no Instituto Nacional da Propriedade Industrial (INPI), nas classes 29 (cogumelos em conserva) e 31 (cogumelos frescos) da Classificação Internacional de Marcas de Nice. O registro da marca expirou em 30 de setembro de 2014, mas a sociedade empresária continuou empregando a marca nos produtos indicados nas classes acima, tendo solicitado a prorrogação ao INPI, em 28 de novembro de 2014, com pagamento de retribuição adicional.

Sobre a hipótese apresentada, responda aos itens a seguir.

a) Considerando-se que o pedido de prorrogação foi feito após a expiração do registro da marca, o titular da marca poderia ainda requerer a prorrogação do registro?

b) Como advogado de uma sociedade que recebeu por instrumento particular a cessão de registro da marca Areal, em 20 de outubro de 2014, como opinaria sobre a validade desse negócio jurídico?

Obs.: o examinando deve fundamentar suas respostas. A mera citação do dispositivo legal não será pontuada.

33. (OAB FGV XVIII EXAME) Mara Rosa, Jamil Safady Contadores & Associados é uma sociedade simples com contrato arquivado no Registro Civil de Pessoas Jurídicas da Comarca de Caldas Novas/GO. A atividade social é desenvolvida em imóvel alugado, sendo locatária a sociedade e locador Amaro Leite. O primeiro contrato de locação assinado pelas partes foi celebrado pelo prazo determinado de cinco anos. Dez meses antes do término do contrato em curso, Mara Rosa, representante legal da sociedade, procura sua advogada para saber se é possível ajuizar ação para a renovação da locação e por quanto tempo. A cliente informa que a atividade desenvolvida no imóvel sempre foi prestação de serviços de contabilidade. Considerando-se as disposições legais pertinentes à locação não residencial e os termos da consulta, pergunta-se:

a) Tendo em vista a natureza da sociedade Mara Rosa, Jamil Safady Contadores & Associados, tem o locatário direito à renovação do contrato de locação?

b) Qual a ação cabível para a solução do caso? Há ainda tempo hábil para sua propositura?

Obs.: o examinando deve fundamentar suas respostas. A mera citação do dispositivo legal não confere pontuação.

34. (OAB FGV XIX EXAME) José Porfírio é empresário individual enquadrado como microempresário e está tendo êxito com sua empresa. Renato, irmão de José Porfírio, por causa transitória, não pode exprimir sua vontade e, por essa razão, com base no art. 1.767, I, do Código Civil, foi submetido preventiva e extraordinariamente à curatela, a qual afeta os atos relacionados aos direitos de natureza patrimonial e negocial.

José Porfírio foi nomeado curador do irmão pelo juiz, que fixou os limites da curatela nos termos do art. 1.782 do Código Civil.

Desejoso de ajudar seu irmão a superar os problemas que motivaram a instituição da curatela, José Porfírio procura você, na condição de advogado(a), para esclarecer as dúvidas a seguir:

a) De acordo com as disposições do Código Civil, Renato pode iniciar o exercício individual de empresa, em nome próprio, mediante autorização judicial?

b) Caso José Porfírio queira admitir seu irmão como sócio, poderá manter a condição de empresário individual?

35. (OAB FGV XIX EXAME) Ricardo constituiu uma Empresa Individual de Responsabilidade Limitada (EIRELI) com o capital mínimo legal e procedeu ao arquivamento do ato constitutivo na Junta Comercial. Nove meses após a constituição, o instituidor decidiu dobrar o valor do capital para atender às exigências de um edital de licitação. Para tanto, fez uma declaração de aumento do capital e deu publicidade no registro de títulos e documentos. O ato constitutivo da EIRELI não foi alterado porque, segundo Ricardo, tal procedimento é obrigatório apenas para contratos plurilaterais e, como a EIRELI não tem contrato e sim ato unilateral de constituição, a forma por ele adotada foi correta.

Ricardo também pretende associar seu irmão Hélio à sua quota única, estabelecendo um condomínio entre eles, já que a quota é indivisa.

Com base no caso apresentado, responda aos itens a seguir.

a) O aumento do capital social da EIRELI pode ser realizado independentemente de alteração do ato de constituição?

b) É possível acatar a solução proposta por Ricardo de associar Hélio à sua quota?

36. (OAB FGV XXIII EXAME) Lino é gerente do estabelecimento empresarial do microempresário individual Teotônio Palmeira. Na ausência do empresário, sob a justificativa de que precisa de um tratamento médico, Lino decidiu transferir unilateralmente sua condição de gerente e as prerrogativas decorrentes dela a seu amigo Mário, que aceitou o encargo.

Com base nessas informações, responda aos questionamentos a seguir.

a) Na condição de gerente do empresário Teotônio Palmeira e com a justificativa apresentada, Lino pode designar outro gerente para substituí-lo sem autorização do primeiro?

b) Caso Lino venha a praticar um ato doloso no exercício da gerência que cause prejuízo a terceiro, este poderá responsabilizar o empresário Teotônio Palmeira?

37. (OAB FGV XXIV EXAME) No contrato de trespasse do estabelecimento empresarial celebrado pela sociedade Passa Tempo Materiais Esportivos Ltda. com o empresário individual Mário Couto, constou, em anexo, termo de cessão de créditos referentes ao estabelecimento, que atinge dezoito devedores da sociedade trespassante.

Sobre a hipótese, responda aos itens a seguir.

a) Qual a providência a ser tomada para que a cessão dos créditos produza efeito em relação aos respectivos devedores?

b) Se algum dos devedores da sociedade Passa Tempo Materiais Esportivos Ltda. pagar a esta, e não ao cessionário, tal pagamento será válido?

38. (OAB FGV XXIV EXAME) Ponte da Saudade Empreendimentos Imobiliários Ltda. deseja registrar como marca de serviços de assessoria imobiliária a expressão "Imóvel é segurança". Tal expressão já é usada pela sociedade em seus materiais publicitários com extremo sucesso, de modo que seu sócio majoritário deseja associá-la aos serviços para ter maior visibilidade e garantir seu uso exclusivo em todo o território nacional.

A expressão de propaganda "Imóvel é segurança" está sendo imitada por uma concorrente da sociedade, criando confusão entre os estabelecimentos, ocasionando perda de receitas atuais e futuras para Ponte da Saudade Empreendimentos Imobiliários Ltda.

Sobre o fato narrado, responda aos itens a seguir.

a) A expressão "Imóvel é segurança" pode ser registrada como marca?

b) É possível adotar alguma providência para a sociedade ser ressarcida dos danos com a utilização indevida da expressão de propaganda por concorrente?

39. (OAB FGV XXV EXAME) Reaplicação Porto Alegre/RS

Marcos, engenheiro agrônomo, foi contratado como empregado por uma sociedade empresária para realizar, em São Paulo, novas técnicas de conservação de sementes. No curso da execução do trabalho, foi desenvolvido por Marcos um modelo suscetível de aplicação industrial, envolvendo ato inventivo, que resulta em melhoria funcional para conservação de sementes. Com base na hipótese apresentada, sobre titularidade da patente, responda aos itens a seguir.

a) Diante do seu esforço pessoal e de sua dedicação ao projeto do método de conservação de sementes, atitularidade da patente ou ao menos parte dos direitos patrimoniais de sua exploração pertencerão a Marcos?

b) Após o encerramento do seu contrato de trabalho, caso Marcos desenvolva novo modelo de utilidade nos seis meses seguintes e requeira seu patenteamento, a patente pertencerá a ele?

40. (OAB FGV XXVI EXAME) Vidraçaria Concórdia do Pará S/A celebrou contrato de locação não residencial de imóvel urbano com Odivelas Locação, Venda e Incorporação de Imóveis S/A. Ficou pactuado entre as partes que o locador procederá à prévia aquisição de imóvel indicado pelo locatário e nele fará substancial reforma segundo as especificações deste, a fim de que seja a este locado por prazo determinado (locação *built-to-suit*).

No instrumento contratual ficou estipulado que: "O locatário renuncia em caráter irrevogável e irretratável à revisão do valor dos aluguéis durante o prazo de vigência do contrato de locação." "Em caso de denúncia pelo locatário antes do encerramento do presente contrato, este se compromete a pagar a multa convencionada na cláusula 25ª, que corresponderá à soma dos valores dos aluguéis a receber até o encerramento do contrato, acrescida de 15% (quinze por cento)." Sobre o caso apresentado, responda aos itens a seguir.

a) A primeira cláusula apresentada no enunciado é abusiva e nula de pleno direito?

b) A segunda cláusula apresentada no enunciado é válida e eficaz?

41. (OAB FGV XXVII EXAME) Novo & Trento Ltda. pretende instituir uma empresa individual de responsabilidade limitada (EIRELI), que será administrada por Rui Novo, um dos sócios. Nenhum dos sócios é empresário individual, e eles não desejam limitar sua responsabilidade com a instituição da EIRELI, pois já ostentam essa condição como sócios de Novo & Trento Ltda. Com base nas informações acima, responda aos itens a seguir.

a) É possível a instituição de EIRELI por Novo & Trento Ltda.?

b) Qual(is) a(s) espécie(s) de nome empresarial de uma EIRELI instituída por pessoa jurídica e como esse nome será formado?

Sociedades Menores e Sociedades Ltda.

42. (OAB RJ 2004/03 EXAME 25) O que diferencia a sociedade comum das sociedades personificadas, e qual a abrangência da responsabilidade dos sócios da sociedade comum em relação às obrigações sociais, destacando, neste caso, a aplicação do benefício de ordem? Responda justificadamente.

43. (OAB CESPE 2006/03) Suponha que um contador, no exercício de suas funções, dolosamente, deturpe a escrituração de um empresário, de modo a criar o conhecido "caixa dois". Em face dessa suposição, responda ao seguinte questionamento: o contador tem alguma responsabilidade perante terceiros? Justifique sua resposta com base na legislação específica.

44. (OAB RJ 2003/03 EXAME 22) Discorra sobre a chamada affectio societatis.

45. OAB RJ 2003/03 EXAME 22) Há alguma exigência legal para que uma sociedade estrangeira possa funcionar como tal no País?

46. (OAB GO 2005/03) Evo Morales e Hugo Chaves, nos termos do Código Civil e do Código de Mineração (Dec.-Lei n. 227/67), pleitearam do Poder Executivo Federal autorização para funcionamento da empresa de mineração constituída pelos dois, denominada Fidel Mineração Ltda. A autorização lhes foi concedida em junho de 2003, conforme publicação no Diário Oficial da União, de 07.07.2003. Entretanto, por motivos de ordem financeira, a empresa só iniciou suas atividades em novembro de 2005. Pergunta-se: Nessas condições pode a sociedade funcionar regularmente? Responda fundamentando.

47. (OAB MG 2006/03) A sociedade limitada Limpinho Lavanderia Ltda. quer reduzir seu capital social, porque o imóvel de sua sede foi perdido em desabamento ocorrido no mês passado. O imóvel foi recebido pela sociedade como pagamento das cotas sociais do sócio "A". A sociedade indaga do Advogado se a medida é possível e quais os requisitos e procedimentos para tal.

48. (OAB MG 2007/02) Manoel, que é sócio de Afonso em uma sociedade simples, foi investido na condição de administrador da sociedade por meio de cláusula expressa no Contrato Social. Afonso pretende a destituição do administrador. Você foi consultado por Afonso sobre a pretensão do mesmo. Qual a sua opinião sobre a questão?

49. (OAB GO 2006/02) Sabe-se que um dos elementos fundamentais da constituição das sociedades é a *affectio societatis*. Se o sócio minoritário ferir o dever de lealdade e cooperação recíproca, causando a desarmonia entre os sócios, o que o sócio majoritário poderá fazer? Justifique, fundamentando sua resposta.

50. (OAB MG 2007/03) Quais os requisitos para a exclusão extrajudicial de sócio de sociedade limitada?

51. (OAB MG 2004/02) Quais são as condições para a exclusão extrajudicial de sócio nas Sociedades Limitadas, após o advento do Código Civil de 2002? Fundamente.

52. (OAB MG 2003/02) Os bens particulares dos sócios de sociedade em nome coletivo e em comandita simples podem ser executados por dívida da sociedade? Justificar.

53. (OAB RJ 2005/01 EXAME 26) A e B são sócios em uma sociedade limitada (Ltda.) e pretendem participar de uma sociedade em nome coletivo. Caso não desejem fazê-lo em seus próprios nomes, podem A e B colocar a sua sociedade limitada para figurar como sócia na sociedade em nome coletivo da qual querem tomar parte? Justifique e indique o(s) dispositivo(s) legal(is) pertinente(s).

54. (OAB RJ 2005/02 EXAME 27) Comente a pertinência da presente afirmação: "À luz do artigo 985 da Lei n. 10.406/2002 (Código Civil), o registro do contrato social de uma sociedade em conta de participação confere-lhe, a partir de então, personalidade jurídica, sendo que os atos anteriores ao registro somente produzem efeitos entre os sócios, não podendo, contudo, a falta de registro ser oposta a terceiros".

55. (OAB MG 2007/03) Qual o efeito jurídico para terceiros estranhos à sociedade do registro do contrato social da sociedade em conta de participação em cartório de títulos e documentos?

56. (OAB GO 2005/02) Em uma Sociedade em Conta de Participação, em cujo contrato social existe estipulação restritiva ao número de sócios, Joaquim Xavier, sócio ostensivo, admitiu três novos sócios sem o consentimento expresso dos demais. Pergunta-se. Na condição de sócio ostensivo, no presente caso, ele detém tais poderes ou não? Responder fundamentando legalmente.

57. (OAB RJ 2004/01 EXAME 23) Nos termos do Novo Código Civil, o conselho fiscal é órgão obrigatório na sociedade limitada? Justifique a resposta.

58. (OAB MG 2005/01) Na Sociedade Alfa Limitada, o sócio Antônio tem 100 cotas; o sócio Bernardo tem 250 cotas; o sócio Carlos tem 550 cotas; e o sócio Dario tem 100 cotas. Cada cota vale R$ 1,00 e o capital social é de R$ 1.000,00. O contrato social não regula a cessão de cotas pelos sócios. Analise cada uma das hipóteses abaixo:

a) O sócio Bernardo pretende ceder suas cotas para Edmundo, que não integra o quadro societário da Sociedade Alfa Limitada. Os sócios Antônio e Dario se opõem à pretensão e o sócio Carlos dela não diverge. A referida cessão de cotas poderá ocorrer?
b) O sócio Carlos pretende ceder suas cotas para Flávio, que não integra o quadro societário da Sociedade Alfa Limitada. O sócio Bernardo se opõe à pretensão e os sócios Antônio e Dario dela não divergem. A referida cessão de cotas poderá ocorrer?

59. (OAB CESPE 2008/01) Uma sociedade limitada, constituída por prazo indeterminado, possui quadro societário composto por "A", com 10% das cotas, "B", com 40% das cotas e "C", com 50% das quotas. No ano passado, "C" integralizou parte de suas cotas transferindo imóvel, o qual foi aceito pela sociedade com o valor avaliado em R$ 500.000,00. A decisão foi tomada em reunião de sócios da qual "A", apesar de regularmente convidado e comunicado da pauta deliberativa, decidiu não participar, por motivos de saúde. Posteriormente, "A" descobriu que o imóvel, na verdade, vale, apenas, R$ 100.000,00.

Considerando a situação hipotética apresentada, responda, de forma justificada, às seguintes perguntas.

a) Na hipótese de a sociedade tornar-se insolvente, a diferença no valor de estimação do imóvel poderá implicar a responsabilidade de "A" perante terceiros que contrataram com a sociedade, ainda que esse sócio não tenha participado da mencionada deliberação?
b) "A" poderá exigir sua saída da sociedade, devendo esta pessoa jurídica compulsoriamente ressarci-lo pelo valor de suas cotas?

60. (OAB CESPE 2007/01) Em um contrato de compra e venda de determinado imóvel, a sociedade Silva & Souza Ltda., compradora, equivocadamente lançou no instrumento apenas Silva & Souza, sem menção à expressão "limitada", e foi representada pelo sócio e administrador Leandro Souza, que apôs sua assinatura acima da firma. Diante da inadimplência da sociedade, o vendedor do imóvel, Roberto, ajuizou ação de cobrança contra ela e contra Leandro Souza, ambos como devedores solidários.

Diante dessa situação hipotética, elabore um texto devidamente fundamentado, inclusive com referência à legislação pertinente, explicando se a tese de Roberto acerca da solidariedade entre a sociedade e seu sócio administrador é correta.

61. (OAB MG 2007/02) A sociedade limitada será sempre responsável perante terceiros quando o administrador praticar atos nos limites de seus poderes definidos no contrato social. O administrador será responsabilizado se tiver agido sem ou com culpa? Explique ambas as situações.

62. (OAB MG 2004/03) Mário e José, seus clientes, detêm 80% por cento do capital da Bons Serviços Ltda., sendo administradores da sociedade. Pretendem eles excluir dos quadros sociais o sócio Pedro, detentor de 20% do capital social, já que este praticou ato de inegável gravidade em desfavor da sociedade. O contrato social da Bons Serviços contém previsão sobre a exclusão de sócios por justa causa. É possível a exclusão extrajudicial de Pedro? No caso afirmativo, como deveriam seus clientes proceder? No caso de ser negativa a resposta, justificar.

63. (OAB CESPE 2007/03) Facas e Garfos Ltda. constituiu-se com três sócios: André, com 30% do capital social, Beto, com 60% e Cícero, com 10%. André faleceu, deixando dois herdeiros; contudo, no contrato societário, não há qualquer menção às leis que se lhe aplicam supletivamente, nem há cláusula que mencione as consequências jurídicas do falecimento de sócio.

Considerando essa situação hipotética, discorra sobre as opções que a lei reserva aos sócios remanescentes para solucionar os problemas que a morte de André acarreta à composição do quadro social e à continuidade, ou não, da sociedade empresária.

64. (OAB RJ 2007/02 EXAME 33) Em uma sociedade simples, do tipo limitada, o contrato é omisso quanto a sucessão por morte de sócio. Faleceu o sócio "X", detentor de 40% do capital social, e os demais sócios têm várias restrições em relação à participação da única herdeira e inventariante do espólio, a esposa do de cujus, porém não querem a aplicação da solução legal para o caso vertente. Consultam, então, advogado(a), acerca da possibilidade jurídica de admissão, na sociedade, de Y, sobrinha do de cujus, pessoa muito competente, considerada de grande valia para o empreendimento, mas que não tem vocação hereditária na sucessão de "X", em substituição da herdeira.

Na condição de advogado(a) contratado pela sociedade acima mencionada, responda à consulta, com o devido amparo legal.

65. (OAB GO 2004/03) José da Cruz decidiu se retirar de uma sociedade simples, com participação contratual de 15% que manteve durante oito anos, sem cláusula de responsabilidade solidária, com mais quatro sócios, sendo que a averbação da alteração contratual decorrente de seu desligamento aconteceu em 03.04.2004, simultaneamente à sua retirada. Ocorre que a sociedade havia contraído anteriormente uma dívida com financiamento, garantida pelo patrimônio da mesma, patrimônio esse que se mostrou insuficiente para cobrir o débito no vencimento e que foi executado em dezembro de 2004.

Pergunta-se: o fato de José da Cruz ter-se retirado da sociedade oito meses antes de vencida a obrigação assumida pela sociedade o exime de suas responsabilidades para com ela e para com terceiros? Qualquer que seja a resposta, positiva ou negativa, responder fundamentando legalmente.

66. (OAB GO 2003/03) A Clínica de Repouso Santa Clara Ltda., sociedade constituída por tempo indeterminado com o capital de 6 (seis) sócios, cujas quotas integralizadas eram em número de 100 para cada um e patrimônio total avaliado em R$ 3.000.000,00 (três milhões de reais), por meras divergências de natureza administrativa, sem qualquer previsão legal, teve um dos sócios – Joaquim Schmidt – expulso da sociedade pelos demais, sem qualquer ressarcimento ou apuração de haveres, o que causou imediata reação por parte do sócio prejudicado, através da competente ação judicial.

Pergunta-se:

1) Qual a ação proposta pelo mesmo, no sentido de recuperar seu capital investido?

2) Qual outro tipo de ação complementar ele pode propor no caso?

67. (OAB CESPE 2008/03) Mário e Silas, sócios da NN Floricultura Ltda., detêm, respectivamente, 60% e 2% do capital social da sociedade. Ambos ébrios habituais, vêm praticando atos de inegável gravidade, que colocam em risco a continuidade da empresa. Em razão disso, os demais sócios da NN Floricultura Ltda. decidiram excluí-los da sociedade. Nessa situação hipotética, considerando que o contrato social da NN Floricultura Ltda. apenas prevê a exclusão de sócio minoritário por justa causa, responda de forma fundamentada, se é possível a exclusão pretendida.

68. (OAB CESPE 2009/02) Considerando que acionistas que representam três quartos do capital social de certa sociedade em comandita por ações tenham, em 23.12.2008, deliberado pela destituição de um diretor, bem como pela instalação do conselho de administração, que seria composto por pessoas estranhas ao quadro de acionistas, responda, de forma fundamentada, às questões a seguir:

a) Após a data da destituição, o diretor poderá ser responsabilizado pelas obrigações contraídas sob sua administração?

b) É lícita a instalação do conselho de administração composto por não acionistas?

c) A referida deliberação pode ocorrer normalmente, haja vista o quórum mencionado?

69. (OAB CESPE 2009/3) Lusa Indústria e Comércio Ltda., é formada por três sócios, Ronaldo, Renato e Ricardo, tendo eles subscrito, cada um, quotas de R$ 20.000,00, embora cada um deles tenha integralizado, apenas, R$ 5.000,00.

Nessa situação hipotética, com relação à responsabilidade dos sócios pelas obrigações sociais nessa modalidade de sociedade, na eventual insuficiência de seu patrimônio para pagar os débitos, quanto poderá ser exigido do sócio Ronaldo, pelos credores da sociedade para a necessária integralização do capital social? Justifique sua resposta.

70. (OAB CESPE 2009/3) Luciano, no exercício das funções de sócio administrador da LT Participações e Administração Ltda., celebrou contrato de arrendamento mercantil, visando à aquisição de alguns automóveis para a sociedade, mas, ao firmar o referido negócio, omitiu a expressão "limitada".

Nessa situação hipotética, caso a referida sociedade não honre sua obrigação de pagar os valores devidos, Luciano assume alguma responsabilidade pelo pagamento das dívidas contraídas em razão da celebração do contrato de arrendamento mercantil citado? Fundamente a resposta.

71. (OAB CESPE 2009/2) Caio, João e Marcos realizaram contrato de sociedade limitada sem a devida inscrição no registro público das empresas mercantis. A atividade proposta foi iniciada com a contribuição individual de cada um dos sócios e vários bens foram adquiridos em comum. João, no exercício da atividade social, contraiu débito junto a um fornecedor, José, que desconhecia por completo a existência da sociedade entre João, Caio e Marcos, vindo a ter conhecimento dela por meio de terceiros e somente depois de João deixar de realizar o pagamento da obrigação contraída.

Em face dessa situação hipotética, responda, de forma fundamentada, às seguintes perguntas.

De que tipo é a referida sociedade?

Como se caracteriza esse tipo de sociedade?

Como poderia o credor José fazer a prova de tal sociedade?

Se provada a existência da sociedade, qual seria a responsabilidade de seus sócios pela obrigação contraída por João?

72. **(OAB CESPE 2009/2)** Sara e Ana, que constituíram a sociedade Sarana Lanches, para atuar no ramo de venda de alimentos do tipo fast food, não inscreveram os atos constitutivos da sociedade no registro competente. Visando aumentar a produção, Ana adquiriu, em nome da sociedade e em vultosas parcelas mensais, máquinas industriais para preparar alimentos. Como as prestações se tornaram excessivamente onerosas, as sócias não conseguiram solvê-las, razão pela qual o credor decidiu promover execução judicial a fim de receber o valor devido. Em face dessa situação hipotética, responda, de forma fundamentada, aos seguintes questionamentos.

Ana poderá ter seu patrimônio pessoal executado antes dos bens da sociedade?

A sociedade constituída por Sara e Ana tem capacidade processual? Está sujeita ao processo falimentar?

73. **(PROPOSTO PELA AUTORA)** Lucrécia, Joselito e Thompson são sócios da Sociedade Simples Odontologika. Lucrécia contribuiu para o capital social com R$ 1.000,00, Joselito contribuiu com R$ 9.000,00 para o capital social, enquanto Thompson ingressou apenas com o trabalho.

Passado algum tempo, a Sociedade Simples Odontologika está passando por dificuldades financeiras, deixando de pagar uma dívida de R$ 100.000,00. Já houve processo de execução e a sociedade não tem nenhum bem para satisfazer a dívida. Pergunta-se: Lucrécia, Joselito e Thompson podem ser atingidos pelo valor da dívida? Fundamente sua resposta.

74. **(OAB CESPE 2009/3)** Marcos, brasileiro nato, e Nora, brasileira naturalizada há cinco anos, casados sob o regime de separação obrigatória de bens, decidiram constituir, juntamente com outro sócio, uma sociedade para atuar no ramo de radiodifusão sonora.

Considerando a situação hipotética apresentada, discorra, com base na legislação pertinente, sobre a constituição e o exercício da referida sociedade empresária.

75. **(OAB CESPE 2009/3)** A sociedade empresarial Comércio de Tecidos e Aviamentos teve seu ato constitutivo arquivado na junta comercial sem que figurasse no nome, ainda que abreviadamente, a palavra "limitada". Proposta ação de execução baseada em título executivo judicial contra pessoa jurídica em apreço e seus sócios administradores, constatou-se que a executada não possuía bens aptos a satisfazer a obrigação exequenda, mesmo porque os bens guarneciam outras penhoras.

Em fase dessa situação hipotética, responda, de forma fundamentada, se foi correta a inserção dos sócios no polo passivo da execução.

76. **(OAB CESPE 2010/1)** Eunice integrou o quadro de sócio de LM Roupas Ltda., durante o período compreendido entre maio de 2005 e setembro de 2009, tendo os atuais sócios se negado a apresentar-lhe os livros empresariais, sob o argumento de que ela já não mais fazia parte da sociedade. A ex-sócia, com premente interesse no conteúdo dos referidos livros, para verificar sua real situação na sociedade e aferir a regularidade das transações de que participara, bem como para averiguar possível colação de patrimônio no inventário de sua mãe, procurou auxílio.

Que providências pode tomar o advogado na defesa dos interesses de Eunice? Com base em quais fundamentos jurídico-normativos?

77. (OAB CESPE 2010/1) Sílvio subscreveu ações da KRO Participações S.A., mas não realizou o pagamento do valor das ações que subscreveu, ao contrário das condições estabelecidas no estatuto, constituindo-se em mora, e informou aos acionistas majoritários que não dispunha de recursos financeiros, requerendo que o cumprimento de sua obrigação se convertesse em prestação de serviços em favor da pessoa jurídica.

É lícito que Sílvio realize o pagamento das ações subscritas mediante prestação de serviços?

Quais providências poderá tomar KRO Participações S.A. para defender seus interesses?

78. (OAB CESPE 2010/1) Lorena, Daniela, Antônia e Maria são sócias de Pedras e Metais Preciosos Ltda., cujo capital social era de R$ 560.000,00 divididos em 560 quotas de valor nominal de R$ 1.000,00, devidamente integralizado e assim distribuído: Lorena com 308 quotas, Daniela com 112 quotas, Antônia com 84 quotas e Maria com 56 quotas. No contrato social, estavam previstos o objeto, a responsabilidade de cada sócia, a incumbência da administração em favor de Lorena, entre outras disposições necessárias para a formação legal da sociedade.

Anos depois, Lorena começou a praticar, de forma consciente e com o único propósito de obter vantagem ilícita, atos considerados criminosos. Alguns meses depois, Daniela, ao tomar conhecimento desses ilícitos, diretamente ligados à sociedade, informou o ocorrido às demais sócias. Ato contínuo, as três procuraram uma contadora que as orientou, dada a gravidade do fato e a existência de cláusula expressa, nesse sentido, no contrato social da referida sociedade, a promoverem a exclusão extrajudicial, por justa causa, da sócia Lorena. A referida contadora sugeriu, ainda, a convocação de assembleia específica para tal fim, com cientificação de Lorena e quórum de maioria absoluta. Em assembleia realizada em tempo hábil para apresentação de defesa, Lorena arguiu tentando justificar o ocorrido, e as demais sócias votaram pela exclusão extrajudicial de Lorena.

Há amparo legal à decisão tomada em assembleia por Daniela, Antônia e Maria?

Indique a medida judicial cabível para a satisfação de seu desiderato.

79. (OAB FGV IV EXAME) Caio, Tício e Mévio são os únicos sócios da CTM Comércio Internacional Ltda., o primeiro possuindo quotas representativas de 60% do seu capital social e os demais 20% cada um. A sociedade é administrada pelos três sócios, e o contrato social determina que a representação da sociedade perante terceiros somente é válida quando realizada pelos três sócios em conjunto. Em razão de problemas pessoais com Tício, Caio passou a se negar a assinar qualquer documento da sociedade, o que pôs a continuidade da empresa em risco, uma vez que o objeto social da CTM está diretamente relacionado à compra e à venda internacional de alimentos, atividade que envolve a celebração de diversos contratos diariamente. Para contornar a situação, Tício e Mévio decidem excluir Caio da sociedade.

Com base nesse cenário, responda aos itens a seguir, empregando os argumentos jurídicos apropriados e a fundamentação legal pertinente ao caso.

a) É possível a exclusão do sócio majoritário pelos sócios minoritários?
b) Qual é o procedimento a ser adotado nesse caso?

80. (OAB FGV IV EXAME) Caio, Tício e Mévio assinaram o instrumento particular de constituição da CTM Comércio Internacional Ltda. e logo em seguida iniciaram as atividades comerciais da sociedade. Em razão do atraso de 40 dias na entrega de uma encomenda de 100 toneladas de soja, o cliente prejudicado ajuizou demanda em face de Caio, Tício e Mévio para cobrar a multa de R$ 100.000,00 por dia de atraso na entrega do produto. Ao informarem a seu advogado que foram citados na mencionada ação, Caio, Tício e Mévio foram surpreendidos com a constatação de que, por um lapso, o estagiário responsável pelo arquivamento do instrumento particular de constituição da CTM Comércio Internacional Ltda. perante a Junta Comercial deixou de fazê-lo. Com base no cenário acima, responda aos itens a seguir, empregando os argumentos jurídicos apropriados e a fundamentação legal pertinente ao caso.

a) Nessa situação, qual é o tipo de sociedade existente entre Caio, Tício e Mévio?
b) Sob o ponto de vista societário, qual é a responsabilidade de Caio, Tício e Mévio perante o cliente que os processa?

81. (OAB FGV VI EXAME) Chico Anísio é sócio do conhecido bar Chico do Gato (Chico do Gato Ltda. – Sociedade Empresária). Até o dia 01.10.2007, além de Chico Anísio, fazia parte da sociedade a Senhora Maria Oleaginosa. Chico adquiriu as cotas de Maria, registrando tal alteração na Junta, em 05.10.2007. Todavia, ainda não providenciou a recomposição da pluralidade do quadro social. Pergunta-se: Quais as consequências jurídicas advirão desse fato?

82. (OAB FGV VI EXAME) Maria e Alice constituíram a sociedade Doce Alegria Comércio de Alimentos Ltda., com o objetivo de comercializar doces para festas. As sócias assinaram o contrato social e logo começaram a adquirir matéria-prima em nome da sociedade. Contudo, dado o acúmulo dos pedidos e a grande produção, as sócias não se preocuparam em providenciar o registro dos atos constitutivos na Junta Comercial, priorizando o seu tempo integralmente na produção dos doces.

Posteriormente, a sociedade passou por um período de dificuldades financeiras com a diminuição dos pedidos e deixou de pagar as obrigações assumidas com alguns fornecedores, em especial a Algodão Doce Depósito e Comércio de Alimentos Ltda., que, tentando reaver seu prejuízo, ingressou com ação de cobrança contra a Doce Alegria Comércio de Alimentos Ltda.

Em sede de defesa, alegou-se a inexistência da sociedade Doce Alegria Comércio de Alimentos Ltda., dado que não foi efetivado o registro do contrato social na Junta Comercial.

De acordo com o enunciado acima e com a legislação pertinente, responda às questões abaixo, indicando o(s) respectivo(s) fundamento(s) legal(is):

a) Como advogado da Sociedade Algodão Doce, qual deve ser a tese jurídica adotada para refutar o argumento de defesa?
b) Qual o patrimônio que a Algodão Doce Depósito e Comércio de Alimentos Ltda. poderá acionar de modo a reaver seu crédito?

83. (OAB FGV VII EXAME) Fábio, sócio da sociedade Divina Pastora Confecções Ltda., que possui 12 sócios, toma conhecimento da intenção dos demais sócios de realizar um aumento de capital. Fábio concorda com a referida pretensão, mas não deseja exercer o seu direito de preferência, caso a proposta seja aprovada. No contrato social, não há qualquer cláusula sobre a cessão de quotas ou a cessão do direito de preferência.

Fábio o procura com as seguintes indagações:

a) Havendo cláusula contratual permissiva, a deliberação a respeito do aumento de capital poderá ser tomada em reunião de sócios?

b) Diante da omissão do contrato social, Fábio poderá ceder o seu direito de preferência a terceiro não sócio?

84. (OAB FGV IX EXAME) Marcos e Juliana casaram-se logo depois de formados. Decidiram, então, constituir a sociedade "ABC" Ltda., tendo como sócios, Susana e Felipe. Marcos e Juliana possuem, em conjunto, 70% das quotas de "ABC" Ltda., enquanto Susana e Felipe possuem 15% cada um. Marcos e Felipe são os administradores da sociedade.

Marcos convoca uma reunião por e-mail, a ser realizada no dia seguinte, para tratar de uma possível incorporação de outra sociedade do mesmo ramo. Todos se dão por cientes do local, data, hora e ordem do dia da reunião. Por e-mail, com todos os demais sócios copiados, Susana formula algumas indagações a respeito da proposta de incorporação referida acima. Após diversas trocas de e-mails, Marcos, Juliana e Felipe aprovaram a operação, enquanto Susana votou contra. Marcos imprime todos os e-mails e os arquiva na sede da sociedade.

De acordo com o enunciado acima e com a legislação pertinente, responda fundamentadamente aos itens a seguir.

a) Marcos poderia convocar a reunião para o dia seguinte, por e-mail?
b) Haveria necessidade de realizar a reunião no dia seguinte ao da convocação?

85. (OAB FGV IX EXAME) Felipe, Rodrigo e Fabiana cursaram juntos a Faculdade de Letras e tornaram-se grandes amigos. Os três trabalhavam como tradutores e decidiram celebrar um contrato de sociedade, para prestação de serviços de tradução, sob a denominação de Tradutores Amigos Ltda., tendo cada um a mesma participação societária.

Alguns anos depois, Fernando, credor particular de Rodrigo, tenta executá-lo, mas o único bem encontrado no patrimônio é a sua participação na Tradutores Amigos Ltda., cuja empresa é altamente lucrativa.

A partir da hipótese apresentada, responda, de forma fundamentada, aos itens a seguir.

a) A parte dos lucros da sociedade que cabe a Rodrigo pode responder por sua dívida particular?
b) Rodrigo pode vender diretamente a Fernando suas quotas, a fim de extinguir sua dívida particular?

86. (OAB FGV X EXAME) Os sócios da Sociedade Gráfica Veloz Ltda., atuante no setor de impressões, vinham passando por dificuldades em razão da obsolescência de seus equipamentos. Por este motivo, decidiram, por unanimidade, admitir Joaquim como sócio na referida sociedade. Joaquim subscreveu, com a concordância dos sócios, quotas no montante de R$ 100.000,00 (cem mil reais), se comprometendo a integralizá-las no prazo de duas semanas. O ato societário refletindo tal aumento de capital foi assinado por todos e levado para registro na Junta Comercial competente.

Contando com os recursos financeiros oriundos do aumento de capital e na esperança de recuperar o mercado perdido, os administradores da Gráfica Veloz Ltda. adquiriram os equipamentos necessários ao aprimoramento dos serviços prestados pela sociedade, comprometendo-se a efetuar o pagamento de tais aparelhos dentro do prazo de dois meses.

Como Joaquim não integralizou o valor subscrito no prazo acertado, a Sociedade Gráfica Veloz Ltda. o notificou a respeito do atraso no pagamento e, após 1 (um) mês do recebimento desta notificação, Joaquim não integralizou as quotas subscritas.

Em função do inadimplemento de Joaquim, a Gráfica Veloz Ltda. assumiu expressiva dívida, na medida em que atrasou o pagamento dos equipamentos adquiridos e teve que renegociar seu débito, submetendo-se a altos juros.

Na qualidade de advogado dos sócios da Gráfica Veloz Ltda., responda aos seguintes itens.

a) É possível excluir Joaquim da sociedade?

b) É possível cobrar de Joaquim os prejuízos sofridos pela sociedade, caso ele permaneça como sócio da Gráfica Veloz Ltda.?

87. (OAB FGV XI EXAME) Os sócios da sociedade Rafael Jambeiro & Companhia Ltda. decidiram dissolvê-la de comum acordo pela perda do interesse na exploração do objeto social. Durante a fase de liquidação, todos os sócios e o liquidante recebem citação para responder aos termos do pedido formulado por um credor quirografário da sociedade, em ação de cobrança intentada contra esta e os sócios solidariamente.

Na petição inicial o credor invoca o art. 990 do CC, por considerar a sociedade em comum a partir de sua dissolução e início da liquidação. Por conseguinte, os sócios passariam a responder de forma ilimitada e solidariamente com a sociedade, que, mesmo despersonificada, conservaria sua capacidade processual, nos termos do art. 75, IX, do CPC.

Com base na hipótese apresentada, responda à seguinte questão.

Tem razão o credor quirografário em sua pretensão de ver reconhecida a responsabilidade ilimitada e solidária dos sócios? Justifique e dê amparo legal.

88. (OAB FGV XII EXAME) Vida Natural Legumes e Verduras Ltda. é uma sociedade empresária, com sede em Kaloré, cujo objeto é a produção e comercialização de produtos orgânicos e hidropônicos. A sociedade celebrou contrato com duração de 5 (cinco) anos para o fornecimento de hortigranjeiros a uma rede de supermercados, cujos estabelecimentos são de titularidade de uma sociedade anônima fechada. Após o decurso de 30 (trinta) meses, a sociedade, que até então cumprira rigorosamente todas as suas obrigações, tornou-se inadimplente e as entregas passaram a sofrer atrasos e queda sensível na qualidade dos produtos. O inadimplemento é resultado, entre outros fatores, da gestão fraudulenta de um ex-sócio e administrador, ao desviar recursos para o patrimônio de "laranjas", causando enormes prejuízos à sociedade.

A sociedade anônima ajuizou ação para obter a resolução do contrato e o pagamento de perdas e danos pelo inadimplemento e lucros cessantes. O pedido foi julgado procedente e, na sentença, o juiz decretou de ofício a desconsideração da personalidade jurídica para estender a todos os sócios atuais, de modo subsidiário, a obrigação de reparar os danos sofridos pela fornecida. Foi determinado o bloqueio das contas bancárias da sociedade, dos sócios e a indisponibilidade de seus bens.

Com base nas informações acima, responda aos itens a seguir.

a) No caso descrito, pode o juiz decretar de ofício a desconsideração da personalidade jurídica? Fundamente com amparo legal.

b) O descumprimento do contrato de fornecimento dá ensejo à desconsideração, com extensão aos sócios da obrigação assumida pela sociedade?

89. (OAB FGV XIII EXAME) No dia 03.01.2012, Maria e Joana assinaram ato constitutivo de uma sociedade limitada empresária denominada Arroz de Festa Ltda. Nesta data, Maria integralizou 5.000 (cinco mil) cotas, representativas de 50% (cinquenta por cento) do capital social da sociedade, ao valor nominal de R$ 1,00 (um real) cada uma, enquanto Joana integralizou 1.000 (mil) cotas à vista e se comprometeu a pagar o restante (4.000 quotas) após 6 (seis) meses. No dia 16.01.2012, Maria e Joana levaram os documentos necessários ao registro da referida sociedade à Junta Comercial competente, que procedeu ao arquivamento dos mesmos uma semana depois. Em função de enfrentarem certa dificuldade inicial nas vendas, Maria e Joana não conseguiram adimplir o contrato de aluguel da sede, celebrado em dia 05.01.2012, o que implicou a contração de uma dívida no valor de R$ 20.000,00 (vinte mil reais).

O proprietário do imóvel em que está localizada a sede, Miguel, formula as seguintes indagações:

a) A sociedade Arroz de Festa Ltda. era regular à época da celebração do contrato de locação?

b) Miguel pode cobrar de Maria a integralidade da dívida de Arroz de Festa Ltda.?

Responda à consulta indicando os respectivos dispositivos legais aplicáveis. A simples menção ou transcrição do dispositivo legal não pontua.

90. (OAB FGV XIII EXAME) Banzaê Ltda. EPP é uma sociedade empresária do tipo limitada, cujo objeto é a extração e beneficiamento de dendê para produção de azeite. Antônio Gonçalves, único administrador da sociedade, utiliza o nome empresarial "Banzaê Ltda. EPP". O sócio Lauro de Freitas pretende, com fundamento no Código Civil, responsabilizar ilimitadamente o administrador pelo uso da denominação em desacordo com o princípio da veracidade, que, a seu ver, obriga a presença do objeto no nome empresarial da sociedade. Sendo certo que a sociedade em todos os seus atos que pratica não indica seu objeto, pergunta-se: A denominação social está sendo empregada corretamente por Antônio Gonçalves?

O examinando deve fundamentar corretamente sua resposta. A simples menção ou transcrição do dispositivo legal não pontua.

91. (OAB FGV XIV EXAME) Macuco Turismo Ecológico Ltda., com nove sócios, diante do permissivo legal, instituiu Conselho Fiscal composto por três membros, todos não sócios, e igual número de suplentes. Em deliberação majoritária, vencido o conselheiro Paulo de Frontin, eleito por sócios que representam um terço do capital, foram aprovadas (i) as contas dos administradores referentes ao exercício de 2012 e (ii) a convocação de reunião extraordinária para deliberar sobre as denúncias anônimas recebidas em face do administrador J. Porciúncula. Tais denúncias estão embasadas em vários documentos, cuja validade o órgão fiscalizador confirmou em diligências e que apontam indícios graves de ilícitos civis e penais.

J. Porciúncula procurou seu advogado e lhe fez a seguinte consulta: são válidas as deliberações tomadas pelo Conselho Fiscal?

Obs.: o examinando deve fundamentar corretamente sua resposta. A simples menção ou transcrição do dispositivo legal não pontua.

92. (OAB FGV XIV EXAME) A assembleia de sócios de Castelo Imobiliária Ltda. aprovou, por quórum de 95% do capital, a incorporação de duas sociedades, ambas do tipo simples. João Neiva, titular de 5% do capital social de Castelo Imobiliária Ltda. e dissidente da aprovação da incorporação, procurou seu advogado e prestou-lhe as seguintes informações:

I. a incorporação foi aprovada pela unanimidade dos sócios das sociedades simples envolvidas, que aprovaram as bases da operação e autorizaram os administradores a praticar todos os atos necessários à incorporação;

II. não houve elaboração de protocolo firmado pelos sócios ou administradores das sociedades incorporadas e da incorporadora, nem justificação prévia;

III. há cláusula de regência supletiva no contrato da incorporadora, pelas normas da sociedade simples.

Ao final, o cliente fez as seguintes indagações ao advogado:

a) É possível a incorporação envolver sociedades de tipos diferentes?

b) É obrigatória a elaboração de protocolo e justificação prévia à incorporação?

Obs.: as respostas devem ser justificadas e acompanhadas do dispositivo legal pertinente. A simples menção ou transcrição do dispositivo legal não confere pontuação.

93. (OAB FGV XV EXAME) José Dias, sócio da sociedade Maynard & Cia. Ltda., ajuizou ação de prestação de contas em face da sociedade e de seu administrador e sócio, Tobias Maynard, com fundamento nos artigos 1.053, *caput*, e 1.020, ambos do Código Civil, e no art. 550 do CPC. A sociedade possui apenas dois sócios, sendo José Dias titular de 20% do capital.

Para extrair informações indispensáveis à solução da lide, o juiz determinou de ofício que a sociedade empresária apresentasse o livro Diário para ser examinado integralmente na presença de um representante indicado por ela, para dele extrair informações pertinentes ao processo.

Com base nos dados do enunciado, responda aos itens a seguir.

a) Poderia o juiz, de ofício, ordenar a exibição integral do livro Diário? Justifique e dê o amparo legal.

b) Que efeitos podem decorrer da recusa à exibição por parte da sociedade empresária? Responda com amparo legal.

c) Caso o livro Diário não esteja autenticado na Junta Comercial, ainda assim poderia a sociedade empresária refutar algum lançamento que lhe pareça falso ou inexato? Responda com amparo legal.

O examinando deve fundamentar suas respostas. A mera citação do dispositivo legal não confere pontuação.

94. (OAB FGV XVI EXAME) A sociedade empresária Princesa Comércio de Veículos Ltda. foi constituída com os sócios Treviso e Passos Maia.

Por sugestão de Passos Maia, os sócios resolveram admitir na sociedade Celso Ramos, detentor de larga experiência no mercado de veículos. Como o sócio Celso Ramos não dispõe de bens ou dinheiro para integralizar a sua quota, consultou-se o advogado da sociedade para saber se poderia ser permitido que Celso Ramos ingressasse somente com o seu trabalho, a título de integralização de quota, ou, alternativamente, que ele não tivesse quota, apenas participando com a contribuição em serviços, como prevê o art. 981 do Código Civil.

Com base nas informações do enunciado e nas disposições legais sobre o tipo societário, responda aos itens a seguir.

a) A primeira solução apresentada, isto é, a integralização da quota com trabalho, é viável?

b) É viável a segunda solução apresentada, ou seja, a participação de Celso Ramos na sociedade sem titularidade de quota?

Responda justificadamente, empregando os argumentos jurídicos apropriados e a fundamentação legal pertinente ao caso.

95. (OAB FGV VXI EXAME) Os administradores das sociedades Bragança Veículos Ltda. e Chaves, Colares & Cia Ltda. acordaram que ambas participarão de operação na qual as sociedades unirão seus patrimônios para formar sociedade nova, que a elas sucederá nos direitos e obrigações em razão da extinção simultânea, sem liquidação, de Bragança Veículos Ltda. e Chaves, Colares & Cia Ltda. O contrato das sociedades tem cláusula de regência supletiva pelas normas das sociedades simples.

Com base nas informações contidas no enunciado, responda aos itens a seguir.

a) Indique o *nomen juris* da operação, o órgão competente para deliberar sobre ela, o quórum para aprová-la e o procedimento a ser adotado, de acordo com a legislação aplicável às sociedades em questão.

b) Caso os administradores de cada sociedade não elaborem um protocolo com as condições da operação societária, haverá irregularidade na operação? Justifique.

Responda justificadamente, empregando os argumentos jurídicos apropriados e a fundamentação legal pertinente ao caso.

96. (OAB FGV XX EXAME) Uma companhia fechada realizou regularmente a alienação do estabelecimento empresarial situado na cidade de Sobral. Não houve publicação do contrato de trespasse na imprensa oficial, apenas o arquivamento do mesmo contrato na Junta Comercial do Estado do Ceará, onde está arquivado o estatuto. O acionista minoritário

Murtinho consultou o acionista majoritário Severiano para saber a razão da ausência de publicação. A resposta que recebeu foi a seguinte: como a receita bruta anual da companhia é de três milhões de reais, ela é considerada uma empresa de pequeno porte e, como tal, está dispensada da publicação de atos societários, nos termos da legislação que regula as empresas de pequeno porte.

Murtinho consultou seu advogado para que ele analisasse a resposta apresentada por Severiano, nos termos a seguir.

a) A companhia fechada da qual Murtinho é acionista é, de direito, uma empresa de pequeno porte?
b) É dispensável a publicação do contrato de trespasse do estabelecimento de Sobral?

97. (OAB FGV XX EXAME) Reaplicação Porto Velho/RO

Nos autos da ação de execução por título extrajudicial intentada por Paulo em face da sociedade Ilha das Flores Contabilidade Ltda. foi constatado que esta tinha sido regularmente dissolvida com baixa do registro no Registro Civil de Pessoas Jurídicas. O juiz acatou pedido de desconsideração da personalidade jurídica da sociedade extinta formulado pelo autor e, por não ter sido encontrado o sócio majoritário, foi realizada a penhora de bens particulares de João, sócio minoritário que nunca foi administrador da sociedade. Independentemente da integralização das quotas durante a existência da sociedade, entendeu o magistrado que, se os bens da sociedade não lhe cobrirem as dívidas, respondem os sócios pelo saldo, na proporção em que participem das perdas sociais, por aplicação do art. 1.053, *caput*, do Código Civil. Com base nas informações acima, responda aos itens a seguir.

a) O fato de o Código Civil possibilitar a desconsideração da personalidade jurídica da sociedade para atingir os bens pessoais dos sócios, justifica a decisão que determinou a penhora dos bens de João?
b) João deve responder subsidiariamente pelas dívidas sociais?

98. (OAB FGV XX EXAME) Reaplicação Porto Velho/RO

Os amigos Tobias e Mainard pretendem constituir uma sociedade empresária que adotará a firma Mainard Marcenaria & Cia., designação sugerida por Tobias. Antes da formalização da constituição, os futuros sócios consultam você, como advogado(a) para dirimir as dúvidas a seguir.

a) A firma sugerida por Tobias pode ser aceita pela Junta Comercial quando do arquivamento do contrato?
b) Qual o âmbito geográfico da proteção ao nome empresarial? Há necessidade de registro próprio, como ocorre com as marcas?

99. (OAB FGV XXI EXAME) Os sócios da sociedade limitada Salão de Beleza e Cosmética Granja Ltda. pretendem reduzir o capital social integralizado em 90%, ou seja, dos atuais R$ 50.000,00 (cinquenta mil reais) para R$ 5.000,00 (cinco mil reais).

Você deverá analisar o caso e responder aos seguintes questionamentos.

a) Qual a justificativa prevista na legislação aplicável para a pretendida redução e qual o procedimento a ser adotado?
b) Sabendo-se que a sociedade não tem dívidas em mora e paga pontualmente aos seus credores, há necessidade de manifestação destes sobre a redução do capital?

100. (OAB FGV XXII EXAME) Cotegipe, Ribeiro e Camargo, brasileiros, pretendem constituir uma sociedade empresária para atuar na exportação de arroz. Cotegipe, domiciliado em Piratini/RS, será o sócio majoritário, com 75% (setenta e cinco por cento) do capital. Os futuros sócios informam a você que a sociedade será constituída em Santa Vitória do Palmar/RS, local da sede contratual, e terá quatro filiais, todas no mesmo estado. A administração da sociedade funcionará em Minas, cidade da República Oriental do Uruguai, domicílio dos sócios Ribeiro e Camargo, mas as deliberações sociais ocorrerão em Santa Vitória do Palmar/RS. Considerados esses dados, responda aos questionamentos a seguir.
a) A sociedade descrita no enunciado poderá ser considerada uma sociedade brasileira?
b) Diante do fato de o domicílio do sócio majoritário, bem como o lugar da constituição e as filiais serem no Brasil, a sociedade precisa de autorização do Poder Executivo para funcionar?

101. (OAB FGV XXIII EXAME) Tanabi Franquias Ltda., sociedade empresária com capital integralizado, foi condenada a indenizar Telêmaco Eletrônica Ltda. EPP em sentença arbitral proferida pela Câmara de Arbitragem Z. No curso da ação de cumprimento de sentença arbitral, foi requerida pela credora a instauração do incidente de desconsideração da personalidade jurídica, sob a justificativa de obstáculo ao ressarcimento do débito pela devedora, em razão de todos os sócios responderem até o valor das respectivas quotas pelas obrigações sociais. Com base na hipótese apresentada, responda aos itens a seguir.
a) Sabendo-se que não foi requerida a desconsideração da personalidade jurídica no curso da arbitragem, é possível, como medida de urgência, a instauração do incidente no curso da ação de cumprimento de sentença?
b) A justificativa apresentada por Telêmaco Eletrônica Ltda. EPP para a desconsideração da personalidade jurídica autoriza a instauração do incidente?

102. (OAB FGV XXIV EXAME) As sociedades empresárias S, U e V decidiram constituir sociedade em conta de participação, sendo a primeira sócia ostensiva e as demais sócias, participantes. No contrato de constituição da sociedade, ficou estabelecido que: (I) os sócios participantes poderão votar nas deliberações sociais na proporção do valor do investimento realizado por cada um; e (II) o nome empresarial será firma composta pela denominação da sociedade U, seguida da indicação do objeto social.

Com base nessas informações, responda aos itens a seguir.
a) É lícito estabelecer no contrato da sociedade em conta de participação que os sócios participantes poderão votar nas deliberações sociais?
b) Está correta a disposição contratual quanto ao nome empresarial?

103. (OAB FGV XXV EXAME) Paulo é fazendeiro e cria, de modo profissional, gado de raça para venda a frigoríficos, bem como seleciona as melhores raças para exportação de carne. Na fazenda de Paulo, há emprego de tecnologia, mão de obra qualificada, pesquisa de zootecnia e altos investimentos; entretanto, ele não tem nenhum registro como empresário, exercendo a pecuária como pessoa natural.

Com base nesses dados, responda aos itens a seguir.

a) A atividade exercida por Paulo é empresa?

b) É obrigatória a inscrição de Paulo na Junta Comercial como empresário?

104. (OAB FGV XXV EXAME) Reaplicação Porto Alegre/RS

Empresário individual Vitor Meireles propôs ação de cobrança pelo procedimento comum em face da sociedade empresária Imbuia Panificação Ltda. EPP. A demanda está fundada em contrato de compra e venda de farinha de trigo, pelo preço de R$ 6.300,00 (seis mil e trezentos reais), inadimplido pela sociedade. Como o negócio foi ajustado verbalmente, o credor tem apenas como prova escrita o lançamento do crédito em seu Livro Diário, autenticado pela Junta Comercial. O Livro Diário encontra-se com lançamentos fora de ordem cronológica, numerosos intervalos em branco, lacunas, rasuras e transportes para as margens.

Com base na hipótese narrada, responda aos itens a seguir.

a) Vitor Meireles poderá utilizar o Livro Diário como prova documental da celebração do contrato de compra e venda?

b) Para os empresários individuais, como Vitor Meireles, é facultativa a escrituração do Livro Diário e sua autenticação na Junta Comercial?

105. (OAB FGV XXV EXAME) Reaplicação Porto Alegre/RS

A assembleia dos sócios de Baldim, Bonfim & Cia. Ltda., em 11 de setembro de 2017, deliberou pelo voto de 4/5 (quatro quintos) do capital social a absorção do patrimônio da sociedade Carrancas Metalúrgica Ltda., sendo esta sucedida pela primeira em todos os direitos e obrigações, com posterior extinção sem liquidação. A ata da referida deliberação foi lavrada no mesmo dia. Capitólio Participações Ltda., sócio de Baldim, Bonfim & Cia Ltda., ficou dissidente da deliberação tomada nesta sociedade por seus sócios. Capitólio Participações Ltda. pleiteou, em 30 de setembro de 2017, a liquidação de suas quotas e apuração de haveres. A apuração de haveres observou o critério contratual, isto é, o último balanço patrimonial aprovado (exercício social de 2016), desconsiderando a avaliação do patrimônio da sociedade "a preço de saída", critério legal. À luz das informações do enunciado, responda aos itens a seguir.

a) A aprovação da operação societária descrita no enunciado pelos sócios de Baldim, Bonfim & Cia Ltda. dá ensejo a direito de retirada por parte de Capitólio Participações Ltda.?

b) A apuração dos haveres do sócio dissidente Capitólio Participações Ltda. foi realizada regularmente?

106. (OAB FGV XXVI EXAME) Quatro pessoas naturais e duas pessoas jurídicas constituíram uma sociedade do tipo limitada com prazo de duração previsto no contrato de 10 (dez) anos. Após três anos do início das atividades sociais, os quatro sócios pessoas naturais exerceram, tempestivamente, o direito de retirada em razão da discordância da ampliação do objeto social, aprovada em reunião de sócios com observância do quórum legal. Os sócios pessoas jurídicas, que representam 4/5 (quatro quintos) do capital social, se recusaram a atender ao pedido de apuração de haveres sob a seguinte alegação: nas sociedades limitadas constituídas por prazo determinado o sócio somente poderá exercer o direito de retirada se provar, judicialmente, justa causa, o que não se verifica no entendimento dos sócios majoritários. Os sócios dissidentes consultaram um(a) advogado(a), questionando os itens a seguir.

a) A causa apontada autorizaria o exercício do direito de retirada, independentemente da propositura de ação judicial?

b) Os sócios dissidentes respondem pelas obrigações contraídas pela sociedade anteriores e posteriores à retirada?

107. (OAB FGV XXVIII EXAME) Tomé deseja se tornar microempreendedor individual (MEI). Não obstante, antes de realizar sua inscrição no Portal do Empreendedor, consultou um(a) advogado(a) para tirar dúvidas sobre o regime jurídico do microempreendedor individual, incluindo o tratamento diferenciado em relação a outros empresários. Sobre as dúvidas ainda existentes, responda aos itens a seguir.

a) O microempreendedor individual é uma pessoa jurídica com responsabilidade limitada, denominada Empresa Individual de Responsabilidade Limitada, cuja sigla é EIRELI?

b) Nos termos da Lei Complementar n. 123/2006 e de suas alterações, qual a natureza do MEI quanto à capacidade de auferição de receita? Como pessoa contribuinte de impostos, taxas e contribuições, Tomé estará dispensado, no ato da inscrição como MEI, de apresentar certidão negativa de débito referente a tributos ou contribuições?

108. (OAB FGV XXIX EXAME) O objeto social de Tucano, Dourado & Cia. Ltda. é a comercialização de hortaliças. A sócia administradora Rita de Cássia empregou a firma social para adquirir, em nome da sociedade, cinco equipamentos eletrônicos de alto valor individual para adornar sua residência. O contrato social encontra-se arquivado na Junta Comercial desde 2007, ano da constituição da sociedade, tendo sido mantido inalterado o objeto social.

João Dourado, um dos sócios, formulou os questionamentos a seguir.

a) A sociedade pode opor, a terceiros, a ineficácia do ato praticado por Rita de Cássia?

b) Rita de Cássia poderá ser demandada em ação individual reparatória ajuizada por um dos sócios, independentemente de qualquer ação nesse sentido por parte da sociedade?

109. (FGV-XXX) Quatro sociedades empresárias (B, C, H e Z) constituíram sociedade para atuação no mercado de construção e incorporação de imóveis. No documento de constituição, ficou estabelecido que a atividade constitutiva do objeto social seria exercida unicamente pelos sócios B e C, em nome individual e sob a exclusiva responsabilidade de cada um, participando os demais sócios dos resultados correspondentes, nos termos do contrato. A sociedade não tem personalidade jurídica, nem nome empresarial, e o contrato social produz efeito somente entre os sócios.

Durante a vigência do contrato, foi decretada a falência do sócio participante H pelo juiz da Vara Cível da Comarca de Liberdade.

Com base nas informações acima, responda aos itens a seguir.

a) Sendo certo que os sócios não deram publicidade ao contrato, abstendo-se de arquivá-lo em qualquer registro, foi regular a constituição da sociedade?

b) Diante da falência do sócio H, como os demais sócios podem proceder?

Sociedade por Ações, Incorporação, Cisão, Fusão

110. (OAB CESPE 2008/01) Mário, administrador de sociedade anônima, descobriu que outro coadministrador, seu amigo Igor, vem agindo em proveito próprio e causando prejuízo ao patrimônio da companhia, atuando com flagrante violação do dever legal de lealdade. Mário, embora não participe do ilícito, não quer se indispor com o amigo, razão pela qual, até então, mantém-se em silêncio sobre o fato.

Considerando a situação acima descrita e, ainda, a hipótese de serem revelados tais fatos por terceiros, responda, com a devida fundamentação legal, às perguntas que se seguem.

a) Qualquer acionista da referida sociedade poderá imediatamente oferecer ação de responsabilidade contra Igor?

b) Mário poderá ser responsabilizado pela conduta de Igor?

111. (OAB CESPE 2007/02) Em uma companhia aberta, o sócio Fernando apresentou-se remisso, não tendo pagado o valor referente a suas ações.

Com relação a essa situação hipotética, elabore um texto, devidamente fundamentado e com referência à legislação pertinente, discorrendo sobre as opções que se abrem à companhia em apreço.

112. (OAB RJ 2007/01 EXAME 32) Redija, fundamentadamente, um texto em que esclareça se é obrigatória a indicação de agente fiduciário na escritura de emissão de debênture em colocação privada.

113. (OAB RJ 2006/03 EXAME 31) O estatuto social da Decor Brasil S.A. ("Companhia"), companhia fechada produtora de móveis e utensílios domésticos, subordina à prévia aprovação da Assembleia Geral a celebração de contratos pela Companhia com valor superior a R$ 1.000.000,00. O sócio controlador da Companhia, Serralheria Fluminense Ltda., titular de ações ordinárias representativas de 65% do capital votante, propõe à administração da Companhia a contratação de fornecimento de matéria-prima no valor total de R$ 5.000.000,00. Realizada Assembleia Geral da Companhia, os acionistas minoritários Carlos e Silvio, titulares de ações ordinárias representativas de, respectivamente, 20% e 15% do capital votante, discordam da mencionada contratação, alegando que o valor se encontra muito acima do preço de mercado. Não obstante, o acionista Serralheria Fluminense Ltda. Faz prevalecer seu voto, determinando à administração que realize a referida contratação de fornecimento de matéria-prima.

Como advogado dos acionistas minoritários, analise a conduta e a validade do voto proferido pela Serralheria Fluminense Ltda. e oriente seu cliente quanto às medidas que devam ser tomadas.

114. (OAB RJ 2006/03 EXAME 31) Os acionistas de uma companhia de capital fechado deliberaram, por maioria absoluta de votos, aprovar a alteração do estatuto social para incluir cláusula compromissória prevendo que todo e qualquer litígio societário será dirimido por arbitragem. Responda, justificadamente, se os minoritários dissidentes da referida deliberação estariam obrigados a se submeter a essa cláusula? E os acionistas que ingressaram na sociedade após a alteração estatutária.

115. (OAB RJ 2006/01 EXAME 29) Em que situação o acionista pode utilizar o voto múltiplo e como este se processa? Fundamente com o dispositivo legal aplicável.

116. (OAB RJ 2006/01 EXAME 29) O Conselho Fiscal da Companhia de Roupas Excêntricas indica para a sociedade um contador de sua confiança para melhor desempenho de suas funções. Você, como acionista desta sociedade, frente à lei vigente, responda se é válida ou não esta providência.

Se a resposta for afirmativa, declare em que condições isso pode ocorrer. Se negativa, diga o porquê da proibição. Qualquer que seja seu entendimento, indique o fundamento legal.

117. (OAB RJ 2005/03 EXAME 28) A Assembleia Geral Ordinária de Transportes Ligeiros S.A. foi realizada no dia 04.10.2005 e a cópia das demonstrações financeiras, o relatório da administração sobre negócios sociais e os principais fatos administrativos do último exercício foram publicados em 23.08.2005. Submetida ao arquivamento, a ata da A.G.O., a junta Comercial indeferiu o pedido, alegando que a referida sociedade não cumpriu a publicação a que se refere o *caput* do art. 133 da Lei n. 6.404/76.

Pergunta-se: Você concorda ou não com a deliberação da Junta Comercial? Justifique o seu entendimento, indicando o dispositivo legal adequado.

118. (OAB RJ 2004/03 EXAME 25) Joaquim e Paulo detêm ações de uma determinada companhia que, somadas, representam a maioria do capital votante. Em 23.09.2004 firmaram um acordo de acionistas, devidamente arquivado na companhia, estabelecendo a votação em conjunto de toda e qualquer matéria discutida em Assembleia. Entretanto, após definir previamente com Joaquim, na forma do citado Acordo, os nomes a serem escolhidos para os cargos da Diretoria, Paulo decidiu não comparecer à Assembleia geral convocada para a eleição dos membros daquele Órgão. Pergunta-se: De que maneira Joaquim poderá proceder na Assembleia para que prevaleçam os termos do acordo de acionistas firmado com Paulo? Indique o fundamento legal.

119. (OAB RJ 2004/02 EXAME 24) Asclepíades, Hermínia e Cibele são diretores e únicos acionistas da Cia. de Transportes Modernos, que não possui ações admitidas à negociação no mercado de valores mobiliários. Pergunta-se: poderão os citados administradores votar, como acionistas, o relatório da administração sobre os negócios sociais e os principais fatos administrativos do exercício findo na Assembleia Geral Ordinária? Responda, justificando o seu entendimento e indicando o dispositivo legal adequado.

120. (OAB RJ 2004/02 EXAME 24) O estatuto da Cia. de Frutas Amargas criou o Conselho Executivo, delegando a esse Órgão atribuições legais de seu Conselho de Administração. Frente à lei é válida, ou não, essa disposição estatutária? Responda, mencionando o dispositivo legal pertinente.

121. (OAB RJ 2003/02 EXAME 21) Pode-se dizer que o direito de voto seja um dos direitos essenciais do acionista?

122. (OAB MG 2007/02) A constituição e a instalação do conselho de administração é obrigatória para que tipo de sociedade? Justifique.

123. (OAB MG 2007/02) Para que tipo de sociedade a lei considera inelegível para os cargos de administração as pessoas declaradas inabilitadas por ato da Comissão de Valores Mobiliários? Explique.

124. (OAB MG 2006/03) Pedro é diretor da sociedade anônima "Um S.A.", mas não é titular de ações da companhia. Durante sua gestão, deixou de pedir a renovação do registro da marca perante o Inpi, por esquecimento. Um concorrente, verificando o fato, apropriou-se da marca da "Um S.A.". A sociedade pergunta ao advogado se existem medidas judiciais a serem adotadas contra Pedro, quais são elas e quem são todas as pessoas legitimadas para a sua propositura.

125. (OAB MG 2004/02) A Minad'ouro Cia. Mineradora é uma companhia aberta, cujas ações são negociadas em bolsa de valores. 50% (cinquenta por cento) de seu capital é constituído de ações ordinárias e 50% (cinquenta por cento) de ações preferenciais, sem direito a voto, que conferem aos seus titulares prioridade na distribuição de dividendos mínimos correspondentes a 5% (cinco por cento) do valor patrimonial líquido das ações. Em assembleia geral extraordinária, regularmente convocada, realizada em 30.06.2004, com ata publicada no dia 05.07.2004, deliberou-se reduzir o valor dos dividendos prioritários mínimos para 3% (três por cento) do valor patrimonial líquido das ações. A decisão da AGE foi ratificada em assembleia especial dos titulares de ações preferenciais, também regularmente convocada, realizada no dia 30.08.2004, cuja ata foi publicada no dia 06.09.2004.

A acionista Maria, detentora de 10% das ações preferenciais da Minad'ouro, apesar de não ter comparecido às assembleias acima referidas, não concordou com a deliberação tomada. Assim, no dia 15.09.2004, procurou-lhe dizendo que a redução do valor dos dividendos prioritários lhe era prejudicial e que o momento não era oportuno para vender as suas ações em bolsa de valores, porquanto o valor de mercado estava muito baixo. Pediu-lhe orientação.

Oriente a sua cliente Maria, analisando todos os aspectos da questão, com indicação dos dispositivos legais em que basear a sua resposta.

126. (OAB RJ 2004/01 EXAME 23) Quais as garantias que a debênture pode ter? Justifique a resposta.

127. (OAB CESPE 2007/03) Móveis Urbanos Ltda., sociedade na qual João é titular de quotas correspondentes a 80% do capital social, e Maria, dos outros 20%, pretende realizar fusão com a sociedade Móveis Rurais S.A., disso resultando a sociedade Móveis Urbanos e Rurais S.A. Entretanto, a fusão prevê que Maria passará a ser acionista, com titularidade sobre, apenas, 2% do capital social da nova sociedade, situação com a qual ela não se conforma, embora o valor previsto para essas ações seja correlato ao atual valor de suas quotas em Móveis Urbanos Ltda.

Considerando a situação hipotética acima e sabendo que a reunião dos sócios de Móveis Urbanos Ltda. na qual a matéria será decidida ocorrerá em uma semana, explique se Maria, nessa reunião, poderá impedir a fusão apenas com seu voto e especifique os direitos que a lei lhe reserva no caso de ela votar contra essa operação societária.

128. (OAB CESPE 2007/01) Márcio é credor, do valor de R$ 100.000,00, da sociedade Ximenes Comércio de Bebidas Ltda., que, em data recente, se transformou na Companhia de Bebidas Ximenes. Devidamente representado por seu advogado, Márcio ajuizou ação de cobrança contra esta segunda sociedade, que, no curso do processo, alega ilegitimidade passiva, ao argumento de que a Companhia de Bebidas Ximenes, nada tem a ver com a antiga sociedade Ximenes Comércio de Bebidas Ltda., então inexistente.

Diante dessa situação hipotética, elabore um texto devidamente fundamentado, inclusive com referência à legislação sobre a matéria, explicando se a alegação de ilegitimidade é procedente.

129. (OAB GO 2004/01) No contexto das Sociedades Anônimas e de acordo com a lei de regência das mesmas, o que vem a ser incorporação, fusão e cisão de empresas.

130. (OAB CESPE 2008/02) Armando Graeves ingressou como sócio na sociedade de razão social Graeves e Lourenzo Vidraçarias Ltda., como também se tornou acionista fundador da sociedade Companhia Armando Graeves de Fabricação de Cimento. Posteriormente, Armando resolveu dedicar-se a outras atividades, retirando-se da condição de sócio e acionista das referidas sociedades. Exigiu, porém, que seu nome civil fosse retirado do nome empresarial daquelas pessoas jurídicas, embora, na data de inscrição dos atos constitutivos respectivos, tivesse consentido com a inclusão de seu nome civil nos referidos nomes empresariais.

Em face dessa situação, responda, de forma fundamentada, se Armando tem direito a exigir que seu nome seja retirado das referidas sociedades limitada e anônima.

131. (OAB CESPE 2008/03) A diretoria da pessoa jurídica Companhia Editora Educativa é composta por três pessoas. Um dos diretores, Odair, decidiu, por motivos de foro íntimo, outorgar a terceiro algumas incumbências do cargo que exerce, tais como participação nas reuniões de diretoria, tomada de decisões, bem como representação da sociedade em juízo. Em face dessa situação hipotética, responda, de forma fundamentada, se é lícito a Odair fazer-se representar, por procurador, perante a companhia e, ainda, constituir mandatário da companhia para representá-la em juízo.

132. (OAB CESPE 2009/3) Miguel, sócio administrador da Zeta Ferragens S.A., requereu, no prazo legal, o arquivamento de ata de assembleia geral extraordinária perante a junta comercial competente, que, não obstante o documento atender as formalidades legais, indeferiu o pedido, sob o argumento de que as deliberações tomadas pelos acionistas não obedeceram ao quórum de instalação e, por isso, seriam inválidos. Ato contínuo, Miguel procurou auxílio de profissional da advocacia para assessorá-lo na condução desse pleito.

Em fase dessa situação hipotética e na qualidade de advogado procurado por Miguel, responda de forma fundamentada, se é lícita a decisão da junta comercial, e indique o regime de decisão do ato de arquivamento de ata de assembleia geral extraordinária.

133. (OAB CESPE 2009/3) Em 30.09.2009, o conselho de administração da pessoa jurídica WW S.A., reunido em assembleia geral extraordinária, deliberou a aprovação de aumento de classe das ações preferenciais existentes, com a presença de acionistas que representavam 30% das ações com direito a voto e cujas ações não estavam admitidas a negociação em bolsa ou no mercado de balcão. A deliberação foi feita sem guardar proporção com as demais classes de ações preferenciais e sem que houvesse previsão desse aumento no estatuto.

Pedro titular de cinquenta mil ações preferenciais da pessoa jurídica WW S.A., sentindo-se extremamente prejudicado pela aludida deliberação, impugnou administrativamente o ato, sob a alegação de que haveria necessidade de previa aprovação ou ratificação por titulares de mais da metade de cada classe de ações preferenciais prejudicadas. O conselho de administração manteve a deliberação de assembleia, informando que, no caso, era desnecessária a prévia aprovação ou ratificação, na forma arguida. Para anular a referida deliberação, foi proposta, em defesa dos interesses de Pedro, a ação ordinária com pedido de antecipação dos efeitos da tutela.

Em fase dessa situação hipotética, apresente os argumentos jurídicos cabíveis para se requerer a anulação da referida deliberação, indicando, com base na legislação pertinente, o quórum necessário para aprovação da matéria, a circunstância em que se admite redução do quórum e, ainda, se é necessária a aprovação prévia ou a ratificação por titulares de mais da metade de cada classe de ações preferenciais prejudicadas.

134. (OAB FGV 2010/2) Os acionistas da Cia. Agropecuária Boi Manso, cujo capital é composto somente de ações ordinárias, decidiram adquirir uma nova propriedade para expandir a sua criação de gado. João Alberto, acionista detentor de 20% das ações da companhia, é proprietário de um imóvel rural e ofereceu-se para aportá-lo como capital social, razão pela qual foram nomeados por assembleia geral três peritos avaliadores que elaboraram um laudo de avaliação fundamentado e devidamente instruído com os documentos da fazenda avaliada. Convocada assembleia para aprovação do laudo, os acionistas Maria Helena e Paulo, titulares, respectivamente, de 28% e 20% das ações divergiram da avaliação, pois entenderam-na acima do valor de mercado. A matéria, todavia, foi aprovada por maioria com o voto de Heráclito, titular de 32% das ações e o voto de João Alberto. À vista da situação fática acima, informe se Maria Helena e Paulo podem questionar a decisão da assembleia? Indique os procedimentos a serem adotados e qual a base legal utilizada na fundamentação, bem como o prazo prescricional eventualmente aplicável.

135. (OAB FGV 2010/2) Pedro é diretor presidente, estatutário, da empresa Sucupira Empreendimentos Imobiliários S.A. Sempre foi tido no mercado como um profissional honesto e sério. No exercício de suas atribuições, contratou, sem concorrência ou cotação de preços, a empresa Cimento do Brasil Ltda. de seu amigo João. Esta empresa seria responsável pelo fornecimento de cimento para a construção de um hotel, na Barra da Tijuca, com vistas a atender a demanda por leitos em função dos Jogos Olímpicos e da Copa do Mundo. Pedro não recebeu qualquer contrapartida financeira por parte de João em virtude da aludida contratação, mas não efetuou as análises devidas da empresa Cimento do Brasil Ltda., limitando-se a confiar em seu amigo. O preço contratado para o cimento estava de acordo com o que se estava cobrando no mercado. Entretanto, a qualidade do material da Cimento do Brasil Ltda. era ruim (fato de notório conhecimento do mercado), impedindo que ele fosse utilizado na obra. Outro fornecedor de cimento teve de ser contratado, causando atrasos irrecuperáveis e prejuízos consideráveis para a empresa Sucupira Empreendimentos Imobiliários S.A. Os acionistas, indignados com a situação, procuraram você para consultá-lo se poderiam tomar alguma medida em face de Pedro. Diante dessa situação hipotética indique as medidas judiciais cabíveis e apresente os dispositivos legais aplicáveis à espécie, fundamentando e justificando sua proposição.

136. (OAB FGV 2010/3) A Companhia ABC foi constituída em 2010, sendo o seu capital social de R$ 150.000.000,00, representado por ações ordinárias e preferenciais, estas possuindo a vantagem de prioridade no recebimento de dividendo fixo e cumulativo equivalente ao montante que resultar aplicação de juros de 6% ao ano sobre o respectivo preço de emissão. Quando da emissão das ações, na ocasião de constituição da companhia, 20% do preço de emissão foram destinados ao capital social e 80% foram destinados à reserva de capital. Em face das suas elevadas despesas pré-operacionais, a companhia apresentou prejuízo em seu primeiro exercício (encerrado em 31.12.2010), o qual foi integralmente absorvido pela reserva de capital, que permaneceu com um saldo de aproximadamente R$ 500.000.000,00.

Em relação ao cenário acima, responda aos itens a seguir, empregando os argumentos jurídicos apropriados e a fundamentação legal pertinente ao caso.

a) Tendo em vista o resultado do exercício encerrado em 31.12.2010, qual seria sua orientação aos administradores da companhia para a elaboração da proposta da administração para Assembleia Geral Ordinária de 2011, no que diz respeito à distribuição de dividendos aos acionistas?
b) Nesse cenário, haveria possibilidade de distribuição de dividendos aos acionistas titulares de ações preferenciais?

137. (OAB FGV VI EXAME) Alfa Construtora S.A., companhia aberta, devidamente registrada na Comissão de Valores Mobiliários, tem o seu capital dividido da seguinte forma: 55% de suas ações são detidas pelo acionista controlador, Sr. Joaquim Silva, fundador da companhia; 20% das ações estão distribuídos entre os Conselheiros de Administração; 5% (cinco por cento) estão em tesouraria. O restante encontra-se pulverizado no mercado.

Em 15.04.2010, a Companhia divulgou Edital de Oferta Pública de Aquisição de Ações para Fechamento de Capital, em que as ações da Companhia seriam adquiridas em mercado ao preço de R$ 5,00 por ação.

Diante da divulgação, um grupo de acionistas detentores em conjunto de 5% (cinco por cento) do capital social (correspondente a 25% das ações em circulação) da companhia apresenta, em 25.04.2010, requerimento aos administradores, solicitando a convocação de Assembleia Geral Especial para reavaliar o preço da oferta, uma vez que foi adotada metodologia de cálculo inadequada, o que foi comprovado por meio de laudo elaborado por uma renomada empresa de auditoria e consultoria.

Em 05.05.2010, a administração da companhia se manifesta contrariamente ao pedido, alegando que ele não foi realizado de acordo com os requisitos legais.

a) Está correto o argumento da Administração da Companhia?
b) Diante da negativa, que medida poderiam tomar os acionistas?

138. (OAB FGV VII EXAME) Rogério, diretor e acionista da companhia aberta Luz Alimentos S.A., alienou em bolsa, no dia 28.12.2009, 100% (cem por cento) das ações de emissão da companhia de que era titular.

No dia 30.12.2009, a companhia divulgou ao mercado os seus demonstrativos financeiros, com notas explicativas, detalhando o resultado negativo obtido no exercício.

Em decorrência dos resultados divulgados, em janeiro de 2010, o preço das ações sofreu uma queda de 40% (quarenta por cento) em relação ao mês anterior. Em maio de 2010, a Comissão de Valores Mobiliários (CVM) iniciou processo investigatório contra Rogério, para apurar a eventual ocorrência de infração grave em detrimento do mercado de capitais.

De acordo com o enunciado, responda às questões abaixo, indicando o(s) respectivo(s) fundamento(s) legal(is):

a) É lícito a CVM instaurar processo administrativo investigatório contra Rogério?
b) Qual teria sido o ilícito praticado por Rogério? Teria havido violação a algum dispositivo da Lei n. 6.404/76 (Lei das Sociedades por Ações)?
c) Quais as penalidades que podem ser impostas a Rogério pela Comissão de Valores Mobiliários, caso reste comprovada a conduta descrita no enunciado?

139. (OAB FGV VIII EXAME) João, economista renomado, foi durante cinco anos acionista da Garrafas Produção e Comércio de Bebidas S.A.

Seis meses depois de ter alienado a totalidade de suas ações, é nomeado Conselheiro de Administração da Companhia. Preocupado com as suas novas responsabilidades, João consulta um advogado para esclarecer as seguintes dúvidas:

a) João pode residir no exterior?
b) João já ocupa o cargo de conselheiro fiscal de Alfa Comércio de Eletrônicos S.A. Ele precisa renunciar ao cargo?
c) O fato de João ter alienado a totalidade das ações de emissão da companhia que possuía em sua titularidade, não sendo, portanto, acionista da Garrafas Produção e Comércio de Bebidas S.A., representa um fato impeditivo à ocupação do cargo?

140. (OAB FGV X EXAME) A Saúde Vital Farmacêutica S.A. é uma companhia fechada, cuja diretoria é composta por quatro membros: Hermano, diretor presidente, Paulo, diretor financeiro, Roberto, diretor médico e Pedro, diretor jurídico. Todos possuem atribuições específicas estabelecidas no Estatuto da Companhia. Não há Conselho de Administração.

Em dezembro de 2010, os acionistas apuraram que três funcionários da área financeira da Companhia desviaram, ao longo do ano, R$ 3.000.000,00 (três milhões de reais) das contas da companhia, promovendo saídas de capital que poderiam ser facilmente identificadas por meio de simples extratos bancários.

Os extratos bancários eram enviados, mensalmente, a todos os diretores da companhia.

Os acionistas da Saúde Vital Farmacêutica S.A. procuram um advogado com o objetivo de, independente das penalidades cabíveis aos funcionários, responsabilizar a administração da Companhia.

A partir do caso apresentado, responda aos seguintes itens.

a) Qual o procedimento judicial a ser adotado?
b) Quem pode ser responsabilizado pelo desvio dos recursos? Somente Paulo ou também os demais diretores?

141. (OAB FGV XIII EXAME) Em 12.01.2012, reunidos em assembleia geral extraordinária, os acionistas de Brisa S.A. aprovaram a mudança do objeto social da companhia, tendo a ata da assembleia sido publicada em 16.01.2012.

Letícia, acionista da Brisa S.A., exerceu seu direito de retirada, em 15.02.2012, último dia do prazo.

Em 20.03.2012, Brisa S.A. realizou assembleia geral ordinária, na qual foram aprovadas as demonstrações financeiras do exercício findo em 2011.

Nesta ocasião, Letícia se alegrou ao perceber que o valor patrimonial por ação do exercício de 2011 aumentou em relação ao exercício de 2010, tendo passado de R$ 10,00 (em 2010) para R$ 15,00 por ação (em 2011). De acordo com o enunciado acima e com a legislação pertinente, responda às questões abaixo, indicando o(s) respectivo(s) fundamento(s) legal(is):

a) Qual é o valor por ação que Letícia deve receber, considerando que o estatuto social da companhia não estabelece normas para a determinação do valor de reembolso?
b) Depois de ter exercido o seu direito de retirada, isto é, a partir de 16.02.2012, há possibilidade de Letícia requerer levantamento de balanço especial para fins de reembolso?

O examinando deve fundamentar corretamente sua resposta. A simples menção ou transcrição do dispositivo legal não pontuada.

142. (OAB FGV VXII EXAME) A companhia CM Têxtil S/A é de capital autorizado. O Conselho de Administração, com base em permissivo contido no estatuto social, aprovou o aumento do capital social e a emissão de bônus de subscrição, ambos no limite do capital autorizado. O acionista minoritário Lobato consultou sua advogada, questionando-a sobre os pontos a seguir.

a) Tendo em vista que o capital social é uma cláusula obrigatória do estatuto (art. 5º, *caput*, da Lei n. 6.404/76), poderia o Conselho de Administração aprovar o aumento do capital?
b) Poderia o Conselho de Administração aprovar a emissão de bônus de subscrição?

Obs.: o examinando deve fundamentar sua resposta, esclarecendo, quanto ao item B, a finalidade dos bônus de subscrição. A simples menção ou transcrição de dispositivo legal não confere pontuação.

143. (OAB FGV XVIII EXAME) Diamantino, Aquino, Lucas e Esperidião são os únicos acionistas da Companhia Querência S/A e condôminos de imóvel situado na área rural do município de Porto Estrela. Após a aprovação da reforma estatutária para aumento do capital social, os quatro acionistas subscreveram ações que serão integralizadas com a incorporação ao patrimônio da companhia do referido imóvel. O acionista Lucas também subscreveu ações que serão integralizadas com equipamentos agrícolas de sua propriedade exclusiva. Foi dispensada a avaliação do imóvel rural por se tratar de bem em condomínio de todos os subscritores e impedimento de voto dos subscritores nesse caso. Para a avaliação dos equipamentos agrícolas foi aprovada em assembleia a contratação de sociedade avaliadora, que apresentou laudo fundamentado. No laudo apresentado, o valor apontado para os equipamentos foi superior ao atribuído pelo acionista Lucas no momento da subscrição. Como advogado consultado para opinar sobre a legalidade dos atos praticados, responda aos itens a seguir.

a) A dispensa de avaliação do imóvel sob as justificativas apresentadas é procedente?

b) Diante da divergência entre o valor apontado no laudo da sociedade avaliadora e aquele que lhe atribuiu o subscritor, qual a solução a ser dada?

Obs.: o examinando deve fundamentar suas respostas. A mera citação do dispositivo legal não será pontuada.

144. (OAB FGV XXVII EXAME) O acionista controlador de uma companhia aberta formulou oferta pública para adquirir a totalidade das ações em circulação no mercado, com a finalidade de cancelamento do registro para negociação de ações no mercado. Três sociedades empresárias, todas acionistas da referida companhia e titulares de 15% (quinze por cento) das ações em circulação no mercado, requereram conjuntamente ao Presidente do Conselho de Administração a convocação de assembleia especial dos acionistas titulares de ações em circulação no mercado, a fim de deliberar sobre a realização de nova avaliação da companhia por critério diverso daquele apresentado pelo ofertante. O requerimento foi apresentado no dia 26 de março de 2018, devidamente fundamentado e acompanhado de elementos de convicção, demonstrando a imprecisão no critério de avaliação adotado, sendo que a divulgação do valor da oferta pública ocorreu no dia 1º de março de 2018. Com base nas informações acima, responda aos itens a seguir.

a) As três sociedades empresárias possuem legitimidade para pleitear a revisão do valor inicial da oferta pública?

b) Considerando as datas de divulgação da oferta e da apresentação do requerimento, na condição de Presidente do Conselho de Administração, como você procederia?

145. (FGV XXXI) Companhia Venha-Ver Engenharia, constituída em 2008, é da espécie fechada, e seu capital social é inteiramente composto por ações ordinárias.

A assembleia geral extraordinária aprovou, em 22/08/2017, por maioria absoluta de votos, a reforma do estatuto para o aumento do capital mediante a emissão de ações preferenciais, sem direito a voto, em duas classes: A e B. As ações da classe A conferem a seus titulares prioridade na distribuição de dividendo fixo. As ações da classe B conferem a seus titulares prioridade no reembolso do capital sem prêmio. Pedro Avelino, acionista titular de 12% do capital social, inconformado com a aprovação da alteração estatutária, ajuizou ação para anular a deliberação assemblear sob a alegação de ilegalidade na atribuição das vantagens patrimoniais às ações preferenciais da classe B. Argumenta o autor que as ações preferenciais da classe B deveriam conferir aos futuros subscritores uma preferência ou vantagem adicional, como o recebimento do dividendo, por ação preferencial, pelo menos 10% (dez por cento) maior do que o atribuído às ações ordinárias. Da forma como foi aprovada pela assembleia, a criação da nova espécie de ação acarretou um evidente prejuízo aos acionistas minoritários, porque a eliminação do direito de voto não corresponderia a uma vantagem real e efetiva, configurando-se o abuso da maioria.

Considerando os fatos acima e que a ação anulatória foi proposta em 25/03/2019, responda aos itens a seguir.

a) Na data da propositura da ação – 25/03/2019 –, já estaria prescrita a pretensão anulatória da deliberação assemblear?

b) Pedro Avelino tem razão quanto à ilegalidade na atribuição da vantagem patrimonial às ações preferenciais da classe B?

146. (FGV XXXI) A Diretoria de Soure Transportes S/A, companhia fechada e sem Conselho de Administração, deliberou, por unanimidade, aprovar a emissão de debêntures não conversíveis em ações e com garantia flutuante, resgatáveis no prazo de até 5 (cinco) anos, permitida amortização a partir do 2º ano da data do lançamento. O acionista minoritário Magalhães Belém consulta você para esclarecer os pontos a seguir.

a) A Diretoria tem competência para deliberar sobre a emissão das debêntures?

b) A debênture com garantia flutuante confere direito real de garantia ao debenturista, impedindo a negociação ou o gravame dos bens da companhia?

Títulos de Crédito

147. (OAB CESPE 2008/02) Suponha que, em uma cédula de crédito bancário com o valor de R$ 75.000,00 e taxa de juros de 6% ao ano, tenha ocorrido a prestação de aval por Waldir nos seguintes termos: "Avalizo, limitado ao valor do capital, excluídos os valores decorrentes de juros".

Considerando que se aplica a esse caso o disposto na legislação cambial, responda, de forma fundamentada, se é válido o aval prestado por Waldir.

148. (OAB BA 2000/03) Por que se pode afirmar que a nota promissória, na condição de título cambiário, é um título de crédito cartular, literal, autônomo e abstrato?

149. (OAB MG 2003/02) Quais são os intervenientes na relação cambiária envolvendo o cheque, a nota promissória, a letra de câmbio e a duplicata?

150. (OAB CESPE 2006/01) Paulo Silva é o principal devedor de certa letra de câmbio. Seus colegas de trabalho, José Bento e Henrique Neto garantiram, conjuntamente, por aval, a referida obrigação cambiária, a pedido de Paulo.

Considerando a situação hipotética apresentada, redija um texto respondendo se houve, na hipótese, avais simultâneos ou sucessivos, discorrendo, ainda, sobre a distinção entre ambos.

151. (OAB BA 2000/03) Distinga a fiança do aval indicando as características próprias dessas modalidades de garantia, no âmbito das transações comerciais.

152. (OAB GO 2005/01) Em consonância com a Lei de Protestos de Títulos de Crédito (Lei n. 9.492/97) pergunta-se: Podem ser protestados títulos e outros documentos de dívida em moeda estrangeira emitidos fora do Brasil? Fundamentar.

153. (OAB RJ 2007/02 EXAME 33) Mário, empresário individual do ramo imobiliário, emitiu nota promissória em favor de Yara, arquiteta, no valor de R$ 100.000,00, com vencimento vinculado ao cumprimento por Yara da prestação consubstanciada na entrega de projeto de arquitetura, na condição de profissional liberal. Tendo sido realizada a entrega do projeto, Yara apresentou a nota promissória para pagamento. Mário recusou-se a pagar, sob o argumento de que o projeto fora elaborado de modo inadequado, cabendo a Yara, ademais, emitir duplicata de serviços, caso quisesse tornar líquido seu suposto crédito.

Considerando a situação hipotética acima, responda, de modo fundamentado, aos seguintes questionamentos:

a) É exigível a nota promissória em questão?

b) É procedente o argumento de Mário, no sentido de que caberia a Yara emitir duplicata de serviços?

154. (OAB RJ 2006/02 EXAME 30) Irmãos Silva Ltda. ajuizou ação constritiva para a cobrança de Nota Promissória em face de Pedro Bulcão, na qualidade de emitente, e de Tiago Pinheiro, na qualidade de avalista. Pedro Bulcão, após os trâmites legais, opôs embargos, alegando a invalidade da cobrança por falsidade de assinatura, pois não emitira o título. Tal alegação foi comprovada por exame pericial. Tiago Pinheiro arguiu, diante da nulidade da assinatura, a insubsistência de seu aval. Há procedência na arguição do avalista? Por quê? Indique o dispositivo legal.

155. (OAB RJ 2004/01 EXAME 23) Tratando-se de uma nota promissória, qual o significado da expressão "inoponibilidade das exceções extracartulares"? Justifique a resposta.

156. (OAB MG 2006/02) O Sr. Roberto Costa possui uma Nota Promissória que lhe foi endossada por Joaquim Soares, logo após ter sido emitida por Carlos Silva e avalizada por Ricardo Souza, que não cuidou de informar no título em favor de quem foi dado o aval. Levado o título a protesto 05 (cinco) dias úteis após seu vencimento, o Sr. Roberto procura um advogado e solicita que seja ajuizada Ação de Execução contra Joaquim Soares, Carlos Silva e Ricardo Souza. Oriente o Sr. Roberto, justificando sua resposta.

157. (OAB RJ 2005/01 EXAME 26) Aplica-se à nota promissória a vedação de aval parcial, prevista no art. 897, [parágrafo] único do CC? Justifique a resposta, indicando o dispositivo legal aplicável.

158. (OAB MG 2006/01) Raimundo Nonato se apresenta a você (advogado) e formula a seguinte consulta:

"Vendi uns móveis para Josafá Silveira, no valor de R$ 2.000,00 (dois mil reais), e como ele não tinha dinheiro na hora, assinou uma nota promissória pra mim, no dia 01.02.2006, com vencimento para o dia 24.03.2006, deixando o valor em branco. Acontece que no dia 20 de março de 2006, o Sr. Josafá Silveira me procurou e pegou na loja mais alguns adornos. Falou que não tinha dinheiro na hora e que eu podia incluir o valor desta nova compra naquela venda anterior. Eu ainda não preenchi a nota promissória com o valor de nenhuma das compras. Se ele não promover o pagamento do título no dia certo, posso executar a nota e cobrar junto o valor de todas as compras ele fez?"

Responda ao questionamento de seu cliente, analisando todas as peculiaridades do caso.

159. (OAB CESPE 2007/03) Em 10.01.2007, Fernando vendeu várias mercadorias a outro comerciante, no valor total de R$ 50.000,00. O comprador, naquela data, emitiu dois cheques em pagamento, cada um deles no valor de R$ 25.000,00; um desses cheques foi pós-datado, tendo, nele, o emitente lançado a data 10.09.2007. Entretanto, em 20.10.2007, Fernando tentou endossar o título pós-datado a terceiro, o qual, ao saber das condições do negócio, alegou que tal cheque já estaria prescrito. Subsequentemente, Fernando o procurou, questionando-o sobre essa informação.

Considerando essa situação hipotética, explique, de acordo com os princípios que informam os títulos de crédito e com base na respectiva legislação aplicável, se o referido cheque poderia ser apresentado, para pagamento, em dezembro de 2007, ou, se nessa data, já estaria prescrito o direito nele expresso.

160. (OAB CESPE 2007/01) Durante uma viagem, o filho de Rogério foi internado, em situação de emergência, em um hospital que não aceitava seu plano de saúde. Rogério foi, então, obrigado a emitir um cheque – caução, como garantia de cobertura dos serviços médicos. No cheque, Rogério, cauteloso, inseriu o nome do hospital beneficiário e a cláusula "não à ordem", objetivando poder opor exceções pessoais, caso o título viesse a ser endossado a terceiros.

Diante da situação hipotética descrita, elabore um texto devidamente fundamentado, inclusive com referência à legislação pertinente, em que aborde a possibilidade de Rogério opor exceções pessoais contra terceiros, tendo em vista a cláusula "não à ordem".

161. (OAB CESPE 2006/03) Redija um texto dissertativo, devidamente fundamentado, acerca da necessidade, ou não, de um cheque, para aparelhar uma execução de título extrajudicial, ser previamente apresentado à instituição financeira sacada.

162. (OAB RJ 2006/01 EXAME 29) É necessário o protesto do cheque para se propor ação de execução? Fundamente.

163. (OAB RJ 2005/03 EXAME 28) "A" passou um cheque para "B", sendo este garantido por aval por "C". Ocorre que "A" não cumpriu com sua obrigação de pagamento a "B", alegando em sua defesa que a obrigação era nula, por razão não relacionada a vício de forma. "B", inconformado com a situação, busca seu escritório de advocacia e pergunta como fica a posição de "C" neste caso e se há viabilidade de seu cobrar dele a obrigação contida neste título. Responda objetivamente, indicando os dispositivos legais pertinentes.

164. (OAB RJ 2005/02 EXAME 27) Pode-se afirmar que todo cheque para pessoa nomeada é transmissível por endosso?

165. (OAB MG 2004/03) Um cheque sacado por Pedro Paulo da Silva contra o Banco do Povo S.A. em 14.11.2003, sexta-feira, tendo como praça de emissão e pagamento Belo Horizonte, tinha anotado, no seu anverso, a lápis, a expressão "bom para 14.02.2004". Foi apresentado para pagamento em 16.02.2004 (segunda-feira) e devolvido por falta de fundos. A ação executiva foi ajuizada em 17.09.2004.

Indique e fundamente se a pretensão executiva do título estará prescrita na data do ajuizamento da ação.

166. (OAB GO 2007/01) Marcos foi ao estabelecimento da Taba Comércio de Varejo Ltda. para adquirir um novo televisor para assistir à Copa do Mundo. Emitiu, para isso, um cheque pré-datado, no valor de R$ 1.500,00. Na data aprazada, a sociedade apresentou o cheque à instituição financeira sacada, que se recusou a proceder ao pagamento por falta de fundos. A sociedade, em um primeiro momento, encarou a situação como prejuízo. Um ano mais tarde, entretanto, precisando de recursos, ela procurou um advogado para que fossem tomadas as medidas cabíveis na espécie. O causídico, ciente de que o cheque estava prescrito, propôs uma ação monitória.

Com base na situação hipotética acima, responda, de forma fundamentada, à seguinte indagação: no processo, a sociedade autora deverá provar a existência do negócio jurídico subjacente à emissão do cheque?

167. (OAB GO 2006/03) O cheque visado ou administrativo, devido às suas particularidades e garantias, deve ser obrigatoriamente recebido como pagamento nas relações de consumo? Justifique e fundamente.

168. (OAB GO 2006/02) A prescrição da ação executiva, fundada em cheque, pode ser reconhecida de ofício pelo juiz? Ultrapassada a possibilidade da mencionada ação, poderá o credor ingressar com outra espécie de ação? Qual é o prazo prescricional? Justifique e fundamente suas respostas.

169. (OAB RJ 2003/01 EXAME 20) A duplicata mercantil é um título causal? Por quê?

170. (OAB MG 2007/03) A duplicata mercantil aceita precisa ser levada a protesto pelo credor para a sua cobrança judicial pela via executiva contra o devedor principal?

171. (OAB CESPE 2009/02) Considere que Vilmar tenha emitido nota promissória vinculada a contrato de abertura de crédito, sobre o valor total do contrato firmado com o banco onde recebe seus vencimentos. Nessa situação hipotética, diante do descumprimento das obrigações pactuadas, pode o banco executar diretamente a nota promissória emitida por Vilmar? A nota promissória constitui título causal ou abstrato? Fundamente sua resposta e estabeleça, com exemplos, as diferenças entre títulos causais e abstratos.

172. (OAB CESPE 2009/2) De acordo com Marlon Tomazette (Curso de direito empresarial. São Paulo: Atlas, 2009. vol. 2), "A prática do comércio ensejou a utilização do cheque não para pagamento à vista, mas com a combinação de uma data futura de apresentação. A própria prática bancária resolveu denominá-lo de cheque pré-datado. Todavia, a maior parte da doutrina prefere o uso da expressão "pós-datado". Considerando a natureza do título de crédito mencionado e o seu uso na prática do comércio, responda, de forma fundamentada, aos seguintes questionamentos.

Caso se apresente um cheque pós-datado antes da data combinada, qual deverá ser a postura do banco?

A devolução do cheque por insuficiência de fundos gera alguma responsabilidade para quem o apresentou antes da data combinada?

173. (OAB CESPE 2009/3) Lia emitiu nota promissória, comprometendo-se a pagar quantia de R$ 3.000,00 a Tenório. Posteriormente, Aparecida também assumiu o compromisso de efetuar o pagamento da quantia devida, mediante a prestação de garantia, tendo lançado assinatura no próprio título de crédito.

Nessa situação hipotética, a garantia prestada por Aparecida constitui aval ou fiança? Justifique sua resposta e estabeleça as principais diferenças entre esses dois institutos.

174. (OAB CESPE 2009/2) Em 06.10.2007, José emitiu para Adalberto nota promissória devidamente formalizada no valor de R$ 20.000,00, com vencimento em 06.01.2008. A emissão da referida cambial estava relacionada com uma dívida de jogo de cartas contraída pelo emitente com o beneficiário. Não tendo ocorrido o pagamento voluntário da nota promissória na época prevista, Adalberto apresentou-a a protesto, lavrado e registrado no prazo legal. Posteriormente ao protesto, a mencionada cambial foi endossada em preto para Pedro. Inconformado com a falta de pagamento voluntário da cambial, apesar das diversas tentativas de receber amigavelmente a quantia, Pedro, na condição de portador do título, ajuizou, em 10.09.2008, ação cambial exclusivamente contra José, com a penhora de bens do executado. Considerando a situação hipotética apresentada, na qualidade de advogado(a) contratado(a) pelo executado, responda, com base na devida fundamentação legal, se seria viável a defesa de seu cliente.

175. (OAB CESPE 2009/3) A indústria Beta, fabricante de uniformes, entregou, em janeiro de 2009, um lote de produtos solicitados por Rori Serviços Gerais Ltda. A compradora recebeu as mercadorias solicitadas, que não apresentavam avarias, vícios de qualidade ou quantidade, nem mesmo divergências, mas não restituiu a duplicata enviada para aceite, tampouco efetuou o pagamento do valor devido. Diante disso, a indústria Beta contratou profissional da advocacia para resolver a situação.

Considerando a situação apresentada, e na qualidade de advogado contratado pela indústria Beta, discorra sobre:

– o aceite do referido título de crédito;

– a legitimidade ativa da indústria Beta para promover a ação de execução contra Rori Serviços Gerais Ltda, bem como requisitos, foro competente e prazo prescricional para a propositura dessa ação.

176. (OAB FGV 2010/2) Fábio endossa uma letra de câmbio para Maurício, que a endossa para Maria que, por sua vez, a endossa para João. Na data do vencimento, João exige o pagamento de Maurício, que se recusa a realizá-lo sob a alegação de que endossou a letra de câmbio para Maria e não para João e de que Maria é sua devedora, de modo que as dívidas se compensam. Assim, João deveria cobrar a letra de Maria e não dele. Em caso de Embargos de Maurício, com base nos argumentos citados, I. quais seriam os fundamentos jurídicos de João? II. em que prazo devem ser arguidos?

177. (OAB FGV 2010/3) Soraia Dantas emitiu uma nota promissória em favor de Carine Monteiro, decorrente da aquisição de uma máquina de costura padrão industrial, com vencimento para 03.06.2010. O título foi endossado, sem data indicada, em favor de Leonardo D'Ângelo, que, em seguida, endossou a cambial, sem garantia, para Amadeus Pereira. O endosso de Leonardo foi avalizado por Frederico Guedes. Procurado para pagamento, a obrigada principal alegou não ter condições, no momento, para quitar o débito. Diante dessa situação, o portador, após levar o título a protesto, ajuizou a competente ação de execução em face de Frederico Guedes. Em sede de embargos, o executado aduziu não ter legitimidade para figurar no polo passivo da demanda, porquanto Leonardo, cuja obrigação foi por Frederico avalizada, é ainda menor de idade, o que ficou comprovado com a apresentação da certidão de nascimento, dando conta de que ele nasceu em 1996.

Com base no cenário acima, responda aos itens a seguir, empregando os argumentos jurídicos apropriados e a fundamentação legal pertinente ao caso.

a) Qual é a contra-argumentação a ser adotada em relação à alegação suscitada nos embargos de Frederico?

b) Caso Leonardo não fosse menor de idade, qual seria a finalidade do endosso feito por ele a Amadeus?

c) Pode a nota promissória circular ao portador?

178. (OAB FGV 2010/3) Em 20.04.2010, Boulevard Teixeira emitiu um cheque nominal, à ordem, em favor de Gol de Craque Esportes Ltda., no valor de R$ 7.500,00 (sete mil e quinhentos reais), decorrente da compra de diversos materiais esportivos. O título foi apresentado ao sacado na mesma praça em 29.05.2010, tendo este se recusado a promover o pagamento, justificando não haver fundos disponíveis na conta do sacador. O administrador da credora, então, foi orientado a, como forma de coagir o devedor ao pagamento do título ante o abalo do seu crédito, promover o protesto do cheque. A competente certidão foi expedida pelo cartório em 20.06.2010. Contudo, diante de contatos telefônicos feitos por prepostos do devedor, buscando obter parcelamento para realizar o pagamento extrajudicial, o credor se manteve inerte. Malograda a tentativa de perceber, amigavelmente, a importância devida, em 02.12.2010, resolveu o tomador ajuizar a competente ação executiva. Em embargos de devedor, aduziu o executado que o título estava prescrito e, portanto, deveria ser julgada extinta a pretensão executiva. Por outro lado, o advogado do exequente sustenta que a pretensão não estaria prescrita em razão do protesto realizado.

Diante da resistência apresentada e buscando uma posição mais abalizada, o credor procurou-o(a), como advogado(a), apresentando algumas dúvidas a serem por você dirimidas.

Com base nesse cenário, responda aos itens a seguir, empregando os argumentos jurídicos apropriados e a fundamentação legal pertinente ao caso.

a) A prescrição foi realmente alcançada?

b) Qual(is) embasamento(s) legal(is) serviria(m) para sua tese?

c) De forma geral, é indispensável a realização do protesto de um cheque para o ajuizamento de ação de execução em face dos coobrigados?

179. (OAB FGV IV EXAME) Em 09.11.2010, João da Silva adquiriu, de Maria de Souza, uma TV de 32 polegadas usada, mas em perfeito funcionamento, acertando, pelo negócio, o preço de R$ 1.280,00. Sem ter como pagar o valor integral imediatamente, lembrou-se de ser beneficiário de uma Letra de Câmbio, emitida por seu irmão, José da Silva, no valor de R$ 1.000,00, com vencimento para 27 de dezembro do mesmo ano. Desse modo, João ofereceu pagar, no ato e em espécie, o valor de R$ 280,00 a Maria, bem como endossar a aludida cártula, ressalvando que Maria deveria, ainda, na qualidade de endossatária, procurar Mário Sérgio, o sacado, para o aceite do título. Ansiosa para fechar negócio, Maria concordou com as condições oferecidas e, uma semana depois, em 16 de novembro de 2010, dirigiu-se ao domicílio de Mário Sérgio, conforme orientação de João da Silva. Após a vista, porém, Maria ficou aturdida ao constatar que Mário Sérgio só aceitou o pagamento de R$ 750,00, justificando que esse era o valor devido a José. Sem saber como proceder dali em diante, Maria o(a) procura, como advogado(a), com algumas indagações.

Com base no cenário acima, responda aos itens a seguir, empregando os argumentos jurídicos apropriados e a fundamentação legal pertinente ao caso.

a) É válida a limitação do aceite feita por Mário Sérgio ou estará ele obrigado a pagar o valor total da letra de câmbio?
b) Qual é o limite da responsabilidade do emitente do título?
c) Quais as condições por lei exigidas para que ele fique obrigado ao pagamento?

180. (OAB FGV V EXAME) João Garcia emite, em 17.10.2010, uma Letra de Câmbio contra José Amaro, em favor de Maria Cardoso, que a endossa a Pedro Barros. O título não tem data de seu vencimento.

Diante do caso apresentado, na condição de advogado, responda aos itens a seguir, empregando os argumentos jurídicos apropriados e a fundamentação legal pertinente ao caso.

a) Pedro poderá exigir o pagamento da letra de câmbio em face da omissão da data do seu vencimento?
b) Que efeitos podem ser verificados com a transmissão do título por meio do endosso?

181. (OAB FGV VI EXAME) Indústria de Cosméticos Naturalmente Bela S.A., sociedade empresária que atua no ramo de produtos de higiene, vendeu, em 27 de março de 2010, 50 (cinquenta) lotes de condicionadores e cremes para pentear ao Salão de Beleza Nova Mulher Ltda.

Pela negociação realizada, foi extraída duplicata na mesma data, com vencimento em 30 de abril do mesmo ano, restando corporificado o crédito decorrente do contrato celebrado. Passadas duas semanas da emissão do título, a sociedade sacadora remeteu o título ao sacado para aceite. Contudo, embora tenham sido entregues as mercadorias ao funcionário do salão de beleza, ele não guardou o respectivo comprovante.

A sociedade adquirente, apesar de ter dado o aceite, não honrou com o pagamento na data aprazada, o que fez com que a emitente o(a) procurasse na condição de advogado(a).

Em relação ao caso acima, responda aos itens a seguir, empregando os argumentos jurídicos apropriados e a fundamentação legal pertinente ao caso.

a) Pela via judicial, de que forma o emitente poderia proceder à cobrança do título?
b) Qual seria o prazo prescricional para adotar essa medida contra a sociedade adquirente?

182. (OAB FGV VII EXAME) Na cidade de Malta, uma nota promissória foi emitida por João em benefício de Maria. A beneficiária, Maria, transfere o título para Pedro, inserindo no endosso a cláusula proibitiva de novo endosso. Em função de acordos empresariais, Pedro realiza novo endosso para Henrique, e este um último endosso, sem garantia, para Júlia.

Com base no caso apresentado, responda aos questionamentos a seguir, indicando os fundamentos e dispositivos legais pertinentes.

a) Júlia poderia ajuizar ação cambial para receber o valor contido na nota promissória? Em caso positivo, quais seriam os legitimados passivos na ação cambial?
b) Caso Pedro pague o valor da nota promissória a Henrique e receba o título quitado deste, como e de quem Pedro poderá exigir o valor pago?

183. (OAB FVG VIII EXAME) Pedro emite nota promissória para o beneficiário João, com o aval de Bianca. Antes do vencimento, João endossa a respectiva nota promissória para Caio. Na data de vencimento, Caio cobra o título de Pedro, mas esse não realiza o pagamento, sob a alegação de que sua assinatura foi falsificada.

Após realizar o protesto da nota promissória, Caio procura um advogado com as seguintes indagações:

a) Tendo em vista que a obrigação de Pedro é nula, o aval dado por Bianca é válido?
b) Contra qual(is) devedor(es) cambiário(s) Caio poderia cobrar sua nota promissória?

184. (OAB FGV XII EXAME) Iracema foi intimada pelo Tabelião de Protesto de Títulos para pagar nota promissória no valor de R$ 5.000,00 (cinco mil reais) por ela emitida em favor de Cantá & Cia Ltda. A devedora, em sua resposta, comprova que o vencimento ocorreu no dia 11.09.2009, conforme indicado na cártula que foi apresentada a protesto no dia 30.09.2012 e a protocolização efetivada no dia seguinte. Iracema requer ao Tabelião que o protesto não seja lavrado e registrado pela impossibilidade de cobrança da nota promissória, diante do lapso temporal entre o vencimento e a apresentação a protesto. Ademais, verifica-se a ausência de menção ao lugar de pagamento, requisito essencial à validade do título, segundo a devedora.

Com base nas informações contidas no texto, legislação cambial e sobre protesto de títulos, responda aos itens a seguir.

a) A ausência de menção ao lugar de pagamento invalida a nota promissória? Justifique com amparo legal.
b) Nas condições descritas no enunciado, é lícito ao tabelião acatar os argumentos de Iracema e suspender a lavratura e registro do protesto?

185. (OAB FGV XI EXAME) Antônio é portador legítimo de uma letra de câmbio aceita, cujo saque se deu no dia 10.01.2012, com vencimento à vista no valor de R$ 10.000,00 (dez mil reais), nela constando o aval de Bruno no montante de R$ 5.000,00 (cinco mil reais).

Em função disto, Antônio pretende endossar a Carla apenas a quantia de R$ 5.000,00 (cinco mil reais).

Na qualidade de advogado (a) de Carla, responda aos seguintes itens, indicando os fundamentos e dispositivos legais pertinentes.

a) É válido o aval realizado por Bruno?
b) O endosso pretendido por Antônio é válido?

186. (OAB FGV X EXAME) Uma letra de câmbio foi sacada tendo como beneficiário Carlos e foi aceita. Posteriormente, Carlos endossou a letra em preto para Débora, que, por sua vez, a endossou em branco para Fábio. Após seu recebimento, Fábio cedeu, mediante tradição, sua letra para Guilherme. Na data do vencimento, a letra não é paga e Guilherme exige o pagamento de Carlos, que se recusa a realizá-lo sob a alegação de que endossou a letra de câmbio para Débora e não para Guilherme e de que Débora é sua devedora, de modo que as dívidas se compensam.

Com base situação hipotética, responda aos itens a seguir, indicando os fundamentos e dispositivos legais pertinentes.

a) Guilherme poderá ser considerado portador legítimo da letra de câmbio? Contra quem Guilherme terá direito de ação cambiária?
b) A alegação de Carlos é correta?

187. (OAB FGV IX EXAME) João da Silva sacou um cheque no valor de R$ 60.000,00 (sessenta mil reais), em 26.03.2012, para pagar a última parcela de um empréstimo feito por seu primo Benedito Souza, beneficiário da cártula. A praça de emissão é a cidade "X", Estado de Santa Catarina, e a praça de pagamento a cidade "Y", Estado do Rio Grande do Sul.

O beneficiário endossou o cheque para Dilermando de Aguiar, no dia 15.08.2012, tendo lançado no endosso, além de sua assinatura, a data e a menção de que se tratava de pagamento "pro solvendo", isto é, sem efeito novativo do negócio que motivou a transferência.

No dia 25.08.2012 o cheque foi apresentado ao sacado, mas o pagamento não foi feito em razão do encerramento da conta do sacador em 20.08.2012.

Considerando os fatos e as informações acima, responda aos seguintes itens.

a) O endossatário pode promover a execução do cheque em face de João da Silva e de Benedito Souza? Justifique com amparo legal.
b) Diante da prova do não pagamento do cheque é possível ao endossatário promover ação fundada no negócio que motivou a transferência do cheque por Benedito Souza? Justifique com amparo legal

188. (OAB FGV XIV EXAME) Uma letra de câmbio foi sacada por Celso Ramos com cláusula "sem despesas" e vencimento no dia 11 de setembro de 2013. O tomador, Antônio Olinto, transferiu a cambial por endosso para Pedro Afonso no dia 3 de setembro de 2013. O título recebeu três avais, todos antes do vencimento, sendo dois em branco e superpostos, e um aval em preto em favor de Antônio Olinto. A letra de câmbio foi aceita e o endossatário apresentou o título para pagamento ao aceitante no dia 12 de setembro de 2013. Diante da recusa, o portador, no mesmo dia, apresentou o título a protesto por falta de pagamento, que foi lavrado no dia 18 de setembro.

Com base nas informações contidas no texto e na legislação cambial, responda aos seguintes itens.

a) Quem é o avalizado nos avais em branco prestados na letra de câmbio? São avais simultâneos ou sucessivos? Justifique.
b) Nas condições descritas no enunciado, indique e justifique quem poderá ser demandado em eventual ação cambial proposta pelo endossatário?

Obs.: o examinando deve fundamentar corretamente sua resposta. A simples menção ou transcrição do dispositivo legal não pontua.

189. (OAB FGV XVI EXAME) Alan saca uma letra de câmbio contra Bernardo, tendo como beneficiário Carlos. Antes do vencimento e da apresentação para aceite, Carlos endossa em preto a letra para Eduardo, que, na mesma data, a endossa em preto para Fabiana. De posse do título, Fabiana verifica que na face anterior da letra há a assinatura de Gabriel, sem que seja discriminada a sua responsabilidade cambiária.

Com base nessa questão, responda aos itens a seguir.

a) Gabriel poderá ser considerado devedor cambiário?

b) Caso Fabiana venha a cobrar o título de Gabriel e ele lhe pague, poderia este demandar Eduardo em ação cambial regressiva?

Responda justificadamente, empregando os argumentos jurídicos apropriados e a fundamentação legal pertinente ao caso.

190. (OAB FGV XVII EXAME) Joaquim emitiu cheque cruzado em favor de Teotônio, no dia 15/01/2015. Na cártula, foi consignada a data de 25/05/2015 como de emissão. O beneficiário apresentou o cheque para compensação no dia 26/03/2015 e o banco sacado realizou o pagamento no mesmo dia. Joaquim consulta sua advogada para promover eventual ação de responsabilidade civil pelo pagamento antecipado do cheque, inclusive com fundos que não dispunha em conta corrente e que foram provenientes de contrato de abertura de crédito, dentro do limite concedido.

O cliente deseja saber se

a) o sacado poderia ter realizado o pagamento antes da data de emissão indicada na cártula?

b) por ser o cheque cruzado, não deveria ter sido apresentado fisicamente ao emitente, ao invés de ter sido compensado pelo sacado?

c) o banco poderia ter utilizado a soma proveniente do contrato de abertura de crédito para realizar o pagamento do cheque?

191. (OAB FGV XVIII EXAME) Carolina emitiu três cheques nominais, em favor de Móveis Nova Iorque Ltda. Os títulos foram endossados pelo tomador em favor de Bacuri Fomento Mercantil Ltda. Vinte dias após a emissão dos títulos, a faturizadora apresentou os cheques ao sacado e este informou que havia ordem de sustação promovida pela emitente dentro do prazo de apresentação, fato este que impossibilitava o pagamento. Tentando uma cobrança amigável da devedora, o advogado da faturizadora procurou-a para receber o pagamento ou obter o cancelamento da ordem de sustação. Carolina se recusou a efetuar o pagamento ou cancelar a sustação, argumentando que os cheques foram emitidos em razão da aquisição de móveis, mas como não ficou satisfeita com a qualidade do produto, resolveu sustar o pagamento, sendo tal justificativa eficaz tanto para o endossante quanto para o endossatário. O advogado da faturizadora, insatisfeito com os argumentos da emitente do cheque, prepara petição inicial de ação executiva por título extrajudicial e, nas razões jurídicas da peça, tecerá argumentos para sustentar a legalidade da pretensão de seu cliente com base na teoria e legislação sobre títulos de crédito. Com base na hipótese apresentada, responda aos itens a seguir.

a) Considerando os princípios da cartularidade, literalidade, autonomia e abstração, presentes nos títulos de crédito, qual deles pode ser utilizado pelo advogado para refutar o argumento apresentado por Carolina para o não pagamento dos cheques? Justifique.

b) Caso os cheques tivessem sido emitidos por Carolina com cláusula "não à ordem" e transferidos à faturizadora pela forma aplicável aos títulos não à ordem, caberia a mesma resposta apresentada no item A? Justifique.

192. (OAB FGV XIX EXAME) Polis Equipamentos para Veículos Ltda. celebrou contrato com a instituição financeira Gama em razão de operação de crédito rotativo em favor da primeira. Em decorrência da operação de crédito, foi emitida pela devedora, em três vias, Cédula de Crédito Bancário (CCB), com garantia fidejussória cedularmente constituída.

Com base nessas informações e na legislação especial, responda aos itens a seguir.

a) Como se dará a negociação da CCB?

b) É possível a transferência da CCB por endosso-mandato, considerando-se ser essa uma modalidade de endosso impróprio?

193. (OAB FGV XX EXAME) Reaplicação Porto Velho/RO

Aragominas Jardinagem e Paisagismo Ltda. EPP sacou duplicata de prestação de serviços à vista em face de Bernardo Sayão no valor de R$ 12.000,00 (doze mil reais). O título foi endossado antes da apresentação a pagamento para o Banco Filadélfia S.A. Na data da apresentação ao sacado, para pagamento, este solicitou prorrogação da apresentação por dois meses, o que foi aceito pelo credor. Foi firmada declaração escrita na duplicata, assinada por mandatário do endossatário com poderes especiais, concedendo a referida prorrogação.

O sacado não efetuou o pagamento da duplicata na data acordada. O endossatário exigiu o pagamento do endossante, que se recusou a fazê-lo alegando que não anuiu com a prorrogação do vencimento, fato inconteste.

a) Sendo certo que o endosso em favor do Banco Filadélfia é translativo e não houve aposição de cláusula sem garantia, é cabível a exceção ao pagamento apresentada?

b) A anuência com a prorrogação do prazo de vencimento da duplicata, firmada por mandatário com poderes especiais, poderia ser invalidada por não ter sido dada pelo próprio credor?

194. (OAB FGV XXII EXAME) Uma nota promissória à ordem foi subscrita por A sem indicação da data de emissão e da época do pagamento. O beneficiário B transferiu o título para C mediante assinatura no verso e em branco, sem inserir os dados omitidos pelo subscritor.

Com base na hipótese apresentada, responda aos questionamentos a seguir.

a) Ao ser emitida, essa nota promissória reunia os requisitos formais para ser considerada um título de crédito?

b) Impede o preenchimento do título o fato de C tê-lo recebido de B sem que os dados omitidos pelo subscritor tenham sido inseridos?

195. (OAB FGV XXII EXAME) Olímpio teve seu nome negativado pela emissão de cheque sem suficiente provisão de fundos, apresentado pelo portador ao sacado por duas vezes e em ambas devolvido.

O nome do devedor foi inscrito no Cadastro de Emitentes de Cheques sem Fundos (CCF), sem que tenha havido notificação prévia do devedor, acerca de sua inscrição no aludido cadastro, por parte do Banco do Brasil S/A, gestor do CCF.

Sentindo-se prejudicado pelos danos morais e materiais advindos da inscrição no CCF, Olímpio consulta seu advogado para que ele esclareça as questões a seguir.

a) Houve conduta ilícita por parte do Banco do Brasil S/A?

b) A devolução do cheque por duas vezes impede o credor de realizar a sua cobrança judicial?

196. (OAB FGV XXV EXAME) Antônio Carneiro sacou, em 02/12/2012, duplicata de prestação de serviço em face de Palmácia Cosméticos Ltda., no valor de R$ 3.500,00 (três mil e quinhentos reais), com vencimento em 02/02/2013 e pagamento no domicílio do sacado, cidade de Barro. A duplicata não foi aceita, nem o pagamento foi efetuado no vencimento. Em 07/05/2017, o título foi levado a protesto e o sacado, intimado de sua apresentação no dia seguinte.

Em 09/05/2017, o sacado apresentou ao tabelião suas razões para impedir o protesto, limitando-se a invocar a prescrição da pretensão à execução da duplicata, tendo em vista as datas de vencimento e de apresentação a protesto. O protesto foi lavrado em 10/05/2017, e Palmácia Cosméticos Ltda., por meio de seu advogado, ajuizou ação de cancelamento do protesto sem prestar caução no valor do título. Com base nas informações acima, responda aos itens a seguir.

a) Deveria o tabelião ter acatado o argumento do sacado e não lavrar o protesto?

b) Com fundamento na prescrição da pretensão executória, é cabível o cancelamento do protesto?

197. (OAB FGV XXVI EXAME) Pedro emitiu quatro cheques em 27 de março de 2018, mas esqueceu de depositar um deles. Tendo um débito a honrar com Kennedy e sendo Pedro beneficiário desse quarto cheque, ele o endossou em preto, datando no verso "dia 19 de maio de 2018". Sabe-se que o quarto cheque foi emitido em Tibagi/PR para ser pago nessa praça, e que sua apresentação ao sacado ocorreu em 23 de maio de 2018, sendo devolvido por insuficiência de fundos.

Sobre a hipótese, responda aos itens a seguir.

a) Considerando-se as datas de emissão e endosso do 4º cheque, qual o efeito do endosso?

b) O portador poderá promover ação de execução em face de Pedro, no dia 11 de outubro de 2018, diante do não pagamento do cheque pelo sacado?

198. (OAB FGV XXVIII EXAME) A Transportadora Jaramataia Ltda. sacou duplicata de prestação de serviço lastreada em fatura de prestação de serviços de transporte de carga em favor de Dois Riachos Panificação Ltda. (sacada). A duplicata, pagável em Penedo/AL, foi aceita, mas, até a data do vencimento, 22 de agosto de 2016, não houve pagamento.

Consideradas essas informações, responda aos itens a seguir.

a) A sacadora poderá promover a execução da duplicata desprovida de certidão de protesto por falta de pagamento e de qualquer documento que comprove a efetiva prestação dos serviços e o vínculo contratual que a autorizou?

b) A sacadora, no dia 20 de setembro de 2019, informa não ter ainda promovido a cobrança judicial da duplicata. Qual medida judicial você proporia para a realização do crédito?

199. (OAB FGV XXIX EXAME) Matheus Leme adquiriu, em 11-9-2018, produtos veterinários de Distribuidora de Medicamentos Olímpia S/A, emitindo cheque no valor de R$ 18.000,00 (dezoito mil reais) e acordando com o vendedor que a apresentação do cheque ao sacado se faria a partir de 22-12-2018. Houve extração de fatura de compra e venda pelo vendedor, mas não houve saque da correspondente duplicata. Sobre o caso narrado, responda aos itens a seguir.

a) Há nulidade da emissão de cheque por Matheus Leme em razão da ausência de saque de duplicata pelo vendedor?

b) Em relação à apresentação ao sacado, qual o efeito da inserção de data futura à de emissão do cheque?

200. (OAB FGV XXX EXAME) Luiz Alves é representante comercial autônomo inscrito no Conselho Regional dos Representantes Comerciais. No contrato de representação comercial, celebrado em 2015 com Tratores Irani Ltda., foi estabelecida cláusula de exclusividade em favor do representante pelos negócios por ele mediados na microrregião de Blumenau. No ano seguinte, diante do inadimplemento no pagamento de comissões, Luiz Alves ajuizou ação de execução por título extrajudicial (duplicata à vista de prestação de serviços) em face do representado no juízo do seu domicílio, Rodeio/SC.

A duplicata de prestação de serviços, sacada pelo representante em face do representado, foi protestada por falta de pagamento e está acompanhada do demonstrativo dos pagamentos com as respectivas notas fiscais.

O executado apresentou embargos alegando a nulidade da execução por falta de executividade do título apresentado. Por se tratar de contrato de representação comercial, alega o sacado que o representante não pode se utilizar de título de crédito, como a duplicata, para a cobrança de suas comissões.

Sobre a hipótese apresentada, responda aos itens a seguir.

a) A alegação do embargante é procedente quanto à nulidade da execução?

b) O inadimplemento no pagamento das comissões, na época devida, pelo representado, autoriza o pagamento de indenização ao representante?

201. (OAB FGV XXXI EXAME) Miranda, em 28 de fevereiro de 2018, subscreveu nota promissória à vista, no valor R$ 35.000,00, contendo cláusula "sem despesas" em favor de Ladário. Antes da apresentação a pagamento, o título foi avalizado em branco por Glória e endossado a Ribas. A apresentação a pagamento do título ao subscritor foi realizada no mesmo dia de sua emissão, não tendo sido adimplida a obrigação.

Proposta ação cambial pelo portador em face de Ladário no dia 1º de abril de 2019, este invocou carência do direito de ação do autor pela ausência do protesto por falta de pagamento e a ocorrência da prescrição.

Considerados os dados informados, responda aos itens a seguir.

a) Quem são os obrigados cambiários na nota promissória descrita no enunciado? Há solidariedade entre eles?

a) Procedem as alegações invocadas por Ladário na ação cambial?

Contratos Mercantis

202. (OAB RJ 2004/02 EXAME 24) Em face do contido na Lei 8.955, de 15 de dezembro de 1994, que dispõe sobre o contrato de franquia empresarial, a empresa franqueada pode ser considerada filial ou sucursal do franqueador? Justifique a resposta.

203. (OAB GO 2007/01) José, juiz de direito, apesar de seu cargo, exerce, de fato, atividade empresarial, sendo proprietário de um hotel-fazenda nas imediações da comarca onde trabalha. Para a expansão de seu empreendimento, José contratou um financiamento em um banco local. Todavia, o mutuário tornou-se inadimplente, vindo a ver ajuizada, contra si, ação de cobrança. Em contestação, alegou que não poderia responder pelas obrigações assumidas, porquanto estaria impedido de exercer atividade empresarial.

Com base na situação hipotética acima, elabore um texto, devidamente fundamentado, acerca da procedência ou improcedência da tese sustentada por José.

204. (OAB RJ 2004/02 EXAME 24) Como espécie de contrato bancário existe o Crédito Documentário, largamente utilizado no comércio internacional. Defina essa espécie de contrato.

205. (OAB RJ 2005/02 EXAME 27) Dentre as várias operações realizadas pelos bancos, esclareça em que categoria é inserido o depósito bancário.

206. (OAB GO 2006/02) Fran de Souza adquiriu um veículo Vectra do Banco GM, pelo valor de R$ 100.000,00 (cem mil reais), mediante Contrato de Financiamento com garantia de alienação fiduciária, a ser pago em 36 (trinta e seis) parcelas mensais, iguais e consecutivas, no valor de R$ 3.200,00 (três mil e duzentos reais) cada uma, vencendo a primeira em

10.03.2006. Como garantia do cumprimento da obrigação, Fran de Souza entregou em alienação fiduciária o veículo, mas somente efetuou o pagamento de uma parcela. Estando vencidas 05 (cinco) parcelas, o Banco GM ingressou com a Ação de Busca e Apreensão, tendo o juiz deferido a liminar. Cumprida a referida ordem, o réu deseja a restituição do bem. Pergunta-se: que deverá ele fazer e qual o prazo que a lei lhe faculta? Justifique, fundamentando sua resposta.

207. (OAB GO 2006/01) No que consiste o "fomento mercantil"?

208. (OAB RJ 2003/02 EXAME 21) Discorra sobre o contrato de leasing.

209. (OAB GO 2003/01) Em uma definição doutrinária sabe-se que o leasing é a locação caracterizada pela faculdade conferida ao locatário de, ao seu término, optar pela compra do bem locado. Pergunta-se: as sociedades dedicadas ao arrendamento mercantil são ou não consideradas instituições financeiras também para os efeitos do sigilo bancário? Em caso negativo ou positivo fundamentar legalmente.

210. (OAB CESPE 2009/02) Alfa Indústria e Comércio Ltda. celebrou com a D&A Participações Ltda., titular dos direitos de uso da marca Lavanderia Roupas Cheirosas, contrato em que D&A se obriga a ceder o uso da referida marca a Alfa, mediante certas retribuições, bem como a prestar-lhe serviços de organização empresarial, mediante contraprestação pecuniária mensal direta ou indireta, e Alfa se obriga à estrita observância das diretrizes estabelecidas por D&A relativamente ao leiaute do estabelecimento empresarial bem como à estrutura organizacional e administrativa do negócio.

Alfa, alegando que não recebera circular de oferta da parte de D&A, no prazo de 10 (dez) dias, antes da assinatura do contrato final, quer a devolução dos valores já pagos.

Pergunta-se se Alfa pode pedir a citada devolução e especifique a modalidade do contrato mercantil celebrado entre Alfa e D&A, mencionando as exigências legais específicas para a validade dessa modalidade de contrato bem como os dispositivos legais aplicados ao caso.

211. (OAB FGV XIII EXAME) Banco Colares S/A, com fundamento no inadimplemento de contrato de alienação fiduciária em garantia celebrado nos termos do art. 66-B da Lei n. 4.728/65, requereu a busca e apreensão do bem, com pedido de liminar. Previamente ao pedido, o fiduciário comprovou o não pagamento por Augusto Corrêa, fiduciante, das quatro últimas parcelas do financiamento. O pedido foi deferido e a liminar executada.

O fiduciante não apresentou resposta no prazo legal, porém, dois dias após executada a liminar, pagou a integralidade da dívida pendente, em conformidade com os valores apresentados pelo fiduciário na inicial.

Diante do pagamento comprovado nos autos, o Juiz determinou a entrega do bem livre de ônus, mas este já havia sido alienado pelo fiduciário durante o prazo legal para o pagamento da dívida. O fiduciário justificou sua conduta pela ausência de resposta do fiduciante ao pedido de busca e apreensão.

Com base nas informações do enunciado e nas disposições procedimentais referentes à alienação fiduciária, responda aos seguintes itens.

a) Poderá ser aplicada alguma penalidade ao fiduciário pela alienação do bem, ou este agiu em exercício regular do direito? Justifique.

b) Comprovado pelo fiduciante que a alienação do bem lhe causou danos emergentes e lucros cessantes, que medida poderá propor seu advogado em face do fiduciário?

O examinando deve fundamentar corretamente sua resposta. A simples menção ou transcrição do dispositivo legal não pontua.

212. (OAB FGV XIV EXAME) Massa Falida de Panificadora Xapuri Ltda. ME, representada por seu administrador judicial, ajuizou ação de repetição de indébito em face de Cruzeiro do Sul S/A – Arrendamento Mercantil, na qual pleiteou a restituição do VRG (valor residual garantido) pago antecipadamente durante a vigência do contrato e a declaração de nulidade da cláusula que obriga esse pagamento. Com a decretação de falência da arrendatária, o administrador judicial não usou da faculdade prevista no art. 117 da Lei n. 11.101/2005, acarretando a extinção do contrato com a consequente retomada da posse dos bens pela arrendadora. Esta, em contestação, pugnou pela validade da cláusula contratual que autoriza o pagamento antecipado do VRG e que não cabe repetição deste valor em razão da extinção do contrato se dar por culpa exclusiva da devedora, ora falida.

Com base nas informações do enunciado, na legislação sobre o contrato de arrendamento mercantil e na jurisprudência pacificada dos Tribunais Superiores, responda aos itens a seguir.

a) A extinção do contrato de arrendamento mercantil por inadimplemento da arrendatária justifica a retenção do VRG pela arrendadora?
b) A cobrança antecipada do valor residual garantido pela arrendadora descaracteriza o contrato de arrendamento mercantil, transformando-o em compra e venda a prestação?

Obs.: o examinando deve fundamentar corretamente sua resposta. A simples menção ou transcrição do dispositivo legal não pontua.

213. (OAB FGV XV EXAME) Luzilândia Exportação S/A celebrou, em 11 de setembro de 1995, contrato contendo cláusula compromissória com a sociedade Miguel Leão Comércio e Indústria de Tecidos Ltda. A vigência inicial foi de três anos, mas, após esse período, houve prorrogação tácita por tempo indeterminado. Na cláusula compromissória, as partes reportaram-se às regras do Tribunal Arbitral X para a instituição e o processamento da arbitragem.

Em março de 2010, surgiu uma desavença entre as partes, não solucionada pelos meios de mediação previstos no contrato. Miguel Leão Comércio e Indústria de Tecidos Ltda. notificou a outra sociedade para a instituição da arbitragem, mas esta se opôs, sob a alegação de que não está obrigada a respeitar a cláusula compromissória pelos seguintes motivos:

a) o contrato foi celebrado antes de 1996, ano da atual Lei de Arbitragem;
b) a Lei de Arbitragem não pode ter efeito retroativo em observância ao art. 6º da Lei de Introdução às Normas do Direito Brasileiro e ao art. 43 da própria Lei de Arbitragem;
c) embora o contrato tenha sido prorrogado por tempo indeterminado em 1998, não houve a expressa manifestação de Luzilândia Exportação S/A sobre a manutenção da cláusula compromissória, portanto ela deixou de ter eficácia quando houve a prorrogação tácita.

Miguel Leão Comércio e Indústria de Tecidos Ltda. requereu a citação da outra parte para comparecer em juízo, a fim de lavrar-se o compromisso. Na petição, foi indicado, com precisão, o objeto da arbitragem e anexado o contrato contendo a cláusula compromissória.

O juiz designou audiência específica para tentar, previamente, a conciliação acerca do litígio. As partes compareceram à audiência, mas não se obteve sucesso na celebração, de comum acordo, do compromisso arbitral.

Com base nas informações do enunciado, na legislação apropriada e na jurisprudência pacificada dos Tribunais Superiores, responda às perguntas a seguir.

a) Deve ser julgado procedente o pedido de instituição da arbitragem formulado por Miguel Leão Comércio e Indústria de Tecidos Ltda.?

b) Pode ser aplicada a Lei de Arbitragem aos contratos celebrados antes de sua vigência?

O examinando deve fundamentar suas respostas. A mera citação do dispositivo legal não confere pontuação.

214. (OAB FGV XVI EXAME) Érico celebrou contrato com a sociedade empresária Wagner & Cia. Ltda., com a obrigação de promover, à conta desta e mediante retribuição, a mediação para a venda de artigos de cozinha, em zona determinada (Estado da Bahia), podendo representar o proponente na conclusão dos contratos.

Após dois anos de vigência do contrato, o agente assumiu o encargo de mediação para a venda dos mesmos produtos à conta de outros proponentes, também no estado da Bahia. Sem ter recebido qualquer comunicação sobre esse fato e sabendo que Érico estava a serviço de um dos seus maiores concorrentes, a sociedade empresária dispensou o agente por justa causa, alegando infração contratual e prejuízos pela diminuição comprovada do faturamento na mesma zona geográfica.

Tomando ciência da extinção unilateral do contrato, Érico procura um advogado relatando que, antes da dispensa pelo proponente, ele intermediou com êxito várias propostas que resultaram em vendas para a Wagner & Cia. Ltda. Apresentou os documentos comprobatórios das referidas transações, correspondentes aos quatro últimos meses da vigência do contrato, informando que não recebeu nenhuma comissão por elas e indagando se tem direito a algum crédito em relação ao proponente.

Com base nas informações contidas no enunciado, responda aos seguintes itens.

a) A despedida do agente pelo proponente pode ser considerada por justa causa, sendo, portanto, legítima? Justifique.

b) Diante da narrativa apresentada por Érico ao advogado, qual a orientação a ser dada a ele?

Obs.: responda justificadamente, empregando os argumentos jurídicos apropriados e a fundamentação legal pertinente ao caso.

215. (OAB FGV XX EXAME) Determinado órgão da administração pública indireta (autarquia municipal) consultou seu procurador sobre a possibilidade de utilizar-se da arbitragem para dirimir litígios relativos a direitos patrimoniais disponíveis com uma sociedade empresária estrangeira. Com base nas regras de aplicação da arbitragem pela Administração Pública, responda aos itens a seguir.

a) As partes que firmarem a convenção de arbitragem poderão escolher as regras de direito ou de equidade, inclusive mantendo o sigilo em todo o procedimento e das decisões dos árbitros, aspecto essencial do instituto da arbitragem?

b) A convenção de arbitragem pode indicar as regras internacionais de comércio e as regras corporativas que os árbitros adotarão como base para a arbitragem de direito?

c) A instituição da arbitragem poderá afetar o curso da prescrição quinquenal para o exercício de ação punitiva pela Administração Pública?

216. (OAB FGV XXI EXAME) Silva Jardim é sócio minoritário da Companhia Saquarema de Transportes de Carga, com sede em Volta Redonda/RJ. Em razão de dificuldades financeiras, a sociedade empresária recebeu empréstimo no valor de R$ 500.000,00 (quinhentos mil reais) de Silva Jardim, com pagamento integral após dois anos da data da transferência do crédito. A taxa de juros remuneratórios pactuada é de 12% ao ano. Com escopo de garantia do pagamento do mútuo, a companhia transferiu ao credor dois caminhões de sua propriedade, sob condição resolutiva do adimplemento. Também foi estabelecido pacto comissório em favor de Silva

Jardim, em caso de não pagamento da dívida no vencimento. Ao tomar conhecimento da celebração do contrato, o sócio Cardoso suscita a nulidade do pacto comissório em assembleia geral ordinária da companhia. Com base na hipótese narrada, responda aos itens a seguir.

a) Tem razão o sócio Cardoso em considerar nulo o pacto comissório

b) O contrato que instituiu o gravame sobre os caminhões em favor do credor deve ser levado ao Registro de Títulos e Documentos do domicílio do devedor para sua validade?

217. (OAB FGV XXI EXAME) Sociedade empresária do tipo limitada ajuizou ação declaratória de revisão de contrato em face de sociedade de Fomento Mercantil. A autora afirma que, em 26 de março de 2009, firmou com a ré contrato de fomento mercantil prevendo a compra total ou parcial de títulos de crédito, emitidos para pagamento a prazo, resultantes de venda ou de prestação de serviços realizados pela autora com o fito de obtenção de capital de giro para fomento de sua empresa. Ademais, ficou convencionado que a faturizadora se obrigaria a prestar, cumulativa e continuamente, serviços de assessoria creditícia, mercadológica, de gestão de crédito, seleção de riscos, acompanhamento da carteira de contas a receber e pagar. A autora ainda assevera que o contrato possui cláusulas abusivas, puramente potestativas, que violam o Código de Defesa do Consumidor. Com base nessas informações, responda aos itens a seguir.

a) O contrato típico de faturização ou factoring encerra relação de consumo?

B) Tendo em vista o conceito legal, as sociedades de fomento mercantil são consideradas instituições financeiras?

218. (OAB FGV XXIV EXAME) Leopoldo celebrou, com o Banco Nazário S.A., contrato de alienação fiduciária em garantia e ficou, na vigência do contrato, inadimplente no pagamento das prestações do financiamento, com atraso superior a quatro meses. Durante a negociação com Leopoldo, este propôs a purga da mora e a continuidade do contrato, uma vez que já pagara 65% (sessenta e cinco) por cento do financiamento, mas o pedido foi recusado. Sem conseguir uma solução amigável para o recebimento da dívida, Maria Rosa, responsável pela carteira de contratos de alienação fiduciária do Banco Nazário S.A., consulta você, como advogado(a), para que esclareça as dúvidas a seguir.

a) Comprovada a mora do fiduciante, que medida deve ser tomada para o credor reaver a posse do bem alienado fiduciariamente?

b) Considerado o pagamento de 65% do valor financiado, o fiduciário pode ser compelido, por decisão judicial, a aceitar a purga da mora, sendo sua intenção a extinção do contrato?

219. (OAB FGV XXV EXAME) Jorge Teixeira, advogado de Nova União S/A Administradora de Cartões de Crédito, deve elaborar a contestação aos pedidos formulados por Jamari Bueno, titular de cartão de crédito, em ação ajuizada em face da referida administradora. Na inicial, a autora pede a declaração de nulidade de várias cláusulas do contrato, a saber: a) os juros cobrados nos financiamentos do saldo devedor, na hipótese de pagamento do valor mínimo da fatura, devem ser limitados a 12% ao ano, nos termos do Decreto n. 22.626/33 (Lei da Usura); e b) que as administradoras de cartões de crédito não podem ultrapassar o referido limite por não serem instituições financeiras.

a) Que argumento Jorge Teixeira deve utilizar para refutar a alegação de que as administradoras de cartões de crédito, por não serem instituições financeiras, não podem ultrapassar o referido limite?

b) Que argumento Jorge Teixeira deve utilizar para refutar a alegação da limitação dos juros a 12% ao ano?

220. (OAB FGV XXVII EXAME) A Importadora Morrinhos S/A contratou os serviços da Transportadora Jussara Ltda. para o transporte de veículos automotores. A carga deveria ter sido entregue no dia 12 de maio de 2018, mas, devido à interdição da rodovia pela Polícia Rodoviária Estadual, a chegada no destino ocorreu dois dias depois.

Americano do Brasil, empresário individual e um dos destinatários, verificou, ao receber a carga, que parte dela estava avariada. Todavia, o protesto por avaria foi realizado após a entrega ao transportador, no dia 14 de maio de 2018, que se recusou a reparar o dano, levando o destinatário a reclamar o prejuízo junto à Importadora Morrinhos S/A.

A seguradora da Importadora Morrinhos S/A indenizou Americano do Brasil de seu prejuízo e demandou a Transportadora Jussara Ltda. em ação de regresso, com base na Súmula 188 do STF ("O segurador tem ação regressiva contra o causador do dano, pelo que efetivamente pagou, até o limite previsto no contrato de seguro") e no art. 786 do Código Civil.

Na contestação ao pedido, a ré invocou a decadência do direito do destinatário à reparação civil pela reclamação intempestiva; no mérito, aduziu que há limitação de responsabilidade do transportador ao valor indicado no conhecimento de transporte rodoviário, não cabendo o pagamento do valor integral efetuado pela seguradora.

Com base nas informações acima, responda aos itens a seguir.

a) Houve decadência do direito à reparação civil pelos prejuízos sofridos pelo destinatário com a avaria parcial da carga?

b) Procede a alegação de mérito quanto à limitação da responsabilidade do transportador?

221. (OAB FGV XXVIII EXAME) Brinquedos Candeias Ltda. (consignante) entregou 750 brinquedos à sociedade Campo Formoso Armarinho e Butique Ltda. (consignatária) para que esta os vendesse em Seabra/BA e pagasse àquela o preço ajustado, podendo a consignatária, ao final de seis meses, restituir-lhe os bens consignados.

Durante a vigência do contrato, a totalidade dos brinquedos pereceu em razão de enchente que atingiu o estabelecimento da consignatária, sendo impossível sua restituição à consignante. Sem embargo, durante o prazo da consignação e antes da notícia de seu perecimento, a consignante alienou a terceiro os mesmos brinquedos.

Sobre o caso apresentado, responda aos itens a seguir.

a) Diante da causa apontada para o perecimento dos brinquedos, fica a consignatária exonerada da obrigação de pagar o preço dos brinquedos à consignante?

b) Na hipótese do enunciado, a consignação dos brinquedos impediria sua alienação pela consignante?

222. (OAB FGV XXIX EXAME) Alvorada do Norte Logística Ltda. celebrou contrato de corretagem com o Sr. Barbosa Ferraz para fins de futura aquisição de um imóvel, no qual será instalada uma das unidades produtivas empresariais. O contrato foi celebrado por escrito e contém cláusula de exclusividade. Em que pesem os esforços do corretor, o negócio mediado por ele não se aperfeiçoou em razão da desistência do vendedor, sem que esse fato seja imputável à desídia ou inércia do corretor. A partir do caso apresentado, responda aos itens a seguir.

a) Na situação apresentada, o corretor fará jus à comissão?

b) Caso o negócio tivesse sido iniciado e concluído pela sociedade empresária diretamente com o vendedor, sem a mediação do corretor, faria esse jus à comissão?

223. (OAB FGV XXX EXAME) A sociedade Itá Seara Manutenção de Refrigeradores Ltda. pretende obter financiamento do Banco Maravilha S/A com garantia de alienação fiduciária. Antes de celebrar o contrato, o administrador da sociedade precisa de informações sobre as regras aplicáveis a esse contrato e à propriedade fiduciária.

A esse respeito, responda aos itens a seguir.

a) Sabendo que a sociedade a ser financiada tem duplicatas de serviço em sua carteira de recebíveis, é possível a constituição de propriedade fiduciária sobre estes créditos e de que forma?

b) Na alienação fiduciária celebrada no âmbito do mercado financeiro, a cláusula penal pode ser dispensada e ser substituída por uma garantia pessoal ou caução?

224. (OAB FGV XXX EXAME) Joanópolis Confeccções Ltda. celebrou por prazo indeterminado contrato de locação de espaço em *shopping center*. A locatária ajuizou ação declaratória em face de Rancharia Empreendimentos Imobiliários S/A (locador), para ver proclamada a nulidade de cláusula de pagamento de duplo aluguel no mês de dezembro de cada ano, conhecida como "décimo terceiro aluguel", por ter sido estabelecida em contrato de adesão e ser excessivamente onerosa ao locatário.

Na contestação, o locador alegou a validade da cláusula e que foi livremente pactuada entre as partes, bem como é padrão nesse tipo de contrato tal cobrança, uniforme a todos os lojistas do empreendimento.

Sobre a hipótese apresentada, responda aos itens a seguir.

A) Deve ser provido o pedido da locatária?

B) O contrato celebrado admite denúncia imotivada, também conhecida como "vazia"?

Falência e recuperação de empresas

225. (OAB RJ 2004/02) O direito brasileiro incorporou, ou não, à sua legislação, o princípio da autofalência? Se a sua resposta for afirmativa cite o dispositivo legal pertinente e se negativa, dê a razão fundamental pela qual aquele princípio não foi aceito pelo legislador pátrio.

226. (OAB CESPE 2008/03) A pessoa jurídica Ômega Comércio e Representações Ltda., em estado de insolvência, decidiu reunir seus credores para a renegociação global de suas dívidas, propondo um plano de recuperação extrajudicial. Nessa situação hipotética, qual a natureza dos créditos que não poderão ser objeto do plano de recuperação extrajudicial? Fundamente sua resposta e discorra, ainda, acerca de três requisitos objetivos para a homologação em juízo do plano de recuperação extrajudicial de Ômega.

227. (OAB MG 2006/02) O Sr. Armando Kano é um devedor empresário que foi executado em função de uma dívida representada por um título de crédito (Nota Promissória), de sua emissão, em valor total de R$ 10.000,00 (dez mil reais). No prazo de 24 (vinte quatro) horas contados a partir da citação, o Sr. Armando não pagou nem nomeou bens à penhora. Ele não está preocupado, pois um primo dele, advogado, disse que esse credor não poderá requerer sua falência. Comente a orientação dada pelo primo do Sr. Armando, informando as razões pelas quais você concorda ou discorda com tal orientação.

228. (OAB CESPE 2006/02) João Batista, empregado há mais de vinte anos da Xavier Industrial S.A., foi demitido, tendo ajuizado ação trabalhista contra a empresa, a qual veio a ser condenada ao pagamento total do valor de 220 salários mínimos. Alguns dias após transitado em julgado esse crédito laboral, a ex-empregadora foi declarada falida. João Batista procurou um advogado, que lhe afirmou, peremptoriamente, que, diante da falência mencionada, ele só teria direito a um montante correspondente a 120 salários mínimos e nada mais, conforme disporia a Lei de Falências em vigor. Inseguro com essa informação, o ex-empregado procurou um outro advogado e fez a seguinte consulta: – Em quais condições a lei me dá direito a receber meu crédito trabalhista da falida Xavier Industrial S.A. e de quanto (em número de salários mínimos) é esse crédito?

Em face da situação hipotética acima, na condição de segundo advogado consultado, responda, justificadamente, à indagação formulada por João Batista.

229. (OAB RJ 2006/02 EXAME 30) Que sujeitos de direito não podem renegociar seus créditos, que detêm mediante a sociedade empresária, a qual encontra-se em recuperação extrajudicial? Fundamente sua resposta.

230. (OAB BA 2000/03) Que se entende por "termo legal da falência", como o mesmo é fixado e quais os efeitos que decorrem a sua fixação?

231. (OAB RJ 2007/01 EXAME 32) No curso do processo de falência da sociedade Móveis Guanabara S.A., foi convocada e regularmente instalada assembleia geral de credores para deliberar sobre um modo alternativo de alienação do ativo do devedor. O Banco Atalanta S.A., credor quirografário, por um título de obrigação cujo valor era expresso em dólares americanos, pleiteava que seu voto tivesse peso correspondente ao do valor proporcional de seu crédito, devendo ser adotada como taxa de câmbio a da véspera da realização do conclave.

Tomando como referência a situação hipotética acima, responda, fundamentadamente, se está correta a pretensão do credor.

232. (OAB RJ 2006/01 EXAME 29) Munhoz Granitos Ltda. (autora) propôs em 10.10.2005, na 9ª Vara Cível da Comarca da Capital do Rio de Janeiro, ação ordinária em face de Paranaense Companhia Aérea S.A. (ré), por conta de uma mercadoria sua, que havia sido transportada indevidamente pela ré, causando danos a serem apurados através do processo de conhecimento.

Ocorre que, em 20.01.2006, a empresa Ré – Paranaense Companhia Aérea S.A. – teve sua falência decretada pela 1ª Vara Empresarial da Comarca da Capital do Rio de Janeiro.

Em vista do princípio do juízo universal e levando em conta os dispositivos da nova lei falimentar, responda onde terá curso a ação ordinária da autora. Justifique sua resposta, indicando o fundamento legal.

233. (OAB MG 2006/03) André é titular de crédito decorrente de sentença transitada em julgado em Reclamação Trabalhista movida contra seu antigo empregador. No curso do processo trabalhista, foi declarada a falência do Reclamado, que vem sendo regida pela Lei n. 11.101/2005. Agora, já definitivo o crédito trabalhista, André pergunta ao Advogado o que deve fazer para pleitear seu efetivo pagamento. Fundamente.

234. (OAB MG 2003/02) A realização do ativo no processo falimentar pode ser objeto de deliberação dos credores? Justificar.

235. (OAB GO 2005/03) No tocante a atos efetivados antes da Falência, sabe-se que são revogáveis aqueles praticados com a intenção de prejudicar credores mediante comprovação de conluio fraudulento entre devedor e terceiro. Pergunta-se: quem tem legitimidade para propor a respectiva ação revocatória e qual o prazo de interposição da medida? Fundamentar.

236. (OAB CESPE 2008/01) A sociedade K e K Insumos Agrícolas Ltda. é credora da sociedade Fazenda Bonita Ltda., em razão da venda de insumos agrícolas a prazo, crédito consubstanciado em nota promissória no valor de R$ 50.000,00, quantia que foi afiançada por Zélia. A Fazenda Bonita Ltda. requereu pedido de recuperação judicial, cujo plano prevê pagar a K e K Insumos Agrícolas apenas R$ 40.000,00, o que lhe foi deferido.

Considerando a situação hipotética apresentada, responda, de forma fundamentada, se a sociedade K e K Insumos Agrícolas Ltda. poderá cobrar, da Fazenda Bonita Ltda. e de Zélia, o valor integral do mencionado crédito.

237. (OAB CESPE 2007/02) Uma sociedade empresária manejou pedido de recuperação judicial, com o objetivo de suspender o curso de sua falência, à semelhança do antigo pedido de concordata suspensiva.

No que se refere à situação hipotética descrita, elabore um texto, devidamente fundamentado e com menção à legislação pertinente, esclarecendo se o atual estágio do direito falimentar brasileiro admite a recuperação suspensiva da falência.

238. (OAB CESPE 2006/01) Diante de vultosas dívidas trabalhistas, fiscais e com fornecedores, os sócios da devedora Solar Produtos Estéticos Ltda.-ME deliberaram pelo pedido de recuperação judicial, ante à constatação de que esta seria a única alternativa apta a garantir a sobrevivência da referida pessoa jurídica.

Considerando a situação hipotética apresentada, discorra sobre as exigências para apresentação do pedido de recuperação judicial e sobre as normas específicas quanto ao conteúdo do plano de recuperação aplicáveis às microempresas e empresas de pequeno porte.

239. (OAB MG 2008/02) Na alienação de bens em processo de recuperação judicial ordinária, haverá a sucessão do arrematante nas obrigações trabalhistas do devedor empresário? Fundamentar resposta.

240. (OAB CESPE 2008/03) O credor A requereu a decretação de falência da pessoa jurídica X, razão pela qual o sócio majoritário de X alienou bem de sua propriedade e entregou integralmente o produto da alienação ao credor B. Posteriormente, o juiz competente indeferiu o pedido de falência, tendo sido arquivado o processo. Nessa situação hipotética, em face do disposto na Lei n. 11.101/2005, a conduta praticada pelo sócio majoritário de X constitui fato típico? Fundamente a sua resposta.

241. (OAB CESPE 2009/02) Em 15.03.2008, a pessoa jurídica Beta celebrou contrato de compra e venda de veículo de sua propriedade para a pessoa jurídica Gama, que se obrigou a efetuar o pagamento pela compra do veículo em seis prestações iguais e mensais, vencendo a primeira 15.04.2008. Em 20.03.2008, ou seja, cinco dias após a entrega do veículo, foi requerida a falência de Gama, pedido deferido posteriormente.

Em face dessa situação hipotética, identifique, fundamentando-se na Lei de Falências e Recuperação de Empresas, o procedimento mais adequado e eficaz para a defesa dos direitos de Beta, na hipótese do veículo permanecer na propriedade de Gama e na de o veículo já ter sido alienado por Gama a terceiro de boa-fé.

242. (OAB FGV 2010/2) A Empresa W firmou com a Empresa Z instrumento particular de transação em que ficou estabelecido o parcelamento de dívida oriunda do fornecimento de água por esta última. A dívida objeto do parcelamento foi constituída durante processo de recuperação judicial da Empresa W no qual a Empresa Z não figura como credora. Muito embora a Empresa W estivesse em processo de recuperação judicial, as parcelas do parcelamento vinham sendo regularmente pagas. Sobreveio, então, a decretação de falência da Empresa W, oportunidade em que esta comunicou à Empresa Z, via notificação com aviso de recebimento, que a continuidade de pagamento do parcelamento restava prejudicada (art. 172 da Lei n. 11.101/2005), indicando para a Empresa Z que habilitasse o seu crédito nos autos da falência. A sentença que decretou a falência da empresa W foi publicada em 24.08.2010 e dispôs que, para habilitação dos créditos, deverá ser aproveitado o quadro de credores da recuperação judicial e quem não estiver lá incluído deve observar o prazo de 15 (quinze) dias para apresentar sua habilitação de crédito. Você, como advogado da empresa Z, que procedimento legal deve tomar? Em que prazo, considerando que a empresa W notificou a empresa Z em 03.09.2010? Com que fundamento legal? Qual a categoria em que serão enquadrados os valores decorrentes do parcelamento para efeito de pagamento dos credores na falência? Em que ordem? Base Legal.

243. (OAB FGV 2010/2) Apurada no juízo falimentar a responsabilidade pessoal dos sócios de uma sociedade limitada, pergunta-se: I. existe a possibilidade de propositura de ação específica para buscar o ressarcimento dos prejuízos causados? Se existente, qual? Fundamente com base legal. II. quem pode ser sujeito ativo? Há que se aguardar a realização do ativo?

244. (OAB FGV 2010/3) Irmãos Castroman Importadora e Exportadora Ltda. cogita requerer a sua recuperação judicial. Antes de tomar qualquer medida, os sócios administradores da mencionada sociedade o(a) procuram, como advogado(a), para aferir se o mencionado requerimento é adequado ao seu caso, considerando, notadamente, a composição de seu endividamento.

Em relação ao caso acima, responda aos itens a seguir, empregando os argumentos jurídicos apropriados e a fundamentação legal pertinente ao caso.

a) Os créditos quirografários, decorrentes de compra e venda pura de produtos, constituídos até a data do pedido a ser formulado, mas não vencidos, estão sujeitos à recuperação judicial?
b) O credor titular de importância entregue ao devedor em moeda corrente nacional decorrente de adiantamento a contrato de câmbio para exportação estará submetido aos efeitos da recuperação judicial?
c) As execuções de natureza fiscal ficam com seu curso suspenso durante o processo de recuperação judicial?
d) O plano de recuperação judicial poderá prever um prazo de 3 (três) anos para o pagamento dos créditos derivados da legislação do trabalho vencidos até a data do pedido de recuperação judicial?

245. (OAB FGV 2010/3) Em 15.04.2010, a sociedade empresária denominada Fábrica de Móveis Dominó S.A. teve a sua falência decretada. Logo após a decretação da falência, um dos credores da aludida sociedade tomou conhecimento de que a devedora doou um imóvel de sua propriedade para a Suipa – Sociedade União Internacional Protetora dos Animais no dia 18.06.2009.

Esse mesmo credor, inconformado com a situação, procura-o(a), como advogado(a), e lhe apresenta algumas indagações.

Responda aos itens a seguir, empregando os argumentos jurídicos apropriados e a fundamentação legal pertinente ao caso.

a) Que medida e com base em que fundamento você recomendaria para recuperar em favor da massa falida o imóvel doado?
b) Qual seria o Juízo competente para apreciar e julgar a pretensão de seu cliente?

246. (OAB FGV V EXAME) Paulo Cabral deixou, em consignação, o carro de sua propriedade na Concessionária de Veículos Veloz Ltda. para que essa sociedade pudesse intermediar a venda do automóvel a terceiro. Sete dias depois, ao retornar à concessionária para buscar o automóvel, Paulo Cabral foi surpreendido pelo fato de ter encontrado o estabelecimento lacrado, em decorrência da decretação da falência da mencionada concessionária.

Inconformado, Paulo Cabral procura-o(a), como advogado(a), e lhe apresenta algumas indagações. Responda aos itens a seguir, empregando os argumentos jurídicos apropriados e a fundamentação legal pertinente ao caso.

a) Qual medida poderá ser por ele manejada para reaver o veículo de sua propriedade que se encontra em poder da devedora falida?

b) Caso o automóvel não venha a ser localizado, por ter sido vendido, como deverá proceder?

247. (OAB FGV V EXAME) Belmiro Pascoal foi, ao longo de doze anos, empregado da sociedade denominada Divinos Móveis Ltda. A despeito de a falência da referida sociedade ter sido decretada, Belmiro Pascoal seguiu trabalhando durante o período de continuação provisória das atividades da devedora. Ao longo desse interregno de continuação provisória das atividades, Belmiro Pascoal sofreu um acidente quando executava suas atividades laborativas. Diante disso, Belmiro Pascoal o(a) procura, como advogado(a), e lhe apresenta algumas questões.

Responda aos itens a seguir, empregando os argumentos jurídicos apropriados e a fundamentação legal pertinente ao caso.

a) Como será classificado o seu crédito decorrente do acidente de trabalho sofrido?

b) Em que ordem de precedência o seu crédito será pago?

248. (OAB FGV VII EXAME) Sociedade empresária teve sua recuperação judicial concedida em 10.11.2011 em decisão que homologou o plano de recuperação judicial aprovado em assembleia de credores.

O plano previa basicamente: (a) repactuação dos créditos quirografários, com um deságio de 40% (quarenta por cento) sobre o valor principal; (b) remissão dos juros e multas; e (c) pagamento em 240 (duzentas e quarenta) parcelas mensais, iguais e sucessivas, vencendo a primeira delas 30 (trinta) dias após a concessão da recuperação judicial.

Em 15.05.2012, sob a alegação de que tinha cumprido regularmente as obrigações decorrentes do plano de recuperação judicial vencidas até então, a devedora requer ao Juízo da Recuperação que profira sentença de encerramento da recuperação judicial.

A respeito do processo de recuperação judicial, indaga-se:

a) Considerando-se as datas da concessão da recuperação e a do pedido de encerramento, pode o Juízo proferir sentença de encerramento?

b) Caso a devedora tenha descumprido alguma obrigação prevista no plano, qual o efeito do inadimplemento em relação à recuperação judicial e aos créditos incluídos no plano?

249. (OAB FGV VIII EXAME) No âmbito do processo de falência de uma sociedade empresária, foi convocada assembleia geral de credores para deliberar sobre modalidade alternativa de realização do ativo.

Northern Instruments LLC, sociedade constituída no estado de Delaware, nos Estados Unidos da América, que é titular de créditos quirografários da ordem de US$ 15.000.000,00 (quinze milhões de dólares norte-americanos) pleiteia, perante o juízo falimentar, que seu crédito seja convertido em moeda nacional pelo câmbio da véspera da assembleia geral de credores, para fins de votação na referida assembleia.

A esse respeito, responda aos itens a seguir, utilizando os argumentos jurídicos apropriados e fundamentação legal pertinente ao caso.

a) O pleito da Northern Instruments LLC é legítimo?

b) No âmbito da assembleia geral de credores, qual é o quórum de deliberação necessário para aprovar modalidade alternativa de realização do ativo?

250. (OAB FGV XI EXAME) José, empresário individual que teve sua falência decretada em 20.10.2011, vendeu um sítio de sua propriedade para Antônio, em agosto de 2011.

Antônio prenotou a escritura de compra e venda do sítio em 18.10.2011, mas o registro da transferência imobiliária só foi efetuado em 05.11.2011, 15 (quinze) dias após a decretação da falência.

Isto posto, responda aos itens a seguir.

a) É válida e eficaz a compra e venda acima referida?

b) A referida compra e venda poderia eventualmente vir a ser revogada?

251. (OAB FGV XII EXAME) Em 22.08.2012, o Presidente do Banco Central do Brasil decretou a liquidação extrajudicial do Banco Serra do Mel S.A., devido ao comprometimento patrimonial e financeiro da instituição, à incapacidade de honrar compromissos assumidos e à prática de graves irregularidades, configurando violação das normas legais e regulamentares que disciplinam a atividade bancária.

A decretação da medida acarretou a indisponibilidade dos bens particulares dos atuais e ex-administradores da instituição financeira.

Messias Targino, ex-diretor do Banco Serra do Mel S.A., cujo mandato encerrara-se em 25.04.2011, verificou que seu nome encontrava-se na relação de administradores que tiveram seus bens indisponíveis, consoante informação prestada pelo liquidante ao Banco Central do Brasil. Consultou sua advogada para saber da legalidade da medida e se poderia efetivamente ser atingido por ela.

Com base na legislação aplicável à liquidação extrajudicial de instituição financeira, responda à consulta do cliente quanto ao ponto questionado.

252. (OAB FGV XV EXAME) Batalha Comércio de Alimentos Ltda. EPP em recuperação judicial teve seu plano de recuperação judicial submetido à assembleia de credores. Na assembleia estiveram representadas duas classes de credores – (i) com garantia real e (ii) quirografários. O valor total dos créditos presentes à assembleia é de R$ 4.000.000,00 (quatro milhões de reais).

O plano de recuperação, independentemente de classes, obteve o voto favorável de credores titulares de créditos no valor de R$ 2.500.000,00 (dois milhões e quinhentos mil reais). Na classe dos credores quirografários o plano obteve aprovação de nove dos dez credores presentes, correspondendo a 90% dos créditos dessa classe. Na classe dos credores com garantia real, o plano foi aprovado por dois dos três credores presentes, correspondendo a 40% dos créditos dessa classe.

Fronteira Distribuidora de Títulos e Valores Mobiliários S/A, titular de 60% dos créditos com garantia real, foi contrária à aprovação do plano por discordar do prazo para pagamento – 60 meses – oferecido a todos os credores dessa classe. Com base nas disposições da Lei n. 11.101/2005, responda aos itens a seguir.

a) É obrigatória a aprovação do plano de recuperação judicial por todas as classes de credores presentes à assembleia?

b) Nas condições descritas no enunciado, é possível a concessão da recuperação judicial?

O examinando deve fundamentar suas respostas. A mera citação do dispositivo legal não confere pontuação.

253. (OAB FGV XVII EXAME) Usina de Asfalto Graccho Cardoso Ltda. EPP requereu sua recuperação judicial e indicou, na petição inicial, que se utilizará do plano especial de recuperação judicial para Microempresas e Empresas de Pequeno Porte. No prazo legal, foi apresentado o referido plano, que previu, além do parcelamento dos débitos em 30 (trinta) meses, com parcelas iguais e sucessivas, o abatimento de 15% (quinze por cento) no valor das dívidas e o trespasse do estabelecimento da sociedade situado na cidade de Ilha das Flores. Aberto prazo para objeções, um credor quirografário, titular de 23% (vinte e três por cento) dos créditos dessa classe, manifestou-se contra a aprovação do plano por discordar do abatimento proposto, aduzindo ser vedado o trespasse como meio de recuperação.

Com base na hipótese apresentada, responda aos itens a seguir.

a) Diante da objeção do credor quirografário, a proposta de abatimento apresentada pela sociedade deverá ser apreciada pela assembleia geral de credores? Procede tal objeção?
b) Em relação ao segundo argumento apontado pelo credor quirografário, é lícito à sociedade escolher o trespasse como meio de recuperação se esta medida for importante para o soerguimento de sua empresa?

Obs.: o examinando deve fundamentar suas respostas. A simples menção ou transcrição de dispositivo legal não pontua.

254. (OAB FGV XVIII EXAME) Rodrigues Alves Comércio de Eletrodomésticos Ltda. vendeu uma geladeira e um fogão, a prestações, para Plácido, mas a entrega não foi realizada em razão da decretação da falência do vendedor e do lacre do estabelecimento determinado pelo juiz na sentença. O comprador interpelou o Dr. Jordão, administrador judicial, para que se pronunciasse sobre a continuidade do contrato e, em caso negativo, que lhe fosse restituída pela massa a parcela do preço que já foi paga com juros e atualização monetária. Considerando as disposições da legislação falimentar, responda aos itens a seguir.

a) É cabível a restituição em dinheiro da parcela do preço pago pelo comprador, caso o administrador judicial não dê prosseguimento à execução do contrato?
b) Qual a classificação do crédito na falência? Trata-se de crédito concursal ou extraconcursal?

Obs.: o examinando deve fundamentar suas respostas. A mera citação do dispositivo legal não confere pontuação.

255. (OAB FGV XIX EXAME) A sociedade Alfa celebrou contrato de financiamento com o Banco Beta com incidência de juros remuneratórios capitalizados semestralmente até o vencimento. Um imóvel de propriedade da sociedade foi hipotecado em favor do credor, sendo a hipoteca instituída na cédula de crédito industrial hipotecária. Um ano antes do vencimento, foi decretada, pelo juízo da Comarca de Teodoro Sampaio/SP, a falência do devedor.

Ao ler a relação de credores publicada com a sentença de falência, você verifica a omissão do crédito do seu cliente, o Banco Beta, propondo-se a realizar sua habilitação tempestiva.

a) Qual a classificação do crédito na falência que você indicará na habilitação?
b) Sabendo-se que o ativo apurado não é suficiente para o pagamento dos credores subordinados, poderão ser incluídos no valor do crédito habilitado os juros vencidos, previstos no contrato, após a decretação da falência?

256. (OAB FGV XX EXAME) João Claudino Metais Ltda. é sócia de uma sociedade limitada e acionista de uma companhia fechada. As duas sociedades empresárias nas quais João Claudino

Metais Ltda. tem participação tiveram suas falências decretadas num intervalo de seis meses, sendo a limitada em março de 2014 e a companhia em setembro de 2014.

Antevendo a crise iminente que se anunciava, o sócio exerceu seu direito de retirada da sociedade limitada, em janeiro de 2014, dentro do prazo legal, por discordar de alteração contratual. A sociedade, na data da decretação da falência, ainda não havia lhe pago seus haveres, embora tivesse realizado a apuração. Com base na hipótese formulada, responda aos itens a seguir.

a) João Claudino Metais Ltda. poderá exigir da massa falida da sociedade o recebimento do valor de suas quotas?
b) Caso seja realizada deliberação assemblear na companhia falida e seja aprovada matéria que enseje o direito de retirada, ficando vencido, João Claudino Metais Ltda. poderá pleitear o reembolso de suas ações?

257. (OAB FGV XX EXAME) No curso da recuperação judicial de uma sociedade empresária, duas semanas após o processamento do pedido, foram celebrados novos contratos de fornecimento de matéria-prima para seu desenvolvimento. Considerando-se o momento da celebração dos contratos e os efeitos da recuperação judicial, pergunta-se:

a) Os créditos decorrentes destes contratos podem ser incluídos no plano de recuperação?
b) Em caso de inadimplemento dos contratos, é possível o ajuizamento de ação de cobrança em face do devedor por meio do manejo de requerimento de falência?

258. (OAB FGV XX EXAME) Reaplicação Porto Velho/RO

Carlos, microempreendedor individual, atuava na distribuição de bebidas em sua cidade. Em razão da recessão e fortíssima retração do mercado com a inflação galopante, não conseguiu honrar seus débitos e teve sua falência decretada. No curso do processo, após a arrecadação dos bens e direitos sujeitos à falência, Carlos pleiteou, por meio de seu advogado, autorização judicial para assumir a empresa de distribuição de orgânicos. O pedido foi indeferido e o advogado recorreu afirmando que o art. 75 da Lei n. 11.101/2005 prevê o afastamento do devedor de suas atividades e que o falido já está afastado da empresa de distribuição de bebidas. Carlos pretende exercer nova empresa e não haveria vedação legal para isto.

Com base nestas informações, responda aos itens a seguir.

a) O argumento apresentado pelo advogado de Carlos é procedente?
b) A perda da administração e disposição dos bens sujeitos à arrecadação, com a decretação da falência, impede Carlos de exercer qualquer direito ou pleitear providências em relação a eles?

259. (OAB FGV XXI EXAME) Na recuperação judicial da Companhia Mascote de Tubos e Conexões, foi convocada, pelo juiz, assembleia de credores após a homologação do quadro geral. Nesse quadro existem apenas credores trabalhistas (Classe I), com privilégio geral e quirografário (Classe III). O total de créditos em cada uma das classes mencionadas, respectivamente, é de R$ 500.000,00 e R$ 7.000.000,00. Na primeira convocação da assembleia, verifica-se a presença de 17 dos 40 credores da Classe I, titulares de créditos no valor de R$ 295.000,00, e de 30 dos 50 credores da Classe III, titulares de créditos no valor de R$ 4.000.000,00.

Victor Garcia, credor da Classe III, consulta seu advogado, presente na assembleia, a respeito dos itens a seguir.

a) A assembleia de credores poderá ser instalada já em primeira convocação?
b) Sendo certo que a assembleia terá por objeto deliberar sobre alienação de bens do ativo permanente, matéria não prevista no plano de recuperação, é necessária a aprovação da

proposta por todas as classes de credores, em votação única e por quórum misto, isto é, pelo valor dos créditos e credores presentes?

260. (OAB FGV XXI EXAME) Em novembro de 2015, Comodoro Madeiras Nobres Ltda. contraiu empréstimo no valor de R$ 700.000,00 (setecentos mil reais) com fiança bancária. Antes do vencimento da dívida, em abril de 2016, diante da exoneração do fiador, a fiança foi substituída pelo penhor de máquinas de Comodoro Madeiras Nobres Ltda.

O mutuário teve sua falência decretada em novembro de 2016, sendo fixado o termo legal da data da decretação da falência até 90 (noventa) dias anteriores a 30 de setembro de 2014, data do primeiro protesto por falta de pagamento.

Peixoto de Azevedo, credor com privilégio especial, procura o administrador judicial para que este decrete a ineficácia objetiva, em relação à massa falida, do penhor constituído pelo devedor antes da falência.

Você, advogado(a) e no exercício da administração judicial da massa falida, deve analisar o caso e responder aos questionamentos a seguir.

a) Há ineficácia objetiva da garantia de penhor sobre as máquinas do devedor?
b) Você, como administrador(a) judicial e representante da massa falida, pode, de ofício ou mediante requerimento de credor, decretar a ineficácia do ato?

261. (OAB FGV XXII EXAME) Na recuperação judicial de Têxtil Sonora S/A, o Banco Japurá S/A, titular de 58% dos créditos com garantia real, indicou ao juiz os representantes e suplentes de sua classe no Comitê de Credores. Xinguara Participações S/A, credora da mesma classe, impugnou a referida indicação, alegando descumprimento do art. 35, I, alínea *b*, da Lei n. 11.101/2005, porque a assembleia geral de credores tem por atribuições deliberar sobre a constituição do Comitê de Credores, assim como escolher seus membros e sua substituição, não tendo havido deliberação nesse sentido. Ademais, aduz a impugnante que não houve manifestação do Comitê de Credores, já constituído apenas com representantes dos credores trabalhistas e quirografários, sobre a proposta do devedor de alienação de unidade produtiva isolada não prevista no plano de recuperação. Ouvido o administrador judicial, este não se manifestou sobre a primeira impugnação e, em relação à segunda, opinou pela sua improcedência em razão de não constar do rol de atribuições legais do Comitê manifestar-se sobre a proposta do devedor. Com base na hipótese apresentada, responda aos itens a seguir.

a) Deveria ter sido convocada assembleia de credores para eleição dos representantes da classe dos credores com garantia real, como sustenta a credora Xinguara Participações S/A?
b) Deve ser acatada a opinião do administrador judicial sobre a dispensa de oitiva do Comitê de Credores por falta de previsão legal?

262. (OAB FGV XXIII EXAME) O empresário individual J. Câmara EPP é credor na falência da sociedade empresária R. Fernandes & Filhos Ltda., cuja falência foi decretada pelo juízo da Comarca de Queluz/SP. O crédito, que figura na relação de credores apresentada pela falida, é fruto do fornecimento de aves vivas à sociedade empresária antes do requerimento de falência. Após a verificação dos créditos pelo administrador judicial, no dia 22/5, segunda-feira, foi publicado no órgão oficial o edital contendo a relação de credores. Nessa relação, o crédito de J. Câmara EPP foi reclassificado como quirografário. Em 26/5, sexta-feira, o advogado do credor pretende interpor medida judicial, nesse dia, por insatisfação com a relação de credores.

Com base nessas informações e não havendo qualquer causa suspensiva de prazo, responda aos questionamentos a seguir.

a) Qual a medida judicial a ser proposta em 26/5 e qual será a motivação para ela?

b) De acordo com a resposta ao item A, esclareça por que a medida indicada é tempestiva.

263. (OAB FGV XXV EXAME) Paulo de Frontin Malharia Ltda., preenchendo todos os requisitos do art. 48 da Lei n. 11.101/2005, negociou plano de recuperação extrajudicial com alguns de seus credores.

O plano foi proposto exclusivamente aos credores quirografários, com garantia real e com privilégio especial. Ao término da negociação, todos os credores, exceto o Banco Miracema S/A, assinaram o plano. Diante da recusa do Banco Miracema S/A, nas classes dos credores quirografários e com privilégio especial, o plano obteve adesão de 100% (cem por cento) e, na classe dos credores com garantia real, de 80% (oitenta por cento).

Apresentado o pedido de homologação do plano de recuperação ao Juízo da Comarca de São João Marcos, lugar do principal estabelecimento, o Banco Miracema S/A foi o único credor a apresentar impugnação tempestiva, fundamentada na ausência de aprovação expressa ao plano por ele. Segundo o impugnante, o plano previu o pagamento de seu crédito garantido por hipoteca em 40 (quarenta) parcelas iguais e sucessivas, a partir da homologação em juízo, com remissão de 30% (trinta por cento) do principal e abatimento dos juros moratórios. Com sua recusa em aderir ao documento, o plano não pode mais conter seu crédito.

Com base nas informações apresentadas e nas disposições da Lei n. 11.101/2005 sobre recuperação extrajudicial, responda aos itens a seguir.

a) É procedente o argumento apresentado pelo credor para a não homologação do plano?

b) Diante da recusa do credor em assiná-lo, caso o plano venha a ser homologado, o crédito do Banco Miracema S/A deve ser excluído dele?

264. (OAB FGV XXV EXAME) Reaplicação Porto Alegre/RS

Antônio Olinto, liquidante e representante legal do Banco Ventania S/A, que está em liquidação extrajudicial, propôs ação revocatória perante o juízo da Vara Única da Comarca de Corbélia, local do principal estabelecimento, com fundamento no art. 130 da Lei n. 11.101/2005. A ação foi ajuizada em face de dois ex-diretores da instituição financeira por gestão fraudulenta, apropriação indébita e outras condutas que acarretaram vultosos prejuízos ao Banco Ventania S/A e a seus credores. Foram também incluídos no polo passivo Godoy Moreira, Enéas Marques, Telêmaco Borba e Honório Serpa porque adquiriram, dolosamente, bens desviados do patrimônio da liquidanda, informação lastreada em documentação comprobatória que instruiu a petição inicial.

Com base nas informações do enunciado, responda aos itens a seguir.

a) Sendo certo que a instituição financeira em liquidação extrajudicial não teve sua falência decretada, é lícito ao liquidante ajuizar ação revocatória?

b) Sabendo-se que Godoy Moreira, Enéas Marques, Telêmaco Borba e Honório Serpa não possuem qualquer vínculo societário com a instituição liquidanda, poderiam ser demandados na ação revocatória?

265. (OAB FGV XXVI EXAME) Anastácio, empresário individual, requereu recuperação judicial em Deodápolis/MS, local de seu principal estabelecimento. No curso do processo, o juiz determinou o afastamento do devedor a pedido do Ministério Público; ato contínuo, o juiz determinou a convocação de assembleia de credores para a escolha do gestor judicial. Na assembleia, instalada em primeira convocação, foi aprovada a indicação do Dr. Pedro Gomes, como gestor judicial, pelos credores das classes I e III do art. 41 da Lei n. 11.101/2005. O credor com privilégio especial, Paraíso das Águas Hotelaria Ltda., ausente na deliberação, apresenta impugnação à aprovação do gestor judicial, provando que Pedro Gomes é primo de Anastácio. Ademais, Orgânicos Santa Rita do Pardo Ltda., único credor com garantia real (classe II), não compareceu à assembleia. Em razão da ausência do credor com garantia real não foi atingido o quórum de instalação na classe II, embora a totalidade dos credores das classes I e III estivesse presente e tenha aprovado a indicação do gestor. Pleiteia o impugnante a realização de nova assembleia e a sustação da nomeação do gestor. Consideradas as informações acima, responda aos itens a seguir.

a) O fato de Pedro Gomes ser primo de Anastácio constitui impedimento para sua nomeação como gestor judicial?

b) Houve irregularidade quanto ao quórum de instalação da assembleia que aprovou a indicação do gestor?

266. (OAB FGV XXVII EXAME) Caio Brito & Cia. Ltda. vendeu máquinas industriais para pagamento a prazo, em trinta parcelas fixas, para determinada sociedade empresária. As máquinas foram devidamente especificadas e são infungíveis. Do contrato, celebrado por escrito e registrado no domicílio do comprador, constou cláusula pela qual o vendedor reservou para si a propriedade até que o preço fosse integralmente pago.

Verificado o inadimplemento do comprador a partir da décima segunda parcela, o vendedor o constituiu em mora mediante protesto do contrato.

Durante a tramitação de ação de cobrança do preço devido, o comprador obteve o processamento de sua recuperação judicial.

Com base nas informações acima, responda aos itens a seguir.

a) Com o processamento da recuperação judicial, fica suspensa a ação anteriormente ajuizada pelo vendedor?

b) O crédito do vendedor pode ser submetido ao plano de recuperação judicial, considerando-se que se trata de crédito existente na data do pedido?

267. (OAB FGV XXVIII EXAME) Mendes Pimentel é credor de Alpercata Reflorestamento Ltda., por título extrajudicial com vencimento em 20 de março de 2020. Em 11 de setembro de 2018, foi decretada a falência da devedora pelo juízo da comarca de Andradas/MG.

Mendes Pimentel é proprietário de uma máquina industrial que se encontrava em poder de um dos administradores da sociedade falida na data da decretação da falência, mas não foi arrolada no auto de arrecadação elaborado pelo administrador judicial.

Sobre a hipótese narrada, responda aos itens a seguir.

a) Sabendo-se que o crédito de Mendes Pimentel não se encontra na relação publicada junto com a sentença de falência, ele deverá aguardar o vencimento da dívida para habilitar o crédito?

b) Diante da ausência de arrecadação da máquina industrial, Mendes Pimentel deverá ajuizar ação em face da massa falida para que o crédito, uma vez apurado, seja pago como quirografário?

268. (OAB FGV XXIX EXAME) Irmãos Botelhos & Cia. Ltda., em grave crise econômico-financeira e sem condições de atender aos requisitos para pleitear recuperação judicial, requereu sua falência no juízo de seu principal estabelecimento (Camaçari/BA), expondo as razões da impossibilidade de prosseguimento da atividade empresarial. O pedido foi acompanhado dos documentos exigidos pela legislação e obteve deferimento em 11 de setembro de 2018. Após constatar que todos os títulos protestados por falta de pagamento tiveram o protesto cancelado, o juiz fixou, na sentença, o termo legal em sessenta dias anteriores ao pedido de falência, realizado em 13 de agosto de 2018.

Sobre o caso apresentado, responda aos itens a seguir.

a) Foi correta a fixação do termo legal da falência?

b) Considerando que, no dia 30 de junho de 2018, o administrador de Irmãos Botelhos & Cia. Ltda. pagou dívida vincenda desta através de acordo de compensação parcial, com desconhecimento pelo credor do estado econômico do devedor, tal pagamento é eficaz em relação à massa falida? Justifique.

269. (OAB FGV XXX EXAME) Feliciano, administrador da sociedade empresária Lago de Junco Telecomunicações Ltda., em conluio com seus dois primos, realizou empréstimos a eles em nome da sociedade, a fim de obter crédito para si, o que era vedado pelo contrato social. Essas práticas reiteradas descapitalizaram a sociedade porque a dívida não foi honrada.

Ao cabo de três anos, foi decretada a falência, com fundamento na impontualidade. No curso do processo falimentar, o administrador judicial verificou a prática, antes da falência, de outros atos pelo administrador em unidade de propósitos com seus primos – dentre eles, a transferência de bens do estabelecimento a terceiros, lastreados em pagamentos de dívidas fictícias.

De acordo com o enunciado e as disposições da Lei de Falência e Recuperação de Empresas, responda aos itens a seguir.

a) Qual a medida judicial cabível para recuperar os bens e valores que foram subtraídos do patrimônio da sociedade empresária, e quais são os seus fundamentos? Justifique.

b) Quem tem legitimidade ativa para a referida ação? Qual o prazo para sua propositura e qual a natureza desse prazo? Justifique.

Gabarito das questões discursivas (OAB e exercícios propostos)

Empresário, Auxiliares, Estabelecimento e Propriedade Industrial

1. (OAB CESPE 2006/02) O empresário rural tem a faculdade de providenciar o registro, e se quiser pode requerer a inscrição junto à Junta Comercial da respectiva sede (arts. 971 e 984 do CC), sujeitando-se, a partir daí, às regras de direito empresarial.

2. (OAB MG 2006/03) De acordo com o art. 971 do CC, João Olavo, como empresário rural tem a faculdade de registrar sua atividade na Junta Comercial. Uma vez registrado, sujeita-se a todo o regime jurídico aplicado ao empresário, como, por exemplo, a escrituração obrigatória, bem como a possibilidade de sofrer falência ou ser beneficiado pela Recuperação de Empresas.

3. (OAB MG 2008/02) O Sr. Pedro, como administrador, pode praticar atos de gestão, ou seja, atos ligados com o objeto social (art. 1.015, *caput*, do CC). Além disso, a alienação de bens pertencentes a empresa não dependem da vênia conjugal, não importando o regime de bens (art. 978 do CC).

4. (OAB CESPE 2006/03) De acordo com Fábio Ulhoa Coelho, o estabelecimento eletrônico possui a mesma natureza jurídica que o estabelecimento físico, devendo ser aplicado [ser-lhe aplicadas] as mesmas determinações legais, como ocorre no registro. O estabelecimento virtual é "uma nova espécie de estabelecimento, fisicamente inacessível: o consumidor ou adquirente devem manifestar a aceitação por meio da transmissão eletrônica de dados". Para Fábio Ulhoa Coelho, o ponto comercial não existe no estabelecimento virtual em virtude do tipo de acessibilidade, que é diferente em um estabelecimento virtual e em um tradicional. Na nossa visão entretanto, o endereço eletrônico é apenas um dos bens do estabelecimento.

5. (OAB CESPE 2006/02) O nome empresarial não pode ser objeto de alienação isoladamente (art. 1.164 do CC), mas o adquirente de estabelecimento, por ato entre vivos, pode, se o contrato o permitir, usar o nome do alienante, precedido do seu próprio, com a qualificação de sucessor (art. 1.164, parágrafo único, do CC).

6. (OAB BA 2005/01) Se não foi pactuado nada em contrário, o alienante do estabelecimento não poderá concorrer com o adquirente pelo prazo de cinco anos subsequentes à alienação (art. 1.147 do CC).

7. (OAB RJ 2006/03 Exame 31) Para a maioria da doutrina, como Vera Helena de Mello Franco, Ricardo Negrão, Fábio Ulhoa Coelho, a clientela não é um bem integrante do estabelecimento empresarial, sendo um atributo do estabelecimento comercial, ou seja, o resultado da organização dos bens que compõem o estabelecimento.

8. (OAB RJ 2005/03 Exame 28) Somente no caso de alienação do estabelecimento, a transferência importa em responsabilidade do adquirente pelos débitos anteriores. Como não ocorrerá a alienação, e sim o arrendamento, não haverá responsabilidade sobre os débitos anteriores ao arrendamento (art. 1.146 do CC).

9. (OAB MG 2007/02) Contrato de Trespasse é o contrato de alienação do estabelecimento empresarial (art. 1.144 do CC). Quando ocorre o trespasse, o ativo e o passivo contabilizado [são passados] para o novo proprietário do estabelecimento. O trespasse deve ser averbado na Junta Comercial. Só produzirá efeitos, com relação a terceiros, após ser averbado na Junta Comercial e publicado na imprensa oficial.

10. (OAB GO 2007/01) De acordo com o art. 978 do CC, o empresário casado que precise alienar ou onerar bens que tenham relação com a atividade empresarial, não precisa da vênia conjugal.

11. (OAB CESPE 2008/01) Para conseguir a proteção deve buscar o registro no INPI. Pelo princípio da especificidade, a proteção da marca registrada é limitada aos produtos e serviços da mesma classe (art. 123 da Lei n. 9.279/96), salvo quando o INPI a declara como marca de alto renome. Somente nessa hipótese é que a proteção é ampliada para todas as classes (art. 125 da Lei n. 9.279/96).

12. (OAB CESPE 2007/03) A marca "Flying Carpets" poderá ser registrada desde que não tenha esse registro no INPI na mesma classe de atividade econômica de produtos ou serviços e que não confronte com marca notoriamente conhecida, nem com a marca alto de alto renome (art. 125, 126 da Lei 9.279/1996), além de não haver impedimento legal (art. 124 da Lei n. 9.279/96).

13. (OAB CESPE 2007/02) A ação deverá ser proposta na Justiça Federal porque o INPI, que é uma autarquia federal, tem que intervir no feito quando não for parte autora (art. 175 da Lei n. 9.279/96 c/c art. 109 da CF/88).

14. (OAB CESPE 2007/02) São bens que integram a propriedade industrial: a invenção, o modelo de utilidade, o desenho industrial e a marca. A criação de Maria poderia ser objeto de patente invenção ou de modelo de utilidade, mas o produto precisaria apresentar os requisitos de novidade, atividade inventiva e aplicação industrial e livre de impedimentos. (art. 8, 10 e 18 da Lei n. 9.279/96). O INPI deve verificar se a "criação" de Maria José preenche os requisitos.

15. (OAB CESPE 2008/02) A atividade dos prepostos e da prestação de serviços diferencia-se a partir da análise dos arts. 593 a 609 do CC, comparando-se com os arts. 1.169 a 1.178 do CC. Algumas diferenças são:

a) Quanto ao prazo: na preposição não há prazo para a realização da atividade, enquanto que na prestação de serviços, o contrato não pode prever um prazo maior que quatro anos (arts. 598 e 1.172 do CC).

b) Quanto à obrigatoriedade do registro: a limitação da atividade do preposto precisa estar registrada na Junta Comercial, enquanto que o contrato de prestação de serviços não precisa ser averbada na Junta Comercial (art. 1.174 do CC).

c) Quanto à possibilidade de negociar com terceiros: o preposto não pode realizar atividades por conta própria, sob pena de responder por perdas e danos (art. 1.170 do CC), na prestação de serviços, é possível a negociação de terceiros, desde que não pratique concorrência desleal.

16. (OAB CESPE 2008/02) A alienação do estabelecimento, salvo disposição em contrário, importa na sub-rogação do adquirente nos contratos celebrados pela alienante, nos termos do art. 1.148 do CC. Assim, independente de qualquer acordo expresso, os contratos celebrados por Exercícios Diários Ltda. terão pela validade e obrigatoriedade perante a Ginástica e Saúde S.A., portanto, o contrato de uso da academia, permanece perante a nova sociedade. O contrato de locação, por outro lado, depende da concordância do locador, portanto depende da concordância de Nelson, de acordo o art. 13 da Lei n. 8.245/91.

17. (OAB CESPE 2008/02) Por ser titular de direito de patente de invenção, Arnaldo tem o direito de impedir a empresa Comércio de Telefones Ltda. de vender e de importar o dispositivo objeto de patente, nos termos no art. 42, I e II da Lei de Propriedade Industrial (Lei n. 9.279/96), e também tem como impedir a fabricação do dispositivo em outro país, desde que tenha realizado o depósito da patente no citado país (art. 3º da Lei n. 9.279/1996).

18. (OAB CESPE 2008/03) De acordo com o art. 88, *caput*, da Lei n. 9.279/96 quando o empregado é contratado, no Brasil, para realizar pesquisa ou atividade inventiva, a patente será do empregador, mesmo que o contrato de trabalho tenha terminado em até 1 ano. Ademais, o contrato de trabalho em questão terminou em agosto de 2008, tendo Daniela feito o requerimento de patente de invenção em janeiro de 2009, razão pela qual, de acordo com o § 2º do mencionado art. 88, presume-se que a invenção foi desenvolvida no curso do contrato de trabalho, sendo esse mais um motivo que corrobora o entendimento de que a patente, nesse caso, é do empregador e não do empregado.

19. (OAB CESPE 2009/02) Trata-se de patente de modelo de utilidade, de acordo o art. 9º da Lei n. 9.279/96. Para solucionar os conflitos entre Túlio e André, deve se respeitar a proteção do usuário de boa-fé (art. 45 da Lei n. 9.279/96). Se a patente havia sido indevidamente concedida pode ser utilizada a nulidade administrativa (art. 50 e s. da Lei 9.279/1996) ou ainda a nulidade judicial (art. 56 e s. da Lei n. 9.279/96). E, por fim, o art. 7º da Lei n. 9.279/96, dispõe: "Se dois ou mais autores tiverem realizado a mesma invenção ou modelo de utilidade, de forma independente, o direito de obter patente será assegurado àquele que provar o depósito mais antigo, independentemente das datas de invenção ou criação."

20. (OAB CESPE 2009/3) As informações prestadas pelo contador estão incorretas, pois de acordo com o art. 29 da Lei n. 8.934/94 as informações registradas são públicas, e qualquer um pode ter acesso, por meio de simples certidão.

21. (OAB CESPE 2009/2) Trata-se de modelo de utilidade (arts. 8º e 9º da Lei n. 9.279/96). De acordo com o art. 91 da Lei n. 9.279/96, a patente pertence a João e a Beta Sistema e Componentes Eletrônicos S.A. em partes iguais. Afinal foram usados o trabalho e o intelecto de João, enquanto os recursos são da empresa.

22. (OAB CESPE 2010/1) Felipe poderá continuar a atividade empresarial, se for assistido e tiver a autorização judicial. Para tanto precisará do alvará judicial, contendo a autorização (arts. 974 e 976 do CC).

23. (OAB FGV IV EXAME) O problema deve ser analisado conforme a seguinte orientação: (a) deve o examinando demonstrar conhecimento quanto à obrigatoriedade do registro do empresário, cuja inexistência, entretanto, não lhe retira a condição de empresário, uma vez que tem natureza declaratória, ressalvadas as exceções legais (formação da pessoa jurídica e empresário rural), que não se aplicam ao caso em tela. A ausência de registro não invalida, portanto, os atos praticados por Diogo no exercício da empresa; (b) deve ser mencionado que os efeitos são aqueles próprios da irregularidade do exercício da atividade, que inclui a impossibilidade de requerer recuperação judicial, bem como realizar atos da vida empresarial que exigem a comprovação da regularidade, como a participação em licitações.

24. (OAB FGV IV EXAME) O examinando deve, em cada uma das respostas aos quesitos, identificar que:

a) a ação judicial para exibição de livros empresariais é cabível para resolver questões relativas à sucessão do empresário (arts. 1.191 do CC ou 420, II, do CPC). A simples menção ao art. 396 e s. do CPC ou à Súmula 390 do STF não é suficiente para atribuir ponto ao candidato, uma vez que o que se pretende nesta questão é avaliar a legitimidade do herdeiro, ainda não sócio, pleitear a exibição de livros. Pelo mesmo motivo, não é admitida a justificação com base no art. 1.021 do CC.

b) a força probante dos livros empresariais é relativa, sendo afastada por documentos que contradigam seu conteúdo (arts. 417 do CPC ou 226 do CC). Desde que Joana apresente documentos cabais da locação dos veículos e recebimento dos alugueres, prevalece a prova baseada em tais documentos.

25. (OAB FGV VI EXAME)

a) O examinando deve indicar que Jaqueline não pode registrar a cadeira, pois a sua forma é vulgar, conforme previsão do art. 100, II, da Lei n. 9.279/96;

b) O examinando deve responder que, apesar de os arts. 108, § 1º, ou 120, § 2º, da Lei n. 9.279/96 preverem que o pedido de prorrogação deve ser instruído com comprovante de pagamento da respectiva retribuição, Jaqueline ainda tem 3 (três) meses para efetuar o pagamento, não se extinguindo o registro de imediato, visto que o pedido de prorrogação foi realizado até o termo da vigência do registro (art. 108, § 2º, da Lei n. 9.279/96).

A consequência do atraso desse pagamento é que Jaqueline deve realizar o pagamento de uma retribuição adicional (arts. 108, § 2º, ou 120, § 3º, da Lei n. 9.279/96).

26. (OAB FGV VIII EXAME) O examinando deve demonstrar conhecimento a respeito da possibilidade de o incapaz, ainda que absolutamente, ser sócio de sociedade empresária e os requisitos legais a serem observados pelo Registro Público de Empresas Mercantis.

a) O examinando deve indicar que João, mesmo interditado, pode permanecer na sociedade, desde que seja devidamente representado ou assistido, conforme a causa de sua interdição. Por se tratar de sócio de sociedade empresária, e não de empresário individual, são inaplicáveis ao caso proposto o *caput* e os §§ 1º e 2º do art. 974 do CC. O *caput* prevê a continuidade da empresa pelo incapaz e João não irá continuar empresa porque é sócio e não empresário. Os §§ 1º e 2º do art. 974, da mesma forma, estabelecem regras que se aplicam exclusivamente ao empresário individual. Por conseguinte, não se aplica a João a necessária autorização judicial prévia, onde o juiz examinará os riscos do prosseguimento da atividade pelo incapaz, ainda mais sendo sócio de responsabilidade limitada. A condição a ser respeitada para que João permaneça na sociedade encontra-se, exclusivamente, no art. 974, § 3º, do CC.

b) Para que seja arquivada a alteração contratual, a Junta Comercial deverá verificar o cumprimento dos requisitos previstos no art. 974, § 3º, CC: (i) nenhum dos sócios incapazes poderá exercer a administração da sociedade; (ii) o capital social estar totalmente integralizado;

(iii) o sócio Bruno deve estar assistido, o sócio Pedro deve estar representado e o sócio João, representado ou assistido, conforme a causa de sua interdição.

Sobre o terceiro requisito do art. 974, § 3º, do CC, o examinando poderá diferenciar a incapacidade absoluta da relativa, enquadrando Pedro como absolutamente incapaz, conforme o art. 3º, I, do CC, e Bruno como relativamente incapaz, conforme o art. 4º, I, do CC. Em relação a João sua incapacidade pode ser absoluta ou relativa, conforme a causa que determinou a interdição (art. 1.767 do CC). Se for absolutamente incapaz deverá ser representado, se relativamente incapaz, assistido.

Alternativamente, o examinando poderá indicar que os sócios absolutamente incapazes devem estar representados e os relativamente incapazes assistidos, sem precisar a situação individual de cada um.

27. (OAB FGV XII Exame) A questão tem por objetivo aferir o conhecimento do candidato sobre as condições legais para o requerimento de falência fundado na impontualidade imotivada (art. 94, I e § 3º, da Lei n. 11.101/2005).

a) Não procede a alegação de ilegitimidade passiva formulada por Pedro Afonso porque o empresário, ainda que irregular, pode ter sua falência requerida e decretada independentemente do registro na Junta Comercial, com fundamento no art. 1º da Lei 11.101/2005. O registro de empresário é declaratório e não constitutivo da qualidade de empresário e a pessoa impedida de ser empresário (funcionário público) responderá pelas obrigações contraídas, com fundamento no art. 973 do CC.

b) O documento particular do credor é hábil ao requerimento de falência porque é título executivo extrajudicial, com base no art. 784, II e III, do CPC, o valor da obrigação excede a 40 salários mínimos e está protestado para fim falimentar, atendendo às exigências do art. 94, I e seu § 3º, da Lei n. 11.101/2005.

28. (OAB FGV XI Exame) O examinando deve ser capaz de conhecer um dos efeitos do trespasse do estabelecimento empresarial – a sub-rogação do adquirente nos contratos celebrados para sua exploração, salvo disposição em sentido contrário – e que é possível a inclusão do aviamento no preço a ser pago pelo trespasse pelo adquirente.

a) O trespasse do estabelecimento importa a sub-rogação do adquirente nos contratos celebrados para sua exploração, se não tiverem caráter pessoal. Trata-se de norma que pode ser afastada por disposição contratual. Portanto, na ausência de cláusula em sentido contrário, o adquirente responderá pelas obrigações decorrentes de contratos celebrados pela sociedade para a exploração da empresa, com fundamento no art. 1.148 do CC.

b) Sim, como o aviamento constitui um sobrevalor ou mais valia, fruto da atuação do empresário na organização dos elementos da empresa, dentre eles o estabelecimento, este bem imaterial pode ser perfeitamente incluído no valor do trespasse. O Código Civil autoriza essa prática no parágrafo único do art. 1.187, no qual, ao listar os valores do ativo, inclui a quantia efetivamente paga a título de aviamento de estabelecimento adquirido pelo empresário ou sociedade (inc. III).

29. (OAB FGV X Exame) A questão tem por finalidade verificar o conhecimento do candidato das normas que regem a administração da empresa individual de responsabilidade limitada, em especial a quem cabe o uso do nome empresarial e a possibilidade de o administrador constituir mandatários da pessoa jurídica. De acordo com o art. 980-A, § 6º, do CC, aplicam-se à Eireli, no que couber, as regras previstas para a sociedade limitada. Portanto, com base no art. 1.064 do CC ("O uso da firma ou denominação social é privativo dos administradores que tenham os necessários poderes"), o uso da denominação é privativo de Maria Rosa, que é a única administradora da pessoa jurídica, sendo incorreto o uso do nome empresarial por José da Silva, ainda que este seja o instituidor da Eireli.

Maria Rosa poderá outorgar procuração em nome da pessoa jurídica a José da Silva porque, como administradora, pode constituir mandatários da pessoa jurídica nos limites de seus poderes. O fundamento legal encontra-se no art. 1.018 do CC ("Ao administrador é vedado fazer-se substituir no exercício de suas funções, sendo-lhe facultado, nos limites de seus poderes, constituir mandatários da sociedade, especificados no instrumento os atos e operações que poderão praticar"), aplicável a Eireli por força dos arts. 980-A, § 6º, e 1.053, *caput*, do CC).

a) Não foi correto o uso do nome empresarial por José da Silva porque ele não tem poderes de administração. O fato de ter instituído a Eireli não lhe dá de pleno direito poderes de administração porque somente Maria Rosa, única administradora, poderia usar a denominação, com fundamento no art. 1.064 do CC, que se aplica a Eireli por força do art. 980-A, § 6º, do CC. É indispensável a correta e completa menção aos dispositivos legais indicados para a obtenção de pontuação.

b) Sim, porque Maria Rosa como única administradora pode constituir mandatários da pessoa jurídica nos limites de seus poderes. O fundamento legal encontra-se no art. 1.018 do CC ("Ao administrador é vedado fazer-se substituir no exercício de suas funções, sendo-lhe facultado, nos limites de seus poderes, constituir mandatários da sociedade, especificados no instrumento os atos e operações que poderão praticar"), aplicável à Eireli por força dos arts. 980-A, § 6º, e 1.053, *caput*, do CC. É indispensável a correta e completa menção aos dispositivos legais indicados para a obtenção de pontuação.

30. (OAB FGV IX Exame) O examinando deve demonstrar conhecimento a respeito das normas legais sobre a Empresa Individual de Responsabilidade Limitada (Eireli).

a) O instituto jurídico mais adequado a ser constituído por Maria é a Empresa Individual de Responsabilidade Limitada, especialmente porque ela quer garantir a separação patrimonial e não deseja ter nenhum sócio (dados contidos no enunciado). A Eireli é uma pessoa jurídica de direito privado (art. 44, VI, do CC), garantindo a separação patrimonial entre a pessoa natural e a pessoa jurídica. Outro dado importante é que Maria possui patrimônio suficiente para cumprir a exigência do capital mínimo de 100 vezes o maior salário mínimo vigente no país, devidamente integralizado, conforme art. 980-A do CC.

b) Como Maria está preocupada em separar sua casa própria da atividade empresarial que será exercida no galpão onde montou sua cozinha industrial, ela poderia realizar a integralização do capital da Eireli com a cozinha industrial, avaliada R$ 80.000, 00 (oitenta mil reais), portanto em valor superior a 100 (cem) vezes o maior salário mínimo vigente no País. Desta forma, a cozinha industrial passaria a compor o patrimônio da pessoa jurídica e serviria à sua atividade empresária, resguardando a casa no patrimônio pessoal da instituidora.

31. (OAB FGV XV EXAME) A questão tem por pertinência o conceito de empresa e o de empresário no direito brasileiro, à luz do art. 966 do CC. Espera-se também que o examinando saiba distinguir a sociedade empresária (pessoa jurídica) do sócio, que não se confunde com o empresário, titular da empresa e sujeito de direito, bem como identificar a necessidade do profissionalismo e da organização presentes no conceito legal de empresário.

Cabe esclarecer que a opção pelo registro empresarial, prevista no art. 971 do CC, somente tem lugar quando a pessoa natural exerce empresa rural como principal profissão. Como a atividade desenvolvida por Paulo Afonso e Glória não é empresária, não cabe invocação ou fundamentação da resposta no indigitado dispositivo legal.

a) Pelas informações contidas no enunciado (plantação de mandioca com a ajuda dos filhos e dos pais, sem emprego de maquinário na lavoura e cultivo de subsistência) percebe-se que não há organização voltada para a produção de bens para terceiros na atividade exercida pelo casal Paulo Afonso e Glória, nem profissionalismo (o excedente, quando existente, é comercializado). Portanto, não se verifica a presença de empresa, com base no seu conceito, derivado do de empresário (art. 966, *caput*, do CC).

b) Wenceslau Guimarães não é empresário, porque empresário individual é aquele que exerce a empresa em nome próprio e mediante responsabilidade ilimitada. O Sr. Wenceslau Guimarães é sócio da sociedade. Não se pode confundir o sócio, ainda que majoritário, com a sociedade empresária, pois é ela quem exerce a empresa como pessoa jurídica de direito privado; trata-se de noções basilares de direito empresarial que o examinando deve ser capaz de compreender e demonstrar seu conhecimento na resposta, fundamentando-a.

Não receberão pontuação, entre outras, respostas afirmando que a atividade desenvolvida por Paulo Afonso e Glória é uma empresa; que eles são empresários rurais ou sem os fundamentos exigidos no gabarito. O mesmo tratamento terão as respostas que afirmarem que Wenceslau Guimarães é empresário, por não demonstrar o conhecimento basilar em direito empresarial sobre a distinção entre o sócio e a sociedade.

32. (OAB FGV XVII EXAME) O objetivo da questão é verificar o conhecimento pelo examinando das regras que norteiam a vigência do registro de marcas e a possibilidade de prorrogação mesmo após a expiração do termo final da vigência do registro, desde que seja feita nos seis meses subsequentes e mediante pagamento de retribuição adicional, nos termos do art. 133, § 2º, da Lei n. 9.279/96. Com isso, as cessões feitas no interregno de seis meses entre a expiração do prazo de registro e o pedido de prorrogação são válidas, pois o direito de propriedade sobre a marca é assegurado ao titular, com eficácia *ex tunc* quando requerido tempestivamente.

Preliminarmente, para fins de atribuição de pontuação, o texto produzido pelo examinando em sua folha de respostas foi avaliado quanto à adequação ao problema apresentado, ao domínio do raciocínio jurídico, à fundamentação e sua consistência, à capacidade de interpretação e exposição e à técnica profissional demonstrada, sendo que a mera transcrição de dispositivos legais, desprovida do raciocínio jurídico e contextualização aos dados do enunciado, não enseja pontuação (item 3.5.11 do Edital do XVII Exame).

Com essas considerações, o examinando deverá indicar na resposta as datas da expiração do registro da marca (em 30-9-2014) e a do pedido de prorrogação (em 28-11-2014), porque somente através do cotejo entre ambas é que será possível concluir sobre a possibilidade de prorrogação (antes do decurso de seis meses da extinção da vigência do registro).

a) Sim, é possível o requerimento de prorrogação mesmo após a expiração do termo final da vigência do registro da marca (em 30-9-2014), porque foi feito nos seis meses subsequentes (em 28-11-2014) e mediante pagamento de retribuição adicional, nos termos do art. 133, § 2º, da Lei n. 9.279/96.

b) O negócio jurídico é válido porque é admissível a cessão do registro de marca, com base no art. 134 da Lei n. 9.279/96, e o cedente atendeu ao prazo legal de seis meses para a prorrogação do registro, considerando-se o término da vigência em 30-9-2014 e o pedido de prorrogação em 28-11-2014.

33. (OAB FGV XVIII EXAME) O examinando deve ser capaz de reconhecer os requisitos para a renovação da locação não residencial, as pessoas legitimadas a propor a ação renovatória, em conformidade com as disposições do art. 51 e parágrafos da Lei n. 8.245/91, e o prazo decadencial para a propositura da ação.

a) Sim, o locatário tem direito a renovação do contrato de locação por igual prazo, mesmo que seja uma sociedade simples. De acordo com o art. 51, § 4º, da Lei n. 8.245/91, o direito à renovação do contrato "estende-se às locações celebradas por indústrias e sociedades civis com fim lucrativo e regularmente constituídas," desde que ocorrentes os pressupostos previstos neste artigo. A sociedade simples é uma sociedade não empresária e, portanto, pode ser considerada como "sociedade civil com fim lucrativo", na expressão adotada pela Lei n. 8.245/91, que é anterior ao Código Civil de 2002. Note-se que a sociedade está regularmente constituída e o contrato reúne os requisitos do art. 51, *caput*, da Lei n. 8.245/91.

b) A ação cabível para a solução do caso é a ação renovatória, com fundamento no art. 71 da Lei n. 8.245/91. Como a consulta à advogada foi feita dez meses antes do término do contrato, há ainda tempo hábil para a propositura da ação renovatória, porque ela deve ser proposta no interregno de um ano, no máximo, e seis meses, no mínimo, anteriores à data da finalização do prazo do contrato em vigor, com fulcro no art. 51, § 5º, da Lei n. 8.245/91.

34. (OAB FGV XIX EXAME) A questão está relacionada à capacidade civil para a pessoa natural iniciar empresa (e não sua continuidade), bem como à possibilidade de transformação de registro de empresário em sociedade empresária. O examinando deverá estar apto a identificar que o relativamente incapaz pode apenas prosseguir a empresa por ele exercida antes do advento da incapacidade, com autorização judicial, jamais iniciá-la. Também se deseja que o examinando demonstre conhecimento acerca da impossibilidade de o empresário individual se associar a uma pessoa, mantendo sua condição jurídica.

O enunciado deixa evidente que Renato não pode transitoriamente exprimir sua vontade, sendo relativamente incapaz, nos termos do art. 4º, III, do Código Civil, na redação dada pelo art. 114 da Lei n. 13.146/2015. Ademais, o juiz fixou os limites da curatela, para determinar que o curatelado não possa, sem curador, emprestar, transigir, dar quitação, alienar, hipotecar, demandar ou ser demandado, e praticar, em geral, os atos que não sejam de mera administração (arts. 1.772 e 1.782 do Código Civil). Logo, não tem Renato o pleno gozo de sua capacidade civil para iniciar o exercício da empresa (art. 972 do Código Civil) e, enquanto durar sua incapacidade, ele não pode ser empresário. Renato não pode iniciar empresa, mesmo com autorização judicial. Um dos requisitos para a pessoa natural iniciar o exercício da atividade de empresário é estar em pleno gozo da capacidade civil, com fundamento no art. 972 do Código Civil, o que não ocorre com Renato por ser relativamente incapaz (art. 4º, III, do Código Civil), afetando a curatela os atos relacionados aos direitos de natureza patrimonial e negocial. O empresário, pessoa natural só pode exercer a empresa individualmente. Caso queira admitir seu irmão como sócio, José Porfírio deverá requerer ao Registro Público de Empresas Mercantis, a cargo das Juntas Comerciais, a transformação de seu registro de empresário para registro de sociedade empresária, com fundamento no art. 968, § 3º, do Código Civil.

a1) Não. Renato, por ser relativamente incapaz, tem afetados os atos relacionados aos direitos de natureza patrimonial e negocial e não pode praticá-los sozinho com base no disposto no art. 4º, III, do Código Civil.

a2) Um dos requisitos para a pessoa natural iniciar o exercício da atividade de empresário é estar em pleno gozo da capacidade civil, o que não se verifica no caso de Renato, com fundamento no art. 972 do Código Civil.

b) Não. O empresário só pode exercer sua empresa individualmente. Caso queira admitir seu irmão como sócio, José Porfírio deverá requerer ao Registro Público de Empresas Mercantis, a cargo das Juntas Comerciais, a transformação de seu registro de empresário para registro de sociedade empresária, com fundamento no art. 968, § 3º, do Código Civil.

35. (OAB FGV XIX EXAME) A questão trata da aplicação das normas da sociedade limitada, NO QUE COUBER, a EIRELI, em especial a necessidade de arquivamento do ato que instituir o aumento do capital e da impossibilidade de condomínio sobre a quota. O examinando deve deixar claro na resposta ao item A da possibilidade de aplicação do art. 1.081 do Código Civil, inserido no capítulo da sociedade limitada, por não haver incompatibilidade com as disposições referentes à EIRELI.

Sobre o aumento do capital da EIRELI com a necessária alteração do ato de constituição, trata-se de aplicação, *mutatis mutandis*, do art. 1.081, *caput*, do CC, em razão da disposição contida no art. 980-A, § 6º, do CC. O dispositivo determina que o capital da sociedade limitada pode ser aumentado, após sua integralização, sendo feita a correspondente modificação do contrato social. No caso de EIRELI não se aplica a exigência de integralização em virtude da determinação contida no art. 980-A, *caput*, do CC; todavia, persiste a exigência da modificação do ato de constituição (que não será o contrato plurilateral e sim um ato unilateral).

Por sua vez, na resposta ao item b, o examinando deverá afirmar que não pode ser aplicada a disposição do Código Civil, que autoriza o condomínio de quota (art. 1.056, § 1º), porque, embora seja compatível com a sociedade limitada, é incompatível com a unipessoalidade permanente, característica essencial da EIRELI.

Assim, a proposta de associar o irmão Hélio na quota única da EIRELI não é possível, porque a copropriedade da quota relevaria uma pluralidade, pois seriam duas pessoas participando da EIRELI e exercendo direitos em comum. É necessário que o aumento do capital da EIRELI seja realizado com a correspondente modificação do ato de constituição, ainda que esse não seja um contrato plurilateral, em face da determinação contida no art. 1.081, *caput*, do CC, aplicável à EIRELI em razão da disposição contida no art. 980-A, § 6º, do CC. A solução proposta por Ricardo de associar seu irmão Hélio à quota única da EIRELI, criando um condomínio sobre a quota indivisa, embora tenha previsão para a sociedade limitada (art. 1.056, § 1º, do CC) não é possível sua aplicação à EIRELI. Assim, aplicam-se à empresa individual de responsabilidade limitada, no que couber, as regras previstas para as sociedades limitadas. A copropriedade da quota viola a unipessoalidade permanente, característica essencial dessa pessoa jurídica ("será constituída por uma única pessoa"), como está disposto no art. 980-A, *caput*, do CC.

a) Não. É necessário que o aumento do capital da EIRELI seja realizado com a correspondente modificação do ato de constituição, ainda que esse não seja um contrato plurilateral, em face da determinação contida no art. 1.081, *caput*, do CC, aplicável a EIRELI em razão da disposição contida no art. 980-A, § 6º, do CC.

b) Não. A solução proposta por Ricardo de associar seu irmão Hélio à quota única da EIRELI, criando um condomínio entre eles, embora tenha previsão para a sociedade limitada não pode ser aplicada à EIRELI. A copropriedade da quota viola a unipessoalidade permanente, característica essencial dessa pessoa jurídica ("será constituída por uma única pessoa"), como está disposto no art. 980-A, *caput*, do CC.

36. (OAB FGV XXIII EXAME) O objetivo da questão é saber se o examinando conhece as disposições legais acerca dos prepostos do empresário, com enfoque na figura do gerente, preposto permanente daquele. O examinando deverá ser capaz de identificar que Teotônio Palmeira é um empresário individual. Portanto, a resposta que estiver fundamentada em dispositivo de EIRELI, de sociedade simples ou sociedade empresária não pontua. Ademais, o que se pretende avaliar é o instituto da preposição, disciplinado no Código Civil no Direito de Empresa, e não o contrato de mandato ou a figura do MEI.

Pelas informações contidas no enunciado e, por aplicação do art. 1.169 do CC, percebe-se que Lino não pode fazer-se substituir no exercício da preposição sem autorização prévia e escrita do preponente Teotônio. Além disso, se o gerente vier a praticar ato doloso que cause prejuízo a terceiro, esse poderá responsabilizar tanto o preposto quanto o empresário, solidariamente, como preceitua o art. 1.177, parágrafo único, do CC.

Como o comando da questão indaga do examinando a hipótese de prática de ato DOLOSO por parte do preposto gerente, não será aceito como fundamento legal nenhum dispositivo a não ser o parágrafo único do art. 1.177 do Código Civil.

a) Não. Lino não pode, sem autorização escrita do empresário (preponente), designar outro gerente para substituí-lo, porque tal conduta é vedada ao preposto, de acordo com o art. 1.169 do CC.

b) Sim. No exercício de suas funções, o preposto Lino é solidariamente responsável com o preponente Teotônio Palmeira perante terceiros, pelos atos dolosos praticados pelo primeiro, com fundamento no art. 1.177, parágrafo único, do CC.

37. (OAB FGV XXIV EXAME) A questão tem por objetivo aferir o conhecimento do examinando sobre a necessidade de publicização do contrato de trespasse na forma prevista no art. 1.144 do Código Civil, ou seja, averbação à margem da inscrição da sociedade empresária no Registro Público de Empresas Mercantis e publicação no órgão oficial para que produza efeito em relação a terceiros. Assim, a eficácia de cessão de créditos referentes ao estabelecimento depende de tais providências, mas se o devedor pagar ao cedente ao invés do cessionário, mesmo após a publicização do trespasse, ficará exonerado se estiver de boa-fé, como previsto no art. 1.149 do Código Civil.

a) A providência a ser tomada para que a cessão produza efeito em relação aos devedores é a averbação à margem da inscrição da sociedade empresária no Registro Público de Empresas Mercantis E a publicação do contrato de trespasse na imprensa oficial, com base no art. 1.144 do Código Civil.

b) Sim. Se algum dos devedores estiver de boa-fé ao pagar ao cedente (Passa Tempo Materiais Esportivos Ltda.) e não ao cessionário, tal pagamento será válido, com base no art. 1.149 do Código Civil.

38. (OAB FGV XXIV EXAME) A questão tem por objetivo verificar se o examinando conhece a impossibilidade de ser registrada marca ou expressão usada apenas como sinal de propaganda do requerente e a possibilidade de o prejudicado por atos de concorrência desleal pleitear reparação civil pelos prejuízos que tiver.

O enunciado informa que a expressão de propaganda "Imóvel é segurança" está sendo imitada por uma concorrente, ocasionando perda de receitas atuais e futuras para Ponte da Saudade Empreendimentos Imobiliários Ltda.

A prática de ato de concorrência desleal dá ao prejudicado o direito de intentar as ações cíveis cabíveis e pleitear indenização por perdas e danos, inclusive lucros cessantes. Cabe lembrar que, de acordo com o art. 402 do Código Civil, as perdas e danos devidos ao credor abrangem, além do que ele efetivamente perdeu, o que razoavelmente deixou de lucrar.

a) Não é possível registrar como marca a expressão "Imóvel é segurança", pois se trata de expressão empregada apenas como meio de propaganda pela sociedade e em razão de óbice legal, contido no art. 124, VII, da Lei n. 9.279/96.

b) Sim. A imitação de expressão de propaganda empregada por terceiros, de modo a criar confusão entre os estabelecimentos, constitui ato de concorrência desleal contra Ponte da Saudade

Empreendimentos Imobiliários Ltda. Por conseguinte, Ponte da Saudade Empreendimentos Imobiliários Ltda. Poderá intentar as ações cíveis cabíveis e pleitear indenização por perdas e danos, inclusive lucros cessantes, com fundamento no art. 207 E no art. 210, ambos da Lei n. 9.279/96, OU no art. 209 E no art. 210, ambos da Lei n. 9.279/96.

39. (OAB FGV XXV EXAME) Reaplicação Porto Alegre/RS

A questão tem por objetivo verificar o conhecimento do examinando sobre as regras da Lei n. 9.279/96 sobre a titularidade da patente desenvolvida na vigência de contrato de trabalho cuja execução ocorra no Brasil. Ademais, busca-se aferir se o examinando sabe que a simples extinção do contrato de trabalho não investe, de pleno direito, o empregado na titularidade das invenções e modelos de utilidade desenvolvidos por ele até 1 (um) ano da data do encerramento.

a) Não. A titularidade da patente é exclusiva do empregador (sociedade empresária), pois seu desenvolvimento decorre de contrato de trabalho executado no Brasil e o modelo de utilidade resulta da natureza dos serviços para os quais Marcos foi contratado, com base no art. 88, *caput*, da Lei n. 9.279/96.

b) Não. A titularidade da patente pertencerá ao empregador, porque se consideram desenvolvidos na vigência do contrato de trabalho o modelo de utilidade cuja patente seja requerida pelo empregado até 1 (um) ano após a extinção do vínculo empregatício, com base no art. 88, § 2º, da Lei n. 9.279/96.

40. (OAB FGV XXVI EXAME) A questão tem por objetivo verificar se o examinando é capaz de identificar as normas previstas na lei de locações (Lei n. 8.245/91) sobre a locação "construído para servir" (*built to suit*). Nesse tipo de locação não residencial prevalecem as regras fixadas pelas partes, inclusive a possibilidade de renúncia antecipada ao direito de revisão do valor dos aluguéis durante a vigência do contrato. Entretanto, caso seja prevista multa convencional pela denúncia antecipada do contrato pelo locatário, o valor da multa será até o limite da soma dos aluguéis futuros.

a) Não. A cláusula é válida e eficaz, porque poderá ser convencionada a renúncia ao direito de revisão do valor dos aluguéis durante o prazo de vigência do contrato de locação, com base no art. 54-A, § 1º, da Lei n. 8.245/91.

b) Não. A multa convencional não pode exceder à soma dos valores dos aluguéis a receber até o termo final da locação, portanto há ilegalidade no acréscimo de 15% (quinze por cento), com base no art. 54-A, § 2º, da Lei n. 8.245/91.

Sociedades Menores e Sociedades Ltda.

41. (OAB FGV XXVII EXAME) A questão tem por objetivo avaliar o conhecimento do examinando sobre a possibilidade de instituição de EIRELI por pessoa jurídica, admitida com base na permissão contida no art. 980-A, *caput*, do Código Civil, que não faz distinção entre pessoa natural e jurídica, exigindo apenas a integralização inicial do capital mínimo de 100 (cem) salários mínimos. Ademais, deve o examinando ser capaz de identificar que o nome empresarial da EIRELI formada por pessoa jurídica será, necessariamente, da espécie denominação, formado pelo nome de fantasia ou do sócio/instituidor, seguido do objeto e com o aditivo EIRELI ou sua forma abreviada ao final.

a) Sim. O art. 980-A, *caput*, do Código Civil, não faz distinção entre pessoa natural e pessoa jurídica ao autorizar a constituição da EIRELI, bastando que haja uma única pessoa titular de todo o capital, integralizado, e que não seja inferior a 100 (cem) salários mínimos.

b) A espécie de nome empresarial da EIRELI instituída por pessoa jurídica será denominação, pois a firma só pode ser composta com o nome de sócio, desde que pessoa física (art. 980-A, § 6º, c/c. art. 1.158, § 1º, ambos do Código Civil). No caso, o único sócio é pessoa jurídica, não podendo ser utilizada firma.

A denominação será formada por nome de fantasia ou nome de sócio, devendo designar o objeto da EIRELI e ter o aditivo EIRELI ao final, em conformidade com os arts. 980-A, §§ 1º e 6º, e 1.158, § 2º, do Código Civil.

42. (OAB RJ 2004/03 Exame 25) A diferença entre as sociedades não personalizadas e as sociedades personalizadas reside no fato de que aquelas não são registradas e, portanto, não possuem personalidade jurídica, enquanto essas são registradas e possuem personalidade jurídica. Como consequência do registro, será a própria sociedade personalizada que exercerá a atividade empresarial e poderá adquirir direitos e contrair obrigações em seu nome, enquanto nas sociedades não personalizadas as obrigações são assumidas, de forma ilimitada, em nome da pessoa dos sócios. Nas sociedades personalizadas, os sócios serão atingidos subsidiariamente, dependendo do tipo societário, aplicando-se o princípio da autonomia patrimonial da pessoa jurídica (art. 1.024 do CC/2002).

Como regra, nas sociedades não personificadas, os sócios não podem se utilizar do benefício de ordem, mas na sociedade comum, o legislador fixou um benefício de ordem, estabelecendo que primeiramente, deveria ser atingido o patrimônio especial, para que depois o patrimônio dos sócios seja atingido. Esse benefício de ordem não pode ser usado pelo sócio que contratou pela sociedade comum (arts. 989 a 990 do CC/2002).

43. (OAB CESPE 2006/03) O contador responderá em solidariedade com o empresário por ter agido com dolo no exercício de suas funções. Se agisse com culpa, responderia apenas perante o empresário (art. 1.177, parágrafo único, do CC), e se tivesse agido sem culpa, apenas a sociedade seria responsabilizada (art. 1.178 do CC).

44. (OAB RJ 2003/03 Exame 22) A *affectio societatis* é o vínculo entre os sócios que representa uma confiança mútua e vontade de cooperação conjunta para realizar a atividade empresarial, combinando esforços e mantendo o dever de lealdade. Vera Helena de Mello Franco e Marcelo Bertoldi lecionam que quando o sócio falta com este dever e rompe a *affectio societatis*, ele deve ser expulso da sociedade. Fábio Ulhoa Coelho, por outro lado, ensina que a quebra da *affectio societatis* deve levar à dissolução da sociedade.

De acordo com o recente posicionamento do STJ, a quebra da *affectio societatis*, é causa de retirada de sócio, mas não causa de exclusão.

45. (OAB RJ 2003/03 Exame 22) A sociedade estrangeira, para funcionar no Brasil, necessita de autorização do Poder Executivo Federal (arts. 1.134 c/c 1.123, parágrafo único, do CC). Depois de autorizado o funcionamento, deverá proceder ao registro na Junta Comercial do Estado em que irá desenvolver suas atividades, antes de iniciá-las (art. 1.136 do CC). Ela se submeterá às leis e aos tribunais brasileiros quanto aos atos praticados no Brasil (art. 1.137 do CC) e funcionará com o nome que tiver em seu país de origem, acrescentado das palavras "do Brasil" ou "para o Brasil".

46. (OAB GO 2005/03) A exploração e o aproveitamento de atividade de mineração são atividades da União que podem ser delegadas, mediante autorização, para empresa brasileira (art. 176, § 1º, CF/88). A regularidade do funcionamento dependerá do prazo de autorização que foi concedido pela União. Na falta de fixação desse prazo, a autorização caducará se a sociedade não iniciar suas atividades nos 12 meses seguintes à publicação da autorização no *Diário*

Oficial da União (art. 1.124 do CC). Assim, como a autorização, *in casu*, foi concedida em setembro de 2003 e as atividades iniciaram-se apenas em novembro de 2005, portanto, considera-se irregular o exercício da atividade por Evo Morales e Hugo Chaves.

47. (OAB MG 2006/03) É possível a redução do capital social da sociedade em duas hipóteses: quando houver perdas irreparáveis e quando ele for excessivo em relação ao objeto da sociedade (art. 1.082 do CC). Para a redução do capital por perdas irreparáveis deverá consignar em cláusula própria os motivos da redução com a diminuição proporcional do valor nominal das quotas, tornando-se efetiva a partir da averbação, no Registro Público de Empresas Mercantis, da ata da assembleia que a tenha aprovado (art. 1.083 do CC). Como o motivo são as perdas irreparáveis, não é necessária a concordância dos credores quirografários.

48. (OAB MG 2007/02) Como se trata de sociedade simples, é necessária a decisão unânime para alterar as cláusulas contratuais previstas no art. 997 do CC/2002 (art. 999 do CC). Mas de acordo com o art. 1.019 do CC: "São irrevogáveis os poderes do sócio investido na administração por cláusula expressa do contrato social, salvo justa causa, reconhecida judicialmente, a pedido de qualquer dos sócios. Parágrafo único. São revogáveis, a qualquer tempo, os poderes conferidos a sócio por ato separado, ou a quem não seja sócio".

49. (OAB GO 2006/02) Como o sócio minoritário quebrou a *affectio societatis*, o sócio majoritário poderá requerer a exclusão judicial do sócio (Vera Helena de Mello Franco e Marcelo Bertoldi) e de acordo com o art. 1.030 do CC. Para Fábio Ulhoa e de acordo com o Enunciado 67/CJF: "A quebra do affectio societatis não é causa para a exclusão do sócio minoritário, mas apenas para dissolução (parcial) da sociedade". Ressalte-se que, de acordo com recente decisão de STJ, a quebra da *affectio societatis* é causa para a retirada do sócio e não causa para exclusão.

50. (OAB MG 2007/03) Para a exclusão extrajudicial do sócio de sociedade limitada, deverá ser convocada reunião ou assembleia especificamente para este fim, devendo, o sócio acusado, ser cientificado para possibilitar o exercício do direito de defesa. Trata-se de aplicação do princípio do devido processo legal nas relações privadas ou da eficácia horizontal do devido processo legal (art. 1.085, parágrafo único, do CC).

A exclusão extrajudicial deve ser fundada em ato de inegável gravidade que esteja colocando em risco a continuidade da empresa, desde que prevista no contrato social em caso de justa causa e haja concordância da maioria dos sócios. (art. 1.085 do CC).

Somente os sócios minoritários poderão ser excluídos extrajudicialmente já que a lei exige mais a metade do capital social para a exclusão.

Deverá o sócio excluído ser reembolsado no valor de suas quotas, com base em balanço especial realizado na data da exclusão (art. 1.031 do CC).

Segundo Fábio Ulhoa Coelho, faltou mencionar que a expulsão pode ser extrajudicial quando I – Se o expulso é minoritário – sendo, além dos requisitos citados, necessário firmar instrumento de alteração contratual excluindo o minoritário da sociedade e arquivar tal ato na Junta Comercial; II – Se admite também na hipótese de sanção imposta ao sócio remisso (aqui não é necessária a realização de reunião ou assembleia para deliberação, bastando a alteração contratual arquivada na Junta Comercial).

51. (OAB MG 2004/02) Para a exclusão extrajudicial do sócio de sociedade limitada, deverá ser convocada reunião ou assembleia especificamente para este fim, devendo o sócio acusado ser cientificado para possibilitar o exercício do direito de defesa. Trata-se de aplicação do princípio do devido processo legal nas relações privadas ou da eficácia horizontal do devido processo legal (art. 1.085, parágrafo único, CC).

A exclusão extrajudicial deve ser fundada em ato de inegável gravidade que esteja colocando em risco a continuidade da empresa, desde que prevista no contrato social em caso de justa causa e haja concordância da maioria dos sócios (art. 1.085 do CC).

Somente os sócios minoritários poderão ser excluídos extrajudicialmente já que a lei exige mais a metade do capital social para a exclusão.

Deverá o sócio excluído ser reembolsado no valor de suas quotas, com base em balanço especial realizado na data da exclusão (art. 1.031 do CC).

Segundo Fabio Ulhoa Coelho, faltou mencionar que a expulsão pode ser extrajudicial quando: I – Se o expulso é minoritário – sendo, além dos requisitos citados, necessário firmar instrumento de alteração contratual excluindo o minoritário da sociedade e arquivar tal ato na Junta Comercial; II – Se admite também na hipótese de sanção imposta ao sócio remisso (aqui não é necessária a realização de reunião ou assembleia para deliberação, bastando a alteração contratual arquivada na Junta Comercial).

52. (OAB MG 2003/02) Os sócios da sociedade em nome coletivo e os sócios comanditados da sociedade em comandita simples, respondem de forma solidária e ilimitada (art. 1.039 e art. 1.045, CC) e seus bens particulares poderão ser executados. Poderão estes sócios, no ato constitutivo ou por unanimidade em convenção posterior, limitar a responsabilidade de cada um, porém, não atingirá terceiros (art. 1.039, parágrafo único, e art. 1.046 do CC), devendo ser respeitado o benefício de ordem (art. 1.024 do CC). Com relação aos sócios comanditários, eles serão responsabilizados de forma limitada ao valor de suas quotas.

53. (OAB RJ 2005/01 Exame 26) A e B somente poderão participar da sociedade em nome coletivo com pessoas físicas, de acordo com o art. 1.039 do CC e responderão de forma solidária e ilimitada. A sociedade não poderá ser sócia, já que não se admitem pessoas jurídicas no quadro societário da sociedade em nome coletivo.

54. (OAB RJ 2005/02 Exame 27) A afirmação é falsa. O art. 985 é inaplicável para a sociedade em conta de participação. Em regra, este tipo de sociedade não personificada não é registrada, tendo em vista que o objeto social é exercido unicamente pelo sócio ostensivo que se responsabiliza exclusivamente pelas obrigações (art. 991 do CC). Eventualmente, o contrato social desta sociedade poderá ser registrado no Cartório de Títulos e Documentos, identificando o sócio participante oculto, porém, este registro do contrato social produzirá efeitos somente entre os sócios e não conferirá personalidade jurídica à sociedade (art. 993 do CC).

55. (OAB MG 2007/03) O registro do contrato social da sociedade em conta de participação em cartório de títulos e documentos não gera efeito nenhum perante terceiros. A faculdade que se tem de registrar o contrato social serve apenas para resguardar os interesses dos contratantes e produz efeito apenas entre os sócios (art. 993 do CC). Neste tipo de sociedade, "Obriga-se perante terceiro tão somente o sócio ostensivo [ou empreendedor]; e, exclusivamente perante este, o sócio participante, nos termos do contrato social" (art. 991, parágrafo único, CC). Esta é a peculiaridade da sociedade por conta de participação já que apenas o sócio ostensivo pratica as operações empresariais, em seu nome individual e sob sua exclusiva responsabilidade (art. 991 do CC).

56. (OAB GO 2005/02) Joaquim Xavier, por ser um sócio ostensivo de uma sociedade em conta de participação, não detém tais poderes. Somente poderia admitir novos sócios sem o consentimento expresso dos demais sócios se existisse autorização no contrato social neste sentido (art. 995 do CC).

57. (OAB RJ 2004/01 Exame 23) Não há obrigatoriedade de criação do conselho fiscal na sociedade limitada (art. 1.066, *caput*, do CC).

58. (OAB MG 2005/01) Em caso de omissão do contrato social, um sócio pode ceder suas quotas para outro sócio sem a concordância dos demais. Mas para ceder suas quotas para terceiro, estranho a sociedade, não poderá haver oposição de mais de 25% das quotas sociais (art. 1.057 do CC).

Assim, Bernardo poderá ceder suas cotas para Edmundo, ainda que este seja estranho à sociedade, já que não há oposição de mais de 25% do capital social, pois Carlos, titular de 55% das cotas, não se opôs à pretensão de Bernardo.

Carlos também poderá ceder suas cotas para Flávio, estranho à sociedade, porque não há oposição de mais de 25% do capital social.

59. (OAB CESPE 2008/01) A., de acordo com a regra do art. 1.052 do CC, responderá pela totalidade de suas cotas subscritas e integralizadas e solidariamente com os demais sócios quanto à parte não integralizada por eles. Como o imóvel de C. foi integralizado por R$ 500.000,00, a princípio, a responsabilidade de A. é solidária somente com relação à diferença do que foi informado em relação à real estimativa do bem (art. 1.055, § 1º, do CC).

A. pode se retirar da sociedade a qualquer tempo, se notificar os demais sócios ou requerê-la judicialmente, quando a pessoa jurídica poderá ser obrigada a reembolsar o valor de sua participação societária (art. 1.029 e 1.031 do CC).

60. (OAB CESPE 2007/01) A omissão da palavra "limitada" no contrato de compra e venda de imóvel pela Sociedade Limitada, traz como consequência a responsabilidade solidária e ilimitada de Leandro Souza, administrador que não utilizou a terminação prescrita pela lei (art. 1.158, § 3º, do CC).

61. (OAB MG 2007/02) O administrador somente responderá se tiver agido com culpa no exercício de suas funções e ainda assim numa ação regressiva da sociedade contra o administrador (art. 1.010, § 3º, do CC/2002 e arts. 1.015 e 1.016 do CC).

62. (OAB MG 2004/03) É possível a exclusão extrajudicial de Pedro, já que os sócios majoritários representam mais da metade do capital social e o contrato prevê a exclusão extrajudicial por justa causa. Para tanto, deverá ser convocada reunião especificadamente para este fim concedendo o exercício de defesa a Pedro (art. 1.085, CC).

63. (OAB CESPE 2007/03) Os sócios remanescentes poderão optar pela dissolução total ou parcial da sociedade ou acordar com os herdeiros a substituição do sócio falecido (art. 1.028, II e III, CC/).

64. (OAB RJ 2007/02 Exame 33) Até o fim do inventário, os direitos sociais devem ser exercidos pela inventariante, que é a viúva (art. 1.056, § 1º, CC). Após o inventário, Y até poderá assumir, caso haja acordo entre os herdeiros e os sócios (art. 1.028, III, CC).

65. (OAB GO 2004/03) José da Cruz responderá pelas obrigações contraídas por até dois anos a contar da averbação de sua retirada (art. 1.032, CC).

66. (OAB GO 2003/03) Ação de apuração de haveres (art. 599, III, do CPC e art. 1.031 do CC) e ação de indenização por perdas e danos.

67. (OAB CESPE 2008/03) É possível a exclusão judicial de Mario, prevista pelo art. 1.030 do CC. Nessa ação, basta que os sócios tenham praticado uma falta de inegável gravidade e que seja movida pela concordância da maioria dos demais sócios. Não é possível a exclusão extrajudicial do art. 1.085 do CC, pois apenas o sócio minoritário, no caso em tela, poderia ser excluído.

Atente-se, que também e possível a exclusão extrajudicial de Silas, sócio que detém 2% do capital social.

68. (OAB CESPE 2009/02) O diretor pode ser responsabilizado pelas obrigações contraídas sob sua administração por até 2 anos após a sua destituição (art. 1.091, § 3º, do CC). A instalação do conselho de administração só pode ser feita por acionistas (art. 1.091, *caput*, do CC). O quórum necessário para a destituição de diretor é de 2/3 do capital social.

69. (OAB CESPE 2009/03) O sócio Ronaldo pode ser cobrado no seu patrimônio pessoal no valor de R$ 45.000,00, uma vez que responde solidariamente pelo valor que falta a ser integralizado (art. 1.052 do CC).

70. (OAB CESPE 2009/03) A ausência da terminação Ltda., no contrato de arrendamento mercantil, traz como consequência a responsabilidade ilimitada e solidária do administrador Luciano (art. 1.158, § 3º, do CC).

71. (OAB CESPE 2009/02) Trata-se de Sociedade comum, que é sociedade enquanto os atos constitutivos não forem registrados (art. 986 do CC). O credor pode provar de qualquer maneira a existência da sociedade. A responsabilidade dos sócios será ilimitada, mas o patrimônio dos sócios só pode ser atingido depois de terminado o patrimônio especial (art. 990 do CC).

Atente-se que José, por ser credor, pode provar a existência da sociedade de qualquer modo, como determina o art. 987 do CC.

72. (OAB CESPE 2009/02) Como se trata de uma Sociedade Comum, o patrimônio de Ana pode ser atingido diretamente, já que contratou pela sociedade (art. 990 do CC). A sociedade comum pode sofrer falência, mas não pode requerer a falência de seu devedor (arts. 1º e 97 da Lei n. 11.101/2005). Além disso, a sociedade comum tem capacidade processual, de acordo com o art. 75, IX, do CPC.

73. (PROPOSTO PELA AUTORA) Thompson não pode ser atingido patrimonialmente pelas perdas da empresa, pois investiu apenas com seu trabalho (art. 1.007 do CC). Para Marlon Tomazzetti, o sócio que apenas presta serviços será igualmente responsabilizado. Lucrécia e Joselito responderão proporcionalmente pelas dívidas da sociedade, ou seja, Lucrécia responderá por R$ 10.000,00, enquanto Joselito responderá por R$ 90.000,00 (art. 1.023 do CC).

74. (OAB CESPE 2009/03) Regime de separação obrigatória (art. 977 do CC): proibido a sociedade conjugal. Empresa de radiodifusão: art. 222 da CF: só seria possível para brasileiros natos ou naturalizados há mais de 10 anos e no § 1º pelo menos 70% do capital social e do capital votante deve pertencer a brasileiros natos ou naturalizados há mais de 10 anos.

75. (OAB CESPE 2009/03) Falta de "limitada", art. 1.158, § 3º, do CC, portanto os sócios administradores podem ser executados.

76. (OAB CESPE 2010/01) O advogado de Eunice deve promover ação de exibição de documentos, de acordo com o que estabelece o art. 396 a 404, do CPC. A finalidade da ação de exibição é permitir que uma coisa ou documento seja exibida, já que a autora pretende a exibição de livros comerciais que tem interesse em conhecer a fim de utilizá-los em eventual ação judicial (art. 1.191 do CC).

77. (OAB CESPE 2010/01) Primeiramente, deve o acionista contribuir para o capital social (Lei n. 6.404/76, arts. 106 a 108), pagando o valor de suas ações, o que, nesse tipo societário, não pode ser feito por meio de trabalho.

(Tomazette, 2006, p. 96). Da mesma forma, o art. 7º da referida lei define a hipótese de formação do capital, constituído por bens ou dinheiro, não estando lá relacionados serviços.

Contra o acionista remisso, a companhia pode tomar duas medidas, previstas no art. 107 da já citada lei: "Verificada a mora do acionista, a companhia pode, à sua escolha: I – promover contra o acionista, e os que com ele forem solidariamente responsáveis (art. 108), processo de execução para cobrar as importâncias devidas, servindo o boletim de subscrição e o aviso de chamada como título extrajudicial nos termos do Código de Processo Civil; ou II – mandar vender as ações em bolsa de valores, por conta e risco do acionista".

78. (OAB CESPE 2010/01) Não há previsão legal para excluir extrajudicialmente a sócia Lorena, visto que ela possui mais da metade do capital social, sendo, por consequência, a sócia majoritária da sociedade, restando, assim, às demais sócias apenas a via judicial para a referida exclusão por justa causa, de acordo com o que estipulam os arts. 1.085 e 1.030, ambos do Código Civil.

79. (OAB FGV IV EXAME) O examinando deve demonstrar que possui conhecimentos sobre as possibilidades de exclusão de sócios de sociedade limitada e aplicação subsidiária das normas da sociedade simples. A questão envolve a aplicação dos arts. 1.030, 1.031 e 1.032, todos do Código Civil. A exclusão do sócio majoritário pelos minoritários é perfeitamente possível, nos termos do art. 1.030 do Código Civil. Nesse caso, Tício e Mévio deverão ajuizar ação de dissolução parcial de sociedade em face de Caio. Em seguida, serão liquidadas as quotas de Caio, na forma dos arts. 1.031 e 1.032 do Código Civil.

80. (OAB FGV IV EXAME) O examinando deve demonstrar que possui conhecimentos sobre os efeitos da falta de registro dos atos constitutivos de sociedade, bem como sobre regime de responsabilidade dos sócios de sociedade em comum. A questão envolve a aplicação dos arts. 986 e 990, ambos do Código Civil. Nessa linha, na medida em que não foram inscritos os atos constitutivos da CTM Comércio Internacional Ltda. perante o Registro do Comércio, a posição de Caio, Tício e Mévio é a de sócios de uma sociedade em comum. Em função do disposto no art. 990, eles responderão solidária e ilimitadamente pelas obrigações sociais. Assim, possuem responsabilidade solidária e ilimitada perante o cliente que os processa.

81. (OAB FGV VI EXAME) Como no Brasil não é admitida a sociedade limitada unipessoal, Chico Anísio terá 180 dias para reconstituí-la sob pena de ser dissolvida a sociedade Chico do Gato Ltda. (art. 1.033 do CC).

Atente-se que Chico Anísio, poderá fazer sua transformação para EIRELI – Empresário Individual de Responsabilidade Limitada, como determina o art. 1.033, parágrafo único, e 980-A do CC.

82. (OAB FGV VI EXAME) a) O examinando deve indicar que, mesmo não tendo inscrito os atos da sociedade no registro próprio, a sociedade Doce Alegria Comércio de Alimentos Ltda. existe, sendo considerada uma sociedade em comum (art. 986 do CC).

No mesmo sentido, a falta de personalidade jurídica não pode ser oposta como argumento de defesa pelas sócias da Doce Alegria Comércio de Alimentos Ltda., tendo em vista o disposto no art. 12, § 2º, do Código de Processo Civil.

Ademais, a existência da sociedade pode ser provada por terceiros por qualquer meio, de acordo com o disposto no art. 987 do CC.

b) O examinando deve responder que, uma vez provada a existência da sociedade, os bens sociais constituem patrimônio especial, de propriedade comum das sócias, conforme o art. 988 do CC. A credora poderia acionar este patrimônio, uma vez que ele responde pelos atos de gestão praticados por qualquer dos sócios, conforme o art. 989 do CC.

A sociedade Algodão Doce poderia acionar também o patrimônio de cada uma das sócias, dado que elas respondem ilimitada e solidariamente pelas obrigações da sociedade, de acordo com o art. 990 do CC.

83. (OAB FGV VII EXAME)

a) A sociedade em questão deverá realizar suas deliberações em assembleia, por possuir mais de 10 sócios (art. 1.072, § 1º, do Código Civil).

b) Considerando-se a omissão do contrato sobre a cessão de quotas, Fábio poderá ceder o seu direito de preferência a um terceiro não sócio, conforme previsto no art. 1.081, § 2º, do Código Civil, desde que não haja oposição de titulares de mais de 1/4 (um quarto) do capital social.

84. (OAB FGV IX Exame) O examinando deve demonstrar conhecimento a respeito das sociedades limitadas.

a) Sim, desde que todos os sócios estejam cientes do local, data, hora e ordem do dia da reunião, atendendo, assim, o disposto no art. 1.072, § 2º, do CC. Como o enunciado informa que "todos se dão por cientes", não há nenhuma irregularidade na convocação.

b) Não há necessidade de realização da reunião no dia seguinte, pois todos os sócios decidiram, por escrito, sobre a matéria que seria objeto dela, conforme art. 1.072, § 3º, do CC. Marcos, Juliana e Felipe aprovaram a operação e Susana votou contra, conforme expressamente indica o enunciado, conforme expressamente indica o enunciado.

85. (OAB FGV IX EXAME) O examinando deve demonstrar conhecimento a respeito das sociedades limitadas

a) A parte dos lucros da sociedade Tradutores Amigos Ltda. que cabe a Rodrigo, sócio executado, pode responder por sua dívida particular no caso de insuficiência de seus bens, conforme dispõe o art. 1.026, *caput*, do CC/2002, uma vez que, na omissão do capítulo próprio, as sociedades limitadas regem-se pelas normas das sociedades simples (art. 1.053, *caput*, do CC).

b) Rodrigo pode vender suas quotas a Fernando, desde que nenhum dos sócios da Tradutores Amigos Ltda. se oponha, visto que o contrato é omisso quanto à cessão de quotas e, nesse caso, o art. 1.057 do CC prevê que o sócio pode ceder sua quota a estranho, se não houver oposição de titulares de mais de 1/4 (um quarto) do capital social.

86. (OAB FGV X EXAME) O examinando deverá demonstrar conhecimento sobre o tratamento conferido pela legislação aplicável às sociedades limitadas ao sócio remisso.

a) O examinando deverá indicar que, em razão da mora na integralização das quotas, a sociedade pode, ao invés de promover a cobrança judicial ou amigável da dívida, excluir o sócio Joaquim, nos termos do art. 1.058 do CC. Trata-se de hipótese clara de exclusão extrajudicial de sócio, portanto não será aceito como fundamentação legal o art. 1.030 do CC, que trata de exclusão judicial.

b) O examinando deverá responder que, caso permaneça na sociedade, esta poderá cobrar de Joaquim indenizações pelos prejuízos sofridos com a mora, nos termos do art. 1.004, *caput*, do CC.

Note-se que a pergunta diz respeito à cobrança dos prejuízos sofridos pela sociedade, caso Joaquim permaneça na sociedade. Portanto, a pergunta é claríssima já informando que o sócio será mantido na sociedade e não excluído. Se o candidato souber interpretar adequadamente o art. 1.004 do CC, perceberá que apenas o *caput* prevê a possibilidade de cobrança de indenização pelo dano decorrente da mora do sócio. O parágrafo único do art. 1.004 do CC prevê situações completamente diversas – a exclusão extrajudicial de sócio pela maioria ou a redução de sua quota ao montante integralizado. Portanto, não será aceita fundamentação no parágrafo único do art. 1.004 do CC/2002 porque demonstra que o candidato não soube interpretar o dado do enunciado nem a pergunta formulada, eis que citou hipótese completamente distinta (exclusão ao invés de indenização).

87. (OAB FGV XI Exame) A questão tem por objetivo aferir o conhecimento do examinando sobre um dos efeitos da dissolução da sociedade, isto é, a manutenção da personalidade jurídica até o encerramento da liquidação e baixa do registro no órgão competente (art. 51 do CC: "Nos casos de dissolução da pessoa jurídica ou cassada a autorização para seu funcionamento, ela subsistirá para os fins de liquidação, até que esta se conclua"). Assim, o credor não tem razão em propor a ação em face dos sócios com fundamento no art. 990 do CC, que se aplica apenas à sociedade em comum, não personificada. Os sócios permanecem durante a liquidação com a responsabilidade limitada prevista no art. 1.052 do CC.

88. (OAB FGV XII Exame) A questão tem por base o item 2.6 do programa de Direito Empresarial (desconsideração da personalidade jurídica da sociedade empresária). O candidato deve identificar pelos dados contidos no enunciado que se trata de um contrato celebrado entre empresários (fornecedor e fornecido), portanto a relação jurídica é disciplinada pelas normas do Código Civil. Por conseguinte, são descabidas as considerações na resposta sobre Código de Defesa do Consumidor (art. 28, *caput*, e § 5º), desconsideração objetiva (independentemente da prova do abuso da personalidade jurídica) ou existência de relação de consumo entre o fornecedor e o fornecido.

A eventual aplicação da desconsideração da personalidade jurídica deverá ter por base o art. 50 do CC: "Art. 50. Em caso de abuso da personalidade jurídica, caracterizado pelo desvio de finalidade, ou pela confusão patrimonial, pode o juiz decidir, a requerimento da parte, ou do Ministério Público quando lhe couber intervir no processo, que os efeitos de certas e determinadas relações de obrigações sejam estendidos aos bens particulares dos administradores ou sócios da pessoa jurídica".

a) O candidato deverá mencionar que o art. 50 do CC somente autoriza ao juiz decidir pela desconsideração a requerimento da parte ou do Ministério Público, que não interveio no feito. Como não houve pedido de desconsideração pelo autor, a decisão do juiz que decretou, de ofício, a desconsideração é ilegal.

b) Utilizando-se o critério subjetivo para aplicação da desconsideração (abuso da personalidade jurídica, praticado pelos sócios), percebe-se que a decisão foi equivocada, pois houve apenas o descumprimento do contrato de fornecimento, a ensejar a responsabilização exclusiva da sociedade pelo ato do ex-sócio, à época administrador. Ademais, o enunciado informa que o ex-sócio e administrador, responsável pelos atos de gestão fraudulenta, não teve suas contas bloqueadas e bens indisponíveis, somente os sócios atuais. Portanto, o juiz imputou responsabilidade objetiva, solidária e subsidiária aos sócios pelo pagamento da indenização a que a sociedade fora condenada, utilizando critério objetivo para aplicar a desconsideração, que não é admitido pelo art. 50 do CC.

89. (OAB FGV XIII Exame) O examinando deverá demonstrar conhecimento sobre os efeitos do arquivamento tempestivo de documentos sujeitos ao Registro Público de Empresas Mercantis, o efeito em relação à aquisição da personalidade jurídica, bem como à responsabilidade solidária dos sócios de sociedade limitada pela integralização do capital social.

O enunciado informa que Maria e Joana constituíram uma sociedade limitada empresária. De plano, o examinando deveria atentar para a competência da Junta Comercial, como órgão executor dos serviços do Registro Público de Empresas Mercantis, jamais o Registro Civil de Pessoas Jurídicas. Assim, não tem cabimento qualquer fundamentação legal no art. 998 do Código Civil, seja porque (i) a sociedade não é do tipo simples, (ii) também não é simples quanto ao seu regime jurídico para os fins do art. 1.150 do Código Civil, (iii) o enunciado afirma que os documentos necessários ao registro da sociedade limitada foram encaminhados à Junta Comercial competente. Destarte, a menção ao art. 998 do Código Civil releva não atendimento ao conteúdo avaliado no que tange a fundamentação legal (item 3.5.8 do Edital do XIII Exame).

Portanto, sabendo pelo próprio enunciado que a sociedade é empresária e que o órgão competente é a Junta Comercial, o examinando deverá demonstrar conhecimento do efeito do arquivamento dos documentos de constituição. Segundo o art. 985 do Código Civil, a sociedade adquire personalidade jurídica com o arquivamento no registro próprio, na forma da lei, de seus atos constitutivos. Partindo-se da premissa da ciência do disposto nesse dispositivo do Código Civil, a banca examinadora pretendeu avaliar se o examinando conhece a legislação básica sobre o Registro de Empresas Mercantis, pois é a ela que se refere o art. 985 do Código Civil no que tange a sociedade empresária. A Lei n. 8.934/94, em seu art. 36, dispõe que: "Os documentos referidos no inciso II do art. 32 [dentre eles os documentos relativos à constituição de sociedades empresárias] deverão ser apresentados a arquivamento na junta, dentro de 30 (trinta) dias contados de sua assinatura, a cuja data retroagirão os efeitos do arquivamento; fora desse prazo, o arquivamento só terá eficácia partir do despacho que o conceder."

Sendo inequívoco que: (i) em 3-1-2012 foi assinado o ato constitutivo de uma sociedade limitada empresária; (ii) no dia 5-1-2012 foi celebrado o contrato de locação da sede; (iii) em 16-1-2012 foram entregues na Junta Comercial os documentos necessários ao registro da referida sociedade; e (iv) no dia 23-1-2012, a Junta Comercial procedeu ao arquivamento (uma semana depois), o arquivamento foi tempestivo nos termos do art. 36 da Lei n. 8.934/94 e produziu efeito *ex tunc*.

a) O examinando deverá indicar que, como o ato constitutivo foi registrado na Junta Comercial dentro dos 30 dias subsequentes à assinatura (antes de 2-2-2012), seus efeitos (inclusive a personalidade jurídica e a capacidade negocial da sociedade – art. 1.022 do Código Civil), retroagem a tal data (3-1-2012), nos termos do art. 36 da Lei n. 8.934/94. Logo, a sociedade era considerada regular/possuía personalidade jurídica no momento da celebração do contrato (5-1-2012), pois ao registro tempestivo a lei confere eficácia retroativa para os fins do art. 985 do Código Civil.

Para os fins do item 3.5.5 do Edital do XIII Exame, não atendem ao conteúdo avaliado, afirmativas de que a sociedade limitada era uma sociedade em comum (art. 986 do Código Civil), que não era regular na data da celebração do contrato porque o contrato não tinha sido arquivado, entre outras variações de resposta que conflitem com os dados do enunciado e o disposto no art. 36 da Lei n. 8.934/94.

Em relação ao item b o examinando deveria ser capaz de demonstrar conhecimento sobre a solidariedade entre os sócios de uma sociedade limitada pela integralização do capital social, nos termos da segunda parte do art. 1.052 do Código Civil. Ademais, a banca examinadora procurou aferir se o examinando compreende que a integralização das quotas por parte de um dos sócios o exime de responsabilidade perante o credor social do valor correspondente a esta parcela do capital, persistindo a responsabilidade pelo capital não integralizado.

Nos termos do exposto acima, Maria não responderá pela integralidade da dívida perante Miguel, isto é, R$ 20.000,00 (vinte mil reais), nem pelo valor de R$ 10.000,00 (dez mil reais) – 50% da dívida porque ela é titular de quotas representativas de 50% do capital social, nem pelo valor de R$ 9.000,00 (nove mil reais) – R$ 4.000 + R$ 5.000,00 (valor do capital não integralizado + valor das quotas integralizadas) ou pelo valor de R$ 5.000,00 (cinco mil reais).

b) Miguel somente pode cobrar de Maria até o limite do capital ainda não integralizado (R$ 4.000,00), pois os sócios de uma sociedade limitada respondem solidariamente pela integralização do capital social, nos termos da parte final do art. 1.052, do Código Civil, mas não respondem pelo valor da quota já integralizada.

Nestes termos, não atende ao conteúdo avaliado para os fins do item 3.5.5 do Edital do XIII Exame quando se afirma, alternativamente, que Maria responderá ilimitadamente (arts. 990 e 1.024 do Código Civil), limitadamente ao valor de sua quota já integralizada (R$ 5.000,00), limitadamente ao valor de R$ 9.000,00 (quota integralizada e parcela do capital não integralizado), limitadamente na proporção de sua participação no capital (R$ 10.000,00) ou pela integralidade da dívida (R$ 20.000,00).

90. (OAB FGV XIII Exame) A questão tem por objetivo aferir o conhecimento do candidato sobre as peculiaridades do nome empresarial das empresas de pequeno porte, em conformidade com a Lei Complementar n. 123/2006. As sociedades, simples ou empresárias, enquadradas como empresas de pequeno porte, são obrigadas a acrescentar na sua designação a expressão "Empresa de Pequeno Porte" ou "EPP", segundo o art. 72, da Lei Complementar n. 123/2006, mas é facultativa a inclusão do objeto da sociedade. Somente as sociedades enquadradas como empresas de pequeno porte podem usar o aditivo "EPP".

Da simples leitura do enunciado percebe-se que Banzaê Ltda. EPP é uma sociedade do tipo limitada e está enquadrada como empresa de pequeno porte. O primeiro objetivo da questão a ser atingido pelo examinando é, precisamente, identificar pela denominação que se trata de uma empresa de pequeno porte. Com isto, haverá atribuição de pontuação parcial, conforme espelho de correção, caso haja coerência com os dados do enunciado. Dessa forma, deve ser afirmado que Antônio Gonçalves está empregando adequadamente o nome empresarial. A simples afirmativa de que a sociedade é uma empresa de pequeno porte para, em seguida, considerar que o administrador não está empregando corretamente o nome empresarial é incompatível com o enunciado e revela não atendimento ao conteúdo avaliado nos termos do item 3.5.5 do Edital do XIII Exame.

Além de afirmar que a sociedade é uma empresa de pequeno porte, para obter pontuação integral, o examinando deve atingir outros dois objetivos: (i) reconhecer a facultatividade da indicação do objeto social nas denominações de empresas de pequeno porte (EPP) e (ii) conhecer a legislação aplicável (Lei Complementar n. 123/2006 e o dispositivo pertinente (art. 72)). A omissão de alguma destas informações acarretará na atribuição de pontuação parcial, nos termos do espelho de correção e do item 3.5.8 do Edital do XIII Exame.

Portanto, o administrador Antônio Gonçalves está usando corretamente a denominação social. Caso a sociedade não fosse enquadrada como empresa de pequeno porte, seria necessária a inclusão do objeto social na denominação, em conformidade com o art. 1.158, § 2º, do Código Civil, porém não é o caso. Por conseguinte, o sócio Lauro de Freitas não pode responsabilizar ilimitadamente o administrador pelo uso da denominação sem a indicação do objeto.

91. (OAB FGV XIV Exame) A questão tem por finalidade verificar o conhecimento do candidato sobre a competência do Conselho Fiscal na sociedade limitada (item 2.3 do Programa de Direito Empresarial). Não é aceita como adequada resposta com conteúdo e fundamento na

Lei n. 6.404/76, pois a sociedade em questão é do tipo limitada, portanto, regulada pelo Código Civil nesta parte (arts. 1.066 a 1.070).

A instituição do Conselho Fiscal na sociedade limitada é facultada pelo art. 1.066 do Código Civil; sua composição obedece aos ditames contidos no mesmo dispositivo.

A primeira deliberação – aprovação das contas dos administradores – é ilegal porque invade a competência privativa da assembleia ou reunião dos sócios, nos termos do art. 1071, I, c/c art. 1066, *caput*, do Código Civil (ou art. 1.078, I, c/c art. 1.066). A instituição de Conselho Fiscal na sociedade limitada não pode se dar em prejuízo dos poderes conferidos à assembleia/reunião de sócios. Verifica-se por esta disposição do art. 1.066 que houve ilegalidade na deliberação dos conselheiros.

A segunda deliberação é perfeitamente válida porque na competência do Conselho Fiscal inclui-se a prerrogativa de convocar reunião sempre que ocorram motivos graves e urgentes, com fundamento nos arts. 1.069, V e 1.073, II, do Código Civil (ambos devem ser citados). Fica patente no enunciado que foram recebidas denúncias pelos conselheiros, embasadas em vários documentos, cuja validade o órgão fiscalizador confirmou em diligências e que apontam indícios graves de ilícitos civis e penais. Portanto, trata-se de motivo grave e urgente que enseja a convocação pelo Conselho de reunião extraordinária de sócios. É improcedente a menção a qualquer outro inciso do art. 1.069 do Código Civil tendo em vista que o enunciado descreve apenas a hipótese de convocação prevista no inc. V.

92. (OAB FGV XIV Exame) O examinando deverá ser capaz de conhecer as disposições do Código Civil sobre a incorporação de sociedade, em especial a possibilidade de a operação ser realizada entre sociedades de tipos diferentes e a facultatividade de elaboração de protocolo e justificação. Outro objetivo a ser atingido com a questão é a identificação de que todas as sociedades envolvidas na operação (uma limitada e duas simples) não são companhias. Com isto o examinando deverá confrontar este dado com a informação contida no enunciado de que o contrato da incorporadora prevê a regência supletiva pelas normas da sociedade simples, o que afasta peremptoriamente a menção a qualquer artigo da Lei n. 6.404/76 ou a transcrição de conteúdo de artigo desse diploma.

a) Sim, não há impedimento que as operações de incorporação possam ser realizadas entre sociedades de tipos diferentes, no caso uma sociedade limitada e duas simples, com base no art. 1.116 do Código Civil. Tal dispositivo não contém nenhuma exigência quanto a uniformidade das sociedades em relação ao tipo, portanto a operação é válida.

b) Não. Nas fusões e incorporações entre sociedades reguladas pelo Código Civil, é facultativa a elaboração de protocolo e justificação pelos sócios ou administradores das sociedades envolvidas, em razão de inexistência destas providências nos arts. 1.116 a 1.118 do Código Civil, que dispõem sobre a incorporação. Ademais, como a sociedade limitada tem em seu contrato cláusula de regência supletiva pelas normas da sociedade simples, ficam peremptoriamente afastadas as exigências e disposições previstas na Lei das S/A (Lei n. 6.404/76) para o protocolo e justificação prévia.

93. (OAB FGV XV Exame) O candidato deve ser capaz de conhecer as disposições legais sobre: (i) as formalidades extrínsecas para os instrumentos de escrituração do empresário; (ii) as hipóteses de exibição judicial integral de ofício; e (iii) os efeitos da recusa pelo empresário ou sociedade empresária em exibir o livro.

a) O juiz poderá ordenar de ofício a exibição integral do livro, por se tratar de questão referente à sociedade e sua administração (ausência de prestação de contas ao sócio minoritário em descumprimento ao art. 1.020, do Código Civil), com fundamento no art. 1.191, *caput*, do Código Civil.

É indispensável para a obtenção de pontuação parcial que o examinando associe o conteúdo do enunciado às hipóteses de exibição integral de ofício dos instrumentos de escrituração do empresário, previstas no art. 1.191, *caput*, do Código Civil. Assim, a resposta não pode ser genérica, devendo precisar que, por se tratar de questão ligada à sociedade e sua administração, a lei autoriza ao juiz, de ofício, determinar a exibição integral do Livro. A simples menção ao dispositivo legal sem que seja contextualizado com as informações do enunciado não confere pontuação.

b) Caso a sociedade empresária se recuse a exibir o livro Diário, (i) este será apreendido judicialmente e (ii) será considerado verdadeiro o fato alegado pela parte autora que pretende provar por meio da exibição e do exame do livro Diário, com base no art. 1.192, do Código Civil e/ou com base no art. 400 do CPC.

O examinando somente obterá pontuação integral se indicar os dois efeitos da recusa, indicados acima, bem como pelo menos um dos dispositivos legais. A simples menção ao dispositivo legal sem contextualizá-lo com as informações do enunciado não pontua.

c) Sim. Ainda que o livro diário não esteja revestido de uma formalidade legal extrínseca (autenticação pela Junta Comercial), a presunção de veracidade dos lançamentos em favor do autor da ação pode ser elidida se o réu demonstrar, por qualquer meio permitido em direito, que os lançamentos são falsos ou inexatos, com fundamento no art. 226, parágrafo único, do Código Civil e/ou no art. 417 do Código de Processo Civil de 2015.

A fundamentação legal correta para a solução do comando do item C e atribuição de pontuação encontra-se no art. 226, parágrafo único, do Código Civil (e não no *caput* do art. 226) e/ ou no art. 417 do CPC.

"Art. 226 (...) Parágrafo único. A prova resultante dos livros e fichas não é bastante nos casos em que a lei exige escritura pública, ou escrito particular revestido de requisitos especiais, e pode ser ilidida pela comprovação da falsidade ou inexatidão dos lançamentos".

94. (OAB FGV XVI EXAME) A questão está relacionada à sociedade limitada. O examinando deverá ser capaz de conhecer o tipo societário a partir do nome empresarial e a legislação a ele pertinente, no caso o Código Civil, bem como as exigências para a formação do capital e a proibição da contribuição em prestação de serviços a título de integralização da quota.

Nenhuma das soluções apresentadas pelos clientes para o ingresso de Celso Ramos na sociedade é viável, sendo compulsória a integralização da quota em bens, materiais ou imateriais, numerário ou crédito.

a) Não. Na sociedade limitada as quotas deverão ser integralizadas com bens suscetíveis de avaliação pecuniária, sendo vedada a integralização com serviços (trabalho), com fundamento no art. 1.054 c/c o art. 997, III, do Código Civil, e art. 1.055, § 2º, do Código Civil.

b) Não. O contrato de sociedade limitada deverá conter cláusula que estabeleça a quota de cada sócio no capital social, sendo a responsabilidade dos sócios limitada ao valor da quota de cada um, com fundamento no art. 1.054 c/c art. 997, IV, do Código Civil, e no art. 1.052 do Código Civil. Portanto, Celso Ramos não poderá participar da sociedade sem titularizar quota.

95. (OAB FGV XVI EXAME) A questão tem por objetivo aferir se o examinando identifica a operação descrita no enunciado como fusão de sociedades e conhece as principais regras do Código Civil sobre o instituto. De plano devem ser afastadas as regras da Lei n. 6.404/76 – Lei de Sociedades por Ações – em razão de serem as sociedades envolvidas do tipo limitada (Bragança Veículos Ltda. e Chaves, Colares & Cia Ltda.) e os contratos terem regência supletiva pelas normas da sociedade simples.

a) *Nomen juris* da operação: Fusão, porque haverá extinção das sociedades, que se unirão para formar sociedade nova, que a elas sucederá nos direitos e nas obrigações (art. 1.119, do Código Civil).

Órgão competente para a deliberação: a operação deverá ser aprovada pela assembleia ou reunião de sócios de cada sociedade envolvida (art. 1.071, VI, do Código Civil).

Quórum para aprovação: por se tratar de sociedades limitadas, é de ¾ (três quartos), no mínimo, do capital social (art. 1.076, I, do Código Civil).

Procedimento: na assembleia ou reunião dos sócios de cada sociedade, após a aprovação da operação, do projeto do ato constitutivo da nova sociedade, bem como o plano de distribuição do capital social, serão nomeados os peritos para a avaliação do patrimônio da sociedade. Apresentados os laudos, os administradores de cada sociedade convocarão reunião ou assembleia dos sócios para tomar conhecimento deles, decidindo sobre a constituição definitiva da nova sociedade.

b) Não haverá irregularidade na operação caso não tenha sido elaborado o protocolo. Em razão da inexistência de sociedade por ações na operação e da cláusula de regência supletiva pelas normas da sociedade simples nos contratos das duas sociedades, é facultativa a elaboração de protocolo firmado pelos administradores, pois o Código Civil não exige tal documento, com fundamento no art. 1.120 do Código Civil.

96. (OAB FGV XX EXAME) A questão tem por objetivo verificar o conhecimento do examinando sobre a obrigatoriedade do enquadramento como EPP para que as sociedades empresárias possam gozar das prerrogativas concedidas pela Lei Complementar n. 123/2006, entre elas a dispensa de publicação de atos societários (art. 71). Ademais, o examinando deverá demonstrar que as sociedades por ações não podem ser enquadradas como ME ou EPP, com base no art. 3º, § 4º, X, da Lei Complementar n. 123/2006. Outro objetivo a ser atingido pelo examinando é demonstrar que conhece o teor do art. 1.144 do Código Civil e sua aplicabilidade quanto a publicação do contrato de trespasse às sociedades por ações, porque não poderão ser enquadradas como ME ou EPP. No caso, a alienação do estabelecimento situado em Sobral, pertencente ao patrimônio de uma companhia que não pode ser enquadrada como EPP a despeito de sua receita bruta anual, deve cumprir o art. 1.144 do Código Civil. As sociedades por ações não podem se beneficiar do tratamento jurídico diferenciado conferido às empresas de pequeno porte, ainda que a receita bruta anual seja inferior ao limite máximo previsto no art. 3º, inciso II, da Lei Complementar n. 123/2006, com fundamento no art. 3º, § 4º, X, da Lei Complementar n. 123/2006. Em razão de a companhia não ser uma empresa de pequeno porte, para os fins legais, é obrigatória a publicação do contrato de trespasse na imprensa oficial com base no art. 1.144 do Código Civil. A resposta, para fins de pontuação no item B, deverá esclarecer a razão da obrigatoriedade da publicação do contrato de trespasse, diante das informações do enunciado e dos objetivos da questão. Assim, o examinando deverá afirmar que não se trata de uma EPP, portanto afasta-se a incidência da norma do art. 71 da Lei Complementar n. 123/2006 e incide a norma do art. 1.144 do Código Civil.

a) Não. As sociedades por ações não podem se beneficiar do tratamento jurídico diferenciado conferido às empresas de pequeno porte, ainda que a receita bruta anual seja inferior a R$ 3.600.000,00 com fundamento no art. 3º, § 4º, X, da Lei Complementar n. 123/2006.

b) Não. Em razão de a companhia não ser uma empresa de pequeno porte, para os fins legais, é obrigatória a publicação do contrato de trespasse na imprensa oficial, com base no art. 1.144 do Código Civil.

97. (OAB FGV XX EXAME) Reaplicação Porto Velho/RO

a) Não. No processo não ficou demonstrada a prática de ato considerado como abuso da personalidade jurídica por parte do sócio e a dissolução da sociedade foi regular, afastando com isto a aplicação da desconsideração da personalidade jurídica, com base no art. 50 do Código Civil.

b) Na sociedade simples do tipo limitada devem ser aplicadas as disposições do tipo e não as da sociedade simples. Com isto, deve ser afastado o argumento do juiz, baseado no art. 1.023 do Código Civil, e aplicada a regra do art. 1.052, sobre a responsabilidade limitada ao valor das quotas de cada sócio, estando o capital integralizado.

98. (OAB FGV XX EXAME) Reaplicação Porto Velho/RO

A questão tem por objetivo verificar se o examinando conhece as regras legais para a formação das firmas sociais, em especial, a proibição de indicação do objeto social, justamente para diferenciação das denominações, que deverão indicar o objeto. Outro objetivo é aferir se o examinando conhece que a sistemática legal de proteção ao nome empresarial independe de registro especial, ao contrário das marcas, sendo assegurada a proteção em nível estadual com o arquivamento do ato constitutivo da sociedade empresária na Junta Comercial.

a) Não. A firma social não pode conter o objeto da sociedade, apenas nome de sócio com o aditamento, se necessário, da expressão "e companhia" ou sua abreviatura, com base no art. 1.157 do CC. Portanto, não pode ser aceita a designação proposta por Tobias.

b) O âmbito geográfico da proteção ao nome empresarial é estadual, de acordo com o art. 1.166, *caput*, do CC. Não há necessidade de registro próprio, como ocorre com as marcas, porque a proteção ao nome empresarial decorre automaticamente do arquivamento dos atos constitutivos de sociedades, em conformidade com o art. 33 da Lei n. 8.934/94.

99. (OAB FGV XXI EXAME) A questão tem por objetivo aferir os conhecimentos do(a) examinando(a) sobre as causas que autorizam a redução do capital na sociedade limitada, o procedimento a ser adotado e a necessidade de manifestação dos credores quirografários anteriores à deliberação antes do arquivamento da ata no registro competente.

a) A justificativa prevista na legislação para a redução do capital é o excesso deste em relação ao objeto social, de acordo com o art. 1.082, inciso II, do Código Civil. Quanto ao procedimento, deverá ser realizada a modificação do contrato social, de acordo com o art. 1.082, *caput*, do Código Civil, por meio de deliberação dos sócios em reunião ou assembleia, observando-se o quórum de, no mínimo, ¾ (três quartos) do capital social, nos termos do que dispõe o art. 1.071, V, e o art. 1.076, I, ambos do Código Civil.

b) Sim. Mesmo que a sociedade não possua dívidas em mora e pague pontualmente aos credores, a redução somente se tornará eficaz se, no prazo de noventa dias, contados da data da publicação da ata da assembleia ou da reunião que aprovar a redução, não for impugnada por credor quirografário, por título líquido anterior a essa data, ou se provado o pagamento da dívida ou o depósito judicial do respectivo valor, com fundamento no art. 1.084, §§ 1º e 2º, do Código Civil.

100. (OAB FGV XXII EXAME) A questão tem por objetivo constatar se o examinando identifica o critério utilizado pelo direito pátrio no Código Civil para conferir nacionalidade brasileira às sociedades (critérios da Sede E Administração no Brasil) e que as sociedades estrangeiras precisam de autorização para funcionar, concedida previamente pelo Poder Executivo

a.1) Não. Somente será considerada nacional a sociedade que tenha no País a sede de sua administração, com fundamento no art. 1.126 do CC.

a.2) Como a administração da sociedade funcionará em território (ou cidade) uruguaio(a), ela não reúne os requisitos para ser uma sociedade brasileira.

b) Sim, porque a sociedade estrangeira, qualquer que seja o seu objeto, precisa de autorização prévia do Poder Executivo para funcionar no País, nos termos do art. 1.134 do Código Civil.

101. (OAB FGV XXIII EXAME) A questão tem por objetivo aferir o conhecimento do examinando tanto de disposições materiais (pressuposto do abuso da personalidade jurídica para o pedido) quanto processuais acerca da desconsideração da personalidade jurídica (possibilidade de ser instaurado o incidente mesmo em fase de cumprimento de sentença).

a) Sim. Não há irregularidade quanto à legitimidade da parte requerer a instauração do incidente de desconsideração da personalidade jurídica, inclusive em fase de cumprimento de sentença, com base no art. 134, *caput*, do CPC.

b.1) Não. O pedido de desconsideração da personalidade jurídica deve observar os pressupostos previstos em lei, como determina o art. 133, § 1º, do CPC.

b.2) A justificativa apresentada por Telêmaco Eletrônica Ltda. EPP, de o devedor ser sociedade limitada com capital integralizado, não comprova abuso da personalidade jurídica por parte de sócio ou administrador, pressuposto contido no art. 50 do Código Civil.

102. (OAB FGV XXIV EXAME) A questão tem por objetivo aferir se o examinando conhece a aplicação subsidiária das disposições da sociedade simples à sociedade em conta de participação, nos termos do art. 996, *caput*, do Código Civil, em especial quanto ao direito de voto. Também se pretende aferir se o examinando reconhece a impossibilidade de a sociedade em conta de participação ter nome empresarial e a justificativa pertinente para tal vedação.

a) Sim. Diante da aplicação supletiva das disposições da sociedade simples à sociedade em conta de participação, por haver compatibilidade, é lícita a estipulação contratual, porque os sócios participantes poderão votar nas deliberações sociais para discutir e eventualmente aprovar matérias pertinentes aos negócios da sociedade, nos termos do art. 996, *caput*, c/c art. 1.010, *caput*, ambos do Código Civil.

b) Não. Na sociedade em conta de participação, a atividade constitutiva do objeto social é exercida unicamente pelo sócio ostensivo, em nome próprio e sob sua própria e exclusiva responsabilidade, de acordo com o art. 991 do Código Civil. Por conseguinte, é vedado à sociedade em conta de participação adotar qualquer nome empresarial (firma ou denominação), nos termos do art. 1.162 do Código Civil.

103. (OAB FGV XXV EXAME) A questão tem por finalidade verificar o conhecimento do examinando sobre a noção de empresa e empresário e a facultatividade da inscrição do empresário rural.

a) Sim. A atividade exercida por Paulo é empresa, pois nela se verifica uma atividade econômica dotada de organização de bens e pessoas com finalidade de produção de bens para o mercado, com base na dicção do art. 966, *caput*, do Código Civil.

b) Não. Paulo, embora exerça empresa rural, não está obrigado a se registrar na Junta Comercial como empresário. É facultativa a inscrição na Junta Comercial para o empresário rural, porém, uma vez inscrito, equipara-se ao empresário regular, de acordo com o art. 971 do Código Civil.

104. (OAB FGV XXV EXAME) Reaplicação Porto Alegre/RS

A questão tem por objetivo verificar o conhecimento do candidato sobre as formalidades intrínsecas e extrínsecas dos livros do empresário e a consequência de eventuais irregularidades.

a) O livro diário de Vitor Meireles não cumpre as formalidades intrínsecas previstas no art. 1.183, *caput*, do Código Civil, porque contém lançamentos fora de ordem cronológica, numerosos intervalos em branco, lacunas, rasuras e transportes para as margens. Por estar sem a presença de requisitos legais, o empresário não poderá utilizar o diário como prova a seu favor no litígio com a sociedade empresária, em razão do que dispõe o art. 226, *caput*, do Código Civil OU o art. 418 do CPC, *a contrario sensu*.

b) Não. O livro diário é documento de escrituração contábil obrigatória do empresário (art. 1.180 do Código Civil) e deve estar autenticado na Junta Comercial, por exigência do art. 1.181 do Código Civil.

105. (OAB FGV XXV EXAME) Reaplicação Porto Alegre/RS

A questão tem por finalidade verificar o conhecimento do candidato das normas que regem a sociedade limitada, em especial o direito de retirada dos sócios e pagamento dos haveres. Pelas informações do enunciado pode-se concluir que a operação societária aprovada pelos sócios de Baldim, Bonfim & Cia. Ltda. foi a incorporação da sociedade Carrancas Marcenaria Ltda. (art. 1.116 do Código Civil). O sócio Capitólio Participações Ltda., embora fique sujeito à deliberação aprovada com quórum acima do exigido por lei (art. 1.071, VI, c/c. art. 1.076, I, do Código Civil) pelo princípio majoritário das deliberações sociais (art. 1.072, § 5º, do Código Civil), poderá exercer seu direito de retirada e pleitear a liquidação de suas quotas no procedimento de apuração de haveres (arts. 1.077 e 1.031 do Código Civil). Portanto, verifica-se a regularidade da apuração de haveres feita pela sociedade Baldim, Bonfim & Cia Ltda. ao sócio dissidente, por se tratar de direito potestativo exercido tempestivamente (no prazo de 30 dias)

a) Sim. A aprovação da incorporação da sociedade Carrancas Marcenaria Ltda. autoriza o sócio dissidente a retirar-se da sociedade desde que o faça tempestivamente. O direito de retirada foi exercido tempestivamente, porque a deliberação ocorreu no dia 11 de setembro de 2017, e o sócio dissidente pleiteou a liquidação de suas quotas no dia 30 de setembro de 2017, portanto nos trinta dias subsequentes à assembleia, com fundamento no art. 1.077 do Código Civil.

b) Sim. A apuração de haveres com base em balanço especial, "a preço de saída" (art. 606, *caput*, do CPC) se dará apenas "no silêncio do contrato antes vigente", de acordo com o art. 1.077 e o art. 1.031, ambos do Código Civil. Como o contrato estabelece critério próprio de apuração de haveres, esse será aplicado. Logo, a apuração de haveres observou o critério contratual, isto é, o último balanço patrimonial aprovado (exercício social de 2016), desconsiderando o patrimônio da sociedade "a preço de saída", critério legal. "Nos casos em que a sociedade se resolver em relação a um sócio, o valor da sua quota, [...] liquidar-se-á, salvo disposição contratual em contrário, com base na situação patrimonial da sociedade, à data da resolução, verificada em balanço especialmente levantado".

106. (OAB FGV XXVI EXAME) A questão tem por objetivo verificar se o examinando identifica que o direito de retirada na sociedade limitada é regulado pelo art. 1.077 do CC. Esse dispositivo não faz distinção entre a sociedade limitada constituída por prazo determinado ou indeterminado. Nota-se que foi aprovada pelos sócios com quórum legal a ampliação do objeto social, que é uma cláusula obrigatória do contrato (art. 1.054 c/c art. 997, II, ambos do CC). Assim, quando houver modificação do contrato, terá o sócio que dissentiu o direito de retirar-se da sociedade, nos trinta dias subsequentes à reunião. Os sócios minoritários exerceram tempestivamente o direito de retirada. Outro objetivo da questão é verificar se o examinando é capaz de reconhecer a obrigação legal de os sócios retirantes responderem pelas obrigações sociais anteriores nos dois anos seguintes à averbação da retirada no órgão de registro da sociedade e, pelas posteriores e em igual prazo, enquanto não for requerida a averbação.

a) Sim. Diante da aprovação da ampliação do objeto social em reunião houve modificação do contrato e, nesse caso, os sócios que dissentiram poderão exercer o direito de retirar-se da sociedade, seja ela ou não constituída por prazo determinado e independente da propositura de ação judicial, com base no art. 1.077 do CC.

b) Sim. Os sócios dissidentes respondem pelas obrigações sociais anteriores, até dois anos após ser averbada a resolução da sociedade; e pelas posteriores e em igual prazo, enquanto não se requerer a averbação, com base no art. 1.032 do CC.

107. (OAB FGV XXVIII EXAME) A questão tem por objeto verificar o conhecimento do examinando quanto às regras básicas pertinentes ao microempreendedor individual, com enfoque no tratamento diferenciado em relação a outros empresários por ser uma modalidade de microempresa. Ademais, espera-se que o examinando reconheça que o MEI é uma pessoa natural, e não uma EIRELI (pessoa jurídica de direito privado).

a) Não. O MEI é uma pessoa natural, sendo espécie de empresário individual de que trata o art. 966 do Código Civil, e não uma pessoa jurídica de direito privado – EIRELI. Fundamento legal: art. 18-A, § 1º, da Lei Complementar n. 123/2006.

b) O MEI é uma modalidade de microempresa, conforme o art. 18-E, § 3º, da Lei Complementar n. 123/06. Todo benefício previsto na Lei Complementar n. 123/2006 aplicável à microempresa estende-se ao MEI, sempre que lhe for favorável. Sim. O MEI está dispensado, para fins de arquivamento nos órgãos de registro, da prova de quitação, regularidade ou inexistência de débito referente a tributo ou contribuição de qualquer natureza, com base no art. 9º, § 1º, inciso II, da Lei Complementar n. 123/2006.

108. (OAB FGV XXIX EXAME)

A questão tem por finalidade verificar os conhecimentos do examinado quanto ao dever do administrador de sociedade simples ou empresária atuar nos limites do objeto social e observar eventuais restrições ou vedações contratuais ou legais, dentre elas os atos fora do objeto social (*ultra vires*). Em tais casos, mesmo que a sociedade não promova a ação de responsabilidade civil em face do administrador pelos efeitos desses atos, ele será responsável perante terceiros prejudicados, nos termos do art. 1.016 do CC.

a) Sim. Uma vez que o ato praticado por Rita de Cássia é evidentemente estranho aos negócios da sociedade (OU estranho ao objeto social, ato *ultra vires*), esta poderá alegar o excesso por parte da administradora, opondo a terceiros sua ineficácia, com fundamento no art. 1.015, parágrafo único, inciso III, do CC.

b) Sim. Rita de Cássia, como administradora, responde perante terceiros prejudicados pelos danos decorrentes de atos ilícitos decorrentes do exercício de suas atribuições, inclusive outros sócios, segundo a dicção do art. 1.016 do CC.

109. (OAB FGV XXXI EXAME)

a) Sim, foi regular a constituição da sociedade. A sociedade em conta de participação não está sujeita às formalidades de constituição de outros tipos, podendo ser provada sua existência por todos os meios de prova admitidos em direito, de acordo com o art. 992 do Código Civil.

b) O contrato fica sujeito às normas dos contratos bilaterais do falido, de acordo com a determinação contida no art. 994, § 3º, do Código Civil. Assim, com fundamento no art. 117, § 1º, da Lei n. 11.101/2005, os sócios B, C ou Z podem interpelar o administrador judicial da massa falida de H para que, no prazo de até 90 (noventa) dias, contado da assinatura do termo de sua nomeação e dentro de 10 (dez) dias, declare se cumpre ou não o contrato de sociedade em conta de participação.

Sociedade por Ações, Incorporação, Cisão, Fusão

110. (OAB CESPE 2008/01)

a) Para ser proposta ação de responsabilidade civil contra o administrador é necessária prévia deliberação e consentimento da assembleia geral da companhia. A legitimidade ordinária para propor esta ação é da própria companhia (art. 159, Lei n. 6.404/76), porém, se a ação não for proposta por ela nos 3 meses seguintes à assembleia geral, todos os acionistas terão legitimidade extraordinária para propô-la (art. 159, § 3º). Se a assembleia geral não autorizar a propositura da ação, ainda assim, poderá ser proposta a ação desde que a(s) parte(s) ativa(s) represente 5% ou mais do capital social (art. 159, § 4º).

b) Prevalece a regra de que um administrador não pode ser responsabilizado por ato ilícito praticado por outro. Porém, Mário, em exceção, poderá ser responsabilizado pela conduta de Igor porque foi conivente com os atos que prejudicavam a companhia, embora não participasse do ilícito, e deixou de agir, de tomar as providências necessárias (art. 158, § 1º).

111. (OAB CESPE 2007/02) A companhia poderá propor ação de execução contra o acionista e as pessoas que forem solidariamente responsáveis a ele, servindo o boletim de subscrição e o aviso de chamada como título extrajudicial ou mandar vender as ações em bolsas de valores, por conta e risco do acionista nos termos do art. 107, incisos e parágrafos da Lei n. 6.404/76. A pessoa solidariamente responsável com o acionista remisso é o alienante da ação, até o limite dos pagamentos faltantes para integralizar a ação transferida (art. 108 da Lei n. 6.404/76).

112. (OAB RJ 2007/01 Exame 32) A princípio, pode parecer que a presença do agente fiduciário seja obrigatória em qualquer caso, tendo em vista o disposto no art. 61, § 1º da Lei n. 6.404/76: "§ 1º A escritura de emissão, por instrumento público ou particular, de debêntures distribuídas ou admitidas à negociação no mercado, terá obrigatoriamente a intervenção de agente fiduciário dos debenturistas". Porém, o art. 74, § 1º, da mesma lei dispõe que "se a emissão tiver agente fiduciário, caberá a este fiscalizar o cancelamento dos certificados", em demonstração de que não é obrigatória a indicação de agente fiduciário em todos os casos. Na verdade, a presença do agente fiduciário somente é obrigatória quando as debêntures forem comercializadas no mercado. Portanto, é facultativa a indicação de agente fiduciário na escritura de emissão de debênture em colocação privada.

113. (OAB RJ 2006/03 Exame 31) É plenamente possível a Carlos e Silvio impedirem a contratação de fornecimento de matéria-prima da forma desejada pela Serralheria Fluminense Ltda., que como acionista controladora (art. 116 da Lei n. 6.404/76), agiu com abuso de poder nos moldes do art. 117, § 1º, da Lei n. 6.404/76.

Portanto, a acionista controladora responderá pelos danos causados a sociedade e aos acionistas controladores.

114. (OAB RJ 2006/03 Exame 31) A Lei n. 10.303/2001 incluiu o § 3º ao art. 109 da Lei n. 6.404/76 que dispõe que "O estatuto da sociedade pode estabelecer que as divergências entre os acionistas e a companhia, ou entre os acionistas controladores e os acionistas minoritários, poderão ser solucionadas mediante arbitragem, nos termos em que especificar".

Os acionistas que ingressarem depois, farão a adesão de acordo com as regras do estatuto social.

115. (OAB RJ 2006/01 Exame 29) O voto múltiplo é uma faculdade reconhecida aos acionistas minoritários, representantes de um décimo ou mais do capital social com direito a voto, para a eleição dos membros do conselho de administração (art. 141 da Lei n. 6.404/76). Trata-se de mera faculdade dos acionistas minoritários que deverá ser exercida até 48 horas antes da assembleia geral (art. 141, § 1º, da Lei n. 6.404/76). Quando for requerido nos termos acima, o voto múltiplo concede tantos votos quanto forem os administradores a serem eleitos.

116. (OAB RJ 2006/01 Exame 29) A atuação do conselho fiscal está restrita aos limites impostos pelo art. 163 da Lei n. 6.404/76, que trata de sua competência. De acordo com o art. 163, § 5º, da Lei n. 6.404/76: "se a companhia não tiver auditores independentes, o conselho fiscal poderá, para melhor desempenho das suas funções, escolher contador ou firma de auditoria e fixar-lhes os honorários, dentro de níveis razoáveis, vigentes na praça e compatíveis com a dimensão econômica da companhia, os quais serão pagos por esta".

117. (OAB RJ 2005/03 Exame 28) O art. 133, § 5º, da Lei n. 6.404/76 dispensa a publicação dos anúncios, quando os documentos forem publicados um mês antes da data marcada para assembleia. Sendo assim, o indeferimento do pedido pela Junta Comercial está incorreto, pois a publicação dos documentos ocorreu em 23.08.2005 e a data da Assembleia foi em 04.10.2005.

118. (OAB RJ 2004/03 Exame 25) O acordo de acionistas deverá ser observado desde que tenha sido arquivado na sede da sociedade anônima (art. 118 da Lei n. 6.404/76). No caso de ausência de um acionista que celebrou o acordo, é assegurado à parte prejudicada o direito de votar com as ações pertencentes ao acionista ausente ou omisso (art. 118, § 9º, Lei n. 6.404/76), ou seja, o acionista presente poderá votar em nome do ausente. Portanto, Joaquim poderá votar com as ações dele e com as ações de Paulo.

119. (OAB RJ 2004/02 Exame 24) Em regra, os administradores da companhia não podem votar como acionistas ou procuradores na Assembleia Geral Ordinária (art. 134, § 1º, Lei n. 6.404/76). A exceção ocorre quando a companhia for do tipo fechada e os administradores forem os únicos acionistas (art. 134, § 6º, Lei n. 6.404/76). Portanto, Asclepíades, Hermínia e Cibele poderão votar o relatório da administração sobre os negócios sociais e os principais fatos administrativos do exercício findo.

120. (OAB RJ 2004/02 Exame 24) A legislação brasileira adotou o modelo dualista de administração de companhia, ou seja, ela somente poderá ser realizada por dois órgãos: o conselho de administração e a diretoria (art. 138, Lei n. 6.404/76). Sendo assim, as atribuições do conselho de administração e da diretoria deverão ser exercidas com exclusividade por esses órgãos, não sendo válida nenhuma disposição estatutária em sentido contrário, conforme vedação expressa do art. 139, Lei n. 6.404/76.

121. (OAB RJ 2003/02 Exame 21) Não. O direito de voto é inerente às ações ordinárias. Porém, as ações preferenciais podem ou não conceder direito de voto ao seu titular (arts. 18 e 111 da Lei n. 6.404/76), razão pela qual não se pode dizer que o direito de voto é um direito essencial do acionista (art. 109 da Lei n. 6.404/76).

122. (OAB MG 2007/02) O Conselho de Administração define os assuntos a serem votados pela assembleia e é obrigatório na sociedade anônima de companhia aberta, nas sociedades de economia mista e na sociedade de capital autorizado (arts. 138 e 239 da Lei n. 6.404/76).

123. (OAB MG 2007/02) Na sociedade anônima de companhia aberta, serão inelegíveis para os cargos de administração as pessoas declaradas inabilitadas por ato da Comissão de Valores Mobiliários (art. 147, § 2º, da Lei n. 6.404/76).

124. (OAB MG 2006/03) Pedro é responsável civilmente por ter procedido com negligência nas suas atribuições profissionais (art. 158, I, Lei n. 6.404/76). A "Um S.A." poderá propor ação de responsabilidade civil contra Pedro, pelos prejuízos causados ao seu patrimônio, após prévia deliberação da assembleia geral (art. 159, *caput*, Lei n. 6.404/76). Não sendo proposta a ação nos três meses subsequentes à deliberação da assembleia geral, qualquer acionista será legitimado extraordinário a promover a ação de responsabilidade civil (§ 3º). Caso a assembleia delibere para não ser proposta ação, será [serão] legitimado[s] para propô-la, o[s] acionista[s] que represente[m] cinco por cento ou mais do capital social (§ 4º).

125. (OAB MG 2004/02) Em virtude da redução de dividendos obrigatórios, caberá o direito de retirada (arts. 137 e 136, III, da Lei n. 6.404/76).

126. (OAB RJ 2004/01 Exame 23) As debêntures podem oferecer garantias: real, flutuante, quirografária e subordinada (art. 58 da Lei n. 6.404/76). A debênture é o instrumento pelo qual a companhia aberta ou fechada se utiliza para captar recursos, ou seja, trata-se de um empréstimo feito pela companhia, que confere a seu titular um direito de crédito contra essa. As debêntures oferecem quatro tipos de garantias, são elas: garantia real – é aquela que possui seu pagamento garantido por hipoteca ou penhor, tendo um bem atrelado à garantia do pagamento; garantia flutuante – assegura um privilégio geral sobre ativo da companhia. Assim, se essa falir, os debenturistas com garantia flutuante possuirão uma preferência quanto ao produto da massa; garantia quirografária – não gozam de nenhum privilégio, concorrendo seus titulares igualmente com os demais credores quirografários; debênture subordinada [art. 58, § 4º, Lei n. 6.404/76] – está subordinada à satisfação dos créditos dos credores quirografários para só então, se sobrar algo, reaver o crédito de seu titular.

127. (OAB CESPE 2007/03) Para que ocorra a fusão no caso acima é necessário o voto de três quartos do capital social (art. 1.076, I, c/c art. 1.071, VI, do CC). Como João é titular de mais de três quartos do capital social da sociedade, não há como Maria impedir a fusão entre as empresas.

Maria poderá exercer o direito de retirada, nos 30 (trinta) dias subsequentes à reunião (art. 1.077, CC), sendo lhe garantida o valor da sua quota social com base na situação patrimonial da sociedade verificada em balanço especialmente levantado (art. 1.031 do CC).

128. (OAB CESPE 2007/01) A alegação de ilegitimidade passiva é improcedente. A transformação da sociedade limitada em sociedade anônima não prejudicará o direito creditício de Márcio até que seja efetuado o pagamento integral de seu crédito (art. 222 da Lei n. 6.404/76 e art. 1.115 do CC).

129. (OAB GO 2004/01) "A incorporação é a operação pela qual uma ou mais sociedades são absorvidas por outra, que lhes sucede em todos os direitos e obrigações" (art. 227 da Lei n. 6.404/76). "A fusão é a operação pela qual se unem duas ou mais sociedades para formar sociedade nova, que lhes sucederá em todos os direitos e obrigações" (art. 228 da Lei n. 6.404/76). "A cisão é a operação pela qual a companhia transfere parcelas do seu patrimônio para uma ou mais sociedades, constituídas para esse fim ou já existentes, extinguindo-se a companhia cindida, se houver versão de todo o seu patrimônio, ou dividindo-se o seu capital, se parcial a versão" (art. 229 da Lei n. 6.404/76).

130. (OAB CESPE 2008/02) A sociedade limitada pode adotar tanto a firma social como a denominação (art. 1.158 do CC/2002), e nos termos do art. 1.165 do CC: "o nome do sócio que vier a falecer, for excluído ou se retirar, não pode ser conservado na firma social". Portanto, na sociedade limitada Armando Graeves pode exigir que seu nome seja retirado. Em relação à S.A., o nome do fundador ou acionista que tenha cooperado para o êxito ou a formação da empresa, pode ter seu nome na denominação (art. 1.160, parágrafo único, do CC e art. 3º, § 1º, da Lei n. 6.404/76). Como o art. 1.165, só permite a retirada do nome na firma social, na denominação social, *contrario sensu*, não permite a retirada.

131. (OAB CESPE 2008/03) De acordo com o parágrafo único do art. 144 da Lei n. 6.404/76, "nos limites de suas atribuições e poderes, é lícito aos diretores constituir mandatários da companhia, devendo ser especificados no instrumento os atos ou operações que poderão praticar e a duração do mandato, que, no caso do mandato judicial, poderá ser por prazo indeterminado". Portanto Odair pode outorgar a terceiro algumas incumbências do cargo que exerce.

132. (OAB CESPE 2009/3) De acordo com gabarito Cespe: a atividade da Junta foi ilícita, pois a Junta não poderia questionar o quórum e sim apenas por decisão judicial, mas é possível que a Junta analise esses requisitos (arts. 35, 40 e 41 da Lei n. 8.934/94).

133. (OAB CESPE 2009/3) Art. 136, I, §§ 1º e 2º, da Lei n. 6.404/76.

134. (OAB FGV 2010/2) A decisão pode ser questionada por dois fundamentos e em prazos distintos. Se, de fato, houve superavaliação ou avaliação errônea do imóvel, os acionistas dissidentes (Maria Helena e Paulo) poderão propor ação para haver reparação civil contra os peritos e João Alberto (na qualidade de subscritor), no prazo de 1 (um) ano contado da publicação da ata da assembleia geral que aprovou o laudo, com base no art. 287, I, *a*, da Lei n. 6.404/76. Ainda que não tenha havido superavaliação ou avaliação errônea e mesmo após o transcurso do prazo acima, a decisão assemblear poderá ser questionada por meio de ação anulatória proposta no prazo do art. 286 da Lei n. 6.404/76, ou seja, dois anos contados da deliberação que se busca anular. Isso porque o caso relatado configura hipótese de flagrante conflito formal de interesse, tendo o voto do acionista João Alberto sido dado e computado com expressa violação do art. 115, § 1º, da Lei n. 6.404/76. A aplicação das disposições do art. 115 ao caso descrito decorre, ainda, da letra expressa do § 5º do art. 8º da mesma lei, que regula as formalidade para a formação do capital da sociedade, inclusive na hipótese de contribuição em bens. Tal parágrafo determina aplicarem-se à assembleia ali referida "o disposto nos §§ 1º e 2º do art. 115".

135. (OAB FGV 2010/2) Nos termos do art. 153, da Lei n. 6.404/76 (Lei de Sociedades Anônimas) "o administrador da companhia deve empregar, no exercício de suas funções, o cuidado e diligência que todo homem ativo e probo costuma empregar na administração dos seus próprios negócios". Por outro lado, de acordo com o art. 158 da Lei de Sociedades Anônimas, o "administrador não é pessoalmente responsável pelas obrigações que contrair em nome da sociedade e em virtude de ato regular de gestão", no entanto, consoante o mesmo dispositivo, "responde, porém, civilmente, pelos prejuízos que causar, quando proceder: I – dentro de suas atribuições ou poderes, com culpa ou dolo". No caso em tela, Pedro agiu com culpa, pois não tomou as precauções devidas, contratando João, pura e simplesmente, em razão de sua amizade. Pedro sequer buscou informações no mercado com relação à empresa de seu amigo, o que, certamente, evitaria a contratação já que o produto da Cimento Brasil era de má qualidade, fato amplamente conhecido no mercado (haja vista que Pedro sempre foi tido no mercado como um profissional honesto e sério). Sendo assim, os acionistas podem mover ação de responsabilidade civil em face de Pedro, cobrando dele próprio os prejuízos decorrentes de sua conduta culposa.

136. (OAB FGV 2010/3)

a) O examinando deve demonstrar que possui conhecimentos sobre os pressupostos para distribuição de dividendos pelas sociedades anônimas bem como das possíveis vantagens a que fazem jus as ações preferenciais. A questão envolve a aplicação do art. 201 e do § 6º do art. 17, ambos da Lei n. 6.404/76. Com efeito, a companhia somente pode pagar dividendos à conta de lucro líquido do exercício, de lucros acumulados e de reserva de lucros; e à conta de reserva de capital (no caso das ações preferenciais de que trata o art. 17, § 6º, da Lei das S.A.).

b) No caso concreto, face a inexistência de lucros no exercício, a proposta da administração deveria ser pela não distribuição de dividendos. Todavia, haveria possibilidade de distribuição de dividendos aos acionistas titulares de ações preferenciais caso houvesse previsão, no estatuto social, de pagamento de dividendos a esses acionistas à conta de reserva de capital.

137. (OAB FGV VI Exame)

a) O examinando deve demonstrar conhecimento a respeito dos dispositivos da Lei de Sociedades Anônimas (Lei n. 6.404/76) relativos à oferta pública de aquisição de ações para fechamento de capital.

Em relação à letra a, o examinando deve indicar que o argumento da administração da companhia não está correto, uma vez que o requerimento foi baseado nos requisitos legais, dispostos no art. 4º-A da Lei n. 6.404/76, ou seja, foi formulado por acionistas que atingem o mínimo de representação de mais de 10% das ações em circulação e foi realizado dentro do prazo legal de 15 dias (art. 4º-A, § 1º, da Lei n. 6.404/76). O requerimento, ademais, foi fundamentado e devidamente acompanhado de elementos de convicção que demonstram a falha ou imprecisão no emprego da metodologia de cálculo ou no critério de avaliação adotado (art. 4º-A, § 1º, da Lei n. 6.404/76).

b) O examinando deve indicar que, uma vez decorrido o prazo de 8 (oito) dias, os próprios acionistas podem convocar a assembleia especial. Tal resposta deverá ser fundamentada no art. 4º-A, § 1º, ou art. 123, parágrafo único, *c*, ambos da Lei n. 6.404/76.

138. (OAB FGV VII EXAME)

a) É possível a CVM instaurar processo administrativo, precedido de etapa investigatória, para apurar atos ilegais de administradores de companhias abertas. O fundamento legal para a resposta encontra-se no art. 9º, V, e § 2º, da Lei n. 6.385/76.

b) A situação pode caracterizar uso indevido de informação privilegiada, bem como violação aos deveres de lealdade e/ou sigilo, em razão da alienação em bolsa de todas as ações de emissão da companhia de que o diretor Rogério era titular, antes da divulgação ao mercado do resultado negativo obtido no exercício social. Teria havido infração ao art. 155, § 1º. Ademais, como diretor de companhia aberta, Rogério teria violado o dever de informar, especificamente quanto ao disposto no § 6º do art. 157, da Lei n. 6.404/76.

c) A Comissão de Valores Mobiliários (CVM) pode aplicar ao diretor Rogério as penalidades previstas no art. 11 da Lei n. 6.385/76.

139. (OAB FGV VIII EXAME) O examinando deve demonstrar conhecimento sobre as regras aplicáveis aos membros de conselhos de administração de sociedades anônimas.

a) O examinando deve indicar que é possível o conselheiro de administração ter domicílio no exterior, de acordo com o art. 146, *caput* e § 2º, da Lei n. 6.404/76. Contudo, a posse do conselheiro fica condicionada à nomeação de representante no país com poderes para receber citação, com validade de no mínimo 3 anos após o término de seu mandato, conforme determina o § 2º.

b) O examinando deve responder que não incide no caso apresentado o impedimento para o acúmulo dos cargos, previsto no art. 147, § 3º, I, da Lei n. 6.404/76, uma vez que as sociedades não podem ser consideradas concorrentes no mercado em razão de suas atividades serem distintas.

c) O examinado deve mostrar conhecimento sobre a inexistência de obrigação de ser acionista da companhia para ocupar cargo no conselho de administração, tendo em vista a redação do art. 146, *caput*, da Lei n. 6.404/76.

140. (OAB FGV X EXAME) O examinando deve demonstrar conhecimento a respeito dos dispositivos da Lei de Sociedades por Ações (Lei n. 6.404/76) referentes aos deveres legais dos administradores, especialmente o dever de diligência, e à responsabilidade deles.

a) Com base nas informações contidas no enunciado verifica-se que os acionistas da Saúde Vital Farmacêutica S.A. procuraram um advogado com o objetivo de, independente das penalidades cabíveis aos funcionários, responsabilizar a administração da Companhia. Assim, o procedimento judicial a ser adotado, de conformidade com o disposto no art. 159, *caput*, da Lei n. 6.404/76 é a ação de responsabilidade civil contra os administradores, a ser previamente aprovada em deliberação da assembleia geral da companhia. Não será pontuada a resposta sem a fundamentação de que a propositura da ação de responsabilidade depende de prévia deliberação assemblear porque, como consignado ao final do enunciado, o candidato deverá fundamentar corretamente sua resposta e a simples transcrição parcial ou total do dispositivo legal não pontua.

b) O examinando deve indicar que todos os diretores podem ser responsabilizados pelo desvio dos recursos, uma vez que todos foram negligentes, descumprindo com o dever de diligência que lhes é atribuído pelo art. 153 da Lei n. 6.404/76.

Ademais, nas companhias fechadas (caso da Saúde Vital Farmacêutica S.A.), de acordo com o art. 158, § 2º, do mesmo diploma legal, "os administradores são solidariamente responsáveis pelos prejuízos causados em virtude do não cumprimento dos deveres impostos por lei para assegurar o funcionamento normal da companhia, ainda que, pelo estatuto, tais deveres não caibam a todos eles". Assim, mesmo havendo atribuição específica para cada um dos diretores, todos são solidários na responsabilidade pelo descumprimento de dever imposto por lei.

141. (OAB FGV VIII Exame) O examinando deve demonstrar conhecimento a respeito das sociedades anônimas, do direito de retirada de seus acionistas, previsto no art. 137 da Lei n. 6.404/76, e das regras para cálculo do reembolso, previstas no art. 45 da Lei n. 6.404/76.

O comando da pergunta informa ao examinando que o estatuto social da companhia não estabelece normas para a determinação do valor de reembolso. Logo, o cálculo do reembolso deve seguir o critério do valor patrimonial da ação referente ao exercício social de 2010, isto é, R$ 10,00 por ação.

É incabível a adoção do critério do valor econômico da companhia a ser apurado em avaliação, pois esse depende de expressa previsão estatutária, o que não se verifica.

Com base na identificação preliminar do critério de cálculo, através do exame do dispositivo pertinente (art. 45, § 1º, da Lei n. 6.404/76), o examinando deverá verificar, pelos dados do enunciado, se Letícia faz jus ou não a receber o valor por ação referente ao exercício de 2011 (R$ 15,00). A conclusão é pela impossibilidade de pagamento do reembolso com base no valor de R$ 15,00 por ação. A resposta neste sentido é incoerente com o conteúdo avaliado, o enunciado, a Lei n. 6.404/76, aplicando-se o item 3.5.5 do Edital do XIII Exame.

Como a assembleia geral ordinária de 2012 ocorreu no dia 20-3-2012, ou seja, depois da assembleia geral extraordinária que alterou o objeto social da companhia (12-1-2012) – e que, portanto, deu ensejo ao direito de retirada de Letícia (exercido em 15-2-2012) –, o valor patrimonial do exercício de 2011 (R$ 15,00 por ação) não é aplicável para fins de cálculo do valor de reembolso das ações de Letícia, sócia dissente.

a) O examinando deve indicar que Letícia deve receber R$ 10,00 por ação, visto que a base de cálculo para o valor do reembolso decorre do último balanço aprovado (referente ao exercício social de 2010) em relação à data da deliberação da assembleia que gerou o direito de retirada, conforme art. 45, § 1º, da Lei n. 6.404/76.

b) Tendo em vista já haver decorrido mais de 60 (sessenta) dias entre a data da deliberação da AGO que aprovou o balanço referente ao exercício social de 2010 (nos quatro primeiros meses do exercício social de 2011), observado o art. 132 da Lei n. 6.404/76, e a data da deliberação da AGE que aprovou a mudança do objeto social (12-1-2012), Letícia, a princípio, poderia requerer o levantamento de balanço especial.

Contudo, tal faculdade deveria ter sido exercida juntamente com o pedido de reembolso, o que não ocorreu porque Letícia exerceu seu direito de retirada em 15-2-2012, quando apenas em 20-3-2012 é que foi divulgado o novo valor patrimonial da ação (R$ 15,00).

Com estas considerações, o examinando deve responder que não há possibilidade de Letícia solicitar o levantamento de balanço especial, caso assim desejasse, pois deveria tê-lo solicitado no mesmo momento do exercício do direito de retirada, conforme art. 45, § 2º, da Lei n. 6.404/76.

A resposta no sentido de que Letícia poderá pedir o levantamento do balanço especial, qualquer que seja a justificativa, é contrária ao conteúdo avaliado e às informações do enunciado (item 3.5.5 do Edital do XIII Exame). É inequívoco que Letícia não solicitou no momento da retirada o levantamento deste balanço, como também é incontroverso que o art. 45, § 2º, da Lei n. 6.404/76, exige que os pedidos de reembolso e balanço especial, formulados pelo acionista dissidente sejam concomitantes.

Por fim, a simples menção ou transcrição do dispositivo legal apontado na distribuição de pontos não atribui a pontuação. O examinando deve demonstrar que compreendeu aquilo que está sendo indagado e fundamentar corretamente a sua resposta, para que seja pontuado o fundamento legal.

142. (OAB FGV XVII EXAME) A questão tem por objetivo verificar o conhecimento do examinando sobre a sociedade anônima de capital autorizado e algumas de suas peculiaridades, a saber: (i) a possibilidade de o capital social ser aumentado por deliberação da Assembleia Geral ou do Conselho de Administração, conforme dispuser o estatuto; (ii) a competência do Conselho de Administração para deliberar sobre a emissão de bônus de subscrição, quando houver autorização no estatuto; (iii) a finalidade dos bônus de subscrição. Preliminarmente, para fins de atribuição de pontuação, o texto produzido pelo examinando em sua folha de respostas foi avaliado quanto à adequação ao problema apresentado, ao domínio do raciocínio jurídico, à fundamentação e sua consistência, à capacidade de interpretação e exposição e à técnica profissional demonstrada, sendo que a mera transcrição de dispositivos legais, desprovida do raciocínio jurídico e contextualização aos dados do enunciado, não enseja pontuação (item 3.5.11 do Edital do XVII Exame).

a) Sim. Embora o capital social seja uma cláusula obrigatória do estatuto, de acordo com o art. 5º, da Lei n. 6.404/76, e a competência para aprovar as reformas estatutárias seja privativa da assembleia geral (art. 122, I, da Lei n. 6.404/76), nas sociedades anônimas de capital autorizado o capital social pode ser aumentado por deliberação do Conselho de Administração, se assim dispuser o estatuto, com base nos arts. 166, II, e 168, *caput*, da Lei n. 6.404/76.

b) Sim. Nas sociedades anônimas de capital autorizado é permitido ao Conselho de Administração deliberar sobre a emissão de bônus de subscrição, autorizado pelo estatuto, com fundamento no art. 76 da Lei n. 6.404/76. A finalidade dos bônus de subscrição é atribuir a seus titulares, nas condições constantes do certificado, se houver, o direito de subscrever ações da companhia emissora, a ser exercido mediante apresentação do título (ou documento que o substitua) à companhia e pagamento do preço de emissão, com base no art. 75, parágrafo único, da Lei n. 6.404/76.

143. (OAB FGV XVIII EXAME) A questão tem por objetivo aferir o conhecimento dos examinandos sobre as regras pertinentes à avaliação dos bens que serão incorporados ao capital social de uma companhia quando da subscrição de ações em aumento de capital social, em especial a obrigatoriedade da avaliação mesmo se todos os subscritores forem condôminos do mesmo bem e a proibição de incorporação de bem ao patrimônio da companhia por valor superior ao dado pelo subscritor.

a) Não. O fato de todos os subscritores serem condôminos do imóvel não dispensa a avaliação do bem, que é obrigatória mesmo neste caso. Deve ser nomeado avaliador pessoa jurídica ou três peritos para avaliar o imóvel em condomínio e os subscritores poderão aprovar o laudo, com base no art. 8º, *caput*, e no art. 115, § 2º, ambos da Lei n. 6.404/76.

b) Se o valor apresentado no laudo for superior ao que tiver sido dado pelo subscritor, o bem não poderá ser incorporado ao patrimônio da companhia por esse valor, em razão do disposto no art. 8º, § 4º, da Lei n. 6.404/76 e a companhia deverá devolver/pagar ao subscritor o excesso (ou a importância superior ao valor das ações).

144. (OAB FGV XXVII EXAME) A questão tem por objetivo verificar se o examinando conhece as condições previstas na Lei das S.A. para o pedido de revisão do valor inicial da oferta pública (OPA) para o fechamento de capital (cancelamento do registro de companhia aberta na CVM) e o prazo legal para a apresentação do pedido. Nos termos do art. 4º, § 4º, da Lei n. 6.404/76, o controlador da companhia aberta pretende cancelar todas as ações do capital da companhia aberta menos as de propriedade do acionista controlador, de diretores, de conselheiros de administração e as de tesouraria. É facultado aos titulares de, no mínimo, 10% (dez por cento) das ações em circulação no mercado requerer aos administradores da companhia que convoquem assembleia especial dos acionistas titulares de ações em circulação no mercado, para deliberar sobre a realização de nova avaliação pelo mesmo ou por outro critério, para efeito de determinação do valor de avaliação da companhia (art. 4º-A, *caput*, da Lei n. 6.404/76). Todavia, deve ser observado o prazo de 15 (quinze) dias, sob pena de indeferimento.

a) Sim. As três sociedades empresárias, acionistas da companhia aberta, conjuntamente, possuem 15% (quinze por cento) das ações em circulação e, portanto, superam o mínimo de 10% (dez por cento) exigido para apresentação do pedido de revisão, de acordo com o art. 4º-A, *caput*, da Lei n. 6.404/76.

b) Diante da intempestividade do requerimento, por ter sido apresentado em 26 de março de 2018, além do prazo de 15 (quinze) dias da divulgação do valor da oferta, deverá ser indeferido, com fundamento no art. 4º-A, § 1º, da Lei n. 6.404/76.

145. (OAB FGV XXXI EXAME)

a) Não. Persiste na data da propositura da ação a pretensão anulatória da deliberação assemblear. A deliberação ocorreu em 22 de agosto de 2017 e a ação foi proposta em 25 de março de 2019. Portanto, não se passaram 2 (dois) anos da data da deliberação, que é o prazo prescricional previsto no art. 286 da Lei n. 6.404/76 ("A ação para anular as deliberações tomadas em assembleia-geral ou especial, irregularmente convocada ou instalada, violadoras da lei ou do estatuto, ou eivadas de erro, dolo, fraude ou simulação, prescreve em 2 (dois) anos, contados da deliberação.")

b) Não. O acionista Pedro Avelino não tem razão em sua pretensão de ver anulada a deliberação por violação à lei. Não é obrigatória a concessão de vantagem adicional às ações preferenciais de companhia fechada que tiverem assegurado o direito de prioridade no reembolso do capital com ou sem prêmio. O art. 17, § 1º, da Lei n. 6.404/76 impõe que seja atribuído às ações preferenciais uma das vantagens previstas nos incisos do parágrafo como condição para negociação no mercado de valores mobiliários, o que não se aplica à Companhia Venha-Ver Engenharia porque o enunciado informa que ela é uma companhia da espécie fechada, logo, seus valores mobiliários não são admitidos à negociação neste mercado (art. 4º, *caput*, da Lei n. 6.404/76).

146. (OAB FGV XXX EXAME)

a) Não. Por se tratar de companhia fechada, a competência para deliberar sobre emissão de debêntures é sempre privativa da assembleia-geral. Assim, com fundamento no art. 59, *caput*, da Lei n. 6.404/76 OU do art. 122, IV, da Lei n. 6.404/76, não cabe à Diretoria deliberar sobre tal matéria.

b) Não. A debênture com garantia flutuante não confere direito real de garantia ao debenturista. Tal espécie de debênture assegura ao debenturista crédito com privilégio geral sobre o ativo da companhia e não impede a negociação dos bens que compõem esse ativo, nos termos do art. 58, § 1º, da Lei n. 6.404/76.

Títulos de Crédito

147. (OAB CESPE 2008/02) O aval parcial é válido somente quando há previsão na lei especial, como é o caso da nota promissória, da letra de câmbio, do cheque, da duplicata. Para os demais títulos de crédito, como regra, aplica-se o Código Civil (art. 903, CC). De acordo com o art. 897, parágrafo único, do CC/2002, é vedado o aval parcial. Entretanto, o art. 44 da Lei n. 10.931/2004, que regulamenta a cédula de crédito bancário, estabelece a aplicação subsidiária do regulamento cambial, portanto a aplicação do art. 30 [do anexo I] do Dec. n. 57.663/66, que permite o aval parcial. Logo, o aval prestado por Waldir é plenamente válido.

148. (OAB BA 2000/03) Cartular porque é indispensável a posse do documento original para o exercício do direito de crédito. Literal porque o crédito é representado pelo que consta no título por escrito. Autônomo porque as obrigações nela contida são independentes entre si, ou seja, se uma delas for nula ou anulável, não comprometerá a validade e a eficácia das demais obrigações contidas no título. Abstrato porque não há vinculação nem dependência com o negócio que originou o crédito. Portanto, a nota promissória é cartular, literal, autonomia [autônoma] e abstrata.

149. (OAB MG 2003/02) No cheque: sacador (emitente), sacado (instituição financeira) e tomador/beneficiário (credor). Na nota promissória: sacador (emitente) e beneficiário (credor). Na letra de câmbio: sacador (emitente, dá a ordem de pagamento), sacado (destinatário da ordem de pagamento) e tomador/beneficiário (beneficiário da ordem de pagamento). Na duplicata: sacador (emitente, credor) e sacado (devedor).

150. (OAB CESPE 2006/01) Os avais prestados foram simultâneos, porque todos os avalistas garantiram o mesmo avalizado conjuntamente. Diferente é o aval sucessivo, em que o aval ocorre um após o outro. A distinção é importante no que diz respeito ao direito de regresso do avalista que paga o título. No aval simultâneo, poderá o avalista que pagar, cobrar dos outros avalistas a parte que cada um teria na obrigação. Já no aval sucessivo, o avalista posterior pode cobrar dos anteriores.

Por fim, importante dizer que na Súmula 189 do STF fixou entendimento de que "avais em branco e superpostos consideram-se simultâneos e não sucessivos".

151. (OAB BA 2000/03) Aval é instituto de direito cambiário enquanto a fiança é um instituto contratual. Aval garante título de crédito, enquanto a fiança garante outro contrato. Aval é obrigação autônoma, o avalista é devedor solidário, enquanto a fiança é obrigação acessória, o fiador é devedor subsidiário a não ser que abra mão do benefício de ordem expressamente. O aval é constituído por simples assinatura enquanto a fiança depende de cláusulas contratuais específicas.

152. (OAB GO 2005/01) "Art. 10. Poderão ser protestados títulos e outros documentos de dívida em moeda estrangeira, emitidos fora do Brasil, desde que acompanhados de tradução efetuada por tradutor público juramentado. § 1º Constarão obrigatoriamente do registro do protesto a descrição do documento e sua tradução. § 2º Em caso de pagamento, este será efetuado em moeda corrente nacional, cumprindo ao apresentante a conversão na data de apresentação do documento para protesto. § 3º Tratando-se de títulos ou documentos de dívidas emitidos no Brasil, em moeda estrangeira, cuidará o Tabelião de observar as disposições do Dec.-Lei n. 857, de 11 de setembro de 1969, e legislação complementar ou superveniente" [Transcrição do art. 10 da Lei n. 9.492/97].

153. (OAB RJ 2007/02 Exame 33) Todos os requisitos essenciais para a validade da nota promissória encontram-se preenchidos, havendo divergência apenas em relação a requisito não essencial, ou seja, a data do pagamento. A nota promissória pode ser à vista, a dia certo ou a tempo certo da data. Se for omissa, ela será considerada à vista (art. 76 [anexo I] do Dec. n. 57.663/66; art. 889, § 1º, do CC/2002).

In casu, a nota promissória não possui data de vencimento, ou seja, ela é omissa quanto a este aspecto, e, portanto, deve ser considerada à vista em face do princípio da autonomia dos títulos de crédito. Por fim, poderia ter sido feita a duplicata de serviços se houvesse a emissão prévia de nota fiscal ou fatura.

154. (OAB RJ 2006/02 Exame 30) O argumento do avalista não procede. A nota promissória, assim como a maioria dos títulos de crédito, é autônoma, ou seja, as obrigações nela contida são independentes entre si. A falsidade da assinatura do emitente não compromete a validade e a eficácia do aval. Isso é o que dispõe os arts. 32 e 7º [anexo I] do Dec.-Lei n. 57.663/66.

155. (OAB RJ 2004/01 Exame 23) Significa que não é permitido que àquele que se obriga em uma nota promissória, a recusar o pagamento ao portador dela alegando relações pessoais com o sacador ou outros obrigados anteriores do título (arts. 17 e 32 [anexo I] do Dec. n. 57.663/66).

156. (OAB MG 2006/02) Roberto poderá propor a execução contra Carlos Silva e contra o avalista. Isso, pois o protesto ocorrido após o prazo, que pode ser de um dia útil ou dois dias úteis, dependendo da posição doutrinária, causa a impossibilidade de acionar apenas os endossantes e avalistas dos endossantes (arts. 44 e 53 [anexo I] do Dec. n. 57.663/66).

157. (OAB RJ 2005/01 Exame 26) O aval parcial é válido para a nota promissória e a letra de câmbio, conforme art. 30 [anexo I] do Dec.-Lei n. 57.663/66. A vedação do Código Civil é aplicável para os demais títulos de crédito, no caso de omissão da lei especial (art. 903 do CC).

158. (OAB MG 2006/01) A nota promissória pode ser preenchida pelo credor de boa-fé (Súmula 387 do STF – "A cambial emitida ou aceita com omissões, ou em branco, pode ser completada pelo credor de boa-fé antes da cobrança ou do protesto"). O título de crédito é cartular e sua obrigação é literal e autônoma, ou seja, vale o que está escrito, sem vínculo com a relação negocial.

159. (OAB CESPE 2007/03) Os títulos de créditos possuem como elemento marcante a autonomia em relação ao negócio que o originou (art. 887 do CC), o que faz com que cada obrigação cambial valha por si só. Até a Súmula 370 do STJ, o cheque era apenas uma ordem de pagamento à vista, porém, quando pós-datado o cheque preserva a sua natureza essencial de ordem de pagamento à vista, já que qualquer menção em contrário é considerada não estrita (art. 32 da Lei n. 7.357/85). Assim, a indicação de data futura seria desconsiderada. Como o cheque só poderia ser apresentado a partir do dia 10-9-2007, estaria prescrito apenas após 06 meses após o fim do prazo de apresentação (art. 59 da Lei n. 7.357/85) que poderia ser de 30 dias ou 60 dias após a data de emissão, dependendo do lugar em que fora emitido (art. 33 da Lei n. 7.357/85) e, portanto, não estaria prescrito em dezembro/2007, podendo ser apresentado para o pagamento. Além disso, como o endosso foi feito dentro do prazo, ele produzirá os mesmos efeitos.

160. (OAB CESPE 2007/01) A cláusula não à ordem impede a transmissão do título de crédito por meio do endosso. A transmissão, nesta hipótese, ocorrerá pela forma e com os efeitos de uma cessão civil de crédito, portanto, não responsabilizaria Rogério (art. 17, § 1º, Lei n. 7.357/85; arts. 295 e 296 do CC).

161. (OAB CESPE 2006/03) Não é requisito para a propositura de execução de cheque a sua apresentação na instituição financeira sacada. Porém, é extremamente recomendada a apresentação antes da propositura da execução. Isto porque o tomador-beneficiário pode perder o direito de execução contra o emitente se aquele provar que tinha fundos disponíveis para pagamento no prazo de apresentação (art. 47, § 3º, da Lei n. 7.357/85). Contudo, se for evidente que o emitente do cheque não possui fundos, seja porque o tomador é beneficiário de outros títulos de crédito do qual ele é o sacador, seja porque teve notícia de que não havia fundos na conta do sacador, pode o credor do cheque propor a execução independentemente de apresentação, por sua conta e risco.

162. (OAB RJ 2006/01 Exame 29) O protesto não é requisito para a propositura de execução de cheque contra o emitente e seu avalista (art. 47, § 4º, da Lei n. 7.357/85). Contudo, para promover execução contra os endossantes e seus avalistas a lei impõe que seja o cheque apresentado em tempo hábil e ainda que o cheque seja levado a protesto, como meio de comprovar que houve a recusa de pagamento. Entretanto, esta regra comporta exceção. O protesto será desnecessário caso se comprove a recusa de pagamento por declaração do sacado, escrita e datada no cheque com indicação do dia de apresentação, e ainda, por declaração escrita e datada por câmara de compensação (art. 47, II, da Lei n. 7.357/85).

163. (OAB RJ 2005/03 Exame 28) Em regra, o princípio da autonomia das obrigações contidas no título faz com que, anulada a obrigação em relação ao sacador, seja mantida com relação ao garante. Porém, esta regra comporta exceção justamente quando o vício alegado diz respeito à forma (art. 31 da Lei n. 7.357/85 art. 899, § 2º, do CC/2002). Isto porque, se o vício é inerente à formação do título (ex.: ausência da palavra "cheque") inexiste o próprio título de crédito, logo, a garantia não subsiste.

164. (OAB RJ 2005/02 Exame 27) Não. O cheque com cláusula "não à ordem" não é transmissível por endosso. Mas pode ser transmitido para terceiro com efeito de cessão civil de crédito (art. 17, § 1º, da Lei n. 7.357/85).

165. (OAB MG 2004/03) Os títulos de créditos possuem como elemento marcante a autonomia em relação ao negócio que o originou (art. 887 do CC), o que faz com que cada obrigação cambial valha por si só. Até a súmula 370 do STJ, o cheque era uma ordem de pagamento à vista, e mesmo, quando pós-datado o cheque preservava a sua natureza essencial de ordem de pagamento à vista, já que qualquer menção em contrário era considerada não escrita (art. 32 da Lei n. 7.357/85). Assim, a indicação de data futura era desconsiderada.

Como o cheque possui como data de emissão o dia 14-11-2003, estará prescrito a pretensão executiva seis meses após o fim do prazo de apresentação (art. 59 da Lei n. 7.357/85) que poderá ser de 30 dias ou 60 dias após a data de emissão, dependendo do lugar em que foi emitido (art. 33 da Lei n. 7.357/85).

Como a ação executiva foi proposta após este prazo, há prescrição da pretensão executiva do cheque. O fato de ter ocorrido um contrato entre as partes para postergar o prazo de apresentação, não altera o seu prazo prescricional para a pretensão executiva.

A data pré-fixada para fevereiro foi escrita a lápis e, portanto, não pode ser considerada.

166. (OAB GO 2007/01) No momento que o cheque perdeu a força executiva, perdeu também a autonomia típica dos títulos de crédito, necessitando provar a existência do negócio jurídico, e apresentar o cheque que é prova escrita sem eficácia de título executivo (art. 700 e s. do CPC e Súmula 531 so STJ).

167. (OAB GO 2006/03) O "cheque visado" traz mais garantia às relações jurídicas vez que o é aquele em que o banco sacado lança declaração de suficiência de fundos e reserva a quantia durante o prazo de apresentação do cheque (art. 7º da Lei n. 7.357/85). Já o "cheque administrativo" é aquele sacado pelo banco contra um de seus estabelecimentos. Sacado e sacador se confundem. O banco emite o cheque contra seu próprio caixa (art. 9º, III, da Lei n. 7.357/85).

Nas relações de consumo, o fornecedor não é obrigado a aceitar um cheque como forma de pagamento, ou seja, não há obrigatoriedade em seu recebimento, já que ninguém é obrigado a fazer ou deixar de fazer alguma coisa se não em virtude de lei (art. 5º, II, da CF). Porém, tendo em vista ser direito do consumidor a informação adequada e clara, é importante que as empresas informem que aceitarão cheque somente mediante consulta ou que não se aceita cheque.

168. (OAB GO 2006/02) A prescrição da via executiva pode ser reconhecida de ofício pelo juiz. O credor poderá ingressar com ação locupletamento (2 anos) ou ação monitória (5 anos) ou ação de cobrança (5 anos). O prazo prescricional inicia-se no momento em que o cheque perde sua força executiva.

Atente-se com a determinação da Súmula 503 do STJ, que menciona o prazo de cinco anos, a contar do dia seguinte à data de emissão estampada na cártula.

169. (OAB RJ 2003/01 Exame 20) A duplicata é um título causal, porque só pode ser emitida mediante a existência de uma origem específica que é a nota fiscal de compra e venda mercantil ou de prestação de serviços (arts. 1º e 20 da Lei n. 5.474/68).

170. (OAB MG 2007/03) Em relação ao devedor principal da duplicata, o protesto será facultativo quando tenha sido aceita pelo sacado (art. 15, I, da Lei n. 5.474/68), mas se o sacado não aceitou a duplicata, o protesto por falta de aceite é essencial.

171. (OAB CESPE 2009/02) A nota promissória vinculada a um contrato de abertura de crédito, além de fazer com que a nota promissória perca sua autonomia, o Banco poderá cobrá-la por meio de ação monitória (Súmulas 233 e 247 do STJ). Exemplo de título causal: duplicata. Exemplo de título abstrato: cheque e letra de câmbio.

172. (OAB CESPE 2009/2) De acordo com o art. 32 da Lei n. 7.357/85 o banco deve pagar normalmente, se houver fundos na conta. Quanto a quem depositou o cheque antes da data, terá o dever de indenizar o emitente pelos danos morais (Súmula 370 do STJ).

173. (OAB CESPE 2009/3) Trata-se de aval, já que é o instituto típico de garantia para os títulos de crédito. O aval diferencia-se da fiança, pois o aval é uma garantia cambial, enquanto a fiança é uma garantia contratual. O aval é uma garantia autônoma, enquanto a fiança é uma garantia acessória. O aval gera responsabilidade solidária, enquanto na fiança a responsabilidade como regra é subsidiária, a não ser que no contrato esteja escrito que a responsabilidade é solidária.

174. (OAB CESPE 2009/2) Quando Adalberto endossou a Nota Promissória a Pedro, o que ocorreu foi um endosso póstumo, ou seja, realizado após o protesto do título. Esse endosso produz efeitos de cessão civil de crédito, ou seja, não apenas perdeu a força garantidora, como permite que os vícios da relação original sejam alegados por José (arts. 20 e 70 [anexo I] do Dec. n. 57.663/66). Ou seja, José pode alegar a origem que é a dívida de jogo, impedindo a execução (art. 294 do CC).

175. (OAB CESPE 2009/3) Beta emitiu duplicata contra Rori. Rori recebeu as mercadorias, não aceitou e não devolveu a duplicata. Explicar aceite. Motivos para recusa do aceite. Para a execução, precisa do protesto por falta de devolução. Prazo de três anos do vencimento (arts. 7º, 8º e 18, I, da Lei n. 5.474/68).

176. (OAB FGV 2010/2) I) O prazo para refutar os argumentos do embargante é de 15 dias nos termos do artigo 920 do CPC. b) Em regra, as exceções pessoais que Maurício teria em relação à Maria não são oponíveis em relação a João, com quem Maurício não teve relação direta. Isso ocorre para garantir a segurança na circulação do título de crédito e os direitos dos terceiros de boa-fé. É o que vem expresso nos arts. 916 do Código Civil e art. 17 [anexo I] do Dec.-Lei n. 57.663/66 (Lei Uniforme das Letras de Câmbio e Notas Promissórias). Art. 916, do Código Civil: "As exceções, fundadas em relação do devedor com os portadores precedentes, somente poderão ser por ele opostas ao portador, se este, ao adquirir o título, tiver agido de má-fé".

177. (OAB FGV 2010/3) O examinando deve identificar: a) a não procedência da alegação, tendo em vista que a obrigação do avalista se mantém mesmo se a obrigação por ele garantida for nula por qualquer razão que não seja um vício de forma (art. 32 [anexo I] do Dec. n. 57.663/66 – princípio da autonomia); b) o objetivo da cláusula sem garantia, que é não garantir o pagamento do título (endosso sem garantia – art. 15 [anexo I] do Dec. n. 57.663/66); c) a possibilidade de circulação do título endossado em branco (art. 12, parte final, [anexo I] do Dec. n. 57.663/66), devendo ser ressaltado que a restrição é aplicada somente à emissão do título – art. 75 [anexo I] do Dec. n. 57.663/66).

178. (OAB FGV 2010/3) O examinando deverá indicar que: a) na data da distribuição da execução a prescrição ainda não tinha sido alcançada; b) o embasamento legal deverá ser composto pela análise do protesto cambiário à luz do disposto no art. 202, III, do Código Civil, que prevê a interrupção da prescrição, além do enfrentamento à evolução do tema, antes sumulado (a Súmula 153 do STF preconizava que o simples protesto cambiário não interrompia a prescrição); c) a possibilidade de substituição do protesto do cheque pela declaração do sacado, escrita e datada sobre o cheque, com indicação do dia de apresentação, ou, ainda, por declaração escrita e datada por câmara de compensação, conforme o disposto no inciso II do art. 47 da Lei n. 7.357/85.

179. (OAB FGV IV EXAME) O examinando deve indicar a possibilidade de limitação do aceite na letra de câmbio, ficando o aceitante responsável dentro desse limite (art. 26 [anexo I] do Dec. n. 57.663/66 – LUG), bem como analisar a garantia do emitente à aceitação e ao pagamento do título (art. 9º [anexo I] Dec. n. 57.663/66 da LUG), respondendo este por todo o valor do título, ou seja, pelos R$ 1.000,00, além de tratar da necessidade de realização do protesto, no caso de recusa parcial do aceite, para promover a cobrança do emitente (art. 44 [anexo I] Dec. n. 57.663/66 da LUG).

180. (OAB FGV V EXAME)

a) A letra de câmbio será considerada à vista.

b) O endosso produz os efeitos de transmitir e garantir o título.

181. (OAB FGV VI Exame)

a) Em relação ao item a, o examinando deve indicar que (i) a cobrança da duplicata poderá ser realizada pelo ajuizamento de uma ação de execução, conforme prevê o inciso I do art. 15 da Lei n. 5.474/68 ou arts. 784, I, c/c e 778 do CPC.

É de se destacar que, para a cobrança de duplicata aceita, não é necessária a apresentação do comprovante de entrega dos bens.

b) Cumpre ao examinando indicar que o prazo prescricional para a ação de execução em face do obrigado principal será de 3 (três) anos, a ser contado a partir do vencimento do título (30.04.2014), consoante o disposto no art. 18, I, da Lei n. 5.474/68.

182. (OAB FGV VII Exame)

a) Sim, porque a cláusula de proibição de novo endosso não impede a circulação ulterior da nota promissória, sendo possível seu endosso a terceiros pelo endossatário, mas afasta a responsabilidade cambiária do endossante que a apôs em relação aos portadores subsequentes ao seu endossatário (art. 15, parte final [anexo I], do Dec. n. 57.663/66 – LUG).

Dessa forma, os endossos realizados por Maria e Pedro são válidos: Júlia poderá cobrar dos demais devedores (João e Pedro) com base no art. 47, parte inicial, ou no art. 43, parte inicial [anexo I], do Dec. n. 57.663/66 – LUG, exceto de Maria, pois esta só responderá perante o seu endossatário, no caso Pedro. Júlia não poderá cobrar de Henrique, pois este realizou um endosso sem garantia (art. 15, parte inicial, do Dec. n. 57.663/66).

b) Caso pague a Henrique, Pedro poderá ajuizar ação por falta de pagamento, regressivamente, contra Maria e João (inserto no art. 47 [anexo I] do Dec. n. 57.663/66 – LUG).

183. (OAB FGV VIII EXAME)

a) O examinando deverá demonstrar conhecimento sobre o instituto do aval, especialmente sobre a responsabilidade do avalista no caso da obrigação por ele avalizada ser nula (art. 32 c/c art. 77 [anexo I] ambos do Dec. n. 57.663/66 – LUG), enfatizando o princípio da autonomia das obrigações cambiárias, que fundamenta a disposição contida no art. 32 da LUG.

b) O examinando deverá indicar que o portador, Caio, poderá cobrar de Bianca, como avalista, e de João como endossante, nos termos do art. 47 [anexo I] Dec. n. 57.663/66 da LUG. Não poderá cobrar de Pedro porque sua obrigação é nula, como está afirmado no comando da pergunta do item a.

184. (OAB FGV XII EXAME) O examinando deve ser capaz de reconhecer os requisitos essenciais e não essenciais da nota promissória, em especial o lugar de pagamento, bem como o prazo prescricional da pretensão à execução desse título. Atingido o prazo prescricional referente à ação cambial (executiva), permanecem à disposição do credor outros meios de cobrança, como, por exemplo, a ação monitória. Portanto, a alegação de Iracema de que o protesto não pode ser lavrado por este motivo é improcedente. Ademais, o art. 9º da Lei n. 9.492/97 dispõe que: "Todos os títulos e documentos de dívida protocolizados serão examinados em seus caracteres formais e terão curso se não apresentarem vícios, não cabendo ao Tabelião de Protesto investigar a ocorrência de prescrição ou caducidade." Por conseguinte, não cabe ao tabelião suspender o curso do procedimento de protesto pela alegação, ainda que comprovada, de prescrição.

a) Não. De acordo com o inserto no art. 76 [anexo I] do Dec. n. 57.663/66 (Lei Uniforme de Genebra), na falta de indicação especial, o lugar onde o título foi passado considera-se como sendo o lugar do pagamento e, ao mesmo tempo, o lugar do domicílio do subscritor. Portanto, a nota promissória é válida a despeito da omissão ao lugar de pagamento.

b) Não. Ainda que verificada a prescrição da ação cambial, tal fato não obstaculiza a cobrança da dívida por outros meios ou o protesto, não cabendo ao tabelião de protesto investigar a ocorrência de prescrição ou caducidade, nos termos do art. 9º da Lei n. 9.492/97.

185. (OAB FGV XI EXAME)

a) O examinando deverá demonstrar conhecimento sobre a possibilidade de concessão de aval parcial (art. 30 do Decreto n. 57.663/66 [anexo I] da LUG).

b) O examinando deverá demonstrar conhecimento sobre a impossibilidade de endosso parcial (art. 12 do Decreto n. 57.663/66 [anexo I] da LUG).

186. (OAB FGV X EXAME)

a) O examinando deverá demonstrar conhecimento sobre a definição de portador legítimo da letra de câmbio objeto de endossos sucessivos (art. 16 do Decreto n. 57.663/66 [anexo I] da LUG), assim como as possibilidades que dispõem o endossatário em branco em relação à transferência do título (art. 14 do Decreto n. 57.663/66 [anexo I] da LUG). Exige-se também conhecimento sobre a responsabilidade solidária do aceitante e dos endossantes, tanto em branco quanto em preto, perante o portador da letra de câmbio (art. 47 do Decreto n. 57.663/66 [anexo I] da LUG). Assim, Guilherme é considerado portador legítimo do título e justifica seu direito pela série de endossos regular, ainda que um deles seja em branco (princípio da literalidade). Guilherme poderá promover ação cambial em face do sacador, do aceitante, de Carlos (endossante) e de Débora (endossante).

Fábio não é legitimado passivo na ação cambial porque não endossou o título, apenas realizou a tradição do mesmo a Guilherme, autorizado pelo art. 14, 3º [anexo I], da LUG. Por conseguinte, pelo princípio da literalidade, não se obriga como devedor cambiário.

b) O examinando deverá identificar que, pelo princípio da inoponibilidade das exceções pessoais, eventuais exceções fundadas sobre relações pessoais do devedor em face de portadores anteriores ao atual não podem ser opostas a esse. Portanto, a alegação de Carlos sobre a compensação de dívidas não é procedente, porque é fundada em exceção pessoal oponível a Débora, mas não em face do portador/endossatário Guilherme, com fundamento no art. 17 do Decreto n. 57.663/66 [anexo I] da LUG, nos termos do art. 17 da LUG.

187. (OAB FGV IX EXAME) A questão tem por finalidade verificar o conhecimento do candidato dos prazos referentes à apresentação do cheque para pagamento, em especial quando for sacado para pagamento entre praças distintas, como apontado no enunciado. Portanto, verifica-se o decurso de mais de 60 (sessenta) dias entre a emissão (26-3-2012) e a apresentação (25-8-2012), porém isto não atinge a responsabilidade do sacador pelo pagamento, eis que ainda não foi atingido o prazo prescricional (art. 59, da Lei do Cheque). Outro objetivo é aferir se o candidato identifica no enunciado a possibilidade de o endossatário exigir o pagamento de Benedito Souza, ainda que seu endosso tenha efeito de cessão de crédito (art. 27 da Lei n. 7.357/85), haja vista não ter ocorrido novação da obrigação que motivou a transferência, nos termos do art. 62 da Lei n. 7.357/85.

a) O endossatário pode promover a execução do cheque em face do sacador João da Silva, com fundamento no art. 47, I, da Lei n. 7.357/85 e/ou Súmula 600 do STF ("Cabe ação executiva contra o emitente e seus avalistas, ainda que não apresentado o cheque ao sacado no prazo legal, desde que não prescrita a ação cambiária").

O endossatário não pode promover a execução em face de Benedito Souza uma vez que o endosso para Dilermando de Aguiar ocorreu após o prazo de apresentação e, como tal, tem efeito de cessão de crédito, com fundamento no art. 27 da Lei n. 7.357/85 ("O endosso posterior (...) à expiração do prazo de apresentação produz apenas os efeitos de cessão").

Alternativamente poderá o candidato fundamentar a ilegitimidade passiva de Benedito Souza no art. 47, II, da Lei n. 7.357/85, *a contrario sensu*. Como o cheque não foi apresentado a pagamento no prazo legal (60 dias, art. 33 da Lei n. 7.375/85), o portador não poderá promover a execução em face do endossante.

b) Sim, é possível ao endossatário promover ação fundada no negócio que motivou a transferência do cheque por Benedito Souza (ação causal, extracambial), uma vez que o endosso foi em caráter pro solvendo, ou seja, sem efeito novativo do negócio que motivou a transferência. Nos termos do art. 62 da Lei n. 7.357/85, "Salvo prova de novação, a emissão ou a transferência do cheque não exclui a ação fundada na relação causal, feita a prova do não pagamento".

188. (OAB FGV XIV Exame) A questão tem por objetivo verificar o conhecimento do examinando sobre a legislação cambial, em especial o prazo para apresentação a pagamento da letra de câmbio e as consequências da apresentação intempestiva. Ademais, o candidato deverá ser capaz de identificar quem é o beneficiário do aval em branco (sacador) e que esses avais superpostos não formam uma cadeia ou sequência, e por isso não são sucessivos e sim simultâneos, consoante o entendimento do STF na Súmula 189.

a) O avalizado nos avais em branco prestados na letra de câmbio é o sacador, Celso Ramos. De acordo com o art. 31, última alínea, do Decreto n. 57.663/66 (LUG), na falta de indicação do avalizado, entender-se-á ser pelo sacador. Os avais em branco e superpostos são considerados simultâneos (Súmula 189 do STF), ou seja, cada coavalista é responsável por uma quota-parte da dívida e todos respondem pela integralidade perante o portador Pedro Afonso.

b) O endossatário poderá demandar apenas o aceitante em eventual ação cambial, porque o título foi apresentado a pagamento no dia 12 de setembro, ou seja, após o prazo legal previsto no art. 20 do Decreto n. 2.044/1908 (dia do vencimento, 11 de setembro de 2013). Assim, houve perda do direito de ação em face dos coobrigados Celso Ramos – sacador, Antônio Olinto – endossante e de todos os avalistas, com fundamento no art. 53 da LUG. Ressalte-se que a aplicação do art. 20 do Decreto n. 2.044/1908 se dá em razão da reserva ao art. 5º do anexo

II da LUG. Portanto, o prazo para apresentação a pagamento da letra de câmbio sacada "sem despesas" é regulado pelo Decreto n. 2.044/1908 e não pelo art. 38 da LUG.

189. (OAB FGV XVI EXAME) O examinando deverá demonstrar conhecimento sobre o instituto do aval, especialmente acerca da possibilidade de concessão de aval em branco, pela simples assinatura do avalista aposta na face anterior do título. Também se pretende aferir se o examinando conhece a regra legal do efeito do pagamento realizado por coobrigado na letra de câmbio em relação a outro coobrigado posterior.

a) Sim. O aval em branco dado por Gabriel na letra de câmbio é considerado outorgado ao sacador (art. 31, última alínea, da LUG – Decreto n. 57.663/66). Gabriel poderá ser considerado obrigado cambiário porque o avalista é responsável da mesma maneira que a pessoa por ele avalizada (art. 32, 1ª alínea, da LUG).

b) Não, porque Eduardo é o segundo endossante, portanto co-obrigado posterior a Gabriel, o avalista do sacador. O pagamento feito pelo avalista do sacador desonera os co-obrigados posteriores, dentre eles os endossantes Carlos e Eduardo, com base no art. 24, *caput*, do Decreto n. 2.044/1908.

190. (OAB FGV XVII EXAME) A questão tem por objetivo verificar o conhecimento do examinando de alguns aspectos referentes ao pagamento do cheque. Primeiramente, o examinando deverá ser capaz de compreender que o cheque é uma ordem de pagamento em dinheiro exclusivamente à vista. Portanto, o cheque "pós-datado" apresentado antes da data nele indicada como de emissão não obriga o banco a devolvê-lo, salvo motivadamente. O cheque, quando cruzado, implica numa restrição à apresentação, pois deverá o sacado realizar o pagamento mediante crédito em conta e não em espécie. Além da soma em dinheiro que o sacador mantém em poder do sacado, a soma proveniente de contrato de abertura de crédito firmado entre o sacador e o sacado é considerada "fundos disponíveis" para efeito de pagamento.

Preliminarmente, para fins de atribuição de pontuação, o texto produzido pelo examinando em sua folha de respostas foi avaliado quanto à adequação ao problema apresentado, ao domínio do raciocínio jurídico, à fundamentação e sua consistência, à capacidade de interpretação e exposição e à técnica profissional demonstrada, sendo que a mera transcrição de dispositivos legais, desprovida do raciocínio jurídico e contextualização aos dados do enunciado, não enseja pontuação (item 3.5.11 do Edital do XVII Exame).

a) Sim. O sacado poderia ter realizado o pagamento do cheque antes da data de emissão indicada na cártula, porque o cheque é sempre pagável à vista, considerando-se como não escrita qualquer menção em sentido contrário, no caso a inserção de data futura ("pós-datado"). Se o cheque for apresentado ao sacado antes da data indicada como de emissão (25-5-2015), este deverá efetuar o pagamento na data de sua apresentação (26-3-2015), com fundamento no art. 32, parágrafo único, da Lei n. 7.357/85.

b) Não. Justamente por ser o cheque cruzado, não pode ser apresentado fisicamente ao sacado. O cheque cruzado somente pode ser pago pelo sacado mediante crédito em conta, portanto foi correta sua apresentação à compensação, com fundamento no art. 45, *caput*, da Lei n. 7.357/85.

O examinando deverá afirmar que o sacado não pode (ou deve) pagar o cheque mediante crédito em conta porque é proibido o pagamento em espécie. A resposta em sentido contrário não será pontuada.

c) Sim. O banco poderia ter utilizado a soma proveniente do contrato de abertura de crédito que celebrou com Joaquim para realizar o pagamento do cheque. A soma proveniente do contrato de abertura de crédito celebrado entre o sacado e Joaquim é considerada "fundos disponíveis" em poder do sacado, possibilitando o pagamento do cheque, com fundamento no art. 4º, § 2º, alínea *c*, da Lei n. 7.357/85.

191. (OAB FGV XVIII EXAME) A questão refere-se aos títulos de crédito e objetiva aferir o conhecimento do examinando sobre dois aspectos primordiais do direito cambiário: i) aplicação prática da característica (ou atributo) da abstração; ii) distinção quanto aos efeitos do endosso e da cessão de crédito.

a) Na transferência dos cheques por endosso, opera-se a abstração quanto à causa de emissão ou àquela que determinou a transferência anterior. Passando o título ao endossatário, os vícios ou questões relativos aos negócios entre as partes anteriores, inclusive o emitente, não podem ser opostos ao portador atual do título, exceto se estiver de má-fé ou se tratar de vício de forma. Estas considerações sobre a teoria dos títulos de crédito devem ser aplicadas no caso proposto, em especial à argumentação de Carolina, emitente do cheque, para embasar o direito da faturizadora, na condição de endossatária. Para refutar o argumento apresentado por Carolina para não efetuar o pagamento ou cancelar a sustação dos cheques, o advogado poderá invocar a característica da abstração dos títulos de crédito à ordem em relação ao negócio ou causa anterior à atual transferência. Com isto, a insatisfação de Carolina com a qualidade do produto é uma exceção pessoal oponível apenas ao vendedor, que não pode ser alegada perante o faturizador, diante da abstração dos cheques em relação à causa de sua emissão no momento do endosso, com base no art. 25 da Lei n. 7.357/85.

b) O examinando deverá identificar na legislação sobre o cheque (Lei n. 7.357/85) que a cláusula não à ordem importa na transmissão do cheque obrigatoriamente pela forma e efeito de cessão de crédito. Ademais, é preciso demonstrar que o examinando conhece a distinção entre endosso e cessão de crédito em seus efeitos, de modo a afirmar que na cessão de crédito, regulada pelo Código Civil, são cabíveis exceções pessoais tanto em relação ao cedente quanto ao cessionário. Portanto, o argumento levantado por Carolina seria analisado de modo diverso caso a transferência dos cheques tivesse sido feita por cessão de crédito. O cheque nominal "não à ordem" só é transferido pela forma e efeitos de cessão de crédito, com base no art. 18, § 1º, da Lei n. 7.357/85. Portanto, Carolina pode opor ao cessionário (faturizador) as exceções que, no momento em que veio a ter conhecimento da cessão, tinha contra o cedente, Móveis Nova Iorque Ltda., amparada pelo art. 294 do Código Civil.

192. (OAB FGV XIX EXAME) A questão trata da transferência da Cédula de Crédito Bancário (CCB) e tem por objetivo verificar os conhecimentos do examinando sobre as regras da Lei n. 10.931/2004 sobre a circulação da CCB, inclusive a possibilidade de endosso-mandato por aplicação das normas da legislação cambial. Preliminarmente, o examinando deverá detectar a possibilidade de endosso da CCB, pois ela pode conter em seu corpo a cláusula à ordem, autorizando tal forma de transferência/negociação, indicando o dispositivo pertinente. Ademais, devem ser explicitadas as peculiaridades para o endosso da CCB, quais sejam: somente a via do credor é negociável e o endosso deve ser completo, em preto (com indicação expressa do nome do endossatário).

Em atendimento ao comando da questão também se espera que o examinando seja capaz de identificar que o endosso-mandato não é um endosso próprio, translativo da propriedade do título. Portanto, não pode ser pontuada resposta que é elaborada com base no art. 29, § 1º, da Lei n. 10.931/2004 e seu conteúdo como fundamento para a aplicação subsidiária da legislação cambial ao endosso em preto da CCB. A própria redação do § 1º do art. 29 deixa claro que o "endossatário, mesmo não sendo instituição financeira ou entidade a ela equiparada, poderá exercer todos os direitos por ela conferidos, inclusive cobrar os juros e demais encargos na forma pactuada na Cédula". Portanto, se a pergunta (comando da questão) se refere ao endosso-mandato, o dispositivo (art. 29, § 1º, da Lei n. 10.931/2004), caso citado, revela que o examinando reconhece o endosso-mandato como endosso próprio, contrariando expressamente o comando da questão e o conteúdo avaliado A fundamentação e raciocínio corretos encontram-se, exclusivamente, no art. 44 da Lei n. 10.931/2004.

Em relação à negociação, a Cédula de Crédito Bancário poderá conter cláusula à ordem, mas somente a via do credor é negociável, caso em que será transferível mediante endosso em preto, com fundamento, respectivamente, no art. 29, IV, §§ 1º e 3º, da Lei n. 10.931/2004. Aplica-se às Cédulas de Crédito Bancário, no que couber, a legislação cambial, com fundamento no art. 44 da Lei n. 10.931/2004. O endosso-mandato está previsto na legislação cambial (art. 18 da LUG – Decreto n. 57.663/66 OU art. 917 do Código Civil) e sua utilização é compatível com a CCB. Portanto, há possibilidade de transferência do título por endosso com cláusula "em cobrança", "por procuração" ou qualquer menção indicativa de um mandato ao endossatário. A menção à possibilidade de endosso-mandato da CCB é decorrência da previsão EXPRESSA da aplicação da legislação cambial a esse título, portanto a pontuação atribuída é vinculada e não autônoma.

a.1) Em relação à negociação, a Cédula de Crédito Bancário poderá conter cláusula à ordem, com fundamento no art. 29, IV, da Lei n. 10.931/2004.

a.2) Somente a via do credor é negociável, caso em que será transferível mediante endosso em preto, nos termos do art. 29, §§ 1º e 3º, da Lei n. 10.931/2004.

b) Sim. Aplica-se às Cédulas de Crédito Bancário, no que couber, a legislação cambial. Na legislação cambial há previsão expressa da transferência do título por endosso com cláusula "em cobrança", "por procuração" ou qualquer menção indicativa de um mandato ao endossatário. Fundamento legal: art. 44 da Lei n. 10.931/2004 c/c art. 18 da LUG (Decreto n. 57.663/66) OU art. 44 da Lei n. 10.931/2004 c/c art. 917 do Código Civil.

193. (OAB FGV XX EXAME) Reaplicação Porto Velho/RO

O objetivo da questão é verificar o conhecimento pelo examinando da possibilidade de reforma ou prorrogação do prazo de vencimento da duplicata, seja à vista ou a prazo, e as exigências legais para este ato, bem como a aplicação dos dispositivos da duplicata de compra e venda à duplicata de prestação de serviços, por força do art. 20, § 3º, da Lei n. 5.474/68.

a) Sim, porque em caso de prorrogação do prazo de vencimento, para manter a coobrigação do endossante é preciso anuência expressa deste, o que não se verificou, com base no art. 20, § 3º, c/c art. 11, parágrafo único, ambos da Lei n. 5.474/68.

b) Não, porque a declaração autorizando a prorrogação do prazo de vencimento também pode ser firmada pelo representante com poderes especiais do endossatário, com base no art. 11, *caput*, da Lei n. 5.474/68.

194. (OAB FGV XXII EXAME) A questão tem por finalidade aplicar em situação hipotética o princípio do formalismo dos títulos de crédito, no caso a nota promissória. Existem requisitos formais na nota promissória que podem ou não ser supridos, respectivamente denominados requisitos não essenciais e essenciais, de acordo com os arts. 75 e 76 do Decreto n. 57.663/66 – LUG. Ademais, o examinando deve ser capaz de reconhecer que, no direito vigente, os requisitos essenciais e não essenciais da nota promissória não se encontram no Decreto n. 2.044/1908. A data de emissão é um requisito essencial, não suprível, e a época do pagamento é um requisito suprível. Mesmo que o título tenha sido emitido com ausência de requisito essencial, o portador de boa-fé pode preenchê-lo antes da cobrança ou da apresentação a protesto.

a.1) Não. Embora a omissão da data de vencimento não prejudique a validade da nota promissória por ser o título considerado à vista, com base no art. 76, 2ª alínea, da LUG – Decreto n. 57.663/66, anexo I.

a.2) A data de emissão é um requisito essencial, não sendo considerado o título como nota promissória diante de sua omissão, de acordo com os arts. 75, n. 6, e 76, 1ª alínea, da LUG – Decreto n. 57.663/66, anexo I.

b) Não. É possível que o título incompleto no momento de sua emissão seja preenchido de boa-fé posteriormente, mas o portador deve fazê-lo até a cobrança ou o protesto, conforme art. 77 c/c art. 10 da LUG – Decreto n. 57.663/66, anexo I, e Súmula 387 do STF.

195. (OAB FGV XXIII EXAME) A questão tem por objetivo verificar se o examinando conhece (i) a jurisprudência sumulada do STJ sobre a ausência do dever do Banco do Brasil S/A de notificar o devedor cujo nome foi inscrito no Cadastro de Emitentes de Cheques sem Fundos (CCF) e (ii) que o emitente do cheque garante seu pagamento, independentemente de ter sido devolvido por duas vezes pelo sacado. Item 3.5.12 do Edital: "As questões da prova prático-profissional poderão ser formuladas de modo que, necessariamente, a resposta reflita a jurisprudência pacificada dos Tribunais Superiores". Segundo a Súmula 572 do STJ, o Banco do Brasil, na condição de gestor do Cadastro de Emitentes de Cheques sem Fundos (CCF), não tem a responsabilidade de notificar previamente o devedor acerca da sua inscrição no aludido cadastro.

a) Não houve conduta ilícita por parte do Banco do Brasil S/A, porque a instituição não tem a responsabilidade de notificar previamente o devedor acerca da sua inscrição no Cadastro de Emitentes de Cheques sem Fundos, de acordo com o entendimento pacificado no STJ, contido na Súmula 572.

b) Não. A devolução do cheque por duas vezes não impede sua cobrança judicial, pois é possível ao credor promover a execução (ou ajuizar ação de execução) em face do emitente, já que esse é responsável pelo pagamento perante o portador, de acordo com o art. 15 da Lei n. 7.357/85 OU art. 47, I, da Lei n. 7.357/85. Em relação ao art. 47, o fundamento legal encontra-se exclusivamente no inciso I (execução em face do emitente), pois o enunciado não menciona co-obrigados no cheque.

196. (OAB FGV XXV EXAME)

a) Não. O tabelião não deveria ter acatado o argumento da prescrição para não lavrar o protesto, pois ele não tem competência para conhecer e declarar a prescrição da ação executiva. Tal alegação do sacado, ainda que comprovada, não impede a lavratura do protesto, com base no art. 9º, *caput*, da Lei n. 9.492/97 ("Todos os títulos e documentos de dívida protocolizados serão examinados em seus caracteres formais e terão curso se não apresentarem vícios, não cabendo ao Tabelião de Protesto investigar a ocorrência de prescrição ou caducidade").

b) Não. Mesmo que já tenha ocorrido a prescrição, pois entre o vencimento (2-2-2013) e a apresentação da duplicata a protesto (7-5-2017) decorreram mais de três anos, o protesto não deve ser cancelado porque o débito persiste, ainda que não possa ser cobrado por meio de ação executiva, com base no art. 18, I, da Lei n. 5.474/68.

197. (OAB FGV XXVI EXAME) A questão tem por objetivo aferir o conhecimento do examinando sobre o efeito do endosso póstumo do cheque, ou seja, após o encerramento do prazo de apresentação, e a responsabilidade do emitente perante o portador, ainda que o cheque tenha sido apresentado após o decurso do referido prazo. Como o cheque foi emitido em Tibagi/PR para ser pago na mesma praça, o prazo de apresentação é de 30 (trinta) dias. Assim, o cheque deveria ter sido apresentado ao sacado até 26 de abril de 2018. Após o decurso do prazo de apresentação, o cheque foi endossado – no dia 19 de maio de 2018. Verifica-se que o endosso do cheque após o prazo de apresentação tem efeito de cessão de crédito, de acordo com o art. 27 da Lei n. 7.357/85. No caso de cessão de crédito, o cedente não responde pela solvência do devedor, salvo cláusula em contrário (art. 296 do Código Civil). Entretanto, é preciso que o examinando observe que o endossante do cheque é também seu emitente, de modo que este garante o pagamento. O portador do cheque pode ainda promover a execução em face dele no dia 11 de outubro de 2018, mesmo decorrido o prazo de apresentação de 30 dias na data da apresentação. Ainda não se verificou o decurso do prazo de seis meses após o término do prazo de apresentação para a prescrição da pretensão executória (art. 59 da Lei n. 7.357/85).

a) O endosso do cheque é considerado póstumo, por ter sido realizado após o decurso do prazo de apresentação, tendo efeito de cessão de crédito, de acordo com o art. 27 da Lei n. 7.357/85.

b) Sim. Mesmo que Pedro tenha endossado o cheque após o prazo de apresentação e o endosso tenha efeito de cessão de crédito, ele é emitente e responsável pelo pagamento perante o portador, podendo ser promovida a execução em 11 de outubro de 2018, ainda que o cheque tenha sido apresentado após o prazo legal, de acordo com o art. 15 da Lei n. 7.357/85. Pode ser promovida a execução pelo portador em face de Pedro, ainda que o cheque tenha sido apresentado após o prazo legal, com fundamento no art. 47, I, da Lei n. 7.357/85 OU na Súmula 600 do STF.

198. (OAB FGV XXVIII EXAME) A questão tem por objetivo aferir os conhecimentos do examinando sobre a cobrança judicial, mediante ação de execução, de duplicata aceita. A propositura de tal ação em face do aceitante dispensa o protesto e a comprovação documental da prestação de serviço. Ademais, espera-se que o examinando afirme em sua resposta que há possibilidade de cobrança da duplicata após a ocorrência da prescrição da pretensão à execução.

a) Sim. A duplicata de prestação de serviços aceita pode ser cobrada por meio de ação de execução de título extrajudicial, sem necessidade de protesto ou de comprovante da prestação de serviço, como autoriza o art. 20, § 3º, c/c. o art. 15, inciso I, ambos da Lei n. 5.474/68.

b) Poderá ser proposta ação monitória, em razão de já ter ocorrido a prescrição da pretensão executiva da duplicata em 22 de agosto de 2019 (3 anos da data do vencimento). A duplicata, nessa condição, configura prova escrita sem eficácia de título executivo, representativa de ordem de pagamento de quantia em dinheiro. Fundamentos legais: art. 18, inciso I, da Lei n. 5.474/68 e art. 700, inciso I, do CPC. OU Poderá ser proposta ação de cobrança pelo procedimento comum, em razão de já ter ocorrido a prescrição da pretensão executiva da duplicata em 22 de agosto de 2019 (3 anos da data do vencimento), bem como houve aceite da duplicata pelo sacado e diante da aplicação subsidiária da legislação sobre pagamento das letras de câmbio às duplicatas, com fundamento no art. 25 da Lei n. 5.474/68 c/c. art. 48 do Decreto n. 2.044/98.

199. (OAB FGV XXIX EXAME) A questão tem por objetivo aferir os conhecimentos do examinando sobre as condições para o saque de duplicata e o pagamento de cheque pós-datado, ou seja, para ser apresentado em data futura. O examinando deve ser capaz de identificar que a emissão da fatura e o eventual saque de duplicata cabe ao vendedor e que o cheque pós-datado foi emitido pelo comprador em pagamento da aquisição dos produtos veterinários.

Com estes conhecimentos prévios, o examinando deverá informar que não é obrigatório o saque de duplicata, mesmo tendo sido emitida a fatura. Ademais, a obrigatoriedade do saque de duplicata contida no art. 2º, *caput*, da Lei n. 5.474/68 se dirige ao vendedor, e não ao comprador.

Em relação ao cheque pós-datado, não houve nenhuma irregularidade, porque o cheque é pagável à data de sua apresentação ao sacado, que pode ser posterior à de emissão. Caso o cheque pós-datado seja apresentado antes da data indicada como de emissão, o sacado deverá efetuar o pagamento no dia de sua apresentação, de acordo com o art. 32, parágrafo único, da Lei n. 7.357/85.

a) Não. O saque da duplicata da fatura pelo vendedor é facultativo e a proibição de utilização de outro título de crédito vinculado à compra e venda é dirigida ao vendedor, e não ao comprador; portanto, a emissão do cheque é válida, de acordo com o art. 2º, *caput*, da Lei n. 5.474/68.

b) Por ser o cheque um título à vista (OU uma ordem de pagamento em dinheiro à vista), o sacado deverá efetuar seu pagamento na data de apresentação, ainda que esta seja anterior à data indicada no título como de emissão, de acordo com o art. 32, parágrafo único, da Lei n. 7.357/85.

200. (OAB FGV XXX EXAME)

a) Não. É facultado ao representante comercial emitir títulos de crédito para cobrança de comissões, sendo possível o saque de duplicatas de prestação de serviço, com base no art. 32, § 3º, da Lei n. 4.886/65. A duplicata é título executivo extrajudicial e pode embasar a execução, com base no art. 784, I, do CPC.

b) Sim. O inadimplemento no pagamento das comissões na época devida é um motivo justo para rescisão do contrato de representação comercial, pelo representante, com base no art. 36, alínea *d*, da Lei n. 4.886/65. Nesse caso, o representante fará jus a uma indenização devida pela rescisão do contrato, cujo montante não poderá ser inferior a 1/12 (um doze avos) do total da retribuição auferida durante o tempo em que exerceu a representação, nos termos do art. 27, *j*, da Lei n. 4.886/65.

201. (OAB FGV XXXI EXAME)

a) Os obrigados cambiários são o subscritor da nota promissória Miranda, sua avalista Glória (aval em branco é dado em favor do subscritor com base no art. 77, última alínea, do Decreto n. 57.663/66 – LUG) e o endossante Ladário, que respondem solidariamente pelo pagamento perante o endossatário Ribas, com fundamento no art. 77 c/c o art. 47 do Decreto n. 57.663/66 – LUG.

b1) Em relação à ocorrência da prescrição, o argumento do réu procede, pois o prazo de 1 (um) ano é contado do dia da apresentação a pagamento que é o do vencimento no título à vista (28-2-2018), com fundamento no art. 77 c/c o art. 70, 2ª alínea, do Decreto n. 57.663/66 – LUG.

b2) Quanto à falta de protesto por falta de pagamento, o argumento é improcedente, pois a inserção da cláusula sem despesas dispensa o portador de promovê-lo para poder exercer os seus direitos de ação em face de quaisquer dos signatários, de acordo com o art. 77 c/c o art. 46 do Decreto n. 57.663/66 – LUG.

Contratos Mercantis

202. (OAB RJ 2004/02 Exame 24) De acordo com o art. 2º da Lei n. 8.955/94, o contrato de franquia é aquele em que um franqueador cede ao franqueado o direito de uso de marca ou patente, associado ao direito de distribuição exclusiva de produtos ou serviços e, eventualmente, também ao direito de uso de tecnologia de implantação e administração de negócio ou sistema operacional desenvolvido ou detidos pelo franqueador, mediante a remuneração direta ou indireta, sem que, no entanto, fique caracterizado o vínculo empregatício. Portanto, não se trata de uma filial ou sucursal.

203. (OAB GO 2007/01) De acordo com o art. 973 do CC, a pessoa legalmente impedida de exercer atividade própria de empresário, se a exercer, responderá pelas obrigações contraídas, portanto José não pode alegar que era impedido a fim de se proteger da cobrança de dívidas, resultando na total improcedência da matéria de defesa arguida.

204. (OAB RJ 2004/02 Exame 24) No crédito documentário, o Banco assume perante seu cliente (ordenante – importador) a obrigação de pagar a terceiro (beneficiário – exportador), que apresentar o documento. Para o ordenante, o Banco realiza um financiamento, mas para o terceiro, o Banco fornece uma garantia. O documento expedido pelo Banco nesse contrato é a carta de crédito.

205. (OAB RJ 2005/02 Exame 27) O depósito bancário é o contrato pelo qual o Banco se torna depositário de uma determinada quantia em dinheiro para o correntista, com a obrigação de restituí-los mediante a solicitação de cartão ou cheque. O Banco não é apenas o detentor da quantia, mas proprietário que pode usar essa quantia.

206. (OAB GO 2006/02) De acordo com o art. 3º, § 2º do Dec.-Lei n. 911/1969, o devedor (Fran de Souza) poderá [deverá] pagar a integralidade da dívida pendente, segundo os valores apresentados pelo credor fiduciário na inicial, hipótese na qual o bem lhe será restituído livre do ônus.

207. (OAB GO 2006/01) O contrato de "fomento mercantil" ou *factoring* é o contrato pelo qual um empresário cede seus títulos de crédito a uma empresa que adianta recursos e cobra juros por esta antecipação e pelo risco assumido (*factoring* tradicional).

208. (OAB RJ 2003/02 Exame 21) No contrato de arrendamento mercantil, o arrendador divide o valor do bem e cobra o valor residual garantido para que o arrendatário se torne proprietário do bem. O valor residual pode ser pago antecipadamente, diluído ou ao final do contrato. Se o arrendatário não pagar o valor residual garantido não se tornará proprietário e deverá restituir o bem.

209. (OAB GO 2003/01) Parte da doutrina define o leasing como uma locação com opção de compra. O arrendador pode ser ou não instituição financeira, isso pois o arrendamento pode ser financeiro ou operacional. No leasing financeiro, o arrendador necessita de uma instituição financeira, enquanto no leasing operacional o arrendador é uma pessoa jurídica qualquer.

210. (OAB CESPE 2009/02) Trata-se de contrato de franquia. E se a circular de oferta de franquia não for entregue com 10 dias de antecedência, o contrato será anulado, além de o franqueador ter que devolver qualquer quantia paga, bem como reparar as perdas e danos (art. 4º da Lei n. 8.955/94).

211. (OAB FGV XIII Exame) A questão tem por finalidade verificar o conhecimento do examinando das disposições do Decreto-Lei n. 911/69, com as alterações promovidas pela Lei 10.931/2004, em relação ao procedimento judicial aplicável aos contratos de alienação fiduciária em garantia celebrados com base no art. 66-B, da Lei n. 4.728/65 (art. 8º-A do Decreto-Lei n. 911/69).

A primeira frase do enunciado já direciona o examinando para a modalidade de alienação fiduciária que foi celebrada – o Banco Colares S/A celebrou contrato de alienação fiduciária em garantia nos termos do art. 66-B, da Lei n. 4.728/65. Logo, está de plano afastada a incidência da Lei n. 9.514/97, cujo objeto, entre outros, é disciplinar o contrato de alienação fiduciária de imóveis.

A última frase do enunciado reforça a indicação ao examinando de qual diploma legal deve ser mencionado na resposta: "Com base [...] nas disposições procedimentais referentes à alienação fiduciária, responda aos seguintes itens". Portanto, não são as disposições sobre a propriedade fiduciária do Código Civil aquelas que estão sendo avaliadas na questão e sim, exclusivamente, as disposições procedimentais do Decreto-Lei n. 911/69, nos termos do que determina o art. 8º-A do referido Decreto-Lei ("O procedimento judicial disposto neste Decreto-Lei aplica-se exclusivamente às hipóteses da Seção XIV da Lei n. 4.728, de 14 de julho de 1965 [Alienação Fiduciária em Garantia no Âmbito do Mercado Financeiro e de Capitais]") Identificada pelo candidato a legislação aplicável pelas informações contidas no enunciado e pelo comando da pergunta, deverá o examinando atingir os seguintes objetivos para obter pontuação integral no item A.

a) (i) verificar que o fiduciante pagou a integralidade da dívida dentro do prazo de cinco dias da execução da liminar de busca e apreensão; (ii) conhecer e citar o dispositivo legal que lhe confere tal direito (art. 3º, § 2º, do Decreto-Lei n. 911/69); (iii) o credor, antes de expirado o prazo legal, alienou o bem sem ainda estar consolidada para si a propriedade e a posse plena e exclusiva, impedindo que o fiduciante recebesse o bem livre do ônus. Com base nestas considerações, o examinando finalizará sua resposta ao item A afirmando (iv) que é possível a condenação do fiduciário ao pagamento de multa, em favor do fiduciante, equivalente a 50% (cinquenta por cento) do valor originalmente financiado, devidamente atualizado, indicando o art. 3º, § 6º, do Decreto-Lei n. 911/69, como a correta fundamentação legal.

Assim, é incoerente com o enunciado e com as disposições procedimentais da alienação fiduciária celebrada com base no art. 66-B da Lei n. 4.728/65, afirmar que o credor agiu no exercício regular do direito, alienando o bem dentro do prazo conferido ao fiduciante para o pagamento e que não cabe nenhuma penalidade e o advogado não poderá tomar nenhuma medida pelos danos que seu cliente sofreu. Estes padrões de resposta não atendem ao conteúdo avaliado.

Caso o examinando atenda em parte os objetivos da questão e sua resposta seja coerente com os dados do enunciado, poderá obter pontuação parcial, conforme espelho de correção e item 3.5.8 do Edital do XIII Exame. Contudo, a simples menção ao dispositivo legal sem nenhuma contextualização com o caso proposto e sem demonstrar o raciocínio e compreensão do conteúdo não confere pontuação.

b) Comprovado pelo fiduciante que a alienação do bem lhe causou danos emergentes e lucros cessantes, seu advogado poderá pleitear em juízo o pagamento de indenização pelo fiduciário, diante da ilicitude de sua conduta, porque, independentemente da imposição de multa pelo juiz ao fiduciário pela alienação não autorizada do bem, pode o fiduciante em ação própria pleitear o pagamento de perdas e danos Haverá a atribuição de pontuação parcial para o examinando que afirmar o cabimento de indenização ao fiduciante ou ação de perdas e danos. Porém, a pontuação integral depende da indicação do fundamento legal, que é o art. 3º, § 7º, do Decreto-Lei n. 911/69, nos termos do art. 8º-A do referido Decreto-Lei. Tal dispositivo contempla exatamente o conteúdo que se pretendeu avaliar e, uma vez mais, revela o conhecimento pelo examinando das disposições procedimentais referentes à alienação fiduciária, nos termos do comando da pergunta.

212. (OAB FGV XIV Exame) O candidato deve ser capaz de conhecer a jurisprudência sumulada atual do STJ sobre a cobrança antecipada do valor residual garantido (VRG) no contrato de arrendamento mercantil e as disposições da Lei n. 6.099/74.

O valor residual garantido (VRG) é um adiantamento da quantia pelo arrendatário que seria devida ao final do contrato, caso este exercesse a faculdade de opção de compra prevista no art. 5º, alínea *c* da Lei n. 6.099/74. O VRG não é uma prestação do arrendamento, pois além das prestações pagas durante a vigência do contrato, o arrendatário deve pagar essa importância previamente ajustada se pretendesse ficar o bem arrendado, em definitivo – trata-se de um "valor residual" bem menor do que o valor do bem, que foi diluído durante o contrato, já contemplando a depreciação pelo uso e pelo risco do desenvolvimento em favor do arrendador. Em 2002 foi aprovada pela Segunda Seção do STJ a Súmula 263 (STJ, Súmula n. 263 – 8-5-2002 – *DJ* 20-5-2002) que considerava descaracterizado o contrato de arrendamento mercantil caso fosse cobrado antecipadamente o VRG, transformando-o em compra e venda a prestação, com fundamento no art. 11, § 1º, da Lei n. 6.099/74. Porém, em 27-8-2003, a mesma Seção do STJ cancelou a referida Súmula no julgamento dos Recursos Especiais n. 443143/GO e 470632/SP. No ano seguinte, a Corte Especial aprovou a Súmula 293 (STJ, Súmula 293 – 5-5-2004 – *DJ* de 13-5-2004) que dispôs em sentido contrário: "A cobrança antecipada do valor residual garantido (VRG) não descaracteriza o contrato de arrendamento mercantil."

Na situação descrita no enunciado e como resposta ao item *a*, o examinando deverá responder que com a extinção do arrendamento mercantil, não importa a causa, não se justifica a manutenção, com o arrendador, do valor residual garantido e pago por antecipação. Devem ser devolvidos ao arrendatário os valores recebidos pelo arrendador porque aquele não exercerá a faculdade de que trata a alínea *c* do art. 5º, da Lei n. 6.099/74 ao termo final do contrato (ou com base na faculdade de que trata o inciso V do art. 7º do Anexo da Resolução BCB n. 2.309/96).

De acordo com o comando da pergunta do item b e a orientação para a resposta, o examinando deverá afirmar que é válida a cláusula atacada pelo arrendatário que prevê o pagamento antecipado do VRG, não havendo a descaracterização do contrato, com fundamento na Súmula 293 do STJ.

213. (OAB FGV XV EXAME) A questão tem por objetivo aferir o conhecimento do candidato sobre o instituto da arbitragem, em especial (i) sobre a convenção de arbitragem mediante cláusula compromissória e a (ii) possibilidade de ser instituída por via judicial em caso de recusa injustificada de uma das partes, nos termos do art. 7º, da Lei n. 9.307/96.

A sociedade Luzilândia Exportação S/A argumenta que a cláusula compromissória do contrato firmado, celebrado em 11.09.1995, não pode ser atingida pela Lei n. 9.307/96, que jamais poderia retroagir para prejudicar os efeitos do ato jurídico perfeito (art. 6º, da Lei de Introdução às Normas do Direito Brasileiro). Assim, não poderia a estipulação ser considerada obrigatória para a sociedade, até mesmo porque não houve uma manifestação expressa com a prorrogação tácita do contrato, esta já na vigência da Lei de Arbitragem. Tais considerações não merecem guarida.

a) Pelas informações do enunciado "Miguel Leão Comércio e Indústria de Tecidos Ltda. requereu a citação da outra parte para comparecer em juízo, a fim de lavrar-se o compromisso. Na petição, foi indicado, com precisão, o objeto da arbitragem e anexado o contrato contendo a cláusula compromissória. O juiz designou audiência específica para tentar, previamente, a conciliação acerca do litígio. As partes compareceram à audiência, mas não se obteve sucesso na celebração, de comum acordo, do compromisso arbitral." no cotejo com o art. 7º, *caput* e § 1º, da Lei n. 9.307/96:

"Art. 7º Existindo cláusula compromissória e havendo resistência quanto à instituição da arbitragem, poderá a parte interessada requerer a citação da outra parte para comparecer em juízo a fim de lavrar-se o compromisso, designando o juiz audiência especial para tal fim.

§ 1º O autor indicará, com precisão, o objeto da arbitragem, instruindo o pedido com o documento que contiver a cláusula compromissória." percebe-se a total compatibilidade da convenção arbitral com o art. 4º, § 1º, da Lei n. 9.307/96, eis que a cláusula compromissória foi estabelecida por escrito no próprio contrato. Além disso, como houve resistência quanto à instituição da arbitragem, a parte interessada requereu a citação da outra para comparecer em juízo, a fim de lavrar-se o compromisso, nos termos do art. 7º, *caput*, da Lei n. 9.307/96, indicando com precisão, o objeto da arbitragem e anexou o contrato.

Portanto, deve ser julgado procedente o pedido de instituição da arbitragem formulado por Miguel Leão Comércio e Indústria de Tecidos Ltda., por terem sido cumpridos os requisitos dos dispositivos legais citados (que devem ser expressamente mencionados na resposta e não apenas citados os dispositivos legais).

A resposta que afirme que o pedido autoral deve ser julgado improcedente ou apresente fundamentação divergente do enunciado não receberá pontuação, em razão de não compreensão da compatibilidade dos dados apresentados com o art. 4º, § 1º e o art. 7º, *caput* e § 1º, todos da Lei n. 9.307/96.

b) Até o advento da Lei n. 9.307/96, o entendimento na jurisprudência dos Tribunais Superiores era de que a cláusula compromissória tinha a natureza de mero contrato preliminar (pactum de compromitendo) ao compromisso arbitral, incapaz, por si só, de originar o procedimento de arbitragem. Em caso de recusa, resolvia-se em perdas e danos para a parte prejudicada (nesse sentido: STF, RE 58696. Relator Min. Luiz Gallotti, julgado em 2-6-1967, *DJ* 30-8-1967). Contudo, após a entrada em vigor da Lei de Arbitragem, tornou-se pacífico o entendimento no sentido de que as disposições da Lei n. 9.307/96 têm incidência imediata sobre os contratos celebrados, mesmo que anteriores à sua vigência, desde que neles esteja inserida a cláusula arbitral (Cf. STJ Corte Especial, SEC 349/Japão, Relatora Ministra Eliana Calmon, j. 21-3-2007, *DJ* 21-5-2007). A Corte Especial do STJ consolidou tal orientação sobre o tema em 2012, ao aprovar a Súmula 485: "A Lei de Arbitragem aplica-se aos contratos que contenham cláusula arbitral, ainda que celebrados antes da sua edição" (STJ, Segunda Seção, 28-6-2012, *DJe* de 1º-8-2012).

214. (OAB FGV XVI EXAME) A questão tem por objetivo aferir o conhecimento do examinando sobre o contrato de agência, regulado nos arts. 710 a 721 do Código Civil, em especial a obrigação do agente de não assumir encargos referentes aos mesmos negócios com outros proponentes na mesma zona geográfica.

Pela leitura do enunciado é patente a identificação do contrato como sendo de agência, disciplinado pelos arts. 710 a 721 do Código Civil. Note-se inclusive que elementos do contrato contidos no art. 710, *caput* e parágrafo único, são reproduzidos no enunciado ("promover à conta de outra", "mediante retribuição", "em zona determinada", "representar o proponente na conclusão dos contratos"). Ademais, a nomenclatura utilizada é idêntica à adotada pelo Código Civil, ou seja, proponente e agente. O enunciado deixa claro que o agente violou a proibição contida na segunda parte do art. 711 do Código Civil ("Art. 711. [...] nem pode o agente assumir o encargo de nela [na mesma zona] tratar de negócios do mesmo gênero, à conta de outros proponentes") porque estava a serviço de um dos maiores concorrentes da sociedade empresária Wagner & Cia. Ltda. (proponente), também no Estado da Bahia. Assim, é lícito ao proponente rescindir o contrato por justa causa e pleitear perdas e danos.

a) Sim, a despedida do agente pelo proponente é legítima porque o agente não poderia assumir o encargo de atuar na mesma zona do proponente (Estado da Bahia) com outros proponentes concorrentes em negócios do mesmo gênero, violando a proibição contida no art. 711 do Código Civil.

b) Ainda que possa ser dispensado por justa causa, o agente tem direito de ser remunerado pelos serviços úteis prestados ao proponente. A narrativa do agente ao advogado e os documentos comprobatórios da transação evidenciam que houve mediação útil ao proponente e que as comissões delas advindas não foram pagas, portanto a orientação do advogado a Érico é que ele pode exigir em juízo o pagamento desta remuneração, com fundamento no art. 717 do Código Civil,

215. (OAB FGV XX EXAME) A questão tem por objetivo verificar os conhecimentos básicos do examinando sobre certas regras de aplicação da arbitragem pela administração pública, em especial a proibição do julgamento dos árbitros por equidade, a necessária publicidade das decisões e a interrupção da prescrição com a instituição da arbitragem. Na arbitragem envolvendo a Administração Pública somente poderão ser utilizadas regras de direito (ou não poderão ser utilizadas regras de equidade) e deve ser observado o princípio da publicidade, de conformidade com o art. 2º, § 3º, da Lei n. 9.307/96. As partes poderão escolher, livremente, as regras de direito que serão aplicadas na arbitragem, inclusive as regras internacionais de comércio e regras corporativas, desde que não haja violação aos bons costumes e à ordem pública, com fundamento nos arts. 2º, §§ 1º e 2º, e 11, IV, da Lei n. 9.307/96. A instituição da arbitragem irá afetar o curso da prescrição, produzindo sua interrupção, que retroagirá à data do requerimento de sua instauração, ainda que extinta a arbitragem por ausência de jurisdição, com base no art. 19, § 2º, da Lei n. 9.307/96.

a) Não. Na arbitragem envolvendo a Administração Pública somente poderão ser utilizadas regras de direito (ou não poderão ser utilizadas regras de equidade) e deve ser observado o princípio da publicidade, de conformidade com o art. 2º, § 3º, da Lei n. 9.307/96.

b) Sim. As partes poderão escolher, livremente, as regras de direito que serão aplicadas na arbitragem, inclusive as regras internacionais de comércio e regras corporativas, desde que não haja violação aos bons costumes e à ordem pública, com fundamento nos arts. 2º, §§ 1º e 2º, e 11, IV, da Lei n. 9.307/96.

c) Sim. A instituição da arbitragem irá afetar o curso da prescrição, produzindo sua interrupção, que retroagirá à data do requerimento de sua instauração, ainda que extinta a arbitragem por ausência de jurisdição, com base no art. 19, § 2º, da Lei n. 9.307/96.

216. (OAB FGV XXI EXAME) Questão tem por objetivo verificar os conhecimentos básicos do(a) examinando(a) sobre a disciplina da propriedade fiduciária instituída como garantia ao credor do cumprimento de obrigações oriundas de contratos empresariais. O examinado deverá ser capaz de identificar a nulidade de cláusula do pacto comissório (autoriza o credor a ficar com o bem dado em garantia se a dívida não for adimplida no vencimento) e o procedimento que deve ser adotado pelo fiduciário na realização do crédito. Também se espera que o examinando demonstre conhecimento sobre a distinção entre validade e eficácia da inscrição do documento que institui a propriedade fiduciária, não sendo necessária a prévia inscrição no RTD e sim na repartição competente para o licenciamento do veículo, sendo indispensável, para fins de publicidade e eficácia *erga omnes*, a anotação do gravame no certificado de registro do veículo.

a) Sim. O pacto comissório consiste em cláusula que autoriza o credor a ficar com o bem (apreendê-lo para promover sua venda independentemente de qualquer ato judicial ou extrajudicial) se a dívida não for paga no vencimento. Tratando-se de propriedade fiduciária disciplinada pelo Código Civil, é nula tal cláusula, de acordo com o art. 1.365 do Código Civil. O fiduciário deverá vender, judicial ou extrajudicialmente, a coisa a terceiros, aplicar o preço no pagamento de seu crédito e das despesas de cobrança, e entregar o saldo, se houver, ao fiduciante, como determina o art. 1.364 do Código Civil.

b) Não. O registro no Registro de Títulos e Documentos (RTD) do documento que instituiu o direito real de aquisição sobre os caminhões (propriedade fiduciária) não é requisito de validade do negócio jurídico, pois a eficácia *erga omnes* depende da anotação no certificado de registro do veículo perante a repartição competente para o licenciamento, com base no art. 1.361, § 1º, do Código Civil e na Súmula 92 do STJ: "A terceiro de boa-fé não é oponível a alienação fiduciária não anotada no Certificado de Registro do veículo automotor".

217. (OAB FGV XXII EXAME) A questão tem por objetivo verificar se o examinando reconhece que a atividade das sociedades de fomento mercantil não é típica de instituição financeira. Ao contrário do previsto no art. 17 da Lei n. 4.595/64 (conceito de instituição financeira), as sociedades de fomento mercantil se limitam a adquirir créditos no vencimento ou antecipadamente e prestar serviços de assessoria creditícia ou mercadológica. Tais sociedades empresárias não efetuam operações de mútuo ou captação de recursos de terceiros. Ademais, o examinando deve identificar que o contrato de fomento mercantil ou faturização típico, quando a faturizada pretende obter capital de giro com a cessão dos créditos ao faturizador, não encerra relação de consumo. A faturizada não se enquadra no conceito de consumidora, na medida em que a venda dos seus direitos creditórios ao faturizador tem por escopo fomentar a sua atividade comercial, não se pondo ademais em situação de vulnerabilidade.

a) Não. O contrato de faturização típico, quando a faturizada pretende obter capital de giro com a cessão dos créditos ao faturizador, não encerra relação de consumo. A faturizada não se enquadra no conceito de consumidora, na medida em que a venda dos seus direitos creditórios ao faturizador tem por escopo fomentar a sua atividade comercial, não se pondo ademais em situação de vulnerabilidade.

b) As sociedades de fomento mercantil não são consideradas instituições financeiras, para os efeitos da legislação em vigor (art. 17 da Lei n. 4.595/64). As instituições financeiras têm por atividade principal ou acessória a coleta, intermediação ou aplicação de recursos financeiros próprios ou de terceiros, em moeda nacional ou estrangeira, e a custódia de valor de propriedade de terceiros. Já as sociedades de fomento mercantil não efetuam operações de mútuo ou captação de recursos de terceiros, pois sua atividade consiste em adquirir créditos das faturizadas, resultantes de suas vendas ou de prestação de serviços, realizadas a prazo, bem como prestar cumulativa e continuamente serviços de assessoria creditícia, mercadológica gestão de crédito, seleção e riscos, administração de contas a pagar e a receber.

218. (OAB FGV XXIV EXAME) O examinando deverá demonstrar conhecimento do contrato de alienação fiduciária celebrado no âmbito do mercado financeiro, em especial os direitos processuais que tem o credor e proprietário fiduciário à sua disposição em caso de inadimplemento por parte do fiduciante, dispostos no Decreto-Lei n. 911/69.

a) Em relação à medida adequada para a retomada da posse do bem alienado fiduciariamente, o examinando deverá invocar o art. 3º, *caput*, do Decreto-Lei n. 911/69, que autoriza o credor a requerer contra o devedor a busca e apreensão do bem, a qual será concedida liminarmente, inclusive em plantão judiciário, eis que já foi comprovada a mora.

b) Não. O examinando deve afirmar a impossibilidade de o fiduciante impor ao fiduciário a purga da mora e a manutenção do contrato (ou o juiz obrigar o credor a aceitar a purga da mora), diante da atual redação dos §§ 1º e 2º, do art. 3º, do Decreto-Lei n. 911/69, dada pela Lei n. 10.931/2004. Para que o bem seja restituído ao fiduciante, livre do ônus, é necessário que ele pague a integralidade da dívida pendente, no prazo de 5 (cinco) dias após executada a liminar na ação de busca e apreensão, segundo os valores apresentados pelo credor fiduciário na inicial. Caso isto não seja efetivado, estarão consolidadas a propriedade e a posse plena e exclusiva do bem no patrimônio do fiduciário.

219. (OAB FGV XXV EXAME) O examinando deverá demonstrar conhecimento sobre a caracterização das administradoras de cartões de crédito como instituições financeiras, com base no art. 17 da Lei n. 4.595/64, tendo em vista que, para financiar o titular do cartão quando esse não quita todo o saldo da fatura no vencimento, buscam os recursos no mercado financeiro. A questão também objetiva aferir se o examinando conhece a inaplicabilidade da limitação dos juros remuneratórios a 12% ao ano às instituições financeiras, prevista na Lei da Usura (Decreto n. 22.626/33), porque compete ao Conselho Monetário Nacional limitar, se necessário, as taxas de juros e outros encargos cobrados pelas instituições financeiras consoante entendimento sumulado do STF.

a) Na hipótese de restar inadimplida a dívida do titular do cartão, total ou parcialmente, resultando em saldo devedor, busca a administradora junto ao mercado financeiro, como intermediária, os recursos do financiamento da compra do usuário para honrar os compromissos com os lojistas ou prestadores de serviços, ou fornecem ao mutuário/titular do cartão recursos próprios. Nessas circunstâncias, e, para impedir operações marginais à fiscalização do Banco Central, as administradoras de cartões de crédito se enquadram como instituições financeiras, em face do art. 17 da Lei n. 4.595/64, e do entendimento da Súmula 283 do STJ, 1ª parte: "As empresas administradoras de cartão de crédito são instituições financeiras".

b) Por conseguinte, os juros remuneratórios cobrados pelas administradoras de cartão de crédito não estão sujeitos ao limite previsto no art. 1º do Decreto n. 22.626/33 (Lei da Usura), não havendo abusividade se cobrados acima desta taxa (12% ao ano). Compete ao Conselho Monetário Nacional, limitar, se necessário as taxas de juros e outros encargos cobrados pelas instituições financeiras, com fundamento no art. 4º, IX, da Lei n. 4.595/64. Como fundamentos jurisprudenciais devem ser citados a Súmula 596 do STF (juros) OU a Súmula 283 do STJ, 2ª parte ("os juros remuneratórios por elas cobrados não sofrem as limitações da Lei de Usura").

220. (OAB – FGV – XXVII EXAME) A questão tem por objetivo verificar a aptidão do examinando para identificar uma relação entre empresários – Importadora e Transportadora – não se aplicando as disposições do Código de Defesa do Consumidor (Lei n. 8.078/90) sobre prazos para reclamações por vícios na prestação de serviço ou abusividade de cláusulas que limitem a indenização. A relação contratual entre a Importadora e a Transportadora é de cunho empresarial, sendo disciplinada pelo Código Civil nos arts. 743 a 756 (contrato de transporte de coisas).

a) Sim, porque o destinatário Americano do Brasil deveria conferir o estado da carga no ato da entrega e apresentar, nesse momento, as reclamações que tivesse, sob pena de decadência do direito, com base no art. 754, *caput*, do Código Civil. Como a reclamação ao transportador só foi feita dois dias depois da entrega, houve decadência.

b) Sim, porque a responsabilidade do transportador de carga é limitada ao valor constante do conhecimento de transporte, com fundamento no art. 750 do Código Civil.

221. (OAB – FGV – XXVIII EXAME) O examinando deverá ser capaz de identificar pelos dados contidos no enunciado que as partes celebraram contrato *estimatório*, disciplinado pelo Código Civil nos arts. 535 a 538.

A questão tem por objetivo aferir os conhecimentos do examinando quanto ao dever de o consignatário pagar o preço ao consignante, mesmo se a restituição se tornar impossível por caso fortuito ou força maior.

a) Não. Tratando-se de contrato estimatório, mesmo tendo ocorrido o perecimento dos brinquedos por fato não imputável à consignatária, esta não se exonera da obrigação de pagar o preço à consignante, de acordo com o art. 535 do Código Civil.

b) Sim. Realizada a consignação, não pode a consignante dispor dos brinquedos antes de lhes serem restituídos ou de lhe ser comunicada a restituição pela consignatária, nos termos do art. 537 do Código Civil.

222. (OAB – FGV – XXIX EXAME) A questão tem por objetivo verificar se o examinando reconhece a obrigação de resultado do corretor de promover a mediação para celebração de negócios em favor do cliente. Portanto, se esse resultado não for atingido, não caberá o pagamento de comissão por parte do cliente, nos termos do que dispõe o art. 725 do CC. Nota-se que houve desistência (e não arrependimento) do vendedor antes da celebração do contrato de compra e venda; logo, o corretor não fará jus à comissão. Outro objetivo da questão é verificar se o examinando identifica a posição especial do corretor quando houver cláusula de exclusividade, nos termos do art. 726 do CC.

a) Não. Diante da não obtenção do resultado previsto no contrato (aquisição de imóvel), em razão da desistência do vendedor, o corretor não fará jus à comissão, de acordo com o art. 725 do CC.

b) Sim. Por se tratar de corretagem com exclusividade, o corretor teria direito à remuneração integral, ainda que o negócio tivesse sido realizado sem a sua mediação, com fundamento no art. 726 do CC.

223. (OAB FGV XXX EXAME) A questão está relacionada aos contratos empresariais e tem por objetivo verificar se o examinando é capaz de conhecer alguns aspectos do *contrato de alienação fiduciária* celebrado no âmbito do mercado financeiro (cessão fiduciária de direitos creditórios e cláusula penal), bem como as disposições da Lei n. 4.728/65 que o regula.

a) Sim. Na forma do que dispõe o art. 66-B, § 3º, da Lei n. 4728/65.

b) Não. A cláusula penal é um requisito obrigatório do contrato de alienação fiduciária em garantia, como determina o art. 66-B, *caput*, da Lei n. 4.728/65.

224. (OAB FGV XXX EXAME) A questão tem por objetivo verificar os conhecimentos do examinando quanto ao contrato de locação de espaço em *shopping center* e as suas peculiaridades, como a possibilidade de cobrança de duplo aluguel, diante da previsão legal de autonomia das partes para estabelecer as cláusulas. Também se espera que o examinando seja capaz de identificar a possibilidade de *denúncia vazia* e suas condições na locação empresarial (não residencial) ajustada por prazo indeterminado, ausente o direito à renovação compulsória.

a) Não. É lícita a cobrança do duplo aluguel, pois nas relações entre lojistas e empreendedores de *shopping center* prevalecerão as condições livremente pactuadas nos contratos de locação, de acordo com o art. 54, *caput*, da Lei n. 8.245/91.

b) Sim. O contrato de locação não residencial celebrado por prazo indeterminado pode ser denunciado imotivadamente pelo locador, desde que por escrito e com a concessão ao locatário de 30 (trinta) dias para a desocupação, de acordo com o art. 57 da Lei n. 8.245/91.

Falência e Recuperação de Empresas

225. (OAB RJ 2004/02) A autofalência é a falência pedida pelo próprio devedor. Foi mantida em nosso ordenamento no art. 97, I, da Lei n. 11.101/2005, que indica entre os que podem requerer a falência, o próprio devedor. E ainda nos arts. 105 a 107 da Lei n. 11.101/2005, explicam as peculiaridades do procedimento, quando a falência é pedida pelo devedor.

226. (OAB CESPE 2008/03) Alguns créditos são excluídos da recuperação extrajudicial, por definição do legislador, é o caso dos créditos dos arts. 49, § 3º, 86, II, da Lei n. 11.101/2005 e dos créditos trabalhistas, tributários e os provenientes de acidente de trabalho. São requisitos objetivos para a homologação da recuperação extrajudicial.

(1) devedor exercer atividade empresarial de forma regular, há pelo menos dois anos;

(2) não estar falido;

(3) se já obteve a homologação da recuperação extrajudicial ou obteve a recuperação judicial há pelo menos dois anos. Além disso, a homologação da recuperação extrajudicial, depende da concordância mínima de credores que representem mais da metade de todos os créditos de cada espécie por ele abrangidos (arts. 48, 161 e 163 da Lei n. 11.101/2005).

227. (OAB MG 2006/02) Para que um credor possa requerer a falência é preciso que o valor do título executivo extrajudicial, ou a soma de vários títulos, tenha o valor mínimo de 40 salários mínimos, entretanto, se o título foi objeto de uma execução, na qual o devedor não pagou, não depositou e não nomeou bens à penhora, independentemente do valor, já pode ser objeto de pedido de falência (art. 94 da Lei n. 11.101/2005). Portanto, a orientação do primo de Armando está incorreta.

228. (OAB CESPE 2006/02) João Batista tem direito como crédito trabalhista à quantia de até 150 salários mínimos, mas o valor acima desse limite, que no caso concreto é de 70 salários mínimos, participará também da relação dos credores, mas como credor quirografário (art. 83, I e VI, *c*, da Lei n. 11.101/2005).

229. (OAB RJ 2006/02 Exame 30) Além dos credores arrolados no art. 49, § 3º, e os do art. 86, II, também não podem participar da recuperação os credores trabalhistas, os provenientes de acidente de trabalho e os credores tributários (art. 161, § 1º, da Lei n. 11.101/2005).

230. (OAB BA 2000/03) O “termo legal na falência” é o período de no máximo 90 dias antes do primeiro protesto ou, se não houver, do requerimento da falência, fixados na sentença que decreta a falência (art. 99, II, da Lei n. 11.101/2005). Os efeitos produzidos são que alguns atos, se praticados pelo devedor, nesse período, serão considerados ineficazes pelo juiz, como é o caso da garantia real concedida, o pagamento antecipado e o pagamento feito de forma diferente da contratada (art. 129, I, II e III, da Lei n. 11.101/2005).

231. (OAB RJ 2007/01 Exame 32) De acordo com o art. 77 da Lei n. 11.101/2005, os créditos em moeda estrangeira são convertidos na falência de acordo com a taxa de câmbio do dia da decisão da decretação da falência, portanto, o pedido do Banco não tem sentido no processo de falência. O pedido do Banco só estaria correto se fosse o procedimento de recuperação judicial (art. 38 da Lei n. 11.101/2005).

232. (OAB RJ 2006/01 Exame 29) Como regra, a decretação da falência ou o deferimento da recuperação judicial suspende o andamento das ações em andamento (art. 6º, *caput*, da Lei n. 11.101/2005). Entretanto, as ações que tiverem por objeto obrigação ilíquida continuarão no seu juízo de origem (art. 6, § 1º, da n. Lei 11.101/2005).

233. (OAB MG 2006/03) Enquanto o processo trabalhista estava em curso, o reclamante poderia ter pedido ao seu juízo trabalhista a reserva de valor (art. 6º, § 2º, da Lei n. 11.101/2005). Nesse caso o juiz do trabalho oficiaria o juiz da falência para que ocorresse a reserva do valor. Agora que o processo já está concluído resta ao credor trabalhista se habilitar no processo de falência no prazo e de acordo com o procedimento do art. 7º da Lei n. 11.101/2005.

234. (OAB MG 2003/02) Nas modalidades de alienação do ativo, de acordo com o art. 142 da Lei n. 11.101/2005, o juiz só precisa do requerimento do administrador judicial ou do comitê de credores (arts. 143 e 144 da Lei n. 11.101/2005). De acordo com o art. 145 da Lei n. 11.101/2005, o juiz, para homologar outra modalidade de realização do ativo (que não a do art. 142 da citada lei), precisa da aprovação da assembleia geral de credores, de acordo com o quórum do art. 46 da Lei n. 11.101/2005.

235. (OAB GO 2005/03) A ação revocatória pode ser proposta pelo administrador judicial, qualquer credor ou membro do Ministério Público no prazo de três anos contado da decretação da falência (art. 132 da Lei n. 11.101/2005).

236. (OAB CESPE 2008/01) De acordo com o art. 59 da Lei n. 11.101/2005, o plano de recuperação judicial constitui novação dos créditos anteriores ao pedido, sem prejuízo das garantias, portanto em relação a Fazenda Bonita Ltda., não há como cobrar o valor integral, mas em relação a Zélia, a dívida pode ser cobrada integralmente.

237. (OAB CESPE 2007/02) Não é possível pedir a conversão da falência em recuperação de empresas. Não existe a modalidade de recuperação suspensiva, como existia, na lei anterior, a concordata suspensiva. Aliás, é requisito para requerer a recuperação judicial, não ser falido (art. 48, I, da Lei n. 11.101/2005).

238. (OAB CESPE 2006/01) De acordo com os arts. 70 e s. da Lei n. 11.101/2005, a ME e a EPP podem requerer a recuperação do plano especial, mas essa modalidade só atinge os credores quirografários. No plano especial, a proposta está pronta na lei, ou seja, 36 parcelas mensais e sucessivas, juros de Selic, e a primeira parcela sendo paga em 180 dias contados da distribuição. No caso em tela, os credores são de várias categorias, portanto seria melhor a recuperação judicial ordinária.

Atente-se a alteração legislativa trazida da LC n. 147/2014, o plano de Recuperação Judicial para as ME e EPP, passaram a abranger todos os créditos existentes na data do pedido, como determina o art. 71, I, da Lei n. 11.101/2005.

239. (OAB MG 2008/02) De acordo com o art. 60, parágrafo único, da Lei n. 11.101/2005, o objeto da alienação na recuperação judicial é livre de qualquer ônus, e, portanto, inclusive do trabalhista.

240. (OAB CESPE 2008/03) Para que o fato descrito no problema seja uma conduta típica de crime falimentar é imprescindível a decretação da falência, a concessão da recuperação judicial, a concessão da recuperação extrajudicial. De acordo com o art. 180 da Lei n. 11.101/2005, os atos decisórios acima descritos são condições objetivas para a punibilidade das infrações penais descritas na lei.

241. (OAB CESPE 2009/02) Cabe pedido de restituição do bem (art. 85 da Lei n. 11.101/2005), e se bem não estiver com o devedor, mas com terceiro de boa-fé, pode requerer a restituição da quantia (art. 86, I, da Lei n. 11.101/2005).

242. (OAB FGV 2010/2) De acordo com o art. 67 da Lei n. 11.101/2005, os débitos decorrentes do parcelamento são extraconcursais e estão sujeitos ao concurso de credores. Os débitos em questão devem ser habilitados na falência. Para tanto, devem ser observados os requisitos elencados nos incisos do art. 9º da Lei n. 11.101/2005 e, ainda, respeitado o prazo para a sua habilitação. Muito embora a sentença não tenha especificado o dies a quo para contagem dos 15 (quinze) dias para habilitação dos créditos, o início do prazo não deve levar em consideração a publicação da sentença ou o recebimento da notificação pela Empresa Z. O art. 7º, § 1º, c/c art. 99, parágrafo único, ambos da Lei n. 11.101/2005 preveem que o início do prazo de 15 (quinze) dias para habilitação dos créditos inicia-se após a publicação do edital previsto no parágrafo único do art. 99 da Lei n. 11.101/2005.

243. (OAB FGV 2010/2)

1 – A iniciativa da ação cabe ao administrador judicial, na qualidade de administrador e representantes da massa falida (art. 75, V, do CPC). A jurisprudência reconhece que também tem legitimidade ativa o credor habilitado no processo falimentar na hipótese de omissão do administrador judicial. O seu interesse jurídico é incontroverso porque se reconhecida a responsabilidade pessoal de algum ou alguns sócios, os valores referentes aos respectivos patrimônios servirão para o pagamento dos credores habilitados.

2 – Sim. O art. 82 da Lei n. 11.101/2005 estabelece que a ação em tela independe da realização do ativo e da prova da sua insuficiência para cobrir o passivo.

3 – Não. O art. 82 retrocitado exige ação própria para averiguar e decretar a responsabilidade dos sócios. A desconsideração da personalidade jurídica é regra excepcional porquanto a autonomia da personalidade jurídica é princípio consagrado em nossa sistemática jurídica. Sua aplicação não pode contrariar a disposição especial em referência. Faz-se necessário, assim, processo de cognição plena, com garantia do contraditório e ampla defesa.

244. (OAB FGV 2010/3) O examinando deve, em cada uma das respostas aos quesitos, identificar:

a) que, como regra, todos os créditos quirografários existentes na data do ajuizamento do pedido de recuperação, mesmo que não vencidos, estão sujeitos aos seus efeitos. As exceções são *numerus clausus*, decorrente de expressa previsão legal (*caput* e §§ 3º e 4º do art. 49 da Lei n. 11.101/2005);

b) os créditos oriundos das operações de ACC, a que se refere o inciso II do art. 86 da Lei n. 11.101/2005, estão expressamente excluídos da recuperação judicial, não se submetendo assim aos seus efeitos, consoante determinado pelo § 4º do art. 49 da Lei n. 11.101/2005;

c) as execuções fiscais não são suspensas pelo deferimento da recuperação judicial, ressalvando-se apenas a concessão de parcelamento, nos termos do § 7º do art. 6º da Lei n. 11.101/2005;

d) o plano de recuperação judicial não poderá prever prazo superior a um ano para pagamento dos créditos derivados da legislação do trabalho vencidos até a data do pedido de recuperação, salvo de acordo com alterações do art. 54 da Lei n. 14.112/2020. O plano não poderá, ainda, prever prazo superior a trinta dias para o pagamento, até o limite de cinco salários mínimos por trabalhador, dos créditos de natureza estritamente salarial, vencidos nos três meses anteriores ao pedido de recuperação judicial (art. 54 da Lei n. 11.101/2005).

245. (OAB FGV 2010/3) O examinando deve, em cada uma das respostas aos quesitos, identificar que:

a) a medida adequada para o caso proposto é a obtenção da ineficácia do negócio jurídico. Com efeito, é ineficaz em relação à massa falida, tenha ou não o contratante conhecimento de crise econômico-financeira do devedor, seja ou não a intenção deste fraudar credores, a prática de atos a título gratuito desde 2 (dois) anos antes da data da decretação da falência (art. 129, IV, da Lei n. 11.101/2005). A ineficácia poderá ser pleiteada mediante ação própria ou incidentalmente no curso do processo de falência (parágrafo único do art. 129 da Lei n. 11.101/2005);

b) o juízo competente tanto para julgar o incidente no curso do processo, quanto para julgar o caso se proposta a ação é o da falência (art. 134 da Lei n. 11.101/2005).

246. (OAB FGV V EXAME)

a) Poderá ingressar com o pedido de restituição (art. 85 da Lei n. 11.101/2005).

b) Poderá pedir a restituição em dinheiro (art. 86 da Lei n. 11.101/2005).

247. (OAB FGV V EXAME)

a) Será considerado crédito extraconcursal (art. 84 da Lei n. 11.101/2005).

b) Será pago antes dos concursais (art. 83 da Lei n. 11.101/2005).

248. (OAB FGV VII EXAME)

a) O juiz somente poderá decretar o encerramento da recuperação judicial por sentença após o cumprimento de todas as obrigações previstas no plano que vencerem até dois anos depois da concessão da recuperação (art. 61, *caput*, c/c art. 63, da Lei n. 11.101/2005).

No caso em tela, como o plano prevê o pagamento de obrigações em 240 (duzentos e quarenta) parcelas, mensais e sucessivas, após a concessão da recuperação e que, ao tempo do pedido de encerramento da recuperação, passaram-se apenas seis meses da data de concessão, embora o devedor tenha cumprido todas as suas obrigações até a data do pedido. Contudo, restam ainda obrigações pendentes a vencer no interregno de dois anos entre a concessão e o encerramento legal.

b) Tendo em vista que não houve o decurso de dois anos da concessão da recuperação judicial, a recuperação judicial será convolada em falência (art. 61, § 1º, c/c art. 73, IV, da Lei n. 11.101/2005). Com a decretação da falência, os credores terão reconstituídos seus direitos e garantias, nas condições originalmente contratadas, deduzidos os valores eventualmente pagos durante a recuperação judicial (art. 61, § 2º, da Lei n. 11.101/2005).

249. (OAB FGV VIII EXAME) O examinando deve demonstrar conhecimentos sobre os efeitos da decretação da falência sobre os créditos detidos contra o falido, bem como sobre o quórum de deliberação para aprovação de modalidade alternativa de realização ao ativo na assembleia de credores.

A questão envolve a aplicação dos arts. 77 e 46 da Lei n. 11.101/2005.

a) Diferentemente do que ocorre na recuperação judicial (art. 38, parágrafo único, da Lei n. 11.101/2005), no âmbito da falência todos os créditos em moeda estrangeira deverão ser convertidos para moeda nacional pelo câmbio do dia da decisão judicial que decreta a falência, para todos os efeitos da Lei (art. 77 da Lei n. 11.101/2005). Dessa forma, cumpre ao examinando responder que o pleito da Northern Instruments LLC não é legítimo.

b) O quórum de deliberação necessário para aprovar modalidade alternativa de realização do ativo é de credores titulares de créditos que representem 2/3 do valor total dos créditos presentes à assembleia, nos termos do art. 46 da Lei n. 11.101/2005.

250. (OAB FGV XI EXAME) O examinando deve demonstrar que possui conhecimentos sobre a ineficácia e a revogação dos atos praticados antes da falência. A questão envolve a aplicação dos arts. 129, VII e 130, da Lei n. 11.101/2005.

a) O examinando deverá responder que, sob o ponto de vista formal, a dita compra e venda é válida e eficaz, uma vez que se insere na exceção ao ato ineficaz previsto no art. 129, VII, da Lei n. 11.101/2005, em razão de sua prenotação ter ocorrido anteriormente à data da decretação da falência.

b) O examinando deve indicar que tal compra e venda poderia ser revogada, por meio de ação revocatória com base no art. 130 da Lei n. 11.101/2005, na hipótese de se tratar de ato com o intuito de prejudicar credores, mediante prova de eventual conluio fraudulento entre José e Antônio e do prejuízo sofrido pela massa.

251. (OAB FGV XII EXAME) A questão tem por base o item 13 do programa de Direito Empresarial (Da Liquidação Extrajudicial de Instituições Financeiras. Lei n. 6.024/74). O candidato deverá conhecer um importante efeito da decretação de liquidação extrajudicial de instituição financeira previsto na Lei n. 6.024/74 – a indisponibilidade dos bens dos administradores e ex-administradores da instituição liquidanda. Os administradores (diretores e membros do Conselho de Administração) não poderão, por qualquer forma, direta ou indireta, alienar ou onerar seus bens particulares, até apuração e liquidação final de suas responsabilidades (art. 36 da Lei n. 6.024/74). Tal indisponibilidade é automática e decorre do ato que decretar a liquidação extrajudicial, atingindo a todos aqueles que tenham estado no exercício das funções nos doze meses anteriores ao mesmo ato (art. 36, § 1º). A resposta à consulta formulada deve considerar que a indisponibilidade de bens, embora tenha previsão legal, não poderia ter atingido o ex-diretor Messias Targino, haja vista que seu mandato expirou em 25-4-2011 e a liquidação extrajudicial foi decretada em 22-8-2012, portanto além dos 12 meses previstos no § 1º do art. 36 da Lei n. 6.024/74.

252. (OAB FGV XV EXAME) A questão tem por finalidade verificar o conhecimento do examinando sobre as condições legais para a concessão da recuperação judicial ao devedor empresário cujo plano não obteve aprovação de todas as classes de credores presentes à assembleia.

O examinando deverá ser capaz de identificar que a sociedade empresária não optou pela apresentação do plano especial de recuperação judicial, embora seja enquadrada como EPP. Com a informação contida no enunciado que a sociedade "teve seu plano de recuperação judicial submetido à assembleia de credores" fica descartada qualquer possibilidade de utilização do plano especial, em razão do disposto no *caput* do art. 72 da Lei n. 11.101/2005: "Caso o devedor de que trata o art. 70 desta Lei opte pelo pedido de recuperação judicial com base no plano especial disciplinado nesta Seção, não será convocada assembleia geral de credores para deliberar sobre o plano [...]".

No enunciado é informado que estavam representadas na assembleia duas classes de credores, sendo que apenas uma delas (credores quirografários, classe III do art. 41) aprovou o plano nos termos do art. 45 da Lei n. 11.101/2005, ou seja, por maioria dos créditos e dos credores presentes.

As perguntas formuladas objetivam saber se o examinando identifica, na legislação própria, a possibilidade de concessão da recuperação judicial mesmo que o plano de recuperação judicial não tenha sido aprovado por todas as classes de credores presentes na assembleia, com fundamento no art. 58, § 1º, II, da Lei n. 11.101/2005.

Ademais, pelas informações contidas no enunciado, o examinando deverá concluir que estão presentes todos os requisitos previstos nos incisos dos arts. 58, § 1º, e 58, § 2º, da Lei n. 11.101/2005.

a) Não. Havendo somente duas classes com credores votantes (situação descrita no enunciado), é suficiente a aprovação de pelo menos 1 (uma) delas, nos termos do art. 58, § 1º, II, da Lei n. 11.101/2005. O fundamento legal encontra-se, exclusivamente, no inciso II do § 1º do art. 58. Nenhum outro dispositivo legal atende ao conteúdo avaliado nem é consentâneo com o comando da questão e das informações do enunciado. A resposta que afirme ser obrigatório que todas as classes presentes na assembleia aprovem o plano de recuperação diverge integralmente do gabarito, do dispositivo legal citado e dos objetivos avaliados, não lhe sendo conferida pontuação.

b) Sim. O juiz poderá conceder a recuperação judicial com base no art. 58, § 1º, da Lei 11.101/2005, porque: (i) o plano obteve o voto favorável de credores que representam mais da metade do valor de todos os créditos presentes à assembleia, independentemente de classes (R$ 2.500.000,00 de um total de R$ 4.000.000,00; (ii) houve somente duas classes de credores votantes, e o plano obteve a aprovação de pelo menos uma delas (classe III do art. 41); (iii) na classe dos credores com garantia real (classe II do art. 41), que o rejeitou, obteve o voto favorável de dois dos três credores presentes, correspondendo a 40% dos créditos dessa classe, portanto mais de 1/3 (um terço) dos créditos presentes computados na forma do art. 45, § 2º, da Lei n. 11.101/2005.

Ademais, é imperativo esclarecer que o plano não implicou tratamento diferenciado entre os credores da classe que o rejeitou, cumprindo a exigência do art. 58, § 2º, da Lei n. 11.101/2005.

Art. 58, § 2º, da Lei 11.101/2005: "§ 2º A recuperação judicial somente poderá ser concedida com base no § 1º deste artigo se o plano não implicar tratamento diferenciado entre os credores da classe que o houver rejeitado." A resposta que afirme não ser possível ao juiz conceder a recuperação judicial com base na situação descrita no enunciado diverge integralmente do gabarito, do dispositivo legal citado e dos objetivos avaliados, não lhe sendo conferida pontuação.

253. (OAB FGV XVII EXAME) A questão tem por objetivo verificar o conhecimento do examinando acerca do conteúdo do plano especial de recuperação para microempresários e de pequeno porte, previsto na Lei 11.101/2005, sendo tal conteúdo numerus clausus, não podendo ser acrescentado meio de recuperação nele não previsto, como a proposta de trespasse do estabelecimento. Outro objetivo é verificar que o examinando identifica uma das peculiaridades do procedimento para aprovação do plano especial, isto é, a inexistência de deliberação da assembleia de credores mesmo se houver objeção ao plano.

Preliminarmente, para fins de atribuição de pontuação, o texto produzido pelo examinando em sua folha de respostas foi avaliado quanto à adequação ao problema apresentado, ao domínio do raciocínio jurídico, à fundamentação e sua consistência, à capacidade de interpretação e exposição e à técnica profissional demonstrada, sendo que a mera transcrição de dispositivos legais, desprovida do raciocínio jurídico e contextualização aos dados do enunciado, não enseja pontuação (item 3.5.11 do Edital do XVII Exame).

a.1) Não. A proposta de abatimento de débitos apresentada pela sociedade não deverá ser apreciada pela assembleia geral de credores. Diante da objeção apresentada pelo credor quirografário, o juiz concederá a recuperação judicial, porque o pedido atende às exigências legais e a objeção provém de credor titular de menos da metade dos créditos de sua classe (o credor tem 23% dos créditos). A resposta tem por fundamento legal o art. 72, *caput* e parágrafo único, da Lei n. 11.101/2005. a.2) Em relação ao mérito, a objeção não procede, porque o devedor poderá incluir no plano especial de recuperação proposta de abatimento do valor das dívidas, nos termos do art. 71, II, da Lei n. 11.101/2005.

b) Não. A sociedade não pode escolher o trespasse como meio de recuperação, ainda que esta medida seja importante para o soerguimento da empresa. No plano especial de recuperação, a proposta do devedor é restrita ("limitar-se-á às seguintes condições") e não pode incluir outros meios de recuperação, mesmo previstos para o plano comum, como o trespasse do estabelecimento, de acordo com o art. 71, *caput*, da Lei n. 11.101/2005.

254. (OAB FGV XVIII EXAME) A questão versa sobre as regras especiais para a compra e venda na falência do devedor empresário previstas na Lei n. 11.101/2005, tema contido no programa de Direito Empresarial. O examinando deverá ser capaz de identificar que o enunciado apresenta hipótese de incidência do inc. III do art. 119, da Lei n. 11.101/2005. De acordo com o referido dispositivo, não tendo o devedor entregue coisa móvel (a geladeira e o fogão) que vendera a prestações, e resolvendo o administrador judicial não executar o contrato, o crédito relativo ao valor pago será habilitado na classe própria, ou seja, como crédito concursal na classe dos credores quirografários (art. 83, VI, *a*, da Lei n. 11.101/2005). Não cabe, portanto, a restituição em dinheiro do preço pago caso o contrato não seja executado pela massa.

a) Não. Se o administrador judicial não der prosseguimento ao contrato, o crédito relativo ao valor pago será habilitado no processo falimentar, com fundamento no art. 119, III, da Lei n. 11.101/2005.

b) O crédito pelo preço pago ao devedor tem natureza concursal, pois decorre de obrigação assumida pelo devedor antes da decretação de falência. Será incluído no quadro de credores na classe dos créditos quirografários, com base no art. 83, VI, *a*, da Lei n. 11.101/2005.

255. (OAB FGV XIX EXAME) A questão tem por objetivo verificar o conhecimento do examinando sobre a classificação dos créditos na falência e o efeito da sentença sobre a fluência dos juros contra a massa falida. O examinando deverá ser capaz de identificar que o crédito tem garantia real (hipoteca), a classificação apropriada e a possibilidade de cobrança dos juros remuneratórios, mesmo após a decretação da falência, mas por eles responde, exclusivamente, o produto a ser apurado na alienação judicial do imóvel. Na falência, o Banco Beta possui um crédito com garantia real, porque a hipoteca do imóvel foi instituída como garantia ao cumprimento do contrato. Fundamento legal: art. 83, II, da Lei n. 11.101/2005. Mesmo que o ativo apurado não seja suficiente para o pagamento dos créditos subordinados, é permitido ao credor com garantia real cobrar juros da massa falida vencidos após a decretação da falência, mas por eles responde, exclusivamente, o produto a ser apurado na venda judicial do imóvel. Fundamento legal: art. 124, parágrafo único, da Lei n. 11.101/2005.

a) O crédito titularizado pelo Banco Beta será classificado na falência como garantia real porque a hipoteca do imóvel foi instituída como garantia ao cumprimento do contrato. Fundamento legal: art. 83, II, da Lei n. 11.101/2005.

b) Sim. Mesmo que o ativo apurado não seja suficiente para o pagamento dos créditos subordinados, é permitido ao credor com garantia real cobrar juros da massa falida vencidos após a decretação da falência, mas por eles responde, exclusivamente, o produto a ser apurado na venda judicial do imóvel. Fundamento legal: art. 124, parágrafo único, da Lei n. 11.101/2005.

256. (OAB FGV XX EXAME) A questão tem por objetivo verificar o conhecimento do examinando do efeito da sentença de falência sobre o direito de retirada do sócio ou acionista e o pagamento dos haveres ou reembolso de quotas/ações. Note-se que são duas situações distintas, ou seja, na sociedade limitada o sócio já exerceu seu direito de retirada antes da decretação da falência e na companhia ainda não, mas o comando da questão indaga se poderá exercê-lo durante a falência. A resposta é negativa nos itens a e b, porque, de acordo com o art. 116, II, da Lei n. 11.101/2005, fica suspenso tanto o exercício do direito de retirada do sócio/acionista quanto o recebimento do valor de suas quotas ou ações. Com a decretação de falência da sociedade limitada, mesmo que o sócio tenha exercido seu direito de retirada anteriormente, fica suspenso o pagamento dos haveres por parte da sociedade falida, com fundamento no art. 116, II, da Lei n. 11.101/2005.

Observa-se que o comando da questão não indaga do examinando qual a classificação do crédito da pessoa jurídica sócia, portanto, inaplicável o art. 83 e seus parágrafos. A causa da inexigibilidade do pagamento do valor das quotas decorre da suspensão determinada no art. 116, II, da Lei n. 11.101/2005. Embora seja direito essencial do acionista retirar-se da sociedade nos casos previstos na Lei n. 6.404/76, a decretação de falência da companhia suspende o exercício do direito de retirada. Portanto, caso venha a ser aprovada matéria que autorize o pedido de reembolso, o acionista dissidente estará impedido de exercê-lo, com fundamento no art. 116, II, da Lei n. 11.101/2005.

a) Não. Com a decretação de falência da sociedade limitada, mesmo que o sócio tenha exercido seu direito de retirada anteriormente, fica suspenso o pagamento dos haveres por parte da sociedade falida, com fundamento no art. 116, II, da Lei n. 11.101/2005.

b) Não. Caso venha a ser aprovada, após a decretação da falência, matéria que autorize o pedido de reembolso, o acionista dissidente estará impedido de exercê-lo, com fundamento no art. 116, II, da Lei n. 11.101/2005.

257. (OAB FGV XX EXAME) A questão tem por objetivo verificar os conhecimentos básicos do examinando em relação aos efeitos da recuperação judicial em relação aos créditos constituídos após a data do pedido, como informa o enunciado. De acordo com o art. 49 da Lei n. 11.101/2005 a recuperação judicial somente atinge os créditos existentes à data do pedido. Portanto, com base na interpretação deste dispositivo, *a contrario sensu*, os créditos decorrentes dos contratos celebrados após o pedido de recuperação não se sujeitam aos seus efeitos e não podem ser incluídos no plano. Pelo mesmo raciocínio, não fica o credor impedido de ajuizar ações de cobrança em face do devedor diante da não sujeição do crédito aos efeitos da recuperação judicial, com base no art. 73, parágrafo único, da Lei n. 11.101/2005. A recuperação judicial somente atinge os créditos existentes à data do pedido, de acordo com o art. 49 da Lei n. 11.101/2005. Portanto, com base na interpretação deste dispositivo, *a contrario sensu*, os créditos decorrentes dos contratos celebrados duas semanas após o processamento do pedido não se sujeitam aos efeitos da recuperação e não podem ser incluídos no plano.

Será aceito também como resposta correta a fundamentação no art. 59 da Lei n. 11.101/2005, *a contrario sensu*, desde que o examinando esclareça que o efeito novativo relacionado ao plano de recuperação (após sua aprovação e concessão da recuperação) limita-se às obrigações anteriores ao pedido, não atingindo os contratos mencionados no enunciado. É possível o ajuizamento de ação de cobrança em face do devedor em recuperação judicial, inclusive por meio do manejo de requerimento de falência. O processamento ou a concessão da recuperação judicial não impede a decretação da falência por inadimplemento de obrigação não sujeita a seus efeitos com fundamento no art. 73, parágrafo único, da Lei n. 11.101/2005. Por se tratar de crédito não sujeito aos efeitos da recuperação e não incluído no plano não será pontuada a resposta embasada no art. 61, § 1º, e no art. 73, IV, ambos da Lei n. 11.101/2005, porque não é hipótese de convolação da recuperação em falência.

a) Não. A recuperação judicial somente atinge os créditos existentes à data do pedido. Portanto, com base na interpretação deste dispositivo, a *contrario sensu*, os créditos decorrentes dos contratos celebrados duas semanas após o processamento do pedido não se sujeitam aos efeitos da recuperação e não podem ser incluídos no plano com fundamento no art. 49, *caput*, da Lei n. 11.101/2005. OU Será aceita a fundamentação no art. 59 da Lei n. 11.101/2005, *a contrario sensu*, desde que o examinando esclareça que o efeito novativo relacionado ao plano de recuperação (após sua aprovação e concessão da recuperação) limita-se às obrigações anteriores ao pedido, não atingindo os contratos mencionados no enunciado.

b) Sim. É possível o ajuizamento de ação de cobrança em face do devedor em recuperação judicial, inclusive por meio do manejo de requerimento de falência. O processamento ou a concessão da recuperação judicial não impede a decretação da falência por inadimplemento de obrigação não sujeita a seus efeitos, com fundamento no art. 73, parágrafo único, da Lei n. 11.101/2005.

258. (OAB FGV XX EXAME) Reaplicação Porto Velho/RO

A questão tem por objetivo verificar se o examinando compreende que a falência não se limita a afastar o devedor de suas atividades, em sentido estrito. Por este raciocínio literal do art.

75 da Lei n. 11.101/2005, o devedor poderia exercer outras atividades empresariais mesmo falido. Isto é falso e contraria o art. 102 da Lei n. 11.101/2005. Assim, o argumento apresentado pelo advogado de Carlos não é procedente. O falido fica inabilitado para exercer qualquer atividade empresarial a partir da decretação da falência e até a sentença que extingue suas obrigações.

a) Não, o argumento é improcedente. Com a decretação de falência, Carlos não poderá assumir qualquer outra empresa, mesmo que diversa daquela que exercia antes da falência, até que seja prolatada a sentença que extinguir suas obrigações, com fundamento no art. 102 da Lei n. 11.101/2005.

b) Não. Embora o devedor, desde a decretação da falência, perca a administração e disposição em relação aos bens arrecadados, a lei lhe confere o direito de fiscalizar a administração da falência, requerer as providências necessárias para a conservação de seus direitos ou dos bens arrecadados e intervir nos processos em que a massa falida seja parte ou interessada, requerendo o que for de direito e interpondo os recursos cabíveis. Amparo legal: art. 103, parágrafo único, da Lei n. 11.101/2005.

259. (OAB FGV XXI EXAME) A questão tem por objetivo verificar o conhecimento pelo(a) examinando(a) do quórum de instalação da assembleia de credores em primeira convocação, previsto no art. 37, § 2º, da Lei n. 11.101/2005 (A assembleia instalar-se-á, em 1ª (primeira) convocação, com a presença de credores titulares de mais da metade dos créditos de cada classe, computados pelo valor, e, em 2ª (segunda) convocação, com qualquer número). Esse quórum não leva em consideração o número de credores presentes, apenas o valor do crédito. Pelas informações contidas no enunciado, é possível comprovar que o quórum de instalação foi atingido já em primeira convocação, eis que se verifica a presença de credores na Classe I titulares de créditos no valor de R$ 295.000,00 (mais da metade do total de R$ 500.000,00). Na Classe III, o mesmo ocorre, pois estão presentes titulares de créditos no valor de R$ 4.000.000,00 (mais da metade do total de R$ 7.000.000,00). Também se pretende aferir que, nas deliberações não relacionadas ao plano de recuperação, não se aplicam o quórum e a forma de votação previstos no art. 45 da Lei n. 11.101/2005, e sim na forma do art. 42. Assim, a matéria será deliberada numa única votação, reunindo todas as classes de credores presentes, e a aprovação depende da maioria dos créditos presentes, independentemente de classes.

a) Sim. O quórum de instalação foi atingido já em primeira convocação, eis que se verifica a presença de credores na Classe I titulares de créditos no valor de R$ 295.000,00 (mais da metade do total de R$ 500.000,00). Na Classe III, o mesmo ocorre, pois estão presentes titulares de créditos no valor de R$ 4.000.000,00 (mais da metade do total de R$ 7.000.000,00), como dispõe o art. 37, § 2º, da Lei n. 11.101/2005.

b) Não. Nas deliberações que não versam sobre o plano de recuperação, não se aplicam o quórum e a forma de votação previstos no art. 45 da Lei n. 11.101/2005, e sim na forma do art. 42 da Lei n. 11.101/2005. Assim, a matéria será deliberada numa única votação, reunindo todas as classes de credores presentes, e a aprovação depende da maioria dos créditos presentes, independentemente de classes.

260. (OAB FGV XXI EXAME) A questão tem por objetivo aferir o conhecimento do(a) examinando(a) sobre a hipótese de ineficácia de ato praticado pelo devedor antes da falência prevista no art. 129, III, da Lei n. 11.101/2005, bem como a impossibilidade de o administrador judicial decretar de ofício ou a requerimento a ineficácia de qualquer ato.

O enunciado afirma que o penhor foi constituído em abril de 2016, portanto dentro do termo legal da falência. A dívida foi contraída em novembro de 2015, também dentro do termo legal, pois este está compreendido da data da decretação da falência (novembro de 2016) a até

90 dias anteriores a 30-9-2014. Assim, o credor Peixoto de Azevedo não tem razão em pleitear a ineficácia objetiva do ato, porque a situação descrita no enunciado não se enquadra no art. 129, III, da Lei n. 11.101/2005 ("a constituição de direito real de garantia, inclusive a retenção, dentro do termo legal, tratando-se de dívida contraída anteriormente"). Logo, a garantia dada em favor do mutuante é eficaz em relação à massa falida. Quanto ao pedido do credor para que o administrador judicial decrete a ineficácia objetiva do ato, ainda que se tratasse de ato ineficaz, não seria possível. Nos termos do art. 129, parágrafo único, da Lei n. 11.101/2005, a ineficácia será sempre decretada pelo juiz, seja de ofício, seja em ação própria, seja incidentalmente no curso do processo de falência.

a) Não. A dívida e a garantia real foram contraídas dentro do termo legal e este está compreendido da data da decretação da falência (novembro de 2016) a até 90 dias anteriores a 30-9-2014. Assim, o credor Peixoto de Azevedo não tem razão em pleitear a ineficácia objetiva, porque a situação descrita no enunciado não se enquadra no art. 129, III, da Lei n. 11.101/2005.

b) Não. Ainda que se tratasse de ato ineficaz, não seria possível ao administrador judicial decretar sua ineficácia. A ineficácia será sempre decretada pelo juiz, seja de ofício, seja em ação própria, seja incidentalmente no curso do processo de falência, nos termos do art. 129, parágrafo único, da Lei n. 11.101/2005.

261. (OAB FGV XXII EXAME) A questão tem por objetivo aferir os conhecimentos básicos do examinando sobre a eleição ou indicação dos membros do Comitê de Credores na recuperação judicial e sua atribuição para opinar previamente acerca da alienação de bens do ativo permanente não relacionados no plano de recuperação. Não há informação no enunciado que os administradores da companhia recuperanda foram afastados de seus cargos por decisão judicial, logo inaplicável o art. 27, II, alínea *c*, da Lei n. 11.101/2005. O único fundamento legal para justificar a competência do Comitê de Credores para se manifestar é o art. 27, I, alínea *f* c/c art. 66 da Lei n. 11.101/2005.

a) Não. Como o Banco Japurá S/A tem 58% do total dos créditos de sua classe, portanto a maioria, o juiz, independentemente da realização de assembleia, determinará a nomeação do representante e dos suplentes da respectiva classe ainda não representada no Comitê, com fundamento no art. 26, § 2º, I, da Lei n. 11.101/2005.

b.1) Não. O Comitê de Credores terá a atribuição, na recuperação judicial, de se manifestar nas hipóteses previstas nesta lei, de acordo com o art. 27, I, alínea *f*, da Lei n. 11.101/2005.

b.2) Porque uma das atribuições do Comitê de Credores se refere à proposta de alienação de bens do ativo permanente pelo devedor, caso o bem não esteja previamente relacionado no plano de recuperação, com fundamento no art. 66 da Lei n. 11.101/2005.

262. (OAB FGV XXIII EXAME) A questão tem por objetivo aferir se o(a) examinando(a) conhece o posicionamento (medida judicial) a ser adotado em caso de incorreta classificação do crédito de seu cliente no quadro de credores da falência, a classificação correta e o prazo legal para a interposição da impugnação. O examinando deverá ser capaz de identificar o crédito como privilégio especial e a razão de a lei ter lhe conferido tal privilégio: o credor é enquadrado como "empresa de pequeno porte" – EPP.

a.1) A medida judicial é a impugnação à relação de credores. Sua motivação é o fato de ter sido o crédito classificado erroneamente.

a.2) Como o credor é enquadrado como "empresa de pequeno porte", seu crédito é considerado quirografário de acordo com o art. 83 da Lei n. 11.101/2005.

b) Como a publicação da relação de credores ocorreu em 23/5 e a medida será interposta em 27/5, a impugnação é tempestiva, porque está dentro do prazo legal de 10 (dez) dias, previsto no art. 8º, *caput*, da Lei n. 11.101/2005.

263. (OAB FGV XXV EXAME) O examinando deverá identificar que: (i) a aprovação do plano de recuperação atingiu mais da metade dos créditos de cada classe por ele abrangidos; (ii) a impugnação à homologação restringe-se à necessidade de aprovação expressa do credor com garantia real; (iii) o argumento apresentado por esse credor para a não homologação é improcedente, diante do art. 163, § 4º, da Lei n. 11.101/2005, pois o devedor apenas propõe o pagamento da dívida com dilação e remissão parcial, sem atingir o bem hipotecado ou prever sua substituição por outro.

a) Não. O argumento do Banco Miracema S/A consiste na ausência de aprovação expressa ao plano. Segundo o impugnante, o plano previu o pagamento de seu crédito garantido por hipoteca em 40 (quarenta) parcelas iguais e sucessivas, a partir da homologação em juízo, com remissão de 30% (trinta por cento) do principal e abatimento dos juros moratórios. Essa justificativa não impede a homologação, pois a proposta do devedor não inclui supressão ou substituição da garantia, apenas alteração no prazo e remissão parcial, não se aplicando a necessidade de consentimento expresso do credor, prevista no art. 163, § 4º, da Lei n. 11.101/2005.

b) Não. Caso o plano venha a ser homologado, o crédito com garantia real do Banco Miracema S/A deve ser mantido no plano, porque houve aprovação por mais da metade de todas as classes de credores por ele abrangidas, obrigando a todos os credores, mesmo dissidentes, com fundamento no art. 163, *caput*, da Lei n. 11.101/2005 OU no art. 163, § 1º, da Lei n. 11.101/2005.

264. (OAB FGV XXV EXAME) Reaplicação Porto Alegre/RS

O examinando deve ser capaz de conhecer a possibilidade de aplicação das disposições da Lei n. 11.101/2005 à liquidação extrajudicial de instituições financeiras privadas e públicas não federais, em especial a propositura da ação revocatória para obter a revogação de atos praticados em detrimento do patrimônio da instituição liquidanda e seus credores.

a) Sim. A ausência de decretação da falência da instituição liquidanda não é óbice à propositura da ação revocatória pelo liquidante, porque os atos indicados no art. 130 da Lei n. 11.101/2005, praticados pelos administradores da liquidanda, poderão ser revogados, com fundamento no art. 35 da Lei n. 6.024/74.

b) Sim. Mesmo sem vínculo societário com a instituição liquidanda, a ação revocatória pode ser promovida contra os terceiros adquirentes (Godoy Moreira, Enéas Marques, Telêmaco Borba e Honório Serpa), que dolosamente adquiriram bens desviados do patrimônio da liquidanda (art. 133, II, da Lei n. 11.101/2005). Portanto, tinham a princípio conhecimento, ao se criar o direito, da intenção dos ex-diretores de prejudicar os credores.

265. (OAB FGV XXVI EXAME) A questão tem por finalidade (i) verificar o conhecimento do examinando quanto a competência da assembleia de credores para aprovar a indicação do gestor judicial em caso de afastamento do devedor de sua empresa, (ii) os impedimentos para a nomeação do gestor judicial e (iii) o quórum de instalação da assembleia de credores.

O credor, hoje considerado quirografário, apresentou dois argumentos para pleitear a sustação da nomeação do gestor judicial, sendo um deles improcedente e o outro procedente, senão vejamos:

1º argumento: o primo do devedor não pode ser nomeado gestor judicial.

2º argumento: não foi atingido na classe II o quórum de instalação na assembleia.

a) O fato de Pedro Gomes ser primo de Anastácio não constitui impedimento para sua nomeação como gestor judicial. O gestor judicial tem os mesmos impedimentos do administrador judicial, conforme determinação contida na parte final do art. 65, *caput*, da Lei n. 11.101/2005. O examinando precisa identificar o impedimento previsto no art. 30, § 1º, da Lei n. 11.101/2005 ("§ 1º Ficará também impedido de integrar o Comitê ou exercer a função de administrador judicial quem tiver relação de parentesco ou afinidade até o 3º (terceiro) grau com o devedor"). Portanto, Pedro Gomes, como primo de Anastácio, poderá ser nomeado gestor judicial, pois o impedimento não atinge parente de 4º grau do devedor.

b) Sim. Houve irregularidade na instalação da assembleia em primeira convocação, pela ausência do credor Orgânicos Santa Rita do Pardo Ltda., da classe II. A assembleia de credores instalar-se-á, em 1ª convocação, com a presença de credores titulares de mais da metade dos créditos de cada classe, com base no art. 37, § 2º, da Lei n. 11.101/2005. Como esse requisito legal não foi cumprido, o credor impugnante Paraíso das Águas Hotelaria Ltda. tem razão.

266. (OAB FGV XXVII EXAME) A questão tem por objetivo verificar se o examinando reconhece o contrato descrito no enunciado como venda com reserva de domínio. Trata-se de crédito excluído por lei dos efeitos da recuperação judicial (art. 49, § 3º, da Lei n. 11.101/2005), o mesmo se aplicando em relação à não suspensão de ações e execuções em curso na data do processamento da recuperação.

a) Não. O processamento da recuperação judicial não suspende as ações ajuizadas anteriormente para cobrança de créditos excluídos de seus efeitos, como é o caso do vendedor com reserva de domínio, de acordo com o art. 52, inciso III, da Lei n. 11.101/2005.

b) Não. Por se tratar de proprietário em contrato de venda com reserva de domínio, seu crédito não se submete aos efeitos da recuperação judicial e prevalecem as condições contratuais, com fundamento no art. 49, § 3º, da Lei n. 11.101/2005.

267. (OAB FGV XXVIII EXAME) A questão tem por objetivo verificar se o examinando é capaz de identificar um dos efeitos da decretação da falência em relação ao direito dos credores: o vencimento antecipado das dívidas do falido na data da sentença. Ademais, espera-se que o examinando identifique a situação descrita no enunciado quanto à máquina industrial como ensejadora do pedido de restituição, pois o bem não foi arrecadado, porém se encontrava em poder do falido na data da decretação da falência.

a) Não. A decretação da falência determina o vencimento antecipado das dívidas do devedor; portanto, o crédito de Mendes Pimentel já poderá ser habilitado na falência, com base no art. 77 da Lei n. 11.101/2005.

b) Não. Mendes Pimentel poderá requerer a restituição do bem que se encontrava em poder do devedor, com base no art. 85 da Lei n. 11.101/2005. Se a coisa não mais existir ao tempo do pedido, o proprietário receberá o valor da avaliação do bem, ou, no caso de ter ocorrido sua venda, o respectivo preço.

268. (OAB FGV XXIX EXAME) A questão verifica o conhecimento do examinando sobre os critérios legais para a fixação do termo legal da falência e a relação deste instituto com os atos ineficazes em sentido objetivo, ou seja, independentemente do conhecimento do estado econômico-financeira do devedor e da intenção das partes de fraudar credores.

a) O juiz agiu corretamente ao fixar o termo legal em sessenta dias anteriores ao pedido de falência. Da leitura do art. 99, inciso II, da Lei n. 11.101/2005, verifica-se que o prazo máximo, que o juiz poderá retrotrair o termo legal, é de 90 dias. A fixação do termo legal deverá observar um dentre três critérios: i) data do pedido de recuperação judicial; (ii) data do primeiro protesto por falta de pagamento; ou (iii) data do pedido de falência. Como não houve pedido de recuperação judicial e os protestos existentes foram cancelados, portanto desconsiderados para a fixação do termo legal, restou ao juiz adotar o critério da data do requerimento de falência.

b) O pagamento mediante acordo de compensação parcial de dívida vincenda, celebrado em 30-6-2018, ou seja, dentro do termo legal, é ineficaz em relação à massa falida, mesmo com o desconhecimento da crise econômico-financeira pelo credor, com base no art. 129, inciso I, da Lei n. 11.101/2005.

269. (OAB FGV XXX EXAME)

a) A medida judicial cabível é a ação revocatória, cuja finalidade é a obtenção da revogação dos atos praticados com a intenção de prejudicar credores. Seus fundamentos são: (i) o conluio fraudulento entre o devedor e o terceiro que com ele contratar – no caso do administrador da sociedade com seus dois primos; e (ii) o efetivo prejuízo sofrido pela massa falida, como os empréstimos não pagos e a transferência de bens do estabelecimento a terceiros lastreados em pagamentos de dívidas fictícias, com fundamento no art. 130 da Lei n. 11.101/2005.

b) A legitimidade ativa para a ação revocatória é concorrente da massa falida, representada pelo administrador judicial, de qualquer credor ou do representante do Ministério Público. O prazo é de três anos da data da decretação de falência, sendo de natureza decadencial, com fundamento no art. 132 da Lei n. 11.101/2005.

Referências

ANDREUCCI, Ricardo Antonio. *Legislação penal especial*. São Paulo: Saraiva, 2005.

ASQUINI, Alberto. Profi li dell'Impresa, *Rivista del Diritto Commerciale*, vol. 41, I, 1943. Trad. Fábio Konder Comparato. Revista de Direito Mercantil. São Paulo: Revista dos Tribunais, n. 104, out./dez. 1996.

AZEVEDO, Alvaro Vilaça de. *Teoria geral das obrigações*. São Paulo: Atlas, 2008.

BARRETO FILHO, Oscar. *Teoria do estabelecimento comercial*. 2. ed. São Paulo: Saraiva, 1988.

BERTOLDI, Marcelo M. *Curso avançado de Direito Comercial*. 4. ed. São Paulo: Ed. RT, 2008.

BEZERRA FILHO, Manoel Justino. *Lei de recuperação de empresas e falências comentada*. 6. ed. rev. e atual. São Paulo: Ed. RT, 2009.

BITTAR, Carlos Alberto. *Os direitos da personalidade*. 4. ed. Rio de Janeiro: Forense Universitária, 2000.

BORBA, José Edwaldo Tavares. *Direito societário*. 11. ed. Rio de Janeiro: Renovar, 2008.

BULGARELLI, Waldirio. *Títulos de crédito*. 14. ed. São Paulo: Atlas, 1998.

______. *Tratado de Direito Empresarial*. 2. ed. São Paulo: Atlas, 1995.

CAMPINHO, Sérgio. *O Direito da empresa à luz do novo Código Civil*. 4. ed. Rio de Janeiro: Renovar, 2004.

______. *O Direito da empresa à luz do novo código civil*. 9. ed. Rio de Janeiro: Renovar, 2008.

______. *Falência e recuperação de empresa*: o novo regime da insolvência empresarial. 3. ed. Rio de Janeiro: Renovar, 2008.

CARVALHO DE MENDONÇA, J. X. *Tratado de Direito Comercial brasileiro*. Campinas: Bookseller, 2000. vol. 1.

______. *Tratado de Direito Comercial brasileiro*. Campinas: Bookseller, 2000. vol. 2. t. 2.

______. *Tratado de Direito Comercial brasileiro*. Campinas: Russel, 2000. vol. 3. t. I.

CARVALHO, Pedro Marco Brandão. Princípio da unicidade do crime falimentar. Disponível em: <www.fesmpdft.org.br/arquivos/Pedro_Marco.pdf>. Acesso em: 8-7-2013.

CARVALHOSA, Modesto. *Comentários à lei de sociedades anônimas*. São Paulo: Saraiva, 1997. vol. 3.

______. *Comentários à lei de sociedades anônimas*. São Paulo: Saraiva, 1997. vol. 4.

______. *Comentários ao Código Civil*. São Paulo: Saraiva, 2003.

COELHO, Fábio Ulhoa. Curso de Direito Comercial. 12. ed. São Paulo: Saraiva, 2008. vol. 1

______. *Curso de Direito Comercial*. 15. ed. São Paulo: Saraiva, 2011. vol. 1.

______. *Curso de Direito Comercial*. 15. ed. São Paulo: Saraiva, 2011. vol. 2.

______. *Curso de Direito Comercial*. 12. ed. São Paulo: Saraiva, 2011. vol. 3.

COMPARATO, Fábio Konder. *Ensaios e pareceres de Direito Empresarial*. Rio de Janeiro: Forense, 1978.

______. *O poder de controle na sociedade anônima*. 3. ed. Rio de Janeiro: Forense, 1983.

COSTA, Wille Duarte da. *Títulos de crédito*. Belo Horizonte: Del Rey, 2003.

DELGADO, Maurício Godinho. *Curso de Direito do Trabalho*. 10. ed. São Paulo: LTR, 2011.

DINIZ, Maria Helena. *Curso de Direito Civil brasileiro*: teoria das obrigações contratuais e extracontratuais. 27. ed. São Paulo: Saraiva, 2011. vol. 3.

FAZZIO JUNIOR, Waldo. *Sociedades limitadas*. São Paulo: Atlas, 2003.

______. *Manual de Direito Comercial*. 3. ed. São Paulo: Atlas, 2003.

FERREIRA, Waldemar. *Tratado de Direito Comercial*. São Paulo: Saraiva, 1960, v. 1.

FRANCO, Afonso Arinos de Melo. *Curso de Direito Constitucional brasileiro*. 1 ed. Rio de Janeiro: Forense, 1960. vol. II.

FRANCO, Alberto Silva et al. *Código Penal e sua interpretação jurisprudencial*. São Paulo: Ed. RT, 1997. vol. I. t. I.

GONÇALVES NETO, Alfredo de Assis. *Direito de empresa*. 4. ed. São Paulo: RT, 2013.

LUCCA, Newton de. *Comentários ao novo Código Civil*. Rio de Janeiro: Forense, 2003. vol. XII.

MAMEDE, Gladston. *Direito Empresarial brasileiro*: títulos de crédito. 2. ed. São Paulo: Atlas, 2005. vol. 3.

______. *Direito Empresarial brasileiro*. 3. ed. São Paulo: Atlas, 2008. vol. 2.

______. *Manual de Direito Empresarial*. 6. ed. São Paulo: Atlas, 2012.

MARTINS, Fran. *Curso de Direito Comercial*. 27. ed. Rio de Janeiro: Forense, 2001.

MARTINS, Sérgio Pinto. *Direito Processual do Trabalho*. São Paulo: Atlas, 1997.

MELLO FRANCO, Vera Helena de. *Manual de Direito Comercial*. 2. ed. São Paulo: Ed. RT, 2004.

MIRABETE, Julio Fabbrini. *Manual de Direito Penal*. 3. ed. São Paulo: Atlas, 2010. vol. I.

MIRANDA, Pontes de. Tratado de direito privado. Campinas: Bookseller, 2000.

NEGRÃO, Ricardo. *Manual de Direito Comercial e de empresa*. São Paulo: Saraiva, 2010. vol. 3.

NUCCI, Guilherme de Souza. *Leis penais e processuais penais comentadas*. São Paulo: Ed. RT, 2007.

REQUIÃO, Rubens. *Curso de Direito Comercial*. 28. ed. São Paulo: Saraiva, 2009. vol. 1, p. 296.

______. *Curso de Direito Comercial*. 30. ed. São Paulo: Saraiva, 2011. vol. 1.

______. *Curso de Direito Comercial*. 28. ed. São Paulo: Saraiva, 2011. vol. 2.

ROSA JUNIOR, Luiz Emygdio da. *Títulos de crédito*. 5. ed. Rio de Janeiro: Renovar, 2007.

SCHIAVI, Mauro. *Manual de Direito Processual do Trabalho*. São Paulo: LTR, 2011.

SILVA, Homero Batista Mateus da. *Curso de Direito do Trabalho aplicado*: execução trabalhista. Rio de Janeiro: Elsevier, 2010. vol. 10.

SOUTO MAIOR, Jorge Luiz. Ação monitória na Justiça do Trabalho. In: SENTO-SÉ, Jairo Lins Albuquerque (Coord.). *A efetividade do processo do trabalho*. São Paulo: LTR, 1999.

TOMAZETTE, Marlon. *Curso de Direito Empresarial*: teoria geral do Direito Societário. 2. ed. São Paulo: Atlas, 2009. vol. 1.

______. *Curso de Direito Empresarial*: títulos de crédito. 3. ed. São Paulo: Atlas, 2012. vol. 2.

______. *Curso de Direito Empresarial*: falência e recuperação de empresas. 2. ed. São Paulo: Atlas, 2012. vol. 3.

VERÇOSA, Haroldo Malheiros Duclerc. *Curso de Direito Comercial*. São Paulo: Malheiros, 2010. v. 2.

WALD, Arnoldo. O governo das empresas. *Revista de Direito Bancário e do Mercado de Capitais*. vol. 15. p. 53. São Paulo: Ed. RT, 2002.